"十二五"职业教育国家规划教材
经全国职业教育教材审定委员会审定
全国卫生高等职业教育规划教材

供临床医学类专业用

# 急诊医学
—— 第2版 ——

**主　编**　朱继红

**副主编**　陈远华　高瑞忠　刘旭东

**主　审**　楼滨城

**编　委**（按姓名汉语拼音排序）

| | |
|---|---|
| 陈远华（江西医学高等专科学校） | 秦　俭（首都医科大学） |
| 迟　骋（北京大学医学部） | 邱泽武（中国人民解放军第三〇七医院） |
| 董　博（首都医科大学） | 谭福勇（内蒙古医科大学） |
| 付　研（首都医科大学） | 田文沁（北京大学医学部） |
| 高瑞忠（山西医科大学汾阳学院） | 王　石（内蒙古自治区人民医院） |
| 高伟波（北京大学医学部） | 王　薇（内蒙古医科大学） |
| 郭　鹏（北京大学医学部） | 王传林（北京大学医学部） |
| 郭　杨（北京大学医学部） | 王煜冉（北京大学医学部） |
| 何新华（首都医科大学） | 魏光如（北京大学医学部） |
| 李　佳（北京大学医学部） | 吴春波（北京大学医学部） |
| 李明武（北京大学医学部） | 邢绣荣（首都医科大学） |
| 刘广志（北京大学医学部） | 徐　钰（北京大学医学部） |
| 刘旭东（内蒙古医科大学） | 杨　靓（北京大学医学部） |
| 刘元生（北京大学医学部） | 余剑波（北京大学医学部） |
| 楼滨城（北京大学医学部） | 张健中（北京大学医学部） |
| 马　丽（北京大学医学部） | 张向阳（北京大学医学部） |
| 马炳辰（首都医科大学） | 赵飞飞（首都医科大学） |
| 穆新林（北京大学医学部） | 周倩云（北京大学医学部） |
| 彭　涛（北京大学医学部） | 朱继红（北京大学医学部） |
| 彭晓波（中国人民解放军第三〇七医院） | 邹　红（北京大学医学部） |

北京大学医学出版社

JIZHEN YIXUE

图书在版编目（CIP）数据

急诊医学 / 朱继红主编. — 2 版. — 北京：北京大学医学出版社，2015.1（2020.6 重印）
ISBN 978-7-5659-0997-9

Ⅰ. ①急… Ⅱ. ①朱… Ⅲ. ①急诊医学 - 临床医学 - 医学院校 - 教材 Ⅳ. ① R459.7

中国版本图书馆 CIP 数据核字（2014）第 277798 号

急诊医学 （第 2 版）

| | |
|---|---|
| 主　　编： | 朱继红 |
| 出版发行： | 北京大学医学出版社 |
| 地　　址： | （100191）北京市海淀区学院路 38 号　北京大学医学部院内 |
| 电　　话： | 发行部 010-82802230　　图书邮购 010-82802495 |
| 网　　址： | http://www.pumpress.com.cn |
| E - mail： | booksale@bjmu.edu.cn |
| 印　　刷： | 莱芜市圣龙印务有限责任公司 |
| 经　　销： | 新华书店 |
| 责任编辑： | 马联华　　责任校对：金彤文　　责任印制：李　啸 |
| 开　　本： | 787mm×1092mm　1/16　印张：22.75　字数：579 千字 |
| 版　　次： | 2008 年 6 月第 1 版　2015 年 1 月第 2 版　2020 年 6 月第 5 次印刷 |
| 书　　号： | ISBN 978-7-5659-0997-9 |
| 定　　价： | 39.00 元 |

版权所有，违者必究

（凡属质量问题请与本社发行部联系退换）

# 全国卫生高等职业教育规划教材修订说明

　　北京大学医学出版社于1993年和2002年两次组织北京大学医学部和8所开办医学专科教育院校的老师编写了临床医学专业专科教材（第1版和第2版），并于2000年组织编写了护理专业专科教材（第1版）。2007年同时对这些教材进行了修订再版。因这两套教材内容精炼、实用性强，符合基层卫生工作人员的培养需求，受到了广大师生的好评，并被教育部中央广播电视大学选为指定教材。"十一五"期间，这两套教材中有24种被教育部评为**普通高等教育"十一五"国家级规划教材**，其中3种入选**普通高等教育精品教材**。

　　进入"十二五"以来，专科教育已归入职业教育范畴。为适应新时期我国卫生高等职业教育发展与改革的需要，在广泛调研、总结上版教材质量和使用情况的基础上，北京大学医学出版社启动了临床医学、护理专业高等职业教育规划教材的修订再版工作，并调整、新增了部分教材。本套教材有22种入选**"十二五"职业教育国家规划教材**，修订和编写特点如下：

　　1. **优化编写队伍**　在全国范围内遴选作者，加大教学经验丰富的从事卫生高等职业教育工作的作者比例，力求使教材内容的选择具有全国代表性、贴近基层卫生工作人员培养需求，提高适用性；遴选知名专家担纲主编，对教材的科学性、先进性把关。

　　2. **完善教材体系**　针对不同院校在专业基础课设置方面的差异，对部分专业基础课教材实行双轨制，如既有《人体解剖学》《组织学与胚胎学》，又有《人体解剖学与组织胚胎学》《正常人体结构》教材，便于广大院校灵活选用。

　　3. **锤炼教材特色**　教材内容力求符合高等职业学校专业教学标准，基本理论、基本知识和基本技能并重，紧密结合国家临床执业助理医师、全国护士执业资格考试大纲，以"必需、够用"为度；以职业技能和岗位胜任力培养为根本，以学生为中心，使教材更适合于基层卫生工作人员的培养。

　　4. **创新编写体例**　完善、优化"学习目标"；教材中加入"案例""知识链接"，使内容与实践紧密结合；章后附思考题，引导学生自主学习。力求体现专业特色和职业教育特色。

　　5. **强化立体建设**　为满足教学资源的多样化需求，实现教材立体化、数字化建设，大部分教材配套实用的学习指导和数字教学资源，实现教材的网络增值服务。

　　本套教材主要供三年制高等职业教育临床医学、护理类及相关专业用，于2014年陆续出版。希望广大师生多提宝贵意见，反馈使用信息，以逐步修改和完善教材内容，提高教材质量。

# 临床医学专业教材目录

说明：1．"十二五"："十二五"职业教育国家规划教材（"十二五"含其辅导教材）。
2．"十一五"：普通高等教育"十一五"国家级规划教材。
3．" * "：普通高等教育精品教材。
4．辅导教材名称：《主教材名称＋学习指导》，如《内科学学习指导》。

| 序号 | 教材名称 | 版次 | 十二五 | 十一五 | 辅导教材 | 适用专业 |
|---|---|---|---|---|---|---|
| 1 | 医用基础化学 | 4 |  | ✓ | ✓ | 临床医学、护理类及相关专业 |
| 2 | 人体解剖学与组织胚胎学 | 2 |  |  |  | 临床医学类 |
| 3 | 人体解剖学 | 4 | ✓ | ✓ | ✓ | 临床医学、护理类及相关专业 |
| 4 | 组织学与胚胎学 * | 4 | ✓ | ✓ | ✓ | 临床医学、护理类及相关专业 |
| 5 | 人体生理学 | 4 | ✓ | ✓ | ✓ | 临床医学、护理类及相关专业 |
| 6 | 医学生物化学 | 4 |  |  | ✓ | 临床医学、护理类及相关专业 |
| 7 | 病原生物与免疫学 | 1 |  |  |  | 临床医学类 |
| 8 | 医学免疫学与微生物学 | 5 | ✓ | ✓ | ✓ | 临床医学、护理类及相关专业 |
| 9 | 医学寄生虫学 * | 4 | ✓ |  | ✓ | 临床医学、护理类及相关专业 |
| 10 | 医学遗传学 | 3 | ✓ | ✓ | ✓ | 临床医学、护理类及相关专业 |
| 11 | 病理学与病理生理学 | 1 |  |  |  | 临床医学、护理类及相关专业 |
| 12 | 病理学 | 4 | ✓ |  | ✓ | 临床医学、护理类及相关专业 |
| 13 | 病理生理学 | 4 | ✓ | ✓ | ✓ | 临床医学、护理类及相关专业 |
| 14 | 药理学 | 4 |  |  | ✓ | 临床医学、护理类及相关专业 |
| 15 | 诊断学基础 | 4 | ✓ | ✓ | ✓ | 临床医学类 |
| 16 | 内科学 | 4 | ✓ |  | ✓ | 临床医学类 |
| 17 | 外科学 | 4 |  | ✓ |  | 临床医学类 |

续表

| 序号 | 教材名称 | 版次 | 十二五 | 十一五 | 辅导教材 | 适用专业 |
|---|---|---|---|---|---|---|
| 18 | 妇产科学 | 4 | ✓ | ✓ | ✓ | 临床医学类 |
| 19 | 儿科学 | 4 | | | | 临床医学类 |
| 20 | 传染病学 | 4 | ✓ | ✓ | ✓ | 临床医学类 |
| 21 | 眼耳鼻喉口腔科学 | 2 | | | | 临床医学类 |
| 22 | 眼科学 | 2 | ✓ | | | 临床医学类 |
| 23 | 耳鼻咽喉头颈外科学 | 2 | ✓ | | | 临床医学类 |
| 24 | 口腔科学 | 2 | ✓ | | | 临床医学类 |
| 25 | 皮肤性病学 | 4 | | | | 临床医学类 |
| 26 | 康复医学 | 2 | ✓ | | | 临床医学类 |
| 27 | 急诊医学 | 2 | ✓ | | | 临床医学类 |
| 28 | 中医学 | 3 | | | | 临床医学类 |
| 29 | 医护心理学* | 3 | | ✓ | | 临床医学、护理类 |
| 30 | 全科医学导论 | 1 | | | | 临床医学类 |
| 31 | 预防医学 | 4 | | ✓ | ✓ | 临床医学类 |

# 全国卫生高等职业教育规划教材编审委员会

顾　　　问　王德炳

主 任 委 员　程伯基

**副主任委员**（按姓名汉语拼音排序）

　　　　　　曹　凯　付　丽　黄庶亮　孔晓霞　徐江荣

秘 书 长　王凤廷

委　　　员（按姓名汉语拼音排序）

　　　　　　白　玲　曹　凯　程伯基　付　丽　付达华
　　　　　　高晓勤　黄庶亮　黄惟清　孔晓霞　李　琳
　　　　　　李玉红　刘　扬　刘伟道　刘志跃　马小蕊
　　　　　　任云青　宋印利　王大成　徐江荣　张景春
　　　　　　张卫芳　章晓红

# 序

近十余年来，随着国家教育改革步伐的加快，我国职业教育如雨后春笋般蓬勃发展，在总量上已与普通教育并驾齐驱，是我国教育体系构成的重要板块。卫生高等职业教育同样取得了可喜的成绩。开办卫生高等职业教育的院校与日俱增，但存在办学、培养不尽规范等问题。相应的教材建设也存在内容与职业标准对接不紧密、职教特色不鲜明、呈现形式单一、配套资源开发不足、不少是本科教材的压缩版或中职教材的加强版、不能很好地适应社会发展对技能型人才培养的要求等问题。

进入"十二五"以来，独立设置的高等职业学校（含高等专科学校）、成人教育学校、本科院校和有关高等教育机构举办的高等职业教育（专科）统称为高等职业教育，由教育部职业教育与成人教育司统筹管理。教育部发布了**《教育部关于"十二五"职业教育教材建设的若干意见》**等重要文件，陆续制定了各专业教学标准，对学制与学历、培养目标与规格、课程体系与核心课程等10个方面做出了具体要求。职业教育以培养具有良好职业道德、专业知识素养和职业能力的高素质技能型人才为根本，以学生为中心、以就业为导向。教学内容以"必需、够用"为度，教材须图文并茂，理论密切联系实际，强调实践实训。卫生高等职业教育有很强的特殊性，编好既涵盖卫生实践所要求具备的较完整知识体系又能体现职业教育特点的教材殊为不易。

北京大学医学出版社组织的临床医学、护理专业专科教材，是改革开放以来该专业我国第二套有较完整体系的教材，历经多年的教学应用、修订再版，得到了教育部和广大院校师生的认可与好评。斗转星移，转眼间距离2008年上一轮教材修订已5年，随着时代的发展，这两套教材中部分科目需要调整、教学内容需要修订。在大量细致调研工作的基础上，北京大学医学出版社审时度势，及时启动了这两套教材的修订再版工作，成立了教材编审委员会，组织活跃在卫生高等职业教育教学和实践一线的专家学者召开教材编写会议，认真学习教育部关于高等职业教育教材建设的精神，结合当前高等职业教育学生的特点，经过充分研讨，确定了教材的编写原则和编写思路，统一了教材的编写体例，强化了与教材配套的数字化教学资源建设，为使这两套教材成为优秀的立体化教材打下了坚实的基础。

相信经过本轮修订，在北京大学医学出版社的精心组织和全体专家学者对教材的精雕细琢下，这两套教材一定能满足新时期我国卫生高等职业教育人才培养的需求，在教材建设"百花齐放、百家争鸣"的局面中脱颖而出，真正成为好学、好教、好用的精品教材。

本轮教材修订工作得到了各参编院校的高度重视和大力支持，众多专家学者投入了极大的热情和精力，在主编带领下克服困难，以严肃、认真、负责的态度出色地完成了编写任务，谨在此一并致以衷心的感谢！诚恳地希望使用本套教材的广大师生不吝提出建议与指正，使本套教材能与时俱进、日臻完善，为我国的卫生高等职业教育事业做出贡献。

感慨系之，欣为之序！

# 第 2 版前言

由楼滨城教授担任主编的《急诊医学》第 1 版于 2008 年正式发行已有 6 年时间了。在此期间该书已被众多卫生高等职业教育层次的院校作为急诊医学教学用书，受到了广泛好评。教改的深入及知识的更新对急诊医学教育提出了新的更高的要求，为此，北京大学医学出版社对《急诊医学》在第 1 版的基础上进行了修订再版。

新版《急诊医学》更加突出了其实用性和适用性，因为使用《急诊医学》教材的学生毕业后的就职单位多为基层医院或急救站点，对他们而言，在实际工作过程中面临着比中心城市中心医院更多的困难。在大型医院的急诊科，学科的配备齐全及专业科室的强大实力都会成为急诊医师坚实的支撑；甚或，只要急诊医师知道请谁会诊，就能解决大多数难题。而在基层，急诊医师必须面对更为复杂甚至是险恶的紧急状况。在条件有限、缺乏人员及设备支持的情况下，他们要独自面对，这就要求他们有更广博的知识面和独立处置突发状况的能力。有鉴于此，在《急诊医学》此次再版时，教材的实用性成为第一要义。强调了症状学及症状的诊断与鉴别这一急诊医学有别于其他专业的特点，将重点内容放在各系统疾病的急危重症的早期处置上。写作方式更加注重实用性，根据基层医院实际使之更具有临床可操作性。更多地使用了流程图，以增强学生遵循指南的依从性和学习指南的便利性。简化和删除了内、外科学专著已经描述得十分成熟的章节，以减少重复。

总之，在出版社的大力支持及各位编写人员的共同努力下，我们希望新版《急诊医学》能够成为顺应教改、适应急诊医学发展方向、为急诊医学高等职业教育培养实用型人才的入门教材，并能对轮转急诊科的临床医师尽快掌握急诊工作方法和特点提供一些有益的帮助。

本教材的再版修订得到了首都医科大学附属宣武医院急诊科秦俭教授、首都医科大学附属同仁医院急诊科付研教授、中国人民解放军第三〇七医院中毒救治科邱泽武教授及首都医科大学附属复兴医院赵菲菲医师的大力协助，在此谨致谢意。同时感谢北京大学人民医院田文沁、张建中、穆新林、郭鹏、彭涛、刘广志、魏光如等诸位医师在本书编写过程中给予的帮助。

朱继红

# 目录

## 第一章 绪论 …………… 1
### 第一节 急诊医学概念 …………… 1
一、我国急诊医学的发展史 …… 1
二、急诊医学范畴 …………… 1
三、急诊医疗服务体系 ………… 2
四、急诊医学的专业特点 ……… 3
### 第二节 急诊工作方法 …………… 3
一、急诊工作程序 ……………… 3
二、危重患者识别 ……………… 4

## 第二章 心肺脑复苏 ………… 6
### 第一节 心搏骤停 ………………… 6
一、概念 ………………………… 6
二、病因分类 …………………… 6
三、临床表现 …………………… 7
四、诊断 ………………………… 7
五、心搏骤停的临床分期 ……… 8
六、鉴别诊断 …………………… 8
七、心搏骤停的急救处理 ……… 9
八、心搏骤停的预防 …………… 9
### 第二节 心肺脑复苏 ……………… 10
一、现场急救处置 ……………… 10
二、后期急救处置 ……………… 14
三、脑复苏 ……………………… 15
四、心搏骤停后的系统治疗 …… 16

## 第三章 休克及多脏器功能不全综合征 ………… 18
### 第一节 休克 ……………………… 18
一、休克的病因分类 …………… 18
二、休克的病理生理 …………… 18
三、休克的诊断 ………………… 21
四、休克的治疗 ………………… 22
### 第二节 多器官功能障碍综合征 … 28
一、概述 ………………………… 28
二、临床表现 …………………… 30
三、诊断与鉴别诊断 …………… 30
四、急诊处理 …………………… 31

## 第四章 急诊症状鉴别诊断及急救处理原则 ……… 34
### 第一节 发热及高体温 …………… 34
一、发病机制 …………………… 34
二、急诊常见的发热疾病 ……… 35
三、诊断要点 …………………… 36
四、诊断思路 …………………… 37
五、急诊处理策略 ……………… 38
六、预后 ………………………… 38
### 第二节 呼吸困难 ………………… 39
一、病理生理 …………………… 39
二、急诊处理路径 ……………… 40

三、急诊进一步处置 …………… 42
第三节 胸痛 ………………………… 45
　一、病理生理 …………………… 46
　二、急诊处理路径 ……………… 46
第四节 咯血 ………………………… 51
　一、病理生理 …………………… 51
　二、临床表现 …………………… 52
　三、检查 ………………………… 52
　四、诊断思路及鉴别诊断 ……… 53
　五、急诊处理 …………………… 53
第五节 腹痛 ………………………… 55
　一、腹痛急诊处理流程 ………… 55
　二、进一步评估 ………………… 57
　三、进一步处理 ………………… 62
　四、原发疾病的处理 …………… 62
第六节 呕血及便血 ………………… 67
　一、严重性评估 ………………… 69
　二、静脉曲张性上消化道出血的
　　　治疗 ………………………… 70
　三、非静脉曲张性上消化道出血的
　　　治疗 ………………………… 70
　四、呕血、黑便的诊断 ………… 71
第七节 急性腹泻与呕吐 …………… 72
　一、急性腹泻 …………………… 72
　二、呕吐 ………………………… 74
第八节 昏迷 ………………………… 77
　一、昏迷的原因 ………………… 77
　二、临床表现 …………………… 77
　三、诊断与鉴别诊断 …………… 78
　四、急诊处理 …………………… 80
第九节 晕厥及其他原因所致的
　　　一过性意识丧失 …………… 81
　一、晕厥 ………………………… 81
　二、非晕厥 ……………………… 84

第十节 头痛 ………………………… 84
　一、病理生理 …………………… 84
　二、病史 ………………………… 84
　三、体格检查 …………………… 86
　四、辅助检查 …………………… 88
　五、常见异常结果处理 ………… 89
　六、常见不同病因头痛的急诊处理 … 89
第十一节 皮肤、黏膜颜色异常 …… 91
第十二节 肢体无力 ………………… 95
　一、常见的肌无力类型 ………… 95
　二、肢体无力的处理流程 ……… 98
第十三节 贫血 ……………………… 99
　一、临床表现 …………………… 99
　二、诊断 ………………………… 100
　三、鉴别诊断 …………………… 100
　四、治疗 ………………………… 102

## 第五章　呼吸系统急症 …… 103

第一节 气道异物及窒息 …………… 103
　一、发生机制 …………………… 103
　二、病理生理 …………………… 103
　三、病史和临床表现 …………… 104
　四、急诊处理流程 ……………… 104
第二节 急性重症哮喘 ……………… 105
　一、重症哮喘的概念 …………… 105
　二、重症哮喘发作的常见原因 … 105
　三、重症哮喘的病理生理 ……… 106
　四、重症哮喘的临床表现及诊断 … 106
　五、重症哮喘的治疗 …………… 107
第三节 慢性阻塞性肺疾病急性加重 … 108
　一、定义 ………………………… 109
　二、COPD 急性加重的病因 …… 109
　三、临床表现 …………………… 109
　四、实验室和辅助检查 ………… 109

五、诊断与鉴别诊断 …………… 110
六、AECOPD 严重程度评估 …… 110
七、治疗 ……………………… 111

第四节　急性肺血栓栓塞症 ……… 113
一、概念 ……………………… 113
二、流行病学 ………………… 114
三、危险因素 ………………… 114
四、病理生理 ………………… 115
五、临床表现 ………………… 115
六、辅助检查 ………………… 116
七、危险分层 ………………… 117
八、诊断流程 ………………… 117
九、鉴别诊断 ………………… 118
十、治疗 ……………………… 118

第五节　社区获得性肺炎 ………… 120
一、定义 ……………………… 120
二、诊断 ……………………… 120
三、病情判断与分级 ………… 121
四、急诊初始经验性抗感染治疗方
　案推荐 ……………………… 121
五、其他治疗 ………………… 122
六、疗程 ……………………… 122
七、并发症 …………………… 122

第六节　气胸 ……………………… 123
一、胸膜腔解剖 ……………… 123
二、病因与病理生理 ………… 123
三、临床表现 ………………… 124
四、胸部 X 线检查 …………… 124
五、诊断与鉴别诊断 ………… 124
六、治疗 ……………………… 125

第六章　心脏急症 …………… 127

第一节　急性冠状动脉综合征 …… 127
一、病理生理 ………………… 127

二、临床表现 ………………… 128
三、辅助检查 ………………… 128
四、诊断 ……………………… 129
五、院前急救 ………………… 131
六、再灌注治疗 ……………… 132
七、药物治疗 ………………… 135

第二节　急性心功能不全 ………… 136
一、病史 ……………………… 137
二、临床表现 ………………… 137
三、辅助检查 ………………… 138
四、诊断 ……………………… 138
五、鉴别诊断 ………………… 139
六、治疗 ……………………… 140

第三节　高血压危象 ……………… 142
一、定义 ……………………… 142
二、发病机制 ………………… 143
三、临床表现 ………………… 143
四、病情评估 ………………… 143
五、治疗原则 ………………… 143

第四节　急性心包炎和急性心肌炎 … 144
一、急性心包炎 ……………… 144
二、急性心肌炎 ……………… 147

第五节　严重心律失常 …………… 150
一、快速性心律失常 ………… 150
二、缓慢性心律失常 ………… 156
三、长 QT 综合征和短 QT 综
　合征 ……………………… 157
四、妊娠期女性心律失常的急
　诊处理 …………………… 157

第六节　常用抗心律失常药 ……… 158
一、概述 ……………………… 158
二、六种口服抗心律失常药物 … 158
三、七种静脉抗心律失常药物 … 159

## 第七章 血管急症 ……… 161

### 第一节 腹主动脉瘤 ……………… 161
一、病因 …………………………… 161
二、临床表现 ……………………… 161
三、诊断 …………………………… 162
四、治疗 …………………………… 162

### 第二节 主动脉夹层 ……………… 163
一、病因 …………………………… 163
二、病理生理 ……………………… 163
三、分类 …………………………… 163
四、临床表现 ……………………… 164
五、辅助检查 ……………………… 165
六、诊断与鉴别诊断 ……………… 166
七、治疗 …………………………… 166

### 第三节 急性肠系膜缺血 ………… 168
一、解剖与发病机制 ……………… 168
二、病因及分类 …………………… 168
三、临床表现 ……………………… 169
四、诊断 …………………………… 170
五、治疗 …………………………… 171

## 第八章 消化系统急症 …… 172

### 第一节 吞食异物 ………………… 172
一、咽部异物 ……………………… 172
二、食管异物 ……………………… 172
三、胃、十二指肠异物 …………… 173

### 第二节 食管裂孔疝和食管破裂 … 174
一、食管裂孔疝 …………………… 174
二、食管破裂 ……………………… 176

### 第三节 上消化道出血 …………… 177
一、病因 …………………………… 177
二、临床表现 ……………………… 178
三、诊断 …………………………… 179
四、急诊处理 ……………………… 181

### 第四节 重症急性胰腺炎 ………… 183
一、病因及发病机制 ……………… 183
二、病理 …………………………… 184
三、临床表现 ……………………… 184
四、并发症 ………………………… 184
五、辅助检查 ……………………… 185
六、诊断要点 ……………………… 186
七、急诊处理 ……………………… 187
八、预后 …………………………… 188

### 第五节 急性梗阻性化脓性胆管炎 … 188
一、病因 …………………………… 188
二、病理生理 ……………………… 188
三、临床表现 ……………………… 189
四、并发症 ………………………… 189
五、辅助检查 ……………………… 189
六、急诊处理 ……………………… 189

## 第九章 泌尿系统急症：血尿 191
一、病因 …………………………… 191
二、临床症状 ……………………… 192
三、诊断要点 ……………………… 193
四、鉴别诊断 ……………………… 193
五、治疗 …………………………… 193

## 第十章 内分泌系统急症 … 195

### 第一节 高血糖危象 ……………… 195
一、定义及流行病学 ……………… 195
二、发病机制 ……………………… 195
三、高血糖危象的诊断 …………… 196
四、高血糖危象的治疗 …………… 199
五、高血糖危象的治疗监测与
　　疗效评估 ……………………… 201

六、高血糖危象并发症的治疗 … 202
七、高血糖危象特殊人群的诊断与治疗 … 204
八、高血糖危象纠正后的治疗 … 204
九、高血糖危象的预防 … 204

第二节 甲状腺危象 … 204
一、概述 … 204
二、诱因 … 205
三、发病机制 … 205
四、临床表现 … 205
五、实验室检查 … 206
六、诊断与鉴别诊断 … 206
七、治疗 … 206

第三节 黏液水肿性昏迷 … 208
一、概述 … 208
二、诱因 … 208
三、临床表现 … 208
四、诊断 … 208
五、治疗 … 209
六、预后 … 210

第四节 肾上腺危象 … 210
一、概述 … 210
二、病因 … 210
三、临床表现 … 211
四、辅助检查 … 212
五、诊断要点 … 212
六、鉴别诊断 … 213
七、治疗 … 213

# 第十一章 血液系统急症及输血治疗 … 214

第一节 溶血危象 … 214
一、急性溶血性贫血的临床表现 … 214
二、实验室检查 … 216
三、诊断与鉴别诊断 … 217
四、治疗 … 218

第二节 白细胞疾病 … 219
一、中性粒细胞减少症 … 219
二、溶瘤综合征 … 222

第三节 血小板减少 … 223
一、概述 … 223
二、病因 … 223
三、原发性免疫性血小板减少症 … 223
四、血栓性血小板减少性紫癜 … 226
五、溶血性尿毒症综合征 … 227

第四节 凝血机制异常 … 227
一、血友病 … 227
二、弥散性血管内凝血 … 229

第五节 输血治疗 … 235
一、红细胞血型 … 235
二、血液制品种类及其适应证 … 236
三、急诊输血 … 237
四、大量输血 … 237
五、输血反应 … 237

# 第十二章 神经系统急症 … 240

第一节 脑卒中 … 240
一、短暂性脑缺血发作 … 240
二、脑梗死 … 242
三、脑出血 … 245
四、蛛网膜下腔出血 … 246

第二节 癫痫持续状态 … 247
一、定义 … 247
二、发病原因 … 247
三、癫痫持续状态的分类 … 248
四、临床表现 … 249
五、治疗 … 249

## 第十三章　物理与环境因素所致的急症 ……253

### 第一节　中暑 …………… 253
一、病因与诱因 …………… 253
二、发病机制 ……………… 253
三、临床表现 ……………… 254
四、实验室检查 …………… 254
五、诊断与鉴别诊断 ……… 254
六、急救处理 ……………… 255
七、预防 …………………… 255

### 第二节　意外低体温 …… 256
一、病因与诱因 …………… 256
二、临床表现 ……………… 256
三、诊断 …………………… 256
四、治疗 …………………… 256

### 第三节　淹溺 …………… 257
一、发病机制 ……………… 257
二、临床表现 ……………… 258
三、辅助检查 ……………… 258
四、水面急救 ……………… 258
五、急救处理 ……………… 258

### 第四节　电击与雷击 …… 260
一、病因 …………………… 260
二、临床表现 ……………… 260
三、现场急救 ……………… 261
四、院内抢救 ……………… 261
五、预防 …………………… 261

## 第十四章　急性中毒 ……263

### 第一节　急性中毒诊断及治疗原则 … 263
一、诊断 …………………… 263
二、治疗原则 ……………… 265

### 第二节　急性药物中毒 … 267
一、镇静催眠药物中毒 …… 267
二、解热镇痛药物中毒 …… 270
三、三环类抗抑郁药物中毒 … 271
四、锂剂中毒 ……………… 273
五、阿片类药物中毒及戒断综合征 … 275

### 第三节　急性工业毒物中毒 … 276
一、汞中毒 ………………… 277
二、铅中毒 ………………… 277
三、氮氧化合物中毒 ……… 278

### 第四节　食用有毒动植物造成的急性中毒 … 280
一、河豚中毒 ……………… 280
二、鱼胆中毒 ……………… 280
三、毒蕈中毒 ……………… 281

### 第五节　急性一氧化碳中毒 … 282
一、发病机制 ……………… 282
二、临床表现 ……………… 282
三、诊断 …………………… 283
四、治疗 …………………… 283

## 第十五章　损伤急症 ……284

### 第一节　创伤 …………… 284
一、概述 …………………… 284
二、病理生理 ……………… 284
三、临床表现 ……………… 285
四、诊断 …………………… 286
五、急救处置 ……………… 287

### 第二节　烧伤 …………… 292
一、严重程度 ……………… 292
二、急救与转送 …………… 293
三、休克期补液治疗 ……… 294
四、创面处理 ……………… 295

### 第三节　咬蜇伤 ………… 297
一、毒蛇咬伤 ……………… 297
二、蜂蜇伤 ………………… 299

三、蝎子蜇伤 ………………… 299
四、蜈蚣蜇伤 ………………… 300
五、毒蜘蛛蜇伤 ……………… 300
六、动物咬伤 ………………… 300

## 第十六章 妇产科急症 …… 303

第一节 妇产科常见急症 ……… 303
 一、阴道出血 ………………… 303
 二、下腹痛 …………………… 304
第二节 产科急症 ……………… 305
 一、妊娠剧吐 ………………… 305
 二、异位妊娠 ………………… 305
 三、自然流产 ………………… 307
 四、妊娠期高血压疾病 ……… 307
 五、妊娠晚期出血 …………… 309
第三节 妇科急症 ……………… 310
 一、卵巢肿物破裂 …………… 310
 二、卵巢肿物蒂扭转 ………… 310

## 第十七章 眼科急症 ……… 312

第一节 眼科急诊的范畴与特点 … 312
第二节 需要即刻处理的眼科急症 … 313
 一、眼化学伤 ………………… 313
 二、视网膜动脉阻塞 ………… 313
 三、急性闭角型青光眼 ……… 314
 四、眶蜂窝织炎 ……………… 315
 五、视网膜脱离 ……………… 315
 六、中毒性失明 ……………… 316
第三节 非创伤性眼科急症 …… 316
 一、急性泪囊炎 ……………… 316
 二、急性睑腺炎（麦粒肿/针眼）… 316
 三、自发性结膜下出血 ……… 317
 四、急性结膜炎 ……………… 317
 五、角膜溃疡 ………………… 318

六、病毒性角结膜炎 ………… 318
七、葡萄膜炎（虹膜炎及虹膜睫
  状体炎）………………… 319
八、玻璃体积血 ……………… 319
九、视网膜中央静脉闭塞 …… 319
十、视神经炎 ………………… 320
十一、缺血性视盘病变 ……… 320
第四节 眼辐射伤与机械性损伤 … 321
 一、紫外线灼伤 ……………… 321
 二、机械性损伤 ……………… 321

## 第十八章 耳鼻喉科急症 … 325

第一节 需要紧急处理的症状：
   鼻出血 ………………… 325
第二节 致命性疾病 …………… 326
 一、喉阻塞 …………………… 326
 二、急性会厌炎 ……………… 327
 三、小儿急性喉炎 …………… 328
 四、咽后脓肿 ………………… 329
第三节 非创伤性急症 ………… 330
 一、急性扁桃体炎 …………… 330
 二、急性化脓性中耳炎 ……… 331
 三、急性鼻窦炎 ……………… 333
第四节 创伤性急症 …………… 334
 一、鼻部骨折 ………………… 335
 二、喉外伤 …………………… 335
第五节 异物 …………………… 336
 一、幼儿鼻腔异物 …………… 336
 二、咽与食管异物 …………… 337
 三、喉、气管和支气管异物 … 338

**中英文专业词汇索引** …………… *341*

**主要参考书目** …………… *344*

# 第一章

# 绪 论

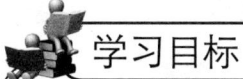

1. 急诊医疗服务体系的概念。
2. 危重病情评估的方法。

## 第一节 急诊医学概念

急诊医学（emergency medicine）是以突发疾病及创伤为对象、以迅速评估患者并做出临床决策为特点、以挽救患者生命和阻止疾病创伤恶化为目的的临床专业学科。急诊医学可分为院前急救、院内急诊及危重症监护三个诊疗阶段，包括复苏学、中毒学、灾害医学、儿科急诊医学及急救服务系统管理学。

### 一、我国急诊医学的发展史

医学是保障人类生存的科学，自有人类起就有了急救，急救医学是伴随人类的生存而发展起来的。随着科学的进步，人们对医疗需求的增长，20世纪60年代末至20世纪70年代初，发达国家的急诊医学得到惊人的发展。我国实行"改革开放"国策后，受国际急诊医学的影响，我国政府采取了一系列措施，使我国的急诊医学在30年间得到了迅速发展（表1-1）。特别是在2003年发生传染性非典型肺炎流行后，政府进一步加大了资金投入，以建立健全突发公共卫生事件紧急医疗救治体系。

### 二、急诊医学范畴

急诊医学的专业范畴有其独特性，以院内急诊为基础，涵盖院前急救、医院内急诊及急诊加强医疗单位（emergency intensive care unit，EICU）。随着急诊医学的发展，急诊医学范畴增加了急诊医学教学、损伤预防、灾害医学和群体伤亡事件、中毒处理、生化恐怖事件处理、急诊医疗服务体系管理等方面。

1. **院前急救** 常称为"急救医学"，它是急诊的延伸。医院急诊是医师等患者，院前急救是医师亲自到事发现场（或患者家中）进行救治，这是医学的进步，这种进步依赖于现代化交通工具的问世。航空救护进一步缩短了转运时间。

表1-1 我国急诊医学发展概况

| 年份（年） | 重要工作 |
|---|---|
| 1980 | 卫生部颁发了"加强城市急诊工作"的文件 |
| 1982 | 卫生部召开了"建立城市急诊工作的咨询会" |
| 1983 | 卫生部颁布"城市医院急诊室建立方案" |
| 1984 | 卫生部颁布"城市医院急诊室建立方案" |
| 1985 | 国家学位评定委员会正式批准在有条件的医学院校可设置急诊医学研究生点 |
| 1986 | 中华医学会批准正式成立"中华医学会急诊分会" |
| 1990 | 《急诊医学》创刊（2001年更名为《中华急诊医学杂志》） |
| 20世纪90年代 | 在医院等级评审中，卫生部再次明确规定，二、三级医院必须组建急诊科 |

2．**院内急诊** 医院为了能及时接待急性发病或危重伤病员而设置的特定诊疗场所——急诊室（科），使危急患者可以随到随救。目前大医院急诊科均设有分诊处、抢救室、诊室、留观室、重症监护病房和急诊病房；同时配备收费处、药房、化验室、放射检查室（或CT）、超声检查室；并有血库、手术室24小时支持急诊，有可靠的后勤保障。有24小时各学科会诊。不少医院可开展急诊介入治疗及内镜诊断与治疗。可以说，急诊是用**最少的资源、最快的速度**对伤病员进行诊治。

3．**灾害医学** 近几十年来，全球地震和水灾等自然灾害频繁发生，生物恐怖和核泄漏等人为灾难，以及SARS等公共卫生突发事件和疫病流行等生物灾难直接威胁着人类的生存和发展。灾难医学是研究在灾难条件下维护人民群众的身体健康和生命安全、伤病预防和救治的组织工作与技术措施的医学学科，是集公共卫生、急诊医学和灾难管理于一体的一门新兴交叉学科。

4．**毒理学** 中毒是急诊常见病之一，现在医院分科越来越细，各内科亚科几乎均不包括中毒，因此，中毒只能属于急诊科范畴。中毒可能是意外中毒或有意服毒；中毒患者多为年轻患者，无其他基础疾病，积极抢救意义大。

5．**急诊医疗体系管理学** 紧急救治是急诊医学的指导思想。如何用最快的速度到达危重伤病员现场，用最高的质量进行抢救，维持生命，并安全转运到距离最近、有救治能力的医院，就必须建立完善的急诊医疗服务体系（Emergency Medicine Service System，EMSS）。可以说这是社会性大急诊。首先应在统一指挥下，以一定的急救半径（我国大约为5 km）建立急救站，然后把急救站和医院联成有机组织，形成急救网络。研究这一系统的组织管理的学科就是急救医疗体系的管理学。

但是在整个急诊医学中，医院内急诊服务的量最大。为此，下面重点阐明医院急诊医疗工作的特点。

### 三、急诊医疗服务体系

急诊医疗服务体系并非一个特定的机构，而是一个要求包括急救机构、医院急诊科（室）和急诊加强治疗单位或专科病房三个基本机构在内的、有机联系起来的、完整的现代化医疗系统——这三部分既各具独立职责和任务，又相互紧密联系，构成一个科学、高效、严密的组织和统一指挥的急救网络。其包括完善的通讯指挥系统、现场急救组织、有监护和急救装置的运输工具、高水平的医院内服务机构及加强医疗单位。

### 四、急诊医学的专业特点

1. 如前文所述，急诊医学专业范畴广泛，面临多学科疾病以及并存多种疾病的患者，工作复杂。
2. 急诊医学具有鲜明的"社会属性"，是灾害及群体伤亡事件等突发公共卫生事件的前哨，还需承担无家可归者的救治等社会责任。
3. 急诊工作强调时间紧迫性，要求24小时开放，通过科学有效的管理使EMSS各部分高效运转、有机合作、无缝衔接。
4. 急诊医学是临床决策应用最为频繁的学科之一，而且诊断不确定性高，常常需要"先开枪后瞄准"的临床思维。
5. 有可能面临涉及法律的医疗问题，如交通事故、打架斗殴、意外中毒等。应及时通知当地公安部门。

## 第二节 急诊工作方法

急诊科是危急患者的集中场所，难以避免成为医疗纠纷的"高发区"。急诊科经常遇到起病急骤、病情变化迅猛、潜在致命可能的疾病。因此，急诊工作有其特殊的工作程序。

### 一、急诊工作程序

1. **初始评估** 主要通过分诊把急诊患者分为濒死、致命、重症及轻症（表1-2），并把危及生命患者安置在抢救室，重症患者提前就诊，一般患者到诊室就诊。致命性疾病被分为致命Ⅰ类和致命Ⅱ类。致命Ⅰ类是指有生命指征不稳定者，需要安置在抢救室，进行抢救；致命Ⅱ类是指诊断不明的、可能致命的、严重疾病的患者，但生命体征基本稳定。如怀疑是急性心肌梗死的胸痛患者属致命Ⅱ类；对此类患者需要做许多检查，最好有专人负责，有专门场地。下文将详述对危重患者的识别。
2. **稳定生命体征** 就是抢救，不管何种疾病，先救命后治病。危重患者工作程序是：抢救-诊断-治疗，而非常规的诊断-治疗。

表1-2 病情分级

| 分级 | 标准 |
| --- | --- |
| 濒死 | 生命体征处于濒死状态，如不进行抢救，短时间内即死亡。如窒息 |
| 致命Ⅰ | 生命体征异常，如不进行抢救，死亡的可能性很大。如休克 |
| 致命Ⅱ | 生命体征正常，诊断不明的危重患者。如可疑急性心肌梗死的胸痛 |
| 重症 | 必须进行正规治疗，但死亡可能性小。如一般青壮年肺炎 |
| 轻症 | 一般不致命与致残。如病毒性上呼吸道感染 |

3. **诊断与治疗** 对重症和一般急症，通过询问病史、体格检查、简单化验检查及特殊检查，作出初步诊断，并给予适当处理。

4. **安置** 经急诊处理后，决定患者去向，如回家、留观、住院或转院等。留观标准"宜宽、不宜严"。①急诊患者处于疾病的早期阶段，疾病全过程未能充分暴露，稍有不慎，就可能把致命患者放回家，以致死于途中，或到家后短时间内死亡；②一线接诊医师多数是急诊经历短的低年资医师，应给他们提供宽松的环境，防止意外；③急诊患者中混杂着不少疑难重症，对此类患者的病史与体格检查必须精雕细刻，必须花时间、下功夫细问细查。留观后必须细问细查，不能"留而不观"。应做到主动观察，主动处理。应仔细询问病史，进行全面体格检查。如有疑难问题，及时请示上级医师。家属来叫时，应做到随叫随到，除非同时在抢救其他患者。

## 二、危重患者识别

面对急危重症患者时，在短时间内确定诊断固然重要，但判断病情危重程度，根据生命体征及临床表现识别致命或潜在致命的疾病更具重要意义。

经典教科书重视疾病的诊断与治疗，较少涉及病情判断。根据急诊工作的实际需要，病情判断是最为重要的临床工作，优先于诊断与治疗，因为危重病情的识别可协助对急危重症的**早重视、早抢救、早告知**，以减少医疗纠纷，提高医疗质量。美国急诊医学联合组织编写的《急诊医学临床工作模式》一文提到，在急诊医师的三大任务中，首要任务就是病情判断，应区分危、重、轻症。该文对87个症状及800余种疾病进行了危重、重症及轻症分类。

对任何症状的鉴别诊断，均应从最危重疾病开始，逐个进行排除。因为危重疾病漏诊可以致命。以腹痛、胸痛及头痛为例说明应排除的致命性疾病如表1-3所示。这些疾病被列为第一位的疾病是因为：它们需要紧急干预，不得延误。

表1-3 有腹痛、胸痛及头痛症状的致命性疾病

| 腹痛 | 胸痛 | 头痛 |
| --- | --- | --- |
| 宫外孕 | 急性心肌梗死 | 蛛网膜下腔出血 |
| 血管与脏器破裂 | 主动脉夹层 | 脑出血 |
| 化脓性胆管炎 | 肺栓塞 | 脑膜炎 |
| 胃穿孔 | 食管裂孔疝 | 青光眼 |
| 重症急性胰腺炎 | 心包疾病 | |

旨在提高医疗机构对患者危险程度的识别而建立的早期预警评分系统（early warning system，EWS）及改良的早期预警评分系统（modified EWS，MEWS）（表1-4）采用七大生命体征进行简便的评分，以及早开展合理的医疗干预。

为便于掌握危重病情，制定濒死与危重指征如下：

（一）濒死指征

气道：气道阻塞（舌后坠）；

呼吸：呼吸浅慢或不规则、濒死呼吸（双吸气、长吸气、点头样呼吸）；

表 1-4 改良的早期预警评分系统（MEWS）

| 项目 | 计算分值 | | | | | | |
|---|---|---|---|---|---|---|---|
| | 3 | 2 | 1 | 0 | 1 | 2 | 3 |
| 体温（℃） | | < 35.0 | 35.0 ~ 35.9 | 36.0 ~ 37.4 | 37.5 ~ 38.4 | ≥ 38.5 | |
| 心率 | < 40 | | 40 ~ 49 | 50 ~ 99 | 100 ~ 114 | 115 ~ 129 | ≥ 130 |
| 收缩压 | < 70 | 70 ~ 79 | 80 ~ 99 | 100 ~ 179 | | ≥ 180 | |
| 呼吸 | | < 10 | | 10 ~ 19 | 20 ~ 29 | 30 ~ 39 | ≥ 40 |
| 意识 | | | | 清醒 | 对声音有反应 | 对疼痛刺激有反应 | 无反应 |
| $SaO_2$（%） | < 85 | 85 ~ 89 | 90 ~ 94 | ≥ 95 | | | |
| 尿量 [ml/(kg·h)] | 无 | < 0.5 | 透析 | 0.5 ~ 3 | > 3 | | |

血压：血压测不到；或测血压时只有 1 次搏动，提示失血 > 40%；

神经：瞳孔扩大、居中、对光反应消失；

$SatO_2$：吸氧条件下，氧饱和度 < 80%。

**（二）危重指征**

呼吸：呼吸急促 > 30 次 / 分或端坐呼吸、发绀；

循环：休克或低血压、心率 < 40 次 / 分或 > 130 次 / 分、四肢厥冷；

神经：瞳孔不等大或针尖样瞳孔、反复抽搐、嗜睡至昏迷、烦躁不安至谵妄；

体温：体温不升 ≤ 35.5℃ 或 ≥ 40.5℃；

尿量：无尿或 < 0.5 ml/(kg·h)；

$SaO_2$：$FiO_2$ > 35% 的情况下 $SaO_2$ < 90%；

血液：全身瘀斑。

## 问题与思考

1. 简述 EMSS 的组成部分。
2. 简述 MEWS 所包括的生理指标。

（马　丽　楼滨城）

# 第二章 心肺脑复苏

**学习目标**

1. 心搏骤停的定义。
2. CPR"生存链"的组成。
3. 高质量胸外按压要点。
4. 现场 CPR 步骤。
5. 高级生命支持要点。

## 第一节 心搏骤停

### 一、概念

①心搏骤停（cardiac arrest, CA）指各种原因引起的心脏突然停搏，丧失泵血功能，致全身组织缺血缺氧，会造成全身血管不可逆性损害甚至死亡，是临床上最危重的情况。②心肺脑复苏（cardiac pulmonary cerebral resuscitation，CPCR）就是对此所采用的最初急救措施。③猝死（sudden death/sudden and unexpected death）是指自然发生的、意外的突然死亡，是所有生物功能不可逆转的停止。世界卫生组织（WHO）规定：发病后6小时内死亡为猝死，目前大多数学者倾向于将猝死的时间限定在发病1小时内。心源性猝死（sudden cardiac death，SCD）是指由心脏病发作而导致的出乎意料的突然死亡。心脏的骤然停搏标志着临床死亡，但在第一时间（最好在4分钟之内）应考虑为濒死状态，仍存在复苏的希望。正确而迅速地施行心肺复苏术可防止或逆转机体进入生物学死亡，从而使患者有接受进一步治疗的时间和机会。

### 二、病因分类

循环系统疾病、呼吸系统疾病、中枢神经系统疾病、代谢障碍、药物、酗酒、出血、过敏及中毒等都可以导致 CA，但以心血管疾病居多。各种心脏病都可能导致 CA，其中 70%～90% 是由冠状动脉粥样硬化性心脏病（冠心病）所引起。CA 常见原因见表 2-1。

表 2-1 心搏骤停原因

| 分类 | 原因 | 疾病或致病因素 |
|---|---|---|
| 心脏 | 心肌损伤 | 冠心病、心肌病、心脏结构异常、瓣膜功能不全 |
| 呼吸 | 通气不足/换气障碍 | ①中枢神经系统疾病、神经肌肉接头疾病、中毒或代谢性疾病;②上呼吸道梗阻:气道异物阻塞、感染、创伤、新生物;③哮喘、COPD、肺水肿、肺栓塞 |
| 循环 | 机械性梗阻 | 张力性气胸、心脏压塞、肺栓塞 |
| | 有效循环血量过低 | 出血、脓毒症、神经源性休克 |
| 代谢 | 电解质紊乱 | 低钾血症、高钾血症、低镁血症、高镁血症、低钙血症 |
| 中毒 | 药物 | 抗心律失常药物、洋地黄类药物、钙通道阻滞剂、抗抑郁药 |
| | 毒品 | 可卡因、海洛因 |
| | 毒物 | 一氧化碳、氰化物 |
| 环境 | | 雷击、触电、低/高温、淹溺 |

COPD,慢性阻塞性肺疾病

### 三、临床表现

CA 发生前可无任何先兆,部分患者有精神刺激和(或)情绪波动,有些出现心前区闷痛,并可伴有呼吸困难、心悸、极度疲乏感。CA 发生时,心脏有效收缩丧失 4~15 秒即可有晕厥和抽搐,呼吸迅速减慢,变浅,以致停止;并出现心音消失,血压测不到,脉搏不能触及,皮肤出现发绀,瞳孔散大,对光反应消失。

心搏骤停的典型"三联征"包括:意识丧失、呼吸停止和大动脉搏动消失,可有如下表现:

(1) 突然摔倒,意识丧失,面色迅速变为苍白或青紫;
(2) 大动脉搏动消失,触摸不到颈、股动脉搏动;
(3) 呼吸停止或呈叹息样,继而停止;
(4) 双侧瞳孔散大;
(5) 可伴有因脑缺氧引起的抽搐和大小便失禁,随即全身肌张力丧失;
(6) 心电图表现:①心室颤动(ventricular fibrillation,VF);②无脉性室性心动过速(pulseless ventricular tachycardia,VT);③心室静止(ventricular asystole);④无脉电活动(pulseless electric activity,PEA),即电-机械分离。

### 四、诊断

CA 是临床最紧急的危险情况,对其识别和处理必须争分夺秒。住院患者接受心电监护时一旦发生心搏骤停,监护系统常可自动报警,医护人员可以直接从心电图上迅速作出判断。但大多数患者发生心搏骤停时没有心电图做参考,故注意不要等待心电图检查结果。对目击者来说,判断心搏骤停最有价值的表现是:患者突然倒地、意识丧失、呼吸停止或呈叹息样。由于短时间内不易准确摸清大动脉搏动情况,故对非专业人员不要求进行此项检查,而对专业人员则要求在 10 秒内完成动脉搏动的探查。

## 五、心搏骤停的临床分期

1. **前驱期** 这个时期症状不明显。许多患者在发生心搏骤停前数天或数周出现前驱症状，如心绞痛、心慌、气促加重等非特异表现。

2. **发病期** 典型症状是：有长时间的心绞痛或急性心肌梗死的疼痛，急性呼吸困难，头晕，甚至昏迷。心电图通常为恶化的室性早搏、室性心动过速、心室颤动、心室停搏等。

3. **心搏骤停期** 心搏骤停发生后，症状和体征依次出现如下：①心音消失；②脉搏扪不出，血压测不出；③意识突然丧失或伴短暂全身性抽搐，多在心脏停搏后10秒内出现；④呼吸呈叹息样，随后即停止，一般在心脏停搏后20～30秒内；⑤瞳孔散大，心脏停搏后30～60秒内出现。

## 六、鉴别诊断

### （一）冠心病

冠心病是引起CA的最常见疾病，在欧美国家约占80%。CA患者中近75%有急性或陈旧性心肌梗死病史。我国因冠心病猝死的平均发生率为每年28.7/10万，占冠心病总病死率的45.1%。这些猝死的患者生前常有冠状动脉主干或其分支堵塞严重，平常重视不够，或受医疗条件限制，不少人几乎没做过心电图或冠状动脉造影等检查而未被确诊，疾病未得到及时有效的治疗。在冠心病引起的猝死中，20%～40%的患者初起时心电图表现为心肌梗死，在发作后数分钟至数小时死亡；其余60%～80%的患者则表现为突发心搏骤停。高血压、血脂代谢紊乱、糖尿病、吸烟、肥胖、精神应激及剧烈运动都是冠心病心搏骤停与猝死的危险因素。

### （二）原发性心肌病

原发性心肌病引起的猝死常有家族史，以原发性肥厚型心肌病为主，是青少年发生心搏骤停与猝死的常见原因。晕厥及Holter检查检测到室性心动过速是猝死的危险信号。约10%患者的心电图可出现酷似心肌梗死的异常Q波。超声心动图可显示室间隔不对称性肥厚和收缩幅度减弱，这是确诊本病的特异性发现。

### （三）心肌炎

急性病毒性心肌炎是小儿和青年人猝死的常见病因，致病病毒包括柯萨奇A、B病毒，埃可病毒，流感病毒等，以柯萨奇B病毒侵犯心肌的机会最多。婴幼儿多于急性期猝死，而成人则以恢复期猝死居多。猝死前常有病毒感染的全身表现，如发热、呼吸道症状、全身酸痛等。心脏检查可有弥漫性心肌受损的表现，如心界扩大、心肌活动减弱及心力衰竭等；重症患者可合并严重心律失常，如病态窦房结综合征、完全性房室传导阻滞等。

### （四）肺栓塞

手术后、久病卧床或有其他高凝倾向的患者突然发生呼吸困难、咳嗽、烦躁并迅速转入休克、发绀、昏迷、呼吸停止而死亡者多为肺动脉栓塞所致。由于检查手段不断完善，结合死者尸检表明，近年来，肺栓塞的发病率越来越高，在老年猝死的病因中占有重要地位。

### （五）脑血管疾病

主要是脑出血。脑出血患者绝大多数存在高血压、动脉粥样硬化等基础病。情绪激动、烟酒等不良刺激常可引起血压急剧升高以致血管破裂。如出血量较大，颅内压升高明显，可形成脑疝，压迫生命中枢，导致死亡。

### （六）消化道疾病

重症急性胰腺炎是青壮年猝死的重要疾病；暴饮暴食、酗酒是其常见发病原因，造成胰出血坏死，消化酶外溢，发生自体消化，导致猝死，常被误诊为急性心肌梗死。上消化道大出血等同样可造成猝死，尤其是突发性出血引起休克或呕吐物阻塞气道引起窒息时，是上消化道出血导致猝死的主要原因。

### （七）低血糖

老年糖尿病患者夜间因严重低血糖而猝死者也较多见。其原因在于：相当一部分老年糖尿病患者的治疗不正规，患者血糖水平变化较大，或接受降糖药治疗后未及时进餐；一旦发生严重低血糖，由于夜间中枢神经系统和交感神经系统抑制，迷走神经张力过高，心慌、饥饿、出汗等典型低血糖症状不明显，患者不易觉察而导致猝死。

### （八）血钾异常

（1）血钾过低引起猝死常见于长期禁食、大量液体引流、频繁呕吐或长期使用排钾利尿剂等患者。血清钾降低至 1.5～2.5 mmol/L 时，心电图检查可发现频发或多源性室性早搏、短阵室性心动过速、心室颤动等异位节律，还可出现 QT 间期延长、T 波低平或倒置、u 波巨大等复极延缓的表现。临床表现有倦怠、无力、腹胀、突发一过性意识丧失、抽搐等。

（2）严重高钾血症引起的猝死多见于重度溶血、大面积挤压伤、肾衰竭少尿期、严重酸中毒或长期单独使用保钾利尿剂等患者。血清钾浓度可高达 7～8 mmol/L。心电图早期可表现为高尖而窄的帐幕状 T 波，随后 QRS 波群增宽，心率减慢，继而 P 波消失，最后出现缓慢而无效的室性自主心律或心室停搏而死亡。

### （九）药物中毒或过敏

锑剂、氯喹、奎尼丁、洋地黄等药物均可引起心肌损害，特别是当机体处于低钾血症状态时尤易发生心室颤动。静脉应用普萘洛尔、苯妥英钠、利多卡因、氨茶碱及钙剂等速度过快也可引起心搏骤停。青霉素、链霉素及某些血清制剂的使用可因过敏性休克而导致心搏骤停而发生猝死。哮喘患者在某些刺激物的侵袭下可突发呼吸道强力收缩，进而发生猝死。

### （十）某些诊断和治疗操作

各种心导管检查与治疗、颈动脉窦按压不当、起搏器故障、电转复意外、输入大量库存血、为缺氧及二氧化碳潴留的肺心病患者吸痰或气管插管、手术或麻醉意外等均可能引起心搏骤停。

## 七、心搏骤停的急救处理

诊断一经成功，立即就地抢救，争分夺秒，马上进行心肺复苏术。因为心跳停止超过 4～6 分钟就可引起不可逆的脑损伤或死亡。在抢救的同时，还需尽量明确原因，给予针对性治疗。

## 八、心搏骤停的预防

CA 发病较急，短时间内如果没有及时抢救，死亡率较高。CA 是危及生命的重大事件，老年人最容易因心血管疾病而发生 CA，但心血管疾病不是老年人的专利，中青年人也要警惕。其实，CA 的发生往往是人们忽视了生活中的一些细小的细节所致，如果人们能注意这些生活细节，猝死事件是可以避免的。

（1）保持正常、良好的生活习惯，避免过度劳累。饮食结构要合理，多吃水果和含纤维素多的食物及蔬菜，少吃胆固醇高和辛辣刺激性食物。尤其是心脏病患者应遵守"低盐、低胆固醇、低血脂"的"三低"原则。同时应避免暴饮暴食，要注意防止便秘。

（2）有病早发现，早治疗，定期体检，尤其是高危人群要定期到医院体检。应随时检查血压、血脂。因为血压过高不仅可突然诱发脑卒中而导致猝死，同时也会增加心脏猝死的风险。血脂过高容易导致动脉粥样硬化，而动脉硬化常可导致冠心病和心肌梗死。要坚决控制体重。有资料显示，体重超过标准20%，则冠心病突发的风险增加一倍。

（3）保持情绪稳定，加强自身修养，经常自我减压。努力保持情绪乐观、性格开朗，随遇而安。脾气暴躁、易发火动怒的人血压波动剧烈，易引发一些意外情况发生。

（4）预防一些诱因，如心肌梗死，首先要预防冠状动脉粥样硬化，最根本、最重要的措施就是远离和消除如下危险因素：高血压、高血脂、糖尿病、肥胖、吸烟等。

（5）药物自救，有冠心病的人，身上应携带必备急救药物，如硝酸甘油、速效救心丸、异山梨酯（消心痛）等，这样在疾病发作之初可立即服用，以减轻发病的严重程度。此外，冠心病患者每日服用肠溶阿司匹林片75 mg，对预防猝死也有效。生活中猝死的事件数不胜数，猝死事件的高发给我们的健康敲响了警钟，希望大家能重视起来，多关注自己的身心健康，才能拥有高质量的生活。

## 第二节　心肺脑复苏

心肺复苏（cardiac pulmonary resuscitation，CPR）是针对心脏、呼吸骤停者所采取的急救措施，即胸外按压形成暂时的人工循环，人工呼吸纠正缺氧，并努力恢复自主呼吸，电击除颤转复心室颤动，促使心脏恢复自主搏动，以及药物治疗等，目的是尽快使自主循环恢复（recovery of spontaneous circulation，ROSC），最终达到脑神经功能良好的存活。由于脑复苏的重要性日益为人们所重视，而且脑复苏是心肺复苏的根本目的，仅有心跳、呼吸而无脑功能的人，对社会及家庭都是十分沉重的负担。因此，把心肺复苏（CPR）扩大到心肺脑复苏（cardiac pulmonary cerebral resuscitation，CPCR）。

新的CPR"生存链"概念：《2010年AHA心肺复苏和心血管急救指南》从2005年的"四早"生存链改为"五环"生存链（图2-1）来表达实施紧急生命支持的重要性：①早期识别、求救；②强调胸外按压的早期CPR；③早期电除颤；④早期有效的高级生命支持；⑤心搏骤停后的系统治疗。

图2-1　"五环"生存链（chain of survival）

### 一、现场急救处置

基本生命支持（basic life support，BLS）又称初步急救或现场急救，包括开放气道、人工呼吸、胸外按压和电除颤等基本抢救技术方法；被归纳为CABD：C（circulation）即胸外心脏按压，A（assessment、airway）即判断有无意识、开放气道，B（breathing）即人工呼吸，

D（defibrillation）即电除颤。生存链的前三个环节构成了基本生命支持的主要内容。

1．**环境和病情判断**　急救者在确认现场安全的情况下拍打患者的肩膀，并大声呼喊"你怎么了？"以观察患者有无语音或动作反应来判断患者有无意识。检查呼吸时要暴露患者的胸腹部皮肤，直接观察患者有无胸腹部起伏，时间5～10秒。《2010年AHA心肺复苏和心血管急救指南》不再推荐"一看二听三感觉"的呼吸识别办法，而精简为"一看"，并强调对无反应且无呼吸或仅有叹息样呼吸患者，应怀疑发生了心搏骤停，应立即求助急诊医疗服务体系（emergency medical service system，EMSS）并开始CPR。

2．**启动急救医疗服务体系（EMSS）并获取自动体外除颤器（AED）**

（1）单人急救者在现场如发现患者无反应、无呼吸或仅有叹息样呼吸时，应启动EMSS（拨打120），取来AED（如果有条件），之后立即对患者实施CPR。

（2）如有多名急救者在现场，其中一名急救者按步骤进行CPR，另一名启动EMSS（拨打120），取来AED（如果有条件）。

（3）在救助淹溺或窒息性心搏骤停患者时，急救者应先进行5个周期（约2分钟）的CPR，然后再拨打120启动EMSS。

3．**脉搏检查**　《2010年AHA心肺复苏和心血管急救指南》不再强调检查脉搏的重要性。对于非专业急救人员，只要发现无反应的患者没有自主呼吸，就应按心搏骤停处理并立即开始胸外按压。对于专业急救人员，检查脉搏的时间一般也不能超过10秒，如10秒内仍不能确定有无脉搏，应立即实施胸外按压。

---

**知识链接**

颈动脉的触诊：通过触及大动脉有无搏动来检查有无脉搏，颈动脉比股动脉更易触及且方便。方法：让患者仰头后，急救人员一手按住患者前额，用另一手的示指、中指找到喉结或气管，两指下滑到气管与胸锁乳突肌之间的沟内即可触及颈动脉。

---

4．**胸外按压（circulation，C）**　高质量的胸外按压，即按压频率至少为100次/分，下压深度至少5cm；每次按压之后应让胸廓完全回复；尽量减少因检查或治疗造成胸外按压中断。

（1）复苏体位：确保患者仰卧于平整地面或硬板上。

（2）按压部位：乳头连线与胸骨交界处，即胸骨下1/3处。

（3）按压手法：患者仰卧于平整地面或硬板上，急救者可采用跪式或踏脚凳等不同体位，按压者将一只手的掌根放在患者按压部位上，将另一只手的掌根置于第一只手上，手指不接触胸壁（图2-2）。按压时上半身前倾，腕、肘、肩关节伸直，以髋关节为支点，垂直向下用力，借助上半身的重力垂直向下用力按压，按压时间与放松时间相同，放松时掌根部不能离开胸壁，以免按压点移位。

（4）按压 - 通气比：为了尽量减少因通气而中断胸外按压，《2010年AHA心肺复苏和心血管急救指南》推荐的按压 - 通气比为30∶2。每2分钟或5组CPR（每组包括30次按压和2次人工呼吸）更换一次按压者，转换时要求动作快，尽量在5秒内完成。因为过多中断按压，会使冠状动脉和脑血流中断，复苏成功率明显降低。

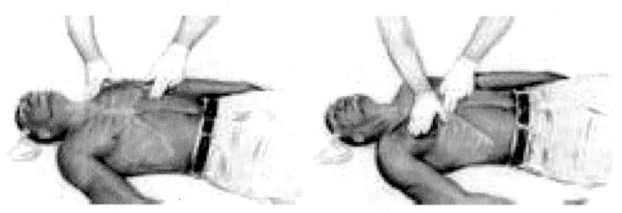

图 2-2　胸外按压部位

**5．开放气道**（airway，A）

（1）去除气道内异物：舌根后坠和异物阻塞是造成气道阻塞的最常见原因。开放气道应先去除气道内异物。如无颈部创伤，清除口腔中的异物和呕吐物时，可一手按压开下颌，另一手用示指将固体异物钩出，或用指套或手指缠纱布清除口腔中的液体分泌物，有义齿者应取出义齿。

（2）两种常用方法可以开放气道提供人工呼吸：仰头抬颏法（图 2-3）和托颌法。后者仅在怀疑患者有颈椎受伤时使用，因为此法可以减少患者颈部和脊柱的移动。

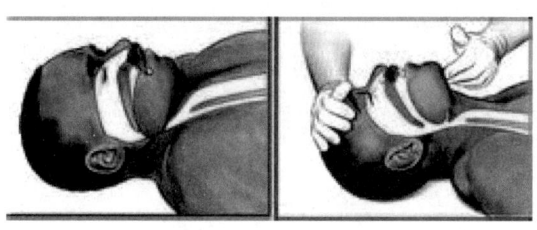

图 2-3　仰头抬颏法

1）仰头抬颏法：将一手置于患者的前额，用手掌推动，用力使其头部后仰，然后将另一手置于患者下颏骨骨性部分向上抬颏，使其下颌尖、耳垂连线与地面垂直。

2）托颌法：急救者位于患者头部，将肘部支撑在患者所处的平面上，双手放置在患者头部两侧并握紧下颌角，同时用力向上托起下颌。

**6．人工通气**（breathing，B）　给予人工通气前，正常吸气即可，无需深吸气。

（1）口对口呼吸：开放气道→捏鼻子→口对口→"正常"吸气→缓慢吹气（1 秒以上），胸廓明显抬起，8～10 次 / 分→松口、松鼻→气体呼出，胸廓回落。注意避免过度通气（多次吹气或吹入气量过大）；

（2）口对鼻呼吸：如患者面部受伤或牙关紧闭，可进行口对鼻通气。深呼吸一次并用口唇封住患者的鼻子，抬高患者的下巴并封住口唇，对患者的鼻子深吹一口气，移开救护者的嘴并用手将受伤者的嘴敞开，这样气体可以出来。

（3）口对口鼻呼吸：对婴儿及年幼儿童复苏，可将其头部稍后仰，用口唇封住患儿的嘴和鼻子，轻微吹气入患儿的肺部。

（4）口对导管通气：适用于气管切开患者。

（5）口对面罩通气：用面罩封住患者口鼻，通过连接管进行人工通气。

**7．电除颤**（defibrillation，D）　目前专家已对心搏骤停后及早除颤的重要性方面达成共识。对于心室颤动患者，如果能在其意识丧失的 3～5 分钟内立即对其实施 CPR 及除颤，其存活率是最高的。《2010 年 AHA 心肺复苏和心血管急救指南》建议，当院外心搏骤停事件被目击或发生院内心搏骤停事件时，假如在现场可以立刻获得体外自动除颤器或人工除颤器，急救人员应立刻进行CPR并尽早使用除颤器。

当院外心搏骤停事件发生时未被目击时，尤其是快速反应时间超过5分钟时，推荐先进行CPR五个循环，再实施电除颤。

治疗心室颤动/无脉性室性心动过速时，推荐2次心跳检查之间给予5组约2分钟CPR。急救者不应在电击后立即检查心跳或脉搏——而是应该重新进行CPR，先行胸外按压，而心跳检查应在5组（或约2分钟）CPR后进行。《2010年AHA心肺复苏和心血管急救指南》推荐，双相波除颤能量为200 J，单相波除颤能量为360 J。电极位置为：右侧放在胸骨右缘第2~3肋间（心底部），即右锁骨下区；左侧放在左乳头水平腋中线处（心尖部）。电击时确保所有人员均未接触患者（或病床）。

8．心肺复苏有效的指标

（1）颈动脉搏动：按压有效时，每按压一次可触摸到颈动脉一次搏动，若中止按压搏动也消失，则应继续进行胸外按压。如果停止按压后脉搏仍然存在，说明患者心搏已恢复。

（2）面色（口唇）：复苏有效时，面色由发绀转为红润。若变为灰白，则说明复苏无效。

（3）瞳孔：复苏有效时，瞳孔由大变小并有对光反射，甚至有眼球活动。如瞳孔由小变大、固定、角膜混浊，则说明复苏无效。

（4）神志：复苏有效时可见患者有眼球活动、睫毛反射与对光反射出现，甚至手脚开始抽动，肌张力增加。

9．终止抢救的标准　现场CPR应坚持不间断地进行，不可轻易做出停止复苏的决定。如符合下列条件，现场抢救人员方可考虑终止复苏：

（1）患者呼吸和循环有效恢复。

（2）CPR在常温下持续30分钟以上，急救人员到场确定患者已死亡。

（3）有迫在眼前的现场危险威胁抢救人员或其他人员接替抢救。

10．基本生命支持（BLS）（CABD总结）（表2-2）。

表2-2　基本生命支持（BLS）（CABD总结）

| 内容 | 建议 |
| --- | --- |
| 识别 | 无反应，没有呼吸或仅有叹息样呼吸，10秒内未扪及脉搏（医务人员） |
| 心肺复苏程序 | C→A→B→D |
| 按压速率 | >100次/分 |
| 按压幅度 | >5 cm |
| 胸廓回弹 | 保证每次按压后胸廓回弹 |
| 气道 | 仰头抬颏法（怀疑有颈椎损伤：托颌法） |
| 按压-通气比 | 30:2（置入高级气道前） |
| 通气：非专业或不熟练时 | 单纯胸外按压 |
| 使用高级气道（医务人员） | 呼吸：8~10次/分；与胸外按压不同步，大约每次呼吸1秒；明显胸廓隆起 |
| 除颤 | 尽快连接并使用非同步、最大能量、1次方案；尽可能缩短电击前后的胸外按压中断；电击后立即CPR |

## 二、后期急救处置

高级生命支持（advanced life support，ALS）是指由专业急救、医护人员应用急救器材和药品所实施的一系列复苏措施，主要包括：A——人工气道的建立；B——机械通气；C——建立输液通道，使用血管加压药物及抗心律失常药；D（differential diagnosis）——寻找心搏骤停原因。良好的 BLS 是 ALS 的基础。ACLS 包含了"五环"生存链中的后两个环节。

### （一）人工气道

尽可能早地建立确切的人工气道，气管内插管会给气道管理带来很大便利。

1．**气管内插管**　如有条件，应尽早做气管内插管，因气管内插管是进行人工通气的最好办法，它能保持呼吸道通畅，减少气道阻力，便于清除呼吸道分泌物，减少解剖无效腔，保证有效通气量，为输氧、加压人工通气、气管内给药等提供有利条件。当传统气管内插管因各种原因发生困难时，可使用食管气管联合插管实施盲插，以紧急给患者供氧。

2．**环甲膜穿刺**　遇有紧急喉腔阻塞而严重窒息的患者，没有条件立即做气管切开时，可行紧急环甲膜穿刺；方法为用 16 号粗针头刺入环甲膜，接上"T"型管输氧，即可达到呼吸道通畅、缓解严重缺氧状况的目的。

3．**气管切开**　通过气管切开，可保持较长期的呼吸道通畅，防止或迅速解除气道梗阻，清除气道分泌物，减少气道阻力和解剖无效腔，增加有效通气量，也便于吸痰、加压给氧及气管内滴药等。气管切开常用于口面颈部创伤而不能行气管内插的管者。

---

**知识链接**

**环甲膜穿刺术**

1．摸清患者颈部的两个隆起，第一个隆起是甲状软骨（俗称喉结），第二个隆起是环状软骨，这两个隆起之间的凹陷处即环甲膜处仅为一层薄膜，与呼吸道相通，就是环甲膜穿刺点。

2．局部常规消毒及局部麻醉后，术者左手手指消毒后，以示指、中指固定环甲膜两侧，右手持注射器从环甲膜垂直刺及，当针头刺入环甲膜后，即可感到阻力突然消失，并能抽出空气，患者可出现咳嗽反射。

3．注射器固定于垂直位置可注入少量表面麻醉剂，如丁卡因等。然后再根据穿刺目的进行其他操作，如注入药物或换 15～18 号大针头刺入，以解除气道阻塞造成的通气障碍等。

---

**知识链接**

**气管切开术**

患者取仰卧位，局部常规消毒及局部麻醉后，于颈前正中环状软骨下缘 1cm 至胸骨上窝处，纵行切开皮肤及皮下组织，用拉钩将皮肤向两侧牵开，暴露颈白线。钝性分离颈前肌层，透过气管前筋膜隐约看到气管环，确认为气管后于第三、四气管环纵行切开，刀尖不宜过深，以防损伤气管后壁。切开气管后，迅速用扩张器或刀柄撑开气管切口，吸出分泌物及血液，插入选择合适的气管套管。气管套管板的两缘用带子固定于颈部，以防松脱。

**（二）机械通气**

机械通气是目前临床上使用确切而有效的呼吸支持手段。简易呼吸器是最简单的一种人工机械通气方式，但机械通气以呼吸机的使用最为有效。

**（三）复苏用药**

复苏用药的目的在于增加脑、心等重要器官的血液灌注，纠正酸中毒和提高心室颤动阈值或心肌张力，提高抢救成功率。复苏用药途经以静脉给药为首选，如果静脉通道不能建立，复苏药物可经由气管内给予，用量是经静脉给药剂量的2～2.5倍。另外还可经骨髓途径给药，其效果相当于中心静脉途径。心内注射目前不主张应用，不宜作为常规途经。复苏常用药物如下：

**1. 血管加压药物**

（1）肾上腺素（epinephrine）：肾上腺素兼有相同程度的 α 及 β 受体的兴奋作用，CPR 过程主要应用其 α 受体兴奋作用使外周血管收缩（冠状动脉和脑血管除外），有利于提高主动脉舒张压，增加冠状动脉灌注和脑血管灌注；推荐成人患者首选给予肾上腺素 1 mg 静脉注射，必要时每 3～5 分钟重复一次。

（2）血管加压素（vasopressin）：《2010 年 AHA 心肺复苏和心血管急救指南》推荐选用血管加压素每次 40 IU 替代首剂量或第二次剂量的肾上腺素治疗，仅限使用一次。

**2. 抗心律失常药物**　严重心律失常是导致心搏骤停甚至猝死的主要原因之一，药物治疗是控制心律失常的重要手段。

（1）胺碘酮（amiodarone）：可在心室颤动和无脉性室性心动过速对 CPR、除颤、血管升压药无反应时应用。首次剂量为 300 mg 静脉注射，无效时可追加一剂 150 mg。

（2）利多卡因：可考虑作为无胺碘酮时的替代药物。首次剂量为 1～1.5 mg/kg 静脉注射，如果心室颤动和无脉性室性心动过速持续存在，每 5～10 分钟重复给予 0.5～0.75 mg/kg 静推，最大剂量为 3 mg/kg。

（3）镁剂：静推可有效终止尖端扭转型室性心动过速，1～2 g 硫酸镁，用 5% 葡萄糖注射液 10 ml 稀释后缓慢静脉注射。

**3. 阿托品（atropine）**《2010 年 AHA 心肺复苏和心血管急救指南》建议：对高度阻滞应迅速准备经皮起搏。在等待起搏时给予阿托品 0.5 mg 静注。阿托品的剂量可重复直至总量达 3 mg。如阿托品无效，就开始起搏。在等待起搏器或起搏无效时，可以考虑输注肾上腺素（2～10 μg/min）或多巴胺 [2～10 μg/(kg·min)]。新指南不建议在心肺复苏过程中对无脉电活动或心室静止的患者应用阿托品。

**4. 碳酸氢钠**　只在特定情况下考虑应用，如在心搏骤停前即存在代谢性酸中毒，在有效通气及心脏按压 10 分钟后 pH < 7.2，在高钾血症或三环类抗抑郁药过量，应尽可能在血气监测指导下应用。初始剂量为 1 mmol/kg。

## 三、脑复苏

**（一）人体重要脏器对缺氧敏感的顺序为脑、心、肾、肝**

复苏的成败在很大程度上与中枢神经系统功能能否恢复有密切关系。

**1. 脑组织的代谢特点**

（1）耗氧量高：脑的重量占体重的 2%，静息状态下，血液供给量占心排出量的 15%，耗氧量占 20%～25%，在幼儿可达 50%。

(2) 无氧代谢能力有限，只占有氧代谢的 1/20。

(3) 脑组织对缺氧很敏感，在正常体温下，心脏停搏 3～4 分钟，即可造成"不可逆转"的脑损伤。

2．**缺氧对脑组织造成的损害**

(1) 脑血管自动调节功能丧失，脑血流量减少。

(2) 微循环再灌注受限。

(3) 脑细胞代谢紊乱，脑水肿。

(4) 二氧化碳蓄积，渗透压升高，加重脑水肿。

（二）脑复苏治疗

特异性脑复苏措施主要是以低温-脱水为主的综合疗法。

1．**尽快恢复自主循环** 开始 CPR 及自主循环恢复（recovery of Spontaneous circulation, ROSC）时间的长短决定脑缺血损伤的严重程度。及早 CPR 和早期电除颤是复苏成功的关键。胸外按压至少可产生正常心排出量 20%～30% 的供血，可维持一定的冠状动脉灌注压而提高自主循环恢复比率，还可保持一定的脑血流量，延缓脑缺血损伤的进程。

2．**亚低温疗法** 亚低温疗法已在临床研究中被证实是有效的脑保护措施，可降低脑组织的耗氧量，降低颅内压，减轻脑水肿，保护血脑屏障。亚低温又称为浅低温（32～34℃），研究表明，亚低温可改善心搏骤停患者的不良神经系统预后，能有效预防脑缺血性损伤，有利于脑复苏。

3．**利尿脱水** 利尿脱水是减轻脑水肿、改善脑循环的重要措施。在自主心跳恢复、测得血压后，尽早使用甘露醇 0.5～1 g/kg，每天快速静滴 2～3 次，以后视尿量辅用利尿剂，如呋塞米 20～40 mg 静注。此外，浓缩白蛋白、血浆也可用于脱水治疗，尤其是对于有低蛋白血症、胶体渗透压低的患者，联用呋塞米效果更佳。

4．**血糖控制** 自主循环恢复（ROSC）后的高血糖状态可加重脑血流紊乱和脑代谢紊乱，促进脑水肿形成，加重脑缺血损伤。故在治疗时，尽量少用葡萄糖液，同时监测血糖，保持血糖正常。低血糖是有害的，发现低血糖应输注葡萄糖液。

5．**抗癫痫** 癫痫可由脑缺血损伤引起并进一步加重脑代谢紊乱和脑缺血损伤。常用的抗癫痫治疗药物有苯妥英钠及巴比妥类等。

6．**钙通道阻滞药** 细胞质内钙离子浓度增高是造成脑细胞损害的重要因子。钙通道阻滞药如尼莫的平、维拉帕米、利多氟嗪等对缺血再灌注的脑损伤有脑保护作用。

7．**高压氧治疗** 高压氧能极大地提高血氧张力，显著提高脑组织与脑脊液中的氧分压，增加组织氧储备，增强氧的弥散率和弥散范围，纠正脑缺氧，减轻脑水肿，降低颅内压；还具有促进缺血缺氧的神经组织和脑血管床修复的作用；还能促进患者的意识恢复，提高脑复苏的成功率，有条件者应尽早常规应用。

### 四、心搏骤停后的系统治疗

自主循环恢复（ROSC）后，心搏骤停后的系统治疗能改善存活患者的生命质量。研究表明，经过基本生命支持及高级生命支持，仅 20%～40% 的患者恢复自主循环。然而，由于较长时间的全身缺血而造成多器官损伤，或在缺血再灌注时及灌注之后出现脏器损伤并导致一系列病理生理学改变，多数患者在自主循环恢复后数天或数小时内死亡，最终出院率仅为自主循环恢复率的 2%～15%。死亡的主要原因是大脑缺血缺氧性损伤。因此，临床上常常把这种病理生理改变称为心搏骤停后综合征。系统的心搏骤停后治疗包括：①迅速将患者转至设备完善的重症监护室；②建立更为有效的通气和循环支持；③逆转缺血或缺血再灌注所造成的多脏器损伤，尤其是大脑功能的损伤；④尽快查明心脏和呼吸骤停的原因并对症处理；⑤防止再次心搏骤停。

## 问题与思考

1. 简述猝死、生物学死亡的概念。
2. 简述新的 CPR "生存链"概念。
3. 高质量的胸外按压应做到哪几点？
4. 简述现场 CPR 步骤。
5. 简述高级生命支持的 ABCD 要点。

（谭福勇）

# 第三章 休克及多脏器功能不全综合征

> **学习目标**
> 1．休克的定义及分类。
> 2．休克的诊断、急救措施及治疗要点。
> 3．了解多器官功能障碍概念、发病基础及防治疗原则。
> 4．熟悉多器官功能障碍的病因。
> 5．掌握多器官功能障碍的临床表现、诊断方法和主要防治原则。

## 第一节 休 克

休克（shock）的定义是有效循环血量减少、组织灌流不足所导致的细胞缺氧和功能受损的临床综合征。休克的共同特点是有效循环血量锐减。有效循环血量的维持与三个要素有密切关系，即充足的血容量、足够的心排出量和适宜的外周血管张力。每个要素环节发生严重异常，都可以导致休克发生。血压降低是休克最常见、最重要的临床特征。迅速改善组织灌注，恢复细胞氧供，维持正常的细胞功能是治疗休克的关键。

### 一、休克的病因分类

休克按照病因通常分为低血容量性、感染性、心源性、神经源性和过敏性休克。创伤和失血引起的休克可归类为低血容量性休克。从治疗的角度看，《Rosen 急诊医学》（2012 版）对休克的分类对临床最有价值。

### 二、休克的病理生理

（一）微循环变化

1．休克早期　有效循环血量减少，反射性引起交感神经-肾上腺髓质系统兴奋，选择性收缩外周和内脏小血管，使循环血量重新分布，达到心、脑等重要脏器保护。骨骼肌和内脏微循环变化：小动脉、小静脉血管平滑肌及毛细血管前括约肌受儿茶酚胺等激素的影响发生强烈收缩，同时动静脉间短路开放。这些变化使外周血管阻力升高和回心血量增加。毛细血管后括约肌相对开放有助于组织液回吸收，但对于组织而言，这些变化实际上仍使组织处于低灌注、缺氧状态。休克早期缺氧尚不严重，积极治疗，可以逆转。

## 知识链接

### 需要早期补充容量的病因

失血性休克：创伤性；胃肠道；体腔。
低容量性休克：胃肠道丢失；脱水不显性液体丢失；炎症性第三腔隙液体贮积。

### 需要输入正性肌力药物提高泵功能的病因，或逆转泵功能不全的病因

心肌缺血：冠状动脉血栓；低血压伴缺氧。
心肌病：急性心肌炎；慢性心肌病（缺血、糖尿病、浸润、内分泌疾病、先天性）。
心律失常：心房纤颤伴快速心室率；室性心动过速；室上性心动过速。
低血流动力学脓毒症（晚期）。
负性肌力药物过量：β受体阻滞剂；钙通道拮抗剂过量（如维拉帕米）。
心脏结构损伤：创伤（连枷二尖瓣）；室间隔破裂；乳头肌断裂。

### 需要容量与升压药支持的病因

高血流动力学脓毒症（早期）。
过敏性休克。
中枢性神经源性休克。
药物过量（二氢吡啶类；$\alpha_1$拮抗剂）。

### 需要立即缓解梗阻的疾病

肺栓塞。
心脏压塞。
气胸。
瓣膜功能障碍：急性人工瓣膜血栓；严重主动脉瓣狭窄。
新生儿先天性心脏缺陷。
严重特发性主动脉瓣下狭窄。

### 需要特殊解毒药的细胞中毒

一氧化碳。
高铁血红蛋白。
硫化氢。
氰化物。

**2. 休克中期** 微循环内动静脉和直接通路进一步开放，组织的灌注不足进一步加重，细胞缺氧更为严重。无氧代谢下，乳酸等酸性产物蓄积；组胺、缓激肽等释放增加，促使毛细血管前括约肌扩张，毛细血管后括约肌对酸性产物敏感性低，仍处于收缩状态。微循环出现血管广泛扩张、血液淤滞、毛细血管网内静水压升高、通透性增强，回心血量明显减少，心排出量减少，导致心、脑灌注不足，休克加重。

**3. 休克后期** 微循环内淤滞的黏稠血液在酸性环境中处于高凝状态，红细胞和血小板聚集并在血管内形成微血栓，引起弥散性血管内凝血（disseminated intravascular coagulation，DIC）。组织严重缺氧后溶酶体膜发生破裂，多种酸性水解酶引起细胞自溶并损害周围其他细胞。最终导致组织、器官以至多脏器功能不全，临床预后较差。

### （二）代谢变化

首先表现为能量代谢异常。由于组织灌注不足和细胞缺氧，体内的无氧糖酵解过程是机体获得能量的主要方式。休克时机体的能量明显缺乏，无氧代谢增加，细胞内乳酸盐增加，丙酮酸盐下降，乳酸盐/丙酮酸盐（L/P）比值升高（>15~20）。

其次表现为代谢性酸中毒。微循环障碍不能及时清除酸性代谢产物，肝对乳酸的代谢能力也下降，使乳酸盐堆积。重度酸中毒（pH<7.2）对机体影响极大，生命器官的功能均受累，可出现心率减慢、血管扩张和心排出量减少，呼吸加深、加快，以及意识障碍等。

代谢性酸中毒和能量不足影响细胞膜功能，导致溶酶体膜、细胞膜、核膜、线粒体膜、内质网膜、高尔基体膜上的离子泵的功能障碍，如$Na^+$-$K^+$泵和钙泵。细胞膜完整性丧失，细胞内环境稳定性崩解，导致细胞死亡。

### （三）炎症介质释放及再灌注损伤

严重创伤、感染、休克可刺激机体过度释放炎症介质产生全身炎症反应综合征（SIRS）。随着SIRS进展，结果表现为多器官功能衰竭、心肌抑制、急性呼吸窘迫综合征、DIC、肝衰竭、肾衰竭。

### （四）继发性重要器官的损害

**1. 心脏** 休克中晚期，血压明显降低，使冠状动脉血流减少，心肌供血不足；低氧血症、酸中毒、高钾血症、心肌抑制因子的作用均使心脏功能抑制；DIC形成后心肌血管微血栓形成，影响心肌的营养，发生局灶性坏死和心内膜下出血，导致心肌受损，心脏收缩力下降，最终发生心功能不全。

**2. 肺** 由于肺的微循环障碍，肺泡表面活性物质减少，肺泡塌陷，发生肺不张、肺内分流、无效腔样通气、通气血流比例失调和弥散性功能障碍，导致动脉血氧分压进行性下降，出现急性呼吸衰竭。

**3. 脑** 当收缩压<60 mmHg时，脑灌注流量严重不足，脑缺氧。微循环障碍又加重了缺氧程度，发生脑水肿，表现为神经系统功能紊乱、烦躁不安、神志淡漠、谵妄，最终导致昏迷。

**4. 肾** 早期，大量儿茶酚胺使肾血管痉挛，产生功能性少尿。随着缺血时间延长，肾小管受累时发生急性肾小管坏死，导致急性肾衰竭。

**5. 肝** 休克时肝细胞缺血缺氧，肝代谢延缓或停顿，凝血因子合成障碍，通过肠道吸收的毒素不能在肝解毒。

**6. 胃肠** 胃肠小血管的痉挛使黏膜细胞因缺氧而坏死，最终发生急性胃黏膜病变、急性出血性肠炎、肠麻痹、肠坏死。

7. **多器官功能障碍综合征（MODS）** 休克晚期可发生 MODS。

### 三、休克的诊断

#### （一）想到休克

临床上遇到的许多疾病均可能发生休克，如严重创伤、上消化道出血、肺炎、脓毒症等；即使是服用退烧药，也应想到休克，因为可能大量出汗，尤其是在老人；在长期服用激素的患者，即使现在已经停用，一旦遇有感染，有可能因肾上腺皮质功能低下发生休克。

#### （二）诊断休克

1. **诊断线索** 以失血性休克为例，其发展过程的顺序是：心率增快、心肌收缩增强、组织低灌注、血压下降。目前普遍认为，血压下降属后期表现，特别是在儿童。有关几项诊断指标的说明如下所述。

（1）心率和血压：心率和血压不是敏感指标。心率增快通常是休克的第一体征，但受到年龄、药物（β受体阻滞剂）及基础心脏病等因素影响，不一定表现出来。由于平均动脉压＝心排血量×血管阻力，即使灌注低，血压仍可正常。而休克指数（心率/收缩压，正常为 0.5～0.7）较敏感，在失血性休克，如持续超过 1.0，则提示预后不良。

（2）尿量：尿量是代表内脏灌注的敏感指标。如尿量＞1.0 ml/(kg·h)，提示内脏灌注正常；如尿量为 0.5～1.0 ml/(kg·h)，提示内脏灌注减少；如尿量为＜0.5 ml/(kg·h)，提示内脏灌注明显减少。

（3）由于组织低灌注发生在血压下降之前，故先有组织酸血症，可有血清乳酸浓度升高（＞4 mmol/L），碱剩余下降（＜-4 mmol/L），提示组织灌注不良。

2. **休克的诊断标准**

（1）具有休克的诱因。

（2）意识障碍。

（3）交感神经代偿的症状：HR＞100次/分，脉搏细弱，肢端发冷。

（4）外周循环障碍表现：皮肤花斑、黏膜苍白或发绀；毛细血管再充盈时间＞2秒；尿量＜0.5 ml/(kg·h) 或无尿。

（5）血压下降：收缩压＜90 mmHg。

（6）脉压＜30 mmHg。

（7）原有高血压者收缩压较基础水平下降30%以上。

凡符合上述（1）（2）（3）（4）中的两项及（5）（6）（7）中的一项者，即可诊断。

3. **各类休克的病因诊断**

（1）过敏性休克：有喉头水肿、哮鸣史，或有用药或虫咬病史。

（2）低容量性休克：外源性（外伤）；内源性（腹痛、腹胀、晕厥）。

（3）梗阻性休克：端坐呼吸、颈静脉怒张、奇脉提示心脏压塞；晕厥及低氧血症提示肺栓塞。

（4）心源性休克：胸痛、胸闷及心电图异常。

（5）脓毒症休克：发热或低体温。

此外，应注意少见病因，如产后无乳汁分泌、停经、头发稀少、阴毛或腋毛稀少，应考虑席汉综合征，在农村妇女中应特别注意。休克伴四肢瘫痪，应考虑神经源性休克。昏迷伴低血压，应考虑药物中毒。

**4．休克严重程度的判断**

（1）轻度：非生命器官血流减少，如皮肤、骨骼肌及骨骼等，这些组织对缺氧耐受性强，不致造成不可逆改变。意识状态正常，尿量正常或稍下降，不伴有或伴有轻度代谢性酸中毒。

（2）中度：心脑以外的生命器官血流下降，如肝、肠、肾及其他器官，这些组织对缺氧耐受性低，表现为少尿 [ < 0.5 ml/(kg·h)]、酸中毒，但无明显意识障碍。

（3）重度：心脑灌注不足，表现为意识障碍、严重少尿、酸中毒及心肌损伤（心电图异常，心排血量下降）。

## 四、休克的治疗

休克是一组很复杂的综合征，各类休克既有共性，又有个性。各类休克的治疗见图3-1。

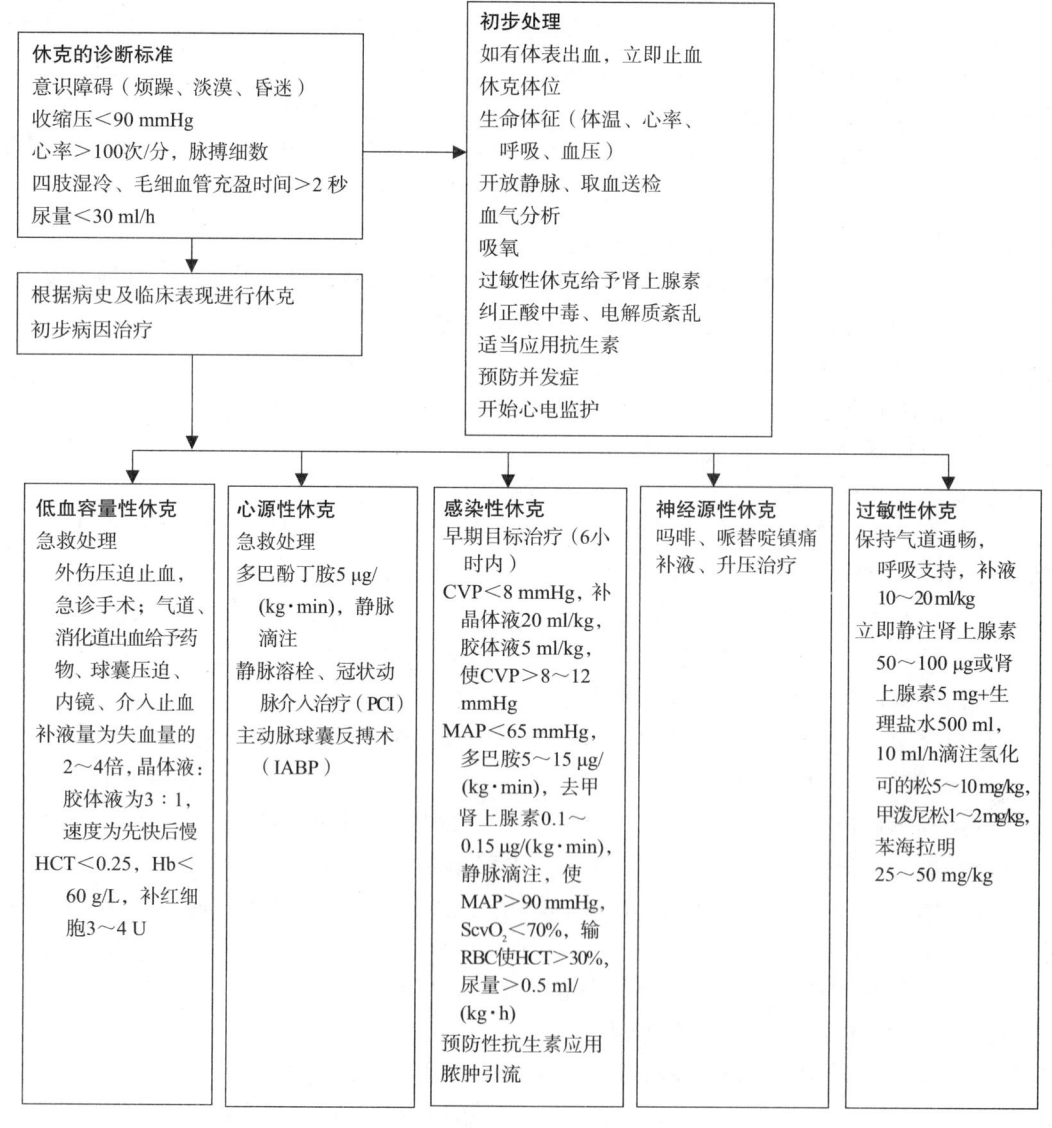

图 3-1　休克诊断与处理流程

### (一) 低血容量性休克

常因大量出血或体液丢失，或液体积存于第三间隙，导致有效循环量降低。由大血管破裂或脏器出血引起的休克称为失血性休克。各种损伤或大手术后同时有失血及血浆丢失而发生的休克称为创伤性休克。

**1. 临床特点** 当血容量丢失后，机体产生一系列代偿反应。首先心率增快和心肌收缩增强，而后外周（皮肤、骨骼肌及内脏）血管收缩，以保证血流供给生命器官，此时组织已发生了低灌注。当失血量达 1/3 时，血压下降。如果失血量超过 1/2，会很快导致死亡。一般失血量估计：

(1) 休克指数（脉率/收缩压）为 0.5，说明正常或失血量为 10%；休克指数为 1.0，说明失血量约为 20%～30%，即失血量约为 1 500 ml 以上；

(2) 收缩压 < 80 mmHg，失血量约在 1 500 ml 以上；

(3) 凡有以下一种情况，失血量约在 1 500 ml 以上：①苍白、口渴；②颈外静脉塌陷；③快速输平衡液 1 000 ml，血压不回升；④一侧股骨开放性骨折或骨盆骨折。

**2. 急救处理**

(1) 紧急处理：对心跳、呼吸骤停的患者立即行心肺复苏。对病情危急者采取边救治边检查、诊断或先救治后诊断的方式进行抗休克治疗。同时采取以下措施：①尽快建立两条以上静脉通道，补液和使用血管活性药；②吸氧，必要时进行气管内插管和（或）机械通气；③监测脉搏、血压、呼吸、中心静脉压、心电图等生命指征；④对开放性外伤立即进行止血、包扎和固定；⑤向患者或陪护者询问病史和受伤史并做好记录；⑥采血（查血型、配血、血常规、血气分析、血生化）；⑦留置导尿，定时测尿量；⑧全身检查以查明伤情，必要时进行胸腔、腹腔穿刺和床旁超声、X 线片等辅助检查，在血压尚未稳定前限制搬动患者；⑨对多发伤原则上按照胸、腹、头、四肢等顺序进行处置；⑩确定手术适应证，做必要术前检查，进行确定性急诊手术（如气管切开、开胸心脏按压、胸腔闭式引流、开胸探查、剖腹探查、止血手术等）。

(2) 液体复苏：液体复苏是各类休克的基本治疗。由于各类休克的病理生理改变不完全相同，此处仅叙述液体复苏的基本原则。

1) **液体种类及性质**：液体可分为晶体液和胶体液。晶体液有生理盐水、复方氯化钠（林格）注射液及平衡液体；胶体液有右旋糖苷、6% 羟乙基淀粉（706）代血浆、白蛋白及新鲜冷冻血浆。

2) **晶体液和胶体液的选用**：理论上认为，胶体液分子量较大，有类似于正常血浆白蛋白的胶体渗透压，可代替丢失的血浆白蛋白，能保持血管内容量。而晶体液有向血管外转移的副作用，所以通常喜欢选用胶体液。但是，在病理情况下，如在失血性休克和脓毒症，血管通透性增高，因此，这些较大的胶体分子仍易漏出血管外。

3) **输液量**：急性失血输入晶体液 1 L（20～30 分钟），然后观察反应。如液量不能稳定血流动力学状态，则提示失血量超过总血容量的 15%～20% 或有持续失血，或两者均存在。

**3. 升压药的使用** 如在容量补足的情况下，血压仍不稳定，应加用去甲肾上腺素。

**4. 输血**

(1) 指征：如 Hb > 100 g/L（Hct > 30%），不需要输血；如 Hb < 70 g/L，则需要输血；如 Hb 在 70～100 g/L 之间，则视病情而定。一般 Hb 浓度应保持在 80 g/L 以上。

(2) 成分：全血或成分输血。目前提倡成分输血，根据失血程度选用压缩红细胞、新鲜冷冻血浆、血小板，应保持体内凝血功能。保存2周以上的红细胞会失去其变形性，在通过毛细血管时会引起堵塞，使内脏缺血，并使多器官功能障碍发生率增加。

（二）感染性休克

感染性休克也可以称为脓毒症休克（septic shock），是由于致病微生物进入机体后引发细胞、微循环、凝血及心血管系统产生一系列连锁反应而损伤组织器官。脓毒性休克可发生于任何一种病原微生物感染，过去以革兰阴性杆菌为主；近年来革兰阳性细菌引起者增加，其致病机会与革兰阴性细菌致病机会相等；而其中1/3脓毒症性休克查不到病原菌。

1．临床特点

（1）全身表现：寒战、高热、多汗、出血、栓塞及全身水肿等。临床上根据四肢皮肤温度差异分为"暖休克"和"冷休克"，前者为"高排低阻型"，后者为"低排高阻型"。

（2）意识状态：轻者烦躁不安，重者昏迷或抽搐。

（3）肾：少尿或无尿，尿量< 0.5 ml/(kg·h)。

（4）肺：主要表现为呼吸急促，$PaO_2$和$SaO_2$下降，皮肤和口唇发绀等。

（5）心脏：常发生中毒性心肌炎、急性心力衰竭和心律失常，休克加重。

（6）消化系统：感染性休克时可发生胃肠血管痉挛、缺血、出血、微血栓形成，肠源性肺损伤，肝功能障碍。

（7）血液系统：血小板进行性下降，各项凝血指标异常，微血栓形成，全身性出血倾向。

（8）甲皱循环与眼底改变：常因微血管痉挛造成甲皱毛细血管襻数目减少，周围渗出明显，血流呈断线、虚线或泥状，血色变紫。眼底检查可见小动脉痉挛、小静脉淤血扩张，动静脉比例变为1:2或1:3，严重时有视网膜水肿，颅内压增高者可出现视盘水肿。

2．急救处理

（1）液体复苏：

1）早期液体复苏即早期目标导向治疗是感染性休克治疗的最重要措施，在最初6小时内要达到以下目标：①CVP达到8～12 mmHg；②MAP ≥ 65 mmHg或SBP ≥ 90 mmHg；③尿量≥ 0.5 ml/(kg·h)；④中心静脉或混合静脉氧饱和度（$SvO_2$或$ScvO_2$）≥ 70%。具体方法：30分钟内先给晶体液500～1 000 ml，然后根据血压、心率、尿量及肢体末梢温度的监测调整补液量。

2）当CVP达到8～12 mmHg但$SvO_2$ < 65%或$ScvO_2$ < 70%、血细胞比容< 30%、血红蛋白（Hb）< 70 g/L时，应输入红细胞使血细胞比容> 30%，Hb升至70～90 g/L。（如果血小板< $5×10^9$/L，应给予血小板悬液1～2 U。）

3）若比容> 30%而$ScvO_2$ < 70%可给予多巴酚丁胺。

4）若$ScvO_2$仍未达70%，则给予镇静加机械通气。

（2）控制感染：①应经验性选择能覆盖革兰阴性杆菌并兼顾革兰性阳性球菌和厌氧菌的强效抗生素，尽早静脉用药。治疗前留取血液或体液标本做细菌培养和药敏试验，再根据结果针对性地选择抗生素。②积极清除感染病灶，如脓肿切开引流等。

（3）血管活性药物应用：①应在补足血容量后给予升压药，但在致命性低血压状态下也可同时给予升压药；②均应从小剂量开始，一般是使平均血压在70 mmHg以上；③注意在扩容的同时纠正水、电解质和酸碱平衡紊乱；④随时调整用药的种类或联合用药；⑤对重症休克患者，特别是老年人和有心脏病病史者，应在有监护的条件下补液。

（4）糖皮质激素：在上述治疗措施不能纠正休克状态时，推荐静脉给予氢化可的松

200～300 mg/d，连续 3～5 天。

(5) 纠正水、电解质、酸碱平衡紊乱：根据血生化和血气分析结果进行纠正。代谢性酸中毒时，慎重给予碳酸氢钠。感染性休克时常伴有低镁血症，在纠正电解质失衡时应注意补镁。

(6) 改善细胞代谢：①纠正低氧血症：鼻导管或面罩给氧未能显效时，应尽早行机械性辅助呼吸，及时纠正低氧血症。②补充能量：要求每日能量＞8.36 MJ（2 000 kcal），静脉补充 ATP、1,6-二磷酸果糖、氨基酸和葡萄糖等，在病情允许的情况下尽早行胃肠内营养。中、长链脂肪乳对肺、肝等影响相对小。补充高浓度糖时应加入胰岛素，特别注意控制高血糖，维持血糖＜8.3 mmol/L（150 mg/dL）。

(7) 早期定向目标治疗：这是近年来提出的在急诊科治疗感染性休克的一种方法，已被各种专著所引证。早期定向目标治疗的含意是指事先确定复苏终点指标，以帮助医师在床旁救治休克患者。

**3. 对严重脓毒症和脓毒症诱发的低灌注的处理** 对严重脓毒症和脓毒症诱发的低灌注（低血压和乳酸酸中毒）患者一旦识别，在住入 ICU 前就应立即开始早期目标导向治疗。危重患者一旦乳酸升高，即使无低血压，也可确认有组织低灌注。

**（三）过敏性休克**

过敏性休克是指抗原物质再次进入已经致敏的机体后迅速发生的以急性循环衰竭为主的全身免疫反应。过敏性休克时血浆进入组织间隙。血小板通过释放血小板活化因子（PAF）参与过敏反应。PAF 使血管扩张、支气管收缩、肺动脉和冠状动脉收缩。据实验性过敏反应观察，PAF 拮抗剂具有逆转负性肌力和血管扩张作用。因此，对抗组织胺治疗无效的过敏反应，PAF 可能是一种重要介质。

**1. 临床特点** 过敏性休克是一种极为严重的过敏反应，一般在接触过敏原数秒至 1 小时内发病；50% 在 5 分钟内发病，90% 在 30 分钟内发病；主要累及心血管与呼吸系统，也可累及皮肤与胃肠道。临床表现悬殊：

(1) 皮肤：可有全身性皮疹、瘙痒、荨麻疹及神经血管性水肿。神经血管性水肿多见于头颈、面部及上呼吸道。可有颜面潮红、发冷、出汗。

(2) 呼吸系统：可有胸闷、憋气、喉头发紧、声音嘶哑、喉鸣音、哮鸣音、进行性呼吸窘迫。

(3) 消化系统：可有恶心、呕吐、腹部痉挛、腹泻。

(4) 循环系统：可有头晕眼花。继而有心动过速、低血压、休克；可发生心律失常、心肌缺血，甚至心肌梗死。既往有过敏病史者表现更为严重。服用 β 受体阻滞剂者病情严重，且对肾上腺素治疗拮抗，对此类患者不宜使用西咪替丁，因为其可延缓 β 受体阻滞剂的排出。

**2. 急救处理**

(1) 基本原则：

1) 肾上腺素是首选药物，但必须明确只能使用小剂量，不能使用心肺复苏剂量。对于平时服用 β 受体阻滞剂患者，肾上腺素无效。

2) 明确一线用药和二线用药，吸氧、输液和肾上腺素是一线用药；而糖皮质激素、抗组织胺药物等是二线用药。

3) 力争现场抢救，因为过敏性休克发生很快，治疗缓解也很快，强调立即治疗。每位医师必须掌握过敏性休克的急救。如必须转诊患者，应有医师护送，途中应严密观察，随时进行抢救。

(2) 具体抢救方案:

1) 去除过敏原:如静脉用药,换掉输液器和管道,不要拔针,接上生理盐水快速滴入。将患者置于平卧位、给氧。

2) 肾上腺素:首剂宜用 0.3~0.5 mg 肌内或皮下注射,肌内注射吸收较快,皮下注射吸收较慢。每 5~10 分钟可重复给药。如无效或患者极危重,可将肾上腺素 0.1 mg 稀释在 10 ml 生理盐水中,5~10 分钟缓慢推注,同时观察心律和心率,必要时可按上述方法重复给药,也可将 1 mg 肾上腺素加入 250 ml 生理盐水中静脉点滴,以 1~4 μg/min 速度输注。

3) 积极液体复苏:快速输入等渗晶体液(如生理盐水)。快速输入液量为 1~2 L,甚至 4 L。

4) 抗组织胺类药物:如异丙嗪或 10% 葡萄糖酸钙。

5) $H_2$ 受体阻滞剂:如西咪替丁(300 mg 口服、肌内、静脉给药)。

6) 吸入 β 受体激动剂:如支气管痉挛是主要表现,应给予吸入沙丁胺醇。吸入异丙托溴铵对服用 β 受体阻滞剂患者,特别是支气管痉挛者更为有效。值得注意的是,某些被当作濒死性哮喘治疗的患者实际上是过敏反应,以致反复给予常规支气管扩张药物,而不给予肾上腺素。

7) 糖皮质激素:应早期静脉输入大剂量糖皮质激素。氢化可的松(5~10 mg/kg,静脉)和甲泼尼龙(1.5~2 mg/kg,静脉)其作用至少在 4~6 小时后才奏效。

8) 除去毒囊:被蜜蜂(不是黄蜂)叮蜇后,可能在皮肤上留下毒囊,应予以清除,但不要挤压,因为挤压可增加毒液扩散。

(3) 可能有效的治疗:

1) 血管加压素:有个案报告,血管加压素对严重低血压有效。

2) 阿托品:据病例报告,如存在相对或严重心动过缓,阿托品有效。国内有用 654-2 抢救成功的报道。

3) 胰高血糖素:对于对肾上腺素无效,特别是对于曾服用 β 受体阻滞剂的患者,用胰高血糖素有效。胰高血糖素是短效制剂;1~2 mg/min,肌内或静脉注射。常见不良反应有恶心、呕吐及高血糖。

4) 观察:治疗好转后需要观察,但尚无证据提示需要观察多长时间。有的患者(高达 20%)在 1~8 小时内(双相期)症状可复发,两次发作之间可无症状。据报道,双相反应可在发病后长达 36 小时。有人报告,治疗后无症状持续 4 小时可出院。但是如果病情严重或有其他问题,需要观察更长时间。

5) 气道梗阻:由于发生喉头水肿后,不宜行气管插管。故对有声音嘶哑、舌水肿、喉鸣音或口咽肿胀的患者,推荐早期插管或请相关科室会诊。

6) 心搏骤停的抢救:过敏反应可致心搏骤停,肾上腺素用量应迅速递增,如每次 1 mg、3 mg、5 mg(详见《2010 年 AHA 心肺复苏和心血管急救指南》)。

**(四) 心源性休克**

**1. 临床特点** 心源性休克的临床表现与其他类型休克的相似,但应注意,原有高血压患者,即使其收缩压 > 90 mmHg,而比原有血压降低 30% 以上并伴脉压减小时,可能发生了心源性休克。心功能指标:心搏指数(CI)< 2.2 L/($m^2$·min),肺动脉楔压(PAWP)> 18 mmHg。

2．急救处理

（1）一般治疗：必要时给予吗啡镇静。

（2）抗心律失常：快速心律失常给予胺碘酮、利多卡因，缓慢性心律失常给予阿托品、异丙肾上腺素，必要时应用临时起搏器。

（3）血管活性药与血管扩张剂联合应用：有利于减轻心脏前、后负荷，防止肺水肿。

（4）限制补液量，注意补液速度：因为心功能不全，肺循环障碍，成人每日入量控制在1 500 ml左右；输胶体液或盐水速度宜慢，如中心静脉压（CVP）≥ 10 cmH$_2$O或PAWP > 12 mmHg，注意补液速度，避免加重心力衰竭，而致发生肺水肿。

（5）强心剂：急性心肌梗死发病24小时内原则上不给予洋地黄类药物。如果出现心力衰竭、肺水肿，可小剂量、分次给予洋地黄类药物。给予血管扩张剂和非洋地黄类正性肌力药物。

（6）糖皮质激素：急性心肌梗死一般不用或少用糖皮质激素。糖皮质激素使用时间宜短，否则影响梗死心肌的愈合，加重心功能不全，易造成心脏破裂。

（7）机械辅助循环：急性心肌梗死合并心源性休克患者药物治疗无效时，如有条件，应行主动脉内气囊反搏术（IABP），或在其支持下进行经皮冠状动脉介入治疗（PCI）。

（五）神经源性休克

1．临床特点 神经源性休克是因强烈的神经刺激如创伤、剧痛等引起血管运动中枢障碍或造成血管活性物质（5-羟色胺、缓激肽等）释放，导致周围血管扩张、微循环淤滞、有效血容量减少而引起的休克。

2．急救处理

（1）去除病因：剧痛可以给予吗啡、盐酸哌替啶等止痛；停用致休克药物（如巴比妥类、神经节阻滞降压药等）。

（2）吸氧并立即给予肾上腺素0.5～1.0 mg肌内或皮下注射，必要时重复。

（3）使用血管活性药物，如多巴胺、肾上腺素。

（4）补充血容量，应用右旋糖酐。

### 知识链接

#### 主动脉内气囊反搏术

1968年，Kantrowitz首先在临床成功应用主动脉气囊反搏术（intra-aortic balloon pump, IABP）。近年来，经过Bregmen的精心研究，IABP的应用领域不断扩大，效果也有明显提高。IABP为治疗低心排综合征的有效手段，是首选的心脏机械辅助方法之一。心脏舒张期球囊充气，主动脉舒张压升高、冠状动脉压升高，可使心肌供血供氧增加；心脏收缩前，气囊排气、主动脉压力下降、心脏后负荷下降、心脏射血阻力减小、心肌耗氧量下降。IABP能有效地增加心肌血供和减少耗氧量，改善预后。

#### 冠状动脉介入治疗

经皮冠状动脉介入治疗（percutaneous coronary intervention, PCI）是指经心导管技

术疏通狭窄甚至闭塞的冠状动脉管腔，从而改善心肌的血流灌注的治疗方法。1844年，Bernard首次将导管插入动物的心脏。1929年，德国医生Forssmann首次将一根尿管从自己的肘静脉插入，经上腔静脉送入右心房，并拍摄了医学史上第一张心导管胸片，开创了人类心导管技术发展的先河。在此基础上，此后先后开展了右心导管和左心导管术。1953年，Seldinger创立了经皮血管穿刺技术，从而结束了介入操作需要进行血管切开的历史。1958年，Sones在进行一次主动脉造影时，无意中将导管插入右冠状动脉，并注入了造影剂使右冠状动脉显影。这一偶然并带有危险性的事件却成为了现代冠状动脉介入技术的开端。1967年，Judkins采用股动脉穿刺的方法进行了冠状动脉造影，从此这一技术在冠心病的诊断上得以进一步发展和推广。1986年，Puol和Sigmart将第一枚冠状动脉支架置入人体。冠状动脉内支架置入术可显著减少经皮冠状动脉腔内成形术（percutaneous transluminal coronary angioplasty, PTCA）的再狭窄，可以处理夹层和急性血管闭塞，成为冠状动脉介入治疗的又一个里程碑。2003年，药物洗脱支架（drug-eluting stent，DES）投入临床，使支架的再狭窄率明显降低，使冠状动脉介入治疗又进入到一个新的纪元。

# 第二节 多器官功能障碍综合征

## 一、概述

### （一）概念

多器官功能障碍综合征（multiple organ dysfunction syndrome，MODS）是指在多种急性致病性因素导致机体原发病变的基础上，相继引发两个或两个以上器官同时或序贯出现的可逆性功能障碍，其恶化的结局是多器官功能衰竭（multiple organ failure，MOF）。

### （二）病因

各种原因均可以导致MODS的发生，多见于：①严重感染；②休克；③心肺复苏后；④大手术；⑤严重烧伤、烫伤、冻伤；⑥挤压综合征；⑦重症胰腺炎；⑧急性药物或毒物中毒。

### （三）发病机制

MODS的发病机制尚未完全明确，有很多学说，包括：组织缺血再灌注损伤；炎症反应失控肠道屏障功能破坏；细菌毒素；二次打击或双相预激；基因调控。机体受到严重损害因素打击，可激发防御反应；但如果反应过强，释放大量细胞因子、炎症介质和其他病理性产物，就会损伤细胞、组织，导致器官功能障碍，即启动了MODS。各种学说相互之间有叠加和联系，可以阐明MODS的发病机制（图3-2）。

### （四）预防和治疗

MODS病情危重，可发展为不可逆的MOF，无有效治疗方法，预后差。

1．**积极治疗原发病** 无论是否发生 MODS，为抢救患者的生命，原发病应予以积极治疗。只有控制原发病，才能有效预防和治疗 MODS。如在大面积创伤，即时的清创、及时的补充体液、预防感染，就容易预防可能出现的肾衰竭。

2．**重点监测患者的生命体征** 生命体征是最容易反映患者器官或系统变化的征象，如果患者呼吸频率快、心率快，应警惕发生心、肺功能障碍；如患者血压下降，应考虑周围循环衰竭。对可能发生 MODS 的高危患者，应进一步扩大监测范围，如中心静脉压、尿量及比重、肺动脉楔压、心电图改变等，可早期发现 MODS。

3．**防治感染** 外科感染是引起 MODS 的重要因素，防治外科感染对预防 MODS 有非常重要的作用。对可能感染或已有感染的患者，在未明确感染微生物以前，必须合理使用广谱抗生素或联合应用抗菌药物。如对急性化脓性胆管炎、弥漫性腹膜炎等，应积极做胆道引流和腹腔引流。当发热、白细胞明显升高但没有发现明确感染灶时，应做反复细致的全身检查、多次血培养，采取各种辅助检查寻找隐藏的病灶。

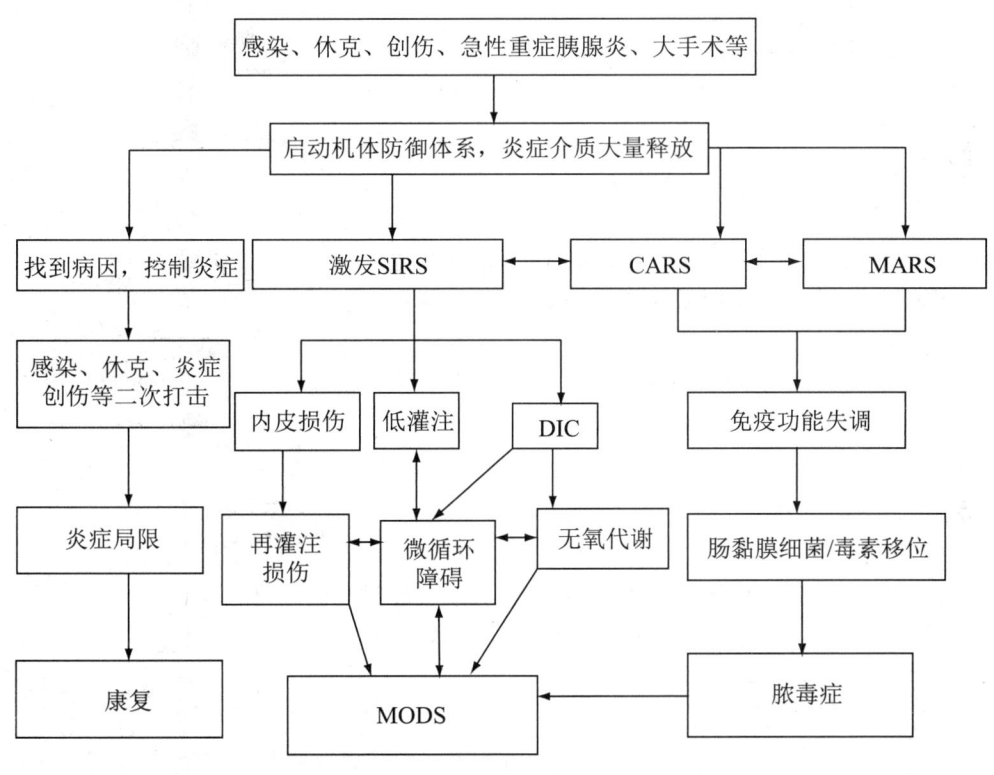

图 3-2 MODS 的发生机制

4．**改善全身情况和免疫调理治疗** 急症患者容易出现水电解质紊乱和酸碱平衡失调，外科患者常见等渗性缺水、低渗性缺水和代谢性酸中毒，必须纠正。创伤、感染导致的低蛋白血症、营养不良也需要纠正。

5．**保护肠黏膜的屏障作用** 有效纠正休克、改善肠黏膜的灌注，能维持肠黏膜的屏障功能。尽可能采取肠内营养，以预防肠道细菌的移位。

6．**及早治疗首先发生功能障碍的器官** MODS 多从一个器官功能障碍开始，连锁反应导致更多的器官发生功能障碍。只有早期诊断器官功能障碍，才能及早进行治疗干预，阻断

MODS 的发生。

## 二、临床表现

### （一）临床分期

MODS 的临床表现复杂，由于受损器官的数目、种类在不同的患者不尽相同，个体差异大，并且受原发疾病、功能障碍器官受累范围和程度以及损伤是一次打击还是多次打击的影响，MODS 的临床表现缺乏特异性。临床特征：①从原发损伤到发生器官功能障碍有一定的时间间隔；②功能障碍的器官多是受损器官的远隔器官；③循环系统处于高排低阻的高动力状态；④持续性高代谢状态和能源利用障碍；⑤氧利用障碍，使内脏器官缺血缺氧，氧供、氧需、氧耗矛盾突出。MODS 的病程一般为 14～21 日，经历休克、复苏、高分解代谢状态和器官功能衰竭四个阶段。

### （二）分类与分型

1. 原发性与继发性两类

（1）原发性 MODS：是指严重创伤等明确的生理打击直接作用的结果，器官功能障碍是由打击本身造成，损伤早期即出现多个器官功能障碍。

（2）继发性 MODS：不是损伤的直接后果，而是机体异常反应的结果，原发性损伤引起全身炎症反应综合征（systemic inflammatory response syndrome，SIRS），SIRS 进一步导致自身破坏是器官功能损害的基础，造成远隔器官功能障碍。

如果原发性 MODS 能存活，则原发损伤和器官功能损害激发和导致 SIRS，加重原有受损器官或引起新的远隔器官功能障碍，使原发性 MODS 转变为继发性 MODS。

2. **MODS 分型** 根据临床特征可把 MODS 分为单相速发、双相迟发和反复三型。单相速发型是在感染或心、脑、肾等器官慢性疾病急性发作诱因下，先发生单一器官功能障碍，继之在短时间内序贯发生多个器官功能障碍，如急性呼吸窘迫综合征（acute respiratory distress syndrome，ARDS）＋急性肾衰竭（acute renal failure，ARF）、ARDS＋ARF＋急性肝衰竭（acute hepatic failure，AHF）、弥散性血管内凝血（DIC）＋ARDS＋ARF。对于发病 24 小时内器官衰竭死亡者，一般只归为复苏失败，不归类为 MODS。双相迟发型是在单相速发型的基础上，经过一个短暂的病情恢复和相对稳定期，在短时间内再次序贯发生多个器官功能障碍。反复型是在双相迟发型的基础上，反复多次发生 MODS。

## 三、诊断与鉴别诊断

具有严重创伤、感染、休克等诱因；存在 SIRS 或脓毒症临床表现；发生两个或两个以上器官序贯功能障碍应考虑 MODS 的诊断。

MODS 的诊断指标目前尚未统一，初步诊断标准见表 3-1。

诊断 MODS 应详细分析患者的所有资料，尤其应该注意以下几点：

1. **熟悉引起 MODS 的常见疾病，警惕存在 MODS 的高危因素** 在外科疾病中，任何严重的感染、创伤以及大手术均可以发生 SIRS，当这些患者出现不明原因的呼吸、心律的改变、血压偏低、神志变化、尿量减少，尤其是出现过休克时，应警惕 MODS 的发生。在积极的病因治疗的同时，应进一步深入检查，逐一鉴别这些表现的病因。如 MODS 的尿少，应注意与容量不足、尿路梗阻、早已存在的慢性肾病鉴别；呼吸加快应排除肺部急慢性炎症、酸碱平衡失调或左心衰竭等因素。

表 3-1 MODS 的初步诊断标准

| 器官 | 病症 | 临床表现 | 检验或监测 |
|---|---|---|---|
| 心 | 急性心力衰竭 | 心动过速，心律失常 | 心电图异常 |
| 外周循环 | 休克 | 无血容量不足的情况下血压降低，肢端发凉，尿少 | 平均动脉压降低，微循环失常 |
| 肺 | ARDS | 呼吸加快、窘迫、发绀、吸氧和机械性辅助呼吸 | 血气分析血氧降低，监测呼吸功能异常 |
| 肾 | ARF | 无血容量不足的情况下尿少 | 尿比重持续在 ±1.010，尿钠、血肌酐增多 |
| 胃肠 | 应激性溃疡 肠麻痹 | 进站时呕血、便血、腹胀 肠鸣音弱 | 纤维胃镜检查明确诊断 |
| 肝 | 急性肝功能衰竭 | 进展时呈黄疸，神志异常 | 肝功能异常，血胆红素升高 |
| 脑 | 急性中枢神经功能衰竭 | 意识障碍，对语言、疼痛刺激等反应减退 | |
| 凝血功能 | DIC | 进展时有皮下出血瘀斑、呕血、咯血等 | 血小板减少，凝血酶原时间和部分活化凝血活酶时间延长，其他凝血功能试验异常 |

2．**及时做详细检查** 怀疑患者出现 MODS 时，除进行血常规、尿比重、心电图、胸部 X 线片和中心静脉压测定等常规检查外，还应进行特异性检查，如血气分析、肝肾功能监测、凝血功能检查、Swan-Ganz 导管监测等，以便能及时作出正确的评估、诊断和鉴别诊断。

3．**任何危重患者应动态监测心脏、呼吸和肾功能** 因为 MODS 的表现是渐进的，可能被原发病掩盖，因此，一些较明显的变化就应加以注意。临床上容易监测的是心脏、呼吸、肾功能，因此，心动过速、呼吸加快、发绀、尿少等较容易被发现，常规治疗不能有效改善就应注意 MODS 的发生。

4．**当某一器官出现功能障碍时，要及时注意观察其他器官的变化** MODS 多是序贯出现的，如只是注意目前出现症状的器官，则容易遗漏 MODS 的发生。因此，一旦某一器官发生功能障碍，应注意连锁反应的发生，及时进行有关病理生理改变的检查。如急症患者胃肠出血，应注意与有无 DIC、脑出血、ARDS 等，以便及时作出正确诊断。肺功能障碍常常是 MODS 中最早被发现的，而肝衰竭最易并发肾衰竭。

5．**熟悉 MODS 的诊断指标** 在器官功能障碍与衰竭等疾病不同阶段，器官功能衰竭容易诊断，但难以治愈。MODS 尚处于疾病的发展阶段时有较大的治愈可能，因此，应熟悉 MODS 的诊断指标，早期、及时诊断 MODS 的存在。如有肝功能异常伴大量腹水，就应作出肝功能障碍的诊断，不一定要有深度黄疸；如有肺功能障碍，不应等到出现呼吸困难时，而应在呼吸加快、血气分析 $PaO_2$ 降低，需辅助呼吸时就作出诊断。

## 四、急诊处理

MODS 缺乏特效的治疗方法，对器官功能的监测和支持仍是 MODS 的主要治疗措施，预防 MODS 的发生和发展是降低其病死率的重要方法。MODS 的病情复杂，涉及多个器官，治疗没有固定模式。治疗原则为：①控制原发病，去除诱因；②合理应用抗生素；③加强器官功能支持和保护；④改善氧代谢，纠正组织缺氧；⑤重视营养和代谢支持；⑥免疫和炎症反应调节治疗；⑦中医药治疗。

### （一）控制原发病

控制原发病是 MODS 治疗的关键。及时有效地处理原发病，可减少、阻断炎症介质或毒素产生释放，防治休克和缺血再灌注损伤。创伤患者应采取彻底清创，预防感染；严重感染者，清除感染灶、坏死组织、烧伤焦痂等，并给予有效的抗生素；有胃肠道胀气的患者，要及时行胃肠减压和恢复胃肠道功能；休克患者应进行快速和充分的液体复苏，对于维持胃肠道黏膜屏障功能具有重要意义。

### （二）器官功能支持

循环和呼吸系统功能的支持：氧代谢障碍是 MODS 的重要特征之一，注意维持循环和呼吸功能的稳定，改善组织缺氧状态。治疗重点在于增强氧供和降低氧耗。

**1．提高氧供的方法** 通过氧疗或机械通气（小潮气量通气，必要时采用 PEEP）以维持 $SaO_2$ 大于 90%，增加动脉血氧合；维持有效的心排出量大于 2.5 L/(min·m$^2$)；适当补充循环血容量，必要时应用正性肌力药物；增加血红蛋白浓度和血细胞比容，以 Hb 大于 100 g/L、血细胞比容大于 30% 为目标。

**2．降低氧耗的措施** 对于发热患者，及时使用物理和解热镇痛药等方法降温；对合并疼痛和烦躁不安的患者给予有效的镇静和镇痛；对惊厥患者需及时控制惊厥；对呼吸困难患者，采用机械通气呼吸支持方法，减低呼吸做功。

### （三）易受损器官的保护

MODS 和休克导致全身血流分布异常，胃肠道和肾等内脏器官处于缺血状态；持续的缺血缺氧，将导致急性肾衰竭和肠道衰竭，加重 MODS。及时充分纠正低血容量和应用血管活性药物是防治内脏功能缺血的有效方法。对休克患者可选择去甲肾上腺素加多巴酚丁胺，联合应用具有改善肾和肠道等内脏器官灌注的作用。在补足血容量之后，可以应用襻利尿剂，若 6 小时后无尿状态仍得不到逆转，应停止利尿剂使用，可能的情况下尽量停用血管收缩药物，可试用莨菪类药物，或立即进行血液净化治疗。

预防应激性溃疡：应早期给予胃黏膜保护剂、胃酸抑制药物（H$_2$ 受体阻断剂或质子泵抑制剂）；尽可能早期恢复胃肠内营养，以促进胃肠功能恢复；应用氧自由基清除剂减轻胃肠道缺血 - 再灌注损伤；给予微生态制剂恢复肠道微生态平衡；中药大黄治疗 MODS 时胃肠功能衰竭有明显的疗效，可使中毒性肠麻痹改善。

### （四）代谢支持和调理

MODS 患者处于高应激状态，呈现高代谢、高分解为特征的代谢紊乱。代谢支持和调理要求：增加能量供给，注意氮和非蛋白热卡的比例，使热 / 氮比值保持 100∶1 左右，提高支链氨基酸的比例。能量供给中蛋白∶脂肪∶糖的比例一般要达到 3∶4∶3；使用中、长链脂肪酸以提高脂肪的利用，并且尽可能通过胃肠道摄入营养；代谢支持既要考虑器官代谢要求，又要避免因底物供给过多加重器官的负担。

### （五）合理使用抗生素

预防和控制感染，尤其是肺部感染、院内感染及肠源性感染。危重患者一般需要联合用药，在经验性初始治疗时尽快明确病原菌转为目标治疗，采用阶梯治疗的策略，并注意防止菌群失调和真菌感染。

## (六)免疫调节治疗

基于炎症介质的失控性释放是 MODS 本质的认识,拮抗炎症介质和免疫调节是 MODS 治疗的重要策略。免疫调节的目的是恢复 SIRS/CARS 的平衡。应用各种类毒素抗体、TNF-α 受体及 IL-1 受体拮抗剂、E-选择素抗体、LTB4 受体拮抗剂等对抗介质的治疗未取得好的疗效。可以应用抗炎症反应药物乌司他丁和自由基清除剂。

## (七)连续性肾替代治疗 (continuous renal replacement therapy, CRRT)

连续动-静脉血液滤过(continuous arterial-venous hemofiltration,CAVH)和连续静脉-静脉血液滤过(continuous veno-venous hemofiltration,CVVH)等。CRRT 能精确调控液体平衡,保持血流动力学稳定,对心血管功能影响小,维护机体内环境稳定,便于积极的营养和支持治疗,直接清除致病炎性介质及肺间质水肿,有利于通气功能的改善和肺部感染的控制,以及微循环和实体细胞摄氧能力的改善,提高组织氧的利用,在 MODS 中得到了广泛应用,临床效果需要进一步评估。

## (八)中医药治疗

中医运用清热解毒、活血化瘀、扶正养阴等理论,应用大黄、当归、黄芪等。

中药组方或大承气汤等。

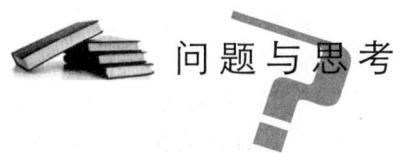

## 问题与思考

1. 休克的临床表现。
2. 休克的临床原则和治疗措施。
3. 多器官功能障碍的病因。
4. 多器官功能障碍的主要防治原则。

(王 石)

# 第四章

# 急诊症状鉴别诊断及急救处理原则

## 学习目标

1. 各症状的主要鉴别诊断。
2. 各症状的急救处理原则。

## 第一节 发热及高体温

发热（fever）是急诊就诊第一位急症，疾病谱很广，包括从自限性疾病至致命性疾病，是一个涉及多学科、多病种的复杂问题，部分患者经详细检查、长期观察治疗仍诊断不明。同时，发热也是多种传染病的首发症状，故发热是社会传染病流行的信号。

在建立发热门诊前，病毒性上呼吸道感染约占急诊总数的40%～50%，而各种严重疾病混杂其中，无论是大医院的急诊科或基层门诊部，看好感冒就能避免许多误诊、漏诊。本节主要介绍急诊发热患者的诊断思路与处理原则。

### 一、发病机制

人体的体温是在丘脑下部体温调节中枢通过调节产热与散热而保持其正常的。体温升高可以是由于致热原使下丘脑体温调节点升高或由于高温使体温调节中枢衰竭所致。

Fever（发热）与hyperthermia（高体温）是两个概念，译为中文后极易混淆。Fever是调节点升高的体温升高；hyperthermia是体温＞41.5℃，调节点不升高。中文"发热"就等于体温升高，其实不然。

#### （一）致热原使下丘脑体温调节点升高

致热原（pyrogen）是引起发热的任何一种物质，分为外源性致热原和内源性致热原。

外源性致热原是微生物（细菌、真菌）产物、毒素及整个微生物体。典型的外源性致热原是革兰阴性杆菌的脂多糖内毒素。内毒素不仅具有致热作用，还是革兰阴性杆菌导致病理改变的因子。革兰阳性球菌致热原有金黄色葡萄球菌的肠毒素、A与B链球菌毒素及葡萄球菌与链球菌产生的中毒性休克综合征毒素。

外源性致热原作用于单核细胞、中性粒细胞、淋巴细胞及其他细胞，合成与释放内源性致热原，称为致热原性细胞因子，包括IL-1、IL-6、TNF、纤毛嗜神经因子及干扰素（IFN）。

病毒也通过感染细胞诱发致热原性细胞因子。除感染外，炎症、创伤、坏死组织、抗原-

抗体复合物也可诱发 IL-1、TNF、IL-6 生成。

致热原细胞因子作用于下丘脑毛细血管内皮细胞，后者释放前列腺素 E2，使下丘脑体温调节点升高，致使发热。

一旦下丘脑体温调节点升高，即激活血管中枢神经元，使血管收缩。首先是手与足血管收缩，使血液从外周进入体内重要器官，减少皮肤散热、因而感到发冷。对于大多数发热患者，体温升高 1～2℃，即发生寒战，寒战是肌肉产生热量；然而，如果保热机制足以使血液温度升高，即不需要寒战。肝产热也增加。人类的行为（增加衣服）可使体温升高。

保热（血管收缩）与产热（寒战与增加代谢活力）机制一直到下丘脑血液温度与新调节点匹配为止。一旦达到匹配，下丘脑将体温维持在发热状态。如果下丘脑体温调节点下调（或由于致热原浓度下降或由于使用抗致热原药物），通过血管扩张与出汗的散热过程开始。出汗与血管扩张的散热过程一直到下丘脑血液温度与降低的调节点匹配为止（图 4-1）。

### （二）体内热量过度，下丘脑体温调节点不变

高体温（hyperthermia）是指体温 > 41.5℃，下丘脑体温调节点不变，散热功能衰竭。高体温常见于外源性热暴露或内源性产热过度所致。解热药无效，迅速致命。包括：

（1）热射病

（2）药物性高热——安非他明、可卡因、苯环己哌啶、亚甲二氧基甲基苯丙胺（摇头丸）、麦角碱酸、二乙基胺、水杨酸、锂、抗胆碱能药物、交感神经激动剂。

（3）内分泌疾病——甲状腺危象、嗜铬细胞瘤。

（4）中枢神经损伤——脑出血、癫痫状态、下丘脑损伤。

## 二、急诊常见的发热疾病

发热病因繁多，不再重复。本节仅介绍急诊科常见发热。由于我国地域辽阔，各地发热病种不完全一致，有地方性发热疾病。

1. **最常见急性发热** 病毒性上呼吸道感染、流行性感冒、化脓性扁桃体炎、气管-支气管炎、肺部感染、泌尿系感染、肠道感染、胆道感染等。

2. **较常见急性发热** 流行性出血热、流行性脑脊髓膜炎、传染性单核细胞增多症、病毒性肝炎、败血症、中暑、SARS、禽流感及其他病毒感染等。

3. **其他** 结缔组织病、肿瘤及血液病，其他感染性疾病。

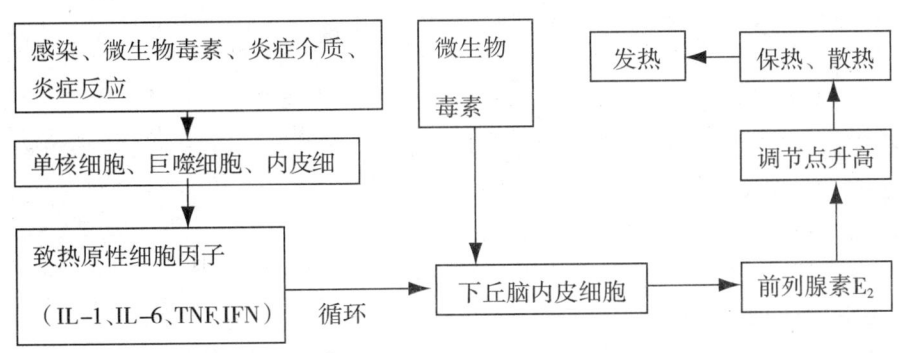

图 4-1 体温调节点升高机制

### 三、诊断要点

1. **病史** 虽然下面是单项叙述，但实际上需要综合考虑。凭单项特点确定诊断很难，但可提供重要线索。

（1）病程长短：如发热后（1～2 天）立即就诊者，多数是最常见的发热疾病，可按照上述病种诊治。其中感冒病程一般不超过 3 天，如病程超过 1 周或有高热寒战，通常不应诊断为感冒。

（2）发病过程：是最重要的病史。了解发病诱因、起病特点、热型等，了解病情轻重变化，主要病症的相互关系及治疗反应。

（3）伴随症状：首先应询问有无寒战，普通感冒无寒战，仅感畏寒。寒战见于肺炎、泌尿道或胆道感染、败血症等。流行性感冒可有寒战。伤寒、结核一般无寒战，淋巴瘤可有寒战。有（无）寒战的病种不可能——罗列，但凡有寒战，不要当轻症看待。其他按照各系统症状询问，就可能大致确定某系统疾病。

（4）外伤及医疗史：最近外伤（擦伤）、手术、拔牙、注射治疗等操作史，可以是细菌侵入的门户。

（5）接触史：应询问患者病前有无接触发热患者，包括家属、同事、患者。

（6）生活史：①居住地域、职业及反映经济、交往及环境状况的病史；②家中饲养宠物、家禽，如养鸽，易感染隐球菌；③旅游或出差；④烟酒嗜好。

（7）既往病史：除结核、肝炎、糖尿病等常见病外，特别询问既往类似发热病史，如风湿病，就可能有既往发病病史。

（8）家族史：尽管家庭内传染病十分罕见，但有幼儿的母亲易从幼儿感染病毒。

（9）治疗情况：应详细询问治疗情况及效果，应详细查阅诊治病历，辗转多家医院就诊往往提示病情复杂。

2. **体格检查** 重点是：生命体征，一般状况，皮肤与软组织、淋巴结、心、肺、肝、脾及神经系统体征。

（1）一般情况：可反映疾病概貌。如急性发热，精神如常，很可能是感冒。如精神萎靡，特别是烦躁不安，则提示严重感染，因为烦躁不安属于意识模糊（见相关章节）。嗜睡、昏睡、昏迷则更为严重。反应迟钝也属重症。

（2）生命体征：反映血流动力学是否稳定。

（3）皮肤：①皮疹：如有与热程相关的皮疹，如麻疹（发热第 4 天），则提示相关传染病；与热程无关的皮疹提示风湿病。②出血倾向包括瘀点、紫癜及瘀斑，提示流行性脑膜炎、流行性出血热、败血症或血液病等。③肢端发绀可能是低灌注，病情十分严重。④静脉注射针眼如吸毒。⑤有无局部压痛。

（4）淋巴结。

（5）头部器官：巩膜黄染、结膜瘀点；鼻窦及乳突压痛；扁桃体肿大及渗出物。

（6）心肺：双肺啰音；心脏杂音。

（7）腹部：肝脾大；双季肋区压痛及叩击痛。

（8）神经：脑膜刺激征；病理征。

3. **实验室检查**

（1）三大常规：血、尿、便三大常规是必查项目。在血常规检查中，不仅要注意白细胞计数及中性粒细胞分类，还要注意淋巴、单核细胞的比例。因为自动计数仪只能区分单核或多核，不能区分原始细胞与淋巴、单核细胞。如分类中出现淋巴细胞极高（70%～90%），或淋巴细胞+单核细胞总数超过中性粒细胞，则必须做手工血涂片分类，可以发现幼稚细胞或异形淋巴细胞。

（2）红细胞沉降率、C-反应蛋白、降钙素原：虽无特异性，但可反映病情轻重程度。

（3）感染性疾病的病原学检查：血液、骨髓细菌培养、血涂片找疟原虫、病毒 DNA 检测及微生物的免疫学检查（表 4-1）。

（4）风湿性疾病的免疫学检查：此类检查项目很多，各医院条件不一。其中，如怀疑成人 Still 病，必须检查血清铁蛋白；如怀疑血管炎，应检查抗中性粒细胞抗体。

（5）肿瘤标志物检查。

（6）肝肾功能：可提示发热疾病的功能损伤。

（7）影像学：X 线胸片、腹部 B 超，可发现占位性病变及感染性病灶。如怀疑感染性心内膜炎，超声心动图是重要的依据；如怀疑淋巴瘤，则应做胸部与腹部 CT 检查，以发现肿大淋巴结。

（8）骨髓穿刺及淋巴结活检：骨髓穿刺与骨髓活检是诊断血液病的重要依据。淋巴结活检是淋巴瘤、淋巴结病及转移瘤的确诊依据。

表 4-1 微生物的免疫学检查

| 细菌性疾病 | 肥达试验、外斐反应；PPD 试验；布氏杆菌凝集试验 |
| --- | --- |
| 病毒性疾病 | 病毒性肝炎的抗原抗体、流行性出血热抗体、EB 病毒抗体、登革热抗体、巨细胞病毒抗体、风疹病毒抗体、单纯疱疹病毒抗体（Ⅰ、Ⅱ型） |
| 钩端螺旋体 | 钩端螺旋体凝溶试验 |
| 性传播性疾病 | 免疫缺陷病毒抗体（HIV）、梅毒抗体 |

## 四、诊断思路

诊断原则是先考虑常见、多发病，后考虑少见病；先考虑感染性疾病，后考虑非感染性疾病；同时警惕传染病，注意消毒、隔离及自身安全。

（一）根据系统症状

这是诊断发病病因的最基本原则，如有咳嗽、咳痰或胸痛，考虑呼吸系统疾病；尿频、尿痛、尿急，考虑泌尿道感染；如有严重头痛、呕吐及意识障碍，考虑中枢神经系统感染。但如果患者只有发热，无各系统症状，则可参照病程考虑。

（二）根据病程

1. **急性发热** 是指发热后立即来就诊者，绝大多数是普通感冒、化脓性扁桃体炎、气管与肺部感染及泌尿道感染。

（1）必须区别感冒与非感冒：①有寒战不是感冒；②病程超过 3 天应开始考虑不是感冒；③体温超过 40℃应认真排除非感冒疾病；④年老体弱、有基础病者，如糖尿病、COPD、肝硬化及其他免疫缺陷者，即使是感冒也应重视，一般应给予抗生素；⑤短时间"感冒"患者骤增提示流行性感冒。因为感冒是自限性疾病，而非感冒必须正确治疗才能治愈。

（2）化脓性扁桃体炎：对每位发热患者必须检查咽部，防止误诊。

（3）肺炎：肺部湿性啰音是肺炎体征，但有的患者可无湿啰音，对精神萎靡者，或对症治疗体温不降者，应做胸部 X 线检查。

2．病程 1～2 周　发热持续 1～2 周，各系统症状不明显，应考虑传染性单核细胞增多症、病毒性肝炎、败血症、急性白血病、EB 病毒感染、伤寒与副伤寒等。绝不应当作感冒处理，应住院或在急诊科留观检查。本节仅介绍急诊科对发热患者的初步处理，不包括原因不明的发热的诊断与治疗。

3．原因不明的发热　原因不明的发热（fever of unknown origin，FUO）根据 1961 年 Petersdorf 与 Beeson 定义是：①数次测体温＞38.3℃；②热程＞3 周；③住院 1 周未能明确病因。FUO 可分为感染性疾病、免疫性疾病、血液与肿瘤性疾病及其他。

4．多器官损害　可作为诊断思路。据文献报道，脓毒症性休克、流行性出血热、恙虫病、钩端螺旋体病，100% 伴有多器官损害；红斑狼疮、淋巴瘤，90% 伴有多器官损害；其他伴有多器官损害的疾病有败血症、恶性组织细胞病、感染性心内膜炎、AIDS、结核、肺癌、多发性骨髓瘤、急性白血病、坏死性淋巴结炎、登革热等。

## 五、急诊处理策略

由于发热疾病包括轻症、重症及危重症。急诊科不仅要处理好上述轻症的发热患者，还必须及时识别与抢救危重的发热患者。

（一）危重指征

1．发热伴低灌注　参见第三章第一节休克中"休克的诊断标准"。

2．发热伴意识障碍　参见本章第八节。①觉醒低下，包括意识淡漠、反应迟钝，如有昏睡、昏迷，则病情甚重；②觉醒亢进，则为谵妄状态或出现精神症状，即使是轻度行为异常，也应视为意识异常，应予以重视。

3．发热伴 DIC　如发热后立即（1～2 天）出现 DIC，很可能是流行性脑膜炎；如发热 3～4 天后出现 DIC，可能是金黄色葡萄球菌败血症或其他原因败血症。

4．发热伴抽搐　抽搐是大脑皮质功能受损，与意识障碍同等意义。

5．热射病　体温＞41.5℃，可立即致命，应积极降温。

6．发热伴多脏器功能障碍

（二）危重症

常见有脓毒症性休克、流行性脑脊髓膜炎、流行性出血热、热射病、重症肺炎等。脓毒症性休克按照休克处理；一旦怀疑流行性脑膜炎，立即静脉给予青霉素 400 万单位，30 分钟内滴入，同时完善各种检查或转院。强调转院前或途中给予青霉素。

（三）急诊科留观与收住院标准

（1）原因不明、发热不退、反复来诊者。

（2）年老体弱、有基础疾病者，或长期使用糖皮质激素者（即使现已停药）。

（3）有危重征象者。

## 六、预后

由病因和年龄决定。总体 1 年生存率：35 岁以下为 91%；36～64 岁为 82%；65 岁以上为 67%。

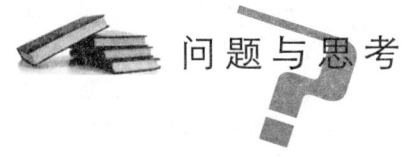

1. 发热与高体温有何区别？
2. 发热合并哪些病症提示病情危重？
3. 简述对发热患者询问病史与体格检查的要点？

（李 佳）

# 第二节 呼吸困难

呼吸困难（dyspnea）是急诊常见主诉之一，表现为胸闷、气短、呼吸急促费力、张口耸肩、发绀、呼吸频率和节律异常，严重者呼吸窘迫，危及生命。其症状、临床表现与病情严重性常不相关。导致呼吸困难的疾病大部分为肺源性疾病，其他还有心源性疾病、感染性疾病、代谢性疾病、神经肌肉性疾病、创伤性疾病、血液疾病和中毒等。

## 一、病理生理

呼吸困难的发病机制不明，延髓呼吸中枢和颈动脉体化学感受器、呼吸肌的机械感受器均参与呼吸的调节。其中任一环节功能障碍都会导致呼吸困难。另外，呼吸困难的主观感受与呼吸运动做功增加（如COPD、肺炎、酸中毒）、中枢性刺激（如中毒、中枢神经系统病变）以及肺牵张感受器有关。

患者对呼吸困难的描述各不相同，通常不能反映病情的严重程度。突发性呼吸困难见于喉头水肿、呼吸道异物、误吸、肺栓塞、自发性气胸；发热常提示存在感染性疾病；伴咳嗽、脓痰多见于肺部感染，大量脓痰见于肺脓肿等；泡沫痰见于急性左心衰竭或有机磷中毒；伴有哮鸣音多见于哮喘、COPD；肺栓塞或心肌梗死的呼吸困难常伴有胸痛，特别是持续性内脏性钝痛；而病变累及胸膜多为躯体性锐痛，疼痛与呼吸运动相关；伴一侧胸痛见于肺炎、胸膜炎、肺梗死、自发性气胸、急性冠状动脉综合征、肺癌等；伴意识障碍多见于合并脑卒中、休克、中毒、肺性脑病、尿毒症等；若无器质性变病变，焦虑常与精神刺激导致的心因性呼吸困难有关。

临床最常见的呼吸困难是肺源性呼吸困难和心源性呼吸困难，有时二者的鉴别存在一定困难。

肺源性呼吸困难可分为吸气性呼吸困难、呼气性呼吸困难或混合性呼吸困难。吸气性呼吸困难常伴有吸气喉鸣，胸骨上窝、锁骨上窝、肋间隙在吸气时凹陷，称为"三凹征"，见于上呼吸道、气管或主支气管梗阻狭窄。呼气性呼吸困难常见哮鸣、桶状胸、呼气时间延长，如哮喘，COPD。混合性呼吸困难则不分呼吸时相，呼吸浅快，有异常呼吸音，多由肺部病变严重、有效肺通气和肺换气减少所致，如重症肺炎、大面积肺不张、肺栓塞、间质性肺病、大量胸腔积液或气胸等。

心源性呼吸困难常由心力衰竭引起，尤其是左心衰竭引起的肺淤血或肺水肿、肺泡表面张力高等，与活动劳累程度相关，休息或坐位时缓解，甚至需要将下肢垂于床下，表现为劳力性呼吸困难、阵发性夜间呼吸困难或端坐呼吸。严重者有粉红色泡沫痰，双肺底细湿啰音，心动过速，称为心源性哮喘。患者多有基础心血管病，如心力衰竭、心肌梗死、风湿性心脏病等。患者血清 BNP 或 NTBNP 升高明显，可与肺源性呼吸困难鉴别。床旁超声也有利于二者鉴别，甚至明确诊断。

## 二、急诊处理路径

引起呼吸困难的疾病较多，症状体征表现多样，甚至可多种疾病共存，很难用单一简化流程进行诊治处理。

### （一）呼吸窘迫的急诊处置

对有严重呼吸窘迫的患者需要立即快速评估和紧急处置，以挽救生命，为治疗原发病创造条件和争取时间。首先要保证气道通畅，立即吸氧。快速检查口咽部、颈部、心肺、胸部和四肢。胸部正侧位 X 线片可提供重要信息，如有可能，尽快检查。

保持适当氧合。床旁脉氧计可实时监测血氧饱和度，但不能测量血氧分压，不能反映通气不足导致的酸中毒。动脉血气分析可以反映血氧饱和度，还可以评估通气效果，测定血 pH、血氧分压、二氧化碳分压，对酸碱平衡进行评估并提供诊断线索。对有呼吸困难/窘迫的患者都应进行动脉血气分析，特别是需要高浓度吸氧时。

### （二）心搏骤停

对意识丧失的患者，需要立即检查并开放气道。检查患者的呼吸状态和通气效果。有心室颤动的患者通常在 5~10 秒内就出现意识丧失，这些患者通常没有呼吸，或仅有表浅而无效的呼吸。要早期识别、早期电除颤、早期复苏。

### （三）上呼吸道梗阻

重度上呼吸道梗阻一般有明显的呼吸费力表现，吸气时三凹征明显。上呼吸道完全梗阻者不能呼吸，不能言语；颈部可能会见到肿胀或包块；患者舌体肿胀，喉镜检查可能会发现异物、肿瘤或其他导致上呼吸道梗阻的物体。最常见病因是继发于感染或血管神经性水肿的软组织肿胀，因此，治疗措施应致力于减轻软组织肿胀，如冷敷、血管收缩剂、治疗感染性或过敏性原发病。肾上腺素吸入或注射，对于减轻血管神经性水肿最为有效，但可能会引起严重的心血管事件。气道异物最好经喉镜去除，液状物或颗粒状物可进行负压吸引，团块状异物可经 Heimlich 手法去除，必要时使用纤维支气管镜等保证气道通畅。一旦无创方法失败，应立即行环甲膜切开术或气管切开术。对有意识丧失的患者，需要继续检查和观察，防止病情发展和症状持续存在。对异物误吸入肺者，需要注意吸入肺炎的发生。

### （四）意识障碍合并浅表呼吸

意识障碍改变合并呼吸窘迫，可能是由二氧化碳潴留或严重的组织缺氧导致。若咽反射消失，动脉血气分析有严重二氧化碳潴留和严重缺氧，则需要行气管插管进行机械辅助呼吸，操作前进行无复吸面罩高流量（10~15 L/min）供氧，直至二氧化碳潴留和严重缺氧部分纠正，有条件进行气管插管。如果对于是否需要进行气管插管把握不准，则宁可进行气管插管。建立人工气道后，可以针对导致精神状态改变的疾病进行排查。

### （五）张力性气胸

外伤和正压通气都可以引发张力性气胸。自发性气胸很少为张力性气胸。张力性气胸的特异性体征包括：气管向对侧移位，颈静脉怒张，应保持警惕以防遗漏。给予患者100%浓度的氧气吸氧。有效的治疗方法是胸腔置管引流。如无条件立即进行胸腔置管引流，而患者呼吸严重窘迫，则使用大号注射器针头（14～16号）在锁骨中线第二肋间穿刺排气减压。很少出现需要进行注射器针头穿刺胸腔排气减压的紧急情况，该方法也不作为首选。

### （六）大量误吸

如患者呕吐后出现呼吸窘迫，口咽部发现颗粒状异物，则很有可能发生了误吸。有时是在气道检查或护理时才发现存在误吸。在老年人和体弱患者，吸入性肺炎较为常见，也常导致死亡。口咽部或气道吸引可以发现呕吐物、鼻饲营养物或颗粒状食物。误吸后，患者出现低氧血症、呼吸频速、呼吸急迫，也常伴有发热、心动过速，或出现低血压。X线胸片可发现误吸部位出现浸润影，有时范围较为广泛。尽量将误吸物清除，吸氧纠正低氧血症。吸入性肺炎本身不需要使用抗生素，但临床上很难与细菌性肺炎鉴别，故大部分医生给予患者广谱抗生素。糖皮质激素对吸入性肺炎可能不利。

### （七）严重肺水肿

心源性和非心源性疾病引发的急性肺水肿患者均可出现严重呼吸窘迫。大部分患者为老年人，或既往有心脏病史者，如心肌病、冠心病、瓣膜病等。多数患者双肺底出现湿啰音，但部分患者仅有哮鸣音、呼吸时间延长、呼吸音减低。对于判断有无肺淤血或评估肺淤血的严重程度，颈静脉怒张和下肢水肿并不可靠。X线胸片一般表现为间质性水肿，有时出现肺泡水肿。患者表现为不同程度的缺氧。检测血BNP（或NTBNP）对于鉴别心源性呼吸困难与肺源性呼吸困难有帮助，高水平提示心力衰竭，且其水平越高，心力衰竭越重。使用无复吸面罩给予患者100%浓度的氧吸氧；给予呋塞米40 mg，若患者既往应用利尿剂或有肾功能不全，则剂量增至80～160 mg。若患者有严重高血压，需快速降压，首选硝酸甘油，起始剂量为5～10 μg/min滴注，然后根据效果调整剂量。对于急性心力衰竭，ACEI类药物的作用不明，β阻滞剂也应避免使用。BIPAP无创呼吸机辅助呼吸（吸气压15 cmH₂O，呼气压5 cmH₂O）是较为常用的措施之一。合并的低血压、心律失常都要采取相应措施。除了治疗基础疾病，还要寻找导致患者疾病急性发作的诱因并进行处理。

### （八）严重的哮喘和阻塞性肺病

哮喘和慢性阻塞性肺疾病患者可表现为呼吸困难或呼吸窘迫。其呼吸困难与体位无关，咳嗽更为常见，听诊可闻及喘鸣；患者常有呼吸频速，心动过速，发绀，桶状胸，呼吸音降低。严重发作时语不成句，氧饱和度低于92%，辅助呼吸肌参与呼吸，奇脉，意识不清，听不到呼吸音。X线胸片示肺过度膨胀，若合并其他病变则会有相应表现。这些患者通常伴有细菌性、病毒性、过敏性病因加重肺基础疾病。气道峰流速是评估病情、反映治疗效果的最实用客观指标。给予患者吸氧，氧流量1～3 L/min，使动脉血氧饱和度达到95%以上，或动脉血氧分压达到60～80 mmHg；注意二氧化碳潴留。无创呼吸机可能会降低气管插管风险，但急性呼吸衰竭时需要行气管插管。β激动剂最好是吸入，沙丁胺醇0.2～0.3 ml加入生理盐水3 ml雾化吸入，每20～30分钟一次。也可加入异丙托溴铵混合吸入，每次0.5 mg，最多三次。β激动剂注射效果并不优于雾化，且可能会引起明显的心动过速，诱发心肌缺血，老年患者或冠心病患者应用需谨慎，出现严重心动过速或胸痛时应立即停止使用。肾上腺素0.2～0.3 ml皮下注射，每20～30分钟一次，或特布他林0.25 mg皮下注射，每2～4小时一次。上述两种药物无效时，应尽早使用糖皮质激素，甲强龙首剂80～120 mg静注，或泼尼松60 mg口服。硫酸镁可扩张支气管，仅用于其他措施无效的危及生命的患者，成人剂量为1～2g，15～30分钟内静脉注射；但其疗效持续时间短，用时需要监测血压。镁剂导致的心律失常可以静脉使用钙制剂予以拮抗，腱反射消失时应停药，避免出现呼吸抑制或心搏骤停。一般情况下，哮喘时使用的剂量相对较低，约为先兆子痫的1/4。

（九）连枷胸

连枷胸见于胸外伤，体检时就会发现部分胸壁（肋骨或胸骨）的矛盾性运动（吸气时病变部位胸壁塌陷，呼气时膨出），伴有疼痛，患侧可有明显皮下气肿，呼吸音减弱。体检时还要注意有无合并其他部位的损伤。首先给予患者吸氧，若通气不足，需要使用带有气囊的面罩。检测脉氧饱和度，若患者通气和血氧合平稳，则不必进行气管插管。胸痛引起的低通气和低氧血症常常需要干预，如进行气管插管和正压通气。止痛药物吗啡1～4 mg静脉注射，或芬太尼25～50 μg静脉注射，注意呼吸抑制。由专科医生进行清创、固定包扎以及相应处理。

（十）神经肌肉疾病

该类疾病导致的呼吸困难通常伴有低通气，表现为脉氧饱和度下降，血氧分压下降，二氧化碳分压上升，除呼吸肌外，还可能有其他肌群的无力表现。见于吉兰-巴雷综合征，重症肌无力，低钾性周期性麻痹，肉毒中毒，蜱麻痹等。通过脉氧计、动脉血气、肺功能检查了解患者的呼吸状况。若血气分析还令人满意，可以暂缓行气管插管。重要的还是专科治疗原发病。

危及生命的状况得到及时处理以后，需要继续以下工作：

（1）有针对性地了解患者心肺疾病和共存疾病病史，诱因或触发因素，既往有无类似发作，有无呼吸机辅助呼吸，呼吸困难持续时间等。

（2）用药史，包括处方用药和非处方用药，包括正在服用的药物和最近服用的药物，用药剂量，有无使用皮质激素。

（3）查体，包括心肺腹部和四肢等需要检查的部位。

（4）化验：血常规，尿常规，血肌酐，尿素氮，血清电解质和血糖，以及根据患者既往史和体检发现需要检查的其他项目。D-二聚体检查有助于发现或诊断炎症、栓塞、主动脉夹层等疾病，BNP（或NTBNP）有助于鉴别肺源性呼吸困难和心源性呼吸困难，高值可用于诊断，这两项指标阴性预测值高。

（5）监测脉氧饱和度和呼气流速，评估呼吸困难。根据监测结果和临床发现检查动脉血气。

（6）检查：X线胸片和心电图，如条件许可，可行床旁心脏超声检查，可有助于鉴别诊断或明确诊断；其他检查还有胸部CT、CT血管造影（如肺动脉）、肺通气灌注扫描等。

## 三、急诊进一步处置

（一）气胸

可分为自发性气胸（原发性，无其他基础肺病；继发性，有其他基础肺病）和外伤性气胸。患者有胸痛、呼吸困难或呼吸窘迫；患侧叩诊呈鼓音。病情取决于肺萎陷的程度和患侧胸膜腔内压。张力性气胸见前述。X线胸片可发现肺萎陷和肺外气体，部分患者可有少量胸腔积液。若累及双侧，需要紧急置管引流，不必等X线检查结果。若患者属于原发性自发性气胸首次发作，气胸面积小于20%，肺尖与上胸壁距离＜3 cm，症状轻微，可以暂不处理，密切观察。若肺压缩面积＞20%，肺尖与上胸壁距离＞3 cm，症状严重，则可穿刺置入Heimlich管引流。若引流后仍无肺复张，则需切开置管引流。继发性自发性气胸应予立即置管引流，并预防复发。外伤性气胸若合并血胸,则需用大号导管引流。若患者需要正压通气,则必须置管引流。

### (二) 胸腔积液

胸腔积液也会导致肺萎陷,患者呼吸困难的程度因积液量多少而变化,患侧叩诊呈浊音,X 线胸片或 B 超可以确诊。若呼吸困难继发于胸腔积液,则需要急诊引流。用注射器针头或小号导管引流,若液体黏稠,可能需要切开置管引流。为防止发生肺复张损伤,任何一次引流量都不应超过 1~2 L。引流标本应送检,检查包括 pH、比重、细胞计数、葡萄糖与蛋白含量、乳酸脱氢酶、淀粉酶、微生物学检查和病理学检查等。血胸除非考虑自体血回输,否则都需要置管引流,寻找出血病因。

### (三) 肺不张

肺不张是非胸腔积液或气胸原因导致的肺泡萎陷。患者呼吸运动减弱,叩诊呈浊音,呼吸音减弱或消失。患者可出现呼吸困难,心动过速,发绀。X 线胸片可见相应部位肺部阴影,患侧胸腔缩小,肋间隙缩窄,膈肌升高,纵隔向患侧移位。患者表现为不同程度的呼吸窘迫,少数患者出现呼吸衰竭,需要急诊呼吸支持,包括吸氧和机械辅助通气。监测脉氧饱和度,同时寻找病因。

### (四) 肺实质/间质疾病

该类疾病的共同特点是:病变导致参与有效呼吸的肺实质损伤;体检时可发现吸气相肺部啰音,叩诊呈浊音,听诊羊鸣音和支气管呼吸音,X 线胸片一处或多处浸润影。可简单分为肺水肿、肺炎(含吸入性肺炎)、间质性肺病。这几种情况可能同时发生于同一患者,如吸入性肺炎患者可同时存在化学性肺水肿和细菌性肺炎,并伴有不同程度的气道梗阻。病毒性肺炎早期主要累及肺间质;心源性肺水肿早期也主要是间质水肿,然后进展为肺泡水肿。急诊时对此进行区分或鉴别也有难度,如肺炎和肺水肿。

### (五) 肺水肿

肺水肿的临床表现见前文。心源性肺水肿一般有阵发性夜间呼吸困难,逐渐加重的外周组织水肿。非心源性肺水肿一般起病更为突然,病情更为严重。X 线胸片可见肺上部静脉血管显影或扩张,称之为头向集中,提示肺静脉压力升高。治疗给予吸氧,后续治疗取决于肺水肿的病因是否为心源性疾病。可用 BIPAP 辅助呼吸,若低氧血症仍不能纠正,则需要行气管插管。

### (六) 肺炎

一般伴有发热和咳嗽,随后出现呼吸困难。常见脓痰和胸膜性疼痛。体检发现有体温升高,局部啰音,叩诊呈浊音,可有肺实变体征,如羊鸣音、支气管呼吸音。发热和咳嗽可能是唯一症状。除了在发病早期或患者脱水,X 线胸片可见肺部浸润影。脱水者补水后 4~6 小时也可见到肺部浸润影。免疫抑制剂治疗者可无浸润影。AIDS 患者可有肺孢子菌肺炎,表现为咳嗽,发热,呼吸困难,低氧血症,肺泡-血氧分压差增加,其他临床发现较少,X 线胸片可表现正常,但典型改变是弥漫不均的肺泡浸润或间质浸润。根据临床发现开始抗生素治疗。

### (七) 弥漫性间质性肺病

大部分患者具有慢性呼吸困难病史,多因症状急性加重而至急诊科就诊。听诊发现弥漫性 Velcro 啰音,X 线胸片示间质浸润,动脉血氧分压和二氧化碳分压均减低,应考虑该类疾病。急诊主要进行支持性治疗,同时寻找有无导致症状加重的其他合并疾病,如感染。

### (八) 误吸

误吸可表现为无明显误吸史的肺炎,或有明显误吸的呼吸窘迫,如衣物上可见呕吐物,后者在有神志改变的患者中更为常见。对所有患者都应进行支持性治疗，清理气道是第一要务，最好应用口径较大、头端较硬的设备吸引。气管插管可以提供更好的气道保护，有时需要用纤维支气管镜清洁气道。密切观察患者症状体征变化，患者常在误吸24~72小时后发生肺功能恶化。

**（九）上呼吸道梗阻**

上呼吸道梗阻表现为明显的呼吸困难，三凹征在用力吸气时更明显。颈部侧位软组织X线检查可以帮助诊断，某些病例需要纤维喉镜协助诊断。上呼吸道梗阻病因有异物堵塞，扁桃体肥大，伪膜性喉炎，会厌炎，过敏反应所致的喉头水肿，咽后壁脓肿，肿瘤等。若怀疑会厌炎，应先行颈部侧位软组织X线检查，而不是喉镜检查，以防刺激导致气道完全闭塞；应在手术室进行气管插管操作，同时准备随时进行气管切开，患者都需要给予抗生素治疗。儿童误吸小的物件如硬币，卡在气管或主支气管，所导致的哮鸣音可能会被误诊为支气管痉挛性疾病。X线检查呼气相并不一定能够直接看到异物，可发现病变一侧肺过度膨胀，是异物堵塞造成的球瓣效应导致。应尽快去除异物。过敏反应所致喉头水肿应立即给予皮下注射或肌内注射肾上腺素0.3~0.5 mg（1:1000），或者静注肾上腺素0.1~0.2 mg（稀释10倍为1:10 000），3~10分钟后可重复应用。过敏反应所致气道梗阻可复发，故需观察4~6小时；还要给予苯海拉明25~50 mg肌内注射或静脉注射，或选择性组胺阻滞剂如法莫替丁20 mg静脉注射，阻止组胺继续释放。患者需要每6小时服用一次苯海拉明25 mg，24~48小时后停用，以防复发。若气道梗阻持续进展，需外科行环甲膜切开术。偶有遗传性血管神经性水肿患者，症状体征酷似过敏反应，肾上腺素效果差，其原因是：患者体内C1q酯酶抑制物缺陷，导致缓激肽水平增加；治疗需使用C1q酯酶抑制物替代治疗，或给予新鲜冰冻血浆。

**（十）哮喘，慢性阻塞性肺病**

这种情况下，患者的呼吸流速降低明显。患者既往就有较长时间的呼吸道症状，大部分患者知晓自己的疾病。最常见的咳嗽、咳痰症状彼此之间差异很大。大部分患者可闻及哮鸣音，用力呼气时更明显，其他表现和治疗见前述。

**（十一）肺血管病变**

肺血管病变导致的呼吸困难可能是最难诊断的急诊疾病之一。该类疾病的症状体征和病情严重程度极度多变，甚至可被误认为是癔症发作或诈病。急性肺栓塞合并肺梗死的患者可以出现呼吸困难、呼吸频速、胸膜性胸痛、心动过速、低氧血症和低二氧化碳血症。也可能出现低热、咳嗽、咯血、哮鸣。X线胸片可见到浸润影，有时有胸腔积液。仅有肺栓塞的患者没有肺部浸润影、发热、咯血，其他表现与上述类似。大面积肺栓塞则常见压榨性胸痛，呼吸困难，严重低氧血症，晕厥，休克，甚至心搏骤停。有右心感染性心内膜炎或败血症性肺栓塞的患者可出现高热、寒战，X线胸片示肺部多发散在浸润影，且常在发病后几天内形成空洞。Wells评分标准包含了特异性危险因素和体征，已经替代了有创性诊断标准。血清D-二聚体、下肢静脉多普勒超声、螺旋CT、CT血管造影、肺通气灌注扫描已经大幅度减少了肺动脉造影的应用。给予患者吸氧，吗啡镇痛。若存在休克则采取相应措施。除非禁忌，只要怀疑肺栓塞，都应使用肝素抗凝，成人负荷量为80 U/kg静注，继以18 U/(kg·h)点滴，然后调整剂量使APTT维持在正常值的1.5~2倍；对部分患者可给予低分子肝素。溶栓治疗一般用于右心功能受累的患者。

### （十二）胸膜炎

不论何种病因，胸膜炎和胸膜性疼痛都会引起呼吸困难。在肋骨骨折，即使既往没有基础肺病，疼痛和肺不张也会导致低氧血症。形成胸腔积液后，疼痛和胸膜摩擦音也可能缓解或消失。胸膜炎常为病毒感染的表现之一，还可合并其他脏器感染，如心包炎。可以存在发热、肌痛、头痛、鼻黏膜充血等流感样症状。X线胸片检查排除基础肺病、胸腔积液、气胸。治疗除止痛外，还需要治疗原发病。

### （十三）代谢性酸中毒

如糖尿病酮症酸中毒、水杨酸中毒可引起深大呼吸，动脉血氧分压一般正常或升高，二氧化碳分压明显降低，碳酸氢根离子浓度降低。需要治疗原发病，严重者可以输注碳酸氢钠争取治疗时间。

### （十四）神经源性过度通气

原发性中枢神经系统病变可以导致多种呼吸异常，如中枢性过度通气，陈-施呼吸；后者也见于血液循环障碍疾病，如心力衰竭。诊断依赖于明显的神经系统体征，血气分析氧分压一般正常，二氧化碳分压低或高于正常。治疗需针对原发病进行。

### （十五）心因性过度通气

患者一般有急性呼吸困难和焦虑紧张，头晕（过度通气导致的脑血管收缩）和口周、肢体麻木以及手足抽搐具有诊断意义。部分患者较为镇静，可以言语，有别于器质性疾病。除二氧化碳分压降低、氧分压正常或升高、pH升高外，常无其他阳性发现。大部分患者可以诊断为神经官能症，但应注意排除器质性疾病。治疗无特殊，应缓解患者紧张情绪，严重者需要使用复吸装置来缓解二氧化碳过度呼出以缓解症状。

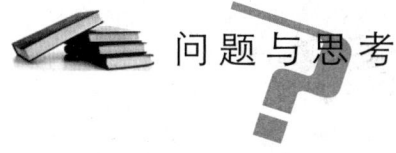

问题与思考

1. 引起急性呼吸困难的常见原因有哪些？
2. 请简述急性呼吸困难的急诊处理原则。

（张向阳）

## 第三节 胸 痛

急性胸痛是急诊科常见急症，病因繁多，包含了一组致命性疾病。这组高危疾病的胸痛发生急骤，患者可确切描述症状发生的诱因及疼痛不适的部位，属于急性胸痛的范畴。其中急性心肌梗死、肺栓塞、主动脉夹层、张力性气胸及食管破裂是急诊医生要时刻警惕予以识别、首要排除的高危疾病，务必做到立即识别和及时抢救，从而最大限度地提高救治成功的可能。

## 一、病理生理

胸部有两种（内脏性与躯体性）传入神经纤维。躯体性疼痛纤维支配皮肤与壁层胸膜，它们在某个水平进入脊髓，并定位于皮肤区域。内脏性疼痛纤维支配心脏、肺部、大血管、食管及脏层胸膜，它们从多个水平进入脊髓，投射到大脑皮层。躯体性疼痛容易描述，能准确定位，常呈锐痛；而内脏性疼痛不易描述、不能定位，常诉难受、沉重感或钝痛。中枢神经常把内脏性刺激误解为躯体性刺激，如将横膈病变定位为肩部疼痛，心肌缺血定位为臂痛，此类疼痛称为放射性疼痛。由于各脏器（如心脏、肺部、血管、食管）的传入神经均集中到胸背部神经节，负责胸部上、中、下三个部位的疼痛传入，故任何胸腔器官疾患均可表现为下颌至上腹的任何部位的疼痛。

## 二、急诊处理路径

急诊胸痛处理流程见图4-2。

初始处理：吸氧、持续心电监测、检查生命体征，并行ECG检查、POCT（血气、心肌酶学、D-Dimer监测）。

ECG检查是急诊医生便利的检查手段，能够对急性胸痛中的高危疾病作出迅速诊断：①心肌梗死：根据心电图特异的动态演变特点，对急性心肌梗死有特殊的诊断意义。对怀疑急性心肌梗死的患者第一次必须做18导联ECG，避免遗漏右室、后壁的心肌梗死；若第一次ECG未出现典型表现，应每隔半小时复查一次ECG，直到确诊或排除此诊断。②肺栓塞：ECG表现多与急性右心负荷过重有关，$S_1Q_3T_3$为典型表现。③主动脉夹层：无ECG特异表现，但若夹层累及冠状动脉，可出现急性心肌梗死的表现。

若患者合并休克提示病情危重，应立即给予处理。

### （一）存在休克的急性胸痛患者的处理

开放静脉通路、输注晶体液，留取血样进行全血细胞计数、电解质、血液生化检测。快速进行心肺查体，注意有无中心静脉压升高的表现，诸如颈外静脉怒张、肝颈回流征阳性表现。

有中心静脉压升高而无肺水肿表现，强烈提示张力性气胸、心脏压塞、大面积肺栓塞；如二者同时出现，提示存在ACS相关的心源性休克（包括心律失常性及心力衰竭性）。上述四种疾病的主要临床特征对比及治疗原则见表4-2。

如果患者无中心静脉压升高表现，则应考虑以下诊断：急性心肌梗死合并反射性迷走兴奋性升高、主动脉夹层或主动脉瘤破裂出血。上述三种疾病的主要临床特征对比及治疗原则见表4-3。

### （二）无休克表现的急性胸痛患者的处理

应注意给予剧烈胸痛患者吗啡镇痛治疗，并行进一步检查。

无休克征象的急性胸痛也涵盖了一部分高危患者，所有致命性疾病的初期均可表现为血压正常，甚至升高，与患者既往高血压病史、疼痛或组织低灌注反射性交感兴奋性血管收缩有关。应注意排查这部分患者的潜在致命性疾病，提早干预，改善预后。

除此之外，还有近十种常见的可导致急性胸痛的疾病，如图4-2右列所示。

此类患者就诊时生命体征尚平稳，可在采集详细病史、体格检查的基础上选择相应的检查手段，做到有的放矢。

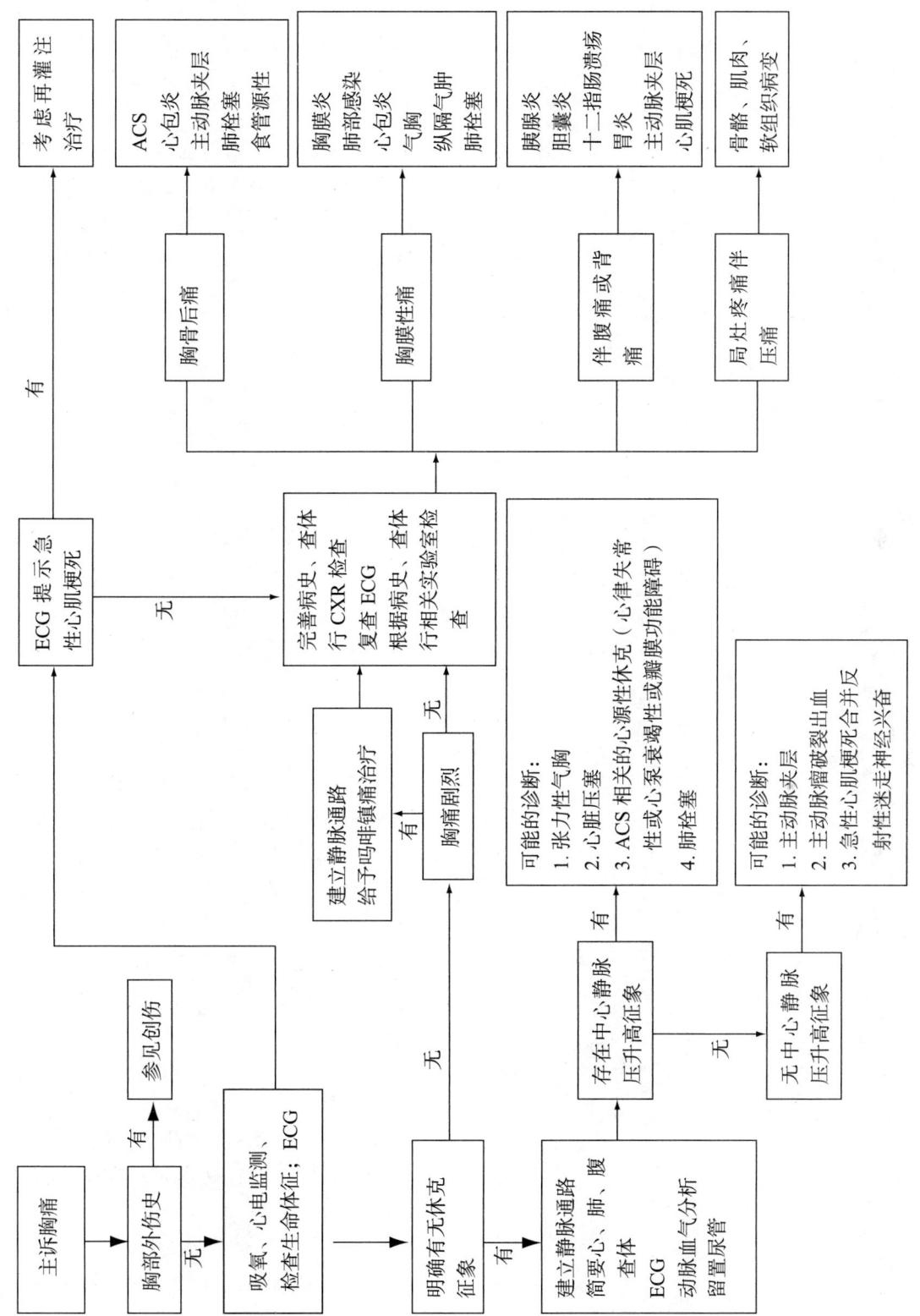

图 4-2 急性胸痛处理流程

表 4-2 四种疾病的主要临床特征对比及治疗原则

| 病因 | 胸痛、胸部不适特点 | 伴随症状 | 体征（均可伴休克） | 常用检查 | 处理原则 |
|---|---|---|---|---|---|
| 张力性气胸 | 突发单侧胸痛，常发生于屏气负重时 | 呼吸困难突出，刺激性干咳 | 患侧胸部饱满，呼吸音减弱，叩诊过清音，颈静脉怒张，气管向健侧移位 | X线胸片可确诊（一般情况查体即可确诊） | 胸腔穿刺 |
| 心脏压塞 | （心包炎所致疼痛）心前区、胸骨后剧痛，可放射至颈部，深吸气、咳嗽时加重 | 呼吸困难、心悸、口唇发绀 | 颈静脉怒张、脉压变小、奇脉、心音遥远、心动过速 | ECG：广泛低电压、电交替 UCG：可靠方法 | 心包穿刺引流 |
| 大面积肺栓塞 | 突发胸痛、胸闷 | 呼吸困难明显、咯血、原有DVT症状 | 呼吸增快，P2>A2，深静脉血栓形成征象 | 血气提示PA-aO$_2$增高 ECG右室负荷增加表现 心脏超声可见右室负荷增加征象或可见到血栓 肺动脉增强CT则可确诊 | 溶栓治疗 |
| ACS相关的心源性休克 | 突发胸骨后压榨性疼痛或心前区紧缩感，可放射至下颌至脐部 | 大汗、恶心、濒死感、喘憋 | 心率可快可慢，可出现心力衰竭、瓣膜功能障碍等并发症表现 | ECG特征性变化 心肌酶谱升高 | 准备除颤仪 减低心肌耗氧 抗栓、抗凝、稳定斑块治疗 考虑再灌注治疗 |

48

表4-3 三种疾病的主要临床特征对比及治疗原则

| 病因 | 胸痛、胸部不适特点 | 伴随症状 | 体征（均可伴休克） | 常用检查 | 处理原则 |
|---|---|---|---|---|---|
| 心肌梗死合并反射性迷走兴奋性升高 | 胸骨后压榨性疼痛，可放射至下颌至脐部；胸部紧缩感；休息或含服硝酸甘油无效 | 冷汗，恶心呕吐，濒死感 | 严重心动过缓、血压下降明显 | ECG动态演变 心肌酶学检查 心脏超声 | 准备除颤仪 减低心肌耗氧 抗栓、抗凝、稳定斑块治疗 考虑再灌注治疗 |
| 主动脉瘤破裂出血 | 胸部、上腹部突发剧痛 | 瘤体压迫症状，破入邻近组织可出现咯血、呕血及心脏压塞的表现 | 可触及搏动的腹主动脉 | 心脏大血管超声 CT 大血管成像 | 考虑急诊手术治疗 |
| 主动脉夹层 | 突发撕裂样胸背部疼痛 | 分支闭塞导致相应脏器缺血状态 | 难以控制的高血压 | 心脏大血管超声、CT、大血管成像、MRI | 急诊手术 |

1．病史

(1) 胸痛及胸部不适的特点：如为胸闷、憋气、胸部难受，应考虑心肌缺血；如为撕裂样疼痛并伴有后背痛，应怀疑主动脉夹层；锐痛可能是肺部或胸部肌肉骨骼痛；如有胃胀或消化不良，可能是胃肠道疾病。但是，由于内脏性疼痛其特点是模糊的，故任何一种疾病均可表现上述任何一类疼痛。

(2) 胸痛与活动的关系：活动中疼痛应怀疑心肌缺血，而休息时进行性胸痛应怀疑急性心肌梗死。如为突然发生的胸痛，应怀疑主动脉夹层、气胸或肺栓塞。餐后疼痛应怀疑胃肠道疾病。

胸痛的程度是可定量的：应记录发病时、高峰、就诊时及治疗后胸痛的变化。

(3) 胸痛或不适的部位：如局限于某个小范围，可能是躯体性的，而不是内脏性的。如位于胸部两侧，则心源性疼痛可能性小，而肺部胸痛可能性大。如位于下胸部或上腹部，可能是心源性或胃肠道疾病。

(4) 放射性疼痛：胸痛放射至背部应考虑主动脉夹层或胃肠道疾病，特别是胰腺炎或后位溃疡。下壁或正后壁心肌梗死可主要表现为胸背部痛。放射至肩臂、颈部或下颌应怀疑心肌缺血。先位于背部，特别是双肩胛间区，再转移到颈底部，应怀疑主动脉夹层。

(5) 胸痛持续时间：是重要的病史内容。如持续几秒钟罕见为心源性的。用力后胸痛，休息后仅持续数分钟，可能是心肌缺血。胸痛在发病时最严重则提示主动脉夹层。胸痛不严重且持续数天，则严重的疼痛可能性小。如疼痛是严重的并呈波动性过程，则是严重的疼痛，包括心源性疼痛。

(6) 加重与缓解因素：用力时加重、休息时好转为冠状动脉缺血。与进餐有关应考虑胃肠道疾病或心肌缺血。随呼吸加重为肺部、心包或骨骼肌肉疾病。如静息卧位时不痛，而扭转躯干时疼痛，多为骨骼肌肉疾病。

(7) 伴随症状：是诊断内脏性疼痛的关键。伴随症状可作为首发主诉。如出汗应考虑严重的内脏性疼痛。晕厥或几乎晕厥高度怀疑心源性疾病或肺栓塞。呼吸困难倾向于心源性或肺部疾病。恶心与呕吐应考虑心源性或胃肠道疾病。

既往史：有助于本次诊断。对过去的心脏检查必须详细阅读，如心电图、运动试验、超声检查及心导管检查，但必须结合本次病情作出诊断。气胸与肺栓塞容易复发。

2．体格检查

(1) 一般状况：

急性窘迫：肺栓塞、张力性气胸、AMI、气胸。

出汗：AMI、主动脉夹层、冠状动脉缺血、肺栓塞、食管破裂、胆囊炎、胃穿孔。

(2) 生命体征：

低血压：张力性气胸、肺栓塞、AMI、主动脉夹层、食管破裂、心包炎。

心动过速：急性心肌梗死、肺栓塞、主动脉夹层、张力性气胸、心包炎、心肌炎。

高血压：主动脉夹层（早期）、AMI、冠状动脉缺血。

发热：肺栓塞、食管破裂、心包炎、纵隔炎、胆囊炎。

缺氧：肺栓塞、张力性气胸。

(3) 心血管：

双上肢血压不等：主动脉夹层。

脉压缩小：心包炎（积液）。

新杂音：主动脉夹层、AMI、冠状动脉缺血。
S3/S4 奔马律：AMI、冠状动脉缺血。
心包磨擦音：心包炎。
颈静脉怒张：张力性气胸、心包积液、AMI、冠状动脉缺血、肺栓塞。
（4）肺部检查：
单侧呼吸音减弱：气胸。
胸膜磨擦音：胸膜炎、肺栓塞。
皮下气肿：张力性气胸、食管破裂、气胸、纵隔炎。
啰音：AMI、冠状动脉缺血。
（5）腹部：
上腹压痛：食管破裂、胆囊炎。
左上腹压痛：胰腺炎。
右上腹压痛：胆囊炎。
（6）四肢：
单侧下肢肿胀、温暖、压痛：肺栓塞。
（7）神经系统：
局灶体征：主动脉夹层。
卒中：急性心肌梗死、主动脉夹层、冠状动脉缺血。

问题与思考

1．合并休克的急性胸痛常见于哪些疾病？
2．简述存在休克的急性胸痛患者的处理。

（马　丽）

# 第四节　咯　　血

咯血（hemoptysis）是指喉及喉以下呼吸道任何部位的出血经口排出的一种临床症状，是急诊科常见呼吸系统急症，但也可由循环系统疾病或全身性疾病引起。根据出血量的多少可分为：①少量咯血：咯血量24小时＜100 ml；②中量咯血：咯血量为24小时100～500 ml；大量咯血：咯血量24小时＞500 ml 或一次咯血量＞100 ml。

## 一、病理生理

肺组织由肺循环和支气管循环双重血供供血。肺循环为低压系统，提供肺组织95%的血供。支气管循环起源于主动脉，属高压系统，提供肺组织5%的血供。大咯血时，90%的出血来自支气管循环，来自肺循环的仅有10%。咯血的主要病理表现为：①血管壁通透性增加：肺部感染、中毒、肺栓塞等；②血管壁侵蚀及破裂：感染、肿瘤、结核等；③血管瘤破裂：慢性炎症，如支气管扩张，使血管壁弹性纤维受损，形成小动脉血管瘤；④肺血管内压力升高：二尖瓣狭窄、肺动脉高压等；⑤凝血功能障碍：ITP、血友病、白血病、DIC等；⑥机械性损伤：胸外伤、肋骨骨折、支气管结石等；⑦10%～20%原因不明。

## 二、临床表现

### （一）咯血

咯血常见于支气管扩张、肺结核、二尖瓣狭窄等。在40岁以上有长期吸烟史（20支/日×20年）者，应高度注意支气管肺癌可能。

### （二）咯血量

大咯血主要见于支气管扩张、空洞性肺结核和慢性肺脓肿。支气管肺癌主要表现为痰中带血，呈持续性或间断性，少有大咯血。慢性支气管炎和支原体肺炎也可出现痰中带血或血性痰，但常伴有剧烈咳嗽。

### （三）颜色和形状

肺结核、支气管扩张、肺脓肿和出血性疾病所致咯血为鲜红色；铁锈色痰见于典型的肺炎链球菌肺炎、肺吸虫病和肺泡出血；砖红色胶冻样痰见于典型的克雷白杆菌肺炎。二尖瓣狭窄所致咯血为暗红色；左心衰竭咯血为粉红色泡沫痰；肺栓塞所致咯血为黏稠暗红色血痰。

### （四）伴随症状

①伴发热多见于肺炎、肺结核、肺脓肿、流行性出血热、支气管肺癌等；②伴胸痛多见于肺结核、肺炎球菌性肺炎、肺栓塞出现肺梗死时、支气管肺癌等；③伴咳嗽多见于支气管肺癌、支原体肺炎等；④伴脓痰多见于支气管扩张、肺脓肿、空洞性肺结核继发细菌感染等；⑤伴皮肤黏膜出血多见于流行性出血热、血液病、自身免疫性疾病、肺出血型钩端螺旋体病等；⑥伴发绀多见于急慢性心肺疾病、先天性心脏病等；⑦伴体重减轻见于肺结核、支气管肺癌等；⑧伴肾损害可见于肺出血-肾炎综合征（Goodpasture's syndrome）。

## 三、检查

### （一）详细询问病史

患者的性别、年龄，初次或多次出血，与既往有无不同，咯血量及颜色，询问个人史时须注意结核接触史、吸烟史、月经史、职业性粉尘接触史、生食螃蟹史等。

### （二）体格检查

咯血开始时可有患者肺野呼吸音减低、粗糙或湿啰音；胸膜摩擦音提示病变累及胸膜，如肺梗死、肺脓肿等；局限于较大支气管部位的哮鸣音提示有阻塞该处支气管的疾病存在。心脏体征如二尖瓣面容、心律失常、心脏或血管杂音等见于循环系统疾病；浅表淋巴结肿大见于淋巴结结核、转移性肿瘤、淋巴瘤等；杵状指（趾）见于支气管扩张、慢性肺脓肿、肺癌、先天性心脏病等。

### （三）实验室检查

①血液学检查：感染性疾病或合并感染时白细胞计数或中性粒细胞增高，伴有或不伴有核左移；嗜酸粒细胞增多常提示过敏性疾病或寄生虫病可能；血红蛋白、红细胞、血小板、凝血时间、凝血酶原时间异常等应注意血液系统疾病；②痰液检查：痰涂片和培养可查找一般致病菌、结核、真菌、寄生虫和肿瘤细胞等；③胸部X线：可及时发现肺结核、肺炎、肺脓肿、支气管扩张、肺癌等；④胸部CT：可发现与心脏及肺门血管重叠的病灶及局部小病灶，评估稳定期支气管扩张已取代支气管造影；⑤支气管镜检查：对于咯血病因不明或经内科保守治疗效果不佳者可更加明确出血部位，经活组织检查、分泌物吸取、肺泡灌洗等可发现病因，同时可对出血部位直接行止血治疗；⑥选择性支气管动脉造影和肺动脉造影：可发现病变、明确出血部位，并为进一步治疗提供依据。

### 四、诊断思路及鉴别诊断

诊断思路：判断是否为咯血——判断出血部位——判断病变性质——判断出血量——有无活动性出血——如何处理

口腔鼻咽部出血，出血量较多时尤其易与咯血混淆，鉴别时须先检查口腔与鼻咽部，观察局部有无出血灶，血液经后鼻孔沿软腭与咽后壁流下，会使患者有咽部异物感，鼻咽镜检查可确诊。呕血为上消化道出血经口呕出，出血部位多见于食管、胃及十二指肠。呕血与咯血的鉴别要点见表4-4。

表4-4 咯血与呕血的鉴别要点

|  | 咯血 | 呕血 |
| --- | --- | --- |
| 病因 | 支气管扩张、肺结核、肺脓肿、肺癌、肺部感染等 | 消化道溃疡、肝硬化、胆道出血、急性糜烂性出血性胃炎等 |
| 出血前症状 | 咽痒、咳嗽、胸闷 | 上腹不适、恶心、呕吐等 |
| 出血方式 | 咯出，咳嗽后引起 | 呕出，可为喷射状 |
| 血液颜色 | 鲜红色 | 紫红色、咖啡色、有时为鲜血 |
| 内容物 | 混有痰、泡沫 | 食物残渣、胃液 |
| 大便检查 | 除非咽下血液，一般大便检查正常，潜血阴性 | 柏油便，潜血阳性，呕血停止后仍持续数日 |
| 出血后痰性状 | 常有血痰数日 | 无痰 |
| pH | 弱碱性 | 酸性 |

### 五、急诊处理

咯血的急诊处理着重于及时止血和维持呼吸道通畅，防止窒息和病因治疗。流程图见图4-3。

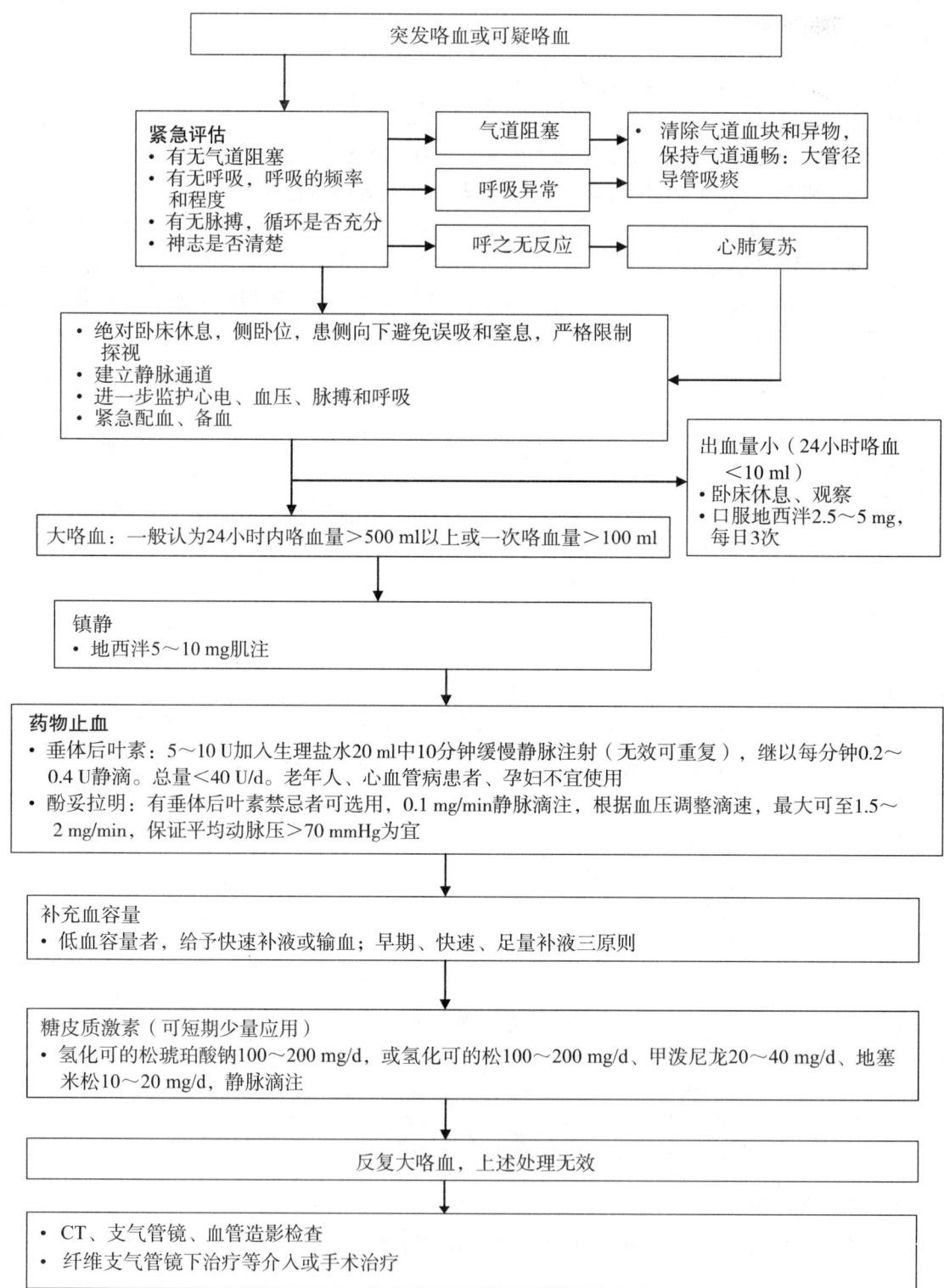

图 4-3　咯血抢救流程

## （一）初始处理

吸氧、持续心电监测、开放静脉通路、完善的 ECG、POCT（血气、心肌酶学、D-Dimer 监测）、留取血样进行全血细胞计数、血型、电解质、生化检测。

## （二）一般治疗

卧床，避免不必要的搬动，尤其是大咯血患者须绝对卧床。消除患者的紧张情绪，给予一定的心理疏导；必要时给予小剂量镇静剂［地西泮 2.5 mg，每日 2～3 次口服，或 5～10 mg 肌内注射］，心肺功能不全、咳嗽无力者禁用。原则上不用镇咳药，鼓励患者将血咯出，伴有频繁剧烈咳嗽时给予可待因 15～30 mg 每日 2～3 次口服或含可待因复方制剂，禁用吗啡等中枢性镇咳药，以免抑制咳嗽反射，导致血块堵塞气道造成窒息。

## （三）药物治疗

垂体后叶素为首选止血药，可收缩肺小动脉，使肺内血流量减少，肺循环压力降低而达到止血效果；酚妥拉明为 α 受体阻滞剂，直接舒张血管平滑肌，降低肺动脉压而止血；普鲁卡因可扩张外周血管、降低肺循环压力而止血；氨甲苯酸、酚磺乙胺、巴曲酶、维生素 K1 等也可起到止血作用；药物选择以垂体后叶素及血管扩张剂为主，其他药物只作为辅助。

## （四）其他治疗

支气管镜治疗、支气管动脉栓塞、人工气腹及手术治疗。

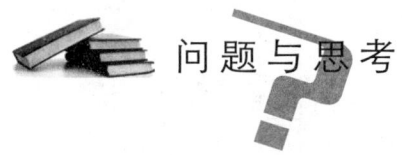

## 问题与思考

1．咯血与呕血的鉴别要点包括哪些？
2．简述咯血的抢救流程。

（吴春波）

# 第五节 腹 痛

## 一、腹痛急诊处理流程

腹痛的急诊处理流程见图 4-4。

### （一）初步检查

接诊时，首先需要判断患者的病情是否稳定。以下几个步骤可同时进行：
（1）观察患者一般情况。
（2）反应性评估，特别是睁眼、语言和运动反应。
（3）气道、呼吸和循环评估。
（4）记录并回顾所有生命体征。
（5）估计大脑和四肢的血流灌注。

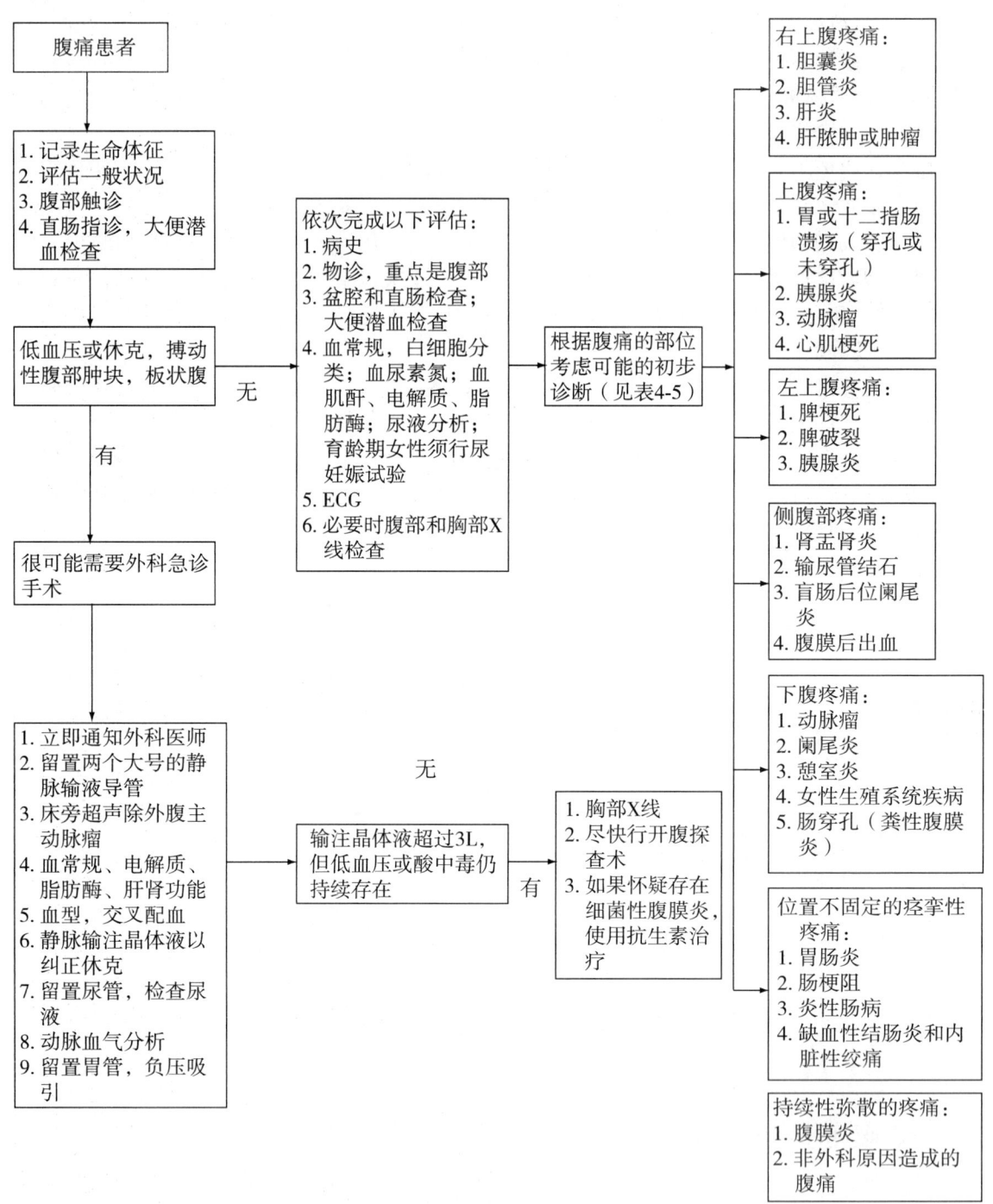

图 4-4　腹痛的急诊处理流程

（6）持续进行腹部物理诊断，寻找腹部体征，如反跳痛、板样腹、搏动性包块等。

（7）直肠指诊检查有无出血。

（8）床边超声有助于明确主动脉瘤/夹层、腹腔内积液以及下腔静脉破裂等。

（9）如果患者病情不稳定，需要立即采取措施稳定病情。

腹痛不仅仅是由腹腔内疾病造成的。上腹部疼痛可能源于急性心肌梗死、肺栓塞或肺炎，甚至是糖尿病酮症酸中毒。接诊医师要特别注意诊断思维的全面性。

（二）排除急诊外科手术的可能性

一部分腹痛患者是需要外科医师会诊或外科干预的，包括伴有搏动性包块的腹痛患者，以及伴有休克的腹痛患者。如果腹痛的同时伴有低血压或血流动力学不稳定，就很有可能存在危及生命的腹腔病变。接诊医师最重要的任务之一就是尽早判断是否需要外科医师的会诊。

（三）休克治疗

具体的治疗措施见第三章第一节。

需要注意的是，如腹痛患者经过液体复苏后休克状态仍持续存在，往往需要行急诊开腹探查术。所以早期的外科会诊非常必要。

## 二、进一步评估

患者病情稳定后，需要根据病史特点再次评估病情（表4-5）。这时的评估完全建立在接诊时收集的病史上面，这些病史也是之后治疗计划的基础。所以，全面而良好的病史收集是非常重要的。

（一）病史

这部分内容主要介绍腹部非创伤性疼痛的病史特点。

1. **腹痛的发病方式**

（1）突然发病：突然发病的严重腹痛提示血管相关急症或空腔脏器破裂，特别是发病时即出现剧烈疼痛。突然发病的中等程度的腹痛，逐渐加重，提示肾结石、急性胰腺炎、肠系膜血管栓塞或肠绞窄。

（2）渐进性发病：渐进性的慢性加重的疼痛是腹膜炎或感染的特点。急性阑尾炎或憩室炎常呈现渐进性加重的腹痛。

2. **疼痛类型**

（1）严重疼痛：严重腹痛可能来源于一系列疾病，如肾绞痛、胆绞痛、血管性疾病（心肌梗死、肠系膜缺血、腹主动脉瘤破裂）、急性胰腺炎、空腔脏器穿孔、腹膜炎等。

（2）钝性疼痛：钝性疼痛指模糊的、定位不清的疼痛，一般渐进性发病。钝性疼痛提示炎症性疾病或轻度腹腔感染，如急性阑尾炎、憩室炎等。

（3）间断性痉挛性疼痛：间断性痉挛性腹痛常见于胃肠炎。痉挛痛呈现周期性发作的特点，疼痛程度逐渐加重，然后逐渐减轻。机械性小肠梗阻的表现最为典型，在两次疼痛发作之间，有明显的间歇期。

3. **疼痛部位**

壁层腹膜受躯体神经支配，产生的疼痛定位非常准确；而脏层腹膜受内脏神经支配，疼痛定位很模糊。通常情况下，空腔脏器扩张和内脏缺血都属于内脏性疼痛。

（1）局限性腹痛：一般而言，腹痛局限，其位置往往靠近病变的脏器。比如，急性阑尾炎出现右下腹痛，急性胆囊炎出现右上腹痛。但是，要特别注意解剖变异情况。对于定位诊断，要考虑到所有可能造成腹痛的疾病，进行鉴别诊断。

（2）放射性疼痛、转移性疼痛：这种类型的疼痛是特异性诊断的指标。

1）肩部疼痛：由腹腔内气体、出血或感染引起同侧膈肌刺激导致的肩部疼痛。典型情况是胆囊炎导致的右肩部疼痛。

表 4-5 腹痛常见病因的鉴别诊断

| 疾病 | 疼痛部位 | 疼痛的类型 | 胃肠道相关症状 | 体征 | 辅助检查 |
|---|---|---|---|---|---|
| 急性阑尾炎 | 脐周或右下腹 | 隐匿；急性持续性 | 食欲缺乏常见；有时合并恶心呕吐 | 低热；最初上腹痛，稍后转移至右下腹 | 白细胞计数升高；CT或超声见到阑尾对诊断有帮助 |
| 肠梗阻 | 弥漫 | 突然发病；痉挛痛 | 常呕吐 | 腹膨隆；肠鸣音亢进 | 立位腹平片；增强CT |
| 十二指肠穿孔 | 上腹部；多有溃疡病史 | 突然发病；持续性平卧位加重 | 食欲缺乏；恶心呕吐 | 上腹压痛；肌紧张 | X线可见膈下游离气；CT |
| 憩室炎 | 左下腹；有憩室病史 | 渐进性发病；持续性疼痛或痉挛痛 | 轻度腹泻常见 | 发热；左下腹痛及包块 | CT |
| 炎性肠病 | 弥漫；常起下腹；有相关疾病史 | 渐进性发病；常为痉挛痛 | 腹泻，常伴有出血和黏液 | 发热；弥漫性腹部压痛 | 大便常规；CT；直肠乙状结肠镜；钡灌肠 |
| 急性胆囊炎 | 上腹或右上腹；可能放射到右肩部 | 隐匿；急性 | 食欲缺乏；恶心呕吐 | 右上腹压痛；可能发热 | 超声见结石，胆囊壁增厚，胆囊周围积液 |
| 胆绞痛 | 间歇性右上腹；有疾病史 | 常突然发病；锐性痉挛痛 | 食欲缺乏；常恶心、呕吐 | 右上腹压痛 | 超声见结石 |
| 缺血性结肠炎 | 上腹；弥漫 | 常突然发病；痉挛痛 | 腹泻，常伴有出血 | 弥漫性腹部压痛；血管疾病表现 | 钡灌肠；CT；血管造影 |
| 腹主动脉瘤破裂 | 上腹部和背部 | 突然发病；严重疼痛 | 多变；可能无症状 | 低血压或休克；腹膜炎；搏动性包块 | 超声；CT或超声可见破裂位置 |
| 脾破裂 | 左上腹；可能放射到左肩；常有外伤病史 | 突然发病；严重的锐性疼痛 | 常无症状 | 低血压或休克；左上腹压痛；有时肋骨骨折 | |
| 肾绞痛 | 肾区 | 急性；严重的持续性疼痛 | 恶心呕吐常见 | 肾区叩痛 | 血尿；CT平扫或排泄性尿路造影（梗阻，肾盂积水） |
| 急性胰腺炎 | 上腹；穿透至背部 | 渐进性加重 | 食欲缺乏；常有恶心呕吐 | 食欲缺乏；常有恶心呕吐 | 脂肪酶升高；CT见胰腺炎症 |
| 急性输卵管炎 | 双侧附件区；弥漫 | 渐进性加重 | 可能有恶心呕吐 | 宫颈举痛；可有包块 | 超声见输卵管卵巢脓肿 |
| 异位妊娠 | 早期单侧疼痛；破裂可能导致肩部疼痛 | 突发发病；间断性钝性或锐性疼痛 | 常无症状 | 附件区包块；压痛 | 盆腔超声见附件区包块或出血；妊娠试验阳性 |

2）弥漫性脐周上腹痛：弥漫性的脐周上腹疼痛，逐渐转移至右下腹，是急性阑尾炎的典型症状。在急性阑尾炎早期，阑尾周围仅仅出现内脏性腹膜炎，因而定位不准确。一旦验证累及壁层腹膜，疼痛才局限于右下腹。但并非所有的阑尾炎均遵循上述规律，15%的阑尾位于盲肠后位，缺乏壁层腹膜的包绕，当发生急性阑尾炎时，定位体征不明确。

3）侧腹部放射痛：典型的肾绞痛发生时，疼痛从侧腹部放射至腹股沟或生殖器。接诊医师还必须考虑到睾丸疾病，如男性的睾丸扭转。

4．**食欲缺乏、恶心和呕吐**　腹痛经常伴随食欲缺乏、恶心和呕吐，特别是原发病位于上腹部时。但是，严重的腹腔内疾病也可能不伴有上述症状。比如急性阑尾炎的阑尾被腹膜或大网膜包绕时，或是盲肠后阑尾炎。腹痛前出现恶心或呕吐可能提示一些相对少见的急症，如食物中毒、胃肠炎、急性胃炎、急性胰腺炎等。但是，这些症状不是这些疾病的特异性表现，也很少作为外科干预的指征。

5．**发热寒战**　腹痛伴有发热通常提示存在腹腔感染。寒战发热最常出现于胆道和泌尿系统感染（如胆管炎或肾盂肾炎）。寒战发热、黄疸、低血压称为Charcot三联症，是急性梗阻性化脓性胆管炎的典型表现。女性的腹痛伴寒战高热，提示急性输卵管炎的可能。但是，急性阑尾炎伴寒战发热的情况非常少见，其往往都是由内脏穿孔所致。另外，老年人或免疫抑制患者很少出现发热的情况。

（二）物理诊断

腹部物理诊断的顺序应遵循"视、听、触、叩"的顺序，然后再做特殊检查和盆腔直肠检查。

1．**视诊**　视诊应检查腹部及会阴区。应注意有无腹部包块、腹腔膨隆、妊娠、既往手术瘢痕、瘀斑、板样腹、肝掌、蜘蛛痣等。

2．**听诊**　肠道蠕动消失往往提示可能存在弥漫性腹膜炎。肠道蠕动也会受到饮食的影响，为了准确判读是否存在肠道蠕动消失，应连续听诊2～3分钟，特别是对刚刚进食的患者。一般而言，如果听诊肠鸣音正常或消失，对于诊断的帮助是比较小的；而高调肠鸣音可能提示存在肠梗阻。

3．**触诊**

（1）疝环和生殖器：检查腹股沟管、股环及生殖器，以除外可能引起肠梗阻的嵌顿性疝。患者最好取站立位，嘱其咳嗽，判断有无冲击感。检查过程中手法要轻柔，否则会引起患者不适。

（2）咳嗽征：在很多腹膜炎病例中，通过咳嗽可以引发病变区域的腹痛。嘱患者将一个手指放在疼痛部位，咳嗽后诱发或加重腹痛，则为阳性。接诊医师应手法轻柔，找到的最痛的部位就是病变区域。

（3）腹直肌痉挛感：下一个检查步骤是判断是否存在腹直肌痉挛感，这对于腹膜炎的诊断意义明显。嘱患者平卧，双腿弯曲90°，深慢呼吸，如果腹直肌持续紧张，不随呼吸节律放松，即为阳性。

神经系统病变、肾绞痛或腹直肌损伤也有可能出现阳性。肾绞痛的痉挛发生在病变侧腹直肌的全段，而腹膜炎则发生在双侧，除非存在腹腔间隔的情况。另外，腹膜炎患者双侧的痉挛程度相等。

（4）单指触诊：相对于单手掌触诊，单指触诊更精确。触诊从远离咳嗽征确定的病变区域开始，逐步向该区域移行，接诊医师要仔细检查并确定阳性区域。在急性阑尾炎早期，这个区域的直径不超过2～3 cm。弥漫性腹部压痛如果不伴有无意识的腹肌紧张,提示胃肠炎或肠道的其他炎症,不伴有腹膜炎。将腹部分成四个区域检查有利于病变区域的定位。不推荐对腹膜炎患者进行反跳痛检查,因为这种检查除了造成患者极大的不适之外,对于进一步的检查也会有影响。

(5) 肋脊角叩痛:轻轻敲击双侧肋脊角部位,可诱发疼痛为阳性,提示可能的疾病包括:肾盂肾炎、腹膜后脓肿以及盲肠后位阑尾炎。过分用力敲击既无助于定位,也会影响下一步检查。

(6) 深部触诊:在明确有无腹肌紧张并定位疼痛区域之后,接诊医师可以进行深部触诊,以了解有无腹部包块。对于一些焦虑的患者,腹部肌肉的自主紧张会对抗检查者的手,导致检查失败。有时,接诊医师可以在听诊时,手持听诊器顺便进行深部触诊检查,以消除患者的焦虑。

某些疾病可以通过触诊进行初步判断:急性胆囊炎可以触及右上腹肿大疼痛的胆囊;右下腹包块提示急性阑尾炎早期脓肿形成;左下腹包块提示乙状结肠憩室炎;中线附近的搏动性包块提示腹主动脉瘤。

**4. 叩诊** 叩诊有助于肝、脾、膀胱等脏器的定位和大小判断,也可以鉴别导致腹胀的各种病因,包括器官肿大、腹水和梗阻。

**5. 特殊体征** 一些特殊体征有助于急性腹痛的定位诊断。

(1) 腰大肌试验:患者大腿向后过伸,对抗检查者的双手,疼痛提示炎症区域包括腰大肌。

(2) 闭孔内肌试验:患者仰卧位,使髋和大腿屈曲,然后被动向内旋转,引起疼痛者为阳性,提示炎症区域包括闭孔内肌(盆位阑尾炎、憩室炎、盆腔炎症性疾病)。

(3) 墨菲征(Murphy's sign):患者仰卧,用拇指按压胆囊点处(右腹直肌外缘与右肋缘交点)。让患者缓慢深吸气,如其在吸气过程中因拇指压迫处疼痛而突然屏气则为Murphy征阳性,见于急性胆囊炎。

**6. 盆腔和直肠检查** 直肠指诊对于急性腹痛的诊断至关重要,可以提供其他物理诊断无法提示的信息,特别是对于女性急性腹痛患者。大便视诊和潜血检查也有意义,大便潜血提示肠道肿瘤、缺血性肠病、上消化道病变。对单纯腹部物理诊断无阳性发现的患者,可以联合直肠检查与下腹部触诊,经常能发现包块或定位疼痛区域。

(三) 实验室检查

**1. 血常规** 血细胞比容既反映血浆容量,也反映红细胞量。当其明显升高(提示脱水)或降低(提示贫血)时有诊断意义。因此,血细胞比容可以用来评估失血量。对于循环不稳定的患者,术前应该将血细胞比容纠正至正常。

白细胞明显升高是有意义的,虽然敏感性和特异性均不佳。腹膜炎或脓肿患者可能出现白细胞正常或降低,胃肠炎患者也可能发生白细胞升高。如果白细胞正常,核左移可能是炎症反应存在的一个线索。

**2. 血清淀粉酶和脂肪酶** 血清淀粉酶和脂肪酶的升高都提示急性胰腺炎。除了胰腺炎之外,肠梗阻、系膜缺血、脏器穿孔、肾衰竭及异位妊娠都可能造成血清淀粉酶升高。相对而言,血清脂肪酶诊断急性胰腺炎的敏感性和特异性更高,对于疑似胰腺炎的患者,单纯检查血清脂肪酶就很充分了。但是,二者升高的幅度都不能提示胰腺炎的严重程度。

3．肝功能　对于有右上腹疼痛或压痛、黄疸、大便颜色变浅、小便颜色变深或怀疑肝炎的患者，有必要进行肝功能检查。

4．尿液检查　尿液分析加镜检对于排除尿路感染、尿路结石和糖尿病是至关重要的。低尿比重合并严重呕吐可能是早期肾病的征兆。血尿强烈提示尿路结石。一些泌尿系统以外的疾病也会导致尿液分析异常，如阑尾炎、盆腔炎等下腹部炎症会导致脓尿，而导致血尿的病因则更多。

5．血电解质和肾功能　如果患者有大量呕吐或腹泻，或禁食禁水超过 48 小时，有必要检查其血电解质和肾功能，以明确液体丢失的类型和程度。血尿素氮升高提示可能存在胃肠道出血。

6．妊娠试验　对处于育龄期的女性患者均应进行妊娠检查，除非患者确定无法妊娠，例如，已切除子宫及双侧卵巢。既往有盆腔感染、宫内节育器放置、异位妊娠、输卵管结扎失败病史的患者，发生异位妊娠的风险明显增高。

7．心电图　对病因不明的剑突下或上腹部疼痛患者，应该进行心电图检查，以除外心肌缺血的可能。特别是对老年患者或病史不典型的患者。

8．腹水　腹膜透析或慢性肝病患者如果出现腹部疼痛、压痛和发热，则应进行腹水检查。

（四）影像学检查

影像学检查经常能直接提供原发病的证据，尽早合理安排影像学检查对于急诊医师是十分必要的。

1．腹部 X 线平片　在审阅腹部 X 线平片时，必须明确以下几个问题的：

（1）肝、脾、肾和腹直肌的轮廓是否清晰？

（2）腹脂线是否清晰？

（3）胃、小肠和结肠内的气体的影像是否正常？

（4）是否有肠管外或膈肌下方气体的证据？

（5）胆管内是否有气体？

（6）是否有异常的不透光阴影，如胆结石、肾结石、粪石、淋巴结钙化以及胰腺、主动脉或其他软组织肿块。

必须全面收集腹部 X 线平片的信息，以便为明确病因或安排下一步检查奠定基础。

2．钡灌肠　对于肠套叠病例，钡灌肠既有诊断意义，也是治疗手段。在某些情况下，钡灌肠是乙状结肠扭转和结肠梗阻的诊断方法。但是，对于诊断不清楚的急性腹痛患者，应避免进行钡灌肠检查。

3．超声　超声检查是无创的检查技术，常用于胆囊、胆管、胰腺、阑尾、肾、腹主动脉和泌尿生殖系统疾病的诊断，特别是右上腹痛疼的鉴别诊断。

4．CT　CT 不仅可以显示腹腔实质脏器和腹膜后组织，还可以显示腹腔内空腔脏器，可以为疾病诊断提供大量信息。非增强 CT 可以清晰显示肾结石，而增强 CT 可以增强组织对比，有利于疾病诊断。但急诊情况下是否应常规进行增强 CT 检查，目前还存在争议。

5．血管造影　由于增强 CT 的应用，血管造影用于腹主动脉瘤和实质脏器损伤的诊断逐渐减少。但是，在下消化道出血的诊断方面，肠系膜血管造影依然最有效。

## 三、进一步处理

### （一）再次检查

在病因尚不明确时，再次腹部检查应评估患者腹痛的程度和变化情况，为制定下一步医疗决定奠定基础。再次腹部检查和实验室检查可以及时反映患者病情变化，减少不必要的手术探查。

### （二）禁食禁水、静脉输液

在诊断尚不明确时，建议让患者禁食禁水，并通过静脉补充液体，以纠正通过消化道失液或血管失血造成的容量不足。

### （三）缓解疼痛

口服止疼药可以迅速缓解疼痛。在严重的疼痛缓解之后进行疾病评估，更容易取得患者配合。研究显示，给予急性腹痛患者镇痛药之后，并没有影响医师对急性外科情况的判断。实际上，弥漫性压痛可能变得局限并形成包块，而易被触诊查知。

### （四）控制呕吐、留置胃管

除了缓解疼痛外，对呕吐的控制也是非常必要的。口服止吐药物对于病情严重或疑似肠梗阻的病例并不适合，此时应留置胃管为宜。

### （五）抗菌药物

在病因未明之前，不常规应用抗菌药物，除非患者出现明显的全身感染表现（高热、寒战、血压降低）。诊断不清时，盲目使用抗菌药物有可能掩盖疾病进展，造成严重的并发症。

### （六）外科会诊

尽早外科会诊对于外科医师和患者都是有利的。像急诊医师一样，外科医师也需要通过反复检查确定诊断，越早参与病情的观察，越可能早期确诊。因此，延迟会诊可能导致疾病进展，造成恶劣的后果。

## 四、原发疾病的处理

### （一）肠道疾病

**1. 阑尾炎**

（1）临床表现：最初的表现是上腹部或脐周疼痛，稍后疼痛转移至右下腹麦氏点附近。食欲缺乏、恶心、呕吐、低热是常见的伴随症状。右下腹固定压痛点是最典型的体征，但疼痛的位置往往变异很大。实验室检查可见白细胞中度升高。腹部增强CT逐步用于急性阑尾炎的诊断，其特异性和敏感性均超过93%。CT检查前或诊断不确定时，可应用腹部超声检查，但超声结果阴性不能除外阑尾炎。

（2）治疗与处置：一旦确诊阑尾炎，即应住院手术治疗。静脉输注晶体液以补充容量不足。如果阑尾未穿孔，围术期应使用抗菌药物；如阑尾穿孔，则应住院并连续静脉输注抗菌药物治疗。

**2. 肠梗阻**

（1）临床表现：患者出现位置不固定的间断痉挛性疼痛，疼痛发作的周期与肠道蠕动有关。疼痛性质变化或症状恶化提示肠绞窄或穿孔。呕吐物有胆汁或粪样物质，提示梗阻位置较低且梗阻时间较长。听诊可闻及高调肠鸣音，回肠梗阻或低位梗阻时肠鸣音可能消失。立位腹部X线平片可见气液平面。对于临床疑似病例，如果X线平片表现不典型，需要进行腹部CT进一步明确。

（2）治疗与处置：留置胃管持续胃肠减压以及静脉输液治疗是肠梗阻的主要保守治疗方法，部分病例保守治疗后可缓解。但是，有相当一部分肠梗阻需要外科治疗，所以尽早请外科医师会诊是非常必要的。

### 3．消化性溃疡穿孔

（1）临床表现：对突然发生的上腹部剧烈疼痛，为了缓解疼痛，患者常常出现呼吸变浅，并采取膝部紧贴前胸的体位。膈肌刺激可导致肩部疼痛。上腹压痛伴随板样腹。立位腹部X线平片可见膈下游离气体。对于临床疑似病例，如果X线平片表现不典型，需要进行腹部CT进一步明确。

（2）治疗与处置：主要的保守治疗包括留置胃管持续胃肠减压，禁食禁水，补液治疗，静脉应用质子泵抑制剂，静脉应用广谱抗菌药物。对于严重病例，病情持续恶化、保守治疗无效时，应采取外科手术治疗。

### 4．肠穿孔

（1）临床表现：突然发生的中腹或下腹的难以忍受的剧烈疼痛，可能导致休克发生，可伴有恶心呕吐。有腹部压痛及肌紧张。高热，白细胞明显升高。多数病例有憩室炎病史。立位腹部X线平片的表现类似于消化系统溃疡穿孔的。

（2）治疗与处置：静脉输液抗休克治疗。早期应用抗菌药物，并根据血尿培养结果调整用药。部分病例需要外科干预。

### 5．憩室炎

（1）临床表现：逐渐加重的下腹疼痛，最常见于左下腹，也可能位于中下腹或右下腹。伴有低热和白细胞轻度升高。其他表现包括腹部压痛、腹部包块、大便习惯改变（便秘或大便次数增多）、便潜血阳性。腹部X线平片没有特异性表现，诊断主要依靠腹部CT检查。

（2）治疗与处置：主要的治疗包括静脉输液，抗菌药物治疗。如果症状比较轻，没有腹膜炎及全身感染表现，可以给予口服抗菌药物，不用住院治疗。

### 6．肠绞窄

（1）临床表现：肠绞窄最常继发于疝嵌顿所致的肠扭转，特别是股疝嵌顿。突发的严重腹痛，间断发作，且呈逐渐加重的趋势。腹膨隆，弥漫性压痛，腹肌紧张，绞窄部位的腹壁压痛最明显。早期即可发生休克。其他常见表现包括恶心、呕吐、高热、白细胞升高。通过立位腹部X线平片可见肠扭转，CT和钡灌肠也有助于诊断。

（2）治疗与处置：静脉输液以补充容量不足，尽早进行外科手术治疗。

### 7．胃肠炎

（1）临床表现：突然发生或逐渐加重的腹部痉挛性疼痛，疼痛程度由轻至重不等。可能伴有恶心、呕吐、腹泻等症状，这些伴随症状在腹痛发生之前出现，这与外科腹痛有明显区别。腹部物理诊断无特异性体征，无发热或有低热，痢疾志贺菌感染时可能有高热。患者呈现脱水表现，可能有便血，镜检可见红白细胞。

（2）治疗与处置：有严重脱水的患者应住院治疗，轻中度的患者可门诊随访治疗。如症状持续或加重，则需再评估病情，调整治疗方案。

### 8．炎性肠病

（1）临床表现：间断性腹部痉挛性疼痛，伴有血性腹泻。既往可能有长期的结肠炎病史。可能伴有体重减轻、发热和贫血。腹部物理诊断无特异性表现。

（2）治疗与处置：通过静脉补充晶体液纠正容量不足。禁食禁水，留置胃管持续胃肠减压，给予止吐剂。腹部 X 线平片和 CT 有助于明确相关并发症，如穿孔、肠梗阻、中毒性巨结肠、腹腔脓肿等。诊断不清楚的病例，或合并休克、发热、中毒性巨结肠、贫血、血便的患者，应住院治疗。对于疑似肠腔内出血、穿孔、脓肿或巨结肠的病例，应尽早请外科医师会诊。

（二）肝胆疾病

**1．胆绞痛**

（1）临床表现：胆绞痛源于胆道系统的梗阻，特别是胆囊管的梗阻。表现为餐后突发性的腹痛，持续数小时后可缓解。疼痛部位位于上腹部，右上腹疼痛最明显，可放射至右侧肩胛区。既往可能有类似症状发作的病史。体检可触及右上腹压痛，偶尔可触及肿大的胆囊。超声检查可见胆囊结石、胆囊增大，胆总管结石可见胆管扩张。

（2）治疗与处置：对于没有合并急性胆囊炎、急性胆管炎、胰腺炎的病例，由于症状大多可自行缓解，不需要特殊治疗和处置。少数病例可考虑行胆囊切除术，或给予镇痛药物。

**2．急性胆囊炎**

（1）临床表现：急性胆囊炎的症状类似于胆绞痛，但症状更严重，持续时间更长。临床表现为中重度腹痛，伴恶心、呕吐、低热和白细胞升高。少数病例可触及肿大的胆囊。超声检查可以见到胆囊结石、肝内外胆管扩张、胆囊壁增厚以及胆囊周围积液。床旁超声检查具有相当高的诊断率。

（2）治疗与处置：禁食禁水，留置胃管持续胃肠减压。经静脉给予补液和镇痛药物。如果患者有发热等全身感染表现，可以应用广谱抗菌药物。诊断明确后尽早请外科医师会诊。

**3．急性化脓性胆管炎**

（1）临床表现：急性化脓性胆管炎可继发于胆囊炎，是一类外科急腹症，常导致菌血症和感染性休克。症状包括腹痛、黄疸、发热、精神错乱、休克。发热、黄疸和右上腹痛被称为 Charcot 三联征，发生于 50%～70% 的病例。Charcot 三联征再加上精神错乱和休克，被称为 Raynaud 五联征，仅存在于 3.5～7.7% 的病例。超声检查可见肝外胆管梗阻和扩张。

（2）治疗与处置：根据疾病的严重程度将急性化脓性胆管炎分为三级：Ⅰ度药物治疗有效；Ⅱ度药物治疗无效，但未出现脏器功能异常；Ⅲ度至少出现一个脏器的功能异常。

一般性的治疗包括：静脉输液，应用广谱抗菌药物，留置导尿。尽早请外科医师会诊。

**4．肝脓肿**

（1）临床表现：肝脓肿常继发于其他腹腔内感染，由于毒性反应出现高热、寒战、恶心、呕吐、黄疸等临床表现。右上腹痛最常见，患者多呈现急性病程，少数病例慢性起病，表现为肝大。

（2）治疗与处置：明确诊断后，即行经皮穿刺肝脓肿引流或外科手术探查。抗菌药物治疗，并根据培养结果调整用药。

**5．肝炎**

（1）临床表现：大多数肝炎病例无任何症状，可能出现的症状包括：厌食、腹痛、乏力、恶心、呕吐、尿色变深；发热、黄疸和肝大也可能出现。实验室检查可见胆红素和肝酶升高。白细胞正常或减少，凝血功能可能出现障碍。最常见的病因是病毒感染和酒精，应仔细询问病史，并结合物理检查和实验室检查结果以鉴别。酒精性肝炎的 AST 水平与 ALT 水平相近或稍高，而病毒性肝炎则呈现相反的情况。

(2) 治疗与处置：以对症治疗为主。严重病例，如有持续性呕吐、脱水、低糖血症、肝性脑病或凝血功能明显异常的患者，应住院治疗。

(三) 血管性疾病

1．主动脉瘤破裂

(1) 临床表现：突然发生的剧烈腹痛，向背部放射，部分病例的疼痛位于腰腹部、腰部或腹股沟区。由于大量失血及脑供血不足，可能出现晕厥。腹部可触及搏动性包块，同时四肢脉搏减弱。如果破裂部位位于后腹膜，可见中腹部饱满、脐周瘀斑（Cullen 征）、腰腹部瘀斑（Grey-Turner 征）。床旁超声检查可快速确诊。很多病例的病情进展很快，没有进行腹部 CT 检查的机会。

(2) 治疗与处置：至少留置两个中心静脉导管，给予补液抗休克治疗。及时配血，给予输血治疗。腹主动脉瘤破裂非外科治疗的死亡率是 100%，必须尽早给予外科干预。

2．缺血性结肠炎

(1) 临床表现：突然发生的程度不等的腹痛，部位弥漫或局限，既往有类似症状发作。病变累及部位的疼痛和触痛更明显。患者可以出现血性腹泻，大便潜血呈阳性。腹部疼痛加重提示可能出现缺血部位的肠穿孔。常规实验室检查没有特殊发现。有助于确诊的检查包括纤维结肠镜、钡灌肠、血管造影和腹部 CT。

(2) 治疗与处置：静脉输液抗休克，给予适宜的抗菌药物；保守治疗不缓解或出现肠穿孔时，需要外科干预。

3．肠系膜缺血

(1) 临床表现：肠系膜动脉栓塞常表现为中下腹突发的中重度弥漫性疼痛，其查体结果与坏死的程度不成比例。比较而言，血栓形成的临床表现更为多变。可能的临床表现包括恶心、呕吐、腹泻、便血或便潜血。发病时查体无阳性结果，随着疾病的进展，腹胀和全身中毒表现逐渐显现。白细胞明显升高、血液浓缩、氮质血症和酸中毒常见。血管造影仍是诊断肠系膜缺血的金标准，多排螺旋 CT 则可以提供更多的诊断相关信息，如肠壁厚度、有无穿孔等。

(2) 治疗与处置：确诊后尽早给予外科手术干预，围术期给予静脉补液抗休克及抗菌药物治疗。

4．脾破裂

(1) 临床表现：脾破裂常发生于胸壁外伤导致的左下肋骨骨折后，但病理性脾大（传染性单核细胞增多症、AIDS、白血病）患者也可能因为一些轻微的伤害发生脾破裂。患者可能出现腹部疼痛或压痛，放射至左侧颈部或肩部（Kehr 征）。然而，患者也可能没有任何腹部症状。可伴有心动过速、低血压、血细胞比容降低和休克。腹腔穿刺可得到不凝血，床旁超声检查可以迅速明确诊断，病情稳定的患者可以进行 CT 检查，以明确脾损伤的严重程度。

(2) 治疗与处置：首先建立静脉通路，给予静脉输液抗休克治疗，适当时给予输血治疗。除非脾损伤轻微或病情稳定，否则应尽快给予外科手术干预。

(四) 泌尿系统疾病

1．肾绞痛

(1) 临床表现：突发性的严重腰腹部疼痛，向腹股沟区放射，继而出现血尿，常伴有恶心、呕吐、焦躁不安，既往可能有类似症状发作病史。查体可有肾区叩痛。尿液分析可见大量红白细胞。X线片可见部分泌尿系结石，而CT除了可以明确泌尿系结石的部位和大小之外，还可以提供鉴别诊断的依据。

(2) 治疗与处置：可以应用非甾体抗炎药或镇痛剂治疗疼痛。< 5 mm 的结石的处理包括口服止疼药、补液以及门诊随诊，而 > 5 mm 的结石需要泌尿外科专科治疗。

2．**肾盂肾炎**

(1) 临床表现：典型的临床表现包括肾区疼痛、排尿困难、尿急、尿频、发热，偶尔有寒战，可伴有乏力、恶心、呕吐。常见的疼痛部位在肋脊角，表现为渐进性发病的钝性疼痛。尿液分析可见大量红细胞和白细胞。

(2) 治疗与处置：对于症状严重、年轻或高龄、免疫抑制状态或泌尿生殖系统畸形的患者，建议住院治疗。治疗方法包括静脉补液和应用抗菌药物，根据培养结果调整药物种类和剂量。

（五）**急性胰腺炎**

(1) 临床表现：突发严重的持续性上腹疼痛，放射至背部，仰卧位可加重，常伴有恶心呕吐，少数病例可发生休克。患者可能有某些诱因，包括酗酒、胆结石、应用糖皮质激素、糖尿病等。上腹压痛显著，肠鸣音减弱或消失。血清淀粉酶和脂肪酶升高，出现发热和白细胞升高。血清脂肪酶对于确诊意义最明确。腹部CT可见胰大等病理改变，有助于诊断。

(2) 治疗与处置：禁食禁水、静脉补液及止痛治疗。腹痛严重或持续呕吐的患者应住院治疗。抗菌药物不常规应用。重症胰腺炎或出现休克的病例需要收住重症监护室治疗，必要时请外科医师会诊。

（六）**生殖系统疾病**

1．**异位妊娠破裂**

(1) 临床表现：育龄期女性腹痛患者均应考虑异位妊娠的可能性。其典型表现为腹痛、闭经、阴道出血，但患者症状往往不典型。高危因素包括：既往异位妊娠、性传播性疾病、吸烟、宫内节育器放置、单孕激素药物避孕以及孕激素植入避孕。异位妊娠破裂前的腹痛较轻，呈间断性，定位不明确；一旦异位妊娠破裂，则突发严重的持续性侧腹部或盆腔疼痛，放射至肩部。常伴有恶心呕吐，但无发热。盆腔检查可及宫颈一侧质软的包块，有活动性疼痛。盆腔超声检查可以显示附件区肿物和腹腔内积液。hCG常与盆腔超声检查联合，作为确诊的依据。

(2) 治疗与处置：静脉输液抗休克以及输血治疗，明确诊断后尽快给予手术干预。

2．**急性输卵管炎**

(1)临床表现:典型表现为渐进性发作的盆腔或下腹部疼痛,伴有阴道分泌物和/或出血,但临床表现多不典型。伴随症状有头痛、恶心、呕吐、乏力、发热、心动过速。双合诊可触及宫颈活动性疼痛。附件区可见饱满或包块。但是，上述表现均为非特异性的。盆腔超声检查和妊娠试验均有助于诊断。

(2) 治疗与处置：对下列患者建议住院治疗：诊断尚不清楚，不除外阑尾炎可能；可疑脓肿形成；伴有恶心、呕吐、高热；妊娠患者；门诊治疗失败；免疫抑制状态。如果症状持续不缓解或进行性加重，可考虑手术干预。

### 3. 卵巢囊肿破裂

（1）临床表现：突发严重的盆腔或下腹部疼痛，不伴有胃肠道症状，无发热及白细胞升高。病侧卵巢附近有压痛点，盆腔检查不能发现包块，妊娠试验呈阴性。超声检查有助于诊断。

（2）治疗与处置：住院观察，止痛治疗，一般不需要手术干预。

### 4. 卵巢蒂扭转

（1）临床表现：突发下腹部或盆腔的中重度疼痛，体位改变可使症状加重，可向腹股沟区、背部或腰腹部放射，常伴有恶心呕吐。可能有卵巢囊肿或肿物的病史。超声检查普遍用于诊断，但超声检查呈阴性不能除外扭转的可能。

（2）治疗与处置：多数需要外科干预，应尽早请外科医师会诊。

## 问题与思考

1. 急性腹痛患者的初始评估包括哪些？
2. 对急性腹痛的患者应完善哪些检查？

（郭　鹏）

## 第六节　呕血及便血

呕血（hematemesis）、黑便是上消化道出血最常见的症状，上消化道出血是指屈氏韧带以上的食管、胃、十二指肠、胃空肠吻合术后的空肠及胰腺、胆道的急性出血。患者上消化道出血常有黑便，但不一定有呕血；呕血与出血的速度、出血量以及部位有关；一般来说出血部位在幽门以下者可只有黑便，在幽门以上者常伴有呕血。呕血多为棕褐色，呈咖啡渣样，这是因为血液经胃酸作用形成正铁血红素所致，如为鲜红或伴有血块，表明出血量大或部位高。黑便是指上消化道的缓慢的、小量（50 ml 以上）出血，血液在肠道内停留时间较久，血红蛋白经肠内硫化物作用成为硫化铁，即成黑色柏油样便，黏稠而发亮；如出血量大，肠蠕动过快，则出现暗红色甚至鲜红色血便。上消化道出血的病因分为静脉曲张性上消化道出血与非静脉曲张性上消化道出血，其最主要的诊断方法是上消化道内镜。消化道出血的诊断流程见图4-5。

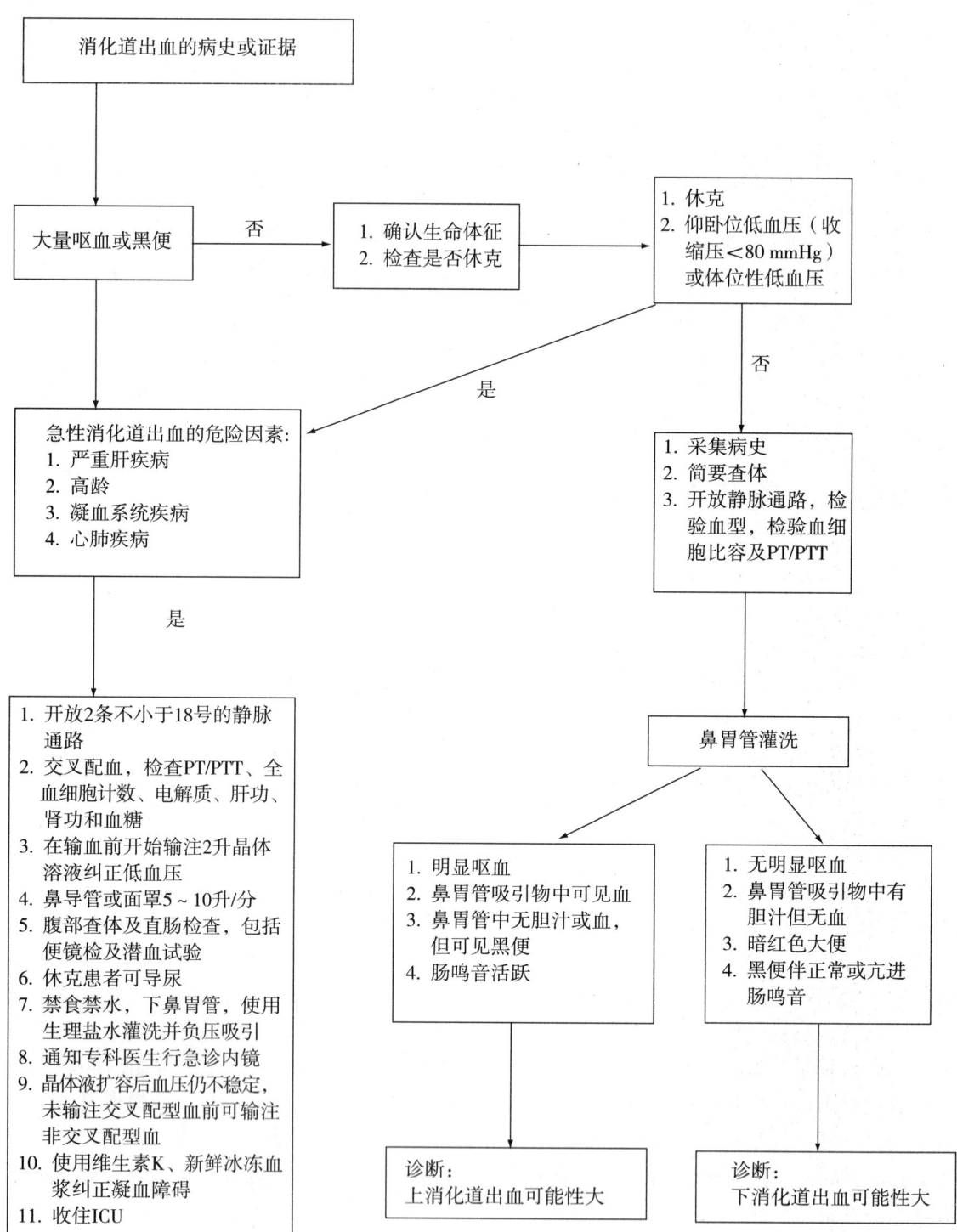

图 4-5 消化道出血的诊断流程（待续）

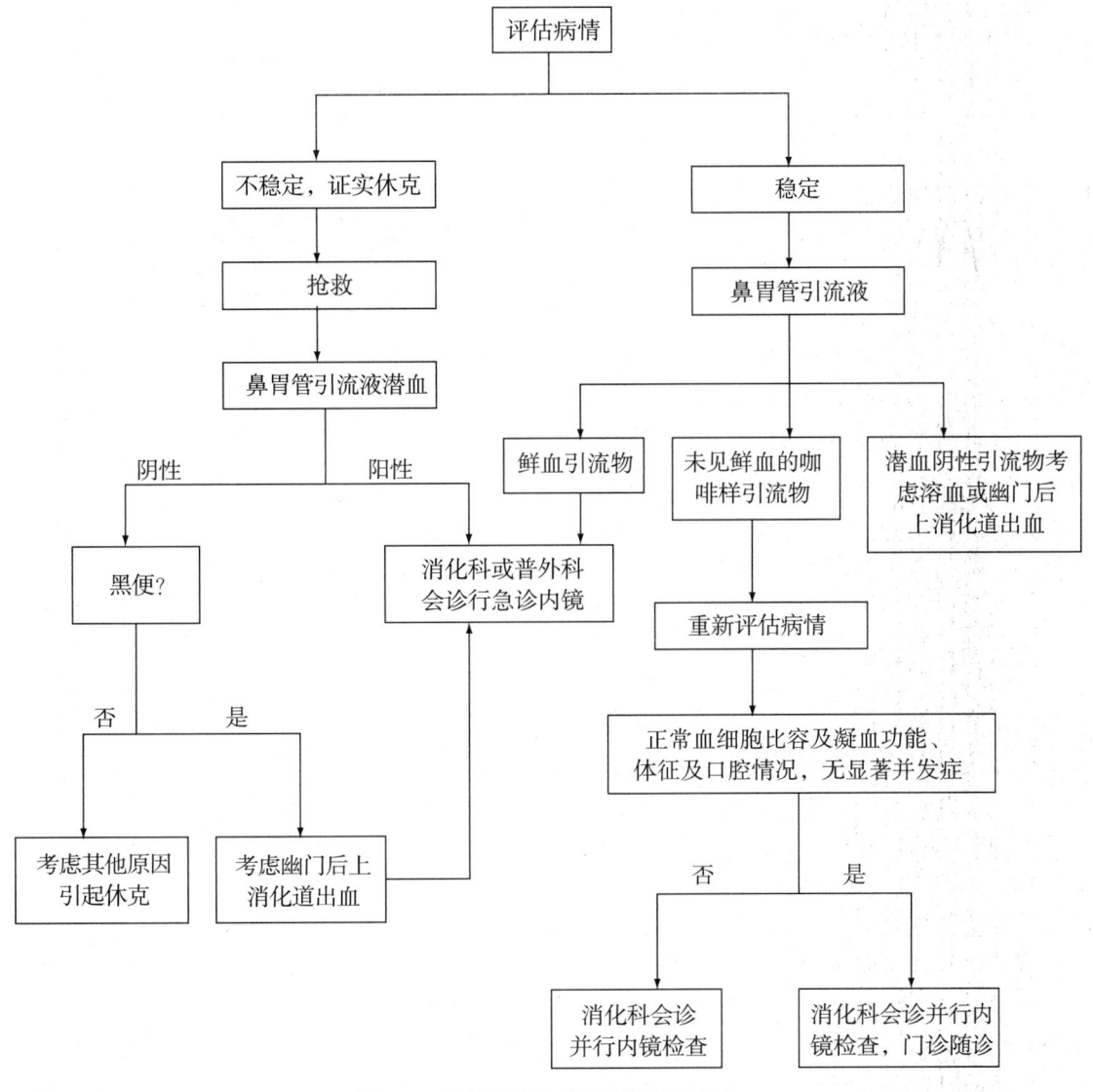

图 4-5　消化道出血的诊断流程（续）

## 一、严重性评估

患者入院时即对其进行死亡风险的分类评估是非常重要的（表 4-6）；老年人、并存其他疾病的患者死亡率高。

对于有循环衰竭征象者，如心率＞120 次/分，收缩压＜90 mmHg 或基础收缩压降低＞30 mmHg、血红蛋白＜50 g/L 等，应先迅速纠正循环衰竭；对危重患者应进行血氧饱和度和心电、血压监护；治疗成功的关键在于适当补液，以维持脏器的血液灌注和充分供氧；经过支持疗法，80%～85% 的患者的出血可自行停止。密切观察呼吸、血压、脉搏等生命指标，估计呕血、便血量，抽血做血红蛋白、血小板计数、血细胞比容、凝血功能以及尿素氮、肌酐和肝功能化验。中心静脉压的测定可以用来评估血容量，有利于计算补液量和补液速度。插尿管记录尿量有助于了解补液的充分程度和重要脏器的灌注状态。

表 4-6  Rockall 再出血和死亡风险评估系统

| 变量 | 评分 | | | |
|---|---|---|---|---|
| | 0 | 1 | 2 | 3 |
| 年龄（岁） | <60 | 60~79 | ≥80 | |
| 休克 | 无休克 | 心动过速 | 低血压 | |
| 伴发病 | 无 | | 心力衰竭，缺血性心脏病和其他重要伴发病 | 肝衰竭，肾衰竭和肿瘤播散 |
| 内镜诊断 | 无病变，Mallory-Weiss综合征 | 溃疡等其他病变 | 上消化道恶性疾病 | |
| 内镜下出血征象 | 无或有黑斑 | | 上消化道血液潴留，黏附血凝块，血管显露或喷血 | |

## 二、静脉曲张性上消化道出血的治疗

静脉曲张性上消化道出血的早期治疗措施主要是纠正低血容量性休克、止血、预防胃肠道出血相关并发症、监测生命体征和尿量。①恢复血容量：保持静脉通畅，以便快速补液输血。应尽早恢复血容量，根据出血程度确定扩容量及液体性质，以维持血流动力学稳定并使血红蛋白维持在 70 g/L 以上。需要强调的是，血容量的恢复要谨慎，过度输血或输液可能导致继续或重新出血。对有显著凝血功能障碍和（或）血小板减少患者可考虑输注新鲜冷冻血浆和血小板。②给予降低门静脉压力药物和其他药物。药物治疗是静脉曲张出血的首选治疗手段。生长抑素及其类似物、血管加压素(垂体后叶素等)静脉给予可明显控制曲张静脉出血。③抑酸剂 $H_2$ 受体拮抗剂（H2RA）和质子泵抑制剂（PPI）能提高胃内 pH 值，促进血小板聚集和纤维蛋白凝块的形成，避免血凝块过早溶解，有利于止血和预防再出血，临床常用。④气囊压迫止血。气囊压迫可使出血得到有效控制，但出血复发率高。应注意其并发症，包括吸入性肺炎、气管阻塞等，严重者可致死亡。进行气囊压迫时，应根据病情 8~24 小时放气一次；拔管时机应在止血后 24 小时，一般先放气观察 24 小时，若仍无出血，即可拔管。⑤内镜治疗：内镜治疗的目的是控制急性食管静脉曲张性出血，并尽可能使静脉曲张消失或减轻以预防其再出血。⑥介入治疗，手术治疗：尽管有以上治疗措施，仍有约 20% 的患者的出血不能控制或出血停止后 24 小时内复发出血。行急诊分流手术或 TIPS（Child A 级患者）可能可以挽救患者的生命，肝移植是最理想的选择。

## 三、非静脉曲张性上消化道出血的治疗

1. **一般处理**  记录呕血、黑便和便血的频率、颜色、性质、次数和总量，定期复查红细胞计数、血红蛋白、血细胞比容（Hct）与血尿素氮等。需要注意，Hct 在 24~72 小时后才能真实反映出血程度。监测意识状态、脉搏和血压、肢体温度、皮肤和甲床色泽、周围静脉特别是颈静脉充盈情况以及尿量等。有意识障碍和排尿困难者需留置尿管，危重大出血者必要时进行中心静脉压测定、血清乳酸测定，老年患者常需心电、血氧饱和度和呼吸监护。

2. **液体复苏**  应立即建立快速静脉通道，根据失血量在短时间内输入足量液体，以纠正血循环量的不足。常用液体包括生理盐水、全血或其他血浆代用品。必要时可输血。

**3．止血措施** ①内镜下止血。起效迅速、疗效确切，应作为首选措施。与抑酸药物治疗相比，内镜止血在再出血率和病死率上有显著优势。②抑酸药物。抑酸药能提高胃内pH值，既可促进血小板聚集和纤维蛋白凝块的形成，避免血凝块过早溶解，有利于止血和预防再出血，又可治疗消化性溃疡。临床常用的抑酸剂主要包括PPI和H2RA。③止血药物。止血药物(包括抗纤溶药物、生长抑素类似物、中药等)对急性非静脉曲张性上消化道出血的疗效尚未证实，不推荐作为一线药物使用，尤其是对没有凝血功能障碍的患者应避免滥用止血药。④选择性血管造影：有助于明确出血病因，必要时可行栓塞治疗。⑤手术治疗：对于诊断明确但药物和放射介入治疗无效者，可考虑手术治疗。

**4．原发病的治疗** 对出血的病因比较明确者，如幽门螺杆菌阳性的消化性溃疡患者，应给予抗幽门螺杆菌治疗及抗溃疡治疗。需要长期服用非甾体抗炎药者一般推荐同时服用PPI或黏膜保护剂。

**5．饮食治疗** 胃肠道出血患者一般于休克状态纠正及停止出血后可给予流质饮食，如牛奶。食管静脉破裂出血者在出血停止后2～3天才能开始摄入低蛋白流质饮食。

### 四、呕血、黑便的诊断

呕血和(或)黑便患者可伴有头晕、面色苍白、心率增快、血压降低等周围循环衰竭征象，如有这些症状，则上消化道出血诊断基本可成立。但要注意，某些口、鼻、咽部或呼吸道病变出血被吞入食管、服用某些药物（如铁剂、铋剂等）和食物（如动物血等）也可引起粪便发黑。对可疑患者可做胃液、呕吐物或粪便隐血试验。

**1．病因** 分为静脉曲张性上消化道出血与非静脉曲张性上消化道出血两大类。前者约占上消化道出血的25%～40%，最常见的病因为各类原因引起的肝硬化，其次为门静脉炎症或血栓形成、门静脉癌栓形成、肝静脉阻塞症（Budd-Chiari综合征）等；少见的原因为急性胰腺炎后、胰腺假性囊肿及其他胰腺疾病引起的胰源性门静脉高压。非静脉曲张性上消化道出血多为上消化道病变所致，少数为胆胰疾病引起，其中以消化性溃疡、上消化道肿瘤、应激性溃疡、急慢性上消化道黏膜炎症最为常见；服用非甾体类抗炎药（NSAID）、阿司匹林或其他抗血小板聚集药物也是引起上消化道出血的重要病因。少见的病因有Mallory-Weiss综合征、上消化道血管畸形、Dieulafoy病、食管裂孔疝、胃黏膜脱垂或套叠、急性胃扩张或扭转、理化和放射损伤、壶腹周围肿瘤、胰腺肿瘤、胆管结石、胆管肿瘤等。某些全身性疾病，如感染、肝肾功能障碍、凝血机制障碍、结缔组织病等也可引起上消化道出血。

**2．病史与体征** 重视病史与体征，如静脉曲张性上消化道出血常有肝病或胰腺疾病病史，消化性溃疡有慢性反复发作的上腹痛史，应激性溃疡患者多有明确的应激源，恶性肿瘤患者多有乏力、食欲缺乏、消瘦等症状。有黄疸、右上腹绞痛症状应考虑胆道出血。

**3．内镜检查** 内镜检查是关键，它能发现上消化道黏膜的病变，应尽早在出血后24～48小时内进行。上消化道内镜检查未明确出血病因时，应及早进行结肠镜检查，部分下消化道出血患者由于出血部位较高或量较小可仅有黑便。大量呕血与黑便后可导致体温升高和氮质血症，体温一般在38℃左右，可持续3～5天；体温升高的原因是：血容量急骤减少，周围循环衰竭，导致体温调节中枢发生功能障碍。大出血后，血中尿素氮常增高，称为肠源性氮质血症，一般一次出血后数小时血尿素氮开始上升，24～48小时达高峰，3～4天后才降至正常。尿素氮升高的原因首先是血液进入肠道、蛋白分解产物被吸收；其次是大出血后周围循环衰竭，肾血流量与肾小球滤过率下降导致肾前性氮质血症。

必须警惕上消化道短时间内大量出血而又无呕血与黑便患者的早期诊断。这类患者早期仅表现软弱、乏力、苍白、心悸、脉搏细数、出冷汗、血压下降、休克等急性周围循环衰竭征象，而无呕血与黑便，因而造成诊断上的困难。此时诊断要抓住两条：一是抓住患者有急性周围循环衰竭的特征，除外急性感染性休克、心源性休克和过敏性休克；一是内出血的可能，如患者无宫外孕破裂、自发性或外伤性肝脾破裂等可能时，必须考虑急性上消化道出血。直肠指诊可能较早发现尚未排出的血便。

一般来说，咖啡色呕吐物提示出血缓慢或停止，柏油样便说明血液在肠道停留已经＞8小时，黑便来源于上消化道的概率是来源于下消化道的4倍，几乎全部是升结肠以上部位的出血；鼻胃导管引流物阴性，见于25%的上消化道出血。便血（鲜红或暗红）来源于下消化道的概率是上消化道的6倍。

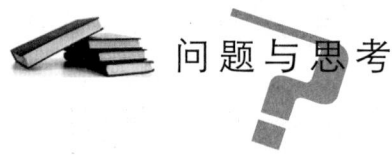 问题与思考

1. 消化道出血患者的急诊初始处理包括哪些？
2. 请简述静脉曲张性出血及非静脉曲张性出血的处理。

（邹　红）

# 第七节　急性腹泻与呕吐

## 一、急性腹泻

### （一）概述

腹泻（diarrhea）定义为排出稀薄粪便（含水量＞85%），且次数＞3次/日，排粪量＞200 g/d。病程在两周以内的为急性腹泻。急性腹泻多为感染性腹泻，病程自限，对症治疗即可恢复；部分严重的急性腹泻患者可出现失液性休克、电解质紊乱及脏器功能不全而危及生命，需要紧急处理。

### （二）分类

根据是否由感染因素所致，急性腹泻可分为感染性和非感染性两种，其中以感染性腹泻多见；根据大便性状可将急性腹泻分为痢疾样泻和水样泻两种。

1. **急性感染性腹泻**

广义的感染性腹泻是指由病原微生物或寄生虫感染引起的肠道炎症导致的腹泻。临床上我们将除霍乱、细菌性或阿米巴性痢疾、伤寒和副伤寒以外的感染性腹泻称为感染性腹泻，为狭义上的感染性腹泻，为《中华人民共和国传染病法》中规定的丙类传染病。水源受到污染后可引起肠道传染病的爆发流行。霍乱、伤寒、菌痢被称为三大水媒病。感染性腹泻还包

括由原虫引起的急性阿米巴痢疾、梨形鞭毛虫感染。某些常以食物中毒形式出现的蜡样芽胞杆菌腹泻、金黄色葡萄球菌腹泻等也被纳入感染性腹泻范畴。

痢疾样或称炎症性腹泻为病原体侵袭肠上皮细胞，引起炎症导致的腹泻；常伴有发热，粪便多为黏液便或黏液血便，粪便显微镜检查可见较多的红细胞、白细胞。属于此类的感染性腹泻除细菌性痢疾外，还有侵袭性大肠埃希菌肠炎、肠出血性大肠埃希菌肠炎、弯曲菌肠炎、小肠结肠炎耶尔森菌肠炎等。

水样泻或称分泌性腹泻是指病原体或其产物作用于肠上皮细胞，引起肠液分泌增多和（或）吸收障碍导致的腹泻。患者多不伴有发热，粪便性状为稀便或水样便，粪便显微镜检查多无细胞，或可见少许红细胞、白细胞。属于此类的腹泻除霍乱外，还有肠产毒性大肠埃希菌肠炎、致泻性弧菌肠炎、非O1/非O139霍乱弧菌肠炎、轮状病毒肠炎、隐孢子虫肠炎以及常以食物中毒形式出现的蜡样芽胞杆菌腹泻、金黄色葡萄球菌腹泻等。

2．**急性非感染性腹泻**

常见原因包括：

（1）饮食不当：如暴饮暴食引起的肠道分泌异常。

（2）化学药物：如各种导泻药物、新斯的明、巴豆、毒扁豆碱等。

（3）食物中毒：毒蕈、未充分熟制的扁豆、河豚及砷、磷、铅、汞等。

（4）其他原因：急性缺血性肠病、过敏性紫癜、甲状腺功能亢进危象、肾上腺危象、炎症性肠病急性发作等。

（三）**诊断**

1．**伴随症状**

（1）伴重度失水，常见于霍乱或副霍乱、沙门菌食物中毒等。

（2）伴发热，可见于急性细菌性痢疾、伤寒或副伤寒、病毒性肠炎、甲状腺危象等。

2．**实验室筛选检查**

（1）粪便常规对于明确患者是否为渗出性腹泻至关重要。粪便培养可发现致病菌，对感染性腹泻的诊断尤为重要。

（2）常规实验室检查：血常规、血电解质、血C-反应蛋白、红细胞沉降率等。

（3）辅助检查：B超是了解有无肝胆胰疾病的最常用方法。钡灌肠、CT以及选择性血管造影有助于观察胃肠道黏膜的形态、胃肠道肿瘤、胃肠动力等。内镜检查和活检对于肠道的肿瘤、炎症等病变具有重要的诊断价值。

在腹泻的诊断过程中，应对采集到的临床资料通过正确、合理的临床逻辑思维进行综合分析并与相关疾病进行鉴别。

（四）**治疗**

腹泻的治疗应在针对病因治疗的同时，根据其病理生理特点给予对症和支持治疗。

1．**病因治疗**

感染性腹泻需根据病原体进行治疗。感染性腹泻多见轮状病毒、诺瓦卡病毒所致，一般为自限性的，无需抗感染治疗。细菌性或原虫所致感染可经验性地选择抗生素治疗；必要时进行便培养选择敏感抗生素。

2．**对症治疗**

（1）纠正腹泻所引起的失水、电解质紊乱和酸碱平衡失调。

(2) 对严重营养不良者，应给予营养支持。谷氨酰胺是生长迅速的肠黏膜细胞所特需的氨基酸，与肠黏膜免疫功能、蛋白质合成有关。对弥漫性肠黏膜受损者应注意补充谷胺酰胺。

## 二、呕吐

呕吐是一种临床上较为常见的症状，常伴有恶心。严重的呕吐不仅会给患者造成极度不适，还会因胃内容物随胃液排出体外，引起患者脱水及电解质紊乱。剧烈呕吐还可以引起食管胃移行区域的黏膜撕裂出血；更为严重的是呕吐可引起误吸，这在神志不清的患者尤其容易出现。

呕吐首先须与食管性反流相区别，后者常见于贲门失弛缓，多发生于进食后一段期间，而无恶心的先兆，这是由于潴留于扩张食管中的食团及液体反流经口吐出，吐出物不含胃酸与胃蛋白酶，没有特殊酸臭味。

### （一）呕吐发生机制

呕吐中枢位于延髓外侧网状结构的外侧缘，它接受来自以下三方面的刺激：①视觉、嗅觉、味觉等通过中枢传来的刺激；②由位于呕吐中枢附近的化学感受器触发区传来的刺激。化学刺激物包括一些药物，如阿扑吗啡、氯霉素、硫酸铜、抗癌化疗药物等；另外还包括一些体内的代谢产物，如在尿毒症、酮症酸中毒时机体代谢紊乱可兴奋此区，引发呕吐；③来自循环系统、消化系统及泌尿系统等的末梢神经刺激呕吐中枢。

由中枢神经系统、化学感受器触发区传来的刺激引起呕吐中枢兴奋而发生的呕吐，称为中枢性呕吐。由内脏神经末梢传来的冲动刺激呕吐中枢引起呕吐中枢兴奋而发生的呕吐，称为反射性呕吐。

### （二）常见病因及其临床特点

**1. 中枢性呕吐常见疾病分类**　①神经系统疾病：各种引起颅内压增高的疾病、偏头痛等疾病；②第Ⅷ对脑神经疾病：常见于梅尼埃综合征及椎基底动脉供血不足；③药物：常见于阿扑吗啡、洋地黄中毒、雌激素、氨茶碱、酒精、硫酸铜、氯霉素等；④代谢原因：常见于尿毒症、酮症酸中毒、Addison病、甲状旁腺功能亢进症、甲状腺毒症、早孕等；⑤精神疾病，如抑郁症、神经性厌食、精神性呕吐等。

**2. 中枢性呕吐常见疾病及其特征**

（1）颅内压升高：颅内压升高见于很多颅内占位病变及炎症病变，还见于全身病变，如心搏骤停后、肝性脑病、肺性脑病等。颅压升高后可引起呕吐。其呕吐的特点是剧烈，多呈喷射状，呕吐物量大。多伴有较明显的头痛，恶心可不明显。查体可发现病理征阳性及视盘水肿。

（2）第Ⅷ对脑神经疾病：临床上常见者有梅尼埃综合征、晕车、晕船等；多伴有明显的眩晕，呕吐比较重，也可呈喷射性。呕吐常与体位的变动有关。体检可发现眼震，多有耳鸣、耳聋。小脑后下动脉血栓形成、椎-基底动脉供血不足，累及前庭神经核，也可发生眩晕及呕吐。

（3）偏头痛：偏头痛是周期性发作的一种血管性头痛，发病年龄多在青春期，女性多见，是以单侧搏动性头痛、畏光并可伴有恶心、呕吐、视觉改变为特点的头痛。偏头痛的发生与5-羟色胺代谢紊乱有关。偏头痛的诱发因素为：饮用含有酪氨酸的啤酒，吃巧克力、乳酪等也可以诱发。精神紧张、月经期也易发作。

(4) 化学感受器触发区受刺激：

1) 严重低钠血症：常伴有神志淡漠、嗜睡、血压下降甚至昏迷。病因多为急性胃肠炎、大面积烧伤、肾上腺危象、糖尿病酮中毒、失盐性肾炎等。稀释性低钠血症（如水中毒、抗利尿激素分泌异常症）也常引起呕吐。

2) 尿毒症：患者有肾病史，查肾功能可见肌酐明显升高，常出现头痛、恶心、呕吐。如并发尿毒症性胃炎，则呕吐更为严重。

3) 糖尿病酮症酸中毒：患者有糖尿病史，患者常以厌食、恶心、呕吐等为早期症状，查尿酮强阳性伴血糖升高可帮助诊断。

4) 内分泌疾病：甲状腺危象、甲状旁腺危象及肾上腺危象均可导致呕吐腹泻，需要仔细追问病史并进行相应检查以明确诊断。

5) 妊娠呕吐：多发生于清晨，多发生于妊娠 5~6 周，患者常有困倦思睡，嗜食酸味的食品。呕吐之前常有恶心，尿液妊娠试验呈阳性。

6) 全身性感染性疾病：可伴有恶心、呕吐，尤以重症病例为著。儿童的呕吐中枢兴奋阈低，在急性传染病时尤易发生呕吐。而部分老年人的感染以呕吐或消化系统症状为首发表现。必须引起足够重视。

**3. 反射性呕吐** ①眼科疾病：常见于青光眼。②循环系统疾病：常见于急性心肌梗死、充血性心力衰竭。③消化系统疾病：常见于急性胃炎、急性胃肠炎、肠梗阻、急性阑尾炎、胆囊炎、急性胰腺炎、肝炎等。④泌尿系统疾病：常见于肾结石。⑤呼吸系统疾病：常见于百日咳。

**4. 反射性呕吐常见疾病及其特征**

(1) 眼压升高：如急性闭角性青光眼，因眼压突然升高，发生恶心、呕吐，同时多伴有剧烈头痛、虹视、视力减退、视野缺损、瞳孔散大、睫状肌充血、眼压升高。

(2) 循环系统疾病：如急性心肌梗死可引起顽固的恶心、呕吐。这是由于膈面的心肌梗死后，刺激膈神经，出现牵涉性疼痛，刺激迷走神经，可发生恶心、呕吐，如同时有腹痛，极易与急性胆囊炎、急性胰腺炎、急性溃疡病穿孔相混淆而造成误诊。在急性充血性心力衰竭时，由于肝、胃肠道淤血，可发生肝区疼痛、恶心、呕吐。

(3) 消化系统疾病：

1) 胃部疾病：急性胃炎、胃癌、溃疡病等，多发生于饭后早期。呕吐时可伴有明显的恶心，多同时伴有上腹部疼痛。在呕吐之后，上腹痛大都可缓解。在幽门梗阻时，呕吐重且呕吐物量大，有隔宿食物及酸臭味，呕吐物无胆汁，常可看到胃型及胃蠕动波。

2) 肠道疾病：如急性肠炎、急性阑尾炎，皆可引起恶心、呕吐，也多伴有腹痛且较重。小肠梗阻多发生明显的恶心、呕吐。如梗阻部位在小肠上部，则呕吐物量大并混有胆汁；如梗阻部位在小肠的下部，则呕吐物量较少，但可有粪臭。小肠梗阻多伴有肠绞痛，并可见肠型及蠕动波。

3) 胆道疾病：急慢性胆囊炎和胆石症可引起恶心、呕吐，同时伴有胆绞痛。

4) 胰腺疾病：急性胰腺炎时可发生较严重的恶心、呕吐，同时伴有剧烈的上腹部疼痛。

5) 肝疾病：急慢性肝炎和肝硬化都可有恶心、呕吐，但呕吐多不严重。

(4) 尿路结石：当尿路结石发生绞痛时，可发生明显的恶心、呕吐；一旦绞痛发作停止，恶心、呕吐也随之消失。

(5) 肺部疾病：恶心、呕吐也常见于呼吸衰竭、肺源性心脏病心力衰竭及肺性脑病。小儿急性呼吸道传染病、百日咳在剧烈咳嗽时，可发生呕吐。

### （三）病史、查体及辅助检查方面的注意事项

**1. 病史的采集** ①发病的缓急、持续时间的长短；②呕吐的方式，是否是喷射性的；③呕吐物的量、颜色、性质、气味，是否混有胆汁；④是否伴有头痛、头晕、眩晕、耳聋、耳鸣，视力有无改变；⑤是否伴有胸痛、腹痛；⑥是否伴有发热、心悸、出冷汗、呼吸困难、水肿；⑦有无肝炎、肾炎、糖尿病、腹部手术、用药的病史；⑧育龄妇女务必询问月经史。

**2. 查体的重点** 务必进行全面体格检查，此外还应特别关注以下几项：①皮肤及黏膜检查有无水肿或脱水征，有无贫血及黄疸；②心脏检查有无心律失常、心率快、心力衰竭的体征；③腹部检查有无腹部肠型、胃型、胃及肠蠕动波、压痛、反跳痛、振水音、肠鸣音是否正常，腹腔是否触到肿块，有无腹水；④神经系统检查有无颈强直、眼球震颤、瞳孔是否等大等圆，有无病理征；⑤必要时做妇科检查。

**3. 辅助检查** 根据病情选择做下述检查：①血常规、尿常规（关注酮体）检查；②便常规检查及隐血试验；③血电解质和肝肾功能；④腹部 B 超；⑤患者有神经系统症状体征时应进行头颅影像学检查；⑥心电图、心肌酶；⑦怀疑上消化道疾病时待病情许可时可行胃镜及钡餐检查；⑧尿妊娠反应。注意：对育龄期女性进行内镜及放射有关检查务必除外妊娠！

### （四）治疗原则

**1. 对症治疗** 镇吐治疗及纠正水电解质代谢紊乱对于呕吐患者非常重要，可以缓解患者症状，减轻其痛苦，避免严重并发症发生，为寻找病因进行病因治疗提供条件。

临床上常用的镇吐药包括：抗胆碱能药物、抗组胺药物、安神或抗精神病药物、促动力药物等。临床选择上，抗胆碱药物东莨菪碱及组胺 $H_1$ 受体阻滞剂如苯海拉明对晕动症疗效较好。促动力药物如甲氧氯普胺（胃复安）、多潘立酮（吗丁啉）等药物对胃轻瘫或假性肠梗阻所致呕吐较有效。5-羟色胺（5-HT）受体拮抗剂如恩丹西酮等药物对化疗引起的呕吐效果较好。各种安神或抗精神病药物除对神经性呕吐有效外，对多种病因引起的呕吐也有一定效果，如尿毒症、药物、化疗、放疗引起的呕吐等。

**2. 病因治疗** 呕吐只是一种症状，是机体疾病的表现形式，所以对于呕吐患者应结合其伴随症状特点、体征以及辅助检查积极寻找导致其呕吐的病因并进行针对性治疗，才能从根本上解决问题。

## 问题与思考

1. 急性感染性腹泻的定义。
2. 急性非感染性腹泻的常见病因有哪些？
3. 反射性呕吐的定义及常见原因。

（彭 涛 马 丽）

# 第八节 昏　迷

昏迷（coma）是由于脑功能受到高度抑制而产生的意识丧失和随意运动消失，以及对刺激反应异常或反射活动异常的一种病理状态。昏迷是意识障碍的严重阶段，表现为意识持续的中断或完全丧失，对内外环境不能够认识。

## 一、昏迷的原因

正常情况下，人的意识需要一个完整的中枢神经系统维持：①上行网状激活系统；②丘脑；③丘脑下行激活系统；④大脑皮层。凡上述各部发生器质性或可逆性病变时，均可导致意识障碍或昏迷。

引起昏迷的原因有多种，主要见于脑功能失调或全身性疾病及脑局灶病变（表4-7）。

## 二、临床表现

昏迷的进程有如下临床特征。

### （一）嗜睡

嗜睡是一种病理性思睡，表现为睡眠状态过度延长。当呼唤或推动患者的肢体即可将其唤醒，并能进行正确的交谈或执行命令，停止刺激后患者又继续入睡。

表 4-7　昏迷的病因

| | |
|---|---|
| **原发脑功能障碍** | 小脑梗死、出血、脓肿或外伤后压迫引起昏迷 |
| 双侧或弥漫性大脑半球损坏 | **中毒** |
| 脑外伤 | 药物过量或不良反应 |
| 脑梗死 | 药物滥用 |
| 脑出血（蛛网膜下腔出血、脑室出血） | CO中毒、重金属中毒 |
| 缺氧性脑病 | **全身疾病** |
| 颅内静脉血栓形成 | 全身炎症反应综合征、脓毒症性休克 |
| 颅内恶性肿瘤 | 低氧血症 |
| 脑膜炎/脑炎 | 高碳酸血症 |
| 癫痫发作；癫痫持续状态 | 低体温 |
| 高血压脑病 | 低血糖 |
| 可逆性后部脑综合征 | 高血糖危象（DKA、NHHS） |
| 急性播散性脑脊髓炎 | 低钠血症 |
| 脑积水 | 高钙血症 |
| 单侧大脑半球功能障碍（中线结构移位） | 肝功能不全 |
| 脑外伤（脑挫裂伤、硬膜下血肿、硬膜外血肿） | 肾功能不全 |
| 脑脓肿 | Wernicke脑病 |
| 脑肿瘤 | **内分泌障碍** |
| 脑干功能障碍（脑桥、中脑） | 垂体功能减退 |
| 出血、梗死、肿瘤、外伤 | 肾上腺皮质功能不全 |
| 脑桥髓鞘溶解 | 甲状腺功能减退 |

### （二）昏睡

昏睡是一种比嗜睡程度深的觉醒障碍。一般的外界刺激不能使患者觉醒，给予较强烈的刺激时患者可有短时的意识清醒，醒后可简短回答提问，当刺激减弱后又很快进入睡眠状态。

### （三）昏迷

昏迷是指意识完全丧失，无自发睁眼，缺乏觉醒-睡眠周期，任何刺激均不能唤醒的状态，昏迷按其程度可分为：

1. **浅昏迷** 给予疼痛刺激时患者有回避动作和痛苦表情，脑干反射基本保留（瞳孔对光反射、角膜反射、咳嗽反射及吞咽反射等）。

2. **中度昏迷** 患者对外界一般刺激无反应，强烈疼痛刺激时可见防御反射活动；角膜反射减弱或消失，呼吸节律紊乱，可见到周期性呼吸或中枢神经性过度通气。

3. **深昏迷** 患者对任何刺激均无反应，全身肌肉松弛，眼球固定，瞳孔散大，脑干反射消失，生命体征发生明显变化，呼吸不规则。

## 三、诊断与鉴别诊断

对昏迷的患者首先应注意生命体征，采取紧急措施清理气道分泌物或异物，保持呼吸道通畅，进行有效通气和维持循环，再迅速作出病因诊断。有时确定患者的昏迷程度比较困难，只能依据病史、快速体格检查、辅助检查来评估昏迷的危重程度。常用格拉斯哥昏迷量表（Glasgow coma scale，GCS）作为评估昏迷程度的量化标准（表4-8）。昏迷的诊断流程见图4-6。

格拉斯哥昏迷量表（表4-8）是目前临床上最常用的一种判定昏迷的方法。昏迷程度根据患者的言语反应、眼球运动及肢体活动三项内容由轻到重分为4级。正常：15分；轻度昏迷：14～13分；中度昏迷：12～9分；重度昏迷：8分以下。其中7分以下者预后极差，3分多不能存活。

表4-8 格拉斯哥昏迷量表

| 项目 | | 评分 |
|---|---|---|
| 睁眼（E） | 自动睁眼 | 4 |
| | 呼叫时睁眼 | 3 |
| | 疼痛刺激时睁眼 | 2 |
| | 任何刺激均不睁眼 | 1 |
| 言语反应（V）（回答问题） | 正确 | 5 |
| | 定向力障碍 | 4 |
| | 不切题 | 3 |
| | 无意义的单音节 | 2 |
| | 无反应 | 1 |
| 非偏瘫侧运动反应（M） | 正常（服从命令） | 6 |
| | 刺痛定位 | 5 |
| | 刺痛躲避 | 4 |
| | 刺痛呈屈曲状态 | 3 |
| | 疼痛时呈过伸状态 | 2 |
| | 无运动 | 1 |
| 总计 | | |

# 第四章 急诊症状鉴别诊断及急救处理原则

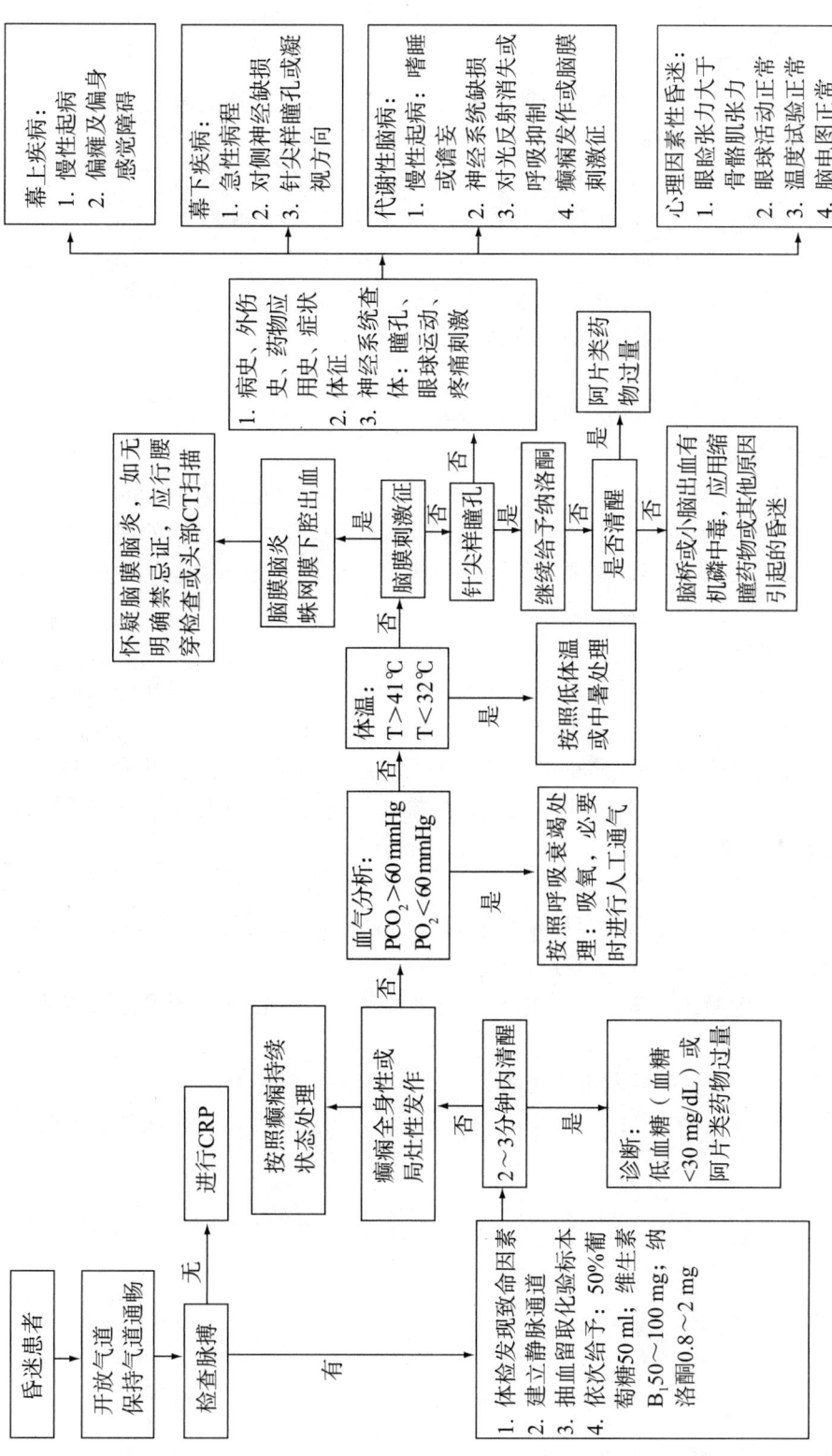

图 4-6 昏迷的诊断流程

## 四、急诊处理

对于昏迷患者,应立即评估其生命体征危急程度,并立即给予有效处置。

### (一)急救处理原则

(1) 保持呼吸道通畅,吸氧,必要时行气管插管,行人工辅助通气。
(2) 开通静脉,维持有效血循环。
(3) 急诊查血常规、生化、凝血分析、血气分析、血糖及心电图等。
(4) 对疑诊颅内高压者给予降颅内高压药物,如甘露醇、呋塞米。
(5) 控制高血压及高体温。
(6) 控制癫痫发作,用地西泮、苯巴比妥等。
(7) 纠正水、电解质紊乱,补充营养。
(8) 预防或抗感染治疗。
(9) 给予促醒药物,如纳洛酮、醒脑静等。

### (二)并发症的治疗

对于昏迷患者出现的呼吸衰竭、心力衰竭、休克及癫痫发作等并发症应予以及时诊疗。

对有兴奋、激动、谵妄等精神症状的患者要加强护理,给予适当的保护性约束,并使用镇静剂,如异丙嗪或地西泮,必要时加用氯丙嗪。严重颅脑外伤引起的昏迷时或昏迷患者伴有高热、抽搐、去大脑强直发作时,可用人工冬眠疗法。

### (三)病因治疗

昏迷患者的重要治疗是找到导致昏迷的原因,针对主要疾病进行病因治疗。感染性疾病所致昏迷需及时有效地给予抗感染治疗;内分泌或代谢性障碍所致昏迷需针对其特殊病因进行治疗;外源性中毒所致昏迷需采取特殊的解毒措施。脑肿瘤、脑脓肿或某些出血性疾病引起的昏迷,必要时需及时行外科手术治疗。故抢救昏迷患者,应尽早、尽可能明确病因,及时针对病因进行治疗。

### (四)其他治疗

1. **预防感染** 因昏迷患者容易合并感染,一般需预防性给予抗生素治疗,即使无发热、无明显感染征兆,也应给予抗生素进行预防性治疗。

2. **维持水、电解质平衡** 昏迷患者多有进食障碍、呕吐及多汗等,故需补充营养及维持水、电解质平衡。

3. **对症治疗** 对有呕吐及呃逆患者,应给予相应的对症治疗。

4. **加强护理** 注意口腔、呼吸道、泌尿系统及皮肤护理,防止误吸引起的肺炎及压疮发生。

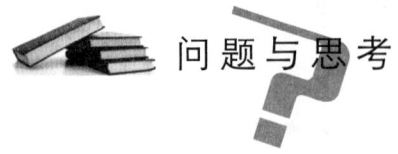
问题与思考

1. 对昏迷患者的急诊处理包括哪些?

2. 格拉斯哥昏迷量表的内容有哪些？

（马　丽）

# 第九节　晕厥及其他原因所致的一过性意识丧失

一过性意识丧失是指患者的意识自发性的、一过性的完全丧失并迅速完全恢复。在临床表现方面，主要表现为晕厥和非晕厥。

## 一、晕厥

1．**定义**　晕厥（syncope）是由一过性全脑低灌注引起的短暂性意识丧失，特点为快速起始、持续时间短和自发完全恢复。

2．**分类**　晕厥依据病理生理机制分类如下：

（1）反射性晕厥（神经介导性晕厥）：主要是掌控循环的神经系统对刺激因子的不恰当的过度反应，引起血管扩张和（或）心动过缓，导致动脉血压和全脑灌注降低。依据触发因素不同又可分为：①血管迷走性晕厥：最常见的晕厥类型，由情绪或直立位诱发，之前常伴有自主神经激活的表现（大汗、苍白、恶心）；②情境性晕厥：与一些特殊情境相关，如运动后晕厥等；③颈动脉窦晕厥：颈动脉窦按摩可确诊；④不典型晕厥：多数没有明确的触发因素，诊断主要基于除外已知晕厥的病因作出（无器质性心脏病）。

（2）直立性低血压和直立性不耐受综合征。直立性不耐受综合征主要包括以下几种类型：①典型的直立性低血压：是指站立＜3分钟、收缩压下降20 mmHg和（或）舒张压下降10 mmHg，见于单纯自主神经功能衰竭低血容量；②初始直立性低血压：是指站立即刻血压降低＞40 mmHg，然后自发快速恢复至正常，低血压和症状持续时间较短（＜30秒）；③延迟（进展性）直立性低血压：老年人并不少见，主要与年龄相关的代偿反射损害有关；④体位性直立性心动过速综合征：多数见于年轻女性，主要表现为严重的直立性不耐受，但没有晕厥，伴有心率明显增加（增加＞30次/分或＞120次/分）以及血压不稳定，病理生理机制仍不清楚。

（3）心源性晕厥：①心律失常性晕厥：是最常见的心源性晕厥的病因，心律失常诱发血流动力学不稳定，心排血量和脑血流量明显降低；心律失常类型包括病窦综合征（窦房结功能受损，产生窦性停搏和窦房阻滞，以及慢-快综合征）和严重的获得性房室传导阻滞（莫氏Ⅱ型、重度和晚期房室传导阻滞）；也可见于药物引起的缓慢性或快速性心律失常，如延长QT间期药物引起的尖端扭转性室速；②器质性心脏病：主要见于左室流出道梗阻性疾病。

3．**初始评估和诊断**

（1）初始评估：初始评估应注意是否为晕厥事件？病因是否已经明确？是否存在心血管事件或死亡的高危因素？

（2）晕厥的诊断：晕厥的诊断应注意是否为真正的晕厥，详细的病史多数可以提供晕厥和非晕厥的鉴别，但有时非常困难；应回答以下问题：是否是完全意识丧失？完全意识丧失是否是一过性伴快速起始和持续时间短的？是否是自发完全恢复，不留后遗症？患者是否失去自我控制？如果以上问题均是肯定的，则晕厥可能性极大；如果一个以上问题是否定的，则要首先除外其他类型的完全意识丧失。

(3) 病因诊断：23%～50%的患者经过初始评估能够明确病因。要注意询问病因的相关临床资料，包括晕厥发作前的情况（体位活动等）、发作起始的伴随症状（恶心、呕吐、腹部不适、大汗等）、目击者看到的发作结束时的情况（胸痛大小便失禁等）和患者的背景资料（包括心源性猝死家族史、既往病史、药物使用情况等）。很多情况下，需要进行辅助检查以明确诊断。

(4) 辅助检查：

1) 颈动脉窦按摩：室性停搏 > 3秒和（或）收缩压降低 > 50 mmHg，称为颈动脉窦超敏反应。既往有短暂脑缺血病史、过去3个月内有卒中史或颈动脉杂音（超声除外狭窄后为例外）属检查禁忌证。

2) 直立位激发试验：有两种方法，一种是主动站立（患者由卧位站起）试验，另一种是直立倾斜试验。直立倾斜试验期间经常使用异丙肾上腺素或硝酸甘油诱发。异丙肾上腺素使用禁忌证包括缺血性心脏病、未控制的高血压、左室流出道梗阻以及主动脉瓣狭窄。直立倾斜试验为怀疑血管迷走性晕厥患者的有效诊断方法，舌下含服硝酸甘油可提高阳性率；直立倾斜试验要持续25分钟，含服硝酸甘油后15分钟。

3) ECG监测（无创和有创）：包括动态心电图（Holter）、住院期间的监测事件记录仪、体外或植入式心电记录仪（ILR）以及远程（家庭）监护系统。金标准为症状与记录的心律失常明确相关。对于不明原因晕厥患者，建议尽早植入ILR，对绝大多数晕厥患者可明确病因诊断。

4) 电生理检查：对于既往有心肌梗死且左心室射血分数（LVEF）保持正常患者，诱发持续单形性室性心动过速（VT）高度提示为晕厥的病因。然而，诱发室性颤动并不具有特异性。不能诱发室性心律失常，提示心律失常晕厥可能性较小。

5) 腺苷三磷酸（ATP）试验：ECG监护下，快速（< 2秒）注入20 mg ATP或腺苷，诱发房室传导阻滞（AVB）且室性停搏 > 6秒，或诱发 > 10秒的房室传导阻滞，有临床意义。但对该方法仍存在争议。

6) 心脏超声以及其他影像学检查：心脏超声检查可识别器质性心脏病（主动脉瓣狭窄、心房黏液瘤、心脏压塞等）。对于考虑特殊疾病（主动脉夹层、肺栓塞、心脏肿块、心包和心肌疾病、冠状动脉的先天异常等）患者，可使用经食管超声、CT和MRI。

7) 神经系统评估：脑电图（EEG）在晕厥患者中正常，但正常EEG并不能除外癫痫。晕厥时，并不推荐行EEG检查。CT、MRI、脑血管和颈动脉超声检查在典型晕厥诊断中的价值有限，不推荐使用。

8) 其他：运动激发试验；心导管检查；精神疾病（状态）评估。

4. **处理原则** 延长生存期，减少外伤和预防复发。

(1) 生活方式的改善：包括教育，避免可能的诱发因素（如热而拥挤的环境、容量的丢失），认识前驱症状，以及采取必要的终止晕厥的措施（如就地平卧）。

(2) 对神经介导性晕厥的处理：治疗方案包括直立倾斜训练和药物治疗。很多药物可用于神经介导性晕厥的治疗，包括：β-受体阻滞剂、丙吡胺（达舒平）、东莨菪碱、茶碱、麻黄碱、依替福林（乙苯福林）、米多君、可乐定和5-羟色胺再摄取抑制剂，但这些药物均没有令人满意的效果。对于晕厥发生时伴有严重缓慢性心律失常的患者，心脏起搏治疗有效。

（3）对直立性低血压和直立性不耐受综合征的处理：教育和生活方式改善明显有效。停用可疑药物；扩容非常重要；没有高血压的患者应鼓励摄入足够的水和盐，目标为每天 2～3 L 水和 10 g 食盐；弹力袜也有助于减轻症状；米多君（5～20 mg，每日 3 次）为慢性自主神经功能衰竭患者的一线药物，但并不能治愈，而且也不是对所有患者都有效；部分患者对氟氢可的松（0.1～0.3 mg，每日 1 次）也有效。

（4）对心律失常性晕厥的处理：治疗目标为预防复发、改善生活质量和延长生存期。

（5）对窦房结功能障碍的处理：对于 ECG 记录有与晕厥相关者，植入永久性心脏起搏器非常有效。尽管充分起搏，仍有约 20% 的患者长期随访中有晕厥复发。

（6）对房室传导系统疾病的处理：有症状性房室传导阻滞患者植入永久性心脏起搏器非常有效，但要考虑到长期右室起搏对心功能的影响。对于左室射血分数降低、心力衰竭合并 QRS 增宽的患者推荐植入双心室再同步起搏器治疗。

（7）对阵发性室上性和室性心动过速的处理：对于典型房室结双径路折返性心动过速、房室折返性心动过速和房扑相关的晕厥患者，导管消融术为一线选择。对于药物引起的 QT 间期延长所致尖端扭转性室速进而晕厥的患者，及时停药非常关键。对于特发性 VT 相关的晕厥，导管消融或药物治疗为合适的治疗选择。

（8）对植入装置功能异常的处理：对于植入心电装置引起的晕厥，应考虑到电池耗竭或无效，或电极功能异常。应及时更换脉冲发生器或电极。对于植入式心脏复律除颤器（implantable cardiodefibrillator，ICD）由于延迟放电而引起晕厥的患者，应程控 ICD，给予及时的放电；针对室性心律失常的药物治疗和导管消融术。

（9）对器质性心脏病相关的晕厥的处理：治疗目标为预防晕厥复发，治疗基础疾病，以及降低心源性猝死风险，包括先天性心脏疾病和心肺疾病、重度主动脉瓣狭窄或心房黏液瘤患者，手术为首选。对急性心肺血管疾病，如肺栓塞、心肌梗死或心脏压塞，应针对病理生理过程进行处理。对肥厚型心肌病（合并或不合并左室流出道梗阻），应针对其心律失常进行相应处理，多数这类患者应植入 ICD。

（10）对心源性猝死高危患者不能解释的晕厥，即使晕厥机制不清楚，针对疾病的治疗也是需要的，以降低死亡或危及生命事件的发生。这部分患者的治疗目标为降低死亡率。

缺血性和非缺血性心肌病：对具有当前指南推荐植入 ICD 指征的患者，无论是否与晕厥相关，均应植入 ICD。

肥厚型心肌病：肥厚型心肌病近期发生的不能解释的晕厥（< 6 个月）是心源性猝死的主要危险因子。肥厚型心肌病引起晕厥的机制包括：自行终止的室性心律失常、室上性心动过速、重度流出道梗阻、缓慢性心律失常、运动时血压降低和神经反射。

致心律失常右室心肌病/发育不良（ARVC/D）：大约 1/3 的 ARVC/D 患者有晕厥史，对年轻、广泛右室功能障碍、左室受累、多形性 VT、晚电位阳性、epsilon 波、有猝死家族史以及缺乏其他晕厥病因者，建议植入 ICD。

遗传性心脏离子通道疾病：缺乏其他晕厥的病因，快速室性心律失常时应考虑植入 ICD。

## 二、非晕厥

临床上非晕厥性病因分为以下几类。意识清醒的疾病：主要包括跌倒、猝倒、心理性假性晕厥和由颈动脉窦刺激引起的一过性脑缺血发作。意识部分或完全丧失的疾病：①代谢性疾病：主要包括低血糖、低氧血症和低碳酸血症引起的过度通气；②癫痫；③中毒；④脑基底部的一过性脑缺血发作。

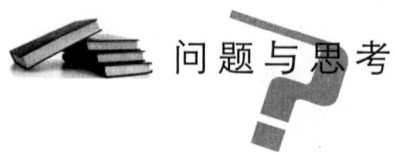

1. 晕厥的定义及病理生理分类。

（杨　靓）

## 第十节　头　痛

头痛（headache）是医学上诊断分类最多的病症，有300多种不同的类型和原因（表4-9和图4-7），医师应尽可能准确地确定诊断。虽然大部分头痛是病因不清的良性头痛，但某些继发性头痛患者的病情可能相当严重，有时甚至危及生命。

头痛是急诊科常见主诉。急诊科头痛患者可分四类：第一类是危重病因，需要迅速确诊和处理，防止不良后果；第二类是可能致命病因，但不需要紧急处理，如脑瘤，但无颅内压增高；第三类头痛是良性或可逆性过程，经过对原发病治疗即可缓解；第四类是神经血管性头痛，如偏头痛、丛集性头痛或紧张性头痛。

### 一、病理生理

由于颅内疼痛敏感结构有限，不同病因可引起相似头痛症状。第Ⅴ、Ⅶ、Ⅸ和Ⅹ颅神经、Willis环及其分支、脑膜动脉、脑组织和硬脑膜中的大静脉以及颅骨外结构（包括头皮、颈部肌肉、皮神经、皮肤、鼻窦黏膜、牙齿、颈神经及其神经根和颈外动脉及其分支）对疼痛都敏感。

### 二、病史

1. 头痛

（1）疼痛发生的速度、病程、频度、性质、程度；对止痛剂反应；以前头痛的病史和类型；缓解和恶化的因素；家族史；有无先兆；创伤史；意识丧失史；健忘病史；功能水平改变；腰穿史；中毒与职业接触史。

（2）与过去头痛不同的变化：神经系统症状；部位；强度；发生性质。

表 4-9 头痛的主要分类

| 偏头痛 |
|---|
| 紧张性头痛 |
| 丛集性头痛和其他三叉神经源性头痛 |
| 其他原发性头痛 |
|     原发性刀割样头痛，良性咳嗽性头痛，良性劳力性头痛，霹雳样头痛，与性活动有关的头痛，与睡眠相关的头痛，偏侧连续头痛，天天头痛 |
| 与头颅或颈部创伤有关的头痛 |
| 与头颅或颈部血管疾患有关的头痛 |
|     急性缺血性脑血管病相关的头痛，颅内非创伤性头痛 |
|     颅内血肿，未破裂的血管畸形，动脉炎，颈动脉痛，颈动脉或椎动脉痛，静脉血栓形成，与其他血管性疾患有关的头痛 |
| 非血管性颅内疾患有关的头痛 |
|     高颅压和低颅压，非感染性炎症，颅内结节病，鞘内注射，癫痫发作，Chiari 畸形 I 型，短暂头痛、神经功能缺损伴脑脊液淋巴细胞增多综合征（HaNDL） |
| 与其他颅内疾患有关的头痛及与某些物质或某些物质戒断有关的头痛 |
|     短期应用或暴露于某物质引起的头痛，过量使用某药物引起的头痛 |
|     慢性应用或暴露于某物质引起的头痛，戒断性头痛 |
| 与感染有关的头痛 |
|     颅内感染，其他系统感染，艾滋病，慢性感染后头痛 |
| 与代谢性疾患有关的头痛 |
|     缺氧和（或）高碳酸血症，透析，高血压，甲状腺功能减退，禁食，心源性头痛 |
| 与头颅、颈部、眼、耳、鼻、鼻窦、牙齿、口腔或其他面部和头颅结构有关的头面痛 |
| 与精神异常有关的疼痛 |
|     躯体痛和神经痛 |
| 颅神经痛和中枢性面痛 |
| 神经痛：三叉神经，舌咽神经痛，中间神经痛，喉上神经痛，鼻睫神经痛，眶上神经痛，其他终末神经痛，枕神经痛，颈-舌综合征，外部压迫和冷刺激引发的头痛，压迫颅神经或上颈段神经损害，视神经炎，糖尿病引起的视神经损害，带状疱疹，Tolosa-Hunt 综合征；眼肌麻痹性"偏头痛"，中枢性面部疼痛 |

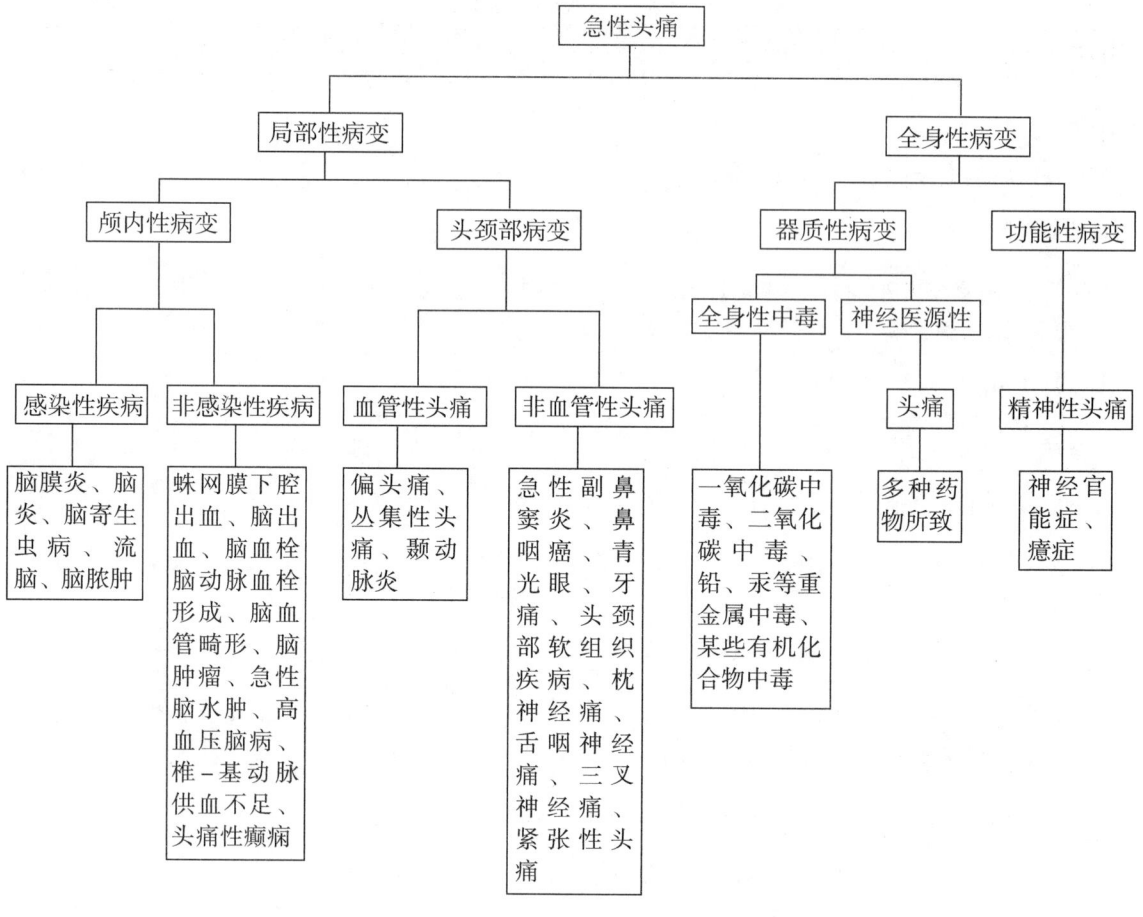

图 4-7 急性头痛的分类鉴别

2. **伴随症状** 恶心、呕吐、神经系统症状、新的抽搐/晕厥、意识改变、颈痛或僵直、鼻窦或牙齿痛、视力改变、畏光、发热、听力改变/丧失、鼻流涕。

3. **现用药物** 抗凝药、单氧化物抑制剂和其他药物、止痛剂的使用频率和剂量。

4. **既往史** 鼻窦炎、神经外科病史、先天性疾病病史、HIV/免疫缺陷病史、代谢和内分泌疾患、反复感染、恶性肿瘤史、妊娠、神经系统影像学检查史、牙齿疾病史、结缔组织疾病病史、高血压病史、过敏病史。精神病史：抑郁症。

## 三、体格检查

头痛的检查见表 4-10。

1. **生命体征** 体温、血压、脉搏、呼吸。
2. **神经系统检查** 颅神经、运动/感觉缺失、步态/小脑试验、语言、视野、反射不对称。
3. **意识状态** 定向力、机灵、反应、行为、意识水平波动。
4. **头和颈** 颈强直或其他脑膜刺激征、头皮压痛、鼻窦、颞下颌关节、下颌、颈、颞动脉、杂音、牙齿叩击痛、耳、鼻、咽检查。

表 4-10　头痛的检查及处理

| 体格检查 | | 疑诊 | 初步检查 | 处理 |
| --- | --- | --- | --- | --- |
| 生命体征 | 发热 | CNS 感染 | 脑膜刺激征 | CT；腰穿；退热；抗生素 |
| | 明显高血压 | 颅内出血；恶性高血压；妊娠高血压综合征 | | 评估靶器官；CT；腰穿；降压；会诊；住院 |
| 头部 | 牙齿叩击痛 | 牙病；鼻窦炎 | | 透照鼻窦；鼻窦影像学 |
| | 鼻窦压痛 | 鼻窦炎 | | 透照鼻窦；鼻窦影像学 |
| | 颞动脉/头皮压痛 | 血管炎 | | 询问肌痛、关节痛、下颌关节交锁病史；视力；红细胞沉降率；会诊 |
| 颈部 | 颈强直及其他脑膜刺激征 | 蛛网膜下腔出血 | CT 或腰穿 | 其他神经影像学；会诊 |
| | | 脑膜炎 | 腰穿；抗生素 | CT |
| 神经系统检查 | 新出现的神经系统异常，包括意识改变 | 出现新的疾病或老病恶化；中毒——代谢病因；脑血管意外 | 神经影像学 | 检查中毒：血尿毒物检测；开放静脉；吸氧；心电监护；血清钠；血糖；碳氧血红蛋白；腰穿；会诊 |
| | 新共济失调（眼球震颤）或步态异常 | 小脑病变 | 神经影像学，特别注意颅后窝 | 神经外科会诊 |
| 眼睛 | 新角膜混浊 | 急性青光眼 | 视力；测眼压/会诊 | |
| | 新视野缺失 | 占位；脑卒中；静脉窦血栓形成 | 神经影像学 | 其他神经影像学检查；会诊 |
| | 眼肌麻痹 | 静脉窦血栓形成；肿瘤；动脉瘤 | 神经影像学 | 会诊 |
| | 视盘水肿 | 青光眼；颞动脉炎；眼神经炎 | | 血糖；红细胞沉降率；眼科检查；会诊 |
| | 同侧眼睑下垂及瞳孔缩小（Horner 综合征） | 颈动脉夹层 | | 颈动脉影像学检查 |
| | 伴眼外肌运动疼痛 | 眶后感染；视神经炎 | | 眼科会诊 |

5．眼　眼睛望诊（眼眶水肿、角膜混浊）、眼压、视力、随眼球运动疼痛、眼底检查（包括静脉搏动、粗大、视网膜出血）

6．心肺检查

7．腹部检查

8．皮肤　颜色、皮疹。

## 四、辅助检查

头痛的检查见表 4-10。

1．CT  头颅 CT 平扫可以诊断出大多数病理性原因引起的头痛。静脉用药增强扫描也可以发现肿瘤和血管畸形。CT 扫描在诊断骨性疾病、急性头颅损伤后变化和急性蛛网膜下腔出血方面优于 MRI。

2．MRI  常规 MRI 检查可以发现诸如鼻窦、脑垂体、后颅窝、颅内静脉窦（如上矢状窦血栓形成）、颈延髓结合部（如 Chiari 畸形）等处的病变。此外，MRI 检查还可以发现 CT 扫描不能发现的颅内动脉瘤、颈动脉夹层动脉瘤、脑白质异常、先天性畸形和梗死及颅内肿瘤的证据。

3．脑电图  当头痛患者合并某些诸如非典型性偏头痛先兆或短暂性意识丧失等提示可能为癫痫时，可考虑行脑电图检查。

4．血液学检查

有以下常见情况时需考虑行血液学检查（表 4-11）。

5．腰椎穿刺检查  腰椎穿刺可以用于诊断脑膜炎或脑炎、脑膜癌或淋巴瘤、蛛网膜下腔出血和高颅压（如假性脑瘤）或低颅压。对于有恶病质的患者，血小板计数必须不少于 $50 \times 10^9$/L 才能保证腰椎穿刺的安全进行。头痛患者腰椎穿刺时必须测量脑脊液的开放压力。测压时，患者应保持松弛或至少应尽量伸展头和下肢，以避免测量误差，造成颅压升高的假象。

表 4-11  头痛时需行血液学检查的适应证

| 适应证 | 检查 |
| --- | --- |
| 炎症性疾病（如颞动脉炎或狼疮） | 红细胞沉降率、C-反应蛋白、抗核抗体或类风湿因子 |
| 感染性疾病（如艾滋病或 Lyme 病） | HIV 或 Lyme 抗体 |
| MRI 检查发现广泛白质异常 | 抗心磷脂抗体和狼疮抗凝物试验 |
| 垂体腺瘤 | 催乳素水平和 TSH |
| 贫血和血栓性血小板减少性紫癜 | 全血细胞计数和血小板检查 |
| 内分泌、代谢病 | TSH、血清钙、尿素和肌酐 |
| 治疗头痛药物的不良反应监测（如双丙戊酸钠、非甾体类消炎药） | 全血细胞计数、生化检查 |

## 五、常见异常结果处理（表4-12）

表4-12 常见异常结果处理

| 诊断检查 | 异常结果 | 处理原则 | 处理细则 |
| --- | --- | --- | --- |
| 碳氧血红蛋白 | 明显升高 | 一氧化碳中毒治疗 | 会诊 |
| 眼压 | 升高 | 评估急性青光眼 | 会诊 |
| 腰穿 | 白细胞明显升高 | 评估脑膜炎/脑炎（细菌、真菌、病毒）或血管炎 | 抗微生物药；会诊；住院 |
| | 印度墨试验阳性或真菌抗体阳性 | 按真菌性脑膜炎治疗 | 检查HIV |
| | 抗酸染色阳性 | 呼吸道隔离；按抗酸细菌治疗 | 检查HIV |
| | 1~4管红细胞数无差别 | 蛛网膜下腔出血 | |
| | 黄色CSF | 按蛛网膜下腔出血/颅内出血治疗 | |
| | CSF蛋白＞100 mg/dL | | 评估脑膜炎（结核、梅毒、Lyme病、真菌）、肿物 |
| | 颅压升高（CSF化验正常） | | 特发性颅内压高（假性颅内占位） |
| 神经影像学 | CNS占位/中线移位 | 神经系统检查 会诊 | 开放静脉；吸氧；心电监护；评估颅内压；气道通畅；住院 |
| | 新的脑室扩张/狭窄 | 会诊 | |
| | 影像学正常，但有脑膜刺激征 | 腰穿 | |
| 红细胞沉降率 | 升高（年龄＞50岁） | | 视力；激素；会诊 |
| 鼻窦影像学 | 有积液或黏膜增厚 | | 按鼻窦炎治疗 |
| 尿常规 | 中期妊娠或产后，尿蛋白+++或以上 | 妊娠高血压综合征 | 会诊；住院 |

## 六、常见不同病因头痛的急诊处理

常见不同病因的头痛的急诊处理见表4-13。

表 4-13 常见不同病因头痛的急诊处理

| 项目 | 处理原则 | 处理细则 |
| --- | --- | --- |
| 蛛网膜下腔出血 | 开放静脉；连续观察病情；会诊；住院 | 吸氧；心电监护；气道通畅；电解质；血常规；血小板；PT/PTT；控制血压；尼莫地平；抗惊厥；床头抬高30° |
| 硬膜下血肿，急性 | 开放静脉；连续观察病情；会诊；住院 | 吸氧；心电监护；气道通畅；电解质；血常规；BUN/CRE；PT/PTT；血型；床头抬高30° |
| 硬膜下血肿，慢性 | 会诊 | |
| 硬膜外血肿，急性 | 开放静脉；连续观察病情；会诊住院 | 吸氧；心电监护；气道通畅；电解质；血常规；BUN/CRE；PT/PTT；血型；降压；床头抬高30度 |
| 大脑出血 | 同上 | 吸氧；心电监护；气道通畅；电解质；血常规；BUN/CRE；PT/PTT；控制压 |
| 小脑出血 | 神经外科紧急会诊；余同上 | 吸氧；心电监护；气道通畅；电解质；血常规；BUN/CRE；PT/PTT；血型；控制血压 |
| 非出血性脑血管意外 | 连续观察；会诊/住院 | 双功能多普勒 |
| 脑静脉窦血栓形成 | 会诊/住院；抗生素 | 肝素化；抗生素 |
| 颈动脉夹层 | 会诊/住院 | 血常规；PT/PTT |
| 脑膜炎，细菌 | 抗生素；住院 | 血常规；PT/PTT；镇痛剂；退热 |
| 脑膜炎，病毒 | 会诊/住院 | 抗病毒；镇痛剂 |
| 脑膜炎，真菌 | 会诊/住院 | 静脉抗真菌药 |
| CNS 脓肿 | 会诊/住院 | 抗生素 |
| CNS 肿瘤 | 会诊 | 激素 |
| 急性脑积水 | 会诊/住院 | |
| 特发性颅内压增高 | 会诊 | 腰穿；药物治疗 |
| 急性青光眼 | 眼科会诊 | 药物治疗 |
| 视神经炎 | 会诊 | 激素 |
| 颞动脉炎 | 会诊/住院 | 激素 |
| 鼻窦炎 | 会诊/住院 | 缩血管剂滴鼻；喷雾；抗生素；镇痛剂；激素 |
| 血管炎 | 会诊/住院 | 激素 |
| 妊娠高血压综合征 | 会诊 | |
| CO 中毒 | 住院 | 调查毒源；高压氧 |
| 原发性头痛<br>  偏头痛<br>  紧张性<br>  丛集性 | 会诊 | 止吐；镇痛剂；5-羟色胺受体调节剂；镇静剂；激素；吸氧 |

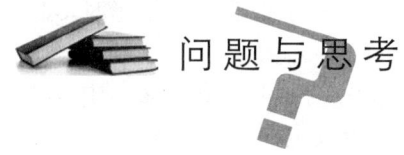 问题与思考

1. 头痛患者的常规辅助检查包括哪些？

（魏光如）

## 第十一节 皮肤、黏膜颜色异常

临床上，皮肤、黏膜的异常表现很多时候并不是单纯的皮肤病，很可能是系统性疾病的一个局部表现。我们在这一版新加入本节内容就是为了方便大家在急诊工作中碰到特异性的皮疹或皮肤、黏膜异常表现时能够快速识别，从而更加明确我们的系统诊断（临床上，全身性疾病可能有皮肤表现，皮肤易于观察，可作为洞察全身性疾病的窗口）。本节主要总结一些能提示系统性疾病的特征性皮疹（或皮肤、黏膜异常表现）。

1. **风团** 常见于荨麻疹。皮疹由真皮乳头层血管扩张、血浆渗出所致，为暂时性、隆起性皮损，一般大小不一，形态不规则，可为红色或苍白色，周围常有红晕；皮损发生快，消退也快，且消退后不留任何痕迹。

2. **瘀点、瘀斑** 常见于出血性疾病，如过敏性紫癜。由红细胞外渗到周围组织所致。开始为鲜红色斑，压之不褪色，日久因红细胞破坏遗留含铁血黄素而形成黄褐色。

3. **溃疡** 可由感染、放射性损伤、皮肤肿瘤等引起，为深达真皮或更深位置的局限性皮肤或黏膜缺损形成的创面。溃疡基底部常有坏死组织附着，边缘可陡直、倾斜或高于周围皮肤。因损害常累及基底层细胞，故溃疡愈合较慢且愈后可留有瘢痕。

4. **裂隙** 也称皲裂，为线状的皮肤裂口，可深达真皮，常因皮肤炎症、浸润增厚或角化导致皮肤弹性减低后牵拉引起，好发于掌跖、指趾、口角等，可引起疼痛，甚至出血。裂隙与皮肤伸展方向垂直，可分深浅两型，浅者仅达表皮，愈后不留瘢痕；深者可侵及真皮或深部组织，愈后遗留瘢痕。

5. **萎缩** 为皮肤的退行性变化，可发生于皮肤各层。表皮萎缩常表现为皮肤变薄，半透明，表面有细皱纹，呈羊皮纸样，正常皮沟变浅或消失；真皮萎缩表现为局部皮肤凹陷，表皮纹理可正常，毛发可能变细或消失；皮下组织萎缩多见于脂膜炎等，也有不明原因的皮下脂肪萎缩，表现为局部凹陷性损害，表面皮纹正常，如婴儿腹部离心性脂肪营养不良时。

6. **樱桃红色** 常见于急性一氧化碳（CO）中毒、代谢性酸中毒、氰化物中毒等，临床上除了会出现口唇黏膜、皮肤、甲床呈樱桃红色外，还可出现多系统表现，如恶心、呕吐、头痛，甚至昏迷等，严重者可导致死亡。

7. **紫纹** 见于皮质醇增多症（又称库欣综合征，Cushing syndrome），侏儒-肝大-肥胖青年型糖尿病，以及类库欣综合征等。表现为下腹部、臀部、腹股沟、上臂、腋下及乳房等处的皮肤呈弧形紫红色或淡红色皮纹，对称性分布，其中间较宽而明显，两端略窄，颜色长期不变。

8．半月形袋状积脓　见于脓疱疮。皮疹好发于儿童面部、四肢等暴露部位，初起为散在的水疱，1～2天后水疱迅速增大，疱液由清亮变浑浊，脓液沉积于疱底部，呈半月形积脓现象，为脓疱疮的特征之一。

9．脐凹状皮疹　见于：①传染性软疣，皮损为光亮、珍珠白色、半球形丘疹，中心微凹如脐窝，可挤出白色内容物；②马尔尼菲青霉病，分局限性和播散性两种，其中至少70%以上的播散性感染会累及皮肤，皮损形态多样，以隆起于皮肤的丘疹中央发生坏死，坏死处呈脐窝状凹陷的损害较为特殊，具有一定的提示作用；③皮肤隐球菌病，10%～15%的隐球菌病患者可出现皮肤损害；④水痘，表现为脐凹状水疱，以躯干部为多，呈向心性分布；⑤恶性萎缩性丘疹病（MAP），又称Degos病，皮疹初起为淡红色的圆形水肿性丘疹，好发生于躯干背部等处，皮损逐渐形成中央脐凹，萎缩，外观瓷白色，周围血管扩张。在皮肤损害出现后3周至10余年间，可发生其他系统的损害。

10．游走性红斑　见于莱姆病，早期以皮肤慢性游走性红斑为特点，以后出现神经、心脏或关节病变，通常在夏季和早秋发病，发病以青壮年居多，与职业关系密切，野外工作者、林业工人感染率较高。

11．焦痂　见于恙虫病，临床特征为突然起病、发热、叮咬处有焦痂或溃疡、淋巴结肿大及皮疹。发病初期叮咬处出现红色丘疹，一般不痛不痒，不久形成水疱，水疱破裂后呈新鲜红色小溃疡，1～2天后中央坏死，成为褐色或黑色焦痂，呈圆形或椭圆形，直径约为0.5～1 cm，痂皮脱落后形成溃疡。多数患者只有1个焦痂或溃疡，少数有2～3个，个别人则多达10个以上，常见于腋窝、腹股沟、外阴、肛周、腰带压迫等处，也可见于颈、背、胸、足趾等部位。多在发病前3周内有在流行地区野外作业史。

12．Koplik斑　见于麻疹，起病2～3天后，在第二磨牙对面的颊黏膜上，出现蓝白色或紫色斑点，周围有红晕，是麻疹早期特征性的体征。

13．帕氏线　见于猩红热，表现在皮肤褶皱处皮疹密集成线或由于摩擦出血呈紫色线状。

14．炭疽痈和恶性水肿　见于炭疽，炭疽痈为黑色似煤炭的干痂，痂下有肉芽组织，周围有非凹陷性水肿，坚实，疼痛不显著，溃疡不化脓；恶性水肿在组织疏松的部位如眼睑、颈、大腿等处形成大块水肿，扩散迅速，可致大片坏死，以上两征为炭疽的特征性表现。

15．瘀点，伴中心小脓疱　见于脑膜炎奈瑟菌感染。

16．三红三痛　见于流行性出血热，初期表现为面、颈、上胸部弥漫性潮红，重者似醉酒貌；有头痛、眼眶痛、腰痛。

17．簇集性水疱　见于带状疱疹、单纯疱疹。带状疱疹好发部位依次为肋间神经、颈神经、三叉神经和腰骶神经支配区域，水疱簇状分布而不融合，皮损沿某一周围神经呈带状排列，多发生在身体的一侧，一般不超过正中线。单纯疱疹好发于皮肤黏膜交界处，以唇缘、口角、鼻孔周围等处多见，生殖器、会阴、外阴周围、股部和臀部皮肤均可受累。

18．鲜红色水肿性红斑　常见于丹毒，好发于足背、小腿及头面部，多为单侧。典型皮损为境界清楚的鲜红色水肿性红斑，表面紧张发亮，迅速向周围扩大，严重者可出现水疱、大疱、脓疱、血疱，甚至发生坏疽，局部皮温高，有灼痛及触痛。

19．弥漫性浸润性水肿性红斑　常见于蜂窝织炎，好发于四肢、颜面、外阴及肛周等部位。皮损初起为弥漫性浸润性水肿性红斑，境界不清，有显著地凹陷性水肿，皮损中央红肿明显，严重者可发生水疱和深在性脓肿及组织坏死，局部皮温高，疼痛及触痛明显。皮损中心组织逐渐溶解软化而出现波动感，破溃后排出脓液及坏死组织。

20．**靶形或虹膜状皮疹**　见于多形红斑，为急性炎症性皮肤病，与感染、药物、内脏疾病等相关，皮疹初起为水肿性红斑或红色丘疹，后呈离心性扩大，中央暗紫色，边缘红色，形成所谓的靶形或虹膜状损害，为多形红斑的特征性皮疹。

21．**手足手套、袜套样剥脱**　见于：①药物性皮炎等，特征性地表现为全身发红，反复大片脱屑、肿胀、渗出、结痂，手足皮肤可呈手套、袜套样剥脱，毛发、指甲都可脱落；②金黄色葡萄球菌性烫伤样皮肤综合征（SSSS），特征性的表现是：在大片红斑基础上出现松弛性水疱，尼氏征阳性，表面大面积剥脱后留有潮红的糜烂面，似烫伤样，口周放射纹，手足皮肤可有手套、袜套样剥脱；③川崎病，在病程的第2周，指（趾）末端甲周处，开始膜状脱屑，继而全身脱屑。

22．**红斑、丘疹或麻疹样皮疹-暗红色-红皮病**　见于药物超敏反应综合征。

23．**假水疱**　常见于Sweet综合征，又称急性发热性嗜中性皮肤病。表现为暗红色或棕红色隆起性扁平斑块，直径为0.5～12.0 cm，境界清楚，边缘陡峭，周边由小丘疹群聚而成，呈乳头状突起，有白色光泽，给人以多腔水疱的感觉，触之坚硬，即所谓"假水疱"形成，具有一定特征。斑块有触痛和自觉疼痛，局部温度稍高，周围可离心性扩大而呈环状损害。本病急性起病，皮损主要发生于面、颈、四肢，躯干部也可发疹，常伴有系统损害。大多数患者出现外周血白细胞升高和红细胞沉降率加快。

24．**眉毛脱落**　见于斑秃、麻风、黏蛋白病等。

25．**脓湖**　可见于无菌性脓疱病，如脓疱性银屑病、急性泛发性发疹性脓疱病等。发病急骤，在红斑上突然出现泛发浅在的黄白色无菌小脓疱，针头至粟粒大小，初为小片，以后融合成"脓湖"，数周内可弥漫性分布全身。

26．**口唇顽固糜烂**　见于副肿瘤性天疱疮，有时为患者的首发症状。

27．**匍行性回状红斑**　见于副肿瘤皮肤综合征，皮疹好发于躯干，为略隆起、规则波纹状红斑，红斑每天可以迁移1 cm，临床上呈现特征性的"木纹状"外观，皮损外围是带状及环形风团样皮损，上有细碎鳞屑。通常面部、手足不受累。匍行性回状红斑是最有特异性的副肿瘤性皮肤病，约82%的患者伴有恶性肿瘤。

28．**Auspitz征**　见于银屑病，剥除鳞屑可露出半透明薄膜（薄膜现象），剥除此薄膜可出现点状出血，称为Auspitz征。

29．**甲周红斑**　见于自身免疫性疾病，如系统性红斑狼疮、混合性结缔组织病。

30．**雷诺（Raynaud）现象**　见于结缔组织病，如系统性硬皮病、红斑狼疮、类风湿关节炎、干燥综合征、皮肌炎、混合性结缔组织病等。指在寒冷刺激或情绪激动等因素影响下，肢端动脉阵发性痉挛，表现为肢端皮肤颜色间歇性苍白、发绀和潮红的改变。

31．**面部红斑**　主要见于结缔组织病，如红斑狼疮、皮肌炎。其中红斑狼疮包括：①盘状红斑狼疮（DLE）：开始为面部、耳、头皮等处有一片或数片鲜红色斑，渐向外扩展呈圆形或不规则形，中央色浅，边缘色深；②亚急性皮肤型红斑狼疮（SCLE）：在颊、鼻、耳轮、上胸、肩、背、上臂外侧、前臂伸侧、手和指背出现水肿型红斑；③系统性红斑狼疮（SLE）：在颧颊部开始为绿豆至黄豆大小红斑，后渐经鼻梁融合成典型的蝶状红斑。皮肌炎皮损常呈多样化，先为上睑有紫红色斑，渐弥漫向前额、颧颊、耳前、颈和上胸部扩展。

32．**硬化**　为局限性或弥漫性的皮肤变硬，触诊较视诊更易察觉。皮肤硬化常见于硬皮病、慢性淤积性皮炎、慢性淋巴水肿及瘢痕疙瘩。它可由真皮或皮下水肿、细胞浸润、胶原增生引起。真皮或皮下组织钙化（如皮肌炎、硬皮病）可感觉到为硬性结节或斑块，皮肤表面有变化或无肉眼可见的改变。

**33. CREST 综合征** 是系统性硬皮病的一种亚型,由一组临床综合征组成,包括皮肤钙化(calcinosis cutis,C)、雷诺现象(Raynaud phenomenon,R)、食管功能障碍(esophageal dysfunction,E)、指(趾)端硬化(sclerodactyly,S)及毛细血管扩张(telangiectasia,T)。

**34. Gottron 丘疹、Gottron 征** 见于皮肌炎,Gottron 丘疹表现为指指关节、掌指关节伸侧的扁平紫红色丘疹,表面附有糠状鳞屑,境界清楚,皮损消退后留有萎缩、色素减退和毛细血管扩张。Gottron 征为掌指/指(趾)关节伸侧,膝、肘关节伸侧,以及内踝的对称融合的紫红色斑,伴有或不伴有水肿。

**35. Helitrope 征** 见于皮肌炎,为双上眼睑为中心的面部水肿性紫红色斑。

**36. 皮肤异色** 是皮肌炎的特征性皮损之一,在同一部位红斑鳞屑基础上逐渐出现褐色色素沉着,点状色素脱失,点状角化,轻度皮肤萎缩,毛细血管扩张等,自觉瘙痒,多见于面、颈、上胸部。

**37. 痛风石** 又称痛风结节,常在痛风急性发作后尿酸盐沉积于皮下而形成,无痛,呈白色或珍珠色结节,发生于游离弧形的皮肤边缘(如耳廓);或者是指(趾)关节处的白色或黄色结节。圆形结石可通过变薄的皮肤看到,皮肤可破溃。关节附近的痛风石有成群发生或融合的趋势。

**38. 砷角化病** 是慢性砷中毒的皮肤症状之一,可见于染料、农药、制革等工业的工人中。表现为掌跖角化及躯干、四肢色素异常。其中掌跖部角化损害可表现为:①点状角化型:似掌跖点状角化病,有时仅可摸到粗糙的角化点而不易看到;②鸡眼状角化型:为本病的典型病损,多对称分布于双侧掌跖,为鸡眼样角化突起,中央略凹陷,常融合成片;③疣状角化型:似寻常疣,但多发且对称分布,可融合成片;④皮角样型;⑤角化斑(丘)疹型:多发生于躯干,褐色,米粒到指甲大,表面粗糙,基底呈皮色或暗红色;⑥其他少见的类型还有:汗孔角化症样、老年疣状、苔藓样、毛囊炎样及毛细血管扩张样等,同一患者可以有多种角化病变存在。躯干、四肢色素异常改变常为色素沉着(弥漫性褐色斑),杂有色素脱失(白斑),称为砷黑变病。特别是在脐部的五彩纸屑样色素沉着,是慢性砷中毒的典型佐证。砷角化病可以癌变,多为鳞癌。

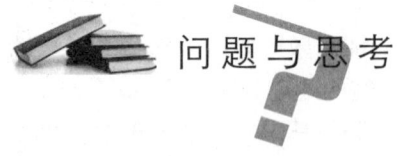

## 问题与思考

1. 雷诺现象是什么?常见于哪些疾病?

(张建中)

# 第十二节 肢体无力

肢体无力即瘫痪（paralysis），是指肌肉随意运动能力的减退或消失，是神经系统的常见症状之一。正常随意运动的完成，除了上、下运动神经元参与实现外，还需要正常的肌肉和神经传导。凡上或下运动神经元病变、累及肌肉本身及神经肌肉接头的病变均可导致瘫痪。常见的瘫痪分类见表4-14。

表4-14 瘫痪的分类

| 按病因分类 | 按瘫痪的分布分类 |
| --- | --- |
| 神经源性瘫痪 | 单瘫 |
| 肌肉源性瘫痪 | 偏瘫 |
| 神经肌肉接头性瘫痪 | 交叉瘫 |
| 按程度分类 | 四肢瘫 |
| 完全性 | 截瘫 |
| 不完全性 | 按瘫痪运动传导通路上的不同部位分类 |
| 按肌张力状态分类 | 上运动神经元瘫痪 |
| 痉挛性 | 下运动神经元瘫痪 |
| 迟缓性 | |

瘫痪的类型取决于损害的结构，同一结构的损害不论其病因如何，所引起的瘫痪表现是一样的。

## 一、常见的肌无力类型

### （一）上运动神经元性瘫痪

上运动神经元性瘫痪是由皮层运动投射区和上运动神经元径路（皮质脊髓束和皮质脑干束）损害而引起。因瘫痪肌的肌张力增高，故又称痉挛性瘫痪或硬瘫。主要表现为肌张力增高、腱反射活跃或亢进、浅反射减弱或消失，病理反射阳性，无明显肌萎缩。在急性严重病变时，由于断联休克作用，瘫痪开始是迟缓的，无病理反射，但休克期过后即逐渐转为痉挛性瘫痪。

1. **病因** 常见的病因有脑血管病、颅脑外伤、肿瘤、炎症、变性、中毒以及内科某些疾病，如糖尿病、血卟啉病、巨幼细胞性贫血及维生素$B_{12}$缺乏等。

2. **常见疾病** 脑血管病、脑炎、急性脊髓炎、脊髓与椎管内肿瘤、肌萎缩侧索硬化症、脊髓空洞等累及皮层运动投射区、锥体束时均可出现上运动神经元瘫痪。

3. **不同部位病变的特点**

（1）皮层型：因皮质运动区呈一条长带，故局限性病变时可出现一个肢体的中枢性瘫痪。

（2）内囊型：内囊是感觉、运动、视觉传导束的集中地，损伤时出现"三偏"综合征，即病灶对侧偏瘫、偏身感觉障碍和同向性偏盲。

（3）脑干型：出现交叉性瘫痪，即病变侧的中枢性面、舌瘫和对侧肢体的中枢性瘫痪。

（4）脊髓型：脊髓横贯性损害时，因双侧锥体束受损而出现双侧肢体的瘫痪，如截瘫或四肢瘫。

### （二）下运动神经元性瘫痪

下运动神经元瘫痪是由脊髓前角细胞的运动神经元（或脑神经运动核）以及它们的轴突组成的前根、神经丛及其周围神经受损而引起。因瘫痪肌的肌张力减低，故又称迟缓性瘫痪或软瘫。主要表现为肌张力减低，腱反射减弱或消失，肌肉萎缩。

**1．病因** 常见的病因有：周围神经损伤，如撕裂伤、挫伤、压迫、电击伤、放射损伤、烧伤等；中毒性损伤，如药物、有机物、细菌毒素等；周围神经炎，如感染、变态反应性病变等；代谢疾病中的周围神经病；恶性疾病中的周围神经病；周围神经肿瘤；原发性与遗传有关的周围神经病等。

**2．常见疾病** 急性脊髓灰质炎、急性感染性多发性神经炎、臂丛神经炎、多发性神经炎、桡神经麻痹、腕管综合征等累及下运动神经元的疾病均可导致迟缓性瘫痪。

**3．不同部位病变的特点**

（1）脊髓前角细胞病变：表现为节段性、迟缓性瘫痪而无感觉障碍，见于脊髓灰质炎等。如为缓慢进展性疾病，还可出现肌束颤动，如运动神经元病等。

（2）前根病变：瘫痪分布也呈节段性，因后根常同时受侵犯而出现根性疼痛和节段性感觉障碍，见于髓外肿瘤压迫等。

（3）神经丛病变：损害呈引起一个肢体的多数周围神经的瘫痪、感觉障碍及自主神经功能障碍，可伴有疼痛。

（4）周围神经病变：该神经支配区的肌肉出现迟缓性瘫痪，同时伴有感觉异常。

### （三）肌病瘫痪

肌病瘫痪是指神经肌肉接头或肌肉本身发生病变导致的瘫痪。常见于周期性瘫痪、重症肌无力、中毒等。

**1．病因**

（1）神经肌肉接头病变：

1）突触前膜病变所引起的乙酰胆碱（Ach）合成或释放减少：如肉毒杆菌中毒、高镁血症、氨基糖苷类药物、癌性肌无力综合征（Lambert-Eaton 综合征）等。

2）突触间隙中胆碱酯酶的活性受到抑制：如有机磷中毒等。

3）突触后膜病变主要为乙酰胆碱受体（AchR）病变，如重症肌无力是因体内产生了 AchR 自身抗体而被破坏；美洲箭毒素与 AchR 结合，使 Ach 不能和受体结合。

（2）肌肉疾病：

1）肌细胞膜电位异常：如周期性瘫痪、强直性肌营养不良症等。

2）能量代谢障碍：如某些糖原累积病、甲状腺功能亢进性肌病、溶酶体肌症等。

3）肌肉本身病变：如肌营养不良症、肌纤维炎症、肌原纤维结构破坏、断裂、变性等，可使肌肉收缩力降低。

**2．临床特征** 神经肌肉接头病变所致的瘫痪一般都是暂时性的，其瘫痪程度可时有变化，像下运动神经元瘫痪一样可有肌张力及腱反射减低或消失，但一般无肌萎缩及肌束颤动，也没有病理反射及感觉障碍。肌肉疾病所致的瘫痪，常不按神经分布，有肌肉萎缩，肌肉萎缩重于瘫痪，以近端损害较为严重，可有肌张力和腱反射的减低。此外，各种肌炎还有疼痛及压痛，但无感觉减退或消失，也无病理反射。

（四）单瘫

四肢中的一肢出现瘫痪叫做单瘫，单瘫可由周围神经病变及中枢神经病变引起。病变可位于脊髓前角、前根、神经丛、周围神经。

1．病因　急性发病者见于外伤，逐渐出现者见于神经丛及神经根的压迫，如肿瘤及颈肋的压迫。

2．不同部位病变的特点

（1）周围神经病变所致的单瘫：呈下运动神经元瘫痪特征。

1）前根或前角细胞病变：呈节段性，单纯前角的病变无感觉障碍，急性者为脊髓灰质炎，慢性者为进行性脊肌萎缩症，伴有肌束颤动。脊髓空洞症及前角细胞病变时可发生类似的慢性瘫痪，但有节段性疼痛、感觉性分离障碍。

2）神经丛病变：为整个上肢或下肢瘫痪且伴有感觉障碍。如臂丛损害时，整个上肢肌肉呈迟缓性瘫痪，臂部以下的各种感觉均消失。

3）周围神经病变：为该神经支配的肌肉或肌群的瘫痪及按其分布范围的感觉减退或消失。

（2）脊髓病变所致的单瘫：脊髓病变一般产生截瘫，但脊髓半侧损害如脊髓半切综合征可出现单瘫，如位于胸髓部，可产生同侧下肢的上运动神经元单瘫及深感觉障碍，对侧下肢痛温觉障碍。

（3）大脑病变所致的单瘫：皮质运动区病变可出现上运动神经元性单瘫。如病变位于中央前回下部，则出现上肢单瘫，以远端为重。如病变位于中央前回上部，则为下肢单瘫。

（五）偏瘫

同一侧上肢及下肢肌肉瘫痪称为偏瘫，有时可伴有同侧下面部肌肉及舌肌的瘫痪。

1．病因　突然起病、急速发展的偏瘫都由脑血管疾病引起。起病隐袭，呈缓慢进行性发展的瘫痪，病因多为颅内占位性病变，如脑肿瘤、脑脓肿、颅内血肿、脑寄生虫等。如表现为脊髓特点的进行性偏瘫，其病因多为脊髓肿瘤、脊柱结核、脊柱增生性病变等。

2．不同部位病变的特点

（1）皮质及皮质下性偏瘫：皮质性偏瘫时，上肢瘫痪明显，以远端为著。如果出现皮质刺激现象，可有癫痫发作。

（2）内囊性偏瘫：主要表现为病灶对侧中枢性面、舌瘫及上下肢瘫痪。

（3）脑干性偏瘫（交叉性瘫痪）：

1）中脑性：典型代表为延髓背外侧综合征（Weber syndrome），其特点是病变侧动眼神经麻痹，病灶对侧偏瘫。

2）脑桥性：典型代表为脑桥腹外侧综合征（Millard-Gubler syndrome），其特点是同侧面神经周围性麻痹、展神经麻痹，病灶对侧偏瘫。

3）延髓性：典型代表为延髓背外侧综合征（Wallenberg syndrome），其特点为同侧肢体共济失调、眼球震颤、软腭低垂、咽反射消失、面部感觉障碍、霍纳综合征等，有时可伴有轻偏瘫。

（4）脊髓性偏瘫：

1）锥体交叉以下：脊髓半侧病变时，病变侧出现上下肢瘫痪、深感觉障碍，对侧出现痛温觉障碍，见于脊髓半切综合征。

2）颈膨大（颈5～胸2）受损：可出现偏瘫，表现为上肢下运动神经元瘫痪、下肢上运动神经元瘫痪，伴有各种感觉丧失、尿失禁、霍纳综合征等。

（六）截瘫

两下肢的瘫痪称为截瘫。

1．**病因**　绝大部分是由颈膨大以下的脊髓损害引起。外伤、刀棒伤等引起脊髓切断、脊髓出血或脊柱骨折使脊髓挫伤，一般病毒感染引起的急性横贯性脊髓炎、周围神经病变、脊髓血管病变、脊髓压迫病变、变性疾病等，均可出现截瘫。

2．**不同部位病变的特点**

（1）痉挛性截瘫：属上运动神经元病变，为双侧锥体束病变所引起。多伴有括约肌障碍，感觉障碍有蚁行感、麻木感等，有时可有刺痛、电击样疼痛。

（2）迟缓性瘫痪：下运动神经元病变引起的截瘫以迟缓性为特征，上运动神经元病变休克期也可表现为双下肢完全性瘫痪，伴有病变以下深浅感觉障碍、大小便障碍。

（七）四肢瘫

双侧上下肢的瘫痪称为四肢瘫。

1．**病因**　大脑、脑干和颈髓的双侧锥体束、脊髓灰质神经根、周围神经病变（脑血管病、肿瘤、炎症等）、神经肌肉传导障碍及肌肉疾病都可引起四肢瘫痪，引起四肢瘫的病变可同时发生。大脑、脑干及颈髓损害呈上运动神经元瘫痪，其余病变呈下运动神经元瘫痪。

2．**不同部位病变的特点**

（1）大脑病变所致的四肢瘫：双侧大脑半球病变，如脑水肿等可有四肢瘫或去大脑强直。

（2）脑干病变所致的四肢瘫：双侧脑干病变可引起四肢瘫，伴有颅神经损害。

（3）颈髓病变所致的四肢瘫：颈髓病变常见四肢瘫，原因有肿瘤、外伤、出血、变性等。

（4）周围神经病变所致的四肢瘫：可见于 Guillain-Barré 综合征、急性脊髓灰质炎等。

（5）肌肉病变所致的四肢瘫：可见于进行性肌营养不良、多发性肌炎、皮肌炎、周期性瘫痪等。

（八）癔症性瘫痪

1．**病因**　以青年女性较为多见,此病的发生往往存在癔症特殊性格基础,由于精神刺激、不良的环境和自我暗示的作用而发病。

2．**临床特征**　癔症性瘫痪可表现为截瘫、偏瘫、单瘫等,体格检查时腱反射正常或减弱,无病理反射、无肌肉萎缩等神经系统阳性体征。瘫痪肢体可伴有感觉障碍，但不符合神经解剖分布规律。症状可因暗示而加重或减轻。在无人注意或患者注意力转移时，可出现瘫痪肢体的活动。

## 二、肢体无力的处理流程

（一）详细询问病史

包括症状、目前用药、有无外伤、是否酗酒或使用毒品、有无外出旅游史、有无毒素接触史等，发现潜在的病因，指导下一步治疗。

（二）神经系统查体

（1）局灶或偏侧体征往往提示中枢神经系统病变，包括脑血管事件、脑炎/脑脓肿、脑外伤等。

（2）双侧脑干的病变可引起肢体对称性无力，常伴有意识障碍，查体的关键是进行详尽的颅神经检查（包括眼球运动、瞳孔对光反射和角膜反射等）。

(3) 颈髓病变开始为四肢麻痹无力、反射消失和感觉缺失。

(4) 神经肌肉接头病变常早期累及呼吸肌，并影响颅神经（特别是涉及眼球运动的神经）。

(5) 肌肉本身疾病引起的无力主要为近端肌群的无力，腱反射和感觉相对正常。而神经源性肌病多引起远端无力、感觉缺失、自主神经功能异常和腱反射减弱。

（三）辅助检查

1. **一般检查**　血常规、肝肾功能、电解质、红细胞沉降率（有助于诊断血管炎、肌炎等）、肌酸激酶等。

2. **特殊检查**　有呼吸症状的患者还需要行胸部影像学检查，除了明确肺部疾病外，还要寻找有无提示无力的可能原因（如胸腺肿大提示重症肌无力可能）。如考虑 Guillain-Barré 综合征，则需要行腰穿检查。肌电图检查有助于区别肌源性损害和神经源性损害，必要时还需要行神经/肌肉活检。

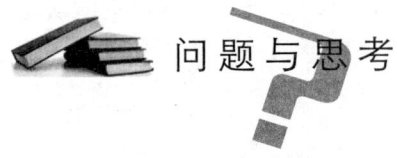

1. 上运动神经原性瘫痪的特征有哪些？
2. 简述肢体无力的处理流程。

（董　博）

# 第十三节　贫　血

贫血（anemia）是指外周血在单位体积中血红蛋白浓度、红细胞计数和（或）血细胞比容低于正常值的低限，以血红蛋白浓度最为重要。成年男性 Hb < 130 g/L，成年女性 Hb < 120 g/L，妊娠时 Hb < 110 g/L，则诊断贫血。

## 一、临床表现

贫血是由不同疾病所致症状，临床表现包括两方面：一是原发病的表现，因病而异；二是贫血本身对机体各系统的影响。

贫血的临床表现与以下因素有关：贫血的病因、贫血的程度、贫血的发生速度和循环、呼吸等系统对贫血的代偿和耐受能力。

皮肤黏膜苍白是贫血时的外在表现，贫血可有全身各系统表现：

1. **神经系统**　头痛、眩晕、萎靡、晕厥、失眠、多梦、耳鸣、眼花、记忆力减退、注意力不集中为贫血常见症状。急性贫血时，由于脑组织不能耐受缺氧或/和低血容量，特别是当呼吸/心搏增加不能完全代偿时，头痛、眩晕、萎靡、晕厥多见；慢性严重贫血时，则以失眠、多梦、耳鸣、眼花、记忆力减退等较为多见。

2. **呼吸系统**　重度贫血时，即使平静状态也可能有气短甚至端坐呼吸。这可能是组织对缺氧的一种反应，也可能与贫血时心脏活动增加甚至贫血性心脏病有关。

3. **循环系统**　急性失血性贫血时，循环系统的主要表现是对低血容量的反应，如外周血管收缩、心率增快等。非失血性贫血时，由于血容量不低，循环系统的主要表现是心脏对组织缺氧的反应；轻度贫血时，安静状态下可能无明显表现，仅活动后有心悸、心率加快；中、重度贫血时，无论何种状态均可出现心悸和心率加快，且贫血越重，活动量越大，症状越明显；长期贫血时，心脏超负荷工作且供血不足，会导致贫血性心脏病。

4. **消化系统**　贫血影响消化系统，出现功能甚至结构的改变，如消化腺分泌减少甚至腺体萎缩，进而导致消化功能减低、消化不良，出现腹部胀满、食欲减低、大便规律和性状改变等。

5. **泌尿系统**　血管外溶血出现胆红素尿和高尿胆原尿；血管内溶血出现游离血红蛋白和含铁血黄素尿，严重者可发生血红蛋白堵塞肾小管，引起少尿、无尿、急性肾衰竭（ARF）。血栓性血小板减少性紫癜（TTP）/溶血尿毒综合征（HUS）引起的贫血常伴有肾功能不全。

6. **内分泌系统**　贫血对内分泌系统的影响是广泛的，当贫血严重至影响氧和营养物质供应时，可发生不同程度的功能甚至结构改变，孕妇分娩有大出血时，贫血可导致垂体缺血坏死而发生席汉综合征。长期贫血还会影响甲状腺、性腺、肾上腺、胰腺功能，会改变红细胞生成素和胃肠激素的分泌。

## 二、诊断

贫血本身并非一种疾病的诊断，仅代表许多不同病因或疾病引起的一系列临床表现。对于贫血患者，正确全面的诊断必须包括病因诊断，坚持这一原则对贫血的正确治疗具有重要意义。临床上贫血的诊断应包括：①贫血的类型及程度；②贫血的病因或原发病。

1972 年 WHO 制定的诊断标准为，在海平面地区，Hb 低于下述水平者诊断为贫血：6 个月到 < 6 岁儿童 110 g/L，6 ~ 14 岁儿童 120 g/L，成年男性 130 g/L，成年女性 120 g/L，孕妇 110 g/L。

## 三、鉴别诊断

鉴别诊断查明贫血的病因：贫血病因诊断极为重要，贫血的严重性主要决定于引起贫血的基础疾病。明确贫血的病因是合理及有效治疗的前提及关键，去除病因对治愈贫血、防止复发具有重要意义。

诊断贫血首先必须深入了解病史，全面仔细地进行体格检查，准确地做好一般实验室检查，作出初步推断，然后进行必要的有目的血液学检查（图 4-8）。

1. **病史**　在询问病史时要特别注意家族史、饮食营养史、月经/生育史、服药史、在生活或工作中与化学物质或放射性物质接触的情况、原发疾病的症状以及出血史等。

2. **体格检查**　单凭体格检查通常虽不足以作出贫血的全部诊断，但也能提供重要的线索，有助于明确贫血的原因。应特别注意皮肤和巩膜的颜色、皮疹、淋巴结和肝脾大、骨骼压痛（尤其是胸骨）、肿块以及神经系统等检查。例如，黄疸的存在可能提示溶血性贫血（hemolytic anemia，HA），年轻的贫血患者合并高血压提示贫血可能与慢性肾疾病有关。指甲变平或凹陷和舌炎出现于严重的缺铁性贫血（IDA）。体检应包括肛诊，以便发现消化系统疾患。

**3. 实验室检查** 实验室检查可分为血液学检查及非血液学检查。

除血细胞计数外,最基本的血液学检查还应包括:① MCV、MCH 及 MCHC 的测定;② 网织红细胞计数;③ 外周血涂片检查,包括观察红细胞、白细胞、血小板数量及形态方面的改变,注意有无异常细胞。此外,骨髓检查在很多时候对作出诊断是必不可少的。

(1) MCV、MCH 及 MCHC 为最有用的 3 个红细胞指标,根据这三个指标可将贫血分为三大类:① 小细胞低色素性贫血;② 正细胞性贫血;③ 大细胞性贫血。

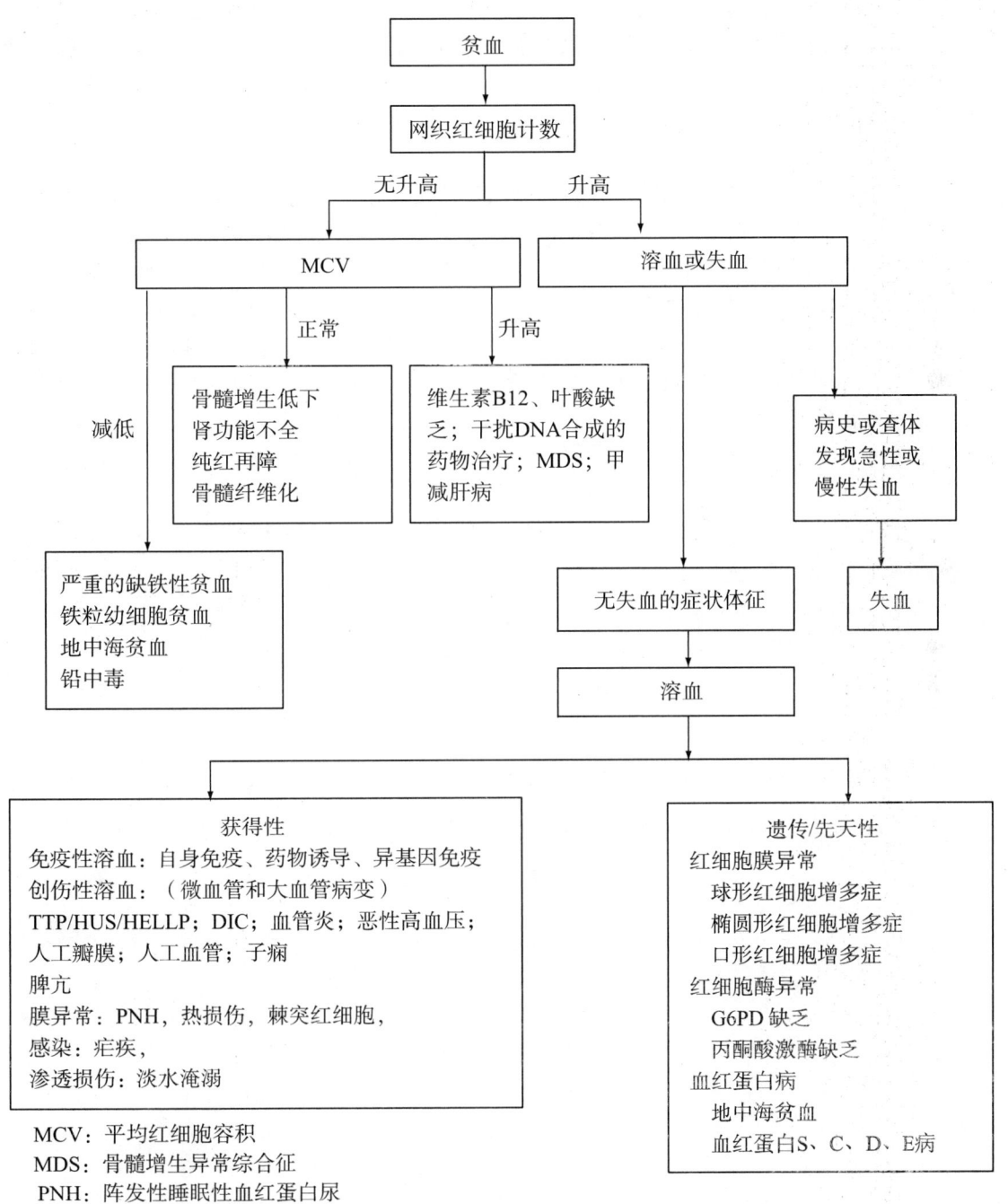

图 4-8 贫血的诊断步骤

(2) 网织红细胞增多反映骨髓中红细胞的再生加速和进入血液循环中年轻红细胞增多，在未经治疗的贫血患者中，主要表现于溶血性贫血和急性失血性贫血；网织红细胞低于正常表示骨髓红系造血功能低下。

(3) 血涂片对贫血的诊断极有价值，但常常不被重视。要特别注意红细胞的大小、形状、染色的深浅等内容。多数溶血性贫血都有其特征性的红细胞形态异常，在贫血诊断中具有重要意义。在检查外周血涂片时，也需要注意有无白细胞及血小板的形态和数量异常，如幼稚粒细胞增多是白血病的重要诊断线索。

非血液学检查包括有关尿、便、体液、血液生化、血清学、X线、内镜以及各专科的特殊检查等。

### 四、治疗

贫血的治疗，应首先明确病因，针对病因治疗才是最恰当有效的治疗。

临床上纠正贫血可输注红细胞成分制品，而不必输全血。输血的指征应依据贫血的情况个体化对待，临床依据贫血的原发病、基础疾病、贫血的轻重程度、贫血的发生发展速度以及重要器官病变实施个体化输血策略。

2012年美国血库协会（AABB）临床输血专家组发布了《红细胞输注临床实践指南》，推荐对病情稳定的患者应遵循限制性输血策略（Hb 70～80 g/L），对有心血管疾病的患者，当其出现相关临床症状或Hb＜80 g/L时，可考虑输注红细胞。

简述贫血的诊断步骤。

（高伟波）

# 第五章

# 呼吸系统急症

掌握呼吸系统各急症的主要诊断及治疗原则。

## 第一节 气道异物及窒息

气道异物一般是指外源性物体通过声门，进入气管或支气管。如果异物较大导致气管阻塞，患者可在数分钟内因窒息而死亡。因此，气道异物通常比较危险，为呼吸系统急症之一。气道异物的种类繁多，如脱落的牙齿或义齿、呕吐物、果核、花生米、黄豆、硬币、钉子等。

气道异物的发生，以儿童居多，因为儿童的咀嚼功能和咽喉反射功能尚不健全，较硬的食物未经嚼碎就咽下，常常导致误吸；其次儿童常常喜欢将食物或较小体积的异物含在口中，在突然受到惊吓、哭闹或大笑时，容易将异物吸入。成人发生气道异物的情况较为少见，多发生于睡眠、昏迷或醉酒时将呕吐物或义齿等吸入气道。近年来随着城市人口老龄化，脑血管疾病患者日渐增加，这些患者若存在咽喉反射失调，也容易发生误吸导致气道异物。

### 一、发生机制

气道异物按来源分类可分为内源性和外源性两类，内源性异物是指呼吸道内产生的伪膜、痰痂或干酪样坏死物等导致的阻塞，平时所说的气道异物多属于外源性，是由误吸外界物质或胃内容物导致的。

若按发病的时间来分类可分为急性和慢性。急性的原因包括异物的吸入，也可以由直接钝性外伤如喉软骨破裂、血肿和感染脓肿形成导致。慢性的病因包括声带息肉、肉芽肿形成和气道内肿瘤。上消化道肿瘤和甲状腺肿物压迫气道也可导致窒息或大气道阻塞的症状，在临床中应注意鉴别和诊断。许多慢性疾病也可有气道阻塞的表现，包括风湿性关节炎、系统性红斑狼疮、进行性系统性硬化症、韦格纳肉芽肿和复发性多发性软骨炎等。

### 二、病理生理

异物进入气管、支气管后引起的病理生理变化与异物的性质、停留时间和有无感染等因素有关。

花生、豆类等植物源性异物因含有游离脂肪酸，可刺激呼吸道黏膜导致炎症反应，使黏膜充血水肿，分泌物增加，并可有发热等全身症状。如果误吸入油类物质，因其种类不同常导致不同的后果。矿物油，如液状石蜡，在作为滴鼻剂或缓泻剂时可能被误吸入气道，因其为惰性物质，在体内不被水解，在肺内被乳化后被巨噬细胞吞噬；若有残留遗下，可导致肺间质纤维化。植物油可被乳化，但不能被肺内酯酶水解，大部分会被咳出，一般不会导致肺损伤。动物油可被酯酶水解，释放脂肪酸，引起严重的炎症反应导致肺间质纤维化。

异物停留于支气管内时，若异物较小，局部黏膜水肿较轻时，支气管腔虽然变窄，但由于吸气时管腔扩张，气体仍可进入，而呼气时管腔缩小，气体排出受阻，远端肺叶出现阻塞性肺气肿。若异物较大或局部黏膜肿胀明显，使支气管完全阻塞，则气体吸入和呼出均受阻，远端气体逐渐吸收，导致阻塞性肺不张。

### 三、病史和临床表现

多数患者有明确的异物吸入史，症状典型，通过结合肺部听诊和 X 线检查，诊断多无困难。患者的临床症状可分为以下四期。

1. **异物进入期** 患者多突发呛咳，剧烈的咳嗽和憋气，可出现气喘、声嘶、发绀和呼吸困难。如果异物较大阻塞气管，可导致严重的呼吸困难，甚至窒息、死亡。

2. **安静期** 若异物较小，刺激性不大，或异物经气管进入支气管内，则可在一段时间内表现为轻微的咳嗽和憋气，出现或长或短的无症状期。

3. **刺激或炎症期** 异物在气道内存在时间越长，对周围组织的刺激越大。开始时为刺激性咳嗽，随着气管内分泌物的增多，气管黏膜肿胀，继而出现持续性的咳嗽、肺不张或肺气肿表现。

4. **并发症期** 异物可嵌顿于一侧支气管内，常为右侧支气管，长时间后被肉芽或纤维组织包裹，导致支气管阻塞而容易引起继发感染，出现类似化脓性支气管炎的临床表现，如痰中带血、肺不张或肺脓肿，导致呼吸困难和缺氧的发生。

### 四、急诊处理流程

1. **现场急救处理** 气管支气管异物是常见的危重症，治疗不及时可导致患者窒息和心肺并发症而危及生命，所以现场急救非常重要。

如果是小儿出现误吸，应让患儿俯卧在两腿间，头低脚高，然后用手掌适当用力在患儿的两肩胛区拍击 4~5 次；如果拍背不见效，可将患儿背贴于救护者腿上，救护者用双手示指和中指用力向上、向后挤压患儿中上腹部，压后即放松，重复数次；若仍不见效，应及时就诊。

若是成人出现误吸，救护者站于患者身后，用双臂围绕患者腰部，一手握拳，拳头的拇指侧顶在患者上腹部，另一手握住握拳的手，向上、向后猛烈挤压患者上腹部。动作要快速，压后随即放松。也可将患者置于仰卧位，救护者骑跨于患者身上，用双手掌叠放在患者肚脐稍上方，向下、向前快速挤压，压后随即放松。

2. **院内急救** 若患者送至急诊科时有呼吸困难甚至窒息的表现，应考虑大气道阻塞，应予以紧急处理。首先应保证给予患者足够的氧气和保持气体交换，同时可在尽可能保证患者处于清醒状态下给予少量的镇静剂，应避免给予麻醉药物。如果患者呼吸极度困难，在予以其他抢救措施时应做好气管切开的相关准备。喉镜可对声门附近的异物进行处理。如果考虑异物位置较深，应使用开放性通气的硬质支气管镜；硬质支气管镜可以在可视的情况下确保气道的通畅并能保证足够的氧供应，同时还能扩张急性狭窄的气道。一旦气道保持通畅，即可对上呼吸道和气管支气管进行进一步的检查和治疗。

3．**稍小的异物的处理** 如果异物体积较小，没有阻塞气管导致患者出现呼吸窘迫或窒息，则可先给予患者抗感染和补液治疗，同时进行胸部X线检查，了解异物的位置，观察有无肺气肿和肺不张的发生。待患者一般情况好转，再进行支气管镜检查取出异物。

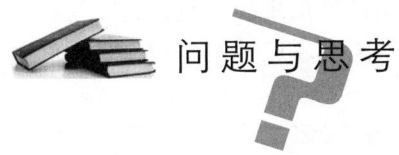

气道异物的表现及处理原则。

（徐 钰）

## 第二节 急性重症哮喘

**学习目标**

1．掌握急性重症哮喘的临床表现及反映病情危重的指标。
2．熟悉急性重症哮喘发作的常见原因。
3．掌握哮喘急性发作的治疗及机械通气的适应证及参考指标。

### 一、重症哮喘的概念

哮喘急性发作的患者经脱离激发因素，给予适当的治疗后多可控制其发作。重症哮喘是指哮喘严重急性发作，经常规治疗症状不能改善，继续恶化或伴严重并发症者。文献中有多种术语描述各种类型和表现的重症哮喘；如哮喘持续状态（status asthmaticus），潜在致死性哮喘（potentially fatal asthma），难治性急性重症哮喘（severe acute intractable asthma），突发致死性哮喘（sudden-onset fatal asthma），突发窒息性哮喘（sudden asphyxiant asthma）。

突发致死性哮喘或突发窒息性哮喘指：起病突然发作，迅速恶化，发作后数分钟至数小时内出现呼吸衰竭、昏迷甚至窒息和死亡。

### 二、重症哮喘发作的常见原因

1．致敏原或其他致喘因素持续存在。
2．呼吸道感染未能控制。
3．因脱水、痰液黏稠、阻塞气道。
4．对 $\beta_2$- 受体激动剂"失敏"或气道反应性反跳性增高。
5．患者的情绪过度紧张。

6．糖皮质激素依赖型哮喘患者突然停用激素或减量速度过快。

7．产生严重的并发症，例如，气胸、纵隔气肿等。

### 三、重症哮喘的病理生理

重症哮喘患者的支气管黏膜及黏膜下组织严重水肿和嗜酸细胞浸润，基底膜增厚，黏液腺增生肥大，支气管平滑肌肥厚与痉挛，肺泡过度膨胀。有的患者各级支气管腔内充满大量黏稠的黏液栓。

一些突发致死性哮喘患者并无上述明显病理改变，其严重的气道炎症反应是由中性粒细胞介导的，主要通过神经机制，是由神经敏感性增高的严重气道高反应性引起的支气管严重痉挛、水肿，导致气道突然闭塞、窒息。

上述病理改变使气道阻力显著增加，通气功能严重损害，PEFR 和 $FEV_1$ 明显下降，肺泡因气体潴留而过度充气扩张，使 FRC、RV、TLC 和 RV/TLC 显著增加。在高残气量下进行呼吸，呼吸功增加，呼吸肌易发生疲劳。同时吸入气在肺内分布显著不均，血流分布也不均，导致通气与血流灌注比例严重失调，出现低氧血症。黏液栓塞气道，肺小叶不张，弥散面积减少。低氧血症加重，使呼吸加深加快。哮喘急性发作初期，通气代偿增加，可使 $CO_2$ 排出增加，出现低碳酸血症。但随着气道阻塞加重，气道陷闭，通气与血流比例失调加重，呼吸功进一步增加，呼吸肌疲劳，低氧血症加重，并出现 $CO_2$ 潴留（呼吸性酸中毒）。

重症哮喘由于肺泡过度充气及胸腔内压增加，呼气期右心回心血量减少。吸气期回心血量增加，右心室充盈，室间隔左移，左心室充盈不完全，使吸气期心排出量下降，出现奇脉。过度充气的肺泡压迫肺泡间毛细血管，低氧血症引起肺小动脉收缩，导致肺动脉高压。

### 四、重症哮喘的临床表现及诊断

#### （一）重度哮喘发作常具有下列临床特点

（1）休息状态仍有严重的喘息，呼吸困难，患者大多呈前弓位端坐呼吸，大汗、焦虑不安。

（2）说话不成句，只能说单个字。

（3）呼吸急促，>30 次/分，或有呼吸节律异常，有明显的三凹征，两肺满布响亮哮鸣音。

（4）心率≥120 次/分，或伴有心律失常，常有"肺性奇脉"（>25 mmHg）。

（5）常规应用 $β_2$-受体激动剂和茶碱等平喘药后，喘息症状不缓解，PEFR＜预计值 50%。

（6）呼吸空气时动脉血气分析结果：$PaO_2$＜60 mmHg，$PaCO_2$＞45 mmHg，$SaO_2$＜90%。

#### （二）反映病情危重的几项指标

（1）神志：多有焦虑不安、烦躁甚至恐惧，当有二氧化碳潴留时有意识模糊、嗜睡，严重者昏迷。

（2）语言：以单音节方式说话，危重者则不能说话。

（3）哮鸣音：多响亮、弥漫。当有广泛的气道黏液栓塞或呼吸肌衰竭或气胸时，哮鸣音减低或消失，称为"沉默胸"。

（4）胸腹矛盾运动：一旦出现，提示病情已十分严重。

（5）心率：多＞120 次/分；如心率变慢提示病情加重，为出现心脏停搏的先兆。

## 五、重症哮喘的治疗

### （一）一般治疗

（1）氧疗：立即给予鼻导管（或鼻塞）给氧，氧浓度为35%～50%（流量3～6 L/min），使 $PaO_2$ > 60 mmHg 为宜。如出现二氧化碳潴留，则应给予持续低浓度吸氧（1～2 L/min），也可用面罩给氧。

（2）及时充分补液：纠正脱水、稀释痰液、防治黏液痰栓形成。每日输液量2 500～4 000 ml，每日尿量达1 000 ml以上。原则为先盐后糖，先快后慢，见尿补钾。注意心肾功能。必要时可应用小剂量的强心剂。

（3）促进排痰：①补液纠正脱水；②祛痰药：如氨溴素及一些中药制剂；③机械性排痰。

（4）营养支持：可给予鼻饲高蛋白、高脂肪和低碳水化合物的饮食，每日2 000千卡左右。

### （二）解除支气管痉挛

（1）$β_2$-受体激动剂：为第一线用药。给药方法为：以压缩空气或氧气为动力的雾化溶液吸入，如沙丁胺醇5～10 mg，每日3～4次雾化吸入，或每2小时1次吸入，也可持续吸入。机械通气的患者可经呼吸机的进气管道的侧管雾化吸入。

需要注意：严重高血压、心律失常、心绞痛的患者禁用；就诊前过量使用$β_2$受体激动剂、心率>120次/分者不宜再使用；注意心电监护。

（2）茶碱类：24小时内未用过茶碱的患者应先给予负荷剂量；如用过氨茶碱，直接给维持量，即4～6 mg/kg的氨茶缓慢静脉滴注，以后以每小时0.5～0.8 mg/kg的速率静脉维持滴注。

注意事项：

1）老人、幼儿，有心、肝、肾功能障碍及甲亢患者慎用。

2）甲氰咪呱、大环内酯类和氟喹诺酮类药物等对其清除率的影响。

3）茶碱与糖皮质激素合用有协同作用，但茶碱与$β_2$-体激动剂联用时可能增加心律失常和对心肌的损害。

（3）抗胆碱药：异丙托溴铵250～500 μg加入2 ml蒸馏水中氧气雾化吸入，每日3～4次，可与$β_2$-激动剂交替使用。

### （三）糖皮质激素

应早期、足量、静脉给药。氢化可的松（或氢化可的松琥珀酸钠）400～1 000 mg/d，分3～4次静脉应用。甲泼尼龙1 mg/kg或40～80 mg静注，每6小时1次。

对于原先有溃疡病、高血压、肺结核、糖尿病的患者，激素量不可过大。有下列情况之一者所需激素量较大：①以前较长时间应用激素或正在应用激素者；②同时接受利福平、苯巴比妥或苯妥英钠等药物治疗者。

### （四）控制感染

抗生素的选择需依病情、个体情况以及痰细菌培养及药敏试验结果而定。原则上应选用广谱抗生素静脉应用，并注意药物间的相互作用和对肝肾功能的影响。

（1）重度哮喘发作易于并发感染的原因：

1）气道炎症、支气管痉挛和黏液痰栓使痰液引流不畅。

2）糖皮质激素的大量使用，抑制机体的免疫。

3）氨茶碱可降低中性粒细胞的趋化力和吞噬作用。

(2）抗生素的选择原则：

1）静脉给药。

2）先根据经验选用广谱抗生素，以后参考痰细菌培养药敏试验结果和所用药物的临床疗效调整方案。

3）注意药物对肝、肾功能的影响以及药物间的相互作用。

**（五）机械通气**

（1）适应证

1）绝对适应证：心搏和呼吸停止；意识障碍；呼吸浅慢、不规则。

2）相对适应证：尽管积极治疗，$PaCO_2$仍继续增高并伴进行性呼吸性酸中毒（pH < 7.20～7.25）；伴发严重代谢性酸中毒；顽固低氧血症；心肌严重缺血或心律失常。

3）参考指标：不能讲话，两肺听诊"沉默胸"，奇脉，呼吸 > 40 次/分伴大汗淋漓，严重的呼吸肌疲劳或衰竭，曾因重症哮喘行气管插管机械通气者。

（2）无创机械通气

优点是：可减少或避免使用麻醉剂、镇静剂和肌松剂，减少 VAP、鼻窦炎、中耳炎的发生率，改善患者的舒适感。缺点是：气体可进入胃而发生腹胀，胃内容物反流，增加胃内容误吸的危险，面部皮肤受压，对患者通气状态的控制较差。

**（六）重症哮喘并发症的治疗**

气胸和纵隔气肿：气胸一旦确诊，应立即做胸腔闭式引流。纵隔气肿可用多个粗针头刺至皮下排气。对颈部皮下气肿明显，胸闷气促症状严重者，应做胸骨上窝切开，沿气管前筋膜向纵深纯性分离 2 cm，以便气体排出。

问题与思考

1. 急性重症哮喘的临床表现及反映病情危重的指标是哪些？
2. 简述哮喘发作的常见原因。
3. 哮喘急性发作的治疗包括哪些？
4. 哮喘患者机械通气的适应证及参考指标有哪些？

（马　丽）

# 第三节　慢性阻塞性肺疾病急性加重

慢性阻塞性肺疾病（chronic obstructive pulmonary disease，COPD）是一种严重危害人类健康的呼吸系统慢性疾病。在我国对 7 个地区 20 245 名成年人进行的调查中，40 岁以上人群中 COPD 的患病率高达 8.2%。世界银行/世界卫生组织预测，到 2020 年，COPD 将位居世界疾病负担的第 5 位，全球死亡原因的第 3 位。COPD 急性加重（acute exacerbation of chronic obstructive pulmonary disease，AECOPD）是 COPD 病程中的重要组成部分，因为 AECOPD 导致的肺功能恶化需要数周才能恢复，可加快肺功能下降的速率，并且与住院患者的病死率增加相关。

## 一、定义

COPD 是一种以持续性气流受限为特征的可以预防和治疗的疾病，其气流受限多呈进行性发展，与气道和肺组织对烟草烟雾等有害气体或有害颗粒的慢性炎症反应增强有关。COPD 主要累及肺，但也可引起全身（或肺外）的不良效应。COPD 可存在多种合并症。

AECOPD 是指以呼吸道症状加重为特征的临床事件，其症状变化程度超过 COPD 日常变异范围并导致药物治疗方案改变。

## 二、COPD 急性加重的病因

### （一）感染

感染是导致 COPD 急性加重的主要因素，其中 50% 以上的 AECOPD 与细菌感染有关，常见致病菌是流感嗜血杆菌、卡他莫拉菌和肺炎链球菌，其次为铜绿假单胞菌、大肠埃希菌、金黄色葡萄球菌和副流感嗜血杆菌等。病毒感染也是导致 AECOPD 的重要原因之一，常见的病毒为鼻病毒、呼吸道合胞病毒和流感病毒，25% 的患者存在病毒和细菌合并感染。支原体和衣原体导致的 AECOPD 相对少见。

### （二）环境理化因素

气道炎症也可以由非感染因素引起，吸烟、大气污染、吸入变应原等均可以导致 COPD 急性加重。流行病学研究发现，空气污染中 10 μm 左右及 2.5 μm 左右的微粒（PM 10 及 PM 2.5）与 COPD 急性加重关系密切。

### （三）其他

稳定期治疗不规范或停止治疗也是导致 COPD 急性加重的原因。此外，合并肺炎、气胸、胸腔积液、肺栓塞、心力衰竭和心律失常等也会导致 COPD 患者的症状加重，需要仔细鉴别，因此在治疗中也应加以考虑。

## 三、临床表现

AECOPD 是 COPD 病程进展的重要过程，临床上表现为 COPD 原有症状的加重或出现新的症状。气促加重是 AECOPD 的主要症状，表现为活动耐量的进一步下降，甚至在静息状态下出现气促。COPD 急性加重时咳嗽加剧、痰量增加，痰液性状发生改变，有时伴有发热和喘息，脓性痰常提示细菌感染。此外患者有全身不适、失眠、嗜睡、疲乏、抑郁、精神紊乱等非特异性症状。

体格检查可以发现部分患者有肺气肿体征，肺内新出现的湿啰音、哮鸣音，此外可以有发绀、心律失常、肝大、外周性水肿等体征。

## 四、实验室和辅助检查

### （一）胸部 X 线检查

胸部 X 线主要表现为慢性支气管炎和肺气肿的表现，如肺纹理增多、紊乱，胸腔前后径增长，肋骨走向变平，肺野透亮度增高，横膈位置低平，心影悬垂狭长，肺大疱，部分患者有肺动脉高压和肺心病的表现。这些影像学改变提示COPD，但诊断AECOPD的特异性不高。胸部X线检查，尤其是CT检查，主要用于与其他疾病的鉴别诊断，如肺炎、气胸、肺栓塞等。

（二）脉搏氧饱和度（$SpO_2$）和动脉血气分析

AECOPD患者应监测$SpO_2$，如果$SpO_2 < 92\%$，应进行动脉血气分析，以确定有无低氧血症、高碳酸血症以及酸碱失衡。呼吸衰竭诊断标准为海平面呼吸空气时$PaO_2 < 60\ mmHg$，伴有或不伴有$PaCO_2 > 50\ mmHg$。

（三）肺功能检查

肺功能是确诊COPD的主要标准，但AECOPD患者由于肺功能下降以及感染等原因，可能无法正确完成肺功能检测，因此在COPD急性加重期间不推荐进行肺功能检查。但作为COPD诊断及严重程度判定的标准，在患者因AECOPD就诊时，医师应对患者既往的肺功能状态进行回顾分析。

（四）其他检查

细菌感染的患者，外周血白细胞升高，中性粒细胞比例增高，伴有核左移；痰涂片中可见大量中性粒细胞，痰培养有时能培养出致病菌。血液生化检查有时发现血电解质紊乱以及肝酶升高。心电图对诊断心律失常、心肌缺血和右心室肥厚有所帮助，有助于与心脏疾病导致的呼吸困难进行鉴别。

## 五、诊断与鉴别诊断

AECOPD的诊断依靠患者的临床表现，即短期内患者的症状恶化（呼吸困难、咳嗽和/或咳痰）超过日常的变异范围，并且需要改变药物治疗方案。

AECOPD的临床表现常容易与其他疾病混淆，临床上在诊断AECOPD时应注意是否合并存在肺炎、气胸、胸腔积液、肺栓塞、左心衰竭和心律失常等。除了仔细询问病史外，胸部X线、超声心动图、心电图等辅助检查以及血脑钠肽、D-二聚体等实验室检查有助于鉴别诊断。

## 六、AECOPD严重程度评估

AECOPD患者就诊时应详细询问患者的病史，包括COPD的严重程度、症状加重或出现新症状的时间、既往急性加重的次数（总数/住院次数）、并发症、目前治疗方法和既往机械通气使用情况等。结合肺功能测定、动脉血气检测结果和其他实验室检查对AECOPD的严重程度进行评估。意识障碍、辅助呼吸肌参与呼吸运动、胸腹矛盾呼吸、发绀、外周水肿、右心衰竭和血流动力学不稳定等征象提示AECOPD患者病情严重。AECOPD严重程度的分级尚无统一的标准。2004年美国胸科学会/欧洲呼吸学会推出的COPD诊断和治疗标准，将AECOPD的严重程度分为三级（表5-1）：Ⅰ级，门诊治疗；Ⅱ级，普通病房住院治疗；Ⅲ级，入住ICU治疗。

表 5-1　AECOPD 的严重程度分级及住院指征

| 门诊治疗指征 | 入住普通病房指征 | 入住 ICU 指征 |
|---|---|---|
| AECOPD 早期、病情较轻 | ①症状明显加重，如突然出现静息状态下的呼吸困难；②重度 COPD；③出现新的体征或原有体征加重（如发绀、意识改变和外周水肿）；④有严重的并发症（如心力衰竭、新近发生的心律失常）；⑤初始治疗方案失败；⑥高龄；⑦诊断不明确；⑧院外治疗无效或条件欠佳 | ①严重的呼吸困难对初始治疗反应不佳；②意识障碍（如嗜睡、昏迷）；③经氧疗和无创正压机械通气后，低氧血症（$PaO_2$ < 60 mmHg）仍持续或呈进行性恶化和/或有严重进行性加重的呼吸性酸中毒（pH < 7.25）；④需要有创机械通气；⑤血流动力学不稳定，需要使用升压药物 |

## 七、治疗

COPD 急性加重的治疗目标是最小化本次急性加重的影响，预防再次急性加重的发生。

### （一）控制性氧疗

AECOPD 呼吸衰竭时应给予氧疗，使 $PaO_2$ > 60 mmHg 或 $SaO_2$ > 90%。COPD 患者往往肺通气不足，存在 $CO_2$ 潴留的风险，因此吸氧浓度应控制在 35% 以内。吸氧途径包括鼻导管或 Venturi 面罩，后者能够更精确地调节吸氧浓度。吸氧 30 分钟后应复查动脉血气，确定氧疗是否达标，以及有无 $CO_2$ 潴留或加重。

### （二）支气管扩张剂

AECOPD 优先选择单一吸入短效 $\beta_2$-受体激动剂或短效 $\beta_2$-受体激动剂和短效抗胆碱能药物联合吸入。长效支气管扩张剂合并/不合并吸入糖皮质激素在 COPD 急性加重时的治疗效果不确定。

**1. 短效支气管扩张剂雾化溶液**　AECOPD 时首选短效 $\beta_2$-受体激动剂，效果不佳时加用短效抗胆碱能药物。应用短效 $\beta_2$-受体激动剂及胆碱能药物，以吸入用药为佳，尤以压力喷雾器较合适。接受机械通气治疗患者也可以通过特殊接合器进行吸入治疗，由于药物颗粒可沉淀在呼吸机管道内，因此所需药量可增加到正常的 2～4 倍。常用短效支气管扩张剂雾化溶液有：

（1）吸入用沙丁胺醇溶液：成人 0.5～1.0 ml（2.5～5.0 mg 硫酸沙丁胺醇），每日 3～4 次。

（2）异丙托溴铵雾化吸入溶液：500 μg/2 ml，每日 3～4 次。

（3）吸入用复方异丙托溴铵溶液：2.5 ml（含有异丙托溴铵 0.5 mg 和硫酸沙丁胺醇 3.0 mg），适用于成人和 12 岁以上的青少年，每日 3～4 次。

**2. 甲基黄嘌呤类药物（茶碱或氨茶碱）**　该类药物为二线用药，适用于对短效支气管扩张剂治疗疗效不佳的患者以及较为严重的 AECOPD 患者。$\beta_2$-受体激动剂、抗胆碱能药物治疗 12～24 h 后病情无改善，则可加用茶碱。临床上使用茶碱 24 小时后，需要监测茶碱的血浓度，并根据茶碱的血浓度调整剂量，其有效浓度为 5～12 μg/ml。目前临床上提倡应用低剂量茶碱治疗（茶碱血浓度 ≤ 5 μg/ml）。

### （三）糖皮质激素

AECOPD 可加用糖皮质激素口服或静脉治疗以加快患者的恢复，优先推荐口服给药。常用泼尼松 30～40 mg/d，疗程 10～14 天。临床上也可单独雾化吸入布地奈德，吸入用布地奈德混悬液 1～2 毫克 / 次，每日 2 次。单独应用布地奈德雾化吸入不能快速缓解气流受限，因此雾化吸入布地奈德不宜单独用于治疗 AECOPD，需联合应用短效支气管扩张剂吸入。

（四）抗菌药物的应用

感染是 COPD 急性加重的重要原因，感染病原体包括细菌、病毒及真菌。当患者的痰液变为脓性的同时伴有呼吸困难加重和（或）痰量增加，或患者需要有创或无创机械通气时，临床上应给予抗菌药物治疗。首先根据当地细菌耐药情况选择抗菌药物进行经验性治疗，同时应尽早进行病原学检查和药敏检测，并根据检测结果修改抗感染治疗药物。

对于无铜绿假单胞菌感染风险的 AECOPD 患者，推荐使用阿莫西林 / 克拉维酸，也可选用左氧氟沙星或莫西沙星。如果患者出现以下两项中的一项，应考虑铜绿假单胞菌感染的可能：①近期住院史；②经常（>4 次 / 年）或近期（近 3 个月内）抗菌药物应用史；③病情严重（$FEV_1$，<30%）；④应用口服糖皮质激素（近 2 周服用泼尼松 > 10 mg/d）。经验性抗感染推荐使用环丙沙星或抗铜绿假单胞菌的 β 内酰胺类，同时可加用氨基糖苷类抗菌药物。抗菌药物的推荐治疗疗程为 5～10 天，特殊情况可以适当延长抗菌药物的应用时间。

（五）经验性抗病毒治疗

目前不推荐应用抗病毒药物治疗 AECOPD，对疑有流感的 AECOPD 患者进行经验性抗病毒治疗时需注意发病时间。抗病毒治疗仅适用于出现流感症状（发热、肌肉酸痛、全身乏力和呼吸道感染）时间小于 2 天且正处于流感暴发时期的高危患者。

（六）机械通气

严重的 AECOPD 患者需要机械辅助通气，包括无创机械通气（noninvasive mechanical ventilation，NIV）和有创机械通气。NIV 的适应证和相对禁忌证见表 5-2。早期 NIV 的干预可明显减少有创通气的使用，但对于有 NIV 禁忌或使用 NIV 失败的严重呼吸衰竭患者，应及早插管改用有创通气。AECOPD 并发呼吸衰竭时有创通气的适应征见表 5-3。

表 5-2　AECOPD 无创机械通气的适应证和相对禁忌证

**适应证（至少符合以下一个条件）**

①呼吸性酸中毒（动脉血 pH ≤ 7.35 和 / 或 $PaCO_2$ > 45 mmHg）
②严重呼吸困难伴有呼吸肌疲劳和 / 或呼吸做功增加的表现，如辅助呼吸肌参与呼吸、胸腹矛盾运动或肋间隙收缩

**相对禁忌证**

①呼吸暂停或呼吸明显抑制
②心血管功能不稳定（低血压、心律失常、心肌梗死）
③精神状态改变，不能合作
④易误吸者
⑤分泌物黏稠或量大
⑥近期面部或胃食管手术
⑦颅面部手术
⑧固定的鼻咽部异常
⑨烧伤
⑩过度肥胖

表 5-3  AECOPD 并发急性呼吸衰竭时有创通气的适应证

①不能耐受 NIV 或 NIV 治疗失败（或不适合 NIV）
②呼吸抑制伴意识障碍
③精神状态改变，严重的精神障碍需要镇静剂控制
④误吸
⑤不能排出呼吸道分泌物
⑥心率 < 50 次 / 分，伴有意识障碍
⑦严重的血流动力学不稳定，对液体疗法和血管活性药物反应不佳
⑧严重的室性心律失常
⑨危及生命的低氧血症，不能耐受 NIV

### （七）其他治疗措施

在出入量和血电解质监测下适当补充液体和电解质；注意维持液体和电解质平衡；注意营养治疗，对不能进食者需经胃肠补充或给予静脉营养；注意痰液引流，积极排痰治疗（如刺激咳嗽、叩击胸部、体位引流等方法）；识别并治疗伴随疾病（冠心病、糖尿病、高血压等合并症）及并发症（休克、弥散性血管内凝血、上消化道出血、胃肠道功能不全等）。

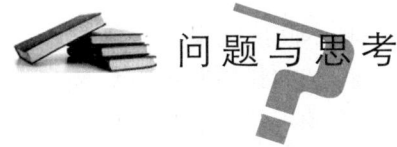

AECOPD 的临床表现及处理原则。

（穆新林）

## 第四节  急性肺血栓栓塞症

急性肺栓塞（acute pulmonary embolism，APE）是各种内源性或外源性栓子阻塞肺动脉引起急性肺循环障碍的临床和病理生理综合征。栓子类别多种多样，常见的有血栓栓塞、脂肪栓塞、羊水栓塞、癌栓、菌栓、空气栓塞等。其中因血栓引起的 APE 称为急性肺血栓栓塞症（acute pulmonary thromboembolism，APTE），是 APE 的主要类型，通常所谓的 APE 即指 APTE。

### 一、概念

1. **肺梗死**  肺栓塞后，支配区域的肺组织因血流受阻或中断而发生坏死称作肺梗死（pulmonary infarction，PI）。血栓堵塞肺动脉末梢时，易引起肺梗死；而直径粗大的肺动脉干堵塞后，却不易发生肺梗死。

2. **慢性血栓栓塞性肺动脉高压**  慢性血栓栓塞性肺动脉高压（chronic thromboembolic

pulmonary hypertension，CTEPH）是急性肺栓塞或肺动脉原位血栓形成的长期后果，血栓未能完全溶解和/或进展，进而机化、纤维化，造成受累肺动脉狭窄或闭塞而引起肺动脉高压。以肺血管阻力进行性增加、肺动脉压力进行性升高和右心衰竭为特征。

3．深静脉血栓形成与静脉血栓栓塞症　深静脉血栓形成（deep venous thrombosis，DVT）是引起肺血栓栓塞症（PTE）的主要血栓来源，DVT 多发于下肢或骨盆深静脉，血栓脱落后随血流进入肺动脉及其分支。由于 PTE 与 DVT 在发病机制上存在相互关联，是同一种疾病病程中两个不同阶段的不同临床表现，因此统称为静脉血栓栓塞症（venous thromboembolism event，VTE）。

4．经济舱综合征　经济舱综合征（economy class syndrome，ECS）是指由于长时间静坐在狭窄而活动受限的空间内，双下肢静脉回流减慢、血流淤滞，从而发生 DVT 和/或 PTE。长时间坐车（火车、汽车）旅行也可以引起 DVT 和/或 PTE，所以广义的 ECS 又称为旅行者血栓形成（traveler's thrombosis）。

## 二、流行病学

APE 临床表现多样，症状缺乏特异性，患者就诊分布于多个临床科室，因此漏诊及误诊率很高。另一方面，其确诊需要 CT 血管造影等特殊的检查技术，也使得其诊断率远远低于其发病率。APE 是院内/外猝死的常见原因，但其诊断率受到尸检普及率的影响，很多未得到确诊。

目前关于 APE 发病率、死亡率的报道均来自于国外资料，且不同地区报道差异很大，国内尚缺乏大型、完整的资料。随着诊断意识和诊断手段的提高，APTE 的发病率及诊断率均应明显上升。

## 三、危险因素

在危险因素方面，APTE 与 VTE 相同，包括易栓倾向（即易栓症）和获得性危险因素两大方面。详见表 5-4。

表 5-4　VTE 的危险因素

| 高度相关的危险因素（OR＞10） |
|---|
| 骨折（髋关节或下肢） |
| 髋关节或膝关节置换 |
| 重大全身性手术 |
| 严重创伤 |
| 脊髓损伤 |
| 中度相关的危险因素（OR 为 2～9） |
| 关节镜下行膝关节手术 |
| 中心静脉置管 |
| 化疗 |
| 慢性心力衰竭或呼吸衰竭 |
| 激素替代治疗 |

表 5-4　VTE 的危险因素（续）

| 中度相关的危险因素（OR 为 2～9） |
|---|
| 恶性肿瘤 |
| 口服避孕药 |
| 瘫痪 |
| 妊娠或产后 |
| VTE 病史 |
| 易栓症 |
| **轻度相关的危险因素（OR＜2）** |
| 卧床＞3 天 |
| 久坐（如坐长途车或飞机） |
| 高龄 |
| 腹腔镜手术（如胆囊切除术） |
| 肥胖 |
| 妊娠（产前） |
| 静脉曲张 |

## 四、病理生理

APTE 一旦发生，肺动脉管腔阻塞，血流减少或中断，可导致不同程度的血流动力学和呼吸功能改变。轻者可几乎无任何症状，重者可导致肺血管阻力突然增加，肺动脉压升高，心输出量下降，严重时可出现晕厥、休克甚至猝死。

## 五、临床表现

### （一）症状

APTE 的临床表现多种多样，且无特异性。轻者可无任何症状，重者可出现晕厥、休克，甚至猝死。

1．**呼吸困难**　在 APTE 症状中，呼吸困难最常见，尤其活动后明显，对此症状某些医师可能描述为喘憋或气短。而以往强调的肺栓塞三联征（胸闷、胸痛及咯血）却并不多见，发生率不足 30%，咯血及邻近胸膜疼痛多见于有肺梗死的患者。

2．**晕厥**　从整体发生率方面来说，晕厥在 APTE 中少见，但在急诊状况下，晕厥作为 APTE 的首发或唯一症状出现者并不少见。一旦出现晕厥，则预示血流动力学极不稳定，提示病情较重。另外，晕厥前/后如伴有胸闷或呼吸困难，则更应怀疑 APTE。根据血流动力学变化的程度不同，有些患者可能主诉黑矇或头晕，其临床意义与晕厥类似，应仔细询问病史。

3．**猝死**　APTE 是引起猝死的一个重要原因，尤其是在术后卧床患者。国外资料表明，在猝死病例中，PTE 占 8%，国内尚缺乏确切的统计资料。因尸检资料有限，实际 PTE 的发生率可能会更高。几乎所有 PTE 所致的猝死均与电机械分离现象（无脉电活动）有关。

### （二）体征

APTE 最常见的临床体征为呼吸急促及心动过速，部分患者可出现口唇发绀。严重时会出现血压下降甚至休克。其他体征包括：颈静脉充盈，肺动脉瓣区第二心音（P2）亢进或分裂，三尖瓣区收缩期杂音（提示三尖瓣反流）等。

（三）DVT相关的临床表现

DVT与APTE关系密切，在诊断APTE时，必须注意是否合并DVT。DVT相关的临床表现包括：①危险因素：如术后、卧床、下肢制动等；②症状：如单侧肢体肿痛；③体征：如双侧下肢周径不对称。在怀疑APTE时，应常规测量双侧下肢周径。

## 六、辅助检查

（一）筛查手段

对于临床怀疑APTE的患者，需进行下面的确诊检查。

1. **血气分析** 可表现为低碳酸血症和低氧血症，且前者的发生率远远高于后者，对诊断更有提示意义。

2. **D-二聚体** 对肺栓塞诊断的意义在于其阴性预测价值。一般认为，D-二聚体含量低于500 ng/ml基本可除外APE，但临床应用时要考虑到不同检测方法的敏感性。

3. **心电图** APE最常见的心电图表现为心动过速，而最特异的心电图表现（$S_1Q_3T_3$）实际发生率却较低，仅约1/3的患者出现。$V_1 \sim V_4$导联T波倒置也属常见。新发的右束支传导阻滞属罕见表现，但一旦出现，往往提示肺动脉主干堵塞。

4. **X线胸片** 除了个别合并肺梗死的患者，绝大多数APTE患者的X线胸片无特异性表现。X线胸片在诊断APTE中的应用价值在于除外气胸、肺炎、大量胸腔积液等其他可导致呼吸困难的病因。

5. **经胸超声心动图（TTE）** 在APTE诊治中，TTE的作用主要体现在以下四个方面：

（1）诊断方面：①直接征象：在右心发现血栓且患者临床表现符合APTE或直接在肺动脉近端发现血栓者，可确诊APTE；②间接征象：包括右心扩大，肺动脉高压，室间隔运动消失或室间隔与左室后壁呈同向运动等。出现上述征象，可提示APTE的诊断，但需除外其他可导致右心负荷加重的病因。

（2）危险分层：对于血压正常的APTE患者，TTE是区分中危和低危患者的重要依据。

（3）指导治疗：对于危重患者，如病情不允许行CT血管造影，而TTE发现右心负荷加重，可按APTE进行急诊溶栓。

（4）鉴别诊断：TTE可除外急性心肌梗死、心力衰竭、主动脉夹层、心脏压塞等需与APTE鉴别的病因。

6. **下肢深静脉超声检查** DVT是PTE最常见的原因，30%~50%的PTE患者超声检查可检出深静脉血栓。静脉内有血栓时，探头加压后，管腔不能被压瘪或只能部分被压瘪，是超声诊断深静脉血栓最可靠的征象。急性血栓超声检查显示为低回声或无回声，血栓浮动，病变静脉内径增宽；静脉完全闭塞时，血栓远端静脉无明显彩色血流信号，频谱消失。随着病程延长，血栓逐渐缩小，回声逐渐增强，并附着于静脉壁上，静脉管径逐渐变小；慢性血栓时可见侧支循环形成。再通者可发现血栓周边或中央血流信号，并呈现不连续的细束状。

（二）确诊检查

上述筛选手段如提示PTE的诊断，应进行下面的确诊检查，任何一项阳性均可确诊。

1. **螺旋CT肺血管成像** 螺旋CT肺血管成像是目前最常用的确诊PTE的方法，能够准确发现段以上肺动脉内的血栓。PTE时，CT的直接征象是造影剂充盈的肺动脉内可见充盈缺损。急性血栓多表现为中心型充盈缺损，慢性血栓多为附壁型和（或）闭塞型。CT 在诊断肺栓塞上，总的敏感性为 80%～90%，特异性为 80%～95%，因其具有无创、方便、快捷等优点，急诊时应列为首选。其不足之处在于其对亚肺段以下的肺血管栓子显示不满意。

2．**放射性核素肺通气／灌注扫描** 这也是诊断 PTE 的重要手段。典型征象是呈肺段分布的肺血流灌注缺损，并与通气显像不匹配。与 CT 相比，其优势在于其对肺段以下的肺动脉栓塞显示较好；而其劣势在于其不能显示血栓形态，也不能区分肺灌注缺损是由于血管堵塞还是由于血管闭塞所致。因检查过程繁琐，对急诊患者不列为首选。

3．**肺动脉造影** 肺动脉造影虽仍被推崇为肺栓塞诊断的"金标准"，但因其为有创性检查，临床应用受到限制，主要用于拟进行肺动脉介入治疗的患者。

## 七、危险分层

APTE 诊断一旦确立，应进行快速、准确的危险分层。因 APTE 病情严重程度与栓子大小不呈正相关，其预后不但取决于栓子的大小与肺动脉堵塞的程度和范围，还取决于栓塞速度及患者的基础心肺功能状态。因此，血流动力学是对 APTE 进行危险分层的重要依据。根据 2008 年欧洲心脏病协会（ESC）的 APE 诊治指南，APE 被分为高危、中危和低危三大类型。

1．**高危 PE** 临床上以休克和低血压为主要表现，即体循环动脉收缩压＜ 90 mmHg，或较基础值下降幅度≥ 40 mmHg，且持续 15 分钟以上。需除外新发生的心律失常、低血容量或脓毒性休克等其他原因所致的血压下降。

2．**非高危 PE** 不符合以上高危 PE 的标准，即未出现休克和低血压的 PE。这一型根据临床上是否出现右心功能不全，进一步分为中危 PE 和低危 PE 两种类型。

## 八、诊断流程

对于可疑 PTE 的患者，推荐诊断流程如下：

1．**高危患者（合并休克或低血压）** ①如病情允许，则立即行 CT 检查，结果阳性即确诊 PTE；②如病情不允许行 CT，则立即行床旁超声心动图检查，若发现右心负荷加重，可直接进行溶栓治疗。

2．**非高危患者（不合并休克或低血压）** 可先进行临床评分（常用评分如 Wells 评分和修订的 Geneva 评分，详见表 5-5），评估 PTE 的可能性：①如为高度可能，直接行 CT 检查，阳性即确诊 PTE；②如为中、低度可能，则先检查 D- 二聚体，阳性者进一步检查 CT，阴性者可除外 PTE，不再行 CT 检查。

表 5-5　PE 可能性的临床预测：修订的 Geneva 评分和 Wells 评分

| 修订的 Geneva 评分 | | Wells 评分 | |
| --- | --- | --- | --- |
| 变量 | 得分 | 变量 | 得分 |
| **易患因素** | | **易患因素** | |
| 年龄＞ 65 岁 | +1 | 既往有 DVT 或 PE | +1.5 |
| 既往有 DVT 或 PE | +3 | 近期有手术或制动 | +1.5 |
| 1 个月内有手术或骨折 | +2 | 恶性肿瘤 | +1 |
| 恶性肿瘤 | +2 | | |

表 5-5　PE 可能性的临床预测：修订的 Geneva 评分和 Wells 评分（续）

| 修订的 Geneva 评分 | | Wells 评分 | |
|---|---|---|---|
| 变量 | 得分 | 变量 | 得分 |
| **症状** | | **症状** | |
| 咯血 | +2 | 咯血 | +1 |
| 单侧下肢疼痛 | +3 | | |
| **临床体征** | | **临床体征** | |
| 心率 75～94 次/分 | +3 | 心率≥100 次/分 | +1.5 |
| ≥95 次/分 | +5 | | |
| 单侧下肢肿胀及压痛 | +4 | DVT 的体征 | +3 |
| | | **临床判断** | |
| | | 其他诊断的可能性不及 PE | +3 |
| **临床可能性** | 总分 | **临床可能性（3 级）** | 总分 |
| 低度 | 0～3 | 低度 | 0～1 |
| 中度 | 4～10 | 中度 | 2～6 |
| 高度 | ≥11 | 高度 | ≥7 |
| | | **临床可能性（2 级）** | |
| | | PE 不可能 | 0～4 |
| | | PE 可能 | >4 |

## 九、鉴别诊断

需与其他能引起上述 PE 临床表现的病因进行鉴别：

（1）其他导致呼吸困难的病因：如冠状动脉粥样硬化性心脏病、肺部感染、肺间质纤维化等。

（2）其他导致右心负荷增加的病因：如肺心病及其他导致肺动脉高压的原因。

（3）其他导致晕厥的病因：如主动脉夹层、急性心肌梗死等。

（4）其他导致猝死的病因：如主动脉夹层、急性心肌梗死等。

## 十、治疗

1. **一般治疗**　包括吸氧、补液，血压低或休克时应使用血管活性药物。

2. **抗凝**　为 PTE 的基本治疗方法，可以有效地防止血栓再形成和复发。在临床评分为中、高度可能的 PTE 患者，在等待明确诊断期间即可给予抗凝治疗。对于确诊的 PTE 病例，多数抗凝禁忌证均属相对禁忌。

（1）抗凝药物：常用的药物有普通肝素（UFH）、低分子肝素（LMWH）及华法林（warfarin），三者的比较见表 5-6。

表 5-6　三种抗凝药物的比较

| | UFH | LMWH | 华法林 |
|---|---|---|---|
| 作用机制 | 增强抗凝血酶Ⅲ的活性 | 拮抗凝血因子 Xa 活性 | 抑制维生素 K，从而抑制凝血因子 Ⅱ、Ⅶ、Ⅸ、Ⅹ 的合成 |
| 给药途径 | 先静注，后持续静点 | 皮下注射 | 口服 |
| 初始剂量 | 3 000 ~ 5 000 IU 或按 80 IU/kg 静注，继之以 18 IU/(kg·h) 持续静滴 | 根据体重给药 | 初始剂量为 3.0 ~ 5.0 mg |
| 剂量调整 | 需监测 APTT | 无需监测 | 需监测 INR |
| 目标值 | 正常值的 1.5 ~ 2.5 倍 | 无需监测 | 2.0 ~ 3.0 倍 |
| 出血时拮抗 | 鱼精蛋白 | 无 | 维生素 K |
| 不适用人群 | 输液或监测 APTT 不方便的人群 | 对于高危、合并严重肾功能不全或出血风险高的患者不适用，其他情况可替代 UFH | 妊娠的前 3 个月和最后 6 周 |
| HIT | 较 LMWH 常见 | 较 UFH 少见 | 无 |

HIT，肝素诱导的血小板减少症（heparin-induced thrombocytopenia）；APTT，部分凝血酶原时间；INR，国际标准化比值

（2）初始抗凝治疗：初始抗凝剂主要选用普通肝素（UFH）和低分子肝素（LMWH）。

（3）序贯抗凝治疗：UFH 或 LMWH 至少应用 5 天，应用 1 ~ 3 天后开始加用华法林，因华法林需要数天才能达到稳定的血药浓度，因此与肝素至少重叠 4 ~ 5 天。若连续 2 天监测 INR 达标，则可停用肝素；单用华法林抗凝治疗，根据 INR 调整华法林剂量。对于高危患者，肝素应用时间应延长。

（4）长期抗凝治疗：长期抗凝主要针对易复发 VTE 且有致命性危险的患者。治疗疗程因人而异，主要根据危险因素是否长期存在确定。一般患者疗程为 3 ~ 6 个月，若危险因素长期存在，如有肿瘤，抗凝应长期进行。

3. **溶栓**　溶栓治疗能快速疏通阻塞的肺动脉，及早恢复肺灌注，缓解症状，降低病死率，并能有效降低 CTEPH 发生率，改善患者生活质量。

（1）溶栓时间窗：在症状发作的 48h 内进行溶栓获益最大，但在症状持续 6 ~ 14 天内溶栓仍有效。

（2）适宜人群：溶栓是高危 PTE 患者的一线治疗方法，中危患者在充分考虑出血的前提下可选择性溶栓，低危患者不推荐溶栓治疗。

（3）溶栓药物及方案：溶栓药物主要有重组组织型纤溶酶原激活剂（rt-PA）、尿激酶（UK）和链激酶（SK）。溶栓方案：①rt-PA：美国 FDA 推荐的溶栓方案为 rt-PA 100 mg，维持滴注 2 小时以上；国内多中心研究结果提示，rt-PA 50 mg 与 100 mg 效果相当，因此，国内推荐 rt-PA 50 mg 持续滴注 2 小时的溶栓方案。②尿激酶：常用 20 000 IU/kg 持续静滴 2 小时的溶栓方案。③链激酶：负荷量为 250 000 IU，静注 30 分钟，随后以 100 000 IU/h 持续静滴 24 小时。与前两种方案相比，目前此方案不常用。

（4）溶栓后抗凝：使用 rt-PA 溶栓，当 rt-PA 注射结束后，应立即使用肝素。而使用 UK、SK 溶栓时，溶栓治疗结束后应每 2～4 小时测定一次 PT 或 APTT，当其降至正常值的 2 倍时，即启动规范的肝素抗凝。

（5）安全性：任何溶栓药物及方案均具有出血的风险，实施溶栓前，需对其风险收益比进行评估。研究显示，与单纯抗凝相比，溶栓治疗增加轻微出血的风险，但颅内出血等严重出血发生率并无显著性差异。

（6）禁忌证：PTE 溶栓治疗的绝对禁忌证与急性心肌梗死相同，主要包括有活动性内出血和近期自发性颅内出血。对于致命性高危 PTE，绝对禁忌证也应被视为相对禁忌证。

**4. 外科治疗** 包括：经皮导管取栓术、碎栓术及肺动脉取栓术。主要适用于高危 PTE 患者出现以下情况时：①有溶栓禁忌；②溶栓后病情仍不稳定。

**5. 下腔静脉滤器** 目前不推荐在普通 VTE 患者中使用静脉滤器，但有抗凝禁忌或 VTE 复发率极高时可使用。

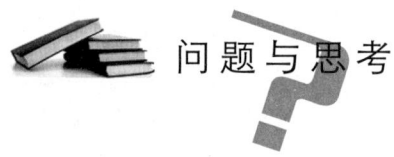

1. 简述 APE 的危险分层。
2. 简述 APE 的治疗原则。

（周倩云）

# 第五节 社区获得性肺炎

## 一、定义

社区获得性肺炎是指在社区环境中机体受微生物感染而发生的肺炎。

## 二、诊断

下列①～④的任何一项，加⑤，并除外肺结核、肺部肿瘤、非感染性肺间质性疾病、肺水肿、肺不张、肺栓塞、肺嗜酸性粒细胞浸润症、肺血管炎。①新近出现的咳嗽、咳痰或原有呼吸系统疾病症状加重，并出现脓性痰，伴有或不伴有胸痛；②发热；③肺实变体征和（或）闻及干、湿性啰音；④血 WBC $> 10 \times 10^9$/L，或 $< 4 \times 10^9$/L，伴有或不伴有核左移，淋巴细胞和血小板减少。⑤胸部 X 线检查可见片状、斑片状浸润影，可出现间质性改变，伴有或不伴有胸腔积液。

## 三、病情判断与分级

1. **门（急）诊治疗** 见表 5-7。
2. **急诊留观** 出现以下情况，建议患者急诊留观：①诊断尚不能确立；②病情不稳定，处于变化中；③有潜在发生多器官功能不全的可能；④不具备及时随诊的条件。
3. **住院** 同时满足下列（1）～（4）中两项或两项以上标准：

（1）年龄 > 65 岁。

（2）存在以下基础疾病或相关因素之一：①慢性肺疾病，如严重慢性阻塞性肺疾病，严重肺间质纤维化等；②血糖长期控制不满意的糖尿病；③慢性心、肾功能不全；④恶性实体肿瘤或血液病；⑤获得性免疫缺陷综合征（AIDS）；⑥长期酗酒或慢性肝病（如肝硬化）；⑦严重营养不良；⑧长期卧床或各种原因导致的吞咽功能障碍；⑨器官移植术后；⑩长期应用免疫抑制剂。

（3）存在以下异常体征之一：①呼吸频率 ≥ 30 次/分；②脉搏 ≥ 120 次/分；③动脉收缩压 < 90 mmHg；④体温 > 40℃ 或 < 35℃；⑤意识障碍；⑥存在肺外感染病灶（如菌血症、脑膜炎）。

（4）存在以下实验室和影像学异常之一：① WBC > $20 \times 10^9$/L 或 < $4 \times 10^9$/L，或中性粒细胞计数 < $1 \times 10^9$/L；②自主呼吸时 $PaO_2$ < 60 mmHg，$PaO_2/FiO_2$ < 300 mmHg，或 $PaCO_2$ > 50 mmHg；③血肌酐 > 106 μmol/L 或血尿素氮 > 7.1 mmol/L；④血乳酸 > 4 mmol/L；⑤血浆白蛋白 < 25 g/L；⑥血红蛋白 < 80 g/L 或血细胞比容（HCT）< 30%；⑦血小板减少（PLT ≤ $100 \times 10^9$/L）；⑧有弥散性血管内凝血（DIC）的证据；⑨ X 线胸片显示，病变累及 1 个肺叶以上、出现空洞、病灶迅速扩展或出现胸腔积液。

4. **ICU** 重症肺炎者——满足 1 条主要标准或 3 条次要标准即可诊断。

主要标准：①需要气管插管机械通气；②脓毒性休克，需要血管活性药物。

次要标准：①需要呼吸频率 ≥ 30 次/分；② $PaO_2/FiO_2$ ≤ 250；③多叶、段性肺炎；④意识障碍/定向障碍；⑤氮质血症（BUN ≥ 7 mmol/L）；⑥白细胞减少（WBC ≤ $4 \times 10^9$/L）；⑦血小板减少（PLT ≤ $100 \times 10^9$/L）；⑧低体温（中心体温 < 36℃）；⑨低血压、需要积极的液体复苏。

## 四、急诊初始经验性抗感染治疗方案推荐（表 5-7）

表 5-7 社区获得性肺炎门急诊初始经验性抗感染治疗方案推荐

| | |
|---|---|
| 门诊无基础病 | 方案 1：青霉素类 |
| | 方案 2：大环内酯类 |
| | 方案 3：一代或二代头孢菌素类 |
| | 方案 4：呼吸喹诺酮类 |
| 有基础疾病*或近 3 个月内曾用抗生素 | 方案 1：青霉素类联合大环内酯类 |
| | 方案 2：头孢菌素类联合大环内酯类 |
| | 方案 3：呼吸喹诺酮类 |

表 5-7　社区获得性肺炎门急诊初始经验性抗感染治疗方案推荐（续）

| 需住院，非 ICU | | 方案 1：青霉素类 /β 内酰胺酶抑制剂联合大环内酯类<br>方案 2：头孢菌素类（二代或三代头孢菌素）联合大环内酯类<br>方案 3：呼吸喹诺酮类 |
|---|---|---|
| ICU | 无铜绿假单胞菌感染危险因素 | 方案 1：青霉素类 /β 内酰胺酶抑制剂联合大环内酯类或呼吸喹诺酮类<br>方案 2：头孢菌素类联合大环内酯类或呼吸喹诺酮类<br>方案 3：厄他培南联合阿奇霉素 |
| | 有铜绿假单胞菌感染危险因素** | 方案 1：具有抗假单胞菌活性的 β 内酰胺类***联合环丙沙星或左氧氟沙星<br>方案 2：具有抗假单胞菌活性的 β 内酰胺类联合氨基糖苷类和阿奇霉素<br>方案 3：具有抗假单胞菌活性的 β 内酰胺类联合氨基糖苷类和环丙沙星或左氧氟沙星 |
| 社区获得性耐甲氧西林金黄色葡萄球菌感染 | | 万古霉素、替考拉宁或利奈唑胺 |

\* 基础疾病包括：①慢性心、肺、肝、肾疾病；②糖尿病；③酗酒；④恶性肿瘤；⑤脾缺如；⑥免疫抑制状态
\*\* 铜绿假单胞菌感染危险因素：结构性肺病（如支气管扩张、肺囊性纤维化及弥漫性泛细支气管炎等），长期气管切开和（或）机械通气及肺炎发病前使用抗生素，皮质激素治疗，营养不良，长期住院，粒细胞缺乏发热合并肺部浸润影
\*\*\* 具有抗假单胞菌活性的 β 内酰胺类包括：头孢他啶、头孢哌酮 / 舒巴坦、哌拉西林 / 他唑巴坦、头孢吡肟、亚胺培南和美罗培南

## 五、其他治疗

（1）一般治疗。
（2）氧疗。
（3）雾化、湿化治疗：支气管扩张剂、肾上腺皮质激素、黏稠分泌物溶解剂。
（4）体位、痰液引流。
（5）对症治疗：支气管解痉药、退热药、止咳药。
（6）糖皮质激素：严重全身感染合并感染性休克的患者推荐小剂量（氢化可的松不超过 300 mg/d）使用，一般疗程 5～7 天，能够停用血管活性药物时即停用。

## 六、疗程

单纯需住院的轻中度 CAP 患者推荐疗程为 5～7 天；无铜绿假单胞菌感染风险的重度 CAP 患者推荐疗程为 8～10 天；有铜绿假单胞菌感染风险的重度 CAP 患者一般推荐 2 周，如病情需要，部分患者疗程可达 3 周。

## 七、并发症

（1）呼吸衰竭和急性肺损伤：无创 / 有创机械通气治疗
（2）其他并发症如脓毒性休克、胸膜炎和脓胸、气胸和脓气胸、中毒性心肌损害和心功能不全、缺氧性脑病等。

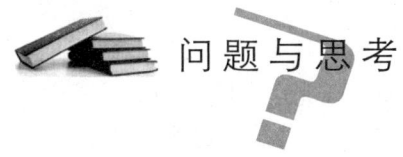

**问题与思考**

1. 社区获得性肺炎门急诊初始经验性抗感染治疗方案是什么？
2. 重症肺炎的诊断检查有哪些？

（马　丽）

# 第六节　气　　胸

气体不正常地进入胸膜腔，造成积气状态，称为气胸（pneumothorax）。

## 一、胸膜腔解剖

胸膜腔为脏层胸膜与壁层胸膜之间的密闭腔隙。正常时两层胸膜紧贴，胸膜腔内只有少量浆液起润滑作用。胸膜腔内压正常时为负压，胸内负压既可使肺膨隆，有利于气体交换；又可吸引静脉血返回心脏，有利于心脏充盈。

## 二、病因与病理生理

### （一）病因

任何破坏胸膜腔完整性的原因均可导致气胸的形成，多由于肺组织、气管、支气管、食管破裂，空气逸入胸膜腔所致，或由于胸壁伤口穿破胸膜，胸膜腔与外界沟通，外界气体进入所致。

1. **外伤性气胸**　顿性胸部损伤多为挫裂伤，损伤机制复杂，多有肋骨或胸骨骨折，常合并其他部位损伤；穿透性胸部损伤多为血气胸，损伤机制较清楚，损伤范围直接与伤道有关。

2. **自发性气胸**　指无外伤或无人为因素作用下，因肺组织和脏层胸膜原来有某种病变或缺陷而突然破裂，导致胸膜腔积气。根据有无原发疾病可分为：

（1）原发性气胸：是指常规 X 线检查未能发现肺部病变者发生的气胸。好发于青年人，特别是男性瘦长体型者。健康吸烟男性气胸发病率为 12%，其病因与发病机制不十分清楚。多数学者认为是由肺大泡或胸膜下小泡破裂所致，高达 90% 的患者通过胸腔镜及胸部 CT 扫描可发现肺大泡及胸膜下小泡。

（2）继发性气胸：在其他肺部疾病基础上发生，慢性阻塞性肺病最为常见，其他有肺间质纤维化、结核、矽肺、肺部感染、AIDS 伴耶氏肺孢子菌感染及肿瘤等。

（3）特殊类型的气胸：

1）月经性气胸：文献报道共约 250 例，其发病原因与肺、胸膜或横膈的子宫内膜异位有关。

2）妊娠合并气胸：并不罕见，可在妊娠及生产过程中发病。

3. **医源性气胸**　医源性气胸并不少见，甚至超过自发性气胸，多与诊断性或治疗性操作有关，如经胸壁穿刺活检、胸膜腔穿刺、锁骨下静脉穿刺、胸膜活检、机械通气及经支气管活检等。

（二）病理生理

气体进入胸腔，胸膜腔压力升高，压迫肺组织，肺组织部分或完全萎陷，肺活量减少、通气灌注比例失调，引起呼吸困难和低氧。按与外界大气压力关系，气胸可分为：

（1）闭合性气胸（closed pneumothorax）的胸膜腔内压仍低于大气压。胸膜腔积气量决定患侧肺萎陷的程度。胸膜伤口封闭，胸膜腔与外界气体分隔，抽气治疗后胸膜腔内压降低，肺可复张。

（2）开放性气胸（open pneumothorax）时，外界空气经胸膜伤口或软组织缺损处随呼吸自由出入胸膜腔，胸膜腔内压等于大气压，抽气治疗后胸膜腔内压无变化。

（3）张力性气胸（tension pneumothorax）为胸膜伤口形成单向活瓣，气体随呼吸进入胸膜腔并积累增多，导致胸膜腔内压高于大气压，单纯抽气仅能短暂降低胸膜腔内压，不能缓解病情。

### 三、临床表现

（一）症状

气胸的症状取决于气胸的类型、肺压缩程度和速度以及原有心肺疾病状况等。

1. **急性胸痛**　发生率为90%～95%，多为患侧胸痛，深吸气或咳嗽时加重。

2. **呼吸困难**　常与胸痛同时发生，与肺压缩程度成正比。但原肺功能良好者即使出现大量气胸也可无明显呼吸困难，仅表现为胸闷；相反，原肺功能不全或肺气肿、肺间质纤维化者即使肺压缩<10%，呼吸困难也很明显。

3. **咳嗽**　因胸膜反射可引起刺激性干咳。

4. **休克**　见于张力性气胸，患侧胸膜腔高压压迫肺组织，影响肺通气换气，并推挤心脏大血管，引起回心血量减少，导致休克，重症者可发生猝死。

（二）体征

少量气胸可无明显体征。气胸量大时表现为患侧胸廓饱满，肋间隙增宽，呼吸活动度减弱；触诊气管推向健侧，语音震颤减弱；叩诊呈鼓音；呼吸音降低或消失。并发纵隔、皮下气肿时，可见颈部、前胸部皮下气胸，触诊有握雪感。

### 四、胸部 X 线检查

（1）气胸部位透亮度增加，无肺纹理。
（2）患侧肺向肺门收缩，密度增加。
（3）可见凸向胸壁的弧形气胸线。
（4）气胸侧可有少量积液，肋膈角稍钝。

### 五、诊断与鉴别诊断

（一）诊断依据

（1）突发胸痛伴胸闷和呼吸困难。
（2）患侧叩诊呈鼓音，呼吸音降低或消失。
（3）胸部 X 线表现。

（二）鉴别诊断

1. **急性冠状动脉综合征**　多有冠心病病史，无气胸体征，胸部 X 线和心电图可供鉴别。

2. **巨型肺大泡** 起病缓慢，X线胸片无气胸线，或"气胸线"凸向肺门，仍可见稀疏肺纹理，胸部CT可供鉴别。

## 六、治疗

气胸的治疗目的是排除胸腔积气，尽早使肺复张，治疗原发病，防止复发。

### （一）治疗方式

1. **一般治疗** 休息、给予氧疗、建立静脉通路，并监测血氧饱和度和血压、心率。
2. **胸腔穿刺抽气** 抽气部位在患侧锁骨中线第二肋间，或积气最多的部位。
3. **胸腔闭式引流** 适应证为：①中等量至大量气胸；②开放性气胸；③胸腔穿刺治疗失败者；④复发性气胸；⑤需使用机械通气者；⑥血气胸。插管位置在患侧前胸壁锁骨中线第二肋间，或腋中线与腋前线间第6或7肋间。
4. **手术治疗** 外科手术可切除破裂的肺大泡，治疗基础病变，解除纤维素对肺的包裹使肺复张，同时可行胸膜粘连固定，防止气胸复发。一般情况下，电视胸腔镜下微创手术可完成上述操作。手术指征包括：①反复发作的气胸；②两侧同时发作的自发性气胸；③自发性血气胸；④自发性张力性气胸；⑤影像学检查提示存在明确肺大泡者；⑥有效胸腔闭式引流3天以上仍持续漏气，或肺不能完全复张者；⑦特殊职业者，如飞行员、潜水员、运动员等；⑧长期居住或工作在没有医疗急救条件地区的人员，如野外工作者、偏远地区居民等。

### （二）治疗流程

1. **自发性气胸** 需根据气胸量、症状、年龄和基础疾病等因素综合诊治，详见图5-1。
2. **开放性气胸** 将开放性气胸立即变为闭合性气胸，然后行胸腔闭式引流。
3. **张力性气胸** 如临床怀疑有张力性气胸，应立即做胸腔穿刺，并及早行胸腔闭式引流。

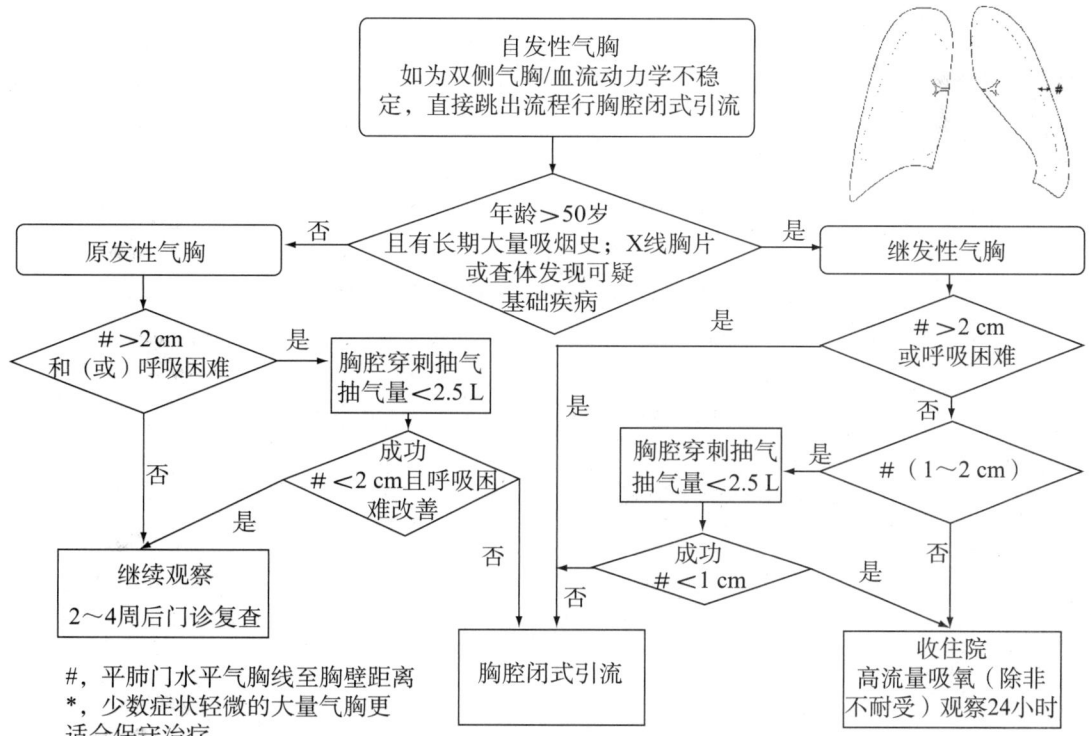

图5-1 自发性气胸的诊治流程

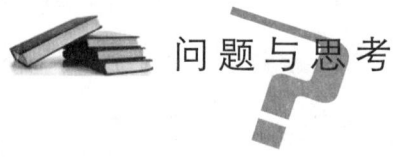

1. 简述自发性气胸的诊治过程。
2. 简述开放性气胸及张力性气胸的处理原则。

（王传林）

# 第六章

# 心脏急症

> **学习目标**
>
> 各急症的诊断及处理原则。

## 第一节　急性冠状动脉综合征

急性冠状动脉综合征（acute coronary syndrome，ACS）是由于心脏提供的血流不能满足心肌组织的代谢需要所致的一组疾病，其临床存在形式包括 ST 段抬高型心肌梗死（ST-elevation myocardial infarction，STEMI）、非 ST 段抬高型心肌梗死（non-ST-elevation myocardial infarction，NSTEMI）和不稳定型心绞痛（unstable angina，UA）。ACS 的病理基础是冠状动脉粥样硬化斑块破裂或侵蚀，并在此基础上继发完全或不完全闭塞性血栓形成，是具有同一病理基础但病变程度不同的一组疾病。本组疾病患者为冠心病中急性发病的临床类型，因缺血性胸痛来就诊，其危重程度悬殊甚大，但可根据心电图、临床表现及心肌生物标记物进行分类，分别进行处理，适用于急诊科临床工作，故特以本题做介绍。本文主要参照我国《急性心肌梗死诊断与治疗指南》及《2010 年 AHA 心肺复苏与心血管急救指南》编写，重点介绍发病数小时内的急救处置。

### 一、病理生理

ACS 的主要病理生理改变是：在冠状动脉粥样硬化的基础上，发生斑块的破裂、糜烂或溃疡，并发血栓形成、血管收缩或微血管栓塞，导致急性或亚急性的心肌缺血，不能满足心肌供氧需求。血栓形成是 ACS 的主要因素，不同临床类型的 ACS 的血栓的性质也有差别。不稳定型心绞痛（UA）与 NSTEMI 是白色（血小板）血栓，溶栓不仅无效，反而有害；STEMI 是红色（含纤维蛋白 - 红细胞）血栓，应及早溶栓。所有这些综合征均因内皮损伤、粥样硬化斑块破裂、激活血小板与血栓形成。在血栓形成中血小板起到重要作用，最终血栓可完全闭塞血管，导致心肌缺血、缺氧、酸中毒，最终梗死。血栓的累及的范围、病变斑块的特点、血管阻塞的范围及侧支循环状况也会影响最终的结局。冠状动脉闭塞后，坏死的发生是一个时间依赖的过程，由心内膜向心外膜逐渐推进，通常需要 4～6 小时。有侧支循环或血栓溶解（不管是自发或治疗的结果），都将会挽救缺血心肌。再灌注越早，挽救的心肌就越多。

UA 的急性狭窄的范围和程度较小，也可能有广泛的侧支循环，防止血流完全终止，避免梗死。急性心肌梗死（AMI）的闭塞是由富纤维蛋白血栓所致，它是固定的、持续的，导致血管所供应的心肌组织坏死。血管造影检查已证明，原来冠状动脉的斑块所致的狭窄不到50%，梗死的更重要的因素是斑块急性破裂、血小板激活及血栓形成，而不是原来冠状动脉狭窄程度。冠状动脉完全闭塞患者的临床表现的明显差异说明，完全闭塞发生的速度、侧支循环的数量是有很大差别的。

ACS 的其他重要因素是血管痉挛。冠状动脉明显闭塞后，局部介质和血管活性介质释放，诱发血管痉挛，进一步损伤血流。血管闭塞的数分钟内，中枢与交感神经系统传入增加，导致血管运动亢进与冠状动脉痉挛。通过内源性激素如肾上腺素、5-羟色胺的激活，导致血小板聚集及中性粒细胞介导的血管收缩。约 10% 的心肌梗死患者是由于血管痉挛而后血栓形成所致，并无基础冠状动脉疾病。这种机制在 UA 及不引起梗死的冠状动脉综合征更为普遍。

在细胞水平发生进一步损伤，如炎症、血栓形成及从闭塞斑块病变脱落的碎片栓塞到远段血管。这种栓塞导致微血管床阻塞，即使初始梗阻的近端血管再通，远端心肌组织仍然低灌注与缺血；特别是当钙、氧与细胞因子再导入缺血的心肌时，造成不可逆的心肌损伤，就是再灌注损伤，导致迟发性室性心律失常（称为心肌晕倒），或称再灌注心律失常。在再灌注损伤中，中性粒细胞在再灌注损伤、毛细血管闭塞、血流减少、炎症反应加速、导致趋向性物质、蛋白溶解酶及氧自由基生成中起到重要作用。

## 二、临床表现

1. **典型表现** ACS 主要表现为胸部极为难受，在劳力性心绞痛基础上，疼痛类型发生改变，发作频率增加，程度加重，持续时间延长，超过 15 分钟。疼痛常在胸骨后，也可在肩部、颈部、肩胛间区、下颌、肘部、前臂。可伴有出汗、恶心、呕吐、心悸或呼吸困难。较小活动或静息即可诱发，休息或含服硝酸甘油不能缓解。

2. **不典型表现** 约 1/3 患者可无胸痛。不典型表现形式多样：如以突发急性左心衰竭、低血压、心律失常、甚至心搏骤停为首发表现；下壁心肌梗死多表现为上腹痛、恶心、呕吐，易误诊为急腹症；因意识障碍、晕厥、头晕、偏瘫或抽搐，而误诊为脑血管病；如以急性左心功能不全起病，发生肺淤血，刺激咳嗽、咳痰或气短而误诊为肺部感染；可因疼痛部位不典型而误诊，如肩痛而误诊为肩关节炎。不典型表现多见于糖尿病患者及老人，随年龄增长而增加。

3. **体格检查** 首先应注意生命体征，脉搏可提示心律失常，呼吸可提示心力衰竭或呼吸衰竭，血压可提示低血压或休克。重点检查心脏、肺部、腹部及神经系统。应注意严重病情的指征，如意识障碍、出汗及心力衰竭体征（如啰音、S3、颈静脉怒张、肝颈反流征、外周水肿）是 ACS 患者的不良预兆。应检查引起胸痛疾病的体征，如主动脉夹层、气胸、肺栓塞、肺炎及胸壁疾患。

## 三、辅助检查

1. **心电图** 心电图是诊断 AMI 最快捷、最简易的方法，其特异性约为 90%，但敏感性仅为 40%~50%。凭单次心电图只能诊断半数 AMI，其他半数 AMI 患者需要连续做心电图和（或）心肌生物标记物检测确诊。在急诊科，对缺血性胸痛患者应根据首次心电图分为如下三类，以利于急诊处理。

（1）ST 段抬高型心肌梗死（STEMI）：ST 段抬高或可能是新的 LBBB，其特点是：在 2 个或以上相邻胸前导联或 2 个或以上相邻肢体导联的 ST 段抬高 > 1 mm（0.1 mV）。

（2）高危险性不稳定型心绞痛/非 ST 段抬高型心肌梗死（NSTEMI）：其特点是 ST 段

降低≥0.5 mm（0.05 mV）或有随胸痛的动态性 T 波倒置。非持续性或暂时 ST 段抬高＞0.5 mm（0.05 mV）、＜20 分钟也属于此类。

（3）正常或无诊断意义的 ST 段或 T 波改变是不能下结论或需要进一步做危险分级的一类患者。此类患者心电图正常，或 ST 段偏移＜0.5 mm（0.5 mV），或 ST 段倒置≤0.2 mV。

2．**心肌生物标记物**　诊断急性心肌梗死最有价值的血清心脏生物学标志物为肌钙蛋白 I（cTnI）。AMI 诊断时常规采用的血清心肌生物标志物及其检测时间见表 6-1。肌酸激酶同工酶（CK-MB）为传统的诊断 AMI 的血清心肌生物标志物，但某些疾病可致假阳性，如肝疾病（通常 ALT＞AST）、心肌疾病、心肌炎、骨骼肌创伤、肺动脉栓塞、休克及糖尿病等疾病均可影响其特异性。肌红蛋白可迅速从梗死的心肌释放而作为早期心肌生物标志物，但骨骼肌损伤可能影响其特异性，故早期检出肌红蛋白后，应再测定 CK-MB、肌钙蛋白 I（cTnI）或肌钙蛋白 T（cTnT）等更具心肌特异性的生物标志物予以证实，其中 cTnI 优于 cTnT。肌钙蛋白的特异性及敏感性均高于其他酶学指标，其参考值的范围必须由每一个实验室通过特异的定量研究和质量控制来确定。快速床旁试剂条可用来半定量评估 cTnT 或 cTnI 的浓度作为快速诊断的参考，但阳性结果应当用传统的定量测定方法予以确认。CK-MB 作为诊断依据时，其诊断标准值至少应是正常上限值的 2 倍。

表 6-1　血清心肌生物标志物的检测时间

| 项目 | 肌红蛋白 | 肌钙蛋白 | CK-MB |
| --- | --- | --- | --- |
| 出现时间（h） | 1～2 | 2～4 | 3～4 |
| 100% 敏感时间（h） | 4～8 | 8～12 | 8～12 |
| 峰值时间（h） | 4～8 | 10～24 | 10～24 |
| 持续时间（d） | 0.5～1 | 5～10 | 2～4 |

### 四、诊断

1．**诊断标准**

（1）ST 段抬高型心肌梗死（STEMI）：必须至少具备下列三条标准中的两条：①缺血性胸痛的临床病史；②心电图的动态演变；③心肌坏死的血清心肌生物标志物浓度的动态改变。

（2）非 ST 段抬高型心肌梗死（NSTEMI）：有持久的胸痛，心电图无 ST 段抬高，但 CK-MB 升高 2 倍以上，肌钙蛋白 cTcT 或 cTcI 阳性（超过参考值上限 99 百分位值）

（3）不稳定型心绞痛（UA）：心电图无 ST 段抬高，CK-MB 可升高，但不超过正常值的 2 倍，肌钙蛋白 cTnT 或 cTcI 阴性。肌钙蛋白 cTnT 或 cTnI 特异性增高是诊断心肌梗死的敏感指标，已逐渐为临床医师所认识和采用。

目前认为，不稳定型心绞痛与非 ST 段抬高型心肌梗死可统称为非 ST 段抬高的 ACS，其治疗并无差异。它们是从慢性稳定型心绞痛到 ST 段抬高的 AMI 的一个连续的病理过程。

2．**高危指标**　ST 段抬高型心肌梗死患者的病死率随 ST 段抬高的心电图导联数的增加而增高。如患者伴有下列任何一项，均属高危患者，如女性、高龄（＞70 岁）、既往有心肌梗死史、心房颤动、前壁心肌梗死、肺部啰音、低血压、窦性心动过速、糖尿病。

3．**危险分层**　对尚不能确诊急性冠状动脉综合征的患者，应进行完整的急性冠状动脉综合征诊断评估和危险分层。ACS 的危险分层的主要目标是识别高危患者，使医师在甄选出获益患者的同时，避免对主要不良心脏事件的低危患者进行不必要的手术和药物治疗带来的风险（如抗凝治疗和介入手术）。

（1）Braunwald 危险分层：表 6-2 列出了 Braunwald 危险分层方法，主要是判断患者症状是由不稳定冠心病所致的可能性。

表 6-2　急性冠状动脉综合征的 Braunwald 危险分层方法

| 特征 | 高度可能（具有以下任何一条） | 中度可能（无高度可能特征，具有以下任何一条） | 低度可能（无高度可能或中度可能特征，但可能有以下表现） |
| --- | --- | --- | --- |
| 病史 | 与以前心绞痛相似的胸痛或左上臂痛为主诉 | 2～4 | 3～4 |
| 既往有冠心病史，包括 MI 史 | 以胸痛或左臂痛或不适为主诉；年龄＞70 岁；男性；糖尿病 | 无任何中度可能性特征的可能缺血症状；近期服用可卡因 | 8～12 |
| 查体 | 短暂二尖瓣反流杂音、低血压、出汗、肺水肿或湿啰音 | 心脏以外的其他血管病变 | 触诊胸痛 |
| 心电图 | 新发或疑似新发短暂的 ST 段偏斜（1 mm）或多个胸前导联的 T 波倒置 | 固定的 Q 波；ST 段压低 0.5～1 mm 或 T 波倒置＞1 mm | R 波直立的导联 T 波平坦或倒置＜1 mm；正常心电图 |
| 心肌生物标志物 | 血清肌钙蛋白 T 或 I 升高，或 CK-MB 升高 | 正常 | 正常 |

（2）TIMI 危险评分：IMI 是心肌梗死溶栓治疗（thrombolysis in myocardial infarction，TIMI）的缩写。它是近年来用于评估 NSTEMI 患者近期（14 天）发生心脏事件可能性大小的评分系统。由 7 项临床指标组成（表 6-3），每项为 1 分；0～2 分为低分组，3～4 分为中分组，5～7 分为高分组。据我国学者研究，TIMI 评分值为 5～7 分者三支血管病变或左主干病变的比例是 0～2 分者的 8 倍，血流受损是后者的 2 倍。LVEF 随评分值的增加进行性下降。可见，TIMI 危险评分系统可对冠状动脉病变的严重程度、血流受损情况及 LVEF 作出初步判断。

表 6-3　不稳定型心绞痛和非 ST 段抬高型心肌梗化的 TIMI 危险计分：预示值

| 预示变数 | 计分 | 定义 |
| --- | --- | --- |
| 年龄≥65 岁 | 1 | |
| CAD 危险因素≥3 个 | 1 | 危险因素：①CAD 家属史；②高血压；③高胆固醇；④糖尿病；⑤现在吸烟 |
| 服 ASA 持续 7 天 | 1 | |
| 现在，严重心绞痛 | 1 | 24 小时发作 2 次以上 |
| 血清肌钙蛋白升高 | 1 | CK-MB 或特异性肌钙蛋白 |
| ST 段偏移≥0.5 mm | 1 | ST 段降低≥0.5 mm 是有意义的；暂时 ST 段抬高＞0.5 mm、＜20 分钟，按 ST 段降低治疗，但属高危；ST 段抬高≥1 mm、＞20 分钟，按 STEMI 治疗 |
| 既往冠状动脉狭窄≥50% 以上 | 1 | 即使此值不知道，危险性预示值仍然可靠 |

**4. 鉴别诊断** 主要应与其他胸痛疾病鉴别：稳定型心绞痛、动脉夹层、气胸、肺栓塞、肺炎、心包炎、心肌炎、胸膜炎、胆道疾患、带状疱疹、胸壁肌肉骨骼疾病（详见"胸痛"节）。

## 五、院前急救

### （一）家庭急救

STEMI 发病如在第 1 个小时内给予治疗,则能最大限度地拯救心肌功能,故应分秒必争。应教育患者自救方法，服用硝酸甘油、阿司匹林及呼叫。阿司匹林是 ACS 患者早期治疗最重要的药物，当出现胸部不适，包括颈部、肩、臂部、下颌时，给予 162～325 mg 的阿司匹林，嚼服最为有效。对胸痛发作的患者给予硝酸甘油，0.4 mg 舌下含服，5 分钟内无效时可重复，并要打电话呼救（家人或 120）。不能自己步行或开车上医院（门诊部）就诊。

### （二）急救中心

（1）对症处理：应给予吸氧、阿司匹林、硝酸甘油（每 3～5 分钟 1 片，共 3 片）；必要时可使用吗啡（如有权限）。

（2）完成 12 导联心电图（最好 18 导联心电图）。

（3）院前溶栓：对 ST 段抬高或新发/疑似新发左束支阻滞的胸痛患者，在接诊时胸痛短于 3 小时的患者，可考虑院前溶栓。

（4）识别 AMI 的高危患者，对于有心动过速（HR≥100 次/分）且低血压（＜100 mmHg）的患者，或有休克、肺水肿体征的患者，或有溶栓禁忌证以及需要 CPR 的患者，直接送至有条件进行冠状动脉血管重建术的医院。

### （三）急诊科初始处理

STEMI 的院内处置包括急诊处置、启动导管室和收住 CCU；在可行 PCI 的医院，建立以急诊启动的"STEMI 启动"（STEMI Alert）方案极为关键。主要内容包括完成院前心电图、通知接诊医院的导管室、启动心导管团队（以缩短再灌注的时间）以及与介入治疗用品相关的关键人员。

### （四）初步评估

当缺血性胸痛患者到达急诊科后，首先要完成三个步骤：

首先，完成初步检查、重点评估。患者到达急诊科后，在 10 分钟内完成初步检查，包括：①生命体征及氧饱和度；②简要病史及体格检查；③复读或再做 12 导联心电图，必要时加做 $V_{3R}$～$V_{5R}$、$V_7$～$V_9$（特别是下壁导联 ST 段压低者）；④进行溶栓治疗评估；⑤检查心肌生物标志物、电解质、凝血指标。30 分钟内完成 X 线胸片检查。

其次，根据心电图分为 ST 段抬高型心肌梗死（STEMI）、不稳定型心绞痛或非 ST 段抬高型心肌梗死（UA 或 NSTEMI）和无诊断意义心电图。

（1）ST 段抬高型心肌梗死（STEMI）：具有 2 个或以上相邻导联的 ST 段抬高或可能新发的左束支阻滞。ST 段抬高的诊断标准：男性≥40 岁：$V_2$、$V_3$ 导联 J 点抬高 0.2 mV（2 mm），在其他导联为 0.1 mV；男性＜40 岁：$V_2$、$V_3$ 导联 J 点抬高 0.25 mV（2.5 mm），在其他导联为 0.1 mV；女性：$V_2$、$V_3$ 导联 J 点抬高 0.15 mV（1.5 mm），在其他导联抬高 0.1 mV。

（2）不稳定型心绞痛或非 ST 段抬高型心肌梗死（UA 或 NSTEMI）：缺血性 ST 段压低＞0.5 mm（0.05 mV）或有动态 T 波倒置伴胸痛或不适。小于 20 分钟的非持续性或短暂 ST 段抬高≥0.5 mm 也归于此类。持续性 ST 段压低的诊断标准：$V_2$、$V_3$ 导联中 J 点压低 0.05 mV

(−0.5 mm），其他导联为 −0.1 mV（男性和女性）。

（3）无诊断意义心电图：心电图正常或轻微异常（如非特异性的 ST 段或 T 波改变）。这些心电图无诊断意义，无法确定是否有缺血，需要更进一步的危险分层。这类患者的心电图正常或 ST 段偏移 < 0.5 mm（0.05 mV），或 T 波倒置 ≤ 0.2 mV。

第三步，确定患者的治疗策略，是否实施再灌注以及再灌注的方法。

在评估疑似急性冠状动脉综合征患者时，常需进行系列心肌生物标志物的检测。首选的心肌生物标志物是肌钙蛋白，它比肌酸激酶同工酶（CK-MB）更敏感。如果症状出现 6 小时内心肌生物标志物检测为阴性，推荐在症状出现 6 ~ 12 小时再重新检测。检测方式最好采用快速床旁测定。注意，不能因等待心肌生物标志物结果而延迟 STEMI 的再灌注治疗。

### （五）初步治疗

1. **吸氧** 对所有肺淤血和血氧饱和度 < 94% 的患者应给予吸氧。吸氧可缩小梗死区，可降低 ST 段抬高幅度。吸氧对低氧血症和肺功能不稳定者肯定有效，但对于心肌梗死患者的远期效果，吸氧是否优于吸入室内空气尚无定论。

2. **阿司匹林** 早期给予患者阿司匹林（乙酰水杨酸，acetylsalicylic acid，ASA）可降低死亡率。因此对所有怀疑 ACS 的患者均应尽快给予非胃肠道吸收的阿司匹林（除非过敏）。如果有阿司匹林的使用禁忌证，应口服 300 mg 的氯吡格雷。

阿司匹林几乎迅速产生临床抗血小板效果，几乎可抑制全部生成的血栓素 $A_2$。它可降低溶栓后冠状动脉再闭塞缺血复发事件。单用阿司匹林可降低 AMI 死亡率，它具有附加链激酶作用。ASA 对 UA 患者也有作用。推荐的标准剂量是 160 ~ 325 mg，但也有用大剂量的。咀嚼和水溶性 ASA 比吞服更易吸收。

3. **硝酸甘油** 对胸痛发作的患者给予硝酸甘油，0.4 mg 舌下含服或口腔喷吸，以通过口腔黏膜吸收。5 分钟内无效时可重复。如果胸痛再发或持续，同时心脏收缩血压高于 100 mmHg，可以静脉给予硝酸甘油，起始剂量为 10 μg/min，每 3 ~ 5 分钟可提高 5 μg/min 直到心脏收缩血压下降 10% 或胸痛缓解。严格控制血压，避免血压降低至 90 mmHg 以下。

4. **止痛** 可以使用吗啡止痛，特别是对 STEMI 患者。但对 UA/NSTAMI 患者，其副作用可能会增加。吗啡起始剂量为 2 ~ 4 mg，静脉给予，在 5 ~ 15 分钟后，可给予第 2 次，剂量为 2 ~ 8 mg。

## 六、再灌注治疗

STEMI 患者通常都存在一支冠状动脉的完全闭塞。初始治疗的主要目标是溶栓（药物）或直接 PCI（手术），实施早期再灌注治疗。必须快速识别 STEMI，并迅速核查溶栓治疗和 PCI 的适应证和禁忌证。对于不能实施溶栓治疗的患者，必须转入可行 PCI 的医院，而不管是否延迟。在 STEMI 治疗体系中，STEMI 的首诊医师决定着再灌注治疗的需要和策略（溶栓或直接 PCI）（表 6-4）。闭塞的冠状动脉再通越早，可挽救的濒临坏死的心肌就越多，对梗死后心肌重塑有利，预后可改善，是一种积极的治疗措施。

表 6-4　ST 段抬高或新发左束支传导阻滞的急性心肌梗死的再灌注评估

| 溶栓优先： | 介入优先： |
|---|---|
| 注意：如果症状 < 3 小时且无 PCI 延误，任何一种方案均可 | |
| • 早期就诊（症状出现 ≤ 3 小时） | • 就诊延迟（症状出现 > 3 小时） |
| • 无法选择介入治疗（例如，无熟练的 PCI 团队或难以建立血管通路）或介入可能延误 | • 有外科后备的可行 PCI 的医院 |
| ——首诊到球囊时间（M-to-B）或急诊到球囊时间（D-to-B）> 90 分钟 | • M-to-B 或 D-to-B < 90 分钟 |
| ——D-to-B 减 D-to-N > 1 小时 | • D-to-B 减首诊到输注溶栓药时间（D-to-N）< 1 小时 |
| • 无溶栓的禁忌证：包括有发生出血和颅内出血的风险 | • 有溶栓禁忌证 |
| | • 高危 STEMI（CHF，Killip 分级 ≥ 3） |
| | • 高危 STEMI（CHF，Killip 分级 ≥ 3） |

根据《2010 年 AHA 心肺复苏与心血管急救指南》，有删改

### （一）溶栓疗法

对无条件施行介入治疗患者，或因患者就诊延误、转送患者到可施行介入治疗的单位将会错过再灌注时机时，如无禁忌证，应立即（接诊患者后 30 分钟内）施行本法治疗。

**1. 适应证**　①两个或两个以上相邻导联 ST 段抬高（胸前导联 ≥ 0.1 mV，肢体导联 ≥ 0.1 mV），或病史提示急性心肌梗死伴左束支传导阻滞，起病时间 < 12 小时，患者年龄 < 75 岁。②ST 段显著抬高的心肌梗死患者，年龄 > 75 岁，经慎重权衡利弊仍可考虑。③ST 段抬高的心肌梗死，发病时间已达 12 ~ 24 小时，但如有进行性缺血性胸痛，广泛 ST 段抬高者可考虑。

**2. 禁忌证**　①既往发生过出血性脑卒中，1 年内发生过缺血性脑卒中或脑血管事件；②颅内肿瘤；③近期（2 ~ 4 周）有活动性内脏出血；④可疑为主动脉夹层；⑤入院时有严重且未控制的高血压（> 180/110 mmHg）或慢性严重高血压病史；⑥目前正在使用治疗剂量的抗凝药或已知有出血倾向；⑦近期（2 ~ 4 周）创伤史，包括头部外伤、创伤性心肺复苏或较长时间（> 10 分钟）的心肺复苏；⑧近期（< 3 周）外科大手术；⑨近期（< 2 周）曾有在不能压迫部位的大血管穿刺术。

**3. 溶栓药物的应用**　以纤维蛋白溶酶激活剂激活血栓中纤维蛋白溶酶原，使其转变为纤维蛋白溶酶而溶解冠状动脉内的血栓。国内常用：

（1）尿激酶（urokinase，UK）30 分钟内静脉滴注 150 万 ~ 200 万单位。

（2）链激酶（streptokinase，SK）或重组链激酶（rSK）以 150 万单位静脉滴注，在 60 分钟内滴完。应注意寒战、发热等过敏反应。

（3）重组组织型纤维蛋白溶酶原激活剂（recombinant tissue-type plasminogen activator，rtPA）100 mg 在 90 分钟内静脉给予：先静脉注入 15 mg，继而 30 分钟内静脉滴注 50 mg，其后 60 分钟内再滴注 35 mg（国内有报告用上述剂量的一半也能奏效）。用 rt-PA 前先用肝素 5 000 U 静脉注射，用药后继续用肝素 700 ~ 1 000 U/min，持续静脉滴注共 48 小时，以后改

为皮下注射 7 500 U，每 12 小时一次，连用 3～5 天。

【血管再通的判断】根据冠状动脉造影直接判断，或根据临床表现间接判断：①心电图抬高的 ST 段于 2 小时内回降＞50%；②胸痛 2 小时内基本消失；③2 小时内出现再灌注性心律失常；④血清 CK-MB 酶峰值提前出现（14 小时内）。

【再灌注损伤】急性缺血心肌再灌注时，可出现再灌注损伤，常表现为再灌注性心律失常，各种快速、缓慢性心律失常均可出现，应做好相应的抢救准备。但出现严重心律失常的情况少见，最常见的为一过性非阵发性室性心动过速，对此不必进行特殊处理。

（二）介入治疗

1. **直接 PCI** 适应证为：①ST 段抬高和新出现左束支传导阻滞（影响 ST 段的分析）的心肌梗死；②ST 段抬高的心肌梗死并发心源性休克；③适合再灌注治疗而有溶栓治疗禁忌证者；④无 ST 段抬高的心肌梗死，但有梗死相关的动脉严重狭窄，血流 ≤ TIMI Ⅱ 级。应注意：①发病 12 小时以上不宜施行 PCI；②不宜对非梗死相关的动脉施行 PCI；③要由有经验者施行 PIC，以避免延误时机。对有心源性休克者宜先行主动脉内球囊反搏术，待血压稳定后再施行 PCI。

2. **补救性 PCI** 溶栓治疗后仍有明显胸痛，抬高的 ST 段无明显降低者，应尽快进行冠状动脉造影，如显示相关动脉未再通，宜立即施行补救性 PCI。

3. **溶栓治疗再通者的 PCI** 溶栓治疗成功的患者，如无缺血复发表现，可在 7～10 天后行冠状动脉造影，如残留的狭窄病变适于 PCI，可行 PCI 治疗。

（三）NSTEACS 治疗的选择

表 6-5 列出了 NSTEACS（包括 NSTEMI 和 UA）患者的初始治方选择：介入治疗还是保守性治疗。

表 6-5 NSTEACS 患者的初始治疗选择：介入治疗还是保守性治疗

| 治疗选择 | 患者特征 |
| --- | --- |
| 介入治疗 | • 尽管给予强化药物治疗，但在休息或轻微活动时仍有反复心绞痛或缺血发作 |
| | • 心肌生物标志物升高（TnT 或 TnI） |
| | • 新发或疑似新发 ST 段压低 |
| | • 心力衰竭的症状或体征，新发或二尖瓣反流加重 |
| | • 无创检查发现高危因素 |
| | • 血流动力学不稳定 |
| | • 持续室性心动过速 |
| | • 6 个月内进行过 PCI 手术 |
| | • 既往有过 CABG 手术 |
| | • 高危评分（如 TIMI、GRAGE） |
| 保守治疗 | • 左室功能减低（LVEF 低于 40%） |
| | • 低危评分（如 TIMI、GRAGE） |
| | • 在无高危特征的患者中，患者或医师选择保守治疗 |

CABG，冠状动脉旁路移植术；GRACE，急性冠状动脉事件的全面登记；LVEF，左心室射血分数；PCI，经皮冠状动脉介入；TIMI，心肌梗死溶栓；TnI，肌钙蛋白 I；TnT，肌钙蛋白 T。来源于 ACC/AHA，2007 年 UA/NSTEMI 指南

### （四）紧急主动脉-冠状动脉旁路移植术

介入治疗失败或溶栓治疗无效有手术指征者宜争取在 6～8 小时内施行主动脉-冠状动脉旁路移植术。

## 七、药物治疗

### （一）硝酸酯类药物

主要作用是松弛血管平滑肌，扩张血管。对静脉的作用强于对动脉的作用。也可扩张冠状动脉。有硝酸甘油、硝酸异山梨酯和 5-单硝山梨醇酯。

硝酸甘油静脉滴注应从低剂量开始，即 10 μg/min，可酌情逐渐增加剂量，每 5～10 分钟增加 5～10 μg，直至症状控制、血压正常者动脉收缩压降低 10 mmHg 或高血压患者动脉收缩压降低 30 mmHg 为有效治疗剂量。在静脉滴注过程中，如果出现明显心率加快或收缩压≤90 mmHg，应减慢滴注速度或暂停使用。静脉滴注硝酸甘油的最高剂量以不超过 100 μg/min 为宜，过高剂量可增加低血压的危险，对 AMI 患者同样是不利的。硝酸甘油持续静脉滴注的时限为 24～48 小时，开始 24 小时一般不会产生耐药性，后 24 小时若硝酸甘油的疗效减弱或消失，可增加滴注剂量。

禁忌证为 AMI 合并低血压（收缩压≤90 mmHg）或心动过速（心率＞100 次/分），下壁伴右室心肌梗死时即使无低血压也应慎用。

### （二）抗血小板治疗

在急性血栓形成中，血小板活化起着十分重要的作用。目前临床使用的抗血小板药物有以下三种：

1. **阿司匹林**　首剂为 150～300 mg/d，应选择水溶性阿司匹林或肠溶性阿司匹林嚼服。3 天后改为小剂量 50～150 mg/d 维持。美国 2002 年 ACC/AHA 的 UA/NSTEMI 治疗指南（下简称 2002 年指南）指出：阿司匹林应尽早给予，且无限期使用。

2. **氯吡格雷（clopidogrel）**　氯吡格雷是血小板 ADP 受体拮抗剂，建议对所有 UA/NSTEMI 患者给予氯吡格雷，除非在 5～7 天内拟行冠状动脉旁路移植术（CABG）者。初始剂量为 300 mg，以后维持剂量为 75 mg/d。PCI 后使用氯吡格雷可以有效预防支架内血栓形成。如果使用药物涂层支架，建议氯吡格雷与阿斯匹林联合使用一年以上。

3. **糖蛋白（GP）Ⅱb/Ⅲa 受体拮抗剂**　对接受 PCI 治疗的 UA/NSTEMI 患者，特别是血栓高危患者，具有实质性的益处，对不施行 PCI 的患者其益处是可疑的。

### （三）抗凝治疗

1. **普通肝素**　主要用于 PCI 术中抗凝，或采用选择性溶栓药物（如 rtPA）进行静脉溶栓治疗时。方法：先静脉推注 5 000 U 冲击量，继之以 1000 U/h 维持静脉滴注，每 4～6 小时测定一次 aPTT 或 ACT，以便及时调整肝素剂量，保持 aPTT 为正常值的 1.5～2.0 倍（60～70 秒）。静脉肝素 48～72 小时，以后可改用皮下注射 7 500 U，每 12 小时一次，注射 2～3 天。

2. **低分子量肝素**　研究证明，低分子量肝素在降低不稳定型心绞痛患者的心脏事件方面优于或等于静脉滴注普通肝素。本品有使用方便、不需监测凝血时间、出血并发症低等优点，在 ACS 特别是未做血管再通的患者具有显著疗效。也可在 PCI 前后使用低分子量肝素。一般采用皮下注射给药，每日 1～2 次。肾功能不全和老年患者酌情减量。

### （四）β 受体阻滞剂

β 受体阻滞剂通过减慢心率、降低体循环血压和减弱心肌收缩力来减少心肌耗氧量，对改善缺血区的氧供需失衡、缩小心肌梗死面积、降低急性期病死率有肯定的疗效。在无该药禁忌证的情况下均应给予口服β受体阻滞剂。用药需严密观察，使用剂量必须个体化。

禁忌证为：①心率＜60次/分；②动脉收缩压＜100 mmHg；③中重度左心衰竭（≥Killip Ⅲ级）；④二、三度房室传导阻滞或PR间期＞0.24秒；⑤严重慢性阻塞性肺疾病或哮喘；⑥末梢循环灌注不良。

相对禁忌证为：①哮喘病史；②周围血管疾病；③胰岛素依赖性糖尿病。

### （五）血管紧张素转换酶抑制剂

血管紧张素转换酶抑制剂（ACEI）的主要作用机制是通过影响心肌重塑、减轻心室过度扩张而减少充盈性心力衰竭的发生率和死亡率。早期使用ACEI能降低死亡率，尤其是前6周的死亡率降低最显著，而前壁心肌梗死伴有左心室功能不全的患者获益最大。在无禁忌证的情况下，溶栓治疗后血压稳定即可开始使用。使用的剂量和时限应视患者情况而定，一般来说，早期从低剂量开始，逐渐增加剂量。

禁忌证：①急性期收缩压＜90 mmHg；②临床出现严重肾衰竭（血肌酐＞265 μmmol/L）；③有双侧肾动脉狭窄病史者；④对ACEI制剂过敏者；⑤妊娠、哺乳妇女等。

### （六）钙拮抗剂

钙拮抗剂不作为一线用药，但非二氢吡啶类钙拮抗剂（如地尔硫䓬）可用于缓解冠状动脉痉挛所致的心绞痛，或用于因为哮喘等原因而不能使用β受体阻滞剂的患者。

### （七）洋地黄制剂

在急性心肌梗死24小时之内一般不使用洋地黄制剂，对于AMI合并左心衰竭的患者，24小时后常规服用洋地黄制剂是否有益也一直存在争议。目前一般认为，对AMI恢复期在ACEI和利尿剂治疗下仍存在充血性心力衰竭的患者，可使用地高辛。对于AMI左心衰竭并发快速心房颤动的患者，使用洋地黄制剂较为适合，可首次静脉注射去乙酰毛花苷0.4 mg，此后根据情况追加0.2～0.4 mg，然后口服地高辛维持。

### （八）其他

**1. HMG辅酶A还原酶抑制剂（他汀类药物）** 他汀类药物可以显著降低低密度脂蛋白（LDL）胆固醇和总胆固醇，具有抗炎和稳定斑块的作用。许多研究一致认为，ACS患者使用大剂量他汀类药物可以显著减少心血管病事件的发生，有效地进行二级预防，应当长期使用。他汀类药物已经成为ACS患者的常规使用药物，降低LDL的目标是小于80 mg/dL。用药后部分患者可能出现谷丙转氨酶升高，极个别患者出现横纹肌损害。

**2. 葡萄糖-胰岛素-钾溶液静脉滴注（GIK）** 在AMI早期，用GIK静脉滴注以改善心肌代谢可能有益，但可增加血容量，不宜用于伴有心力衰竭的患者。

（余剑波）

## 第二节　急性心功能不全

急性心功能不全(acute heart dysfunction)是指由于心脏结构或功能异常急性发作或加重，引起心肌收缩力急骤降低、心脏负荷加重，导致急性肺淤血、肺水肿，并可伴组织器官灌注不足和心源性休克的临床综合征。临床上包括新发的急性心功能不全（既往无明确的心功能不全病史)、慢性心功能不全急性失代偿。急性心功能不全分为急性左心功能不全和急性右心功能不全,本节主要介绍急性左心功能不全。

## 一、病史

心功能不全患者多有基础心血管疾病史,在老年患者,常见病因为冠心病、高血压和老年性退行性心瓣膜病,而年轻患者多由风湿性心瓣膜病、扩张型心肌病、急性重症心肌炎等所致。常见的诱因有:感染、急性心律失常(包括快速性及严重缓慢性心律失常)、过度劳累、情绪激动、慢性心功能不全未规律用药、静脉输液过多过快、甲状腺功能亢进、贫血、酗酒、大手术后等。

## 二、临床表现

(一)症状

1. **呼吸困难**

劳力性呼吸困难是左心功能不全最早出现的症状,也是心功能不全最常见的症状。患者在安静状态下可无明显不适,体力活动时出现呼吸困难。引起呼吸困难的劳力强度是否发生改变是判断是否存在劳力性呼吸困难的重要依据。随着左室功能衰竭的加重,引起呼吸困难的劳力强度进行性下降。其发生机制为活动时需氧量增加,心率加快,回心血量增加。

阵发性夜间呼吸困难也是左心功能不全的重要症状之一,表现为患者入睡后因憋气而惊醒,伴有明显的咳嗽、喘息,严重者可有哮鸣音,常在坐起及将两腿下垂后缓解。其发生机制包括:平卧睡眠后血液重新分配使肺血量增加;睡眠时迷走神经张力增加,支气管收缩,通气阻力增加,肺通气量减少;睡眠时神经反射的敏感性降低,待肺淤血严重时才能刺激呼吸中枢,而突然出现呼吸困难。

随着心功能的继续恶化,肺淤血持续加重,以及在平卧时下肢静脉血液回流增多,患者需高枕卧位甚至完全不能平卧,常需持续坐位,表现为端坐呼吸。取坐位后,血液在重力作用下,部分转移到腹腔和下肢,肺淤血减轻;且坐位后膈肌下降,胸腔容量增加,肺活量增加,呼吸困难减轻。端坐呼吸也可见于肺活量降低及严重腹水患者。

2. **乏力** 也是心功能不全患者常见的症状,是由于肺淤血后发生的呼吸困难及心脏对运动肌供血不足(每搏量和心率下降)所致。另外,外周血管反应减低,骨骼肌代谢异常,骨骼肌和呼吸肌功能失调,也可引起乏力。

3. **夜尿和少尿** 心功能不全早期可发生夜尿增多,夜间卧床休息时相对于白天活动时心排血量改善、肾血管收缩减弱、尿形成增加。少尿是晚期心功能不全征象,是由心排血量明显下降所致。

4. **精神症状** 在重症心功能不全患者,尤其是伴有脑动脉硬化的老年患者,可出现意识模糊、精神错乱、记忆力损害、头痛、焦虑、失眠和噩梦,甚至谵妄、幻觉等。

(二)体征

1. **一般状况** 呈急性面容,通常营养状态好;可有口唇发绀、多汗、血压升高、心率增快及周围血管收缩导致的苍白、湿冷、指端发绀等,严重者可出现低血压。

2. **体征** 以肺部啰音为主要表现,通常两肺底均可闻及细小湿啰音。急性肺水肿时两肺布满喘鸣音和水泡音,伴咳粉红色泡沫样痰,此时患者表现为极度烦躁不安、端坐呼吸、大汗淋漓、有濒死感。啰音通常在两肺底都可听到,但如果是单侧的,则常见于右侧。若仅左肺闻及啰音，则提示左肺可能存在肺栓塞。

心脏听诊可有舒张早期奔马律、$P_2$亢进、心率增快，可在周围动脉触及交替脉及心脏扩大。

## 三、辅助检查

1. **常规检查** 包括血常规和血生化检查，如电解质（钠、钾、氯等）、肝功能、肾功能、血糖、白蛋白及高敏 C- 反应蛋白（hs-CRP）等。hs-CRP 对评估急性心力衰竭患者的严重程度和预后有一定的价值。

2. **B 型利钠肽（BNP）及 N 末端 B 型利钠肽原（NT-proBNP）** BNP 是 1988 年由 Matsuo 等人从猪脑内分离纯化出来的一种活性多肽，由含有 17 个氨基酸环结构的 32 个氨基酸组成。BNP 是在心室容积扩张和压力负荷增加时，主要由心室释放的一种心脏神经激素。BNP 水平对心功能不全的诊断、严重程度及预后都有一定的意义。血浆 BNP 可用于鉴别心源性和肺源性呼吸困难，在心电图正常的患者，血浆 BNP 水平＜ 100 pg/ml 或 NT-proBNP ＜ 300 pg/L，不支持心功能不全诊断。在大多数心源性呼吸困难患者，BNP ≥ 100 pg/ml 或 NT-proBNP ≥ 300 pg/L。

3. **胸部 X 线检查** 胸部 X 线检查是确诊急性肺水肿的主要依据，可确定心影大小、观察肺淤血及肺部病变情况，并可大致判断心功能不全的程度，可用于鉴别心功能不全与肺部疾病。X 线上，心功能不全早期可表现为肺门血管影增强，上肺阴影增多和支气管壁影模糊、增厚，其肺纹理密度与下肺相似或多于下肺；进一步加重时出现间质性肺水肿，可使肺野模糊，出现 Kerley B 线。Kerley B 线是在肺野外侧清晰可见的水平线状影，是肺小叶间隔内积液的表现，是慢性肺淤血的特征性表现。重症患者出现急性肺泡性肺水肿时，肺门呈蝴蝶状，肺野可见大片融合的阴影。心功能不全时也可出现胸腔积液等。

4. **心电图** 心电图是所有可疑急性心功能不全的患者必须进行的检查之一，可以用于评估心率、心律、传导等，并可初步判断常见的病因。心功能不全时心电图无特异性表现，如果心电图完全正常，往往提示心功能不全的可能性不大。

5. **超声心动图** 对所有临床怀疑心功能不全患者应常规进行超声心动图检查。超声心动图可以用于评估和检测心房、心室、瓣膜结构和功能，诊断机械性并发症及心包疾病，测定主动脉和肺动脉血流速率，评估肺动脉压和检测左心室前负荷。超声心动图可以用于评估收缩功能，采用改良的 Simpson 法测量左室容量及左室射血分数（LVEF 值）；正常 LVEF 值＞ 50%，LVEF ＜ 40% 为收缩期心功能不全的诊断标准。超声心动图可初步判断有无舒张功能不全，以心动周期中舒张早期心室充盈速度最大值为 E 峰，舒张晚期（心房收缩）心室充盈最大值为 A 峰，正常人 E/A 值不应小于 1.2，中青年人的 E/A 值更大。舒张功能不全时，E 峰下降，A 峰增高，E/A 值降低。

6. **放射性核素显像** 可测定静息状态下的左、右室功能，也可测定运动与药物负荷下的心室功能，并可获得整体与局部、收缩与舒张功能的指标。其缺点是不能直接观察心腔大小、瓣膜异常或心脏肥厚与否。

## 四、诊断

临床上一般依据病史、临床表现和辅助检查综合作出诊断。急性心功能不全的症状是重要的诊断依据。在评估心功能和诊断心功能不全的同时，应就其类型、临床分级、严重程度、预后、相关并发症等进行评估以指导临床治疗（图 6-1）。

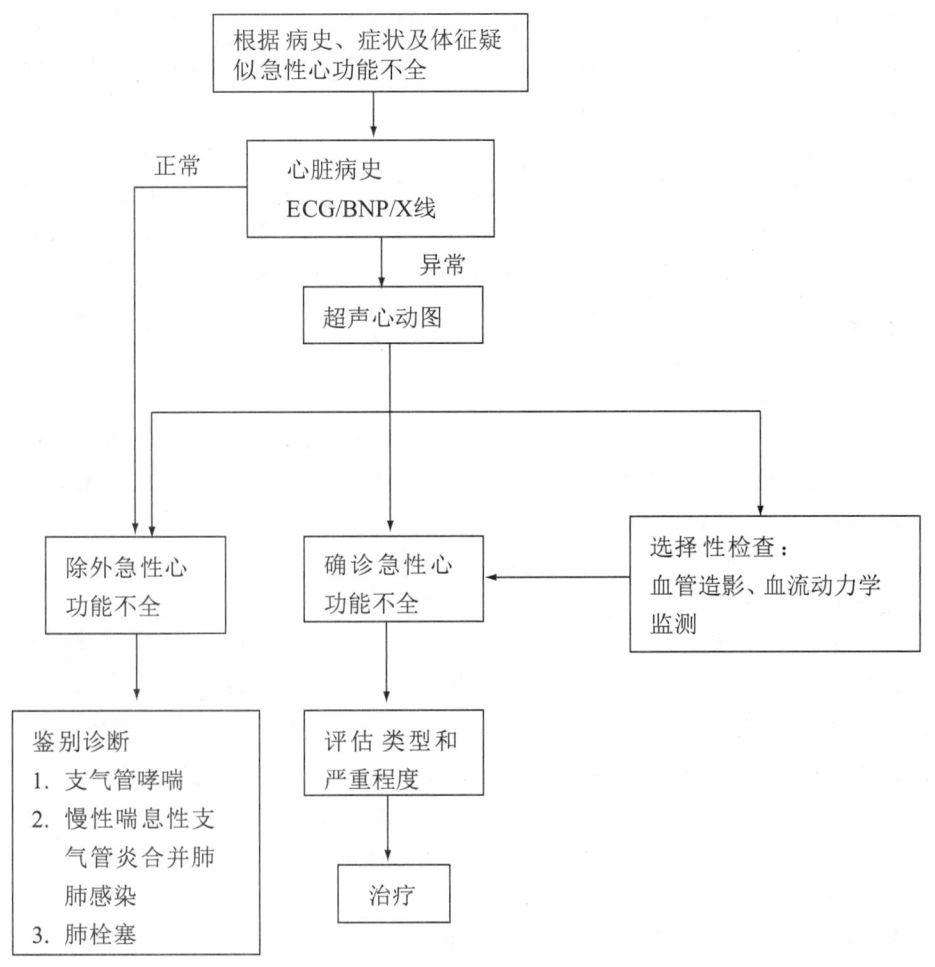

ECG：心电图；BNP：型利钠肽

图 6-1 心功能不全的诊断流程

## 五、鉴别诊断

急性左心衰竭（心源性哮喘）应与伴有气喘、咳嗽或咯血的支气管及肺疾病鉴别。

1. **支气管哮喘** 多见于年轻患者或青少年时期起病患者，部分病例有家族或个人过敏病史，过去有长期反复发作史，无心脏病史，病程长。任何时间都可发作，但冬春季节较多。每次持续时间长达数小时或数天。发作前有咳嗽、胸闷、喷嚏等，查体双肺布满哮鸣音，呈呼气性呼吸困难，可有肺气肿征。X线检查示肺野清晰或有肺气肿征。心电图正常或右室肥大。BNP 或 NT-proBNP 检查有较高的鉴别价值。

2. **慢性喘息性支气管炎合并肺部感染** 慢性喘息性支气管炎患者合并感染时，喘息加重，哮鸣音增多。一般病程较长，喘息呈进行性加重，而无夜间阵发性发作的特点。查体有典型的肺气肿体征。可有右心室增大，但无左心室增大及病理性杂音。血浆 BNP 水平正常，合并心功能不全时可增高。X 线检查可见肺纹理增粗、紊乱及肺气肿征象等。

3. **呼吸道过敏综合征** 可表现为咳嗽、胸闷、呼吸困难、咳白色泡沫痰或黏液痰。双肺可闻及弥漫性哮喘音，与心脏性哮喘相似。但为突发性发作，多伴有其他过敏反应的表现，如过敏性皮疹、血嗜酸性粒细胞增多等。X线检查肺部可见片状阴影或粟粒样小结节，在病情缓解后可消失。病程短，预后较好，可自愈，无基础心脏病史，心脏检查无异常。

4. **急性肺动脉栓塞** 表现为突发的呼吸困难，常伴有胸痛、咯血及晕厥等，可能伴有单侧或双侧下肢不对称性肿胀等症状。心电图有心动过速、$V_1 \sim V_4$ 导联 T 波倒置及典型的 $S_1Q_3T_3$ 改变或右束支阻滞。X线检查表现为肺纹理稀疏，肺野局部浸润性阴影或肺不张。动脉血气分析有低氧血症。血浆 D-二聚体升高。超声心动图可见右心负荷过重或肺动脉高压等。

## 六、治疗

### （一）治疗原则

所有急性心功能不全患者均须立即进入抢救室、心力衰竭单元或监护病房进行生命体征及血流动力学监测，评估病情进入救治流程。治疗目标是：早期改善症状、恢复氧合、稳定血流动力学状态、保护心脏及肾功能、预防血栓栓塞、降低死亡风险及改善预后。同时查找并矫正急性心功能不全的基础病因及诱发因素，维持水、电解质及酸碱平衡。

### （二）紧急救治措施

1. **体位** 取坐位或半卧位，双腿下垂，可有效地减少回心血量，减轻左心前负荷，有利于缓解肺淤血。对血压降低、心源性休克患者，平卧，头和下肢均抬高 15～30°。

2. **吸氧** 鼻导管法或面罩法吸氧适用于没有明显肺水肿、动脉血氧饱和度在 90% 以上的患者，流速为 5～6 L/min，吸入氧浓度为 40%～60%，维持动脉血氧分压在 80 mmHg 以上。

重症急性左心功能不全出现呼吸衰竭或经药物治疗不能控制病情时，应尽早应用机械辅助通气，以改善通气，提高血氧含量。正压通气可加大功能残气量、促进氧的弥散、抑制液体渗出，从而缓解肺水肿，可降低左室后负荷和前负荷。

机械通气模式主要采用经鼻（面）罩无创呼吸机双水平正压通气（bilevel positive airway pressure，BiPAP）模式，相当于自主通气加压力支持（pressure support ventilation，PSV）和呼气末正压（ePEEP）。吸气压力（IPAP）/呼气压力（EPAP）从 10/5 $cmH_2O$ 开始，可逐渐调高，每次上调 2.5 $cmH_2O$，直到血氧饱和度达到 90% 以上，肺啰音明显减少。最大压力一般为 20/10 $cmH_2O$，平均在 16/8 $cmH_2O$。吸入氧浓度一般在 40%～50%，流量触发，吸/呼比为 1:1.5～1:2.5。

对于自主呼吸无力、气道分泌物过多、有严重的呼吸性酸中毒（$PaCO_2 \geq 55$ mmHg）、不能配合或经无创机械通气治疗无效者，应及时给予有创机械通气治疗。

3. **镇静止痛** 急性左心功能不全患者大多有极度烦躁不安和呼吸困难，合并急性冠状动脉综合征者往往有剧烈胸痛，心肌耗氧可明显增加，加大心脏负荷。有效的镇静止痛是急性左心衰竭的重要治疗措施之一。首选药物是吗啡，在镇静、止痛的同时，在一定程度上有缓解呼吸困难、扩张静脉和动脉、减慢心率、降低血压、减轻心脏负荷的作用。吗啡 3～5 mg 静脉注射，必要时 15 分钟重复一次，共 2～3 次。对老年患者，可用吗啡 5～10 mg 肌内注射，每 3～4 小时重复一次。吗啡剂量过大可产生呼吸抑制、低血压、心动过缓。对高龄，支气管哮喘，昏迷，以及有严重肺部病变、呼吸抑制、心动过缓、房室传导阻滞者应忌用或慎用吗啡。

（三）药物治疗

1. **利尿剂**　静脉应用利尿剂可快速降低血容量，减轻心脏的前负荷，从而缓解肺循环和/或体循环的充血症状。选用呋塞米或托拉塞米，呋塞米静脉注射后约5分钟起效，疗效可持续4～5小时，每次剂量20～100 mg。托拉塞米20～40 mg静脉注射，必要时可重复给药。

应用利尿剂应注意监测出入量，防止利尿过度而造成有效循环血量下降，导致心输出量下降；如存在有效循环容量不足，应注意首先补充容量；还应监测血电解质，防治电解质紊乱；如有低钾血症和低镁血症等，可诱发严重心律失常；有主动脉瓣狭窄者因需要较高的左室充盈压以维持心输出量，过分利尿可导致心输出量急剧下降，利尿剂应慎重应用。

2. **血管扩张剂**　血管扩张剂是首选的一线药物，可降低心脏前、后负荷及心肌耗氧量，用药过程中需严密监测血压，根据血压情况确定用药剂量。

（1）硝酸甘油：适用于大多数急性左心衰竭。初始剂量为10～20 μg/min，每5～10分钟可增加5～10 μg。然后根据血流动力学情况调整剂量。待病情好转，可改用口服二硝酸异山梨醇（消心痛）维持治疗，初始剂量5 mg，每4小时一次，可渐增至每次20～40 mg。

（2）硝普钠（nitroprusside）：适用于冠心病、高血压性心脏病合并左心衰竭，主动脉瓣或二尖瓣关闭不全导致的心力衰竭。硝普钠具有动静脉扩张作用，既能增加心排血量，又能减轻肺淤血；起效迅速，作用持续时间很短，能在几分钟内达到预期的最佳血流动力学效应。因其选择性扩张正常冠状动脉，使血流从已代偿性高度舒张的病变血管分流到冠状动脉相对正常的区域，在少数患者可诱发冠状动脉窃血综合征。

用药的原则是从小剂量开始，根据血压逐渐调整用量，直至症状和体征改善，持续用药，症状改善后逐渐减量。初始剂量为12.5 μg/min，每5分钟增加5～10 μg，直至疗效出现或有低血压副作用为止，维持量为50～100 μg/min。

应用过程中需注意低血压反应，应在严密血压监测下使用。特别要警惕：在应用硝普钠过程中突然停药会引起冠状动脉痉挛，造成心搏骤停或加重泵衰竭；停药前应逐渐减量，加服口服的血管扩张剂以替代，如ACEI制剂及α-受体拮抗剂。长期应用有氰化物毒性反应，需监测血硫氰酸盐水平，如出现恶心、呕吐、大汗、头晕，应警惕中毒。

（3）奈西利肽（nesiritide）：是一类新的血管扩张剂，是重组的人脑利钠肽或B型利钠肽，结构与内生BNP完全相同，有静脉、动脉和冠状血管舒张作用，可减轻前后负荷并可增加心输出量。其主要副作用是低血压。

3. **正性肌力药物**　正性肌力药物通过增强心肌收缩力，提高心排血量，减少左室容量负荷，降低心肌张力，从而改善心脏功能，但此类药物在增加心肌收缩力的同时可直接增加心肌耗氧，而且有可能导致心律失常。对于收缩功能正常而有左室舒张功能障碍引起的急性左心衰竭患者，正性肌力药物作用有限。临床上常用的正性肌力药物主要有三类，分别是洋地黄类、β受体兴奋剂和磷酸二酯酶抑制剂。

（1）洋地黄类药物：主要适用于快速室上性心律失常诱发的急性左心功能不全及有窦性心动过速、左心室扩大、LVEF降低的左心功能不全者。一般首选毛花苷C（西地兰），首剂为0.2～0.4 mg静脉缓注，以后2～4小时内可再给0.2～0.4 mg。若近一周内用过洋地黄类药物，则应估计药物排泄情况，予以小剂量追加。急性心肌梗死患者在24小时内应禁用洋地黄类药物。

（2）β受体兴奋剂：适用于洋地黄治疗无效或某些不适于洋地黄的情况，常用药物为多巴酚丁胺与多巴胺。

多巴酚丁胺为 $β_1$ 受体兴奋剂，也可兴奋 $β_2$ 受体，可直接增强心肌收缩力，同时降低后负荷，增加心排血量。静脉滴注，2.5～10 μg/(kg·min)，药效出现快，15 分钟可见心排血量增加，左室舒张末压、外周血管阻力、肺毛细血管楔嵌压均下降。一般治疗剂量对血压无影响。

多巴胺小剂量应用时 [2～5 μg/(kg·min)] 可兴奋心脏 β 受体及多种脏器的多巴胺受体，使肾血管、肠系膜血管及脑血管、冠状动脉扩张，增强心肌收缩力并增加心排血量，但大剂量 [10μg/(kg·min) 以上] 应用时可刺激体内去甲肾上腺素释放，兴奋 $α_1$ 受体，使血压增高。

(3) 磷酸二酯酶抑制剂：适用于急性心功能不全和急性失代偿性心功能不全，一般在利尿剂、血管扩张剂和洋地黄联合治疗无效时选择此类药物，常用制剂有氨力农（amrinone）、米力农（milrinone）等。本类药物通过抑制 cAMP 降解而升高细胞内 cAMP 水平，发挥正性肌力和正性松弛（降低心室跨壁压）作用，同时可使外周阻力血管舒张，尤其是可扩张肺小动脉，降低肺动脉压。一般短期静脉应用 3～5 天，对心功能不全急性期病情的缓解有利，但长期应用却可增高病死率。氨力农 0.75 mg/kg、2～3 分钟内静脉输注，然后按 5～10 μg/(kg·min) 持续给药。米力农作用比氨力农的强，副作用少，先按 37.5～50 μg/kg 缓慢静注 10 min，继以 0.375～0.75 μg/(kg·min) 静脉点滴。

### (四) 非药物治疗

**1. 主动脉内球囊反搏（IABP）** IABP 通过放置于降主动脉内的球囊装置，在心室舒张期主动脉瓣关闭后立即自动充气提高主动脉舒张压，增加冠状动脉血流及心肌氧供，减轻心肌缺血；在收缩期主动脉瓣开放前自动放气，从而降低左心室后负荷，增加心输出量，有效改善急性左心衰竭、心源性休克和冠心病患者血流动力学及心肌血供状况，是一种临时性辅助循环方法。IABP 的禁忌证是主动脉夹层、主动脉瓣反流、严重的凝血功能障碍、脓毒症。

**2. 血液净化** 对于有明显钠水潴留的急性失代偿性心功能不全、对利尿剂反应较差的患者，可试用血液净化治疗。血液滤过（单纯超滤）可有效地滤出体内潴留的水分，还能清除体内的血管紧张素、醛固酮物质，适用于没有严重心肌损害的患者。

（马炳辰　付　研）

# 第三节　高血压危象

## 一、定义

高血压危象（hypertensive crisis）：是指血压急性升高超过 180/120 mmHg，并同时伴有或不伴有脏器功能损伤的一组临床综合征。依据是否存在靶器官损伤，分为高血压急症和高血压亚急症。靶器官损伤不仅是高血压急症诊断的重点，也是临床选择治疗方案的决定因素。血压升高的程度不作为区分二者的标志，血压下降的幅度也非急诊高血压治疗效果的金标准，目标血压仅仅作为脏器功能保护的先决条件。

高血压急症（hepertension emergency）：指血压严重升高超过 180/120 mmHg，并伴有靶器官进行性损伤的临床综合征，包括高血压脑病、颅内出血、急性冠状动脉综合征、急性左心衰竭伴肺水肿或主动脉夹层等。高血压急症危害严重，需立即进行降压治疗以阻止靶器官的进一步损伤。

高血压亚急症（hypertensive urgency）：指血压严重升高超过 180/120 mmHg，但无靶器官损伤证据的临床综合征。

## 二、发病机制

在应激、神经反射或内分泌激素水平异常的作用下，交感神经张力亢进、缩血管活性物质（如肾素、血管紧张素等）释放增加，诱发短期内血压急剧升高；同时，在全身小动脉痉挛的作用下发生压力性利尿，造成循环血容量减少，反射性引起缩血管活性物质水平进一步增加，诱发炎症因子释放，造成血管内皮损伤，形成恶性循环，导致急诊高血压时的终末器官组织灌注减少，最终诱发心脑肾等重要脏器的缺血。

## 三、临床表现

急诊高血压的临床表现各异。高血压亚急症患者可出现非靶器官受损的自主神经失调症状，包括面色苍白、烦躁不安、多汗、心悸、手足震颤和尿频；除此以外，还会出现鼻出血及单纯头晕、头痛等表现。高血压急症患者除了上述临床表现以外，还存在靶器官受损的临床表现。

## 四、病情评估

1. **询问病史** 了解患者有无高血压病史、药物治疗情况及血压控制程度等；有无使血压急性升高的诱因：停用降压药物；特殊用药史，如拟交感神经或违禁药物（如麦角酸二乙酰胺、安非他命、可卡因）等；急性感染；急性尿潴留；急慢性疼痛；惊恐发作；服用影响降压效果的药物（非甾体类抗炎药、胃黏膜保护剂）。

2. **体格检查** 除测量血压外，应仔细检查眼底、心血管及神经系统，了解靶器官损害的程度，同时评估有无继发性高血压的可能。①测量患者平卧及站立血压以评估有无有效血容量不足；②测量双上肢及双下肢血压，如果两侧血压相差大于 20 mmHg，应警惕主动脉夹层的可能性；③注意有无急性心力衰竭的存在，如双肺底湿啰音，病理性第三心音或奔马律；④神经系统查体应评估患者的意识状态、有无脑膜刺激征、视野改变或定位体征。

3. **实验室检查** 血尿常规、血液生化和心电图检查应列为常规检查。依病情可选择胸部 X 线、头部或胸部 CT 检查或超声心动图等检查。

## 五、治疗原则

急诊高血压处理原则：依患者病情的评估，区分高血压急症及高血压亚急症给予针对性治疗。急诊高血压处理流程如图 6-2 所示。

高血压急症的治疗原则：进行紧急降压处理，根据诱因及受累的靶器官确定针对性治疗方案，预防或减轻靶器官的进一步损害。应在处理引起血压急性升高的可逆情况或诱因的同时，给予药物治疗。宜采用半衰期短的药物，通常选择乌拉地尔、艾司洛尔、拉贝洛尔、硝普钠、硝酸甘油或尼卡地平等药物单独或联合用药。在降压治疗的同时查找病因，给予针对性处理。

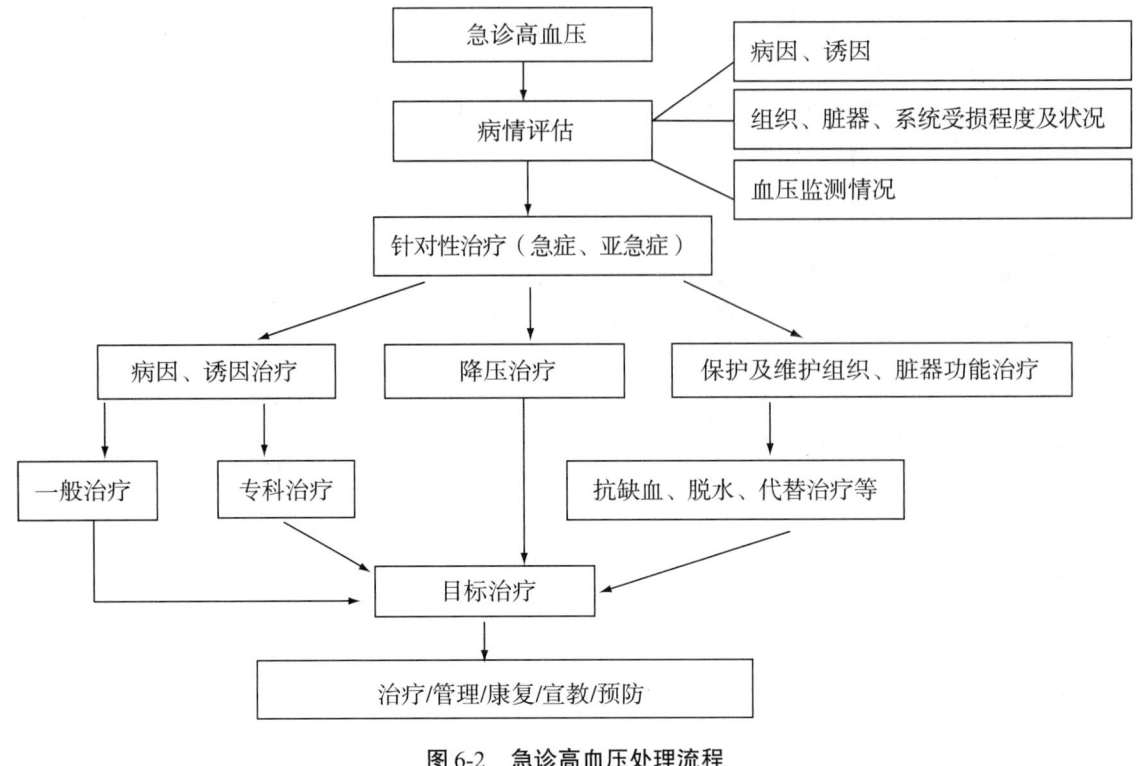

图 6-2 急诊高血压处理流程

（马 丽）

## 第四节 急性心包炎和急性心肌炎

### 一、急性心包炎

心包由脏层、壁层组成，二者之间为心包腔，内含少量（约 30 ml）液体，起润滑作用。急性心包炎是最常见的心包病变，是心包脏层和壁层的急性炎症，常是全身疾病的一部分，或由邻近组织病变蔓延而来。临床特征包括胸痛、心包摩擦音和心电图上特异性的 ST-T 改变。心包炎可同时并存心肌炎和心内膜炎，也可单独存在。

**（一）病理生理**

急性心包炎按病理变化可分为纤维蛋白性和渗出性两大类。渗出液体量可由 100 ml 至 2~3 L，积液一般在数周至数月内吸收，但可伴随发生壁层与脏层的粘连、增厚及缩窄。液体也可在较短时间内大量积聚，导致心包内压力急剧上升，使心脏受压，导致心室舒张期充盈受阻，并使周围静脉压升高，最终使心排血量降低，血压下降，出现急性心脏压塞。急性心包炎时，心外膜下心肌有不同程度的炎症变化。此外，炎症也可累及纵隔、横膈和胸膜。

**（二）病因**

大都继发于全身性疾病。常见的病因有特发性（非特异性）、感染性（病毒、细菌、结核等）、自身免疫性（风湿热及其他结缔组织疾病）、肿瘤、代谢性疾病（尿毒症、痛风）、邻近器官疾病（胸膜炎、主动脉夹层、肺梗死等）及创伤等。近年来，病毒感染、肿瘤及心肌梗死性心包炎发病率明显增多，而风湿热、结核及细菌感染性心包炎减少。

（三）临床表现

1．纤维蛋白性心包炎

（1）症状：心前区疼痛：以急性非特异性心包炎及感染性心包炎较为明显。

1）疼痛部位：位于心前区，可放射到颈部、左肩、左臂及左肩胛部，也可达上腹部。

2）疼痛性质：可尖锐，也可呈压榨样。

3）与呼吸运动有关，常因咳嗽、深呼吸或变换体位而加重。

注意与心肌梗死的心前区疼痛鉴别（表6-6）。

表6-6 急性心包炎胸痛与缺血性胸痛的鉴别

| | 缺血性胸痛 | 急性心包炎胸痛 |
| --- | --- | --- |
| 部位 | 胸骨后、左肩、前臂 | 心前区、左斜方肌嵴 |
| 性质 | 压迫样、烧灼样、渐进性 | 锐痛、钝痛、闷痛 |
| 胸部运动 | 无影响 | 随呼吸、胸部转动而加剧 |
| 持续时间 | 心绞痛：数分钟至15分钟 | 数小时或数天 |
| | 心肌梗死：30分钟至数小时 | |
| 劳累 | 稳定型心绞痛：多数有关 | 无关 |
| 体位 | 一般不影响 | 前倾坐位缓解，卧位加重 |

（2）典型体征：

1）心包摩擦音：表浅的抓刮样粗糙音，可有心房收缩、心室收缩和舒张早期三个成分，多数仅有心室收缩和心室舒张的双相性摩擦音。以胸骨左缘第3、4肋间最为明显，坐位时身体前倾、深吸气更易听到。当积液增多将二层心包分开时，摩擦音即消失。

2）心包摩擦音与呼吸无关，屏气时仍存在，可与胸膜摩擦音区别开来。

2．渗出性心包炎

（1）症状：取决于积液对心脏压塞的程度。最突出的症状为呼吸困难，与支气管、肺受压及肺淤血有关，严重时，呈端坐呼吸，身体前倾、干咳、声音嘶哑及吞咽困难等。

（2）体征：心浊音界向两侧增大，皆为绝对浊音界。心尖冲动弱，心音低而遥远。心包积液（Ewart）征：当心包积液较多时，在左肩胛下可出现浊音及支气管呼吸音。

（3）心脏压塞：急性心包炎约15%发生心脏压塞。急性心脏压塞出现急性循环衰竭，表现为颈静脉怒张、奇脉、动脉压下降、脉压小、心动过速、休克等；因腔静脉淤血可出现上腹胀痛、呕吐、下肢水肿等。

奇脉指触诊时桡动脉搏动吸气时显著减弱或消失，呼气时复原的现象。吸气时动脉收缩压较吸气前下降10 mmHg或更多。也见于肺气肿、支气管哮喘及大量胸腔积液时。

（四）辅助检查

1．X线检查 心影向两侧增大，心脏搏动减弱或消失。肺部无明显淤血而心影显著增大是心包积液的有力证据，可与心力衰竭鉴别。成人心包积液量少于250 ml、儿童少于150 ml时，X线难于检出积液。

2．超声心动图检查 简单易行，迅速可靠，并可观察心包积液量的变化及显示心脏压塞的特征：局限性右心房和右心室前壁舒张期塌陷；深吸气时右心室内径增大，左心室内径减小，心室间隔左移；下腔静脉扩张，无吸气性塌陷；心脏呈钟摆样运动。

3．心电图检查　急性心包炎因累及心肌，故心电图主要表现为：

（1）ST 段抬高，除 aVR 导联外，呈弓背向下型，aVR 导联中 ST 段压低。一至数日后，ST 段回到基线。T 波低平及倒置，持续数周或数月。

（2）QRS 波群低电压，积液量多时可见电交替；无病理性 Q 波及 QT 间期延长。

（3）常有窦性心动过速。

**（五）心包穿刺**

适用于诊断性穿刺、大量积液有压迫症状、化脓性心包炎及拟行介入性治疗者。心包穿刺可抽出心包积液做生物学、生化和细胞分类检查，包括寻找肿瘤细胞等；还可测定腺苷脱氨基酶（ADA）活性，≥ 30 U/L，对结核性心包炎诊断有高度特异性。抽取一定量的积液也可解除心脏压塞症状，并在心包腔内注入抗菌药物或化疗药物等。

**（六）急诊处理路径（图 6-3）**

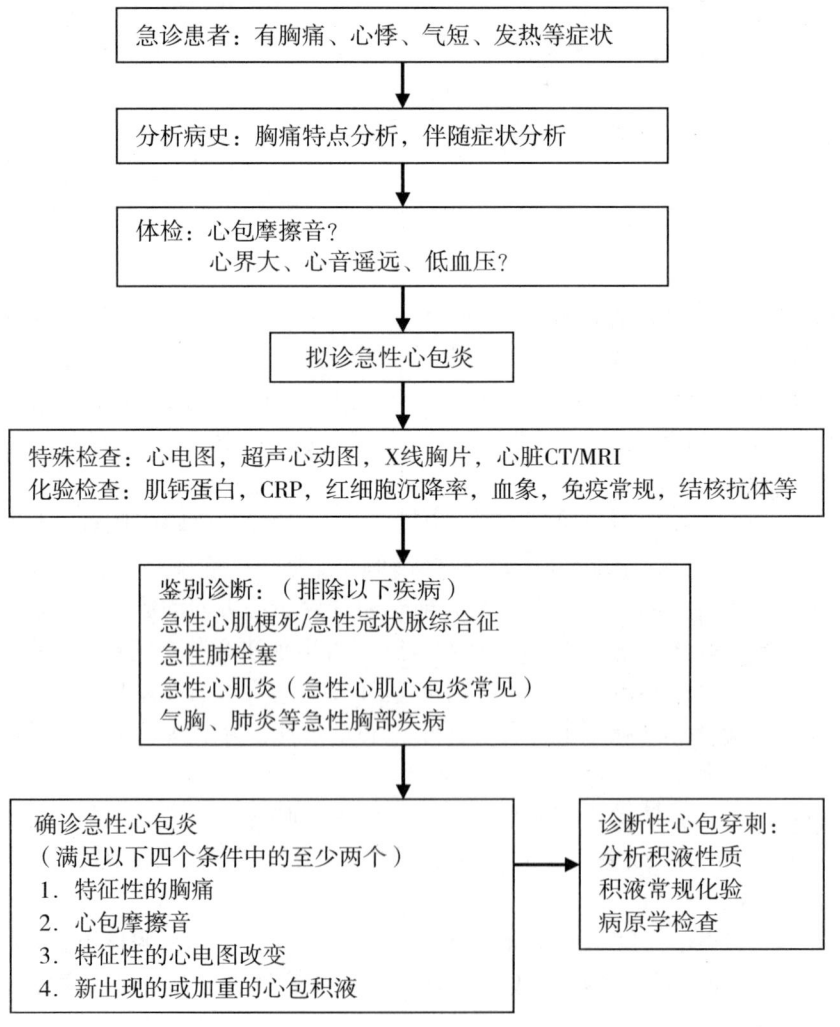

图 6-3　急性心包炎急诊处理路径

### （七）鉴别诊断

常见心包炎的鉴别及治疗见表 6-7。

### （八）主要病因类型及治疗

急性心包炎治疗关键是：针对原发病因的有效治疗，预防和治疗并发症，一旦出现心脏压塞，应及时进行心包穿刺引流（见表 6-7）。

### （九）预后

急性心包炎的自然病程及预后取决于病因，各种疾病一旦出现急性心包炎，尚无有效措施预防其发展成心包积液或心脏压塞。

## 二、急性心肌炎

心肌炎是指心肌局限性或弥漫性的急性或慢性炎症病变，可分为感染性和非感染性两大类。前者由细菌、病毒、螺旋体、立克次体、真菌、原虫、蠕虫等感染所致，后者包括过敏或变态反应性心肌炎（如风湿病）以及理化因素或药物所致的心肌炎等。病毒性心肌炎在其中发病率最高，是当前我国最常见的心肌炎。由病毒感染所致心肌炎，病程在 3 个月以内者称为急性病毒性心肌炎。

### （一）临床表现

心肌炎的临床症状轻重程度差异大，常缺少特异典型性特点。轻者可无自觉症状，或表现为胸闷、心慌、乏力、气短、心前区疼痛等；严重者可表现为猝死、严重心律失常、心源性休克、心力衰竭、心包炎或急性心肌梗死等。病毒性心肌炎是小儿和中青年人猝死的重要原因。成人病毒性心肌炎的急性期死亡率低，大部分病例预后良好。但暴发型与重型患者的病情可进行性发展，心腔扩大和心力衰竭致死；也有少数心腔扩大，而无心力衰竭表现，持续数月至数年后，未经治疗心功能改善并保持稳定，但其中一部分可再度病情恶化，预后不佳。

（3）两个以上导联 ST 段呈水平型或下斜型下移 ≥ 0.05 mV 或 ST 段异常抬高或出现异常 Q 波。

2．**心肌标志物**　血清肌钙蛋白 I 或肌钙蛋白 T、CK-MB 明显增高。

3．**超声心动图和核素心功能检查**　无特异性，可见心腔扩大或室壁运动减弱，左心室收缩或舒张功能障碍。

4．**X 线检查**　有程度不同的心脏扩大，严重病例可见肺淤血或肺水肿征象。

5．**心血管核磁共振显像**　可以鉴别缺血性和非缺血性心肌病。

（2）多源、成对室性早搏，自主性房性或交界性心动过速，阵发或非阵发性室性心动过速，心房或心室扑动或颤动。

### （二）辅助检查

1．**心电图**

（1）窦性心动过速、房室传导阻滞、窦房阻滞或束支阻滞。

6．**病原学依据**　引起心肌炎的病毒种类颇多，最常见的是柯萨奇病毒、埃柯病毒、风疹病毒、流感病毒等。

（1）急性期从心内膜、心肌、心包或心包穿刺液中检测出病毒、病毒基因片段或病毒蛋白抗原。

表 6-7 常见心包炎的鉴别及治疗

| | 急性非特异性 | 结核性 | 化脓性 | 肿瘤性 | 心脏损伤后综合征 |
|---|---|---|---|---|---|
| 病史 | 病前常有上呼吸道感染史,起病多急剧,常反复发作 | 常伴原发性结核或与其他浆膜结核并存 | 常有原发感染病灶,伴明显脓毒症表现 | 原发性肿瘤为心包间皮瘤,较少见。转移性肿瘤多见,其次是淋巴瘤和白血病 | 有手术、心肌梗死、心脏创伤等心脏损伤后2周或数月,可反复发作 |
| 发热 | 持续发热 | 可有 | 高热 | 少有 | 常有 |
| 胸痛 | 常剧烈 | 有 | 常有 | 常无 | 常有 |
| 心包摩音 | 明显,出现早 | 可出现 | 常有 | 常无 | 少有 |
| 呼吸困难 | 常无 | 可有 | 可有 | 少有 | 可出现 |
| 白细胞计数 | 正常或增高 | 正常/轻度增高 | 明显升高 | 正常/轻度增高 | 正常/轻度增高 |
| 血培养 | 阴性 | 阴性 | 可阳性 | 阴性 | 阴性 |
| 心包积液量 | 较少 | 中等或大量 | 较多 | 大量 | 一般中量 |
| 性质 | 草黄色或血性 | 多为血性 | 脓性 | 多为血性 | 常为浆液性 |
| 细胞分类 | 淋巴细胞占多数 | 淋巴细胞较多 | 中性粒细胞占多数 | 淋巴细胞较多 | 淋巴细胞较多 |
| 细菌培养 | 无 | 有时找到结核分枝杆菌可出现 | 找到化脓性细菌 | 无 | 无 |
| 心脏压塞 | 较少见 | 可出现 | 可出现 | 易出现 | 可出现 |
| 治疗 | 可自愈,非甾体类抗炎药及糖皮质激素 | 抗结核治疗,疗程6～9个月 | 足量有效抗生素及心包切开引流 | 原发病治疗,心包穿刺或切开。避免用抗凝剂 | 自限性,糖皮质激素治疗有效 |

148

(2) 病毒抗体 IgG：第二份血清中同型病毒抗体滴度较第一份血清升高 4 倍（2 份血清应相隔 2 周以上）或一次抗体效价 ≥ 640 者为阳性，320 者为可疑阳性。

(3) 病毒特异性 IgM：以 ≥ 1∶320 者为阳性。如同时有血中肠道病毒核酸阳性，更支持有近期病毒感染。

### （三）急诊处理路径

急性心肌炎急诊处理路径见图 6-4。

### （四）治疗

急性心肌炎目前多采取综合治疗及对症处理方法进行治疗。

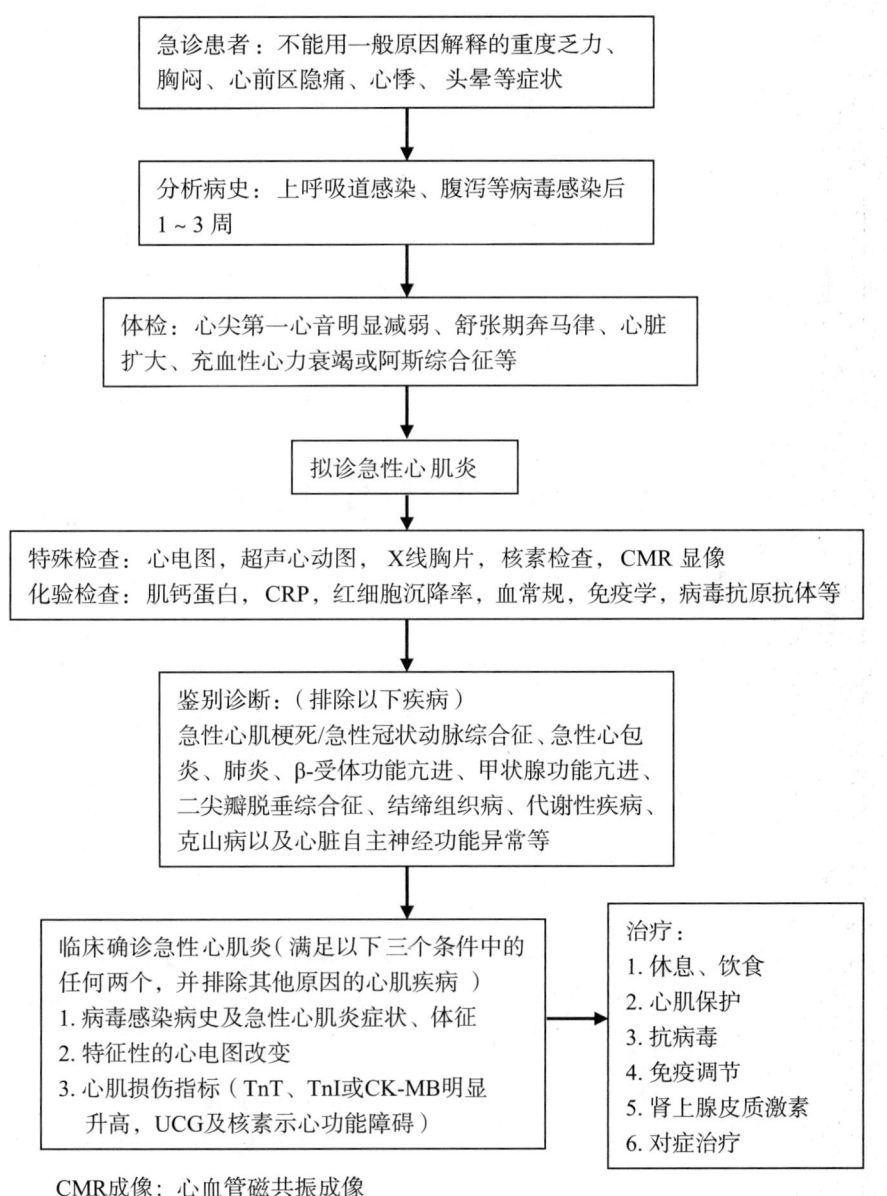

图 6-4　急性心肌炎急诊处理路径

**1. 一般治疗** 应限制体力活动，需卧床休息到热退后 3～4 周、心影恢复正常，始能下床轻微活动。病情较重者，卧床 6 个月左右。轻症可适当缩短卧床休息时间。多进食含维生素 C 类水果及富含氨基酸的食物。

**2. 药物治疗**

（1）保护心肌：维生素 C 和辅酶 Q10 具有保护心肌作用。用法：重症心肌炎患者，维生素 C 5 g + 5% 葡萄糖注射液 250 ml，静脉滴注，每日 1 次，疗程 1～2 周。辅酶 $Q_{10}$ 10 片，口服，每日 3 次，疗程 1 个月。曲美他嗪可增加心脏收缩功能。用法：曲美他嗪 20 mg 口服，每日 3 次，疗程 1 个月。

（2）抗病毒：阿昔洛韦、更昔洛韦等。使用干扰素或干扰素诱导剂可预防和治疗心肌炎。一些中药如板蓝根、连翘、虎杖等可能对病毒感染有效。

（3）肾上腺皮质激素：仅用于部分病毒性心肌炎急性重症病例，如心源性休克、心力衰竭或存在严重房室传导阻滞、病态窦房结综合征等。大剂量、短程应用。中毒性心肌炎可酌情短程应用。诊断明确的风湿性心肌炎可常规应用。

（4）调节免疫功能：选用免疫增强剂、免疫球蛋白、转移因子、胸腺素针剂等。

（5）对症治疗：出现心力衰竭者接受规范的抗心力衰竭治疗。应用洋地黄类需谨慎，宜从小剂量开始。ACEI/ARB、扩血管药及利尿剂可预防心室重构。对心律失常进行监测和治疗。

（邢绣荣　秦　俭）

# 第五节　严重心律失常

心律失常（arrhythmia）是指心脏激动的起源、频率、节律、传导速度和传导顺序等异常。按起源部位可分为窦性、房性、房室交界性和室性心律失常，常可称为室上性和室性心律失常。按传导速度分为快速性心律失常和缓慢性心律失常。急诊心律失常起病急、进展快、死亡率高，其主要危害是引起血流动力学障碍。心脏对心律失常的代偿范围为 40～150 次/分，当心律失常的频率＜40 次/分或＞150 次/分时就会出现心脏代偿机制的障碍。此外，是否存在器质性心脏病，心律失常是否整齐、持续时间长短，都与心脏的代偿功能有关。

## 一、快速性心律失常

**（一）窦性快速性心律失常**

窦性心动过速：多有明确的病因或诱因，如甲状腺功能亢进、发热、心力衰竭、心肌炎等，治疗原发病后多可恢复正常，如不能恢复正常，可应用Ⅱ类或Ⅳ类抗心律失常药物。

**（二）室上性快速性心律失常**

广义上包括房性心动过速（房速）、心房颤动（房颤）、心房扑动（房扑）、房室折返性心动过速及房室结折返性心动过速。狭义上只包括房速、房室折返性心动过速和房室结折返性心动过速。

**1. 房性心动过速**　①多见于老年人；②多有器质性心脏病，如肺心病、冠心病；③异位起搏点位于心房，可分为自律性房速和折返性房速；又可分为单形性房速和多形性房速；

④房速的频率为150～250次/分；⑤刺激迷走神经不能终止；⑥当出现血流动力学障碍时提示危重，如血压下降、呼吸困难、心绞痛及晕厥；发作时心室率＞200次/分；老年患者或有心脑血管器质性疾病者。

治疗：对于紧急终止房速，颈动脉窦按摩或腺苷（有效率为20%～30%）或其他房室结阻滞剂（β受体阻滞剂或钙离子拮抗剂）可以试用。药物对阵发性反复发作房速效果差。腺苷禁用于有支气管痉挛病史的患者，诊断不明时应慎用，因为腺苷可导致伴有冠状动脉疾病的患者发生心室颤动。抗心律失常药物可为普罗帕酮、维拉帕米、洋地黄、胺碘酮、美托洛尔等。房性心动过速在双向波电复律治疗时常规推荐为50J，经导管射频消融治疗是根治的主要方法。

2. **心房颤动** ①阵发性房颤可无明显器质性心脏病，而持久性房颤多有器质性心脏病或甲状腺功能亢进；②异位起搏点位于肺静脉、左右心房；③心电图特点是：P波消失，出现f波，频率为350～600次/分；QRS波群呈室上性，RR间期绝对不规则；④房颤合并预激时危险性高，需紧急处理；⑤房颤合并高度或完全性房室阻滞时，也需急诊处理。

《2010年欧洲心脏病学会（ESC）指南》根据房颤发作时间和特点将房颤分为：初诊房颤、阵发性房颤、持续性房颤、永久性房颤和长期持续性房颤五类。阵发性房颤：能在7天内自行转复为窦性心律者，一般持续时间＜48小时；持续性房颤：房颤持续7天以上，需要药物或电复律才能转复为窦性心律者；永久性房颤：指不再考虑节律控制者；长期持续性房颤：房颤持续时间超过1年，拟采用节律控制策略，即接受导管消融治疗。孤立性房颤一般指年轻患者（60岁以下）的、没有心肺疾病证据的房颤包括高血压的临床或超声心动图证据。关于血栓栓塞及死亡率，这类患者预后较好。

（1）抗凝治疗：华法林抗栓作用优于抗血小板药物阿司匹林或阿司匹林与氯吡格雷两者合用。房颤抗凝治疗的INR目标值为2.0～3.0，靶目标为2.5；75岁以上老年人的INR目标值为1.6～2.5。低强度华法林抗凝（INR＜2.0）加用阿司匹林并不优于单用阿司匹林。置入机械瓣的房颤患者的INR至少＞2.5（二尖瓣置换术）或＞2.0（主动脉瓣置换术）。对于有明确禁忌证或拒绝口服抗凝药物且出血风险较低的患者，可用阿司匹林（75～100 mg）及氯吡格雷75 mg预防卒中。对于需要手术治疗的机械瓣置换术或非高危栓塞者，术前需停用口服抗凝药（亚强度抗凝48小时），但不用肝素做替代治疗。

《2010年ESC指南》指出，房颤持续＜48小时者也需急性肝素化后再行转复治疗；＞48小时者需抗凝(前3周后4周)后转复，或行食管超声检查；如左心耳有血栓：抗凝后转复；如左心耳无血栓，肝素化后转复。而且转复后，应继续抗凝治疗4周；如存在卒中危险或房颤复发风险，应长期抗凝治疗。

《2011年美国心脏病学院基金会实践指南》推荐，对所有房颤患者都应预防血栓栓塞，行抗血栓治疗，除了有孤立性心房颤动或有禁忌证者：①对于房颤持续超过48小时的患者，或心房颤动持续时间不详，建议转复前3周及转复后4周抗凝（INR 2.0～3.0），不论是电转复还是药物转复；②对于房颤超过48小时的患者，由于血流动力学不稳定，需要立即行心脏转复，并应同时给予肝素（除非有禁忌证），先给予静脉负荷量注入，后给予维持治疗，使活化的部分凝血活酶时间延长至1.5～2倍的参考数值；③对于血流动力学不稳定的48小时之内的房颤患者，如有心绞痛、心肌梗死、休克或肺水肿，应立即在抗栓治疗开始给予心脏转复；④房颤转复前抗凝治疗的替代方法，可应用经食管超声心动图寻找左心房或左心耳血栓。对于未发现血栓的患者，可在普通肝素抗凝治疗后，立即行心脏转复。对于经食管超声心动图提示有血栓的患者，转复前3周及后4周口服抗凝药物（INR 2.0～3.0）是合理的，而且对转复成功的患者，仍需长期抗凝治疗，因为血栓栓塞的危险在这些患者中仍然很高。

此外，在房颤及血栓栓塞高危患者，妊娠前2个月及最后1个月，应考虑给予肝素治疗。普通肝素可持续静脉给予，使APTT达到参考值的1.5～2.0倍；也可每12小时间断给予1万～2万单位皮下注射，调整延长中间间隔（注射后6h），APTT时间至1.5倍参考值。可以在妊娠3～6个月时，给予口服抗凝药物。

(2) 率律控制：AFFIRM研究表明，心率控制组与节律控制组的生存率及生活质量无明显差异。室率控制范围目前主张宽松控制，以静息状态下不超过110次/分为目标。

1) 室率控制：可选用阿替洛尔、美托洛尔、地尔硫䓬和维拉帕米。在AFFIRM试验中，与或不与地高辛合用，在速率控制方面，β受体阻滞剂都是最有效的药物。非二氢吡啶类钙离子拮抗剂（维拉帕米和地尔硫䓬）是唯一能提高房颤患者生活质量及运动耐力的药物，但在收缩功能不全的心力衰竭患者中要慎用。地高辛能有效控制休息状态的房颤心室率，但在活动时效果不佳。地高辛不作为快速控制房颤的一线用药，除非患者有心力衰竭或左心功能不全，或患者经常处于静息状态。地高辛不能单独用于控制阵发性房颤患者的心室率，其最常见的不良反应是剂量相关性室性心律失常、房室传导阻滞及窦性停搏。胺碘酮是治疗房颤的二线药物。多非利特及伊布利特是房扑及房颤转复的有效药物，但在控制心室率时效果不佳。对于WPW综合征及心室预激综合征心动过速患者，禁止静脉内应用β受体阻滞剂、地高辛、腺苷、利多卡因及非二氢吡啶类钙离子拮抗剂，因为这些药物能减慢房室结传导速度，增加房颤时旁路的传导，导致心室率加快、低血压或室颤。

2) 房颤转复：对于无症状的持续性房颤患者，没有必要试图恢复窦性节律。对于血流动力学不稳定的急性房颤患者，应快速转复窦律以恢复血流动力学。首选直流电复律，其次是药物转复或电复律联合药物复律。电复律需要患者禁食，而药物转复不需要患者禁食。房颤的转复窦律适应证为：①新发房颤；②年龄＜65岁；③有明显的症状或心力衰竭；④无药物和电复律禁忌证。在开始应用抗心律失常药物之前，需去除房颤的诱因。

对于节律控制，药物是一线选择，而左心房消融是二线选择，特别是在有症状的孤立性房颤患者中。在抗心律失常药物治疗房颤效果不佳时，应该考虑导管消融来维持窦性节律。房颤转复时推荐应用氟卡尼、多非利特、普罗帕酮或伊布利特，也可应用胺碘酮。地高辛及索他洛尔当用于房颤转复时可能有害，因而不推荐。胺碘酮对新发房颤的转复效果并不优于其他抗心律失常药物，但是对伴有结构性心脏病的患者是安全的，包括禁用IC类药物的左心室功能不全患者。多非利特、伊布利特对房扑转复比对房颤转复有效。口服多非利特数天或数周才起效。当药物转复无效或转复后房颤仍有复发时，或血流动力学不稳定时，建议电转复。现行ACC/AHA/ESC指南推荐应用体外双向波形转复（RBC），终止房颤应用200 J，终止房扑应用50 J。对于伴有地高辛中毒或低钾血症的患者，禁止电转复。电转复前应用胺碘酮、氟卡尼、伊布利特、普罗帕酮或索他洛尔能增加直流电转复的成功率。此外，对成功转复后反复发作房颤的患者，建议继续预防性给予抗心律失常药物（表6-8）。

表 6-8　用于房颤的转复药物的药物推荐剂量

| 药物 | 给药途径 | 剂量 | 潜在不良反应 |
| --- | --- | --- | --- |
| 胺碘酮 | 口服 | 住院患者：600～800 mg/d，分开用，直到总量为 10 g，然后给予 200～400 mg/d 维持或 30 mg/kg 单剂量给予<br>门诊患者：600～800 mg/d，分开用，直至 10g，然后 200～400 mg/d 维持 | 低血压、心动过缓、QT 间期延长、TdP（少见）、肠胃不适、便秘、静脉炎（静脉途径给药） |
| | 静脉/口服 | 5～7 mg/kg 超过 30～60 分钟，然后 1.2～1.8 g/d 持续静点或分开口服直至 10 g，然后 200～400 mg/d 维持 | |
| 多非利特 | 口服 | 肌酐清除（ml/min）　剂量 mg, bid<br>60 以上　　　　　　　500<br>40～60　　　　　　　250<br>20～40　　　　　　　125<br>20 以下　　　　　　　禁用 | QT 间期延长、TdP 根据肾功能、体型及年龄调整剂量 |
| 氟卡尼 | 口服 | 200～300 mg | 低血压、伴快速室率的房扑 |
| | 静脉 | 1.5～3.0 mg/kg 超过 10～20 分钟 | |
| 伊布利特 | 静脉 | 1mg 超过 10 分钟，如有必要，再重复 1mg | QT 间期延长、TdP |
| 普罗帕酮 | 口服 | 600 mg | 低血压、伴快速室率的房扑 |
| | 静脉 | 1.5～2.0 mg/kg 超过 10～20 分钟 | |
| 奎尼丁 | 口服 | 0.75～1.5g 分开服用超过 6～12 小时，经常合用减慢速率药物 | QT 间期延长、TdP、肠胃不适、低血压 |

**3．心房扑动**　①多见于器质性心脏病；②异位起搏点位于心房；③心电图特点是：P 波消失，出现 F 波，频率为 250～350 次/分；QRS 波群形态和时限正常，可呈固定或不固定房室传导；④房扑呈 1∶1 房室传导和合并三度房室阻滞时危险性高，需紧急处理。

房扑患者的抗凝治疗同房颤。房扑的药物治疗原则与房颤相似，包括控制心室率与房扑转复。最有效的紧急转复药物是伊布利特。伊布利特组新发房扑的转复率明显优于胺碘酮及普鲁卡因胺组。伊布利特能增加发生尖端扭转室速的危险，禁用于左心室功能不全、长 QT 间期或有潜在的窦房结疾病患者。反复发作的阵发性房扑经常能经过直流电复律或心房超速起搏抑制来终止。在房扑或房速患者中，50 J 为最小的可接受的能转复为窦性或心房节律的能量。

**4．狭义室上性心动过速**　又称阵发性室上性心动过速，包括阵发性房性心动过速、阵发性房室折返性心动过速（预激）和阵发性房室结折返性心动过速。

（1）特点：

1）阵发性房室折返性心动过速（预激）：①多见于无器质性心脏病的中青年患者；②心电图特点是：突发突止，QRS 波群形态正常（隐匿型预激）或宽大畸形（显性预激或合并有束支阻滞）；心率范围多在 150～250 次/分；③刺激迷走神经常可终止。④当出现血流动力学障碍时提示危重，此外发作时心室率＞200 次/分时也提示危重。

2）阵发性房室结折返性心动过速：①多见于无器质性心脏病的中青年患者；②心电图特点是：突发突止，QRS 波群形态正常，除非有束支阻滞，心率范围多在 150～250 次/分，平均180次/分；③迷走神经刺激常可终止心动过速；④当出现血流动力学障碍时提示危重。

(2) 治疗：

室上性心动过速（SVT）的紧急治疗：立即终止窄QRS波群心动过速（多是房室结折返性心动过速或顺向传导性心动过速），可予以迷走神经刺激/或静脉应用腺苷或维拉帕米，减慢房室结通路顺向传导。腺苷可以促进伴有预激综合征的房颤患者的心室率增快，在这种情况下，可以静脉应用氟卡尼、普罗帕酮或普鲁卡因胺。对于宽QRS波（持续≥120 ms）、无血流动力学不稳定或快速预激综合征的心室应答的WPW综合征患者，可静脉应用普鲁卡因胺或伊布利特恢复窦性节律。若血流动力学不稳定，或对于持续性室上性心动过速患者，如果抗心律失常药和迷走神经刺激不能转复，就应进行电复律。选择同步直流电复律，单向波能量选择为100～200 J（双向波为50～100 J）。对于自律性心动过速，电复律不能有效终止。对于地高辛中毒的患者，电复律可能引起难治性室颤，所以应禁忌电复律。

(3) 药物选择：《1992年美国心脏病协会指南》推荐血流动力学稳定的阵发性室上性心动过速的首选药物为腺苷。若腺苷治疗后血压不下降而室上性心动过速持续发作，可给予维拉帕米2.5～5 mg静脉推注，1 mg/min，并可再给第2次，剂量为5～10 mg静脉推注。对于老年患者和血压在正常低限者，首次小剂量维拉帕米2～4 mg静脉推注3～4分钟。维拉帕米的最大剂量为每次20 mg。地尔硫卓也应缓慢静脉推注，2.5 mg/min，最大剂量为每次50 mg。

1) 腺苷：腺苷的半衰期很短，仅几秒钟，可引起强烈而短暂的房室结阻滞。腺苷可安全用于有器质性心脏病的患者，且不会产生负性肌力作用。腺苷的标准剂量是6 mg，最大剂量可以达到12 mg或18 mg。但有诱发严重心律失常的低危险性，如加重房室阻滞和室颤。腺苷应用前，必须确定患者有无哮喘或慢性阻塞性肺病，因为腺苷可引起急性支气管痉挛。腺苷可终止房室结依赖性心律失常，包括房室结折返性心动过速和房室折返性心动过速，还可终止折返性房速。

2) 腺苷三磷酸，剂量为0.05～0.3 mg/kg是安全有效的，快速静脉推注，起效时间为20秒，半衰期为10秒。但应备好阿托品和除颤器，几分钟后可以连续再给药。腺苷三磷酸不用于有急性心肌梗死及急性脑出血、60岁以上、病态窦房结综合征和哮喘史者。

3) 普罗帕酮和胺碘酮是二线药物，可以选用：①普罗帕酮注射液（心律平）：每次用剂量为70 mg，静脉推注5～10分钟，起效时间几分钟，15分钟后可再次用，可重复用3次。总剂量为3～5 mg/kg。适应于室上性和室性快速性心律失常。病态窦房结综合征、房室传导阻滞、心力衰竭、器质性心脏病患者不用；②胺碘酮注射液：每次用剂量为150 mg，静脉推注10分钟推完，起效时间为10分钟，15～30分钟后可再次给予，可重复给3次。总剂量为6～10 mg/kg。适用于快速性室上性和室性心律失常。不良反应有低血压、心动过缓和静脉炎；其他不常见的不良反应为尖端扭转型室速，发生率为1%。因此，用药后必须观察4小时。

### (三) 室性快速性心律失常

**1. 室性期前收缩** ①对于有器质性心脏病的患者，出现室性期前收缩时要给予药物治疗，如心肌梗死、心肌病、心功能不全等；②患者自觉症状明显的；③R on T现象。

治疗方法：①常用美西律或/和美托洛尔口服，如无效时，可给予胺碘酮、莫雷西嗪或普罗帕酮；②对于急性心肌梗死患者，选静脉利多卡因或胺碘酮。

**2. 室性心动过速** ①常见于各种器质性心脏病，最常见于冠心病，特发性室性心动过速（室速）主要见于无器质性心脏病者；②心电图特点是：起源于希氏束分叉以下，左、右心室，QRS 波群宽大畸形，QRS 波群时限≥0.12 秒，持续性单形性室速 RR 间期几乎是规则的，而持续性多形性室速 RR 间期可相差较大，频率范围多在 100～250 次/分；P 波与 QRS 波群之间的关系有房室分离、心室夺获、室性融合波；③持续性室速为急诊心律失常，可引起血流动力学恶化、蜕变为心室扑动（室扑）或心室颤动（室颤），若不及时终止，可引起猝死。

（1）单形性室速：血流动力学不稳定时，在适当镇静后行直流电复律，选择 100～200 J。如果心功能正常，可给予普鲁卡因胺、索他洛尔或利多卡因；如心功能不全，应用胺碘酮或利多卡因（胺碘酮 150 mg 静脉推注超过 10 分钟或利多卡因 0.5～0.75 mg/kg 静推）。

（2）多形性室速：血流动力学不稳定时，在适当镇静后行直流电复律。纠正潜在的缺血及电解质紊乱，可给予 β 受体阻滞剂、利多卡因、胺碘酮、普鲁卡因胺或索他洛尔。心功能不全时，静推胺碘酮或利多卡因。当 QT 间期延长时，按 TdP 治疗。同步直流电复律时，初始选择 200 J。

（3）特殊类型的室速：

1）尖端扭转型室速（torsa de pointes，TdP）：为伴 QT 间期延长的多形性室速。QT 间期延长指男性 QTc 间期＞470 毫秒，女性 QTc 间期＞480 毫秒。TdP 临床上表现为反复发作的心源性晕厥。TdP 能自行终止，少数情况下，TdP 能蜕化成室颤，一旦室颤发生，很难自行终止。

TdP 的治疗：停用导致 QT 间期延长的药物；TdP 持续存在或蜕化为室颤时，应立即行体外自动电除颤；无论血镁水平是否正常，都应立即静脉给予硫酸镁；首选静推硫酸镁 2 g，无效时，可再给予 2 g 硫酸镁；血钾维持于 4.5～5.0 mmol/L；应用提高心率的药物，如异丙肾上腺素。如已植入起搏器，其频率可调整至＞70 次/分，以预防 TdP 发作。

2）儿茶酚胺敏感性多形性室速（CPVT）：是一类少见的恶性心律失常，经常发生于无器质性心脏病的青少年。CPVT 是一种死亡率较高的心律失常。β 受体阻滞剂是治疗 CPVT 的一线用药，ICD 植入不能减少儿茶酚胺敏感性多形性室速事件。

**3．心室扑动和心室颤动** ①为最危重的心律失常，室扑发生后很快转为室颤。室颤是心脏性猝死的主要原因；②室扑的心电图特点是：连续、匀齐的波动，波形类似房扑的 F 波，无法分辨 QRS 波群及 ST 段和 T 波，频率＞200 次/分；③室颤的心电图特点是：连续、不规则且振幅较小的波动，QRS 波群和 T 波完全消失，细颤的波幅＜0.5 mV，频率为 250～500 次/分。一旦发生，应立即抢救，如有条件，尽早行电除颤治疗。如果是双相波除颤器，起始推荐能量为 150～200 J（如没有推荐剂量，可给予 200 J），第二次以上电击可给予同样能量或加大能量。如果用单相波除颤器，所有除颤时均用 360 J。

**4．心搏骤停** 包括室颤、无脉搏电活动及心室停搏。无脉搏电活动包括心电机械分离、室性逸搏、除颤后室性自主心律。其中，心室停搏、心电机械分离是死亡的象征。

**5．心脏电风暴（交感电风暴）** 是指在 24 小时内发生 3 次或 3 次以上室颤或血流动力学不稳定的室速，并且需要电复律或电除颤治疗。胺碘酮和 β 受体阻滞剂是最有效的药物。

**6．特殊人群的电复律** ①儿童患者：对于室速而不是无脉搏室速或室颤的儿童患者，能量选择为 1～2 J/kg；②妊娠期女性：有研究报道，妊娠期电复律是安全的。不同妊娠期，能量选择为 50～300 J，对胎儿的作用是可以忽略的，损伤电流不会到达胎儿。

**7．难治性室性心律失常** 《2005 年美国心脏病协会指南》建议利多卡因作为治疗室性心律失常继胺碘酮之后的二线药物。静脉应用胺碘酮在治疗电击抵抗的室速时，比利多卡因更有效。对于难治性室性心律失常经 3 次心脏转复失败后，推荐胺碘酮作为一线用药，静脉推注 300 mg。对于复发/反复发作或难治性室颤/室速患者，可再次给予 150 mg 静推，给予 900 mg 持续静点 24 小时。此外，利多卡因 1 mg/kg，只有在胺碘酮无效或禁止使用时才能用。利多卡因起始剂量为 0.5 ~ 1.5 mg/kg。每 5 ~ 10 分钟可重复 0.5 ~ 0.75 mg/kg，至最大 3 mg/kg 总量。

## 二、缓慢性心律失常

### （一）病态窦房结综合征

病态窦房结综合征（sick sinus syndrome，SSS）经常发生于老年人，但在任何年龄段均可见到，包括儿童及青少年。SSS 经常是原发的，但也可由于药物诱发、冠状动脉粥样硬化、心包疾病、房性心律失常、弥漫性纤维化进展过程及胶原血管病导致。临床症状经常呈间歇、多变及不可预测。无症状患者常常多见。SSS 心电图上有多种表现，包括窦性心动过缓、窦性停搏、窦房阻滞、心动过缓与心动过速交替（慢 - 快综合征）。清醒状态下，RR 间期或窦性停搏超过 3 秒需要起搏治疗。与心动过缓相关的症状，若心率不超过 40 次/分，或症状轻微；而清醒时，慢性心率不超过 30 次/分时，心脏起搏是最有效的治疗，生理起搏（心房或双腔）明显优于心室起搏。与心室起搏相比，房性起搏的血栓并发症、房颤、心力衰竭、心血管死亡率及总体死亡率较低。地高辛可导致 SSS 患者发生心动过缓，仅用于植入起搏器的患者以控制室上速。

### （二）房室传导阻滞

**1. 房室传导阻滞的分类及特点** ①常见于各种心肌炎、传导系统的纤维化（如 Lev 病）、冠心病、心肌病、电解质紊乱等；②高度房室阻滞，心房率≤135 次/分时，有 2 次或 2 次以上连续的房性激动不能下传，且交界性或室性逸搏心律 < 45 次/分；③完全性房室阻滞时，交界性逸搏心律时，QRS 波群不宽，频率为 40 ~ 60 次/分；室性逸搏心律时，QRS 波群宽大畸形，频率为 25 ~ 40 次/分。

（1）一度房室传导阻滞：每个心房冲动都可激动心室，但 PR 间期延长（＞0.12 秒）。

（2）二度房室传导阻滞：分两型，莫氏 I 型（即文氏阻滞）的特征为 PR 间期逐渐延长，直至 P 波不能下传，而 RR 间期逐渐缩短，直至心室脱漏。莫氏 II 型的特征为心室脱漏前 PR 间期固定。当莫氏 II 型房室传导阻滞呈 3 : 1 以上比例时，也称为高度房室传导阻滞。

（3）三度或完全性房室传导阻滞：所有 P 波不能下传心室，P 波与 QRS 波群无固定关系，PP 与 RR 间期各自基本规则。

**2. 治疗原则** ①对于无症状的患者，不需要治疗；②对于有症状的心动过缓，如无可逆性病因，阿托品仍然是一线药物，但对心脏移植患者，阿托品无效；③对于血流动力学不稳定的缓慢性心律失常患者，应考虑植入起搏器。不论何种原因，治疗的目的是增加心率。

**3. 治疗方法** ①停用或减少减慢心率的药物，如地高辛、β 受体阻滞剂、钙通道阻滞剂，并避免维拉帕米和 β 受体阻滞剂联用；②阿托品：首剂量至少 0.6 mg，否则可能达不到效果，然后每隔 3 ~ 5 分钟再给 0.5 mg，最大剂量为 3.0 mg。对急性冠状动脉综合征的患者应慎重，因加快心率可加重心肌缺血或使心肌梗死面积扩大。对症状性心动过缓者也可选用二线药物，如多巴胺、异丙肾上腺素和氨茶碱；③心脏起搏：对于任何解剖水平上的三度及严重二度房室传导阻滞，伴有症状性心动过缓（包括心力衰竭）或心律失常患者，都需要植入永久起搏器；对于无症状患者可不予处理，而对于心脏停搏时间超过 3.0 秒，或逸搏心律不超过 40 次 / 分，或伴有房室结以下的逸搏心律患者，需要植入永久起搏器。此外，对于无症状的二度房室阻滞，电生理检查发现：阻滞在希氏束或希氏束以下水平，或伴有起搏器综合征或血流动力学不稳定症状的一度或二度房室阻滞，可植入永久起搏器。但对于无症状的一度房室阻滞或希氏束以上（房室结）水平的二度 I 型房室阻滞，不建议植入永久起搏器。

### （三）心搏骤停与心脏性猝死

心搏骤停是指心脏泵血功能突然停止，原因可为室颤、无脉搏电活动或心脏停搏。心脏性猝死（SCD）是指由于心脏原因所致的死亡，必须在出现症状后 1 小时内。原因可以是室速 / 室颤、心脏停搏或非心律失常原因。治疗：心搏骤停与心脏性猝死发生时，需立即行心肺复苏治疗（CPR）。院外心脏停搏及血流动力学不稳定的患者，胺碘酮是复苏时最有效的药物。控制室性心律失常及预防心脏性猝死时，β受体阻滞剂是一线治疗药物，如治疗无效，可试用胺碘酮或索他洛尔。

## 三、长 QT 综合征和短 QT 综合征

### （一）长 QT 综合征

无论是先天性还是获得性，均可因室颤或尖端扭转型室速而引起猝死。长 QT 综合征有发生心搏骤停的危险因素包括：QT 间期 > 500 毫秒、有晕厥史及猝死家族史。

对于急性发作的尖端扭转型室速，当引起血流动力学障碍时，首选非同步电复律。其次是药物治疗：①如果是由药物引起，停用相应药物；②纠正电解质紊乱，如补钾和补镁，硫酸镁 2 g，静脉推注 1 ~ 2 分钟，如果治疗不成功，可再给第 2 剂 2 g，静脉推注 5 ~ 10 分钟；对肾功能不全的患者，推注速度应为 3 ~ 20 mg/min。如果未能见效，可持续静脉输注 500 mg/h，可能有效，即使血镁在正常水平也要补镁；③利多卡因可以缩短 QT 间期，特别是对药物诱发的尖端扭转型室速有效。但应禁用 I a、II c 和 III 类抗心律失常药；④临时起搏和异丙肾上腺素可以增加心率使其大于 120 次 / 分，以缩短 QT 间期；⑤对于先天性长 QT 综合征患者，需要长期治疗，如 β- 受体阻滞剂、永久起搏器、ICD 或联合治疗；⑥避免应用延长 QT 间期的药物，有运动相关症状的长 QT 综合征患者（通常为 LQT1 或 LQT2）应避免剧烈运动。

### （二）短 QT 综合征

短 QT 综合征（< 300 毫秒）为常染色体显性遗传性疾病，有发生室颤的危险性，应考虑植入埋藏式心律转复除颤器（ICD）。

## 四、妊娠期女性心律失常的急诊处理

### （一）阵发性室上性心律失常

腺苷是首选药物，在妊娠第 12 周后应用是安全有效的，但其可通过胎盘引起胎儿心动过缓，要对胎儿进行监测。维拉帕米、β受体阻滞剂和地高辛可以选用。但胺碘酮禁用，因其可致畸并可致胎儿中毒。

### （二）室性心律失常

治疗方法同非妊娠期女性，但选择抗心律失常药物时，应避免影响胎儿。利多卡因和索他洛尔为 B 类，β- 受体阻滞剂和异丙肾上腺素为 C 类，两类均可选用；胺碘酮为 D 类，应禁用。妊娠期女性发生室颤时可选用电除颤，后者对于胎儿是安全的。

# 第六节 常用抗心律失常药

## 一、概述

六种口服抗心律失常药物：①美西律片；②普罗帕酮片；③美托洛尔片；④胺碘酮；⑤异搏啶片；⑥地高辛片。

六种静脉抗心律失常药物：①异搏啶注射液；② ATP 注射液；③毛花苷 C（西地兰）注射液；④利多卡因注射液；⑤盐酸普罗帕酮（心律平）注射液；⑥胺碘酮注射液。

## 二、六种口服抗心律失常药物

### （一）Ⅰ类抗心律失常药物：两种

美西律（慢心律）：Ⅰb 类

普罗帕酮（心律平）：Ⅰc 类

作用机制：抑制自律性，消除折返。抑制快 $Na^+$ 通道（0 相）。

Ⅰa 类和 Ⅰc 类：广谱，房、室均有效——房性心律失常和室性心律失常。

Ⅰb 类：希浦系——室性心律失常。

盐酸美西律（慢心律片）：每片 50 mg，每次 100～300 mg，每日 3～4 次。

适应证：Ⅰb 类，作用于希浦系——室性心律失常。

特点：①生物利用度为 100%；②口服 2～4 小时达峰，维持 8 小时；③治疗有效率＞50%。

不良反应：消化系统——恶心、食欲下降。

合用：Ⅰa 类、β 受体阻滞剂。

普罗帕酮（心律平片）：每片 50 mg，进口每片 150 mg，3～4 片/次，每日 3～4 次。顿服每次 600 mg。

适应证：Ⅰc 类，广谱，房、室均有效——房性心律失常和室性心律失常。

特点：①生物利用度：开始时 30%，以后可达 100%；其机制不清；②口服后 30 分钟见效，2～3 小时达峰，维持 8 小时。

不良反应：心脏——抑制心肌收缩、减慢心率；消化系统——恶心、食欲下降。

合用：合用地高辛时可增加地高辛的作用，需减半量使用。

注意事项：①剂量与血药浓度不呈线性关系；②人群中有 30% 的患者缺乏羟基化酶，使其代谢受影响，代谢后形成羟基化普罗帕酮，有 β 受体、$K^+$、$Ca^{2+}$ 三者阻滞作用，心率减慢及心肌抑制作用强。

### （二）Ⅱ类抗心律失常药物：β 受体阻滞剂

倍他乐克片：每片 25 mg。每次 6.25 mg/12.5 mg/25 mg/37.5 mg/50 mg，每日 2 次。

适应证：广谱，房、室均有效——房性心律失常和室性心律失常。

特点：①三负作用：负性变时、负性变导、负性肌力。负性肌力作用——抗心肌缺血作用；②提高室颤阈值 50%～90%，降低猝死率；③口服 2～3 小时达峰，维持 8～12 小时；

④促进心肌复极——缩短复极，治疗长QT综合征。

禁忌证：支气管哮喘、心功能3级、缓慢性心律失常。

### （三）Ⅲ类抗心律失常药物：胺碘酮

胺碘酮片：每片0.2 g。

适应证：广谱，其作用机制四类均有，适用于房性和室性心律失常。对有器质性心脏病的心律失常其治疗效果最好。心电图表现为QT间期延长。

特点：①有机碘每片75 mg，是机体有机碘需要量的100倍，因而可使体内有机碘大量增加；②脂肪和肺含量高，起效和失效均慢：几天后才有效；③半衰期平均为50天左右。

副作用：早期需停药者占25%；肺毒性：肺纤维化，每日服3片以上，1年半以上才出现，但过敏者小剂量即可引起，少数肺纤维化不可逆；甲状腺：甲状腺功能亢进、甲状腺功能减退，多数情况下患者已有基础甲状腺疾病；心脏：胺碘酮晕厥——早期发生，与剂量无明显关系，与恶性室性心律失常有关；皮肤：色素沉着加深；角膜：碘沉积。

用于转复房颤的胺碘酮用法：0.2 g，每日4次，1周；0.2 g，每日3次，2周；0.2 g，每日2次，4周；0.2 g，每日1次，维持（最小剂量为隔日1次）。1~3个月复查胸片及甲状腺功能。

### （四）Ⅳ类抗心律失常药物：异搏啶片

异搏啶片：每片40 mg，每次40~80 mg，每日3次。

作用机制：PR间期延长，减慢心室率。

适应证：主要治疗室上性心律失常及特发性室性心律失常。

特点：①生物利用度高；②口服2小时达峰，维持6小时。

### （五）Ⅴ类抗心律失常药物：地高辛

地高辛片：每片0.25 mg。用法：每次0.125 mg/0.25 mg/0.375 mg，每日1~2次。

作用机制：延长房室结、心房不应期。

适应证：对室上性心律失常、房颤伴快心室率、心力衰竭伴心律失常有效。

特点：①生物利用度高；②口服1小时看是否有效，2~3小时达峰，维持3~6~8~12小时。

## 三、七种静脉抗心律失常药物

### （一）异搏啶注射液

每支5 mg。

用法及特点：①每次用剂量5~15 mg；②缓慢推注：1 mg/min；③1分钟起效，维持10分钟左右，半小时后可以重复给药。

适应证：室上速、特发性（触发性）室速（异搏啶敏感性室速），有效率为95%~100%。

### （二）ATP注射液

ATP注射液：每支20 mg；腺苷：每支6 mg。

用法及特点：①每次用剂量0.05~0.3 mg/kg；②静脉快速推注：越快越好，推完药后再推盐水；③起效时间为20秒，20秒无效时则无效，半衰期为10秒。几分钟后可以再给药。

适应证：作用在ATP受体上，部位在房室结、窦房结和心房，而对心室作用小。用于阵发性室上速。

不良反应：胸闷、全身不适（迷走神经反射）。

## （三）去乙酰毛花苷注射液

每支 0.4 mg。

用法及特点：①每次用剂量 0.2～0.8 mg；②缓慢推注：10 分钟；③起效时间为数分钟，1 小时达峰。每日剂量为 0.8～1.2 mg。

适应证：快速性房颤。

## （四）利多卡因注射液

每支 50～100～400 mg。

用法及特点：①每次用剂量：50～100 mg；②快速推注或肌注：反复给 3～5 次，维持剂量为 1～4 mg/min；③起效时间为 20 秒，维持 20 分钟，每 5 分钟可给一次。

适应证：快速性室性心律失常。

## （五）盐酸普罗帕酮（心律平）注射液

每支 70 mg。

用法及特点：①每次用剂量 70 mg，1 mg/kg；②静脉推注：5～10 分钟推完，静脉维持剂量为 1～2 mg/min；③起效时间为数分钟，15 分钟后可再次给予，可重复给 3～5 次。总剂量为 3～5 mg/kg。

适应证：广谱——室上性和室性快速性心律失常。

## （六）胺碘酮注射液

每支 150 mg。

用法及特点：①每次用剂量 150 mg，首次为 2 mg/kg；②静脉推注：10 分钟推完，静脉维持剂量为 1～2 mg/min；③起效时间为 10 分钟，15～30 分钟后可再次给予，可重复给 3～5 次。维持 1～2 小时。总剂量为 6～10 mg/kg。

适应证：广谱——室上性和室性快速性心律失常。

胺碘酮——控制心室率问题：快速房颤、窦性心动过速。

胺碘酮静脉点滴：1～2 mg/min 维持 6 小时，然后以 0.5 mg/min 维持 18～24 小时。

不良反应：顽固性低血压，必须要监测血压。

## （七）美托洛尔注射液

每支 5 mg，剂量：每次 2 mg 开始。

适应证：①室上性快速性心律失常，包括房颤转复问题；②交感兴奋性室性快速性心律失常，如反复除颤引起反复发作。

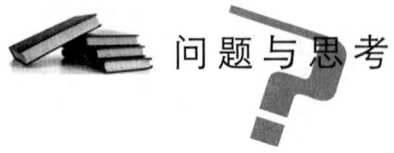

问题与思考

简述七种静脉抗心律失常药物的适应证。

（刘元生）

# 第七章

# 血管急症

## 学习目标

1. 腹主动脉瘤破裂的主要表现。
2. 掌握急性肠系膜缺血的病因分类及共同特点。
3. 熟悉急性肠系膜缺血的四种类型的危险因素、各自的临床特点、诊断首选检查。
4. 了解急性肠系膜缺血的治疗手段。
5. 掌握各血管急症的主要诊断及治疗原则。

## 第一节 腹主动脉瘤

主动脉包括升主动脉、主动脉弓和降主动脉。降主动脉分为胸主动脉和腹主动脉。主动脉瘤是主动脉的局限性扩张性疾病。临床上，将发生在肾动脉以上的主动脉瘤称为胸腹主动脉瘤，将肾动脉水平以下的主动脉瘤称为腹主动脉瘤（abdominal aortic aneurysm，AAA），后者占主动脉瘤的95%，是本节主要介绍的内容。而腹主动脉瘤破裂是一种极其凶险的外科急腹症，死亡率可高达50%～80%。

### 一、病因

正常的动脉壁分为内膜、中层、外膜三层，是由弹力纤维、胶原纤维、平滑肌纤维及黏液样基质等组成。目前认为，引起腹主动脉瘤的主要环节是动脉壁弹力纤维和胶原纤维的降解、损伤。其形成与免疫反应、感染、动脉粥样硬化、动脉损伤、机体的基因变异、解剖异常、吸烟、高血压和慢性阻塞性肺疾病等有关。其中，解剖学上，肾动脉水平以下腹主动脉壁弹力纤维相对较少，自身修复能力差；免疫学上，动脉壁的慢性炎性细胞不但介导了损伤性免疫反应，而且分泌一些酶，直接降解弹力纤维和胶原纤维；对老年人，动脉粥样硬化导致动脉壁中层坏死，弹力纤维损伤。

### 二、临床表现

临床上多数患者无自觉症状，常于体检时发现。少数患者会出现以下表现：
1. **搏动性肿物** 患者自己或医师体检时发现脐周或中上腹部有异常搏动感，并可触及有一定活动度的球形搏动性肿物，可伴有震颤，可闻及收缩期杂音，几乎不能被压缩。检查动脉瘤的上界与肋缘之间的距离，如之间可容纳 2 横指，往往提示肾动脉水平以下的腹主动脉瘤。

2. **疼痛或不适** 出现在腹部、腰背部，多为胀痛或刀割样痛或不适等。突发剧烈腹痛常提示瘤体急剧扩张甚至预兆破裂。

3. **压迫症状** 可出现相应部位的压迫症状。若胃肠道受压，出现上腹憋胀不适，食量下降；下腔静脉受压可出现双下肢深静脉血栓形成，也可出现泌尿系统和胆道系统梗阻症状。

4. **动脉缺血表现** 瘤体内的附壁血栓或硬化斑块碎屑脱落能引起远端动脉栓塞。在下肢则出现缺血性疼痛、皮肤苍白、搏动减弱或消失。

5. **瘤体破裂** 是本病最严重的表现和最主要的致死原因。瘤体的直径越大，则破裂的危险性越大，直径在 6 cm 以上者称为危险性动脉瘤。瘤体破裂时，在上述表现基础上出现失血性休克。若破入腹腔，则有腹腔大出血、休克；若破入腹膜后间隙，则有皮下瘀斑等；极少数瘤体破入十二指肠或空肠，并发上消化道大出血；若破入下腔静脉或髂静脉，则形成主动脉 - 下腔静脉瘘。

### 三、诊断

临床若出现脐周或上腹部搏动性肿物，应想到该病可能。确诊可行以下检查：①超声检查：常用，是初筛的重要检查手段，能显示 3 cm 以上的瘤体。应观察瘤腔内有无斑块和附壁血栓，可作为术前术后的定期随诊检查手段。②CT：CT 平扫加增强扫描能观察瘤体上界、形态及周围状况，也可作为随诊观察的重要手段；必要时可行螺旋 CT 三维重建，临床常用。③磁共振成像及磁共振血管造影：对于瘤体破裂形成的亚急性、慢性血肿有诊断价值。④血管造影或数字减影血管造影（DSA）：已不作为常规检查方法，仅在确切提供瘤体与肾动脉的关系、判断多发动脉瘤及主动脉夹层等时使用。

### 四、治疗

手术是主要的治疗方法。

腹主动脉瘤破裂可致命，一旦发现，应在纠正或补充血容量的同时进行剖腹探查，手术的目的是止血。紧急情况下暂时止血的方法有四种：①经股动脉插管气囊反搏导管，向上至动脉瘤近端腹主动脉，于囊内注入 50 ml 生理盐水，堵塞腹主动脉内腔，后送入手术室；②经胸腹联合切口，直视下手指直接压迫止血、夹纱布的海绵钳压迫止血、动脉钳夹止血；③开胸动脉钳夹闭降主动脉结合开腹止血。在恢复血容量后，再切除动脉瘤，做人造血管移植。对于不能耐受手术的高危患者，可采用腔内修复术（endovascular therapy），手术是在 DSA 动态监测下，将折叠的覆有人工血管薄膜的金属支架送入腹主动脉瘤腔内，重建新的血流通道。

对于瘤体直径 > 5 cm、1 年直径增加 1cm/ 半年增加 0.5 cm 出现压迫症状、疼痛、趋于破裂者以及动脉缺血、形成内瘘及瘤体破裂者，应尽早手术。手术时可采用人工血管移植。

简述腹主动脉瘤破裂的诊断要点和急救措施。

## 第二节 主动脉夹层

主动脉夹层（aortic dissection）又称主动脉夹层动脉瘤，是由于中层退变，血流从主动脉内膜撕裂口进入中膜，沿中层长轴分离扩张，从而形成主动脉真假两腔分离的一种病理改变。本病起病突然，病情重，是危及生命的重要血管疾病。它也可使主动脉分支闭塞，致相应器官缺血性损伤，而产生多种多样的临床表现。

本病多见于男性，男女比例为 2：1～3：1，发病率随年龄增长而递增，高峰在 60～70 岁之间。本病主要致死原因为主动脉破裂至胸腔、腹腔或心包腔，进行性纵隔或腹膜后出血，以及急性心力衰竭或肾衰竭。

### 一、病因

高血压和主动脉中层疾病是该病发生的主要因素。高血压动脉粥样硬化所致者约占 70%～80%，其他还有结缔组织病、妊娠、先天性心血管疾病、损伤等，均可使主动脉中层变性坏死，发生主动脉夹层。

### 二、病理生理

急性主动脉夹层的病理特征为主动脉中层因血流冲击而进行性分离，形成主动脉真正内腔，即真腔和中膜内的壁间腔隙，即假腔。二腔之间为主动脉壁内层结构即瓣片。慢性期可表现为动脉壁扩张、动脉瘤形成，此时可见中膜退行性变，出现纤维性改变。

心脏向主动脉射血时产生血流冲击力，可使主动脉内膜变弱，中层退变，主要影响到升主动脉近心端与降主动脉起始端。如血压持续升高，则冲击力加剧，致中层退变加重。

在中层退变与主动脉反复屈曲的基础上，一旦遇到特强的血流应激冲力，则主动脉内膜撕裂，血液进入主动脉中层。与此同时，血流冲击力损伤主动脉的滋养血管，滋养血管破裂形成血肿，加重主动脉中层退变。一旦在中层形成夹层血柱，血柱就向前或向后扩展，或双向扩展，在中层外半侧形成假腔并扩展，最后血流又从内膜第 2 个破口回到主动脉真腔；假腔血柱在扩张过程中，可使主动脉分支受累，如颈内动脉受累，则发生脑卒中，肠系膜动脉或肾动脉受累，则发生缺血性肠病或肾功能不全；如升主动脉夹层向后扩张，则破入心包引起心脏压塞。由于血肿外壁较薄，故常向外侧破裂，发生左侧血胸、纵隔或腹膜后积血及失血性休克，危及生命。

### 三、分类

1. **De Bakey 分型** De Bakey 等根据主动脉夹层内膜裂口的部位及夹层波及的范围将主

动脉夹层分为三型（图7-1）。

（1）Ⅰ型：内膜裂口位于主动脉瓣上5 cm以内，夹层血肿向远近端扩散，近端可引起主动脉瓣关闭不全和冠状动脉堵塞。

（2）Ⅱ型：内膜裂口位置同Ⅰ型，但血肿位置限于升主动脉。

（3）Ⅲ型：内膜裂口位于左锁骨下动脉开口处2～5 cm内的主动脉峡部，血肿可波及近端主动脉弓，不累及心脏，故不发生主动脉瓣关闭不全和冠状动脉堵塞。Ⅲ型根据血肿波及的范围又分为Ⅲa型和Ⅲb型。Ⅲa胃及膈上腹主动脉，Ⅲb扩展到膈下。

2．A型与B型  有学者根据升主动脉受累情况将主动脉夹层分为A型和B型。

（1）A型：内膜裂口位于升主动脉，相当于Ⅰ型和Ⅱ型，约占62%。致命性更大，适于手术治疗。

（2）B型：内膜裂口不在升主动脉，夹层病变不累及升主动脉，相当于Ⅲ型，约占38%。该型患者往往年龄较大，吸烟伴有慢性肺部疾病，全身动脉粥样硬化及高血压更多见。适于介入内科治疗。

3．据病程分为急性、亚急性及慢性  如病程＜2周，为急性；＞2个月，为慢性；2周至2个月，为亚急性。

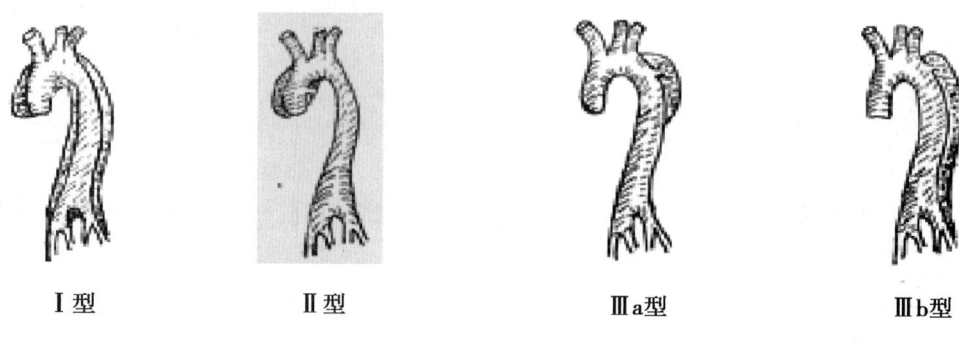

| Ⅰ型 | Ⅱ型 | Ⅲa型 | Ⅲb型 |

图7-1  主动脉夹层分型（De Bakey）

## 四、临床表现

主动脉夹层的临床表现取决于其部位、范围、程度、主动脉分支受累情况等。

1．**疼痛**  疼痛是本病最主要和突出的表现。胸痛是最常见的症状，疼痛呈持续性撕裂样或刀割样剧痛，常极痛苦，突然发生，发病时即达高峰，呈牵涉痛。牵涉痛部位根据夹层部位而异。前胸痛提示升主动脉，颈部与下颌痛提示主动脉弓，肩胛间区痛提示降主动脉，腰部或腹部疼痛提示横膈以下病变。发病时常伴有内脏痛的症状，如出汗、恶心、呕吐、头晕眼花及严重焦虑不安。多数无痛性主动脉夹层是慢性的。

2．**晕厥**  约占9%的患者早期可有晕厥，晕厥也可以是本病的唯一表现。晕厥预示着夹层破裂到心包，致心脏压塞，也可能是大脑血流中断。晕厥也可因低血容量、迷走神经张力过度及心脏传导异常所致。神经系统症状如偏瘫或意识障碍约占17%。

3．**心脏表现**  约32%的患者表现为主动脉瓣反流，A型常见。它是由环形撕裂所致的主动脉根部增宽，或是夹层血肿的环状损伤，撕裂一个小叶或移位到闭合线以下。主动脉瓣关闭不全表现为脉搏洪大，脉压增宽，舒张期杂音，常沿胸骨右下缘传导，可致充血性心力衰竭。

主动脉夹层破入心包则出现心脏压塞的表现，如低血压、颈静脉怒张、心音遥远、心动过速等。

**4．血压变化**

（1）高血压：多数患者有长期高血压病史。因急性应激事件使儿茶酚胺释放，致高血压恶化而发病。如夹层累及肾动脉致肾素释放，可致顽固性高血压，药物治疗效果差。

（2）低血压：除心脏压塞外，夹层向外膜破裂可致低血容量，出现低血压，同时还伴有破入脏器的相应表现。

（3）假性低血压：当夹层使锁骨下动脉血流受阻时，患侧上臂血压下降或测不到，而中心动脉压正常或增高。

**5．动脉闭塞** 在主动脉夹层假腔血柱扩张的过程中，主动脉分支可受累或受压，出现动脉缺血表现。

（1）脉搏缺失或双侧肢体血压不等：常见于上肢，系锁骨下动脉受累。下肢脉搏缺失是由于髂动脉或浅表的股动脉阻塞所致。

（2）神经系统体征：颈内动脉受累可致卒中或昏迷。远段夹层可使脊髓前动脉闭塞，可致缺血性截瘫或缺血性外周神经病。

（3）心肌梗死：高达3%的患者近段夹层可延伸入冠状动脉口，最常见于右冠状动脉，引起急性心肌梗死，常为下壁、正后壁。因不认识夹层病因而错误地进行溶栓治疗者，约占心肌梗死的0.1%～0.2%。

（4）其他：主动脉夹层扩展至腹部，可引起肠系膜缺血、肾衰竭、股动脉搏动缺失及下肢缺血。

**6．邻近器官受压** 血肿可压迫颈上神经节、上腔静脉、支气管及食管，引起Horner综合征、上腔静脉压迫综合征、声音嘶哑、构音困难、气道受压等表现。

## 五、辅助检查

**1．实验室检查** 夹层破裂后出现红细胞减低表现。夹层血肿时由于消耗大量凝血因子，出现凝血酶原时间延长和纤维蛋白降解产物增高，血小板减少。

**2．心电图** 近段夹层主要影响到右冠状动脉，可显示下壁-正后壁心肌梗死，不易鉴别。患者有左室肥大表现，反映长期高血压。1/3的患者无心电图异常。

**3．X线胸片** 常规X线胸片约有80%～90%异常，但这是非特异性的，诊断价值不大。许多患者有纵隔增宽，X线胸片正常不能排除本病。如见到主动脉钙化影，可准确测量主动脉壁厚度，正常为2～3cm，如明显增宽，提示本病可能。

**4．超声心动图** 对危重患者可在手术室诱导麻醉下施行检查。

（1）经胸超声心动图（transthoracic echocardiography，TTE）：对检查Ⅰ型、Ⅱ型主动脉夹层较敏感，还可检查心包积液、主动脉瓣反流。

（2）经食管超声心动图（transesophageal echocardiography，TEE）：敏感性高（表7-1）。由于食管邻近主动脉，可使用高频传感器观察整个主动脉，并可观察心包积液及主动脉瓣反流。TEE可在床旁迅速检查，患者只需给予镇静或轻度麻醉，不需要X线及造影剂。TEE对检查降主动脉远段与主动脉弓近段病变不敏感，因为它们被含气的气管与左主支气管阻挡，但可用双平面或多平面探头检查。

表 7-1　主动脉夹层的各种检查的敏感性与特异性

| 检查 | 经食管超声心动图 | CT | MRI |
| --- | --- | --- | --- |
| 敏感性（%） | 98 | 84 | 98 |
| 特异性（%） | 83 | 77 | 98 |

5．CT检查　CT是可靠的确诊方法，可显示主动脉扩张，可证实内膜活瓣，能清楚显示真腔与假腔及其大小。静脉迅速注射造影剂后可立即得到多层面影像，可发现真腔与假腔不同充盈速度，这种动态扫描可提高CT诊断的准确性。螺旋CT的动态扫描可提高敏感性与特异性。

6．磁共振成像（MRI）　MRI的敏感性与特异性最高，它能显示内膜撕裂部位、夹层的类型与范围、主动脉瓣关闭不全，并可鉴别真腔、假腔及分支的血流速度。它不需要造影剂及离子射线，是一种非侵袭性检查。特别适用于慢性主动脉夹层、手术后随访，并能监测药物治疗患者的夹层扩展程度。

7．主动脉造影　过去，主动脉造影是"金标准"。然而，随着TEE、CT及MRI扫描的进展，主动脉造影已很少作为初始诊断方法。

## 六、诊断与鉴别诊断

1．诊断　根据患者的典型临床表现和影像学等检查，可以确诊。收集病史时应注意把握该病胸痛的特点，即起病突然、发病时即达高峰、撕裂样剧痛、牵涉痛、转移痛，有多器官受累的表现，如脑、心、肾受累表现；注意收集动脉损伤体征，如脉搏缺失、血压不等、主动脉瓣反流征，可伴有大汗、皮肤苍白如休克状，但血压却升高等异常情况。对剧烈胸痛患者，经心电图检查不符合急性心肌梗死，特别是使用麻醉止痛剂无效者，应高度怀疑本病，并进行CT、MRI和超声心动图等检查确诊。急诊应充分注意致命性问题，如低血压、晕厥或昏迷。

2．鉴别诊断　本病应与常见胸痛的疾病鉴别，如心肌梗死、肺栓塞及心包炎。对初步诊断为心包积液、心脏压塞及主动脉瓣关闭不全者，均应考虑主动脉夹层的可能。

## 七、治疗

本病是一种由心胸外科、血管外科、心内科、影像科等医师共同参与处理的危急心血管疾病。

1．非手术治疗　如果疑为本病，应争分夺秒诊断与治疗并举，不论何型主动脉夹层，均应首先开展药物治疗，目的是控制疼痛、降低血压、控制心室率，防止夹层进一步扩展或破裂及其他严重并发症的发生。无并发症的B型主动脉夹层应以非手术治疗为主，因为其导致重要器官功能损害的机会较少，而且这类患者年龄偏高，合并有影响手术效果的其他心血管病存在。

（1）一般处理：入住监护室，卧床休息，吸氧，监测血压、心率、心律、尿量、心电图等。

（2）镇痛：可选用哌替啶、吗啡止痛，以减轻交感神经张力。

（3）降压治疗：根据血压选用硝酸甘油、尼卡地平、硝普钠等。如收缩压为150～165 mmHg，可泵入硝酸甘油0.2～1 mg/(kg·min)或尼卡地平2～10 mg/(kg·min)，也可含化异山梨酯（消心痛）5 mg，酌情调节剂量使收缩压降至 100～130 mmHg，平均动脉压以 60～70 mmHg 为宜。若收缩压＞165 mmHg 或上述方法无效，改用硝普钠，开始剂量为 25～50 mg/h，逐渐调节剂量，使收缩压降至上述水平。待病情稳定，改口服药控制。

(4) 控制左心收缩力与收缩速率：应用血管扩张剂可增加心率，导致 dV/dt 升高引起夹层恶化。因此，需首先应用 β 受体阻滞剂。临床上血管扩张剂与 β 受体阻滞剂并用。通常使用的药物为美托洛尔 0.1 mg 静注，间隔 5 分钟重复，达负荷剂量后，改为口服 5～15 mg，每 4～6 小时一次。也可口服阿替洛尔 12.5～50 mg，每日 2 次，或维拉帕米（异搏定）5～10 mg，每 6～8 小时一次。艾司洛尔是超短效的 β 受体阻滞剂，先给 500 μg/kg 静脉注射，然后 50～200 μg/(kg·min) 滴注。

(5) 主动脉破裂或心脏压塞：主动脉破裂或心脏压塞可致低血压，应快速补液，如有一线希望，则应送到手术室。必须测量四肢血压，确保不是假性低血压。如出现无脉搏电活动（心电机械分离），立即行心包穿刺可使血压上升，同时等待手术。

2. 外科治疗

(1) 急性 A 型主动脉夹层：为避免发生其他严重并发症，需尽早手术；慢性期患者经观察病情恶化，也需手术。药物治疗只作为术前准备。对夹层破裂者需紧急手术。除抢救手术外，晚期系统性疾病，如心、脑、肝、肾功能失代偿；严重血液系统疾病和凝血功能障碍；各种严重感染；各种慢性消耗性疾病和恶性肿瘤，应为手术禁忌证。手术需在体外循环下进行，手术关键是找到内膜口位置，明确夹层远端流出道情况，根据病变不同采用不同的手术方式。

(2) B 型主动脉夹层：手术相对于保守治疗死亡率高，风险性大，因为手术期间，主动脉钳夹可致急性缺血，造成截瘫、急性肾衰竭等严重并发症。对于有持续疼痛的、血压难以控制的、主动脉干闭塞的、有主动脉漏及破裂的及发生局部动脉瘤的患者，应给予手术治疗，此类患者院内 30 天的病死率为 32%。对于无合并症的远段主动脉夹层，传统治疗是控制血压，其死亡率为 10%。死亡三联征是胸痛消失、低血压及分支受累，这是院内死亡的独立因素。

3. **介入治疗** 血管内介入治疗一般不用于 A 型主动脉夹层。对有并发症的 B 型主动脉夹层，尤其是有肾与肠系膜缺血的患者，可用支架植入治疗。

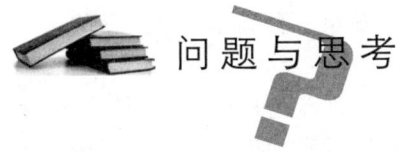

提示主动脉夹层的重要症状与体征有哪些？

# 第三节 急性肠系膜缺血

急性肠系膜缺血（acute mesenteric ischemia）是由急性肠系膜动脉栓塞、夹层或血栓形成、肠系膜血管痉挛、肠系膜静脉血栓形成导致的血供障碍性疾病。为少见病，致死率较高，可达到60%，也是急腹症的疑难病。

## 一、解剖与发病机制

腹腔血管有：腹腔干动脉、肠系膜上动脉（superior mesenteric artery，SMA）与肠系膜下动脉（inferior mesenteric artery，IMA）。腹腔器官血液供给是：腹腔干动脉可供给食管、胃、近端十二指肠、肝、胆、胰腺及脾；SMA供应远段十二指肠、空肠、回肠及至脾曲的结肠；IMA供应降结肠、乙状结肠及直肠。

餐后大约25%的心排血量供给小肠与大肠。2/3的血液到SMA分布区，1/3到IMA分布区。8%的血流为黏膜灌注，因为黏膜是高代谢组织。因此，黏膜对低灌注十分敏感。发生低灌注后，血流发生再分布，优先供应黏膜。如血流低于临界值，则致黏膜缺血，胃肠道严重痉挛，肠黏膜充血水肿、糜烂，发病后10～12小时可发生肠黏膜坏死，出现胃肠道出血。晚期肠壁全层坏死，出现严重的腹膜炎表现，对预后极为不利。

## 二、病因及分类

急性肠系膜缺血根据病因可分为四种类型，它们有各自的危险因素、症状与体征。在诊断与处理方面稍有不同。急性肠系膜缺血的最常见原因是动脉栓塞，约占50%。动脉血栓形成与静脉血栓闭塞各占15%，其余20%是非闭塞性血管疾病。

1．**肠系膜动脉栓塞** 本病平均发病年龄为70岁，其中2/3的患者是女性，绝大多数是SMA栓塞。其栓子主要来源于左心房或左心室附壁血栓或左心瓣膜上的赘生物。栓子也可为肿瘤或胆固醇成分。大部分栓子在距肠系膜上动脉起始部3～10 cm的主干上，约15%的栓子栓塞于SMA的起始部。危险因素有冠心病、瓣膜病及心律失常，特别是房颤。危险因素见表7-2。认识危险因素可提高早期诊断的能力。

2．**肠系膜动脉血栓形成** SMA起自腹主动脉腹侧面，成45°角，其最易于发生动脉粥样硬化而狭窄，这是肠系膜循环血栓形成最常见部位；腹腔动脉、IMA往往同时受累，故该类型最为严重。不同于动脉栓塞，血栓形成部位越近，其损伤越重，预后很差。其危险因素见表7-2。

3．**非闭塞性肠系膜缺血** 是一种肠系膜上动脉痉挛引起的急性肠缺血，无明显血管阻塞。致病原因多种多样，但最常见原因是肠系膜血管低血流状态导致血管收缩。危险因素见表7-2。

4．**肠系膜静脉血栓** 肠系膜静脉血栓形成是急性肠系膜缺血最少见的病因。约20%的患者为原发性肠系膜静脉血栓形成，80%是继发于一些导致门静脉系统血流缓慢的疾病。发生于较年轻人群，易发生于高凝状态患者，而不是动脉粥样硬化患者。本症造成的血管阻塞往往范围广，肠系膜上静脉主干和门静脉内经常有血栓存在。其危险因素见表7-3。

表 7-2　肠系膜动脉栓塞、动脉血栓形成、非闭塞性肠系膜缺血的危险因素

| 肠系膜动脉栓塞 | 肠系膜动脉血栓形成 | 非闭塞性肠系膜缺血 |
| --- | --- | --- |
| 冠心病 | 高龄 | 心血管疾病导致低血流状态 |
| 心肌梗死后附壁血栓 | 高血压 | 充血性心力衰竭 |
| 充血性心力衰竭 | 弥漫性动脉粥样硬化 | 心律失常 |
| 瓣膜病 | 高脂血症 | 心源性休克 |
| 风湿性二尖瓣病变 | 糖尿病 | 心肺旁路后 |
| 非细菌性心内膜炎 |  | 低血压与休克 |
| 心律失常 |  | 致内脏血管收缩药物 |
| 心房颤动 |  | 地高辛 |
| 心室颤动 |  | 升压药 |
| 主动脉夹层及主动脉瘤 |  | 麦角碱中毒 |
| 冠状动脉造影术 |  | 可卡因成瘾 |

表 7-3　肠系膜静脉血栓形成的危险因素

| | |
| --- | --- |
| 血液高凝状态 | 门静脉高压 |
| 真性红细胞增多症 | 腹腔感染形成门静脉炎 |
| 抗凝血酶Ⅲ缺乏 | 肿瘤或妊娠压迫肠系膜静脉 |
| 蛋白 C 与 S 缺乏症 | 创伤 |
| 骨髓增生异常疾患 | 术后静脉损伤 |
| 妊娠 | 脾切除后 |
| 原发性肠系膜静脉血栓形成 | 钝伤或腹部创伤致静脉损伤 |
| 充血性心力衰竭 | |

## 三、临床表现

急性肠系膜缺血的临床表现因其阻塞的类型、部位、范围和发生的缓急而有所差异。一般阻塞发生过程急，范围广，则表现越重；动脉缺血较静脉缺血的表现急而严重。

1. **症状**　急性肠系膜缺血的症状因缺血原因不同在早期有所不同，到后期则基本相同。肠系膜动脉栓塞一般起病急骤，早期表现为剧烈腹痛，定位差，一般药物止痛效果差；恶心呕吐较频繁，呕吐物多为一种不含血凝块的暗红色浑浊液体；部分患者有腹泻，大便多呈黑色或为暗红色血便，提示病变仅累及黏膜层，未及腹膜壁层。可有亚急性型，隐匿性发病，腹痛不严重、不典型，可有腹胀及大便潜血阳性。随着血管闭塞范围扩大，可出现严重腹胀甚至休克。肠系膜动脉血栓形成是在动脉硬化基础上发生的，故几乎均有数月来原因不明的消瘦，饱餐后腹痛，呕吐后缓解，因而"惧食"，可伴慢性腹泻，在急性完全阻塞时出现与动脉栓塞类似表现。非闭塞性肠系膜缺血的早期腹痛较动脉栓塞和血栓形成的腹痛轻，还可表现为不明原因的恶心、呕吐、腹胀、腹泻。肠系膜静脉血栓形成的症状发展缓慢，多有腹部不适、便秘或腹泻等，数日或数周后可突然出现剧烈腹痛、呕吐、便血等类似动脉栓塞的表现。

2. **体征**　急性肠系膜缺血患者早期腹部可有轻压痛，肠鸣音活跃或正常，有严重的症状与体征不成比例的特点。随着病情进展，可有严重腹胀，弥漫性压痛；发生肠壁穿透性损

伤时，有腹膜刺激征（肌紧张、反跳痛），肠鸣音消失；腹腔穿刺可抽出血性液。

## 四、诊断

不管何种病因，急性肠系膜缺血的临床表现均为非特异性的。年龄＞50岁，有高危因素，突然剧烈腹痛，腹痛与体征不平行，使用麻醉剂、止痛剂均不能缓解，应怀疑急性肠系膜缺血。主要进行下列检查协助诊断和鉴别诊断。

1．血清学检查　血常规中，白细胞增高是非特异性的，白细胞正常也不能排除本病。半数以上患者可有血液浓缩。可有代谢性酸中毒、淀粉酶升高，但也是非特异性的。血清乳酸升高对缺血较有意义，敏感性高，为100%，但特异性为42%～87%。血清酶学检查中，血管闭塞后3～4小时血清肌酶CPK可升高，但敏感性与特异性不高。

2．影像学检查

（1）腹部立位X线平片：首先应做腹部立位X线平片，早期常正常，但可排除肠梗阻与游离气体。随着病情进展，显示麻痹性肠梗阻、肠管扩张性充气、肠壁增厚。晚期，如肠腔内气体进入黏膜下，可有肠壁积气征，甚至门静脉积气，提示肠管坏死。

（2）钡餐造影：禁用。

（3）多普勒超声检查：有一定作用，可检查SMA及腹腔主干的血流，但患者常有肠腔扩张、积气，影响判断。

（4）CT：可见肠壁与肠系膜水肿，肠壁积气征、腹水。增强CT可见典型的靶心征。有时可用CT检查确诊，但有许多患者CT检查正常或为非特异性结果，故不能因CT扫描正常而排除本病。

（5）血管造影：是诊断肠系膜缺血的"金标准"。术前做血管造影可了解阻塞的部位、类型及内脏血管情况，有利于计划血管重建。

实际上本病是排除其他急腹症后的诊断，对本病应有高度警惕性。

## 案例

患者，男，69岁，主因"间断性脐周痛2周，加重持续性腹痛1小时"急诊入院。患者2周前无明显诱因出现脐周不适，有时有轻微腹痛，渐加重，饭后略明显，伴呕吐，呕吐物为胃内容物，吐后腹痛缓减。患者有高血压病史40年，糖尿病病史25年。入院1小时突然出现持续性剧烈腹痛，伴强烈恶心并呕吐数次，呕吐物为胃内容物含胆汁，后内容物呈淡血性，自觉腹胀、心慌、头晕。入院后排出少量血性便。入院查体：脉搏为100次/分，血压为95/50mmHg。精神差，痛苦面容，睑结膜略白，视物模糊。肥胖体型，腹略隆，未见肠型及蠕动波。全腹紧，伴压痛、反跳痛，肝脾肋下未及，Murphy征阴性，移动性浊音阳性，肠鸣音未闻及。白细胞为$20.5×10^9$/L，中性粒细胞绝对值为$12.60×10^9$/L。腹部立位X线平片示肠管广泛扩张，可见气液平面。

问题：

1．该患者可能的诊断是什么？

2．为明确诊断，还需进行哪些检查？

## 五、治疗

不同类型的急性肠系膜缺血的治疗略有差异（表 7-4）。

表 7-4 各类肠系膜缺血的早期诊断与治疗要点

| 类型 | 早期确诊方法 | 基础病因治疗 | 手术疗法 |
| --- | --- | --- | --- |
| 动脉栓塞 | 多普勒超声检查<br>动脉造影检查<br>早期剖腹探查 | 抗凝；心脏转复等 | 介入治疗：尿激酶或链激酶溶栓<br>大部分需急诊剖腹探查：取栓术、坏死肠袢切除术、肠外置术等 |
| 动脉血栓 | 多普勒超声检查<br>动脉造影检查 | 抗凝；补液等 | 只能手术：血管内膜剥脱术、坏死肠袢切除术、肠外置术等 |
| 非闭塞性肠系膜缺血 | 动脉造影检查<br>腹部 X 线平片<br>CT 或结肠镜检查 | 改善心功能、扩血管、补液扩容、吸氧、停用收缩血管药物 | 非手术不能缓减时才行坏死肠袢切除术、肠外置术等 |
| 静脉血栓 | 动脉造影检查<br>多普勒超声检查<br>腹部 CT、MRI | 抗凝；改善微循环；补液；治疗原发病（如控制腹腔感染、解除压迫） | 介入治疗：尿激酶或链激酶溶栓<br>剖腹探查：取栓术、坏死肠袢切除术、二次探查等 |

**1. 非手术治疗** 对急性肠系膜缺血患者应早期采用禁饮食、胃肠减压，使用广谱抗生素，纠正低血容量、低血压和酸碱失衡，酌情予以肠内外营养支持。只要有最低限度的血液供给，予以肠道减压与抗生素可以延长缺血演变为坏死的时间。包括如需要升压药支持血压，应给予最低剂量（多巴胺），应避免使用 α 受体激动剂（如去甲肾上腺素），应以使用正性肌力药为主。控制心律失常、心力衰竭及其他致低灌注因素。应中断使用血管收缩药。

溶栓治疗有效。可选用尿激酶或 rt-PA 等。任何确诊的患者均应全身抗凝治疗，以预防血栓进一步扩展。

**2. 介入治疗** 在肠系膜动脉栓塞和肠系膜静脉血栓形成中选用，一般在发病一周之内选用。为避免不良预后，尽量在肠道坏死前行血管造影确定诊断并酌情溶栓。

**3. 手术治疗** 手术治疗既是挑战又有争议。栓塞容易手术切除；血管旁路效果良好，但有腹膜炎时手术并不安全；静脉梗死几乎均需行手术切除，如有足够的正常肠道，可以存活，如高凝状态纠正，能保持术后良好营养状态。但是，非闭塞性缺血应避免手术，因麻醉可恶化本病的病因（低心排血量），加重血管痉挛恶化，可使缺血演变成坏死。由于对各种缺血的治疗有明显差异，血管造影检查非常重要。

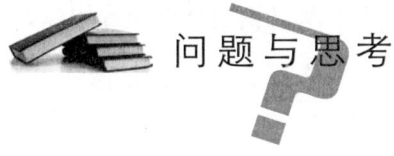

## 问题与思考

1. 腹主动脉瘤破裂的主要表现有哪些？
2. 主动脉夹层的非手术治疗主要包括哪些？

（高瑞忠）

# 第八章

# 消化系统急症

**学习目标**

1. 掌握消化系统急症的临床表现。
2. 熟悉常见消化系统急症的检查方法。

## 第一节 吞食异物

吞食异物是儿童及成人进食吞咽时发生的一种急诊。幼儿咽防御反射不健全，老人缺牙过多，口腔感觉迟钝，尤易发病。多为仓促进食时，将混在食物中的鱼刺、骨片、果核等咽下；儿童口衔硬币、纽扣、别针、玩具等物玩耍时，也可发生误咽。吞咽的异物20%～30%在咽部、食管内受阻而停留，到达胃的吞咽异物80%以上可顺利从大便排出体外，其他可嵌留于幽门、十二指肠空肠曲、回盲瓣等部位。本节主要介绍咽部异物、食管异物和胃十二指肠异物。

### 一、咽部异物

**（一）临床表现**

鱼刺、木签等尖细异物常刺入扁桃体、舌根、会厌谷或梨状窝等处，引起咽异物感、固定部位的疼痛及吞咽困难等症状，空咽时症状加重。较大的异物若停留于下咽，则出现哽噎感、呼吸困难等症状。此时应注意与呼吸道异物鉴别。

**（二）诊断**

口咽视诊或间接喉镜检查多可查明异物的部位。对于不透光或部位隐蔽的异物，必要时可结合X线检查、纤维喉镜定位。

**（三）治疗**

口咽部异物可用镊子或血管钳直接取出。位于舌根、会厌谷、梨状窝及环后隙等较深处异物，可借助喉镜钳取。

### 二、食管异物

食管主要有三个生理性狭窄，易发生异物停留，其中以第一狭窄即食管入口处发生率最高。在成人，第一狭窄距上切牙约15 cm。

**（一）临床表现**

食管异物的临床表现与异物的大小、形状、停留部位及是否感染有关。较圆钝的异物，主要表现为不同程度的梗塞感及咽下困难。异物较小时，仍可进半流质；若异物大或合并感染，饮水也可感困难。尖锐异物如鱼刺、骨片等可刺伤黏膜，并发感染，引起明显的疼痛。异物嵌入食管上段，疼痛部位常在颈根或胸骨上窝处，可扪压患侧颈部出现疼痛；食管中段异物则多伴胸骨后疼痛。在小儿，常有流涎症状，如异物较大，因压迫气管后壁，可出现呼吸困难。

（二）诊断

根据异物吞咽史，症状明显，诊断多无困难。一般常需做下列检查。

（1）间接喉镜检查：可见梨状窝积液。

（2）X线检查：对于小骨片、果核等在X线下不显影的异物，应行食管钡剂X线检查。对于能显影的金属等异物，可直接做X线片检查，以显示异物的位置、形状，并可提示有无食管穿孔和胸内并发症的发生。

（3）食管镜检查：对少数病史确凿、症状明显、经以上检查未能确诊或经药物治疗后症状不减者，可酌情行食管镜检查，以明确诊断。

（三）并发症

尖锐、有棱角的异物可刺穿管壁，或因长时间的压迫磨溃并发食管穿孔。食管穿孔后可引发下列病变。

（1）颈部皮下气肿或纵隔气肿：食管穿孔早期，咽下的空气可外溢潜入皮下组织或纵隔内，多可自行吸收。若无脓肿形成，应严格禁食，控制感染，选择适宜时机尽早取出异物。

（2）食管周围炎及纵隔炎：食管穿孔后，炎症向外扩散并发食管周围炎、纵隔炎，感染严重时形成脓肿。患者可有高热等全身中毒症状。X线颈侧位片或胸部正侧位片有助于诊断。

（3）大出血：中段食管穿孔可合并周围感染。若炎症累及主动脉弓或锁骨下动脉等大血管，则可引起致命性大出血。患者有大量呕血或便血，抢救困难，死亡率高。

（4）气管食管瘘：异物嵌顿时间较长者，食管管壁因压迫而坏死。累及气管、支气管时，可形成气管-食管瘘，导致肺部反复感染。

（四）治疗

食管异物的患者应禁饮食，急诊施行食管镜检术，取出异物。对合并感染或全身情况较差者，应予以补液、支持、抗感染，病情好转后，施行食管镜检查。疑有食管穿孔、合并严重的食管周围脓肿或胸内并发症或食管镜下钳取失败时，应请胸外科医师协同处理。

## 三、胃、十二指肠异物

（一）临床表现

胃、十二指肠异物可无任何自觉症状。锐性异物如损伤黏膜，则出现上腹痛、恶心、呕吐，呕吐物可呈血性。异物嵌顿于幽门或十二指肠者可出现部分梗阻症状。锐性异物可刺破胃肠壁，形成局限小脓肿或肉芽肿；也可移行至腹腔或其他部位。

（二）诊断

误咽病史或故意咽入异物史结合腹部透视、X线片、胃镜检查发现并诊断。

（三）治疗

胃肠道不同部位的异物处理不完全相同。多数异物可密切观察等待自行排出。如异物停留在固定位置7～10天无改变，则是手术取出的适应证。对细长端尖的异物以早期手术取出为宜。小肠异物应延长观察时间，如2～3周不能排出则手术。手术前一天常规行X线片检查确定异物位置。

**（四）预防**

吞咽异物是可以预防的。加强卫生教育，进食时要细嚼慢咽。儿童应改正口含小物玩耍的不良习惯，老人应注意及时修复损坏的牙齿。全麻及昏迷患者应将活动的义齿取出。误咽异物后，应及时诊治。

## 第二节　食管裂孔疝和食管破裂

### 一、食管裂孔疝

食管裂孔疝是指腹腔内脏器（主要是胃）通过食管裂孔进入胸腔所致的疾病。食管裂孔疝在膈疝中最常见，达90%以上。

**（一）病因**

（1）食管裂孔先天性发育不良。

（2）食管裂孔部位结构后天功能减退，如食管膈肌韧带萎缩或张力减弱。

（3）长期腹腔压力增高的后天因素，如多次妊娠、腹腔积液、慢性咳嗽、习惯性便秘及其他引致腹腔内压长期增高的原因。

（4）手术或创伤后裂孔疝，如胃上部或贲门部手术破坏了正常的结构，也可引起疝。

**（二）分类**

根据腹腔脏器通过相应的膈肌裂孔薄弱处疝入物的不同，分为四种类型。

（1）滑动型食管裂孔疝：为第一型，占85%以上，主要是胃食管连接处通过食管裂孔疝入后纵隔，即患者在平卧或头低位以及咳嗽、屏气等动作使腹腔内压力增高时，贲门和胃体上部可以经扩大的食管裂孔连同膈肌的食管韧带疝入膈肌上方的后纵隔，起立和胸腔内压力降低时，疝入的胃即自行回纳。这类可上下自由滑动的疝较为常见（图8-1）。

（2）食管旁裂孔疝：为第二型，占5%～15%。即贲门保持原有位置，胃底部经扩大的食管裂孔在食管旁疝入胸内（图8-2）。

（3）混合型食管裂孔疝：为第三型，是指既有像第一型那样的胃食管连接处的疝入，也有像第二型那样的胃的一部分疝入的现象（图8-3）。

　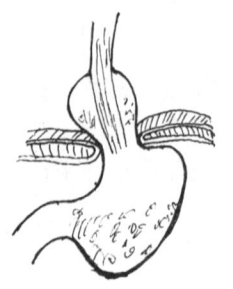　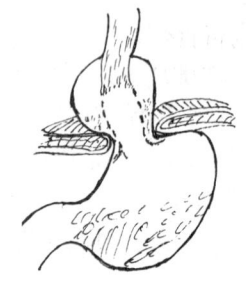

图8-1　滑动型食管裂孔疝　　图8-2　食管旁裂孔疝　　图8-3　混合型食管裂孔疝

（4）第四型食管裂孔疝：即裂孔缺损很大，除胃可通过裂孔疝入外，还可伴有腹腔其他脏器疝入胸内。

（三）临床表现

本病可发生于任何年龄，但症状的出现随着年龄增长而增多。食管裂孔疝患者可以无症状或症状轻微，其症状轻重主要取决于疝大小和胃液反流的程度。

1. **胃食管反流症状**　表现为胸骨后或剑突下烧灼感、胃内容物反流感、上腹部饱胀、嗳气、疼痛、恶心等。疼痛性质多为烧灼感或针刺样痛，可放射至背部、肩部、颈部等处；平卧、弯腰俯伏、入睡后或进食甜食、酸性食物均可能诱发或加重。此症状尤以滑动型、混合型裂孔疝多见。

2. **疝囊压迫症状**　当疝囊较大压迫心、肺、纵隔时，可有气短、心悸、咳嗽、发绀等症状。压迫食管时可感觉到胸骨后食物停滞或吞咽困难。

3. **并发症状**

（1）出血：可由于并发食管炎、胃溃疡有出血表现，多为慢性少量渗血，可致贫血；严重时，可致呕血和黑便。

（2）反流性食管狭窄：病史较长者，在有反流症状的患者中，可发生食管瘢痕狭窄，出现吞咽困难、吞咽疼痛、食后呕吐等症状。

（3）疝囊嵌顿、扭转：一般见于食管旁疝。患者可突发剧烈上腹痛伴呕吐，不能吞咽或同时发生大出血，合并坏死、穿孔时症状进一步加重。

（四）诊断

由于本病相对少见且无特异性症状和体征，诊断较困难。对有胃食管反流症状，年龄较大，肥胖，且症状与体位明显相关的可疑患者，应予以重视，确诊需要进一步检查。

1. **X线检查**　是目前诊断食管裂孔疝的主要方法。95%的患者的立位胸片在心影后出现气液平面。对于滑动型裂孔疝（特别是轻度者），一次检查阴性也不能排除本病，临床上高度可疑者应重复检查，并取特殊体位，如仰卧头低足高位等。上消化道造影可显示直接征象及间接征象，确定裂孔疝类型及食管胃的伴随病变，确诊率可达100%。

2. **内镜检查**　内镜检查有助于确定膈脚的位置，对食管裂孔疝的诊断率较以前提高，可与X线检查相互补充旁证协助诊断。

3. **食管测压检查**　可以了解食管的运动功能、鉴别同时发生的食管运动障碍等。食管裂孔疝时，食管测压可有异常图形，从而可协助诊断。

（五）治疗

1. **内科治疗**　适用于小型滑动型疝及反流症状较轻者。治疗原则主要是消除疝形成的因素，控制胃食管反流，促进食管排空以及减少胃酸的分泌。

（1）改变生活方式：①减少食量，以高蛋白、低脂肪饮食为主，避免咖啡、巧克力、饮酒等，避免餐后平卧和睡前进食；②睡眠时取头高足低位，卧位时采取半卧位；③设法减肥，治疗慢性咳嗽、便秘，避免弯腰及增加腹内压的其他因素。

（2）药物治疗：对于已有胃食管反流症状者，除上述措施外，需给予胃动力药和食管、胃黏膜保护剂和制酸药物等。

2. **外科治疗**

（1）手术适应证：①食管裂孔疝合并反流性食管炎，内科治疗效果不佳；②合并幽门梗阻、十二指肠淤滞；③食管裂孔旁疝和巨大裂孔疝患者；④食管裂孔疝疑有癌变。

(2) 手术原则：①复位疝内容物；②修补松弛薄弱的食管裂孔；③防治胃食管反流；④保持胃流出道通畅；⑤兼治并存的并发症。

(3) 手术方法：治疗食管裂孔疝的手术方法很多，主要是疝修补术及抗反流手术，目前提倡腹腔镜、胸腔镜手术。

### （六）预防

预防长期增高腹腔内压的因素，如重体力活、腹腔积液、慢性咳嗽、习惯性便秘等。

## 二、食管破裂

食管破裂是指各种因素所致的食管全层裂开。分为自发性、创伤性和医源性食管破裂。这里主要介绍前两者。

### （一）自发性食管破裂

由剧烈呕吐或其他因素使腹内及食管内压力急剧增加而引起。

1. **病理生理**　食管中下段以平滑肌分布为主，纵行纤维减少，直到胃壁，肌层变薄，容易破裂。呕吐时，由于咽环肌收缩，胃内的气体、内容物通过松弛的贲门进入食管腔内，使食管呈高压状态，发生食管破裂。大量化学物质和细菌的刺激，引起纵隔炎及胸膜炎，并有大量胸腔积液和（或）气液胸，可出现感染中毒性休克，甚至死亡。

2. **临床表现**　多见于中年男性，于大量饮食后发生剧烈呕吐，出现严重胸痛，向肩背部放射。可伴有胸闷、气促及呼吸困难及休克等。体检可出现血压下降、心率快、呼吸加快、发绀、颈胸部广泛皮下气肿、左侧呼吸音减弱或消失，可有胸膜摩擦音，也可有不同程度出血。

3. **诊断**　结合暴饮暴食、剧烈呕吐及胸痛等病史，应怀疑食管破裂。可行下列检查协助诊断。

(1) 胸部X线检查：不少患者经急诊胸部透视发现一侧液气胸而引起注意。X线胸片侧位可见到纵隔气肿、颈部皮下气肿影；后前位有时可见到后下纵隔一侧气肿阴影，呈三角形；正位可见纵隔气肿、胸腔积液、液气胸、心脏左缘片状不规则阴影。

(2) 食管造影检查：可口服泛影葡胺行食管造影检查，明确破裂部位。

(3) 胸腔诊断性穿刺检查：发现液气胸后，行诊断性穿刺，简易而且必要。如抽出物为血性酸味液体，或发现食物渣滓，则可以确诊。

(4) CT扫描：可以更清楚地显示纵隔气肿、胸腔积液、食管旁脓腔，对治疗效果的判断也有价值。

4. **治疗**

(1) 破裂后6～12小时者，若无其他疾病存在，可直接行手术修补术。

(2) 破裂后12～24小时者，污染较轻者，可手术修补，并做胸腔冲洗引流；污染重者，不宜修补，宜行探查引流、胸腔闭式引流术、纵隔引流术，同时行胃造口引流术、空肠造瘘术。

(3) 破裂后24小时以上者，可待纵隔及胸膜腔感染控制、患者全身情况改善后行食管重建术。

无论手术与否，均应禁饮食、胃肠减压、补液、纠正酸碱水电解质紊乱、营养支持、抗感染治疗都非常关键。切忌通过胃造瘘或鼻饲进行肠内营养，因为易发生严重反流，使病情迁延。

## （二）创伤性食管破裂

创伤性食管破裂多为刀枪、暴震伤、胸部钝挫伤、异物刺破伤及食管，此种类型临床很少见。食管损伤时，其周围的组织、脏器也同时受损，大多数患者早期死亡。

**1. 临床表现**

（1）颈段食管破裂：主要表现为颈部肿痛，吞咽及颈部活动时加重；颈部皮下气肿是其特征性表现，可出现吞咽困难及呼吸困难；继发感染后颈部红肿痛加剧。

（2）胸段食管破裂：患者一般病情较危重。此段食管破裂可引起纵隔炎、皮下气肿、气管-食管瘘，主要表现为胸骨后或上胸部剧烈疼痛。破损突破纵隔胸膜时，可引起液气胸，很快形成脓胸，病情短期内加剧，可有患侧胸痛、呼吸困难及感染性休克而死亡。

（3）腹段食管破裂时：早期出现呕吐、突发性胸痛或上腹部疼痛，且向肩背部放射，可有发热、呼吸困难，颈部可扪及皮下气肿等食管破裂穿孔后体征。查体有上腹部腹膜刺激征。

**2. 诊断**　结合外伤或吞咽尖锐异物史、颈胸部疼痛、皮下气肿、呼吸困难等应考虑创伤性食管破裂。具体检查方法同自发性食管破裂。颈段食管破裂时，颈部侧位 X 线片可显示颈后间隙阴影增宽及皮下气肿。胸内食管破裂时可见纵隔气肿或伴有液气胸，口服泛影葡胺可见造影剂逸出食管腔外进入纵隔或胸腹膜腔，有纵隔炎时可见纵隔阴影增宽。

**3. 治疗**　外伤后一旦出现食管破裂，应积极应用非手术方法，包括禁饮食、胃肠减压、补液、纠正酸碱水电解质紊乱、营养支持、抗感染治疗等。然后根据破裂部位、大小，结合全身情况确定手术方法。

（1）颈部食管破裂：近年倾向于非手术治疗，且疗效较理想；若需手术，可采用左侧颈部切口做引流术并注意防止大出血。

（2）胸段食管破裂：处理方法见自发性食管破裂治疗。

（3）腹段食管破裂：可一期行破裂修补、腹腔引流、鼻空肠营养管留置，但必须保证胃肠减压通畅。

# 第三节　上消化道出血

上消化道出血（upper gastrointestinal hemorrhage）一般是指屈氏韧带以上的消化道的出血，主要包括食管、胃、十二指肠、胰腺、胆道等部位的出血，也包括胃空肠吻合术后的空肠病变出血。主要表现为呕血或便血、周围循环衰竭。成年人急性消化道出血一次失血量达 800 ml 以上，或超过总循环血量的 20%，即可表现出休克的症状和体征，其死亡率在 6%～12%。

## 一、病因

上消化道出血的病因很多，大多是上消化道本身病变（溃疡、炎症、肿瘤）所致，少数是全身疾病的局部表现。据国内资料，引起上消化道大出血的主要是下列前五种常见病因。

**1. 胃、十二指肠溃疡**　约占 40%～50%，其中 3/4 是十二指肠溃疡。一般大出血的溃疡位于十二指肠球部后壁或胃小弯，多数为动脉出血。要注意药物引起的溃疡及胃肠吻合口溃疡所致的大出血。

**2. 门静脉高压症**　约占 20%～25%。门静脉高压多伴有食管下段和胃底黏膜下层静脉曲张，此类内压升高的静脉易在粗糙食物损伤或胆汁胃酸腐蚀等原因下破裂大出血，病情凶险，预后差。

3．**急性糜烂性胃炎或应激性溃疡**　约占 5%。前者多与酗酒、服用非甾体类抗炎药物和肾上腺皮质激素药物有关；后者多与休克、复合伤、严重烧伤、严重感染、大手术、严重脑外伤等有关。表现为胃黏膜糜烂或弥漫性渗血，可导致大出血。

4．**胃癌**　约占 2%～4%，进展期胃癌或晚期胃癌时，癌组织缺血坏死，表面发生糜烂或溃疡，侵蚀血管致出血。

5．**胆道出血**　是指由于肝外伤、胆道炎症、肝胆肿瘤或肝血管瘤和手术损伤等造成肝内或肝外动、静脉与胆道沟通，引起血液涌入胆道，再进入十二指肠所表现的出血。表现为三联症：胆绞痛、梗阻性黄疸和消化道出血。

6．**Mallory-Weiss 综合征**　即食管-贲门黏膜撕裂综合征。由于剧烈呕吐、腹内压骤增，胃内压力过大冲击食管贲门交界处，使局部黏膜和黏膜下层撕裂，出现呕血。酗酒、剧烈咳嗽及突然用力等是重要的诱因。出血程度不同，出血量有时较大，具有致命性危险。

7．**食管裂孔疝**　好发于 50 岁以上的患者，以食管裂孔滑动疝最易并发出血。

8．**胰腺疾病**　如胰腺癌侵及十二指肠，急性胰腺炎并发脓肿破溃至十二指肠等，均可导致上消化道出血。

9．**其他**　如血液病、尿毒症、血管性疾病、结缔组织病等全身性疾病也可有上消化道出血。

## 二、临床表现

急性上消化道出血的临床表现取决于出血的量与速度，并与引起出血病变的性质、部位及全身状态（包括年龄、有无贫血、心肾功能状况等）密切相关。

1．**呕血、黑便**　是急性上消化道出血的特征性表现。上消化道出血之后，均有黑便。出血部位在幽门以上，常以呕血为主，继之出现黑便；如出血部位在幽门以下，主要以黑便为主，可伴有少量呕血。呕血多为棕褐色或咖啡渣样；若胃出血量大、速度快，未经胃酸充分混合即呕出，也可为鲜血或有血块。上消化道出血量在 5 ml 以上时便潜血即为阳性，达 50 ml 以上可表现为黑便。黑便常呈柏油样，黏稠而发亮，若出血量大、速度快、粪便可呈暗红色或鲜红色，酷似下消化道出血；相反，下消化道出血量小，在肠内停留时间长也可出现黑便，易被误诊为上消化道出血。

2．**周围循环衰竭**　上消化道出血可引起有效循环血量减少，导致急性周围循环衰竭。临床表现为头晕、乏力、口渴、心悸、出汗、恶心，常在排便过程中或排便后晕厥倒地。查体可见患者皮肤黏膜苍白、烦躁不安、四肢湿冷、脉搏细速、血压下降、少尿或无尿，严重者出现休克或意识障碍。

3．**氮质血症**　上消化道出血后，可使血中尿素氮浓度暂时升高，称为肠源性氮质血症，并可伴有酸中毒。血尿素氮常在出血后数小时开始上升，24～48 小时达高峰，一般不超过 14.3 mmol/L，如无继续出血，3～4 天降至正常。若活动性出血已停止且血容量已基本纠正，血尿素氮仍持续升高超过 3～4 天或明显升高超过 17.9 mmol/L，或尿量仍少，则考虑为发生肾衰竭。

4．**发热**　上消化道大出血后 24 小时内，多数患者有发热，一般为低热或中度发热，体温不超过 38.5℃，持续 3～5 天后降到正常。发热可能与循环血量减少、贫血等导致体温调节中枢的功能障碍等因素有关。

5．**血常规检查**　上消化道出血时一般出现血红蛋白浓度、红细胞计数及血细胞比容下降,急性上消化道出血后 2~5 小时,可出现白细胞计数升高,可达 $(10.0 \sim 20.0) \times 10^9/L$,止血后 2~3 天降至正常。但肝硬化食管胃底静脉曲张破裂出血患者,如同时伴有脾功能亢进,则白细胞增高不明显,甚至白细胞与血小板计数偏低。

### 三、诊断

1. **确定诊断** 根据呕血、黑便和急性失血性周围循环衰竭的临床表现,血红蛋白浓度、红细胞计数及血细胞比容下降的实验室证据,可作出上消化道出血的诊断。同时需与下消化道出血鉴别,后者常为血便,不伴有呕血;有时上消化道短时间内大量出血不伴呕血,应在病情稳定后做急诊胃镜检查以确诊。另外,须除外咯血(表 8-1),口、鼻及咽部出血,以及进食动物血液、含铁蔬菜、服用活性炭、铁剂、铋剂等药物引起的黑便。也有少数上消化道出血患者因出血量大、速度快,早期可无呕血及黑便,而以晕厥或失血性周围循环衰竭为主要表现,应注意与其他原因引起的休克鉴别。

表 8-1 呕血与咯血的鉴别

| 项目 | 呕血 | 咯血 |
|---|---|---|
| 病因 | 消化系统疾病 | 呼吸系统疾病 |
| 出血方式 | 呕出 | 咯出 |
| 性状 | 棕褐色、咖啡样、鲜红色、伴食物残渣 | 鲜红色,有泡沫及痰液 |
| 出血物酸碱性 | 酸性 | 碱性 |
| 黑便情况 | 常伴黑便 | 常不伴黑便 |
| 伴随症状 | 上腹不适、恶心、头晕、晕厥 | 喉部瘙痒、咳嗽、胸闷 |

2. **出血量估计** 正确估计出血量对判断病情、指导治疗具有重要意义(表 8-2)。一般来说,可根据患者呕血与黑便量、临床症状与体征及实验室检查来判断和估计出血量。由于呕血与黑便常分别混有胃内容物与粪便,且部分血液尚贮留在胃肠道内未排出体外,故以呕血、黑便的数量来估计失血量常不太精确。最有价值的估计标准是血容量减少导致的周围循环衰竭的临床表现,而血压和心率是关键指标,需进行动态观察并综合其他相关指标加以判断。要注意,患者的血常规检验虽可估计失血的程度,但并不能在急性失血后立即反映出来,且还受到出血前有无贫血的影响,因此也只能作为估计出血量的参考。

表 8-2 出血量估计

| 出血量(ml) | 表现 |
|---|---|
| > 5 | 大便潜血试验阳性 |
| > 50~100 | 黑便 |
| > 250~500 | 呕血,一般无全身症状,血压、脉搏、Hb 正常 |
| > 500~1 000 | 头晕、出汗、乏力、心悸等全身症状,可出现血压 < 100 mmHg,脉搏加快,Hb 下降 |
| 1 000~1 500 | 晕厥或体位性低血压伴头晕、出冷汗,血压 < 90 mmHg,脉搏 > 100 次/分,Hb 为 70~100 g/dL |
| 1600~2000 | 面色苍白、四肢湿冷、尿少、烦躁不安或神志不清,血压 < 80 mmHg,脉搏 > 120 次/分,Hb < 70 g/dL |

**3．活动性出血的判断**　有以下迹象为活动性出血或再出血：①呕血频繁、血色鲜红、黑便次数增多、粪质稀薄，伴有肠鸣音亢进；②周围循环衰竭的表现，经积极补液、输血等治疗未见明显改善，或暂时好转又恶化；③红细胞计数、血红蛋白浓度继续下降；④在充分补液、尿量足够的情况下，血尿素氮持续增高或再次增高。

**4．病因诊断**　病史、症状与体征可作为出血病因的重要线索，但确诊出血的原因与部位需靠器械检查。

（1）出血部位判断：不同部位的出血各有特点。①食管或胃底曲张静脉破裂出血，起病很急，一次出血量常达500～1 000 ml，常可引起休克。主要表现为呕血且非手术治疗期间易反复，单纯便血较少。②胃和十二指肠球部出血（溃疡、糜烂性胃炎、胃癌），起病也很急，一次出血量常不超过500 ml，并发休克者较少。主要表现为呕血或便血，非手术治疗多能止血，但以后可再出血。③十二指肠球部以下出血（胆道出血），出血量一次为200～300 ml，很少并发休克，主要表现为便血。积极的非手术疗法可暂时止血，复发周期长，一般间隔为1～2周。

（2）病因判断：病因的判断除结合上述不同出血部位的特点外，还需结合相应病史、体检、实验室检查等进行分析。首先结合病史，慢性、周期性、节律性上腹痛，尤其是出血前疼痛加重，出血后疼痛减轻或缓解，多提示出血来自胃和十二指肠球部溃疡，服用制酸药可缓解腹痛；有服用非甾体类抗炎药等损伤胃黏膜的药物、大量饮酒史或大手术史、重度感染、严重创伤和休克等应激状态者，可能为急性胃黏膜病变；门静脉高压患者常有病毒性肝炎、肝硬化、酗酒或血吸虫病史；胃癌有进行性体重下降和厌食。其次结合体征，肝掌、蜘蛛痣、腹壁下浅静脉曲张、肝脾肿大、腹水等，食管、胃底曲张静脉破裂出血多见；右上腹压痛或伴有寒热、黄疸提示胆道出血可能。必要的化验可进一步明确病因，如肝功能、肝炎系列、凝血功能和血氨等状况可提示是否为门静脉高压。

（3）辅助检查：辅助检查更有助于病因的明确。

1）胃镜检查：是目前诊断上消化道出血病因的首选方法，诊断正确率达80%～90%，多进行急诊胃镜检查，即在出血后24～48小时内进行。通过胃镜检查可判断出血病变的部位、病因及出血情况，同时可进行内镜止血治疗。但应注意，在急诊胃镜检查前需先补充血容量、纠正休克及改善贫血，并尽量在血流动力学指标稳定后做检查，这样较为安全。

2）三腔二囊管检查：留置三腔二囊管后，分别将食管气囊、胃气囊充气，生理盐水冲洗胃后，根据出血情况判断出血部位。这种检查虽简单易行，但需要患者配合。

3）X线钡餐检查：上消化道钡餐检查仅适用于出血已停止、生命体征平稳的上消化道出血患者，一般宜在出血停止3天后谨慎进行，故主要适用于有胃镜检查禁忌证或不愿进行胃镜检查者，虽然其诊断阳性率不如胃镜检查高，但对胃镜不能到达的十二指肠降段以下小肠的病变，该检查有特殊的诊断价值。其对某些解剖部位改变的诊断，如胃黏膜脱垂、食管裂孔疝的诊断，则优于一般胃镜检查。

4）其他检查：对内镜检查无阳性发现或不适宜进行胃镜检查者，如有严重心、肺合并症且仍有活动性出血者，可行选择性肠系膜动脉造影检查，以明确出血部位，并可同时进行介入治疗。此外，选择性动脉造影、放射性核素$^{99m}$锝标记红细胞扫描主要适用于不明原因的小肠出血。还可进行肝、胆、胰、脾等超声检查，有助于鉴别诊断。对于少数病因不明、持续大出血危及生命的患者，在充分准备后，可行手术检查，以免贻误挽救患者生命的时机。

5. **危险性预测** 据临床资料统计,约80%~85%的急性上消化道大量出血患者除支持疗法外,无需特殊治疗,出血可在短期内自然停止。仅有15%~20%的患者持续出血或反复出血,主要是这类患者可由于出血并发症而导致死亡。因此,如何早期识别再出血及死亡危险性高的患者并予以加强监护和积极治疗,便成为急性上消化道大出血处理的重点。提示预后不良的危险性增高的因素有:①高龄患者(>60岁);②有严重伴随病(心、肺、肝、肾功能不全、脑血管意外等);③本次出血量大或短期内反复出血;④特殊病因和部位的出血(如食管胃底静脉曲张破裂出血);⑤消化性溃疡伴有内镜下活动性出血,或有近期出血征象,如暴露血管或溃疡面上有血痂。

### 四、急诊处理

急性上消化道出血病情重、起病急、发展快,严重者可危及生命,应采取积极措施进行抢救。首先应抗休克及补充血容量,在此基础上进一步进行防治继续出血、再出血及病因治疗。

1. **一般急救措施**

(1) 休息:应平卧位绝对卧床休息,头偏向一侧,吸氧,保持呼吸道通畅,避免误吸引起窒息。

(2) 病情监测:

1) 出血的监测:观察呕血与黑便的情况。定期检查红细胞计数、血红蛋白浓度、血细胞比容及血尿素氮。对大出血者,宜常规放置胃管,以便既可以从胃管注入治疗药物,又可以根据引流情况观察出血状况。

2) 严密观察,记录患者的生命体征。监测项目有:①意识状态;②血流动力学状态:主要为脉搏和血压;③外周循环状态:肢体温度、皮肤和甲床色泽、周围静脉尤其是颈静脉充盈情况;④每小时尿量;⑤危重大出血患者必要时进行中心静脉压测定;⑥心电监护;⑦呼吸。

(3) 对症处理:对于躁动不安的患者,可给予地西泮(安定)10 mg肌注。对于肝硬化食管胃底静脉曲张破裂出血者,禁用吗啡、巴比妥类药物。

(4) 饮食:大出血或频繁呕血者禁饮食。出血稳定后一般可给予易消化的流食或半流食。

2. **迅速补充血容量** 是处理上消化道大出血的关键措施。尽快用大号针头建立一条或多条静脉通路。同时配血,准备输血。输血指征:①患者出现体位性晕厥、血压下降和心率加快;②失血性休克;③血红蛋白低于70 g/L或血细胞比容低于25%。输血量的掌握应视患者周围循环动力学及贫血改善状况而定,尿量可作为参考指标。血容量已补足的指征有:①四肢末端由湿冷、发绀变为温暖、红润;②脉搏由快、弱转为正常、有力;③收缩压接近正常,脉压>30 mmHg;④尿量>20 ml/h。由于库存血含氨量高,故对肝硬化患者应输注新鲜血以避免诱发肝性脑病。

3. **止血措施** 应针对不同的病因,采取相应的止血措施。

(1) 非曲张静脉破裂出血的治疗:非曲张静脉上消化道出血中最常见的病因是消化性溃疡。止血措施主要有:

1) 插入胃管予以冰盐水或冰水洗胃。

2) 药物止血:30岁以下,胃、十二指肠溃疡出血,急性糜烂性胃炎患者首选。常用的药物及用法有:①去甲肾上腺素 8 mg 加入 100 ml 生理盐水中,分次口服或经胃管灌注或滴注。②抑制胃酸分泌:可常规给予质子泵抑制剂治疗,如奥美拉唑、埃索美拉唑镁、泮托拉唑、雷贝拉唑等。如奥美拉唑 40 mg,每 12 小时一次,静脉注射。③立芷雪（立止血）1 U 肌注或静脉注射。④凝血酶 4 000～8 000 U 溶于 30～60 ml 温盐水中口服或胃管内灌注。⑤生长抑素及其衍生物应用可减少血供和抑制胃酸,达到止血目的。⑥其他,如酚磺乙胺、氨甲环酸、氨甲苯酸、云南白药、三七等也有止血作用。

　　3）内镜治疗:内镜检查时如有活动性出血或暴露血管的溃疡,可进行内镜止血。有效的方法包括:对出血灶喷洒止血药物、局部注射、激光照射、微波凝固、高频电凝止血、热探头凝固及放置止血夹等。

　　4）手术治疗:对于 50 岁以上,胃、十二指肠溃疡大出血,胃癌大出血,或吻合口溃疡大出血患者,应首先进行初步处理,血压、脉率恢复后,再进行早期手术;对于内科积极治疗后仍大量出血不止、危及生命的患者,也需及时进行手术治疗。但不同病因所致的上消化道出血的具体手术指征和手术方式不同。

　　5）介入治疗:在少数特殊情况下,严重上消化道大出血患者既不能进行内镜治疗,又不能耐受手术,此时可选择进行选择性、超选择性动脉造影,经导管注入药物或栓塞剂。

　　(2) 食管胃底静脉曲张出血的治疗:

　　1）药物治疗:除上述药物止血方法外,还可应用血管加压素 20U 加入 5% 葡萄糖 200 ml 内静脉滴注,0.5～1 小时滴完,6 小时后可重复,一日不超过 3 次。但血管加压素现在已不推荐使用,因为它有全身性作用,且有缺血的危险性。

　　2）气囊压迫止血:使用三腔二囊管（即三腔管）对胃底和食管下段做气囊压填塞,常用于药物止血失败、又不能立即进行手术治疗者,或出血量大、迅猛者。留置三腔二囊管后,先向胃囊注气 150～200 ml 封闭管口,缓缓向外牵拉管道使胃囊压迫胃底,此时保持牵引力,用宽胶布固定三腔管。如未能止血,继续向食管囊注气 100 ml。此时经胃管抽吸,观察有无鲜血,如无鲜血,同时生命征稳定,说明出血已得到控制。将胃管连接负压吸引器,若是四腔管,则将食管引流管接负压吸引器或定时抽吸,观察引流液的色质量。三腔管一般放置 24 小时。若出血停止,可先排空食管囊,后排胃囊,观察 5～30 分钟;若继续出血,可再注气;以后每隔 12 小时放气 10～20 分钟,以防食管胃底黏膜受压过久而糜烂、坏死。一般放置三腔管不超过 3～5 天,如放气后观察 24 小时无出血,可拔出。拔管前口服液体石蜡 20～30 ml,并缓慢拔除。暂时有效率为 85%～92%,持续止血有效率为 29%～70%。

　　3）内镜治疗:可应用内镜下硬化疗法及皮圈套扎法进行治疗或进行激光止血。硬化疗法是指注射各种硬化剂以促进血栓形成。常用硬化剂有 5% 鱼肝油酸钠、5% 油酸氨基乙醇、1.5%～2% 乙氧硬化醇、1.5% 十四烷基磺酸钠及纯酒精等。皮圈套扎法是指通过内镜放置胶圈以阻断血流及促进血栓形成。两种治疗在 90% 以上的患者效果良好,而胶圈套扎法的并发症更少。激光止血是以纤维内镜作为传导系统,用 Nd-YAG 激光进行食管静脉曲张破裂出血止血,安全性大,成功率可达 92%。

　　4）外科手术或经颈静脉肝内门体静脉分流术（TIPS）:对于肝功能好的患者,应积极采取手术治疗;对于肝功能差的患者,急诊外科手术并发症多、死亡率高,因此应尽量避免,首选三腔管止血,但在大量出血、上述方法治疗无效时,只有进行外科手术治疗。有条件的单位也可用经颈静脉肝内门体静脉分流术治疗,该法尤其适用于肝移植患者。

患者，女，60岁，主因"上腹不适10小时，呕血1小时"急诊入消化内科。患者入院10小时前，无明显诱因出现上腹不适，未在意。入院1小时（凌晨2时）前突发上腹不适加重，恶心、呕血1次，为暗红色，量约50 g。入院后又呕血2次，均为鲜红色，量共约50 g，伴心慌、全身乏力、头晕，平素大便正常，无黑便史。患者一年前因间断腹胀曾行胃镜检查，示浅表性胃炎伴胆汁反流，间断服用黛力新、莫沙比利、泮托拉唑等药物治疗。无高血压、肝炎、心脏病及糖尿病病史。查体：血压100/80 mmHg，心率90次/分，呼吸20次/分。心肺无明显异常；腹部查体除肠鸣音活跃外无阳性发现。急查血常规示：白细胞$10.39×10^9$/L，红细胞$2.98×10^{12}$/L，血红蛋白90g/L，血细胞比容26.1%，血小板$199×10^9$/L，中性粒细胞比率78%。患者于晚21时许又间断呕血3次，为暗红色血性物，伴血凝块，量共约200 ml，排出大量暗红色便。心电监护示：心率120次/分，血压90/60 mmHg，呼吸25次/分。

问题：
1. 该患者出血的可能病因是什么？
2. 下一步的主要治疗措施是什么？
3. 如果科室医师对其进行胃镜下止血治疗失败，下一步的治疗措施是什么？

## 第四节 重症急性胰腺炎

重症急性胰腺炎（severe acute pancreatitis，SAP）是由于各种刺激因素导致胰酶在胰腺内广泛激活，继而引起的胰腺组织严重的自身消化性疾病。表现为胰腺组织坏死，病情凶险，伴随器官功能障碍，死亡率高达10%～30%，应引起充分重视。

### 一、病因及发病机制

关于重症急性胰腺炎的病因，目前尚未完全清楚，目前发现的致病因素有下列几种：

1. **胆汁反流** 胆道系统疾病如胆石症、胆道系统感染、胆道蛔虫或手术损伤等可以导致胆总管与胰管形成的共同通道梗阻，使胆汁反流入胰管，激活胰酶，发生胰腺的自身消化，出血坏死，引起重症急性胰腺炎，该类原因国内多见。

2. **十二指肠液反流** 穿透性十二指肠溃疡、胰腺钩突部肿瘤、胃大部切除术后输入袢梗阻、十二指肠憩室、十二指肠炎性狭窄等可致十二指肠内压力升高，出现十二指肠液反流入胰管，引起重症胰腺炎。

3. **酒精中毒** 酒精可引起Oddi括约肌痉挛，导致胰管内压力增高，还可直接损伤胰腺，引起重症胰腺炎，这在西方国家多见。

4. **其他因素** 胰腺炎的致病因素还有很多，如胰腺损伤时胰液外渗、低血压、动脉栓塞、血液黏滞度增高等因素时胰腺血运障碍，还有饮食、感染、药物及与高脂血症、高钙血症、妊娠有关的代谢、内分泌因素等导致的重症急性胰腺炎。

目前发病机制尚未完全清楚。目前认为，各种致病因素使胰酶在胰管或腺泡内激活后，对胰腺及其周围组织包括胰腺、胰周组织产生"自身消化"，出现广泛充血、水肿、出血、坏死，在腹腔和腹膜后出现大量液体聚积，患者出现低血压甚至休克，构成急性胰腺炎的第一个死亡高峰。还可使肠壁的屏障功能减退，细菌移位而继发感染，形成腹膜炎和菌血症。随循环入血的胰酶和促炎介质可导致心、脑、肺、肝、肾等器官的损害，出现多器官功能障碍综合征，构成急性胰腺炎的第二个死亡高峰。

## 二、病理

发生急性胰腺炎时，先出现胰腺充血、水肿；病情发展到重症急性胰腺炎阶段时，肉眼可见胰腺肿胀加重，色暗紫，坏死灶散在或片状分布，颜色为灰黑色，周围有血性渗出。腹腔内和腹膜后可见由脂肪酸钙形成的皂化斑和坏死灶以及血性混浊渗液。镜下，可见腺泡破坏和脂肪坏死，腺泡小叶结构模糊不清，间质片状出血。

## 三、临床表现

重症急性胰腺炎由于病变范围及病理改变程度不同，临床表现也不一致。

1. 症状

（1）腹痛：表现为持续性中上腹剧痛，向腰背部放射，随炎症扩散呈全腹痛。一般镇痛剂不能缓解，通常不因呕吐及肠蠕动而缓解，有时弯腰或坐起前倾后可减轻。如呈绞痛或阵发性疼痛，应考虑其他诊断。约50%的患者既往有类似腹痛病史，或是胆绞痛或是轻症胰腺炎。

（2）恶心、呕吐：往往剧烈，呕吐物多为所进食物，可含胆汁，吐后腹痛不减轻。

（3）腹胀：多为严重的全腹胀。

（4）发热：可出现持续性中度发热。

2. 体征

（1）生命体征：可有低血压、心动过速、休克。应监测氧饱和度，如有急性缺氧，则提示全身性并发症或重症胰腺炎。

（2）一般状况：常表现为烦躁不安或呼吸窘迫。

（3）皮肤、黏膜：因胆管结石堵塞或因肿大胰腺压迫胰内总胆道，可出现黄疸。

（4）肺部：可闻及啰音或呼吸音减弱，后者可能是由于腹痛使呼吸受抑或有胸膜渗出所致。

（5）腹部体征：腹部可出现膨隆，上腹甚至全腹压痛、反跳痛和腹肌紧张，移动性浊音可阳性，肠鸣音减弱或消失。严重患者可出现 Cullen 征（脐周皮肤变色）及 Turner 征（腰部皮肤变色），是由于皮下脂肪被外溢的胰液消化、使毛细血管出血所致，呈现青灰色斑块。

## 四、并发症

重症急性胰腺炎时，由于胰酶直接释放入血或炎症介质激发全身性炎症反应综合征，许多重要器官可以受累。

1. **肺部并发症** 包括：①胰腺磷脂酶使肺泡表面活性物质降解；②胸膜渗出（多见于左侧，淀粉酶可升高）；③因肺不张、通气不足及肺内分流导致缺氧；④急性呼吸窘迫综合征 (acute respiratory distress syndrom，ARDS)，其死亡率为 60%。

2. **代谢性并发症** 有高血糖与低钙血症。高血糖是由于胰岛素减少或糖原合成增加所致。低钙血症是由于：①重症胰腺炎时，脂肪酶将中性脂肪分解为甘油及脂肪酸，后者与钙结合而皂化，引起急性低钙血症；②低蛋白血症使总钙下降；③甲状旁腺激素被蛋白酶分解并发的低镁血症造成功能性甲状旁腺功能减退。

3. **凝血障碍** 循环中的蛋白酶影响凝血瀑布，导致凝血障碍，可出现 DIC。

4. **急性肾小管坏死** 由急性肾衰竭、循环中炎症介质或低血压所致。

5. **晚期并发症** 第 2 周后的晚期并发症，包括胰腺及胰周组织坏死、脓肿形成(1%～4%)、应激性溃疡致胃肠道出血、脾静脉血栓、假性囊肿破裂、胰漏形成、脾破裂、静脉血栓形成及右侧肾盂积水。第 4～6 周后，1%～8% 的患者可有胰腺假性囊肿形成，后者更常见于酒精性胰腺炎。长期并发症有慢性胰腺炎或胰腺炎复发、糖尿病及消化与吸收障碍。

## 五、辅助检查

1. **白细胞计数** 多有白细胞增多、中性粒细胞明显增高及核左移。

2. **血、尿淀粉酶测定**

(1) 血淀粉酶测定：血淀粉酶升高较早，一般起病 2～12 小时（多数在 8h）开始上升，24 小时左右达高峰，48 小时左右开始下降，持续约 3～5 天。血淀粉酶超过正常值上限 3 倍可确诊胰腺炎。如用 Somogyi 法测定，正常在 100 U 以下，超过 500 U 即可确诊，达到 350U 应怀疑胰腺炎。血淀粉酶的高低与病情严重性并不一定平行，重症胰腺炎时血淀粉酶往往很高或可能正常。

(2) 尿淀粉酶测定：尿淀粉酶升高较晚，一般在血淀粉酶升高 2 小时后开始升高，下降较慢，持续 1～2 周。尿淀粉酶超过 1000 U（Somogyi 法）有意义。

3. **血清脂肪酶测定** 血清脂肪酶常在起病后 24～72 小时开始上升，持续 7～10 天。超过正常值上限 3 倍有诊断意义，但与疾病严重性不呈正相关关系。适用于血清淀粉酶已下降或恢复正常的晚期病例，或鉴别其他原因引起的血淀粉酶增高。

4. **血清标志物** C-反应蛋白（CRP）是组织损伤和炎症的非特异性标志物，如 CRP > 150 mg/L，提示胰腺组织坏死。动态测定血清白细胞介素-6 水平增高提示预后不良。

5. **血清正铁血白蛋白** 腹腔内有出血时，红细胞破坏，正铁血红素增多，与白蛋白结合形成正铁血白蛋白，在重症胰腺炎时为阳性。在其他腹腔内出血性疾病也可呈阳性反应。

6. **血清生化检查** 重症胰腺炎时，血液中钙离子与脂肪坏死分解产生的脂肪酸形成脂肪酸钙，使血钙下降，低血钙的程度与临床严重程度平行，血钙低于 1.75 mmol/L，可出现手足抽搐，提示预后不良。血糖可增高，尿糖阳性；有时血清转氨酶、LDH、BUN、肌酐、甘油三酯、胆红素等均可增高，血清白蛋白下降。血气分析可有各种类型的酸碱平衡失调。

7. **腹腔穿刺液检查** 常为浑浊、血性，穿刺液淀粉酶明显升高。

8. **影像学检查**

(1) X 线腹部平片：可发现肠麻痹、胰腺部位钙化，如出现"哨兵袢"和"结肠切割征"，则为胰腺炎的间接征象。可排除其他急腹症，如胃肠穿孔、肠梗阻等。

（2）腹部B超检查：可作为常规初筛检查，可见胰腺明显肿大，周围渗出，边界模糊，胰内及胰周回声异常；也可了解胆囊和胆道情况，对脓肿及假性囊肿有诊断意义。但受肠胀气影响较大。

（3）CT检查：对鉴别轻症和重症胰腺炎具有重要价值，显示水肿、渗出、坏死等。Balthazar的CT分级和胰腺坏死范围分级法结合得到的CT严重指数及分评分（CTSI）（表8-3）是目前常用的诊断标准。

表8-3 胰腺炎的Balthazar的CT分级及坏死范围分级

| CT分级 | CT表现 | 积分 | 坏死范围分级 | 积分 |
| --- | --- | --- | --- | --- |
| A | 正常 | 0 | 无 | 0 |
| B | 胰腺肿大 | 1 | <1/3 | 2 |
| C | 胰腺炎症 | 2 | 1/3～1/2 | 4 |
| D | 单个液体积聚 | 3 | >1/2 | 6 |
| E | 多个液体积聚 | 4 | | |

严重程度指数（CTSI）= CT积分（0～4分）+ 坏死范围积分（0～6分）。>3分为重症胰腺炎；分值越高，病情越重。A、B级为轻型胰腺炎；D、E级为重症胰腺炎；C级为中间型胰腺炎

## 六、诊断要点

对于迅速出现的持续性上腹痛、恶心、呕吐、血清淀粉酶活性增高，均应考虑急性胰腺炎的可能。急性胰腺炎的诊断标准：①急性发作的上腹痛伴上腹部压痛或腹膜刺激征；②血、尿和（或）胸腹水淀粉酶升高；③影像学（B超、CT等）或手术后发现胰腺炎症坏死等间接或直接改变。具备上述第1项在内的至少2项并排除其他疾病，可诊断为急性胰腺炎。除上述症状外，腹胀、腹膜刺激征明显且范围广，肠鸣音减弱或消失，有血性腹水、休克、脏器功能障碍和严重的代谢障碍等，应考虑重症急性胰腺炎。具备下列之一者也应考虑重症急性胰腺炎：①局部并发症（胰腺坏死、假性囊肿、胰腺脓肿）；②器官衰竭；Ranson危险因素≥3项（表8-4）；③CT分级为D～E级或CTSI>3分。早期合并多器官功能障碍的胰腺炎是重症胰腺炎中病情特别危重的特殊类型，死亡率为30%～60%。

表8-4 Ranson危险因素

| 入院时 | 年龄>55岁；血糖>11 mmol/L；白细胞>16×10$^9$/L；AST>250U/L；LDH>350 U/L |
| --- | --- |
| 48小时内 | BUN升高>1.97 mmol/L；PaO$_2$<60 mmHg；血钙<2 mmol/L；碱缺乏>4 mmol/L；液体丢失>6 L，HcT下降>10% |

<3项，为轻症；>3项，为重症；>5项，预后不良

## 案例

患者，男，45岁，主因"持续性中上腹痛近5天"急诊入院。患者腹痛剧烈，并向腰背部放射，伴强烈恶心并呕吐数次，呕吐物为胃内容物含胆汁。3天后出现发热，体温39.5℃，当地医院予以抗感染治疗，效果欠佳。患者无高血压、糖尿病病史。入院时T：39.0℃、P：105次/分、R：25次/分、Bp：90/50 mmHg。患者为肥胖体型，精神差，面容痛苦，皮肤巩膜无黄染，左下肺呼吸音弱，可闻及少量湿啰音。心律齐，各瓣膜听诊区未闻及杂音。腹部隆起，未见肠型及蠕动波，脐周可见红斑；上腹紧，伴压痛、反跳痛，肝脾肋下未及，Murphy征阳性，移动性浊音弱阳性，肠鸣音弱。白细胞$18.96×10^9$/L，中性粒细胞绝对值$17.33×10^9$/L；血淀粉酶2 238U，尿淀粉酶9 140 U，血钙1.45 mmol/L，血总胆固醇8.3 mmol/L，血甘油三酯16.99 mmol/L，血低密度脂蛋白胆固醇3.92 mmol/L；凝血、肝、肾功能正常。

问题：
1．该患者可能的诊断是什么？其诊断依据是什么？
2．为明确诊断，还需进行哪些检查？

## 七、急诊处理

重症急性胰腺炎多采用非手术疗法，必要时进行手术治疗，应在ICU观察抢救。

### 1．非手术治疗

（1）监护：重症急性胰腺炎患者应入住ICU，密切监测生命体征、尿量、血氧指标等变化。并做相应处理。

（2）止痛：此类患者的腹痛是严重的，一般需给予麻醉止痛剂。临床多使用哌替啶50 mg肌内注射，同时使用消旋山莨菪碱或阿托品拮抗Oddi括约肌痉挛。

（3）禁饮食、胃肠减压：通过持续的胃肠减压，抽出胃、十二指肠液和细菌，减少胰液分泌，同时缓解胃肠道反应，是既简单又有效的治疗方法。

（4）补足血容量：是主要治疗。由于本病可使大量体液丢失，并积聚于腹膜后、腹腔（胰源性腹水）、胃肠道和胸腔，可使有效循环容量快速下降，可致胰腺坏死加重和急性肾小管坏死。应尽早开通补液通路，根据脱水和电解质状况，积极补液，补充电解质，纠正酸碱失衡，防治休克。通常24小时内需要输入数升液体，低血压者可能需要5~6 L，以晶体液为主。应监测中心静脉压，同时结合HCT、尿量及生命体征判断输液程度。

（5）营养支持：营养支持尤为重要。早期先给予全胃肠外营养（TPN），如无肠梗阻，应尽早安置鼻肠营养管，过渡到肠内营养（EN）。肠内营养可增强肠道黏膜屏障，防止肠内细菌易位。

（6）抗生素的应用：重症急性胰腺炎应常规使用抗生素，有预防继发感染和防止感染扩散的作用。选用原则是：①对肠道移位细菌（大肠埃希菌、假单胞菌、金黄色葡萄球菌等）敏感的抗生素；②对胰腺有较好渗透性的抗生素：如亚胺培南或喹诺酮类等，并联合应用抗厌氧菌药物，如替硝唑、奥硝唑等。也可选用第二、三代头孢菌素。

（7）抑制胰液分泌和胰酶活性药物：为间接抑制胰液分泌，临床上常用质子泵抑制剂，如奥美拉唑，可显著抑制胃酸分泌；生长抑素具有抑制胰液和胰酶分泌及抑制胰酶合成的作用。临床上生长抑素每 24 小时 6 mg 持续静脉滴注。也可用奥曲肽 0.1 mg，每 8 小时一次，皮下注射，持续 3～7 天。

（8）预防和治疗 ARDS。

2．外科治疗

（1）腹腔灌洗：通过腹腔镜行腹腔灌洗可清除腹腔内细菌、内毒素、胰酶、炎性因子等，减少这些物质进入血循环后对全身脏器的损害。

（2）手术适应证有：①胆道梗阻，且病程＜3 天；②胰腺脓肿或假性脓肿；③诊断未定，疑有肠坏死、穿孔。手术方式可酌情应用坏死组织清除加引流术、肠造瘘、假性囊肿内外引流术、胆管切开取石引流术等。

3．内镜下 Oddi 括约肌切开术（EST）  可用于胆源性重症急性胰腺炎紧急减压、引流和去除胆石梗阻，起到治疗和预防胰腺炎发展的作用。适用于老年不宜手术者，需由有经验的内镜专家施行。

## 八、预后

重症急性胰腺炎伴随局部坏死者，死亡率为 20%～30%；伴随弥漫性坏死者，病死率为 50%～80%；伴有多系统功能不全综合征（MODS）者，病死率几乎可达 55%。影响预后的因素包括：年龄大、低血压、低白蛋白血症、低氧血症、低血钙及各种并发症。

# 第五节　急性梗阻性化脓性胆管炎

急性梗阻性化脓性胆管炎（acute obstructive suppurative cholangitis，AOSC）也称急性重症胆管炎（acute cholangitis of severe type，ACST），是由胆管完全梗阻和化脓性感染引起的一系列临床综合征，是急性胆管炎的严重阶段。常危及患者生命。

## 一、病因

本病发生的主要原因是急性胆管梗阻和细菌感染。其中胆道梗阻多见，最常见的是胆管结石，其次还有胆道蛔虫、肿瘤、胆道手术狭窄及十二指肠乳头损伤狭窄等。另外还有细菌感染，细菌多来自十二指肠逆流入胆道的胃肠道细菌，故致病的细菌主要是革兰阴性细菌，其中以大肠埃希菌、克雷伯菌为多见。在革兰阳性菌感染中，常见的有肠球菌，也可合并厌氧菌感染。上述两种因素都可作为始发因素，互为因果，互相加重。

## 二、病理生理

胆管完全梗阻和胆管感染是该病的基本病理改变。细菌感染或胆管梗阻导致胆汁淤积引起胆总管显著扩张、壁增厚、黏膜充血、水肿，继而胆管壁溃疡化脓。当胆管内压力超过 20 $cmH_2O$ 时，胆汁发生反流，肝组织出现化脓性感染。随着压力持续升高，肝细胞、胆管细胞变性、坏死，在肝内形成多个脓肿及胆道出血，发展为细菌性肝脓肿。大量的细菌和毒素经肝静脉进入体循环，引起全身化脓性感染甚至感染性休克、多系统功能不全综合征

（MODS），甚至危及生命。

### 三、临床表现

本病女性略为多见，患者年龄多在40岁以上，大多数患者有反复发作的胆道病史，急性起病。

典型的临床表现除具有急性胆管炎的夏柯三联征外，可有血压降低和中枢神经系统抑制的表现，临床称之为雷诺五联征。即在腹痛、寒战高热、黄疸的基础上，患者很快出现神经系统症状，如神志淡漠、烦躁、谵妄或嗜睡、神志不清甚至昏迷；还可出现低血压甚至感染性休克的表现，常常危及生命。脉搏和呼吸明显增快，可见皮肤、巩膜不同程度的黄染，右上腹或上腹部常有明显的腹膜刺激征，肠鸣音可减弱或消失。有些患者可有肝区叩痛、肝大、胆囊肿大等体征。

### 四、并发症

急性梗阻性化脓性胆管炎可并发感染性休克、胆道出血、胆瘘、细菌性肝脓肿、多脏器功能障碍综合征等，常常是患者的死亡原因。

### 五、辅助检查

1．实验室检查

（1）血常规：严重感染时，血白细胞计数升高，大于$20×10^9$/L，中性粒细胞明显升高，核左移，胞质内可出现中毒颗粒；血小板计数下降；凝血酶原时间延长。

（2）血生化检查：表现为肝功能损害、血胆红素升高、血尿素氮升高、电解质紊乱及酸碱失衡等。

2．影像学检查

（1）B超：可显示梗阻原因和所在位置、程度，表现为胆管扩张，肝和胆囊肿大。

（2）CT检查：腹部CT平扫加增强可发现胆道系统、胰腺肿瘤。

（3）MRI检查：可发现胆道系统、胆胰壶腹病变。

（4）PTC、ERCP检查：对于危重患者可进行PTC、ERCP检查，除帮助明确原因外，还可置管引流。

### 六、急诊处理

急性梗阻性化脓性胆管炎是一个紧急情况，严重危及患者生命，紧急手术解除胆道梗阻并引流胆道是基本措施，同时应积极预防并发症。

1．非手术治疗

非手术治疗既可作为治疗方法又可作为术前准备。

（1）禁饮食、胃肠减压。

（2）解痉止痛：疼痛明显时给予哌替啶联合解痉药阿托品或消旋山莨菪碱，肌内注射。

（3）抗休克治疗：加强补液，抗休克治疗；根据生化系列，补充电解质，纠正酸中毒。可应用血管活性药物提高血压，必要时可用肾上腺皮质激素。

## 案例

患者，男，65岁，主因"间断性上腹痛2个月，加重持续性中上腹痛伴黄疸近10天"急诊入院。患者腹痛剧烈，伴强烈恶心并呕吐数次，呕吐物为胃内容物含胆汁，后出现发热，体温39.5℃，当地医院予以抗感染治疗，效果欠佳且出现烦躁。入院时T：39.2℃、P：100次/分、R：25次/分、Bp：95/50 mmHg。精神差，面容痛苦，皮肤巩膜黄染，右下肺呼吸音弱，可闻及少量湿啰音。心律齐，各瓣膜听诊区未闻及杂音。腹平，未见肠型及蠕动波；全腹紧，以上腹为著，中上腹压痛、反跳痛，肝脾肋下未及，Murphy征阳性，移动性浊音阴性，肠鸣音弱。白细胞$16.5×10^9/L$，中性粒细胞绝对值$13.33×10^9/L$。

问题：
1. 该患者可能的诊断是什么？其诊断依据是什么？
2. 为明确诊断，还需进行哪些检查？

（4）抗感染：据常见致病菌早期、足量、足程、有效使用广谱抗生素，注意避免或减少应用对肝肾有损伤的药物。

（5）支持治疗：适当输注葡萄糖、氨基酸等营养物质，积极保肝等。

（6）对症治疗：物理、药物降温，吸氧等。

**2. 手术治疗**

掌握手术时机对减少手术死亡率有重要意义。一般经过上述非手术紧急处理后，若在数小时内腹痛减轻，体温下降，血压保持平稳，患者安静，全身状况好转，可在度过急性期之后择期实施手术。反之，则应积极进行紧急手术。

紧急手术原则：采取简单操作，解除梗阻，引流胆汁。

常采用胆总管切开减压、T形管引流术。紧急减压后，病情通过非手术处理趋于稳定后，择期行根治性手术。对于手术耐受力很差的患者，可以采用PTCD和经内镜鼻胆管引流术（endoscopic nasobiliary drainage，ENBD）等方法进行胆道减压。对于位置较高的肝内胆管梗阻，可采用PTCD。胆囊造口术常难以达到持久有效的引流，一般不用。

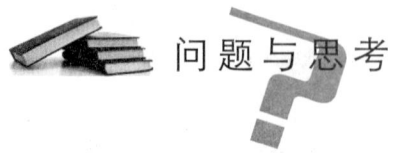

简述各消化系统急症的诊断及治疗原则。

（高瑞忠）

# 第九章

# 泌尿系统急症：血尿

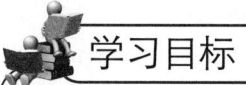

**学习目标**

掌握血尿的主要鉴别诊断及治疗原则。

因为血尿（hematuria）来急诊科就诊的患者相对较少，一些患者是由于血尿症状较为严重或引起了相关的急症，例如，血凝块引起的尿潴留，血凝块堵塞导致的肾绞痛，以及贫血等。血尿是指尿液中带有红细胞的症状。当尿液中含有少量红细胞时，肉眼无法识别，仅在实验室检查时才能发现，称为镜下血尿（microscopic hematuria）；如果含有大量红细胞（一般认为每升尿中含超过 1 ml 鲜血时），则肉眼可以见到异常颜色，此时即为肉眼血尿（gross hematuria）。在急诊中遇到有血尿的患者，首先要寻找病因，找到原发病，才能正确合理地进行治疗。

## 一、病因

大约 98% 的血尿是泌尿系统疾病所致，约 2% 的血尿是全身性疾病或泌尿系统邻近器官病变所致。血尿病因复杂，发现血尿应及早检查，以明确病因；一时难以明确病因时，需定期复查。

（一）肾及尿路疾病

1. **炎症** 急慢性肾小球肾炎、急慢性肾盂肾炎、急性膀胱炎、尿道炎、泌尿系统结核、泌尿系统真菌感染等。

2. **结石** 肾盂、输尿管、膀胱、尿路，任何部位结石，当结石移动时划破尿路上皮，既容易引起血尿，又容易继发感染。大块结石可引起尿路梗阻甚至引起肾功能损害。

3. **肿瘤** 泌尿系统任何部位的恶性肿瘤或邻近器官的恶性肿瘤侵及泌尿道时均可引起血尿。

4. **外伤** 是指暴力伤及泌尿系统。

5. **先天畸形** 多囊肾，先天性肾小球基底膜超薄，肾炎，胡桃夹现象。

（二）全身性疾病

1. **出血性疾病** 血小板减少性紫癜、过敏性紫癜、血友病、白血病、恶性组织细胞病、再生障碍性贫血等。

2. **结缔组织病** 系统性红斑狼疮、皮肌炎、结节性多动脉炎、硬皮病等。

3. **感染性疾病** 钩端螺旋体病、流行性出血热、丝虫病、感染性细菌性心内膜炎、猩红热等。

4．**心血管疾病** 充血性心力衰竭、肾栓塞、肾静脉血栓形成。

5．**内分泌代谢疾病** 痛风肾、糖尿病肾病、甲状旁腺功能亢进。

6．**物理化学因素** 如食物过敏、放射线照射、药物（如磺胺、酚、汞、铅、砷中毒，大量输注甘露醇、甘油等）、毒物、运动后等。

（三）邻近器官疾病

生殖器官的感染或肿瘤侵及尿路，直肠的肿瘤侵及尿路。

## 二、临床症状

1．**尿颜色的改变** 血尿的主要表现是尿颜色的改变，除镜下血尿颜色正常外，肉眼血尿根据出血量多少而呈不同颜色。尿呈淡红色像洗肉水样，提示每升尿含血量超过 1 ml；出血严重时尿可呈血液状。肾出血时，尿与血混合均匀，尿呈暗红色；膀胱或前列腺出血尿色鲜红，有时有血凝块。

2．**分段尿异常** 将全程尿分段观察颜色，如尿三杯试验，用三个清洁玻璃杯分别留起始段、中段和终末段尿观察。如起始段血尿提示病变在尿道；终末段血尿提示出血部位在膀胱颈部、三角区或后尿道的前列腺和精囊腺；三段尿均呈红色，即全程血尿，提示血尿来自肾或输尿管。

3．**肾性或肾后性血尿** 镜下血尿颜色正常，但显微镜检查可确定血尿，并可判断是肾性或肾后性血尿。镜下红细胞大小不一、形态多样为肾小球性血尿，见于肾小球肾炎。

4．**症状性血尿** 血尿的同时患者伴有全身或局部症状。而以泌尿系统症状为主。如伴有肾区钝痛或绞痛提示病变在肾。膀胱和尿路病变则常有尿频尿急和排尿困难。

5．**无症状性血尿** 部分患者有血尿，但既无泌尿路症状，也无全身症状，见于某些疾病的早期，如肾结核、肾癌或膀胱癌早期。

6．**伴随症状**

（1）血尿伴肾绞痛是肾或输尿管结石的特征。

（2）血尿伴尿流中断见于膀胱和尿道结石。

（3）血尿伴尿流细和排尿困难见于前列腺炎、前列腺癌。

（4）血尿伴尿频、尿急、尿痛，见于膀胱炎和尿道炎，同时伴有腰痛、高热畏寒则常为肾盂肾炎。

（5）血尿伴有水肿、高血压、蛋白尿，见于肾小球肾炎。

（6）血尿伴肾肿块，单侧可见于肿瘤、肾积水和肾囊肿；双侧肿大见于先天性多囊肾，触及移动性肾见于肾下垂或游走肾。

（7）血尿伴有皮肤黏膜及其他部位出血，见于血液病和某些感染性疾病。

（8）血尿合并乳糜尿见于丝虫病、慢性肾盂肾炎。

7．**尿红细胞检查**

（1）数量：

沉渣法：玻片法＞3 个/高倍视野，定量计数＞5/μl。

Addis 计数：每 3 小时＞$10\times10^4$，每 12 小时＞$50\times10^4$。

（2）形态：

畸形红细胞＞80%，提示肾小球源性血尿。

畸形红细胞＜50%，提示非肾小球源性血尿。

## 三、诊断要点

**（一）采集病史，细致体格检查，根据尿常规检查确定是否为血尿。**

（1）采集病史重点：确定产生血尿的疾病，详细询问病史、家族史、服药史，根据年龄、性别、有无感染诱因、血尿特点、伴随症状。

（2）体格检查重点：

1）注意体温、血压：发热者，多考虑感染性疾病；血压高者，应想到慢性肾炎等。

2）注意皮肤黏膜有无出血。

3）肾区、输尿管区和膀胱区压痛及叩痛有助于泌尿系统疾病的诊断。

4）涉及相关疾病的体征，如病史中有系统性红斑狼疮可能者，应注意有无脱发、面部蝶形红斑、雷诺征等。

**（二）根据临床表现，估计可能是哪类疾病。经初筛后，做必要辅助检查。**

**（三）特殊检查：** 尿液细菌学检查、膀胱镜检查、泌尿系统X线检查（包括腹部平片、肾盂造影、膀胱造影）、放射性核素肾图、超声检查、肾动脉造影、CT、肾穿刺活检以及相关系统的检查，如X线胸片、心脏彩超、腹腔彩超、骨穿、血液凝血象分析、血尿酸、免疫化验检查等。

## 四、鉴别诊断

1. **假性血尿** 月经血、阴道流血、痔出血等其他部位出血污染。

2. **血红蛋白尿** 尿中含有血红蛋白，呈红葡萄酒色、茶色、暗红色或酱油色，尿潜血试验阳性。鉴别点：镜检红细胞数未达到血尿标准，或明显不相称。

3. **肌红蛋白尿** 常有肌肉损伤病史或临床表现，尿呈红葡萄酒色、茶色、暗红色或酱油色，尿潜血试验阳性。鉴别点：镜检红细胞数未达到血尿标准，或明显不相称。

4. **卟啉尿** 尿呈红色，或尿液颜色正常但放置或日晒后呈红色或葡萄酒色。鉴别点：潜血试验阴性，镜检红细胞数未达到血尿标准。

5. **其他色素引起的红色尿** 鉴别点：明确的食用特殊药物、食物史；潜血试验阴性，镜检红细胞数未达到血尿标准。

## 五、治疗

（1）肾原发疾病所导致的肾小球性血尿由专科治疗，多为糖皮质激素及免疫抑制剂联合应用。

（2）全身性疾病所导致的血尿，在治疗原发病的基础上进行肾保护性治疗。

（3）尿路邻近器官疾病如阑尾炎、盆腔炎、输卵管炎、直肠癌、结肠炎、卵巢恶性肿瘤引起的血尿，可进行抗感染、手术切除或放、化疗等病因治疗。

（4）对泌尿系统结石、肿瘤、先天性疾病等外科因素所导致的血尿，进行外科手术方法治疗。如肾结石的手术治疗及碎石术。

（5）泌尿系统感染引起的血尿，可根据尿细菌培养检查，采用针对性抗感染治疗。

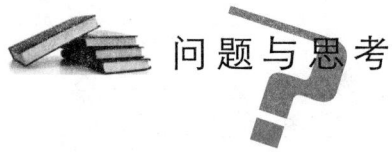

**问题与思考**

简述血尿的主要鉴别诊断及治疗原则。

（王传林）

# 第十章 内分泌系统急症

> **学习目标**
> 掌握各内分泌系统急症的诊断及治疗原则。

## 第一节 高血糖危象

### 一、定义及流行病学

高血糖危象（hyperglycemic crisis）包括糖尿病酮症酸中毒（diabetic ketoacidosis, DKA）和高血糖高渗综合征（hyperglycemic hyperosmolar syndrome, HHS），是糖尿病的两个重要的急性并发症，在1型和2型糖尿病患者均可发生。据国外报道，在英国和瑞典，1型糖尿病患者DKA的年发病率分别为13.6/1 000例和14.9/1 000例患者。在美国，罹患DKA患者的住院率在过去10年内上升了30.0%。在英国和美国，成人DKA的病死率低于1.0%，但在老年人和严重疾病患者中可高达5.0%。糖尿病住院患者中约1.0%会并发HHS，且其病死率高达10.0%左右，>75岁的老年人为10.0%，>85岁者为35.0%。

DKA也是儿童和青少年糖尿病患者的主要死因之一。在发展中国家，DKA和HHS的发生率及病死率更是居高不下。有报道称，肯尼亚住院糖尿病患者DKA的发生率为8.0%，而病死率高达30.0%。在发展中国家，HHS的病死率也高达5.0%～20.0%。我国尚缺乏全国性的高血糖危象的流行病学调查数据。四川华西医院内分泌科1996—2005年住院糖尿病患者急性并发症（包括DKA、HHS、乳酸性酸中毒、糖尿病低血糖症等）的平均发生率为16.8%，总体呈逐年上升趋势。在因急性并发症入院的具体原因中，DKA最常见，为70.4%，低血糖和HHS所占构成比分别为15.2%和12.2%，乳酸性酸中毒仅为2.2%。

### 二、发病机制

（一）诱因：高血糖危象的主要诱因有胰岛素治疗不当和感染，其他诱因包括急性胰腺炎、心肌梗死、脑血管意外，诱发高血糖危象的药物包括糖皮质激素、噻嗪类利尿剂、拟交感神经药物及第二代抗精神病药。新发1型或2型糖尿病在胰岛素治疗中断后常可引起DKA。1993年前持续皮下胰岛素输注（胰岛素泵）设备的应用与DKA的增加有关，但随着科技的进步和患者教育的改善，使用胰岛素泵的患者DKA的发生已显著减少。但尚需更多前瞻性研究以明确胰岛素泵治疗患者的DKA发病率减少情况。因一些疾病而限制水摄入及卧床，且渴感反应的减弱常会引起严重脱水和 HHS。1 型糖尿病由精神疾病或饮食紊乱导致的 DKA 占 DKA 发生率的 20.0%。也有报道称 DKA 可为肢端肥大症、肾上腺疾病（如嗜铬细胞瘤和库欣综合征）的临床表现之一。DKA 及 HHS 的主要诱因见表 10-1。

表 10-1　DKA 和 HHS 的主要诱因

| 诱因 | 举例 |
| --- | --- |
| 糖尿病 | 新发、控制不佳、治疗中断、胰岛素泵故障 |
| 急性疾病 | 感染、心肌梗死、急性胰腺炎、腹部严重疾病、脑血管意外、严重烧伤、肾衰竭 |
| 药物 | 噻嗪类利尿剂、甘露醇类脱水剂、β-受体阻滞剂、苯妥英钠、糖皮质激素、地达诺新、顺铂、L-门冬酰胺、生长激素抑制激素、静脉输入营养液 |
| 药物滥用 | 酒精、可卡因 |

### （二）病理生理

DKA 与 HHS 的发病机制有众多相似之处，即血中胰岛素的有效作用减弱，同时多种反向调节激素水平升高（如胰高血糖素、儿茶酚胺、皮质激素、生长激素等）。DKA 及 HHS 患者由于这些激素水平变化，导致肝肾葡萄糖生成增加、外周组织对葡萄糖的利用降低而导致高血糖，同时细胞外液渗透压发生了平行变化。DKA 时，由于胰岛素作用明显减弱和升糖激素作用增强，共同使脂肪组织分解为游离脂肪酸而释入血液循环，并在肝氧化分解产生酮体，包括 β 羟丁酸、乙酰乙酸和丙酮，从而造成酮血症及代谢性酸中毒。许多研究表明，高血糖患者发生高血糖危象时常伴有一系列细胞因子（如肿瘤坏死因子、白细胞介素、C-反应蛋白、活性氧、脂质过氧化和纤溶酶原激活抑制剂 1）的增加，当 DKA 及 HHS 纠正后，这些炎性介质逐步恢复正常。HHS 可能由于血浆胰岛素相对不足，虽不能使胰岛素敏感组织有效利用葡萄糖，却足以抑制脂肪组织分解，不产生酮体，但目前相关研究证据尚不充分。发生 HHS 的部分患者并无昏迷，部分患者可伴酮症。DKA 和 HHS 均能造成尿糖增高，引发渗透性利尿，从而使机体脱水，失去钠、钾及其他电解质成分。

## 三、高血糖危象的诊断

### （一）病史、临床表现及体格检查

1 型甚至 2 型糖尿病的 DKA 常呈急性发病。而 HHS 发病缓慢，历经数日到数周。1 型糖尿病有自发 DKA 的倾向，2 型糖尿病在一定诱因下也可发生 DKA，其中 20%～30% 的患者既往无糖尿病史。在 DKA 发病前数天，糖尿病控制不良的症状就已存在，但酮症酸中毒的代谢改变常在短时间内形成（一般 > 24 小时）。有时所有症状可骤然发生，无任何先兆。DKA 和 HHS 的临床表现可有：多尿、多饮、多食、体重减轻、呕吐、腹痛（仅 DKA）、脱水、虚弱无力、意识模糊，最终陷入昏迷。体格检查可发现：皮肤弹性差、Kussmaul 呼吸（DKA）、心动过速、低血压、精神改变，最终昏迷（更常见于 HHS）。HHS 还可表现为局灶神经症状（偏盲和偏瘫）及占位性表现（局灶性或广泛性）。DKA 患者常见（> 50%）症状为恶心、呕吐和弥漫性腹痛,但 HHS 患者罕见。所以对腹痛患者需认真分析,因为腹痛既可以是 DKA 的结果,也可以是 DKA 的诱因(尤其在年轻患者)。若脱水和代谢性酸中毒纠正后,腹痛仍不缓解,则需进一步检查。与 DKA 相比,HHS 失水更为严重,神经精神症状更为突出。尽管感染是 DKA 和 HHS 的常见诱因,但由于早期外周血管舒张,患者体温可正常,甚至低体温。低体温是预后不良的标志。

**(二)实验室检查**

DKA 和 HHS 的主要诊断标准见表 10-2。对于考虑 DKA 或 HHS 的患者,首要的实验室检查应包括:血糖、尿素氮/肌酐、血清酮体、电解质(可计算阴离子间隙)、渗透压,尿常规、尿酮体,血气分析,血常规,心电图。若怀疑合并感染,还应进行血、尿和咽部的细菌培养。如有相关指征,还应做胸部 X 线片检查,同时给予适当的抗生素治疗。糖化血红蛋白检测有助于判断近期病情控制状况。

表 10-2 DKA 和 HHS 的主要诊断标准

| 指标 | DKA | | | HHS |
|---|---|---|---|---|
| | 轻度 | 中度 | 重度 | |
| 血糖(mmol/L) | > 13.9 | > 13.9 | > 13.9 | > 33.3 |
| 动脉血 pH 值 | 7.25 ~ 7.30 | 7.0 ~ 7.25 | < 7.000 | > 7.30 |
| 血清 $HCO_3^-$(mmol/L) | 15 ~ 18 | 10 ~ 15 | < 10 | > 18 |
| 尿酮[a] | 阳性 | 阳性 | 阳性 | 微量 |
| 血酮[a] | 阳性 | 阳性 | 阳性 | 微量 |
| 血浆有效渗透压[b] | 可变的 | 可变的 | 可变的 | > 320 mmol/L |
| 阴离子间隙[c] | > 10 | > 12 | > 12 | < 12 |
| 精神状态 | 清醒 | 清醒/嗜睡 | 木僵/昏迷 | 木僵/昏迷 |

a 硝普盐反应方法
b 血浆有效渗透压的计算公式:$2 \times ([Na^+] + [K^+])$(mmol/L) + 血糖(mmol/L)
c 阴离子间隙的计算公式:$[Na^+] - [Cl^- + HCO_3^-]$(mmol/L)

**(三)鉴别诊断**

鉴别诊断包括:①糖尿病酮症:在 DKA 发展过程中,当患者对酸碱平衡处于代偿阶段时,可以仅表现为酮症。诊断标准为:血酮 ≥ 3 mmol/L 或尿酮体阳性,血糖 > 13.9 mmol/L 或已知为糖尿病患者,血清 $HCO_3^-$ > 18 mmol/L 和(或)动脉血 pH > 7.3;②其他类型糖尿病昏迷:低血糖昏迷、高血糖高渗状态、乳酸性酸中毒;③其他疾病所致昏迷:脑膜炎、尿毒症、脑血管意外等。部分患者以 DKA 作为糖尿病的首发表现,某些病例以其他疾病或诱因为主诉,有患者 DKA 与尿毒症或脑卒中共存等,使病情更为复杂,应注意辨别。高血糖危象 DKA 与 HHS 的主要鉴别见表 10-3。

表 10-3　高血糖危象 DKA 与 HHS 的主要鉴别诊断

| 鉴别诊断 | DKA | HHS |
| --- | --- | --- |
| 致病史 | 1 型糖尿病<br>未行正规治疗<br>前驱疾病（数天）<br>感染<br>体重减轻 | 2 型糖尿病<br>饮水障碍、老年患者<br>前驱疾病（数周）<br>可能的并发症<br>胃肠外营养<br>药物治疗：β- 受体阻滞剂、苯妥英钠、利尿剂、糖皮质激素类<br>腹膜透析 / 血液透析 |
| 症状及体征 | 多尿<br>多饮<br>恶心 / 呕吐 / 腹痛 | 多尿 |
| 诊断标准 | 显著特点：酮症酸中毒<br>血糖 > 13.9 mmol/L<br>pH < 7.30<br>血清 $HCO_3^-$ < 18 mmol/L<br>血酮 > 3.0 mmol/L 或尿酮阳性<br>进行性意识障碍 | 显著特点：高渗透压，高血糖<br>血糖 > 33.3 mmol/L<br>pH > 7.30<br>血清 $HCO_3^-$ > 18 mmol/L<br>无酮症酸中毒<br>进行性意识障碍（抽搐）<br>血浆渗透压 > 320 mmol/L |

1．**血酮**　DKA 最关键的诊断标准为血酮值。诊断 DKA 时应进行血酮检测，若无血酮检测方法可用时，尿酮可作为备用方法。当血酮 ≥ 3 mmol/L 或尿酮体阳性，血糖 > 13.9 mmol/L 或已知为糖尿病患者，血清 $HCO_3^-$ > 18 mmol/L 和（或）动脉血 pH > 7.3 时可诊断为糖尿病酮症，而血清 $HCO_3^-$ < 18 mmol/L 和（或）动脉血 pH < 7.3 可诊断为 DKA。如发生昏迷，可诊断为 DKA 伴昏迷。

2．**阴离子间隙**　DKA 是酮酸积聚导致阴离子间隙增加的代谢性酸中毒。正常的阴离子间隙范围在 7～9 mmol/L，若 > 10～12 mmol/L，表明存在阴离子间隙增加性酸中毒。DKA 按照酸中毒的严重程度（血 pH、血碳酸氢盐和血酮）以及是否存在精神症状分为轻、中、重度。已经报道，有超过 1/3 DKA 及 HHS 患者在实验室检查和症状方面存在明显的重叠现象。例如，大部分 HHS 住院患者 pH > 7.30，$HCO_3^-$ > 18 mmol/L，但常存在轻度血酮增高的情况。

3．**白细胞计数**　大多数高血糖危象患者会发生白细胞计数增高，若白细胞计数高于 $25.0 \times 10^9$/L，则提示体内有感染，须进一步检查。

4．**血钠**　血钠水平可以低于正常。血钠的下降通常是由于高血糖造成高渗透压，使细胞内的水转移至细胞外稀释所致。如果高血糖患者血钠浓度增加，则提示严重水丢失。血清乳糜微粒会干扰血糖血钠的测定结果，因此，酮症酸中毒时有可能出现假性正常血糖（pseudonormoglycemia）和假性低钠血症（pseudohyponatremia）。

5．**血清渗透压**　血清渗透压与神智改变的研究明确了渗透压与神志障碍存在着正线性关系。在有效渗透压不高（< 320 mmol/L）的糖尿病患者中，出现木僵或昏迷状态，要考虑到引起精神症状的其他原因。

**6. 血钾** 胰岛素缺乏及酸中毒致血钾向细胞内转移减少,进而导致高血钾。因此,如果血钾浓度低于正常,则提示患者机体内的总钾含量已经严重缺乏,对这类患者应进行严密的心电监护并积极补钾治疗,因为随着治疗的进行,血钾会进一步下降并可能导致心律失常。

**7. 血清磷酸盐** DKA 患者血清磷酸盐水平通常升高,但是,这并不能反映机体的状态,因为胰岛素缺乏、分解代谢增强等均可导致细胞内磷酸盐离子向细胞外转运。

## 四、高血糖危象的治疗

治疗原则:尽快补液以恢复血容量,纠正失水状态,降低血糖,纠正电解质及酸碱平衡失调,同时积极寻找和消除诱因,防治并发症,降低死亡率。成人 DKA 及 HHS 治疗流程图见图 10-1。

### (一)补液治疗

(1)第 1 小时输入生理盐水(0.9%NaCl),速度为 15~20 ml/(kg·h)(一般成人为 1~1.5 L)。随后补液速度取决于脱水的程度、电解质水平、尿量等。

(2)如果纠正后的血钠浓度正常或升高,则最初以 250~500 ml/h 的速度补充 0.45%NaCl,同时输入 0.9%NaCl。如果纠正后的血钠浓度低于正常,仅输入 0.9%NaCl。

(3)要在第 1 个 24 小时内补足预先估计的液体丢失量,补液治疗是否奏效,要看血流动力学(如血压)、出入量、实验室指标及临床表现。

(4)对于有心肾功能不全的患者,在补液的过程中要检测血浆渗透压,并经常对患者的心脏、肾、神经系统状况进行评估以防止出现补液过多。

(5)当 DKA 患者的血糖 ≤ 11.1 mmol/L,HHS 患者的血糖 ≤ 16.7 mmol/L 时,须补 5% 葡萄糖并继续胰岛素治疗,直到血酮、血糖均得到控制。

纠正的 $[Na^+]$ = 测得的 $[Na^+]$ + $1.6 \times$ [血糖值 (mg/dL) – 100]/100

(6)建议补液速度:

| 时间 | 补液量 |
|---|---|
| 第 1 小时 | 1 000~1 500 ml(视脱水程度可酌情增加至 2 000 ml) |
| 第 2 小时 | 1 000 ml |
| 第 3~5 小时 | 500~1 000 ml/h |
| 第 6~12 小时 | 250~500 ml/h |

### (二)胰岛素治疗

(1)连续静脉输注胰岛素 0.1 U/(kg·h),重度 DKA 患者则以 0.1 U/kg 静注后以 0.1 U/(kg·h)输注。若第 1 h 内血糖下降不到 10%,则以 0.14 U/kg 静注后继续先前的速度输注。

(2)床旁监测患者血糖及血酮,当 DKA 患者血酮值的降低速度 < 0.5 mmol/(L·h),则需增加胰岛素的剂量 1 U/h,同时检查静脉胰岛素注射泵装置(在 DKA 治疗期间不建议经皮下胰岛素泵注射),确保装置的正常运行。

(3)当 DKA 患者血浆葡萄糖达到 11.1 mmol/L 或 HHS 患者达到 16.7 mmol/L 时,可以减少胰岛素输入量至 0.02~0.05 U/(kg·h),此时静脉补液中应加入葡萄糖。此后需要调整胰岛素给药速度及葡萄糖浓度以维持血糖值在 8.3~11.1 mmol/L(DKA)或 13.9~16.7 mmol/L(HHS)之间,DKA 患者血酮 < 0.3 mmol/L。

(4)治疗轻中度的 DKA 患者,可以采用皮下注射超短效胰岛素类似物或短效胰岛素的方法。

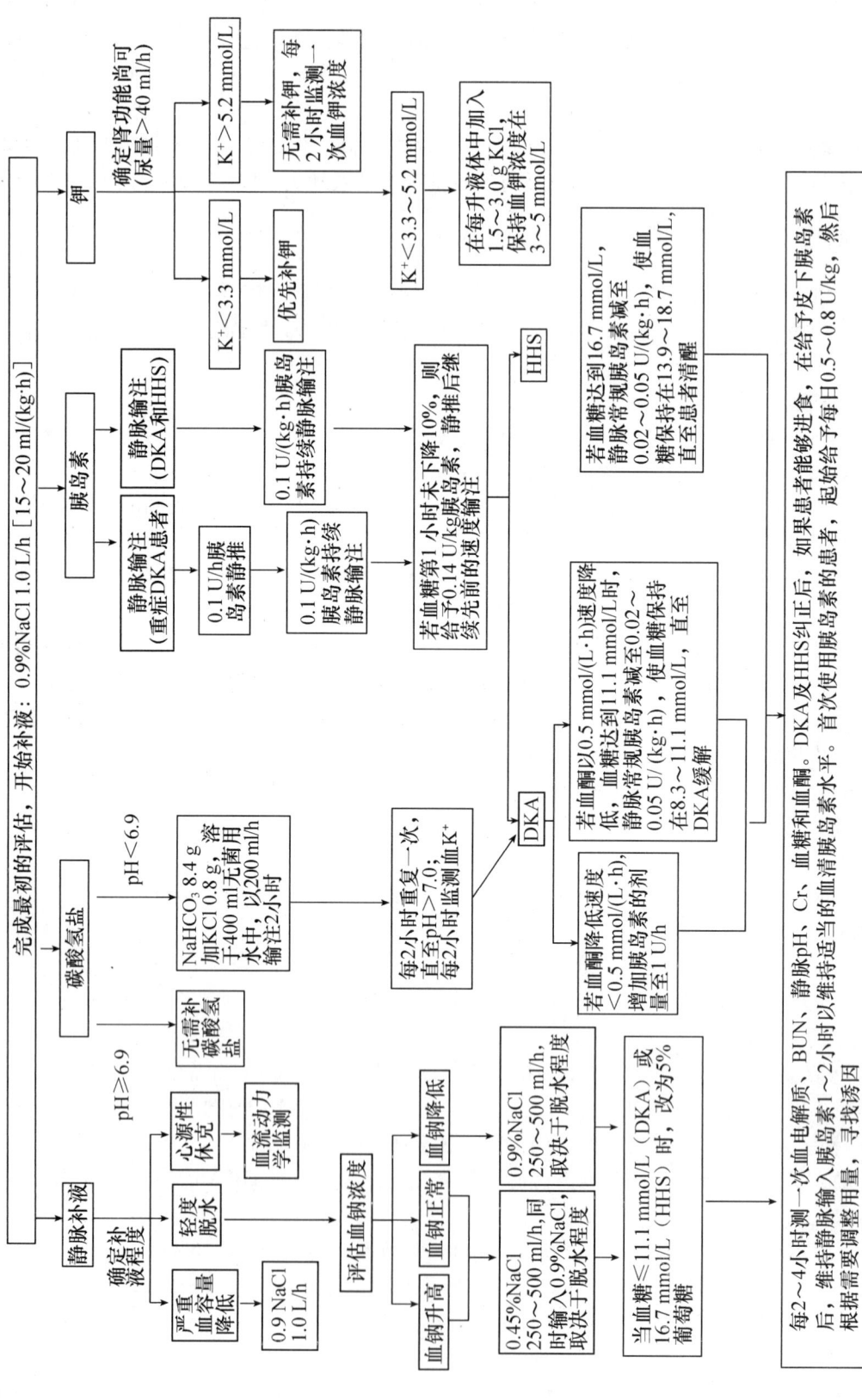

图 10-1 成人DKA及HHS治疗流程图

（5）当 DKA 缓解、患者可以进食时，应该开始常规皮下注射胰岛素方案。在停止静脉输入胰岛素前 1～2 小时进行胰岛素皮下注射。若患者无法进食，推荐继续静脉胰岛素注射及补液治疗。

DKA 缓解的标准包括：血糖 < 11.1 mmol/L，血酮 < 0.3 mmol/L，血清 $HCO_3^-$ ≥ 18 mmol/L，静脉血 pH > 7.3，阴离子间隙 ≤ 12 mmol/L。需持续进行胰岛素输注直至 DKA 缓解，不可完全依靠监测尿酮值来确定 DKA 的缓解，因尿酮在 DKA 缓解时仍可持续存在。HHS 缓解的标准还包括渗透压及精神神经状态恢复正常。

### （三）补钾治疗

（1）为防止发生低钾血症，在血钾 < 5.2 mmol/L 时，并有足够尿量（> 40 ml/h）的前提下，应开始补钾。一般在每 1 L 输入溶液中加 KCl 1.5～3.0 g，以保证血钾在正常水平。

（2）发现血钾 < 3.3 mmol/L，应优先进行补钾治疗。

（3）建议高血糖危象患者的补钾措施：

| 血清钾（mmol/L） | 治疗措施 |
| --- | --- |
| > 5.2 | 无需额外补钾，1 小时内复查 |
| 4.0～5.2 | 静脉补液增加氯化钾 0.8 g/(L·h) |
| 3.3～4.0 | 增加氯化钾 1.5 g/(L·h) |
| < 3.3 | 优先补钾 |

### （四）补碱治疗

（1）鉴于严重的酸中毒可以引起的不良后果，建议对 pH < 6.9 的成年患者进行补碱治疗，方法为 $NaHCO_3$ 8.4 g 及 KCl 0.8 g 配于 400 ml 无菌用水（等渗等张液）中，以 200 ml/h 速度滴注至少 2 小时，直至 pH 达 7.0。此后，静脉血 pH 应该每 2 h 测定一次，直到 pH 维持在 7.0 以上。并且如果需要，治疗应该每 2 小时重复一次。

（2）pH ≥ 6.9 的患者无需进行碳酸氢盐治疗。

对于 pH 介于 6.9～7.1 的 DKA 患者，前瞻性随机研究未能证实使用碳酸氢盐对疾病恢复有改善作用。研究证实，DKA 患者接受碳酸氢盐治疗对改善心脏和神经系统功能、降低血糖及缓解酮症酸中毒并无优势，相反，还会发生如低钾血症、组织摄氧量减少和中枢神经系统酸中毒等一些不利的影响。因此，临床上若患者无特别严重的酸碱代谢紊乱、不伴有休克或严重高钾血症，则不需进行碳酸氢盐治疗。严重酸中毒的患者使用碳酸氢盐时应谨慎，治疗中应加强随访复查，以防过量。

### （五）磷酸盐治疗

（1）大多数 DKA 患者无磷酸盐治疗的指征。为避免与低磷有关的心肌、骨骼肌麻痹及呼吸抑制，对心力衰竭、贫血、呼吸抑制以及血浆磷酸盐浓度 < 0.3 mmol/L 者可以补充磷酸盐。如需要，可以将磷酸钾 4.2～6.4 g 加入输液中。

（2）鉴于氯化钾过量可能会导致高氯性酸中毒，建议给予 KCl（占 2/3）加 $K_3PO_4$（占 1/3）的配比方案治疗。

（3）在磷酸盐治疗过程中须监测血钙浓度。

## 五、高血糖危象的治疗监测与疗效评估

### （一）治疗前评估

治疗前评估须包括：病史及体格检查，评估机体失液状态，并立即进行实验室检查（参

见表10-2和10-3）。在实验室检查报告之前即可开始补液及胰岛素治疗。DKA及HHS患者需要严密监测，包括血糖、血酮、尿酮、电解质、血尿素氮、肌酐及阴离子间隙（表10-4）。

表10-4 评估及治疗DKA及HHS的相关计算公式

1. 计算阴离子间隙（AG）：$AG = [Na^+] - [Cl^- + HCO_3^-]$
2. 计算有效血浆渗透压（Posm）：有效$Posm = 2 \times ([Na^+] + [K^+]) + 血糖值（mg/dL）/18$
3. 血Na+纠正：纠正的$[Na^+] = 测得的血[Na^+] + 1.6 \times [血糖值（mg/dL）- 100]/100$

### （二）治疗监测指标及治疗有效性评估

轻度和不复杂的DKA患者在非ICU病房的治疗效果与在ICU的治疗相似。由于HHS在老年2型糖尿病患者中死亡率高，且常伴随严重的并发症，因此，老年患者需在ICU严密监测病情。

建议进行连续的实验室监测：前4～6小时每小时查血糖及血酮水平，随后每2～4小时检测一次电解质和血气分析，每4小时检测BUN和Cr水平直至病情稳定，同时准确记录液体摄入及输出量。一般，无休克的DKA患者治疗中不需要重复检查动脉血气分析，而静脉血pH值仅比动脉pH值低0.02～0.03，可用静脉血pH评估治疗效果，可避免反复动脉穿刺带来的痛苦及潜在的并发症。

推荐床旁监测血β-OHB，无条件时，用尿酮测定方法。便携式血酮仪使床旁监测血酮成为现实，是DKA治疗史上的一个重大进步。临床化学实验室常用的硝普盐法仅能监测乙酰乙酸及丙酮，却不能检出DKA中最常见的β-OHB，这一方法有局限性。当酸中毒缓解，阴离子间隙恢复正常，则可减少实验室检查的频率。酸中毒持续存在且治疗无效，可能是由败血症、并发症及胰岛素剂量不足引起，此时须重新进行评估，及时干预。

血酮下降决定了DKA的缓解，因此，监测血酮值可评估治疗的有效性。若无法监测血酮时，则采用尿酮监测。当血酮值＜0.3 mmol/L，静脉pH＞7.3，同时患者可以进食，则可转为皮下胰岛素治疗。治疗有效性评估见表10-5。

## 六、高血糖危象并发症的治疗

1. **低血糖** 在输注胰岛素过程中最常见的并发症为低血糖。有报道称，尽管采用小剂量胰岛素输注，仍然有10%～25%的DKA患者会发生低血糖。许多低血糖患者并不会出现出汗、精神紧张、疲劳、饥饿等交感神经反应症状，即未觉察性低血糖，这将会使高血糖危象缓解后糖尿病的治疗更复杂。HHS患者发生低血糖少见，有报道在胰岛素输注过程中，＜5%的HHS患者的血糖＜3.3 mmol/L。

2. **低血钾** 低血钾是DKA治疗过程中常见的电解质紊乱。虽然DKA及HHS患者入院时血钾通常是增高的，但经胰岛素治疗及酸中毒纠正后，血清钾浓度会急剧下降。严重的低钾血症可能导致神经肌肉功能障碍和（或）心律失常，甚至引起死亡。为防止低钾血症的发生，当血钾浓度降至5.2 mmol/L之后，确实有足够尿量（＞40 ml/h）的前提下，应开始补钾。

3. **高氯性代谢性酸中毒** 在DKA恢复期可出现高氯血症，原因与使用过多氯化钠有关，这些不正常的生化反应通常是短暂的，没有临床意义，除非同时发生急性肾衰竭或严重少尿。DKA治疗期间限制氯离子用量可以减轻高氯性代谢性酸中毒程度，但应谨记，氯离子升高呈自限性，且与有害的临床表现不相关。

**表 10-5　高血糖危象的治疗有效性评估**

1. 若血酮≥3 mmol/L，血糖>27 mmol/L 且下降速度<3 mmol/(L·h)，则须每小时监测一次血酮及血糖
2. 每小时监测一次血酮，如血酮下降速度≥0.5 mmol/(L·h)，监测持续到酸中毒缓解后 2 天。若血酮下降速度<0.5 mmol/d，应增加胰岛素的剂量（1 U/h）直至血酮降至正常。
3. 若无法监测血酮，则监测静脉 $HCO_3^-$ 浓度，血浆 $HCO_3^-$ 上升的速度应达到≥3mmol/(L·h)，若上升速度小于上述目标值，应增加胰岛素的剂量（1 U/h)，直至 $HCO_3^-$ 浓度上升速度达到目标值
4. 当 DKA 患者的血糖≤11.1 mmol/L，HHS 患者的血糖≤16.7 mmol/L 时，须补 5% 的葡萄糖并调整胰岛素给药速度，以维持血糖值在 8.3~11.1 mmol/L（DKA）或 13.9~16.7 mmol/L（HHS）之间
5. DKA 患者血酮<0.3 mmol/L
6. $Na^+$ 为 135~145 mmol/L
7. 阴离子间隙 7~9 mmol/L
8. 血钾 3.5~4.5 mmol/L
9. 血浆渗透压下降的速度应≤3 mmol/(L·h)，目标值为 285~295 mmol/L
10. 每 4 小时监测一次磷酸盐、钙及镁，确保其在正常水平
11. 肾功能目标值：血 Cr：55~120 μmol/L

**4. 脑水肿**　脑水肿是 DKA 患者非常少见但可以致命的并发症，儿童 DKA 患者中脑水肿的发病率为 0.3%~1.0%。成年 DKA 患者脑水肿的死亡率为 20%~40%，在儿童患者可高达 57%~87%。HHS 也可发生脑水肿。脑水肿的临床表现有：头痛、意识障碍、昏睡、躁动、大小便失禁、视盘改变、心动过缓、呼吸骤停。这些症状随着脑疝形成而进展，如病情进展迅速，可不出现视盘水肿。一旦出现昏睡及行为改变以外的其他临床症状，死亡率很高（>70%），仅 7%~14% 的患者能够痊愈而不留后遗症。脑水肿的发病机制尚不完全清楚，可能是由于 DKA 和 HHS 治疗中，脑缺血缺氧和许多炎症介质产生使脑血流量增加，破坏了细胞膜离子转运，进而导致了血浆渗透压的改变，使水过多进入中枢神经系统。对于易发脑水肿的高渗患者，要逐渐补充所丢失的盐及水分［渗透压的下降速度不得大于 3mmol/(L·h)］，当 DKA 患者血糖下降到 11.1 mmol/L 及 HHS 患者血糖达到 16.7 mmol/L 时，要增加葡萄糖输注。在 HHS，血糖水平应保持在 13.9~16.7 mmol/L，直至高渗状态、神经症状得到改善，患者临床状态稳定为止。

**5. 血栓形成**　高血糖危象导致的炎症及高凝状态是 DKA 及 HHS 发生心脑血管血栓形成的主要原因。弥散性血管内凝血等血栓形成机制是造成高血糖危象预后不良的主要原因之一。低分子量肝素可预防血栓形成，然而，尚未有数据证明其安全性及有效性。

（1）因 DKA 治疗过程中患者通常不会表现出虚弱出汗、紧张、饥饿及心动过速等低血糖表现，必须每 1~2 小时监测血糖以防止低血糖的发生。

（2）为防止低钾血症的发生，当血钾浓度降至 5.2 mmol/L 之后，在确实有足够尿量（>40 ml/h）的前提下，应开始补钾。

（3）以下预防措施可能会降低高危患者发生脑水肿的危险：对于易发脑水肿的高渗患者，要逐渐补充所丢失的盐及水分 [渗透压的下降速度不得大于 3 mmol/(L·h)]，当 DKA 患者血糖下降到 11.1 mmol/L 及 HHS 患者血糖达到 16.7 mmol/L 时，要增加葡萄糖输注。HHS 患者血糖水平应保持在 13.9~16.7 mmol/L，直至高渗状态和神经症状得到改善，患者临床

状态稳定为止。

（4）低分子量肝素可预防血栓形成，血栓形成高危患者可预防性使用。

### 七、高血糖危象特殊人群的诊断与治疗

**1. 儿童及青少年高血糖危象** 其特征性表现可不典型，对于不明原因的酸中毒、昏迷患者，应首先了解有无糖尿病史，并做尿糖、血糖和电解质检查，及时确定有无DKA。治疗过程与成人患者类似，注意预防脑水肿。

**2. 老年高血糖危象** 感染是老年人高血糖危象病情诱发或加重的主要原因，因而当有感染表现的老年人出现有脱水体征时，应及时检测血糖、血电解质和血酮，以利于早期诊断。严重感染易并发心力衰竭、脑水肿、休克、急性肾衰竭等，且易降低组织对胰岛素的敏感性，影响疗效及预后，必须应用强有力的广谱抗生素，及早控制感染。老年患者病情多较重，病变器官较多，易合并多脏器功能衰竭，而多脏器功能衰竭常是DKA的直接死因。因此，在治疗中要尽量改善心、脑、肾等重要脏器的功能，防止其功能损害或衰竭，也是改善疗效及抢救成功的重要环节。

### 八、高血糖危象纠正后的治疗

当DKA及HHS缓解时即可过渡至常规胰岛素皮下注射，为避免高血糖及酮症酸中毒的复发，在开始皮下治疗后仍需维持静脉输注胰岛素1～2小时。若患者未进食，继续静脉输注胰岛素及补液治疗。对于既往已经诊断为糖尿病的患者，以发生DKA前的胰岛素剂量继续治疗。对于胰岛素初治患者，首先给予胰岛素0.5～0.8 U/(kg·d)，通常为人胰岛素每日2～3次。目前推荐T1DM基础胰岛素+餐食胰岛素。

### 九、高血糖危象的预防

院外测定血糖和血酮可以早期识别酸中毒的发生，有助于家庭指导胰岛素治疗并预防DKA而住院。对糖尿病患者及监护人进行糖尿病护理知识的教育，以预防高血糖危象发生。不可擅自中断胰岛素治疗，出现DKA时应及时处理；出现高血糖危象诱因时，应监测血糖和血酮。建议对于意识障碍的重症患者，快速检测血糖和血酮，以便及时筛查发现高血糖危象患者。

（王煜冉）

# 第二节　甲状腺危象

### 一、概述

甲状腺危象或称甲状腺风暴（thyroid storm）又称甲状腺功能亢进危象（甲亢危象）是甲亢的一种严重并发症，为甲亢症状突然加重而产生的严重表现，死亡率很高，死亡原因常为心力衰竭、高热脱水、电解质紊乱。其发生可能与单位时间内甲状腺激素分泌增多、交感神经兴奋性或应激性增强以及应激时肾上腺皮质储备功能不足等因素有关。常发生于甲亢未经

治疗或治疗不彻底者，加之某些应激因素使原有症状突然加重而达到危及生命的状态。男女都可得病，可发生于各种年龄，但儿童少见，成人及老年人较多见。

## 二、诱因

### （一）甲状腺手术或其他手术所诱发

患者未经妥善准备，在未能有效控制甲亢症状之前行甲状腺手术，或在进行其他手术前忽略了甲亢的存在，由于应激和术时的操作，组织对甲状腺激素的敏感性增高，术中挤压甲状腺，大量甲状腺激素进入血循环，促使甲亢症状加重而诱发危象。

### （二）感染及其他

(1) 急性感染：尤以呼吸道感染为常见。
(2) 其他：
1) 强烈精神刺激、过度疲劳、妊娠毒血症、分娩等。
2) 放射性碘治疗后。
3) 药物反应，如输液反应、胰岛素引起的低血糖、洋地黄中毒等。
4) 代谢性疾病：如控制不住的糖尿病、脱水、酸碱失衡等。
5) 心血管疾病，如充血性心力衰竭、肺梗死等。
6) 甲亢未控制患者，反复多次检查或挤压甲状腺。
7) 尚未控制的甲亢患者，突然停用抗甲状腺药物。

## 三、发病机制

甲亢危象的发病机制至今未明，但与下列因素有密切关系。

(1) 由于感染，甲状腺手术。在放射碘治疗以及过度挤压甲状腺等诱因的影响下，单位时间内过多大量的甲状腺激素释放入血，血清游离 $T_4$ 和（或）$T_3$ 明显增高，使病情急骤加重而引起甲亢危象，乃至昏迷、死亡。

(2) 应激下儿茶酚胺活性增强。甲亢危象的发生往往是由于某种应激，在应激下，交感神经系统和肾上腺髓质的活动增加，儿茶酚胺的释放增加，甲状腺激素可加强儿茶酚胺的作用，于是出现对儿茶酚胺反应过度的症状。

(3) 机体对甲状腺激素耐受性降低。患者在各种诱因及应激情况下，周围组织代谢发生异常，组织对甲状腺激素的敏感性增强，在甲状腺激素明显增高的情况下，机体不能适应而发生失代偿状态，从而导致甲亢危象发生。

目前许多学者认为，危象的发生是以下各种因素综合作用所引起的：①甲亢患者体内组织中儿茶酚胺的受体数目增多，因而心脏及神经系统对儿茶酚胺过度敏感；②应激：如急性疾病、感染、外科应激等引起儿茶酚胺的释放增加；③甲亢患者血清 $T_4$ 及 $T_3$ 与 TBG 结合的能力降低，血清游离 $T_4$ 及 $T_3$ 增多。

## 四、临床表现

**1. 先兆危象** 甲状腺危象死亡率很高，患者常死于休克、心力衰竭。为及时抢救患者，临床提出的危象前期或先兆危象的诊断是指：

(1) 体温在 38～39℃之间。
(2) 心率在 120～159 次/分，也可有心律失常。

（3）食欲缺乏、恶心、大便次数多、多汗；

（4）焦虑、烦躁不安、危急预感。

**2．典型的甲状腺功能亢进危象**

（1）全身性症状：高热39℃以上，大汗淋漓，皮肤潮红，继而汗闭，皮肤黏膜干燥，苍白，脱水。

（2）神经系统：极度烦躁不安，精神异常，以至麻痹、谵妄、昏迷。

（3）心血管系统：心动过速，心率在160次/分以上，可出现心律失常，如过早搏动、心房颤动、心房扑动、室上性心动过速、房室传导阻滞等。原有甲亢性心脏病者易发生心力衰竭。

（4）消化系统：厌食、恶心、呕吐、腹泻、黄疸。

**3．不典型的甲状腺功能亢进症危象**

不典型的甲状腺功能亢进或原有全身衰竭、恶液质的患者在危象发生时常无上述典型表现，可只有下列某一系统表现。例如：

（1）心血管系统：心房纤颤等严重心律失常或心力衰竭。

（2）消化系统：恶心、呕吐、腹泻、黄疸。

（3）精神神经系统症状：精神异常或淡漠、木僵、极度衰弱、嗜睡、反应迟钝、昏迷。

（4）体温过低、皮肤干燥无汗。

## 五、实验室检查

**1．甲状腺功能** 血浆总$T_3$、$T_4$，游离$T_3$、$T_4$明显增高，尤其总$T_3$及游离$T_3$价值更大。甲状腺吸碘率增高。

**2．儿茶酚胺可升高**

**3．其他检查** 转氨酶、γ-谷酰转肽酶可升高。黄疸时血清胆红素升高。胆固醇多低于正常。电解质紊乱，可出现血钠、钾、镁、磷降低。

## 六、诊断与鉴别诊断

凡有甲亢病史或典型甲亢表现的患者，在有诱因的情况下，突然出现以下临床表现，应考虑甲亢危象。

（1）甲亢临床表现及体征明显加重。

（2）发热：一般体温超过39℃，同时有大汗，一般退热措施效果不佳。

（3）明显心动过速（心率140～60次/分以上）或心律失常，特别是房颤和室上性心动过速，血压升高，脉压增大，尤其是伴有儿茶酚胺升高时，易误诊为嗜铬细胞瘤，必须慎重。

（4）有心血管、中枢神经系统及胃肠道紊乱表现。

本症需与重症感染鉴别：出现心律失常，心力衰竭为主要症状者，要与冠心病，风湿性心脏病鉴别；出现昏迷者，要与肝性昏迷鉴别。可再结合症状、体征、采用相应的实验室检查及甲状腺功能检查进行区别。

## 七、治疗

甲亢危象是甲亢的严重并发症，急剧、凶险，急需抢救治疗，不应等待完整实验室结果再行处理。

1. 一般治疗

（1）镇静：对兴奋、烦躁、谵妄、抽搐者，可用地西泮（安定）5～10 mg 肌内注射或静脉注射；也可用苯巴比妥钠 0.1～0.2 g 肌内注射，每隔 6～8 小时一次。

（2）降温：对高热或超高热患者，首先物理降温，头部及各大动脉接近体表处放置冰袋外，酒精擦浴，并用冰生理盐水灌肠等。同时要用药物降温，用氯丙嗪 25～50 mg 肌内注射或静脉点滴，必要时可用冬眠Ⅰ号或冬眠Ⅱ号。还可用皮质醇类药物，它有非特异性的退热作用。禁用水杨酸类解热药，因该药可取代 $T_4$ 或 $T_3$ 与 TBG 的结合，使游离 $T_4$、$T_3$ 增加，加重甲亢症状。

（3）全身支持治疗：纠正水和电解质紊乱，吸氧，补充大量维生素，尤其是维生素 B 族，处理心功能不全，保肝等。

2. 特殊治疗

（1）抑制甲状腺激素的合成：立即给予大剂量抗甲状腺药物，以丙硫氧嘧啶（PTU）为首选，其不仅可有效抑制甲状腺激素的合成，还可抑制外周组织中 5′脱碘酶的活性，阻断 $T_4$ 向更强的 $T_3$ 转换。该药鼻饲后迅速由胃肠道吸收，50 分钟血中浓度达峰值。用量比一般治疗剂量大，且昼夜均应服药，维持血中浓度以抑制 5′脱碘酶，首剂 600 mg 口服或鼻饲，可 200 mg 每 6～8 小时给药 1 次，大剂量 PTU 对甲状腺内激素合成的抑制作用较完全，此时应用碘剂也不会合成更多的甲状腺激素。

（2）抑制甲状腺中甲状腺激素向血中的释放：复方碘溶液每次 10～20 滴鼻饲，每 6 小时一次，首次剂量可大些，也可静脉滴注碘化钠 1.0 g 溶于 500 ml 液体中，24 小时给予 1～3 g。危象缓解后，大约需 3～7 天停用碘剂。理论上碘剂应在使用 PTU 1～2 小时后，即在甲状腺激素生物合成完全被阻断的情况下再给药，以免碘作为甲状腺激素的原料，导致大量甲状腺激素的合成。但在治疗危象时使用碘剂阻断甲状腺激素的释放，疗效迅速而肯定，远比 PTU 抑制激素合成的作用重要，多数同时给予碘剂和 PTU。治疗甲状腺术后危象时因术前已用碘剂，此时碘剂治疗效果常不够满意。

（3）降低周围组织对甲状腺激素和儿茶酚胺的反应性：用肾上腺素能受体阻滞剂，如无心功能不全，可用大剂量普萘洛尔（心得安）40～80 mg，每 6～8 小时口服一次，或 5 mg 在 5～10 分钟内静注，可视需要间隙给 5 次，严重心力衰竭、房室传导阻滞和哮喘者需慎用。或用利血平 1 mg，每 6～8 小时肌内注射一次，同时监测血压、心率。

（4）降低血中甲状腺激素水平：如患者对常规治疗无反应，特别是对于伴有神志障碍或循环中 $T_4$ 极高者，可考虑腹膜透析、血浆置换，以将血中大量激素迅速清除。

3. 拮抗应激　应用肾上腺皮质激素，在发生危象时，对肾上腺皮质激素的需要量增加，尤其在高热或休克时，宜加用皮质激素，具有非特异性退热、抗毒、抗休克作用。可用氢化可的松 300～500 mg/d 静滴。也可用地塞米松 15～30 mg，静滴。病情好转后，逐步减量至停用。

4. 积极控制诱因　有感染者应采用有效抗生素治疗。伴有其他疾病者，应同时积极治疗。

# 第三节 黏液水肿性昏迷

## 一、概述

黏液性水肿是指严重的甲状腺功能减退（甲减），患者往往是长期未得以诊断或未得以治疗的甲减。黏液水肿性昏迷是黏液性水肿最严重的情况，为内分泌急症，死亡率过去高达85%，近来由于早期发现和积极的处理，死亡率有所下降，但仍然高达25%。因为多数黏液性水肿昏迷患者的黏液性水肿的表现并不常见，而严重甲减患者也并不都是表现为昏迷，所以现在将黏液性水肿昏迷称为甲减危象。

## 二、诱因

多数甲减危象发生在冬季，温度降低会提高促发通气的阈值。其他诱发因素包括肺炎、败血症、卒中、心血管疾病。感染是第二个主要诱发因素，肺炎是最常见的感染，可能继发于心脑血管意外和气道吸入后，其次为泌尿系感染。患者也可能在其他疾病住院治疗中而缓慢发生甲减危象，如骨折住院后发生或因服用了一些抑制呼吸和脑功能的药物，如镇静药、止痛药和抗抑郁药等，抑制了呼吸动力引起二氧化碳潴留，导致昏迷。

## 三、临床表现

黏液性水肿患者表现为代谢减低，包括皮肤干燥、毛发稀疏、声音嘶哑、胫前非可凹性水肿、舌大、跟腱反射弛张期延迟和低体温。实验室检查异常包括低钠血症、低血糖、贫血、高胆固醇血症、乳酸脱氢酶和肌酸激酶升高和二氧化碳潴留。

甲减危象引起全身多系统、多器官病变，主要症状为神志改变，还包括低体温、心动过缓、低血压、低血糖、低氧血症和高碳酸血症。据一个包含24例甲减危象病例的报道：80%甲减危象患者表现出低氧血症；54%甲减危象患者表现出低体温（其中多数患者体温＜34℃）。

## 四、诊断

仔细询问患者既往史，甲减史、甲状腺疾病史、甲状腺手术史、同位素治疗史、甲状腺激素治疗史等有助于我们考虑甲减危象。体检包括颈部有无手术瘢痕，有无甲状腺肿。

注意患者的神志，包括嗜睡、昏睡、神志模糊不清，甚至昏迷。注意患者有无低通气、低钠血症。体检尤其注意有无低体温，一旦低体温合并 TSH 升高，需要立即处理。

5%的甲减危象患者为中枢性甲减，TSH 低下或正常，需要与甲状腺功能正常的低 $T_3$、低 $T_4$ 综合征鉴别，后者的 $T_3$ 甚至 $T_4$ 是低的，TSH 正常，少数患者的 TSH 低下，但是他们有原发疾病，原发疾病治愈后，甲状腺功能恢复正常。而前者常常合并其他垂体激素异常或垂体肿瘤。

对下列患者需要提高警惕：老年低体温患者用通常方法不能使体温上升；长期心动过缓的患者对阿托品不反应；甲状腺激素替代治疗的患者发生了心肌梗死处于休克状态，但对血管升压药不反应；这些均需怀疑甲减危象昏迷，需要立即进行处理。

对于甲减危象的诊断临床并没有一个明确的指标，凡是严重甲减患者出现神志障碍，临床上又找不到其他原因时，需要考虑甲减危象的可能，尤其是当患者同时有低体温或（和）低氧血症或（和）低血压时，对甲减危象诊断十分有利。

## 五、治疗

1. **通气支持** 对于甲减危象的患者，治疗的关键是保持呼吸道通畅，维持主动呼吸和充足的循环。低通气或呼吸衰竭是甲减危象死亡的主要原因，因此，保持气道通畅是关键。

对患者可以进行体检、血气分析、影像学检查来评估肺功能，除外由于巨舌和喉部水肿引起的肺炎和气道梗阻；对低通气或呼吸衰竭患者必须立即进行气管插管或气管切开，保证气道通畅，必要时需要机械通气，缓解和防止低氧和高碳酸血症；一旦施行了气管插管或气管切开，需要同时使用抗生素治疗。多数需要机械通气为24~48小时，尤其是在那些药物致呼吸衰竭引起低通气和昏迷的患者，有的患者需要数周。在通气支持治疗中，需要经常检测动脉血气，在患者恢复自主呼吸后才能拔管。

2. **低体温的处理** 甲状腺激素治疗对恢复体温是必需的，甲状腺激素治疗低体温可能需要数天。因此，只能采取保温的方法来保持体温，如添加被子，但不能用电热毯、热水袋等加热方法。对低体温患者禁止用外部加热的方法。

3. **低血压的处理** 甲减危象患者的血管内容量是不足的，即使患者没有低血压，也需静脉补液，但是必须衡量补液带来的益处和补液加重心力衰竭和低钠血症的弊处，注意保持液体出入量平衡，可以用中心静脉压进行监测。可选择5%~10%葡萄糖和半张或等张盐水。肾上腺素合并甲状腺激素（尤其是$T_3$）治疗常常会引起严重的心动过速。血细胞比容<25%~30%的患者需要输血。

4. **低钠血症的治疗** 低钠血症是严重甲减常见的电解质异常，原因是增加ADH释放和肾血流减少导致自由水排泌减少。对低钠血症患者补液需要注意钠平衡。当血钠<115 mmol/L或低钠患者癫痫发作时，需要补充少量高张盐水（3%NaCl，50~100 ml），随后给予呋塞米40~120 mg静脉注射，促使排水利尿。低钠血症会加重黏液性水肿患者的神志变化。

5. **低血糖的治疗** 糖原异生减少和胰岛素清除减少引起低血糖。血糖低可能也是肾上腺功能不足的征象，占甲减危象患者的5%~10%。

6. **糖皮质激素治疗**

（1）虽然95%以上的甲减是原发性的，但是仍然有不足5%的甲减是继发于垂体或下丘脑病变，这些患者常常合并肾上腺功能不足；而慢性甲状腺炎引起的甲减常常合并肾上腺自身免疫性疾病。

（2）临床一些表现可以提示糖皮质激素不足，如低血压、低血糖、低钠血症、高钾血症、高钙血症、淋巴细胞增多和氮质血症。多数甲减危象患者的血浆皮质醇在正常值范围。

（3）由于甲减患者常常合并肾上腺功能不足，而甲状腺激素治疗又会增加皮质醇清除而加剧肾上腺功能不足，通常需要同时补充糖皮质激素，用氢化可的松50~100 mg，静脉注射，每6~8小时一次，持续数天，然后缓慢减量。短期糖皮质激素治疗是安全的，当患者好转后可以减量直至停药。

7. **甲状腺激素治疗**

（1）甲减危象患者的气管插管需要尽快拔掉，尽快恢复自主呼吸，否则极容易出现呼吸道感染，导致菌血症，增加治疗难度。甲状腺激素治疗对恢复患者的自主呼吸是十分关键的，使用甲状腺激素治疗是一个有争议的问题，包括甲状腺激素的剂量、剂型和途径等。

（2）$T_3$ 比 $T_4$ 更容易通过血脑屏障，$T_3$ 比 $T_4$ 更快发挥作用，但是 $T_3$ 血浓度波动大，对心脏刺激作用大。而 $T_4$ 治疗血浓度稳定，副作用较少，机体根据需要来调节 $T_4$ 向 $T_3$ 的转化，所以目前临床上很少应用 $T_3$ 治疗。

（3）由于甲减患者多为老年患者，甲状腺激素低下引起血清胆固醇升高，所以甲减患者合并冠心病较多，但是由于患者代谢低下，氧耗量低，所以临床上心绞痛很少见；一旦给予较大剂量的甲状腺激素，会立刻增加患者的氧耗量，诱发心绞痛或心肌梗死；所以过去临床上对甲减患者的甲状腺激素替代治疗的原则是从小剂量开始，缓慢加量。

（4）小剂量开始，缓慢加量治疗，甲减危象治疗的死亡率相当高；有作者开始试用大剂量方法治疗，结果是甲减危象的死亡率明显减低；大剂量甲状腺激素引起心脏并发症虽然有所增多，但是和显著减少死亡率相比，仍然是利大于弊。

（5）甲减危象患者的血液循环不好，药物治疗最佳途径是静脉给药，国内目前没有静脉用的甲状腺激素制剂。对甲减危象患者可以用鼻饲管给药。有研究发现，鼻饲管给药的吸收较好。还有报道从肛门给药治疗成功。

### 六、预后

（1）常见的并发症是感染、肺炎或泌尿系感染。早期不易发现，白细胞不高，患者不发热，早期应做血尿培养，尽早发现感染灶。其次注意镇静剂应用、胃肠出血、心肌梗死、慢性阻塞性肺疾病。

（2）年龄、患者的心脏功能、神经生理状态、诱发甲减危象的病因和药物剂量等因素都会影响甲减危象治疗的成功率。预后的危险因素包括：年龄大、低 $T_3$、体温＜32℃、低体温治疗 3 天内不反应、心率＜44 次/分、脓毒症、心肌梗死、低血压等。

（迟　骋）

## 第四节　肾上腺危象

### 一、概述

肾上腺危象（adrenal crisis）又称急性肾上腺皮质功能减退，是一种可危及生命的内分泌急症；是指机体在不同病因作用下，肾上腺皮质激素绝对或相对分泌不足而出现肾上腺皮质功能急性衰竭所致的临床症候群。本病可以是慢性肾上腺皮质功能减退症基础上的急性加重，也可以是急性因素导致的肾上腺皮质功能骤然衰竭。因其发病隐匿，且临床表现不具特异性，临床上对本病认识不够，导致误诊率极高。

### 二、病因

**1. 慢性肾上腺皮质功能减退急性加重**　慢性肾上腺皮质功能减退可分为原发性、继发性两种。

（1）原发性：又称 Addison 病，是由于双侧肾上腺本身被破坏所致。常见病因为感染、自身免疫性肾上腺炎、恶性肿瘤转移、双侧肾上腺切除等。在欧美国家，自身免疫因素导致的 Addison 病最多见，而国内肾上腺结核的发生率明显下降，自身免疫性肾上腺成为 Addison 病的首要病因。

（2）继发性：是指由下丘脑-垂体病变引起的，属于腺垂体功能减退的一个组成部分。临床上最常见的病因为垂体瘤，成年女性患者中以 Sheehan 综合征最为常见。Sheehan 综合征是指因妊娠期垂体增生肥大，血供丰富，围生期因某种原因引起大出血、休克或血栓形成，使腺垂体大部缺血坏死和纤维化，从而导致腺垂体功能减退。医源性腺垂体功能减退常见于长期口服糖皮质激素的患者，因 CRH-ACTH 受到抑制，在突然停用糖皮质激素后可出现肾上腺皮质功能减退。

慢性肾上腺皮质功能减退出现肾上腺危象常见于以下几种情况：①由于慢性肾上腺皮质功能减退常发病隐匿，且人们对本病认识不足，患者常历经数年甚至数十年未能得到确诊，导致病情加重；②慢性基础上合并急性诱因，如感染、应激、突然停药或减药；③临床上经常见到的一种情况是，一些继发性肾上腺皮质功能减退的患者因先被确诊甲状腺功能减低，在未使用糖皮质激素的情况下进行甲状腺激素的替代治疗，使得机体新陈代谢旺盛，对皮质激素需要量骤然增加，诱发肾上腺危象。

2．激素突然停药或撤药过快　因肾上腺以外的病因（如自身免疫性疾病、慢性阻塞性肺疾病）较长时间（2 周）使用大剂量糖皮质激素治疗，由于垂体-肾上腺皮质功能受到外源性激素的反馈抑制，如果突然停药、撤药过快或遇到严重应激而未及时增加糖皮质激素用量，可导致肾上腺危象。

3．肾上腺切除术后　双侧或单侧肾上腺切除而未及时补充糖皮质激素。

4．华-佛综合征（Waterhouse-Friderichsen syndrome）　是指重症感染时，病原体及其毒素引起周围循环衰竭并诱发弥散性血管内凝血（DIC），从而引起双侧肾上腺出血坏死，临床上表现为难治性休克。本综合征病原体以脑膜炎奈瑟菌最为常见（即指暴发性流行性脑膜炎休克型），也可见于肺炎双球菌、金黄色葡萄球菌等病原体的感染。文献报道以儿科患者居多，也可见于成人。

5．其他原因导致的急性肾上腺出血　常见于双侧肾上腺静脉血栓形成、出血性疾病（如白血病、血小板减少性紫癜）及抗凝药物使用过量等。

### 三、临床表现

肾上腺危象因病因不同可有其各自的临床特点，但临床表现有其共同点。其突出表现为消化系统症状、循环衰竭及电解质紊乱。各系统表现分述如下：

1．全身症状　患者常表现为极度乏力及严重脱水。大多数患者可有高热，高热的原因与感染及糖皮质激素缺乏有关。部分患者体温也可正常或降低。

2．循环系统　由于水、钠大量丢失，血容量减少，表现为脉搏细弱、皮肤湿冷、心率增快、血压下降及体位性低血压，严重时可出现休克。由于 Addison 病时糖皮质激素和盐皮质激素均缺乏，因此，比 Sheehan 综合征更易出现循环衰竭。

3．消化系统　因糖皮质激素缺乏致胃液分泌减少，胃酸和胃蛋白酶含量降低，肠吸收不良以及水、电解质失衡，患者的突出表现为厌食、恶心、呕吐，部分患者出现腹泻、腹痛、腹胀等，为本病早期症状。

4．神经系统　患者极度屡弱，萎靡不振，烦躁不安，谵妄；并逐渐出现神情淡漠、嗜睡或神志模糊，严重时可昏迷。伴有低血糖时可有相应表现，如出汗、视物不清或低血糖昏迷。

5．**泌尿系统** 由于血压下降、肾血流减少，发生肾前性肾功能减退，可出现氮质血症、尿少甚至无尿。

6．**皮肤颜色** 对于存在慢性肾上腺皮质功能减退的患者，皮肤颜色是鉴别原发性或继发性的重要依据。Addison病的特征性表现是全身皮肤色素加深，以暴露处、摩擦处、乳晕、瘢痕等处尤为明显，皮肤发黑也常常是本病的早期征象。其原因是由于肾上腺皮质功能减退时，肾上腺皮质激素对垂体分泌的黑色素细胞刺激素（MSH）抑制减弱，导致MSH分泌增加。而下丘脑-垂体病变导致的继发性肾上腺皮质功能减退时，因缺乏MSH，故有皮肤色素减退，面色苍白，乳晕色素变浅；且因合并甲状腺功能减退，会表现为黏液性水肿面容。

7．**生殖系统** 继发性慢性肾上腺皮质功能减退因垂体分泌促性激素及泌乳素（PRL）减少，可出现性腺功能减退，常表现为性欲减退及第二性征减弱。Sheehan综合征患者常有产后大出血的病史，且产后无乳、闭经及不育。因女性的雄激素主要由肾上腺分泌，Addison病在女性患者常合并性欲减退、阴毛及腋毛脱落。

8．**甲状腺功能** 下丘脑-垂体病变引起的继发性肾上腺皮质功能减退同时合并其他靶腺功能减退，如甲状腺和性腺。

## 四、辅助检查

1．**血生化测定** 低钠血症表现突出，且常是患者反复就医的原因。部分患者可合并高血钾及空腹血糖降低。

2．**血常规** 可合并贫血，常为正细胞、正色素性贫血。白细胞分类示中性粒细胞减少，淋巴细胞和嗜酸性粒细胞升高，但合并感染时中性粒细胞可升高。

3．**心电图** 可呈现心率增快、心律失常、低电压及Q-T间期延长。

4．**激素测定** 血、尿基础皮质醇水平降低，但若临床上怀疑肾上腺危象，应立即抢救，不要等待实验室检查结果。测定垂体激素（如ACTH、TSH、FSH、LH）和其他靶腺激素（如性腺激素、甲状腺激素）水平，有助于鉴别原发性或继发性。

5．**影像学检查** 急性期患者CT或MRI显示双侧肾上腺增大，慢性期患者肾上腺大小常缩小。肾上腺结核时CT可显示肾上腺钙化影，转移性病变患者CT显示肾上腺占位表现。

## 五、诊断要点

（1）有诱发肾上腺危象的原发疾病及诱因。

（2）有循环衰竭、恶心呕吐、精神萎靡、低钠血症等肾上腺危象的临床表现。

（3）血、尿皮质醇低于正常值。

因本病在临床上相对少见，大多数医师，尤其是低年资医师，往往对本病认识不足。如既往明确有慢性肾上腺皮质功能减退的病史，在此基础上发生的危象诊断较容易。但因慢性肾上腺皮质功能减退发病隐匿，在出现肾上腺危象时慢性病本身尚未得到确诊，这时诊断难度较大。对于有下列表现的急症患者应考虑肾上腺危象的可能：所患疾病并不严重而出现明显的循环衰竭；不明原因低血钠；反复出现难以解释的恶心、呕吐；皮肤、黏膜不明原因颜色变深；体毛稀少或月经异常；难以纠正的休克等。

## 六、鉴别诊断

第一步：是否是肾上腺危象　主要根据其临床表现，与其他可引起恶心、呕吐、低血压、低钠血症等症状的病因进行鉴别。

第二步：鉴别是原发性还是继发性　主要根据病史（如有无产后大出血）、皮肤颜色变化、是否合并其他甲状腺功能减退和辅助检查来进行鉴别。

## 七、治疗

本症病情危急，应积极抢救。治疗原则为补充肾上腺皮质激素，纠正水电解质紊乱和酸碱平衡，并给予抗休克、抗感染等对症支持治疗。此外，尚需治疗原发病。

1. **补充肾上腺皮质激素**　立即静脉注射氢化可的松 100 mg，以后每 6 小时静脉点滴 100 mg。第一天氢化可的松总量约 400 mg，第 2、3 天可减至 300 mg，分次静脉点滴。如病情好转，继续减至每日 200 mg，继而每日 100 mg。待患者呕吐症状消失，全身情况好转可改为口服。如使用氢化可的松治疗及补足液体后收缩压仍 < 100 mmHg 和（或）有低钠血症时，则同时肌内注射醋酸去氧皮质酮 1～3 mg，每日 1～2 次。当病情好转能进食时，改用 9α- 氟氢可的松，上午 8 点一次口服 0.05～0.1 mg。在使用盐皮质激素期间，需仔细观察水、钠潴留情况，及时调整剂量。

对于华 - 佛综合征患者，多数学者认为要早期应用大剂量糖皮质激素治疗，第一个 24 小时给予氢化可的松 500～2 000 mg 或地塞米松 20～60 mg，48 小时内重复一次。如病情好转，72 小时后逐渐减量，3～5 天内停药。

对于腺垂体功能减退导致的继发性肾上腺危象患者，应先补充糖皮质激素，再补充甲状腺激素。

2. **纠正水、电解质紊乱**　补液量及性质视患者脱水、缺钠程度而定，对于有恶心、呕吐、腹泻、大汗而脱水、缺钠较明显者，补液量及补钠量宜充分；相反，对于由于感染、外伤等原因且发病急骤者，缺钠、脱水不至过多，宜少补盐水为妥。补液一般用 5% 葡萄糖氯化钠，可同时纠正低血糖及补充水和钠。应视血压、尿量、心率等调整补液量。肾上腺危象虽然低钠明显，但不适于用高渗盐水，以免加重细胞内脱水。在补充糖皮质激素后低钠血症常可迅速纠正。此外，还需注意钾和酸碱平衡。

3. **治疗诱发因素**　如有效控制感染，治疗出血、DIC 等。

4. **对症治疗**　如发热，给予降温处理；有低血糖时静脉滴注葡萄糖；补充皮质激素，补液后休克仍未纠正者，应予以血管活性药物；合并感染者予以有效抗生素治疗。

（周倩云）

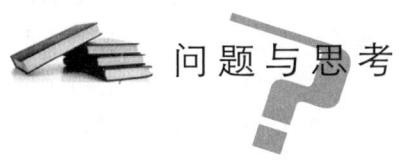

## 问题与思考

1. 简述各内分泌急症的常见临床表现。
2. 简述各内分泌急症的治疗原则。

# 第十一章

# 血液系统急症及输血治疗

 学习目标

掌握血液系统各急症的诊断及治疗原则。

## 第一节 溶血危象

溶血是红细胞非自然死亡而提前破坏的过程。由于骨髓代偿能力相当于正常造血能力的 6～8 倍，故溶血可不发生贫血，称为溶血性疾患；当溶血超过造血能力时发生溶血性贫血。急性溶血性贫血（acute hemolytic anemia）是指红细胞在短时间内大量破坏而引起的贫血。红细胞在血液循环中破坏称为血管内溶血，在单核-巨噬细胞系统内破坏称为血管外溶血。溶血性贫血的病因学分类见表 11-1。

### 一、急性溶血性贫血的临床表现

急性起病，全身不适，寒战、高热、头疼、腰背四肢酸痛及腹痛，有时伴恶心、呕吐；同时出现贫血、黄疸、浓茶色尿（血红蛋白尿）。严重者可有下列表现：①呼吸急促，心率增快，烦躁不安；②急性肾衰竭；③弥散性血管内凝血；④中枢神经系统损害，如昏迷、胆红素脑病（新生儿）。

溶血危象是指短时间内红细胞大量破坏，或伴有骨髓红系增生骤停，出现血红蛋白急剧下降，严重贫血危及生命的临床急症。目前并没有界定急性溶血达到什么程度就可以称为溶血危象。溶血危象为一种临床急危重症，起病急，病情变化迅速，应当及时恰当处理，否则可危及生命。

溶血危象可因诱因和基础疾病不同而临床表现不同。

**1. 溶血危象**（hemolytic crisis，HC） 是危及生命的急性溶血，即短时间内红细胞大量破坏，血红蛋白急剧下降，以血管内溶血为主。药物、毒物、特殊食物、细菌或病毒感染等是常见诱因。典型表现为急速贫血、浓茶色尿，其他症状有畏寒、发热、恶心、呕吐、口渴、腹痛、腰痛、背痛等。病情发展迅速，可出现神志不清、抽搐甚至休克。血红蛋白尿可导致急性肾衰竭，重度贫血可导致心力衰竭。实验室检查表现为溶血指征，胆红素增高，以间接胆红素升高为主，网织红细胞增高，而乳酸脱氢酶极度增高为其重要特征。

表 11-1　溶血性贫血的病因学分类

一、红细胞内在缺陷所致溶血性贫血
（一）遗传性缺陷
1．细胞膜异常：遗传性球形细胞增多症、遗传性椭圆形细胞增多症等
2．红细胞酶异常
　　（1）红细胞糖无氧酵解途径中酶的缺乏：丙酮酸激酶缺乏
　　（2）红细胞磷酸戊糖旁路中酶的缺乏：G6PD 缺乏
3．血红蛋白中珠蛋白链异常
　　（1）肽链分子结构异常（血红蛋白病）：镰状细胞贫血
　　（2）肽链合成量减少：α/β 海洋性贫血
（二）获得性缺陷
1．阵发性睡眠性血红蛋白尿（PNH）
二、红细胞外在因素所致溶血性贫血
（一）免疫性溶血性贫血
1．自身免疫性溶血性贫血（AIHA）
　　（1）温抗体型
　　（2）冷抗体型：冷凝集素病、阵发性冷性血红蛋白尿
2．新生儿同种免疫溶血病
3．血型不合的输血后溶血
4．药物诱发的免疫性溶血性贫血
（二）机械性溶血性贫血
1．创伤性心源性溶血性贫血
2．微血管病性溶血性贫血（TTP）
3．行军性血红蛋白尿
（三）化学毒物及药物所致溶血性贫血：苯、铅、磺胺类药物等
（四）物理因素所致溶血性贫血：大面积烧伤
（五）生物因素所致溶血性贫血：疟疾、梭状芽胞杆菌、溶血性链球菌等感染
（六）脾功能亢进

**2．再生障碍性危象**（aplastic crisis，AC）　是红细胞生成突然中止，有时也可累及白细胞和血小板，呈现三系下降。再生障碍性危象的主要诱发因素为病毒感染，以微小病毒 B19 感染最为常见。骨髓中红系前体细胞为 B19 病毒的靶细胞，导致骨髓红系造血的抑制，骨髓表现为红系增生低下，有时也可有粒系及巨核系增生减低。网织红细胞减少或完全消失。再生障碍性危象一般在慢性溶血性贫血的过程中出现，为自限性的，病情多在 2～3 周缓解，骨髓红系先恢复造血功能，其后血红蛋白及红细胞逐渐恢复。再生障碍性危象虽为自限过程，但由于多在慢性溶血性贫血基础之上发病，因此，常可出现极重度贫血，导致患者的心血管系统不能适当代偿，危及生命。

HC 多发生于慢性溶血性疾病，如遗传性球形红细胞增多症、遗传性口形红细胞增多症、镰状细胞性贫血、AIHA、PNH、地中海贫血等；也可以发生于与某些疾病相伴随的溶血性贫血，如系统性红斑狼疮、重叠结缔组织病伴免疫性溶血性贫血、肝豆状核变性、急性白血病、TTP/ 溶血 - 尿毒综合征等。出现 HC 的原因多以感染、劳累为诱因。

无慢性溶血性贫血也可突然出现溶血危象：

（1）输血后溶血反应：见于输入血型不合的血，也可见于慢性溶血性疾病接受不适当的

输血。输血后溶血反应表现为血管内溶血过程，多数在输入少量血液后即刻发生。

（2）感染：病毒感染多见，细菌感染也不少见，如甲型肝炎、传染性单核细胞增多症、流行性腮腺炎、HIV感染、疟疾、梭状芽胞杆菌和溶血性链球菌感染。

（3）药物：青霉素、磺胺类药物、利福平、阿司匹林、环磷酰胺、造影剂等。

（4）毒物：有机磷农药、过氧化氢、硫化氢、苯、苯胺、二/三硝基甲苯、铅、砷、氯酸类、毒蕈等。

（5）物理因素：高温、烧伤后。

（6）新生儿同种免疫溶血病。

## 二、实验室检查

1. 红细胞破坏增加

（1）血常规：红细胞及血红蛋白迅速减低，血红蛋白常低于60 g/L。

（2）红细胞生存时间测定：具有理论意义，临床意义有限，很少使用，多用于病史和一般实验室检查难以确定诊断时。

（3）胆红素代谢及其代谢产物增多：①血清间接胆红素增高；②尿胆原、粪胆原增多；③血清铁增高。

（4）血红蛋白血症：正常血浆只有微量的游离血红蛋白（10～100 mg/L）。当大量溶血时，主要为急性血管内溶血时，可高达1 g/L以上。

（5）血清结合珠蛋白降低：正常血清中含量为0.5～1.57 g/L，血管内溶血时，结合珠蛋白和游离血红素结合，血浆中结合珠蛋白含量降低。急性溶血停止3～4天后方能恢复正常水平。

（6）血红蛋白尿及含铁血黄素尿：血浆中游离血红蛋白量超过肾阈值后，临床出现血红蛋白尿。含铁血黄素尿是血管内溶血的重要指标。

2. 红细胞代偿性增生

（1）网织红细胞明显增多：常高于5%以上，网织红细胞的增多与溶血程度呈正相关。但是AC网织红细胞明显降低。

（2）外周血细胞变化：外周血大红细胞增加，在较多患者可见到有核红细胞及嗜多染红细胞，部分外周血涂片可见到红细胞碎片及畸形红细胞；白细胞增高，可表现为类白血病反应，有分叶核粒细胞升高或核左移；血小板计数增加。AC外周血的中性粒细胞与血小板计数一般正常，偶尔有粒细胞及血小板同时降低。

3. 生化检查

肝功能检测，25%以上的患者ALT升高；血清乳酸脱氢酶极度增高。可出现高钾血症、代谢性酸中毒、低钙血症；溶血危象时易发生急性肾衰竭。

4. 骨髓检查

有核细胞增生旺盛，粒/红比值倒置，红系增生活跃，并以中晚幼细胞增生为主。

AC骨髓象有两种表现：①红细胞系统受抑制，有核红细胞甚少；②骨髓增生活跃，但红系停滞于幼稚细胞阶段。

特殊溶血检测，如直接抗人球蛋白试验（DAT）、抗人球蛋白（Coombs）试验，是检测温抗体型AIHA的经典方法。

## 三、诊断与鉴别诊断

根据临床表现和实验室检查初步确定危象诊断；询问病史、家族史以了解患者基础疾病，询问近期用药和感染情况以排查溶血诱因。具体诊断步骤见图11-1。

**1. 诊断要点** ①在无失血的前提下，急速贫血伴浓茶色尿，重度贫血貌，可有畏寒、发热、恶心、呕吐、气促、腹痛、急倦等，合并血管外溶血者有脾大，小儿常有肝大，极危

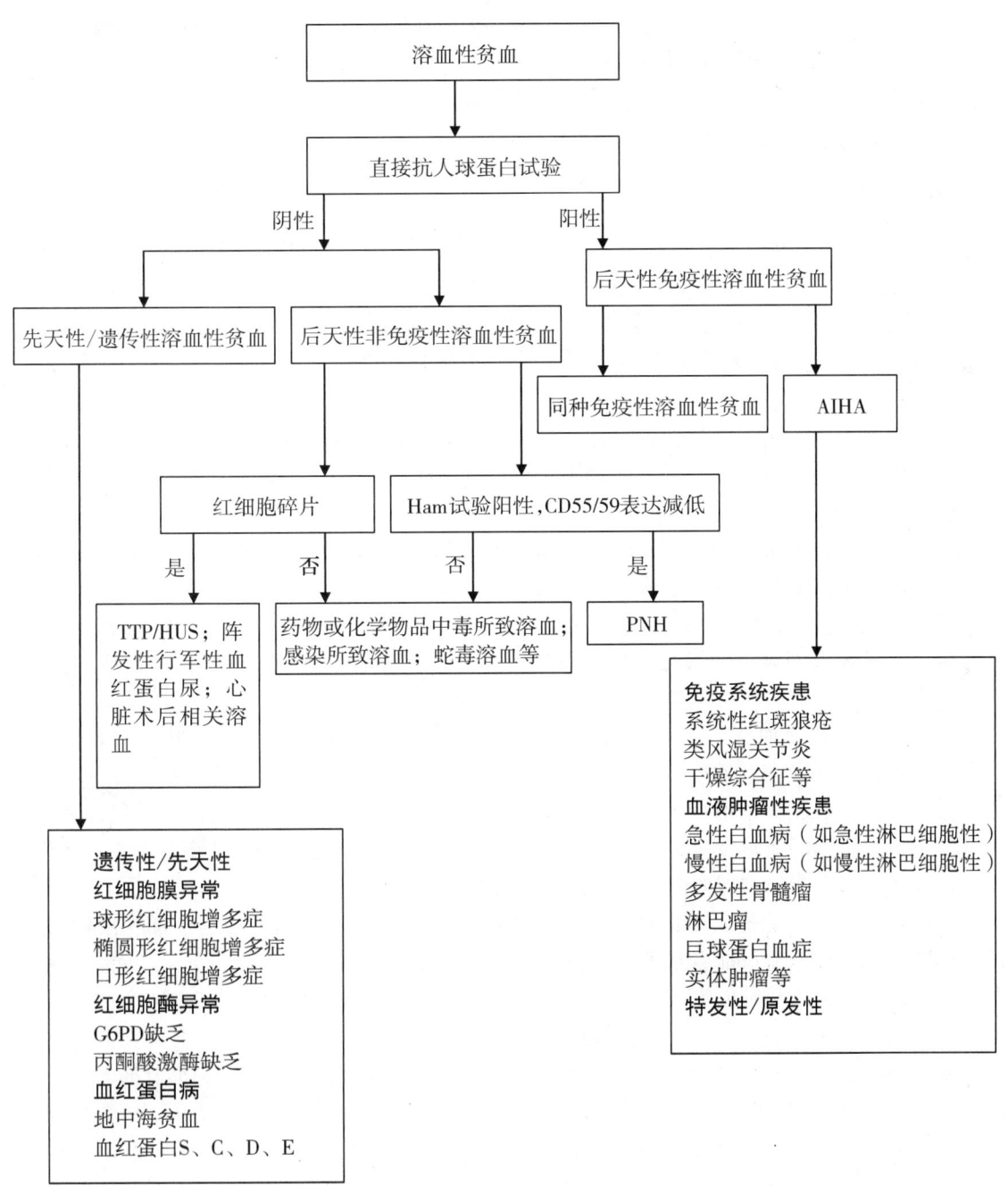

图 11-1 溶血性贫血的诊断步骤

重者可出现意识模糊、惊厥、休克、心力衰竭或急性肾衰竭；②具有基础疾病特别是溶血性疾病，近期经历感染、药物或毒物接触；③溶血指征中需重点关注 Hb 急速降低、网织红细胞计数（Ret 通常升高）、血清总胆红素和间接胆红素（IBiL 以增高为主）、血清乳酸脱氢酶（LDH 极度升高）、血红蛋白尿；④原发病因检查：主要针对原有溶血性疾病进行检查，如 AIHA、PNH、血红蛋白病、红细胞膜疾病和红细胞酶疾病等相应指标检查。

2．鉴别诊断　①AC 与急性再生障碍性贫血的鉴别：微小病毒 B19 诱发的 AC 可以检测到病毒学、免疫学指标阳性，其骨髓出现巨大原红细胞，核仁明显，胞质有凸起、有空泡。此外，AC 常并发传染性红斑和关节病症。②与其他可并存溶血、发生溶血危象的疾病鉴别：系统性红斑狼疮可用特异性的抗核抗体等指标鉴定；微血管病性溶血性贫血（溶血尿毒症综合征、TTP）外周血涂片显示大量碎裂红细胞（3% 以上），可有血小板减少和出血凝血指标异常、肾功能指标异常。

### 四、治疗

1．一般治疗　卧床休息，烦躁不安者给予小剂量镇静，吸氧，保证足够的液量，出现溶血危象应注意纠酸、碱化尿液。

2．去除病因　对诱发溶血危象和再生障碍性危象的病因应及时去除。

3．输血支持治疗　输血治疗是可以直接纠正贫血的措施，采用成分输血以维持 Hb > 60 g/L 为宜。

输血注意事项：①重度贫血，每次输注量不宜太多，速度宜慢。对极重度贫血伴心功能不全者可给予半量输血。②根据不同病因及贫血程度决定是否需要输血，以及输注何种类型成分血。

AIHA 是由于免疫反应产生红细胞抗体，造成患者自身红细胞破坏而发生的溶血性贫血。输血是治疗严重 AIHA 的重要手段之一，然而由于患者血液中存在自身抗体，使 AIHA 的输血变得较为复杂。AIHA 患者红细胞表面抗原往往被自身抗体阻断，造成 ABO 及 Rh 血型鉴定困难，交叉配血困难。如果交叉配血发生不完全相合时，应取多份 ABO 血型相同的血液进行配合，选用患者血液与献血者红细胞反应最弱的血液进行输注。

（1）输血指征：血红蛋白 < 40 g/L 或血细胞比容 < 0.13 者，并在安静状态下有显著的贫血症状者；血红蛋白 > 40 g/L，但起病急、进展快，伴有心慌憋气心功能不全者；出现嗜睡、反应迟钝、昏迷等中枢神经系统症状者；如果 AIHA 患者在应用肾上腺皮质激素治疗后仍有上述情况，因溶血危及生命者，应及时输注少量浓缩红细胞，维持足够携氧能力，改善机体缺氧状态，不能强调配血尚不完全相合而拒绝给患者输血。

（2）输血原则：选择弱于自身凝集的最弱的同型血液，因输入的红细胞可能溶血，患者得益是暂时的，且输血可能会加速患者自身红细胞的破坏，故能不输者即不输，能少输者不多输。输血时应给予足够的糖皮质激素或免疫抑制剂治疗以抑制抗体生成，减少溶血性输血反应的发生。

再生障碍性危象的治疗关键在于积极输血支持治疗，帮助患者度过骨髓抑制期。

4．肾上腺皮质激素　肾上腺皮质激素迄今仍是治疗 AIHA 的首选药物，有效率为 80%，常用剂量为泼尼松 1~2 mg/(kg·d)，有急性溶血危象者，可静脉输注甲泼尼龙 500~1 000 mg/d，连用 3 天，然后减量至常规用量。对于其他非免疫性溶血性贫血，均不必使用激素。

5．丙种球蛋白　IVIG 已用于治疗 AIHA，对部分患者有短期疗效。少数再生障碍性危象患者需要给予丙种球蛋白治疗，可改善骨髓增生不良状态。

6. **免疫抑制剂** 多用于AIHA对激素无效或需较大剂量维持者，常用环磷酰胺、环孢素和长春新碱等；利妥昔单抗（Rituximab）是一种针对B淋巴细胞抗原的抗CD20单克隆抗体，有研究表明其治疗AIHA安全有效，多数患者可取得持续的效果，复发后第二次治疗仍然有效。

7. **血浆置换** 可用于自身免疫性溶血的治疗。

8. **脾切除** 对某些红细胞脾破坏的疾病有效。

## 第二节 白细胞疾病

### 一、中性粒细胞减少症

中性粒细胞减少症（neutropenia）是指外周血中性粒细胞绝对值计数低于 $2.0 \times 10^9$/L。当粒细胞严重减少，低于 $0.5 \times 10^9$/L 时，称为粒细胞缺乏症（agranulocytosis）。

#### （一）病因

引起中性粒细胞减少的病因很多：

1. **作用于骨髓**

（1）骨髓损伤：药物、放射线、化学物质、感染、免疫性疾患，如系统性红斑狼疮、类风湿关节炎等；先天性和遗传性中性粒细胞减少等。

（2）成熟障碍：①获得性：如叶酸缺乏、维生素 $B_{12}$ 缺乏、恶性贫血、严重的缺铁性贫血等；②恶性和其他克隆性疾病：如骨髓增生异常综合征、阵发性睡眠性血红蛋白尿症等。

2. **作用于外周血**

（1）中性粒细胞外循环池转换至边缘池（即假性中性粒细胞减少）：①遗传性良性假性中性粒细胞减少症；②获得性：如严重的细菌感染、恶性营养不良病、疟疾等。

（2）血管内扣留：如由补体介导的白细胞凝集素所致的肺内扣留、脾功能亢进所致的脾内扣留等。

3. **作用于血管外**

（1）利用增多：如严重的细菌、真菌、病毒或立克次体感染、过敏性疾患等。

（2）破坏增多：如脾功能亢进等。

#### （二）发病机制

中性粒细胞减少症的发病机制：①粒细胞生成减少或无效生成；②粒细胞破坏丧失过多，粒细胞寿命缩短；③粒细胞分布异常。

#### （三）临床类型及表现

重点陈述临床常见的数种类型：

1. **免疫性中性粒细胞减少症** 如系统性红斑狼疮、Sjögren综合征、类风湿关节炎、Felty综合征等。

2. **感染性中性粒细胞减少症** 急性和慢性细菌、病毒、非典型病原体等感染可导致中性粒细胞减少症。其发生机制有：感染对骨髓的直接损害，引起造血组织不同程度被抑制，免疫作用；继发性脾大引起脾功能亢进；粒细胞在外周循环分布或消耗增多等。

3．药物诱导的中性粒细胞减少症

（1）药物中毒性粒细胞减少症：多见于足量或长期应用各类抗癌药物、抗甲状腺药物、氯霉素等，药物或其代谢产物直接损伤骨髓微环境或髓系祖细胞。

（2）药物过敏性粒细胞减少症：由于个体对药物感受性不同所致，常在出现粒细胞减少的同时，还伴有皮疹、风疹、哮喘、水肿等过敏现象。

（3）药物免疫性粒细胞减少症：如以氨基比林为代表的免疫介导的药物诱导的中性粒细胞减少。

药物引起的粒细胞减少多发生在用药后5周，最长可达用药后7周，但也可在数小时内发病。在疾病急性期，骨髓红系和巨核系正常，粒系减少，浆细胞等非造血细胞多见。血象特点是白细胞减少，粒细胞减少或缺乏，单核细胞、淋巴细胞、嗜酸粒细胞增多，红细胞及血小板一般无明显改变。临床表现主要是乏力、易疲劳，严重者可出现寒战、咽痛、肺炎、发热、骨痛等。

（四）诊断

对中性粒细胞减少的患者，首先应明确疾病的严重程度以及该患者是否有发热感染，若为严重中性粒细胞减少伴感染，则应立即进行细菌学检查并给予静脉经验性抗生素治疗；然后是进行病因学诊断。中性粒细胞缺乏诊断步骤见图11-2。

（1）病史：理化等因素接触史，放射性物质及服药史；过去史、发病年龄及家族史，以除外遗传方面的中性粒细胞减少症。

（2）临床表现有助于病因诊断：如粒细胞减少是由于严重感染所致，粒细胞降至$(0.5 \sim 1.0) \times 10^9$/L以下，则临床上有高热、畏寒等症；如粒细胞减少是由于某些慢性病毒性肝炎所致，患者有乏力、肋痛、食欲缺乏、恶心等表现。

（3）除外可以引起中性粒细胞减少的全身性疾病：如疑为结缔组织病或由于免疫机制异常所引起的中性粒细胞减少，则应进行狼疮细胞检测、抗核抗体检测、白细胞凝集试验等。

（4）骨髓象检查：可了解粒细胞的增殖及成熟情况，有时还可明确有无肿瘤细胞转移。

（5）骨髓粒细胞储存池测定：依据骨髓粒细胞储存池刺激后白细胞上升情况来判断骨髓的储备功能。

（6）边缘池粒细胞测定：皮下注射肾上腺素0.3 mg后20分钟，如白细胞较原水平升高100%，则提示边缘池粒细胞数较正常增多。

（五）治疗

中性粒细胞减少症的治疗主要是病因治疗，如停用可疑药物，停止接触可疑毒物，针对导致中性粒细胞减少的各种原发性疾病的治疗等。

1．升高中性粒细胞数的治疗

（1）促白细胞生成药：如维生素$B_6$、维生素$B_4$、雄激素、碳酸锂等，但均缺乏肯定和持久的疗效。

（2）免疫抑制剂治疗：如糖皮质激素、环磷酰胺、大剂量丙种球蛋白输注等，部分患者有效。

（3）集落刺激因子治疗：主要有rhG-CSF和rhGM-CSF。不仅可以促进骨髓内粒细胞生成和释放而使中性粒细胞数升高，而且可以激活成熟中性粒细胞，从而使其吞噬功能增强而有利于感染的控制。

2．**骨髓移植** 如为再生障碍性贫血、骨髓增生异常综合征、阵发性睡眠性血红蛋白尿、

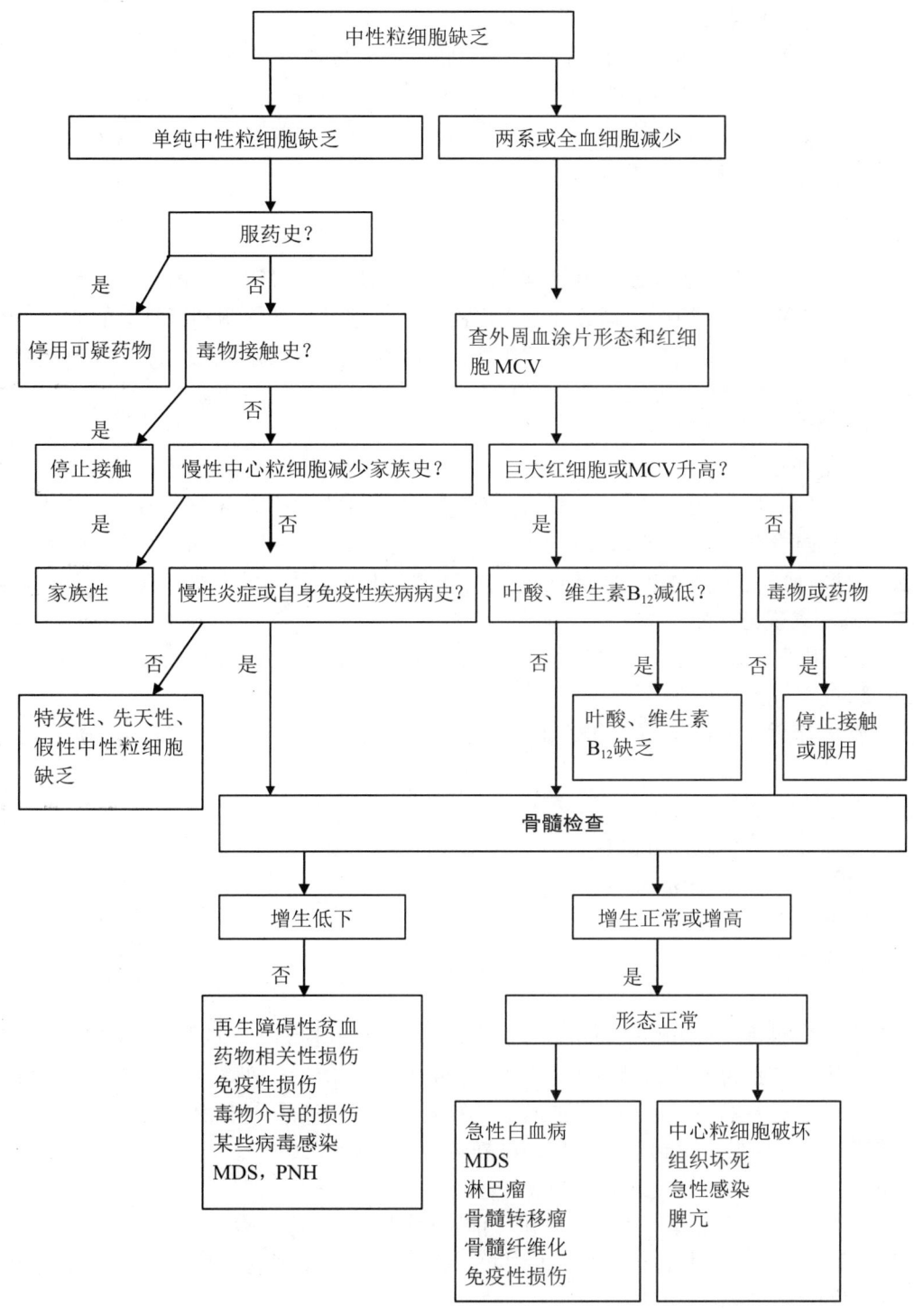

图 11-2 中性粒细胞缺乏诊断步骤

淋巴瘤等可考虑骨髓移植。

**3. 感染性中性粒细胞减少症** 中性粒细胞减少的主要表现是感染，但感染发生的危险度与中性粒细胞减少程度呈负相关：中性粒细胞 $< 0.5 \times 10^9$/L 时感染发生的可能性很大，感

染发生的频率和严重程度与中性粒细胞减少的原因及病程有关。

如果中性粒细胞减少症患者仅有发热而无脓毒症表现，一般可在门诊治疗以避免医院内继发感染。对于严重中性粒细胞减少患者（特别是粒细胞缺乏患者），出现发热时，应以内科急诊患者对待，立即收入院治疗，有条件时应入住隔离层流病区。在进行病菌培养检查后，立即给予经验性广谱抗生素治疗。

## 二、溶瘤综合征

溶瘤综合征是指在白血病或其他肿瘤的治疗（放化疗等）过程中，由于瘤细胞的大量破坏，细胞内容物和代谢产物快速释放并进入血液循环，超过了肝代谢和肾排泄的能力，而引起的一组征候群，包括高尿酸血症、高钾血症、高磷血症、低钙血症、代谢性酸中毒、急性尿酸性肾病等，少数严重者可发生急性肾衰竭、严重的心律失常，如室性心动过速和心室纤颤、DIC（弥散性血管内凝血）。

### （一）发病机制

常发生在负荷过大、增殖迅速、对放化疗高度敏感的肿瘤，如淋巴瘤、白血病和某些实体肿瘤，在接受放化疗后，肿瘤细胞大量崩解，造成高氮质血症、高钾、高磷、高尿酸血症和低钙血症，常伴有血乳酸脱氢酶升高，导致电解质和酸碱平衡紊乱，最终发生急性肾衰竭。

### （二）临床表现与诊断

（1）上述肿瘤患者在化疗、放疗过程中突然发生尿量减少（24小时 < 500 ml），应考虑此并发症可能。

（2）放化疗后4天内出现血钾、血磷、血清尿酸、血尿素氮升高25%或血清钙降低25%。

（3）或血清钾大于6 mmol/L。

（4）或血肌酐大于221 μmol/L。

（5）或血清钙小于1.5 mmol/L。

（6）心律失常。

（7）急性肾衰竭。

### （三）治疗

临床医师应判断肿瘤溶解综合征的高危患者，加强预防和检测，一旦发现，立即开始治疗。

（1）预防：白血病、淋巴瘤等患者化疗前24小时开始给予别嘌呤醇，并需要碱化尿液（pH > 7），静脉输注含0.4%碳酸氢钠的溶液和利尿剂，使尿量维持在100～150 ml/h。在给予足够液体后，如果未达到理想尿量，可静脉给予呋塞米20 mg。若尿pH < 7.0，增加碳酸氢钠用量。

（2）监测：对高危患者，在进行放化疗前及期间应至少每日检测一次血清电解质、磷、钙、尿酸、肌酐水平。尤其在治疗开始后24～48小时，异常者需要每6小时检测上述试验指标，直至化疗完成或恢复正常。

（3）治疗：确诊后必须给予充分的水化治疗。出现高钾血症或低钙血症者，应做心电图检查，并监测心律，直至高钾血症得到纠正。对继发于高钾血症和低钙血症的潜在性心律失常，可以通过静脉给予葡萄糖酸钙保护心肌。

治疗高钾血症：①促进钾离子向细胞内转移（葡萄糖、胰岛素或碳酸氢钠）；②使钾快速排出体外（呋塞米促其通过尿液排出体外，聚磺苯乙烯树脂促其通过肠排出）；③急诊透析可用于顽固性高钾血症。

（高伟波）

## 第三节　血小板减少

### 一、概述

血小板由骨髓巨核细胞生成，在循环血液中生存8～12天。血小板减少原因：①血小板生成减少；②血小板破坏或消耗过多；③血小板分布异常。

### 二、病因

**（一）血小板生成减少**

（1）药物：抗生素（磺胺、氯霉素、万古霉素、氟喹诺酮等）、解热镇痛药（阿司匹林、布洛芬、水杨酸钠等）、利尿剂（呋塞米、噻嗪等）、抗肿瘤药及免疫抑制剂（环磷酰胺、甲氨蝶呤、环孢素等）、乙醇、砷、苯等。

（2）恶性肿瘤侵犯骨髓，如白血病、恶性淋巴瘤、转移癌等。

（3）感染：病毒（风疹、病毒性肝炎、流行性出血热、巨细胞病毒感染等）；细菌（脑膜炎球菌、伤寒、结核）；钩端螺旋体、疟疾；

（4）电离辐射。

（5）某些血液病：如再生障碍性贫血、骨髓增生异常综合征。

**（二）血小板破坏和消耗增多**

1. **免疫性**

（1）自身免疫：特发性血小板减少性紫癜、Evans综合征、系统性红斑狼疮。

（2）同种免疫：新生儿紫癜、输血后紫癜。

（3）药物相关抗体：药物性血小板减少性紫癜（抗生素、肝素、氯吡格雷、阿司匹林）。

2. **非免疫性**　弥散性血管内凝血、血栓性血小板减少性紫癜、溶血-尿毒综合征、机械性损伤、某些药物（鱼精蛋白）。

**（三）血小板分布异常**

（1）脾功能亢进、脾大：血小板在脾池内滞留增加。

（2）血小板稀释：输注大量血浆或库存血所致。

### 三、原发性免疫性血小板减少症

原发性免疫性血小板减少症（primary immune thrombocytopenia，ITP）既往也称为特发性血小板减少性紫癜，是获得性自身免疫性出血疾病。发病机制为体液和细胞免疫介导的血小板过度破坏、骨髓巨核细胞分化成熟障碍导致血小板生成不足。临床以皮肤黏膜出血、血小板减少、血小板生存时间缩短、出现血小板膜糖蛋白特异性自身抗体及骨髓巨核细胞发育成熟障碍为特征，重者可有内脏出血甚至颅内出血。虽然有抗体出现，但血小板功能正常，部分患者仅有血小板减少，没有出血症状。

ITP 占出血性疾病总数的 1/3，成人年发病率为（5～10）/10 万，可见于各种年龄，育龄妇女发病率高于男性，60 岁以上老年人是高发群体。按疾病发生时间及治疗情况分为五期：①新诊断的 ITP：确诊后 3 个月以内的 ITP 患者；②持续性 ITP：确诊后 3～12 个月血小板持续减少的 ITP 患者；③慢性 ITP：血小板减少持续超过 12 个月的 ITP 患者；④重症 ITP：$PLT < 10 \times 10^9/L$，且就诊时存在需要治疗的出血症状或常规治疗中发生新的出血症状，且需要采用其他升高血小板药物治疗或增加现有治疗的药物剂量；⑤难治性 ITP 患者：脾切除或激素治疗无效或复发、仍需治疗以降低出血危险的 ITP 患者。按临床表现可分为急性型和慢性型。

（一）临床表现

1. **急性型**　半数以上见于儿童。多数患者发病前 1～2 周有上呼吸道感染史，特别是病毒感染。起病急骤，可有畏寒、寒战、发热。全身皮肤瘀点、紫癜、瘀斑，严重者有血疱及血肿形成。常见鼻出血、牙龈出血、口腔黏膜及舌出血。血小板 $< 20 \times 10^9/L$ 可有内脏出血，颅内出血是主要死因。贫血与出血程度有关，甚至出现失血性休克。

2. **慢性型**　主要见于成人，40 岁以下的女性多见。起病隐袭，多在常规化验时发现。出血倾向较轻且局限，常见皮肤、黏膜出血，如瘀点、紫癜、瘀斑及外伤后止血不易等。内脏出血少见，但月经过多较常见，在部分患者可为唯一表现。长期月经过多可致失血性贫血，病程超过半年，可有轻度脾大。病情可因感染而骤然加重，出现严重内脏出血甚至颅内出血。

（二）实验室检查

1. **血小板**　急性型，血小板常 $< 20 \times 10^9/L$；慢性型，血小板为 $50 \times 10^9/L$ 左右；血小板体积偏大，易见大型血小板；出血时间延长，血块收缩不良；血小板功能一般正常。

2. **骨髓象**　在急性型，骨髓巨核细胞正常或轻度增加；在慢性型，骨髓巨核细胞显著增加；巨核细胞发育成熟障碍，在急性型尤甚，表现为巨核细胞体积小，胞质颗粒减少；幼巨核细胞增加，生成血小板的巨核细胞显著减少。

3. **血小板相关抗体（PAIg）与血小板相关补体（PAC$_3$）**　80% 的患者 PAIg 与 PAC$_3$ 阳性，多数是 IgG，也有 IgM，偶尔两种以上抗体并存。

4. **其他**　血小板生存时间显著缩短，可呈正细胞性或小细胞低色素性贫血；偶尔合并免疫性溶血，称 Evans 综合征。

（三）诊断与鉴别诊断

ITP 诊断见图 11-3。

1. **诊断要点**　①至少 2 次检查血小板数减少，血细胞形态无异常；②脾不大或轻度大；③骨髓巨核细胞正常或增多，成熟障碍；④须排除其他继发性血小板减少症；⑤诊断 ITP 特殊实验室检查：血小板抗体阳性及血小板生成素水平下降。

2. **鉴别诊断**　排除继发性血小板减少症，如自身免疫性疾病、甲状腺疾病、药物相关血小板减少、再生障碍性贫血、骨髓增生异常综合征、白血病、脾功能亢进、感染等。

（四）治疗

成人 ITP 患者 $PLT \geq 30 \times 10^9/L$，无出血表现，可观察和随访，注意避免使用抗血小板药物，如阿司匹林、NSAID，避免不必要的侵袭性检查，控制血压于正常水平，治疗恶化的基础疾病（如肝病、肾病）。ITP 治疗见图 11-3。

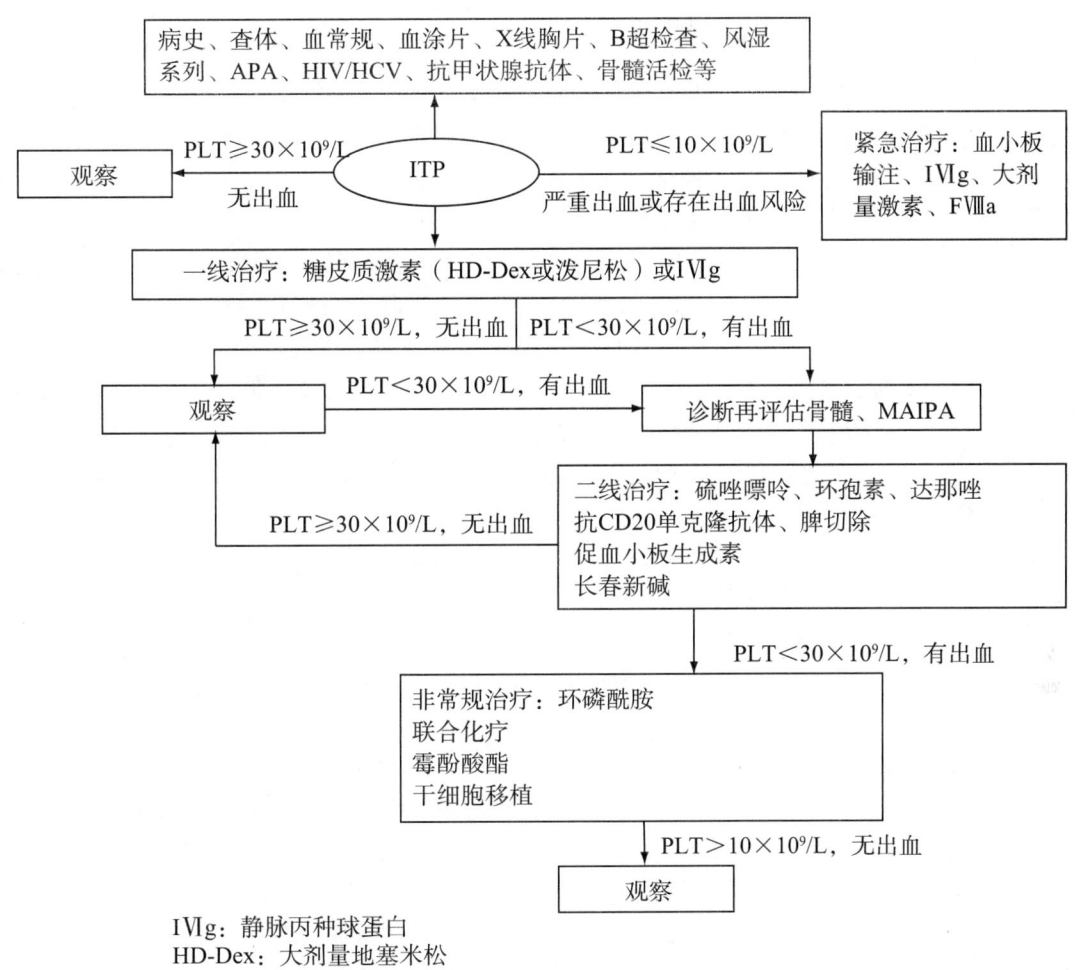

图 11-3 ITP 诊断及治疗流程示意图

若有出血症状，无论此时血小板减少程度如何，都应积极治疗。临床治疗过程中血小板计数参考值：口腔检查 ≥ $20×10^9$/L；拔牙或补牙 ≥ $30×10^9$/L；小手术 ≥ $50×10^9$/L；大手术 ≥ $80×10^9$/L；自然分娩 ≥ $50×10^9$/L；剖宫产 ≥ $80×10^9$/L。

糖皮质激素为一线治疗，注意观察副作用并对症处理，防治脏器功能损伤，常规剂量为泼尼松 1 mg/(kg·d) 开始分次或顿服，稳定后逐渐减少至 5~10 mg/d 维持 3~6 个月。治疗 4 周无反应，说明泼尼松治疗无效，应迅速减量至停用。也可使用大剂量地塞米松 40 mg/d×4 d 或甲泼尼龙 1.0 g/d×3 d。静脉输注免疫球蛋白用于紧急治疗、不能耐受糖皮质激素、妊娠或分娩前及逆行脾切除的术前准备，常用剂量 400 mg/(kg·d)×5 d 或 1.0 g/(kg·d)×1 d。脾切除、免疫抑制剂及雄激素等为二线治疗。

紧急治疗：重症 ITP 患者（PLT ＜ $10×10^9$/L）伴活动性出血或需急诊手术时应迅速提高 PLT（＞ $50×10^9$/L）。病情危急，须立即提升血小板的患者应给予随机供者的血小板输注；还可以选用静脉输注免疫球蛋白 [1.0 g/(kg·d)×(2~3) d] 和（或）甲泼尼龙（1.0 g/d×3 d）。必要时在首次输入甲泼尼龙或免疫球蛋白后输血小板；首次输入甲泼尼龙或免疫球蛋白前不应输血小板，以达到更好疗效。

## 四、血栓性血小板减少性紫癜

血栓性血小板减少性紫癜（thrombotic thrombocytopenic purpura, TTP）是一种严重微血管血栓-出血综合征，经典五联征为血小板减少、微血管病性溶血、中枢神经系统症状、发热及肾损害，仅有前三大特征时称为三联征。多数 TTP 患者起病急骤，病情凶险，如不治疗死亡率高达 90%，缓解后复发率为 30%～60%。

TTP 的年发病率在（2～8）/100 万，90% 的患者的发病年龄为 30～40 岁（男女比为 3∶1），儿童发病人数占总发病人数的 10%。病因可分为遗传性和获得性，多数获得性 TTP 病因不明，少数继发于妊娠、药物、自身免疫性疾病、肿瘤、严重感染等。TTP 的发病机制是：ADAMTS13 血管性血友病因子裂解酶（vWF-cp）活性缺乏或减低，不能正常降解超大分子 vWF（UL-vWF），导致血小板黏附与聚集亢进、在微血管内形成血小板血栓，血小板消耗增多继发出血，微血管管腔狭窄，红细胞破坏，受累组织器官损伤或功能障碍。

### （一）临床表现

临床表现变化多端：①血液系统表现以皮肤黏膜出血为主，重者可有胃肠道、泌尿生殖道甚至颅内出血，不同程度的贫血及黄疸；②中枢神经系统表现的严重程度决定预后，可有不同程度的意识障碍、眩晕、惊厥、谵妄、昏迷等；③肾损害多数较轻，以蛋白尿、血尿、脓尿和管型尿为主，少数发生急性肾衰竭；④发热为轻度至中度，合并感染可出现高热。并非所有患者都具有五联征表现。

### （二）实验室检查

1. 血常规检查　白细胞计数可下降、正常或升高，贫血为中重度，血小板减少，RET 增多，外周血涂片可见破碎红细胞（>2%），但破碎红细胞晚于溶血和血小板减少约 2～5 天，有些患者病情严重但见不到破碎红细胞。

2. 生化检查　血管内溶血实验室特点，游离血红蛋白增加，结合珠蛋白减低，总胆红素和间接胆红素增加，乳酸脱氢酶增加。血尿素氮及肌酐升高。

3. 骨髓检查　红系增生活跃，巨细胞正常或增多伴成熟障碍。

4. Coombs 试验　阴性。

5. 尿常规检查　尿色深，潜血阳性，尿蛋白阳性，部分患者可见管型尿和血尿。

6. ADAMTS13 相关检查　ASAMTS13 活性测定、抑制抗体水平测定、vWF 多聚体分析等。

### （三）诊断与鉴别诊断

1. 诊断要点　目前临床上诊断 TTP 以特征性三联征和五联征表现为诊断依据，出现血小板减少伴中枢神经系统症状时应警惕本病。

2. 鉴别诊断　溶血-尿毒综合征（HUS）、子痫（eclampsia）、HELLP 综合征、DIC 等也有类似的临床特征，需与 TTP 鉴别（表 11-2）。Evans 综合征可有肾功能损害，但 Coombs 试验阳性，无破碎红细胞，无神经系统症状。

### （四）治疗

血浆置换是治疗 TTP 的首选方法，可使 70%～90% 的患者得到缓解。不能耐受血浆置换的患者可进行血浆输注，但疗效不及血浆置换，多与糖皮质激素、静脉免疫球蛋白等联合使用。糖皮质激素和免疫抑制剂通常与血浆置换同时应用，大剂量静脉免疫球蛋白对于血浆置换无效者起一定疗效。脾切除疗效不确定。

表 11-2　血栓性血小板减少性紫癜的鉴别诊断

| | TTP | HUS | HELLP | DIC |
|---|---|---|---|---|
| 血小板减少 | +++ | ++ | ++ | +++ |
| 溶血 | +++ | ++ | ++ | + |
| CNS 症状 | +++ | +/− | +/− | +/− |
| 发热 | +/− | −/+ | − | +/− |
| 肾损害 | +/− | +++ | + | +/− |
| 高血压 | −/+ | +/− | +/− | − |
| 凝血异常 | − | − | +/− | +++ |
| 肝损害 | +/− | +/− | +++ | +/− |

### 五、溶血 - 尿毒综合征

溶血 - 尿毒综合征（hemolytic uremic syndrome，HUS）是一类原因不明的急性血管内溶血性贫血伴肾衰竭的综合征，以微血管病性溶血、急性肾衰竭和血小板减少为主要特征，多发于幼儿，是导致小儿急性肾衰竭的重要病因。1/3 以上的 HUS 患儿可有神经系统受累。与 TTP 在病因、发病机制和临床表现上均有共同之处，许多学者认为两者是同一疾病不同阶段的临床表现，可统称为 TTP-HUS。经典的血栓性微血管病（TMA）主要指 TTP 和 HUS。

HUS 可分为典型和非典型两型，典型病例常有前驱胃肠道症状，非典型病例多有家族史，易复发。经典三联征为主要诊断依据。轻型为溶血性贫血、尿素氮升高、血小板减少，伴有无尿、高血压、抽搐时为重型。与 TTP 相比，肾损害更突出，而中枢神经系统损害并不多见。治疗原则为早诊断、早治疗水电解质紊乱，早控制血压，尽早进行肾替代治疗。

（吴春波）

## 第四节　凝血机制异常

### 一、血友病

血友病（hemophilia）是一种 X 染色体连锁的隐性遗传性出血性疾病，可分为血友病 A 和血友病 B。前者表现为凝血因子Ⅷ（FⅧ）缺乏，后者表现为凝血因子Ⅸ（FⅨ）缺乏，均由相应的凝血因子基因突变引起。

血友病的发病率无明显种族和地区差异。在男性人群中，血友病 A 的发病率约为 1/5 000，血友病 B 的发病率约为 1/25 000；女性血友病患者极其罕见。血友病 A 占血友病患者的

80%～85%，血友病 B 占 15%～20%。

**（一）临床表现**

（1）血友病 A 和血友病 B 的临床表现相同，可发生任何部位出血，并产生相应压迫症状和体征。最常见的是关节、肌肉和深部组织出血。关节腔出血是血友病的标志性特征，常见于膝、肘关节，少见于腕和手关节。肌肉内出血常见部位为髂腰部和臀部，其次是腓肠肌、股四头肌、前臂肌。也可有胃肠道、泌尿道、中枢神经系统出血以及拔牙后出血不止等。颅内出血是主要致命原因。若反复出血，不及时治疗可导致关节畸形和（或）假肿瘤形成，严重者可危及生命。

（2）外伤或手术后延迟性出血是本病的特点。

（3）轻型患者一般很少出血，只在有损伤或手术后才发生出血；重型患者自幼即有出血，可发生于身体的任何部位；中型患者出血的严重程度介于轻型和重型之间。

**（二）诊断及鉴别诊断**

**1. 诊断依据** 根据家族遗传史、关节和肌肉血肿及测定因子水平可确诊，按照因子水平可分成轻、中、重型（表 11-3）。

表 11-3 血友病的临床分型

| 类型 | 因子浓度（%） | 临床表现 |
| --- | --- | --- |
| 重型 | <1 | 肌肉关节自发性出血，或轻微外伤后严重出血 |
| 中型 | 1～5 | 偶尔有自发性出血，小手术或外伤后可有严重出血 |
| 轻型 | 5～40 | 罕见自发性出血，大手术或外伤后可有严重出血 |

**2. 识别轻型患者** 凡遇到术后、拔牙、外伤后出血不止者，应考虑本病，做相关检查确诊。

**3. 识别危重患者**

（1）血肿在易致命或致残部位，如颅内、头、眼、口咽、颈、背、脊柱等。

（2）血肿在易大出血部分，如腹膜后、大腿、胸腔、纵隔等。

（3）严重创伤合并出血。

（4）并存 FⅧ或 FⅨ抑制物者。能使正常血浆 FⅧ活性减少 50%时，定义为 FⅧ抑制物的含量为 1 个 Bethesda 单位（BU）。2001 年国际血栓与止血学会规定以 5 BU 为界：抑制物滴度＞5 BU，为高滴度抑制物；抑制物滴度≤5 BU，为低滴度抑制物。

**（三）治疗**

**1. 替代治疗**

（1）血友病 A 治疗：首选人基因重组 FⅧ制剂或病毒灭活的血源性 FⅧ制剂，无条件者可选用冷沉淀或新鲜冰冻血浆等。每输注 1 U/kg 体重的 FⅧ制剂可使体内 FⅧ：C 提高 2%，FⅧ在体内的半衰期为 8～12 小时，要使体内 FⅧ保持在一定水平，需每 8～12 小时输注一次。治疗原则是早期、足量、尽快输入。

（2）血友病 B 治疗：首选人基因重组 FⅨ制剂或病毒灭活的血源性凝血酶原复合物，无条件者可选用新鲜冰冻血浆等。输注 1 U/kg 体重的 FIX 制剂可使体内 FIX：C 提高 1%，FIX 在体内的半衰期约为 24 小时，要使体内 FIX 保持在一定水平，需每 24 小时输注一次。

注意：不应采用中心静脉通路（颈内或股静脉）给予凝血因子；同样，不能做动脉血气检查及腰穿；只有给予凝血因子后，方可进行肌内注射。

2．**关节血肿治疗**　可给予局部固定或冰袋冷敷，减少疼痛和肿胀。一般不宜做关节腔穿刺，以免感染和出血。若有极度肿胀、剧痛及出血坏死，可在输入足量因子Ⅷ后做关节腔穿刺。若因长期反复关节出血导致关节畸形，活动受限，可考虑理疗或矫形手术。

3．**其他药物治疗**　①去氨基-8-D-精氨酸加压素（DDAVP）：每次剂量为 0.3 μg/kg，每 12 小时一次，1～3 天为一个疗程。如效果不佳，应及时补充 FⅧ 制剂。此药主要用于轻型血友病 A，少数中型血友病 A 可能也有效；不良反应包括暂时性面色潮红和水潴留等。此药在幼儿应慎用，2 岁以下儿童禁用。②抗纤溶药物：常用药物有氨甲环酸、6-氨基己酸、止血芳酸（氨甲苯酸）等。泌尿系统出血时禁用此类药物，避免与凝血酶原复合物合用，以避免形成血块堵塞尿路。

4．**止痛剂应用**　本病出血可致剧痛，尤其是关节出血时。可用对乙基氨基酚，必要时也可选用哌替啶（杜冷丁）、可待因等。禁服阿司匹林和其他非甾体类解热镇痛药以及所有可能影响血小板聚集的药物。

5．**围术期治疗**　术前应明确诊断，检查因子抑制物，如存在抑制物，不宜手术。术前 1 小时应使因子水平提高到 50%～80%，而后应根据手术大小和部位保持在 30%～50%，持续 7～14 天。

6．**抑制物的处理**　①急性出血的治疗：对于血友病 A 患者，低滴度者可以加大 FⅧ 制剂剂量，高滴度者使用人基因重组的活化 FⅦ 制剂或凝血酶原复合物；对于血友病 B 患者，低滴度者可以加大 FIX 制剂剂量，高滴度者使用人基因重组活化 FⅦ 制剂控制出血。②免疫耐受诱导（ITI）治疗：要彻底清除抑制物，需进行 ITI。一般情况下应待凝血因子抑制物滴度降至 10 BU/ml 以下再开始 ITI 治疗。但如果等待 1～2 年后凝血因子抑制物滴度仍高于 10 BU/ml 或患者发生危及生命的出血，也应给予 ITI 治疗。最佳的 ITI 治疗方案有待确定。

7．**其他治疗**　预防治疗、家庭治疗以及物理治疗和康复训练是血友病规范治疗的重要组成部分，对延缓关节病变的进展及提高生活质量起很大的作用。

（郭　杨）

## 二、弥散性血管内凝血

弥散性血管内凝血（disseminated intravascular coagulation，DIC）是由多种病理原因所致的全身凝血系统异常激活和循环中纤维蛋白沉积、微血栓形成、继发纤溶亢进的一组综合征。DIC 病因繁多，病情复杂，可因微血栓闭塞而致组织缺血，也可因血小板及凝血因子消耗或代偿性或继发性纤溶作用而致出血，严重时常可导致多器官功能障碍乃至衰竭。

（一）病因

（1）感染：细菌，病毒，真菌，立克次体等。

（2）创伤：外科大手术，烧伤，脑外伤，挤压伤，脂肪栓塞等。

(3) 产科：胎盘早剥，羊水栓塞，胎死宫内，暴发性先兆子痫等。

(4) 休克：各种原因，尤其是低血容量性休克。

(5) 肿瘤：转移癌，黏液腺癌等。

(6) 肝病：肝硬化，急性重型肝炎，淤胆等。

(7) 免疫：ABO 血型不合输血。

(8) 其他：蛇虫咬伤，疟疾等。

（二）发病机制

DIC 的启动和发展机制见图 11-4。

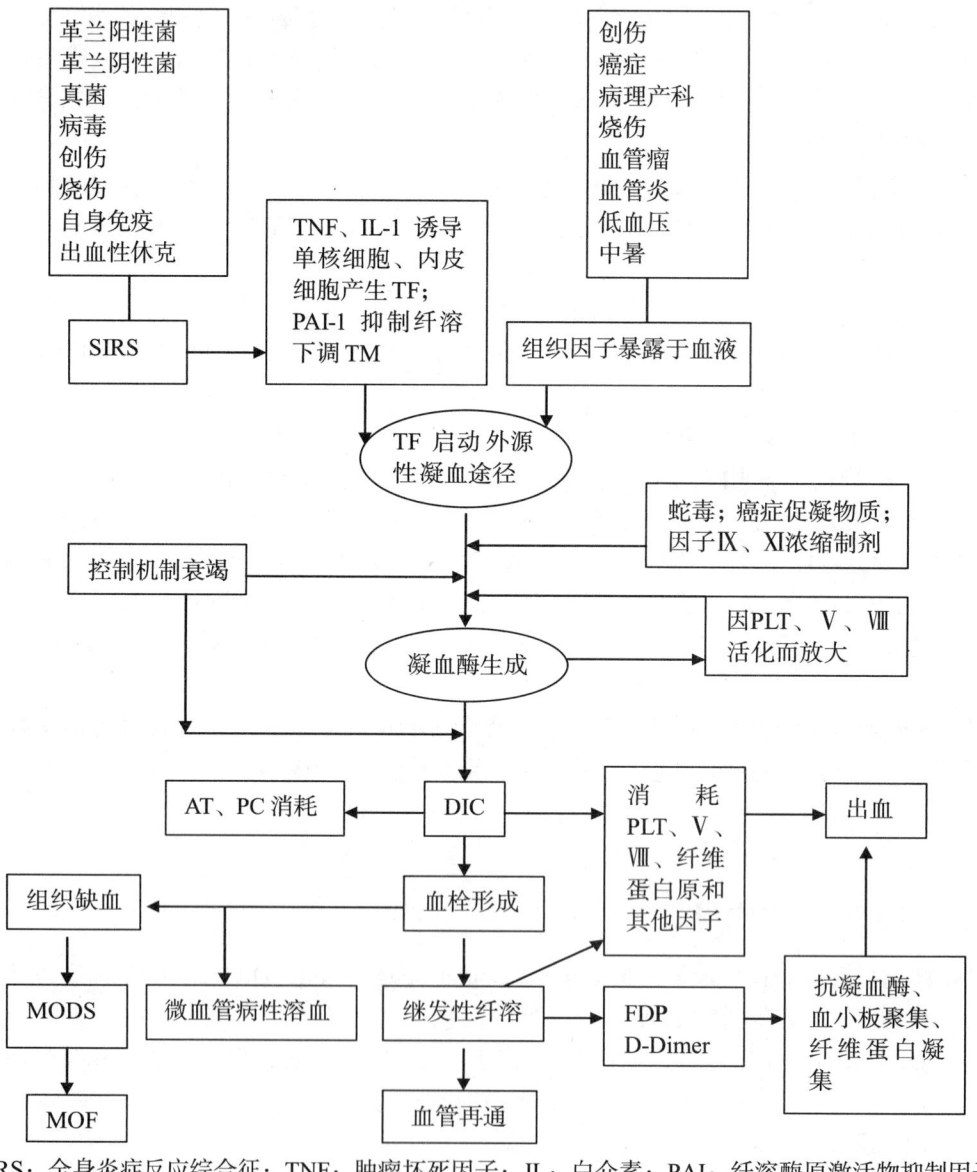

SIRS：全身炎症反应综合征；TNF：肿瘤坏死因子；IL：白介素；PAI：纤溶酶原激活物抑制因子；TM：血栓调节素；AT：抗凝血酶；PC：蛋白C；FDP：纤维蛋白原降解产物；D-Dimer：D-二聚体

图 11-4 DIC 的启动及发展机制

1. **凝血功能紊乱**　血小板、凝血因子消耗增加，继发出血。

（1）血管内皮损伤。

（2）促凝物质：①组织因子；②红细胞及血小板大量破坏的产物；③其他促凝物质：类似凝血酶的毒素。

（3）微血栓形成：凝血激活物质激活了内源性或外源性凝血系统，形成微血栓。

（4）消耗性低凝：在凝血过程进行的同时，凝血酶激活，导致血小板、纤维蛋白原、凝血酶原及凝血因子大量消耗，以及纤维蛋白原降解产物（fibrinogen degradation product，FDP）的抗凝作用，导致多部位持续性出血倾向。

（5）继发性纤溶亢进期：随着DIC病情的发展和血管内血栓形成，纤维蛋白原溶解逐渐加强，此期血液呈显著低凝状态，出血倾向再现或更加明显，凝血时间显著延长。

DIC虽伴纤溶亢进，但由于纤溶过程较凝血过程要慢，并且主要发生在纤维蛋白沉着之后，因此，DIC早期以凝血为主，后期则以继发性纤溶为主。

2. **纤维蛋白沉积**　微血管血栓形成，组织缺血坏死，可发展为MODS。

发生微循环障碍的直接原因是广泛的毛细血管微血栓形成。休克发展到DIC，由于微循环栓塞可进一步加重休克，因血流淤滞、酸中毒、血液浓缩等，又加重DIC，形成恶性循环。各脏器微循环障碍，导致多脏器损伤与功能不全。

（三）临床表现

（1）出血：广泛的自发性出血是DIC最突出的症状，出血部位以皮肤、黏膜最为多见，表现为瘀点或瘀斑，或手术伤口渗血不止。此外，可发生胃肠道、泌尿生殖系统和肺部出血，甚至颅内出血。

（2）微血栓所致的多脏器功能衰竭：DIC使小动脉、毛细血管及小静脉广泛形成纤维蛋白和（或）血小板血栓，使微循环受阻。广泛的微循环血栓形成，引起器官灌注不良、功能衰竭。各器官均可受累，如肾小管毛细血管栓塞可致少尿、血尿、无尿及肾衰竭。

（3）休克：DIC与休克关系非常密切，可以互为因果，形成恶性循环。原发病及DIC均可导致休克，如败血症、大出血、创伤及产科疾病均可导致休克。休克发展为DIC，表示已进入微循环衰竭期。

（4）微血管病性溶血：由于纤维蛋白以松散的丝状结构沉着于小血管内，当血流通过时红细胞受损，发生微血管病性溶血，可见破碎红细胞，一般黄疸轻微，早期不易觉察。如发生急性血管内溶血，可有血红蛋白血症及血红蛋白尿。

（四）DIC临床分期

（1）早期（高凝血期）：血液呈高凝状态，临床上可以没有典型的DIC表现，血液凝固性增高。

（2）中期（消耗低凝血期）：由于广泛的血管内凝血，凝血因子及血小板被大量消耗，血液凝固性降低，出血症状逐渐明显。

（3）晚期（继发性纤溶期）：由于血管内凝血，纤溶系统被激活，造成继发性纤溶亢进，出血更明显。

（五）辅助检查

最有价值的实验室检查是：PT延长，血小板计数进行性下降，纤维蛋白原减低；此外，APTT延长、FDP和D-Dimer升高，红细胞碎片也有重要价值。另外，凝血因子检测可发现Ⅱ、Ⅳ、Ⅶ、Ⅸ、Ⅹ等因子可因消耗而降低。脏器功能障碍或衰竭，可出现相应的实验室检查异常，如血气分析、肝生化检查、肾功能检查等异常。

**（六）诊断**

DIC 的诊断应该根据临床表现和实验室检查的异常进行综合判断（表 11-4 和图 11-5）。

表 11-4　DIC 积分系统的诊断程序

1．存在 DIC 相关的基础疾病

　　（否计为 0，是计为 2）

2．凝血试验结果评分

　　血小板计数（＞100×10$^9$/L 计为 0；＜100×10$^9$/L 计为 1；＜50×10$^9$/L 计为 2）

　　纤维蛋白标志物水平（可溶性纤维蛋白单体/纤维蛋白降解产物）

　　（无升高：0；轻度升高：2；明显升高：3）

　　凝血酶原时间延长

　　（＜3 s 计为 0；＞3 s 但＜6 s 计为 1；＞6 s 计为 2）

　　纤维蛋白原水平

　　（＞1.0 g/L 计为 0；＜1.0 g/L 计为 1）

3．计算评分

4．如果≥5 分：可以诊断 DIC；每天重复评分

　　如果＜5 分：提示没有明显的 DIC，但不确定，需 1～2 天重复评分

根据国际血栓与止血学会 DIC 科学标准化分会标准

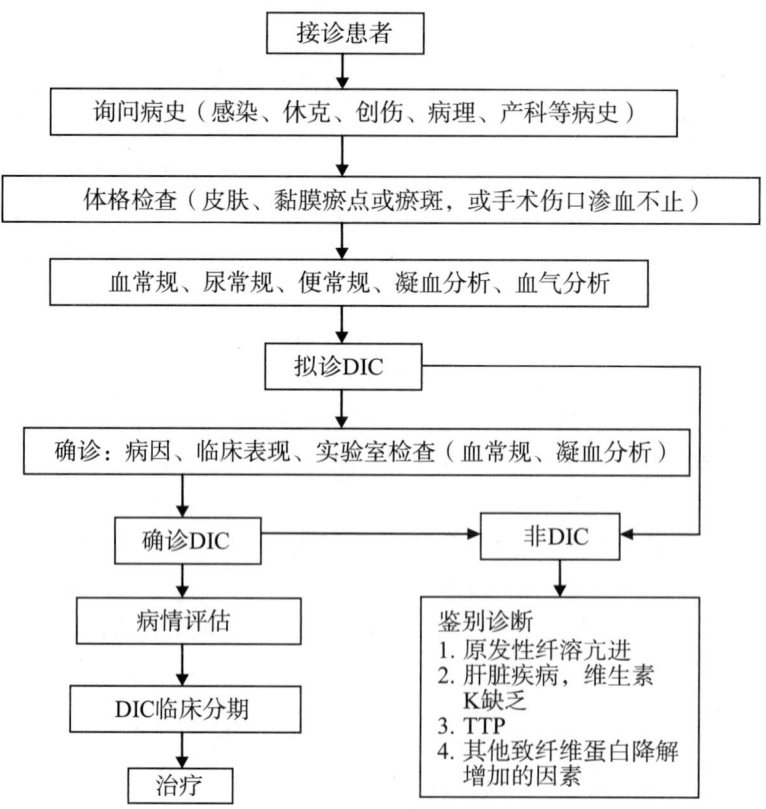

图 11-5　DIC 诊断流程

1. 临床表现　存在易引起 DIC 的基础疾病，且有下列两项以上临床表现：
(1) 多发性出血倾向。
(2) 不易用原发病解释的微循环衰竭或休克。
(3) 多发性微血管栓塞的症状、体征，如皮肤、皮下、黏膜栓塞坏死及早期出现的肾、肺、脑等脏器功能不全。
(4) 抗凝治疗有效。

2. 实验室检查　有以下三项以上异常：
(1) 血小板计数 < $100 \times 10^9$/L 和（或）进行性下降。
(2) 血浆纤维蛋白原含量 < 1.5 g/L 或进行性下降。
(3) 血浆 FDP > 20 mg/L 或 D-Dimer 水平升高。
(4) 凝血酶原时间缩短或延长 3 秒以上或呈动态变化。
(5) 周围血破碎红细胞 > 2%。

（七）鉴别诊断

常见的易与 DIC 混淆的疾病见表 11-5 和 11-6。

表 11-5　DIC、重症肝病、原发性纤溶亢进的鉴别

|  | DIC | 重症肝病 | 原发性纤溶亢进 |
| --- | --- | --- | --- |
| 发生率 | 易见 | 多见 | 罕见 |
| 休克 | 常见 | 较少见 | 少见 |
| 血小板计数 | 重度减少 | 正常或轻度减少 | 正常 |
| 破碎红细胞 | > 2% | 无 | 无 |
| 3P 试验 | 阳性 | 阴性 | 阴性 |
| 优球蛋白溶解时间 | 50% 缩短，程度轻 | 正常 | 100% 明显缩短 |
| 纤维蛋白原定量 | 减少或正常 | 轻度减少 | 常不减少 |
| FDP | 增高 | 正常 | 明显增高 |
| 治疗 | 肝素有效 | 补充凝血因子有效 | 纤溶抑制剂有效 |

FDP：纤维蛋白原降解产物

表 11-6　DIC 与 TTP 的鉴别

|  | DIC | TTP |
| --- | --- | --- |
| 起病及病程 | 多急性，病程短 | 可急可缓，病程可长 |
| 微循环衰竭 | 多见 | 少见 |
| 黄疸 | 少见，轻 | 多见，较重 |
| 血栓性质 | 纤维蛋白血栓为主 | 血小板血栓为主 |
| FDP | 增加 | 正常 |
| D-Dimer | 增加 | 正常 |
| 蛋白 C 含量及活性 | 减少 | 增加 |
| Ⅷ因子活性 | 减少 | 正常 |

TTP：血栓性血小板减少性紫癜；FDP：纤维蛋白原降解产物

## （八）治疗

DIC 治疗流程见图 11-6。

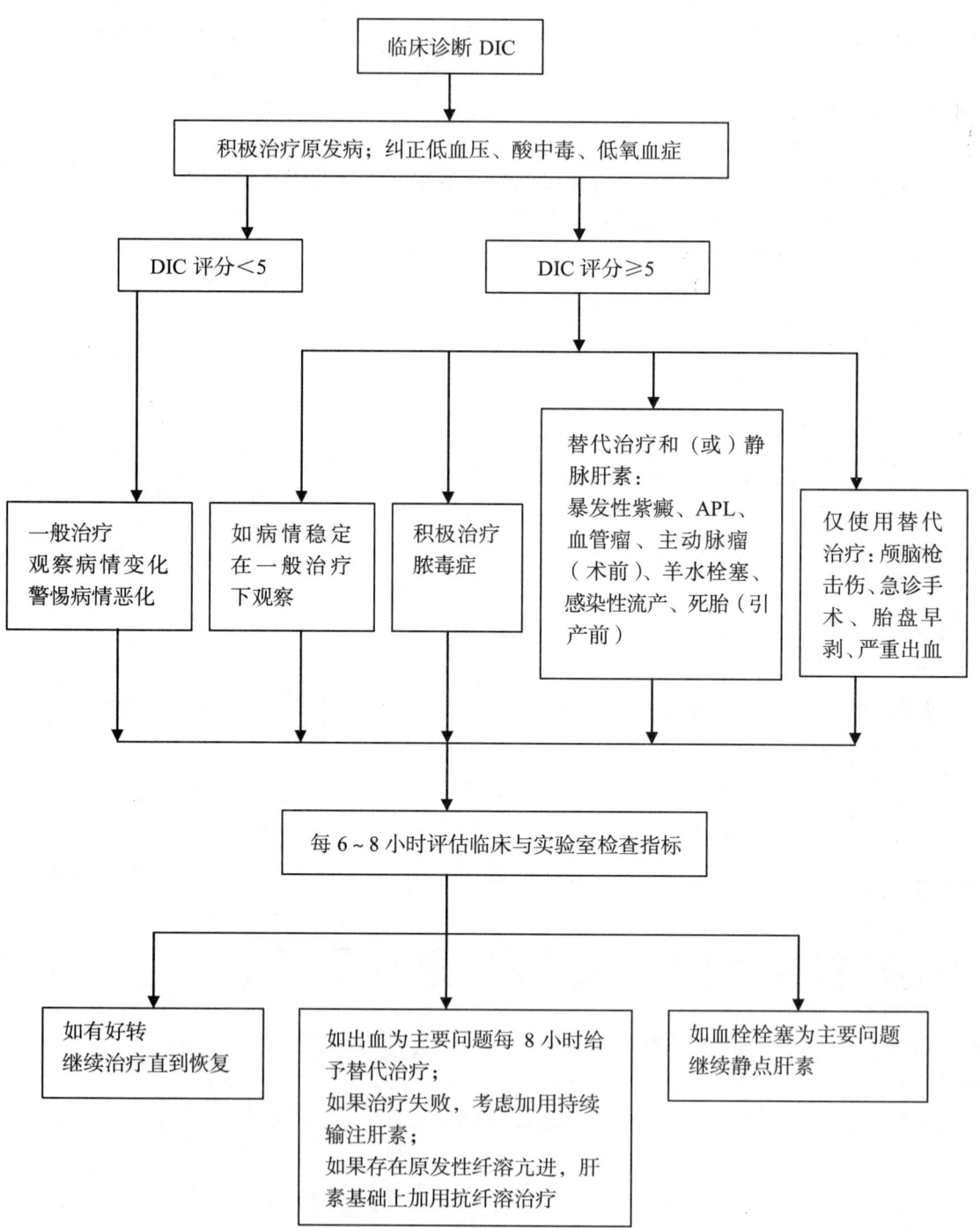

图 11-6　DIC 治疗流程（According to the Williams Hematology, 8th edition）

1. **积极治疗原发病**　积极治疗原发病是治疗 DIC 最基本措施。原发病的治疗是处理 DIC 的关键，原发病本身常危及生命，并进一步加重 DIC，故应积极治疗。

2. **替代治疗**　替代治疗的目的为控制出血风险和临床活动性出血。如果有明显的血小板及凝血因子减少证据，在去除病因及抗凝治疗基础上，补充凝血因子及血小板。可采用新鲜冰冻血浆 10～15 ml/kg；纤维蛋白原明显减低者，可输注纤维蛋白原 2.0～4.0 g，可反复输注。如果血小板计数 $<50\times10^9/L$ 并有活动性出血，或血小板计数 $<20\times10^9/L$，无论有无出血，都应给予血小板输注。

3. **抗凝治疗**　普通肝素、低分子量肝素（LMWH），抑制微血栓的广泛形成，减少或终止血小板及凝血因子的进一步消耗，防止微循环衰竭加重，保护重要器官功能。原则上肝素适用于早期、以高凝为主要症状者；肝素抗凝的同时积极给予替代性输注，适用于危及生命或严重的进行性出血，或 DIC 并发血栓者。

4. **纤溶抑制治疗**　6-氨基己酸、止血芳酸（氨甲苯酸），可以抑制纤溶酶原激活因子，从而抑制纤溶过程。纤溶有利于微血栓溶解，改善脏器功能；但纤溶过度，出血严重，也可危及生命，所以应根据病情使用抗纤溶药物。多数情况下纤溶抑制剂应慎用，一般只用于原发性纤溶亢进，在 DIC 晚期继发性纤溶已成为出血的主要原因时，可以谨慎使用。

以下情况可考虑应用纤溶抑制剂：
（1）伴纤溶亢进的疾病（如 APL、羊水栓塞、前列腺癌）。
（2）严重出血患者、替代治疗无效，可在肝素抗凝基础上给予纤溶抑制剂。

（高伟波）

## 第五节　输血治疗

输血是急诊抢救的重要手段之一，目前已逐步被成分输血所替代。成分输血是指把供者血中的各种有效成分如红细胞、血小板和血浆分别制备成高纯度或高浓度的制品，再根据病情选用。这样既能提高疗效，减少不良反应，又能节约血液资源，并且便于保存和运输等。

### 一、红细胞血型

血型是红细胞表面抗原决定簇的结构类型，约有 23 种血型系统，共计有 500 余种血型，最常见的是 ABO 血型与 Rh 血型系统。

**（一）ABO 血型系统**

包括 A、B、AB 和 O 型，以及亚型。A 型常见的亚型有 A1 型（有 A 及 A1 抗原）、A2 型（只有 A 抗原）、A3 型，只有 A1 型对抗-A 与抗-A1 抗体有反应。

**（二）Rh 血型系统**

最常见的有 5 种（C、c、D、E、e），通常将含 D 抗原称为 Rh 阳性，不含 D 抗原称为 Rh 阴性。D 抗原有很强的抗原性，少量就可使 Rh 阴性者产生抗-D 抗体。如 Rh 阴性孕妇体内的抗-D 抗体，可以通过胎盘，使 Rh 阳性胎儿或婴儿发生溶血，甚至死亡。

**（三）其他血型系统**

Lewis、Kell、Duffy、Kidd、I/i、MN 血型系统，也可产生抗体，发生溶血性输血反应。

## 二、血液制品种类及其适应证

### （一）全血

库存全血中的血液成分随保存时间而失去活性，24小时后粒细胞失去活性，因子Ⅷ与血小板活性降低50%；48小时后血小板活性几乎全部消失；3～5天后因子Ⅷ与补体活性降低50%。

输注全血的害处是：①易产生白细胞和血小板抗体；②不能纠正某些血液成分缺乏；③加重心脏负担；④易发生输血不良反应。

目前临床几乎已不再使用全血，但其可用于：①新生儿换血治疗；②体外循环；③自身输血；④急性大失血抢救等。

### （二）红细胞成分血

红细胞制剂是从全血去除大部分血浆，保存血液有形成分。主要适用于纠正贫血，增加机体携氧能力，常用制剂有：

**1. 浓缩红细胞** 每袋含全血的全部红细胞。适用于：①急性失血；②慢性贫血；③高钾血症，肝、肾、心功能障碍者；④儿童与老年人。

**2. 悬浮红细胞** 全血离心后除去血浆，加入适量红细胞添加剂后制成。适用于大多数需要补充红细胞、提高血液携氧能力的患者。

**3. 去白细胞红细胞** 在红细胞悬液基础上，除去白细胞。适用于：①防止因白细胞或血小板抗体产生的非溶血性发热反应；②防止造血干细胞移植患者被致敏；③最大限度减少病毒传染，如HIV、CMV。

**4. 洗涤红细胞** 全血离心除去血浆和白细胞，用无菌生理盐水反复洗涤3～4次，最后加150 ml生理盐水悬浮。适用于：①对血浆蛋白发生过敏反应者；②阵发性睡眠性血红蛋白尿；③自身免疫性溶血性贫血；④高钾血症、肝肾功能障碍。

**5. 冰冻红细胞** 除去血浆的红细胞，用冰冻剂（如甘油）在-80℃下保存，保存期10年；解冻后洗去甘油。洗除枸橼酸盐、磷酸盐、钾、氨等。适用于：①贮备特殊血型的血源；②自身输血。

**6. 辐照红细胞** 红细胞经25Gy的γ射线照射，杀灭了具有免疫活性的淋巴细胞，防止免疫反应。适用于：①先天性免疫缺陷患者；②接受造血干细胞移植患者；③宫内输血或新生儿换血等。

### （三）血小板

用于血小板减少或功能障碍所致出血的预防和治疗，适用于：①血小板计数为$10 \times 10^9$/L而出血症状不典型者；②血小板计数为$15 \times 10^9$/L伴凝血障碍或少量出血者；③血小板计数为$20 \times 10^9$/L伴大量出血者；④血小板计数为$50 \times 10^9$/L伴有创伤性操作（如胸穿、腹穿）、常规外科手术或大量输血（1～2个自身血容量）者；⑤血小板计数为$100 \times 10^9$/L伴神经或心血管外科手术者。输注血小板的适应证不能单凭血小板数值，还应结合基础病、临床表现及其他出凝血机制的状态。

血小板制剂有：

（1）手工分离浓缩血小板（PC-1）：由200 ml、400 ml全血制备，分别分离血小板悬液，每袋含血小板数≥$2.0 \times 10^{10}$、≥$4.0 \times 10^{10}$。

（2）机器单采浓缩血小板（PC-2）：用细胞分离机单采技术，从单个供血者循环血液中采集，每袋含血小板≥$2.5 \times 10^{11}$。容量为每袋250～300 ml。

## （四）白细胞

主要增强机体抗感染能力，但因白细胞本身携带微生物以及易产生白细胞抗体，目前已很少使用。

## （五）血浆

血浆制剂主要用于补充血容量及凝血因子，适用于：①紧急对抗华法林的抗凝血作用；②出血或多凝血因子缺乏，实验室指标 PT、INR 或 APTT＞正常 1.5 倍（如肝癌、DIC）；③纠正凝血因子缺乏，但是不能获得特异的凝血因子；④输血量大于自身血容量，有活动性出血证据或 PT、APTT 延长。

血浆制剂有：

（1）新鲜冰冻血浆（FFP）：采血后 6～8 小时内迅速冷冻制成，含有新鲜血浆全部凝血因子。

（2）冰冻血浆：制备冷沉淀后的血浆或 FFP 保存 1 年后为冷冻血浆。适用于补充稳定的凝血因子。

（3）冷沉淀凝血因子：每袋由 200 ml 血浆制成，每袋含有因子Ⅷ 80～100 单位、纤维蛋白原 250 mg，容积为 20 ml。适用于甲型血友病、血管性血友病及纤维蛋白原缺乏症。

## 三、急诊输血

对于大部分急诊患者，血库有时间完成 ABO、RhD 血型及交叉配血试验。对于病情急迫需要尽快输血的患者，如主动脉破裂、手术中意外大出血、严重创伤、消化道大出血等，在紧急情况下，如血库没有足够时间完成输血相容性检测试验时，可选用 O 型红细胞。但必须注意 O 型血并非"万能供血者"，因为 O 型血浆中含有抗-A 或（和）抗-B 抗体，抗体效价过高会使非 O 型受血者发生溶血。

## 四、大量输血

大量输血是指 24 小时内或一次输血量超过患者自身血容量的 1～1.5 倍，或 3 小时内输血大于 1/2 的自身血容量，或输血速度大于 1.5 ml/(kg·min) 的输血。常见于严重创伤、肝切除、器官移植、产科大出血及新生儿换血等。

1．输注原则

（1）输注少于一个自身血容量时，几乎不需要输注血浆和血小板。

（2）输注 2 倍自身血容量或超过 6 000 ml 红细胞时，需酌情补充凝血因子和血小板。

（3）输注 1～2 倍自身血容量时，输注策略：①血小板计数小于 $50×10^9$/L，补充血小板；② INR 大于 1.5，补充 FFP；③纤维蛋白原低于 100 mg/dL，补充纤维蛋白原或冷沉淀。

2．注意事项

大量输血过程，会出现血容量增加、出血倾向、低体温、低钙血症、低钾血症、微栓塞等并发症。可采用监测出凝血指标与酸碱度、预温血制品、晶体液以及给患者保暖等措施预防。

## 五、输血反应

（一）发热反应

1．原因

（1）热原反应：由致热原所致，使用符合国家标准的一次性医用材料，可减少此类反应。

（2）白细胞抗体反应：主要是抗白细胞抗体所致。一般发热反应较轻。

2．**临床表现**　发热反应常在输血过程中发生，如输血过快可在15分钟后发生。表现为寒战、发热、恶心、呕吐、皮肤潮红，多在1~2小时后缓解。个别患者有抽搐、低血压和昏迷。全身麻醉时，发热反应常不明显。

3．**处理**

（1）暂停输血，维持静脉通路。

（2）确定发热反应后，可给予异丙嗪或哌替啶肌内注射等对症治疗。

4．**预防**　对于既往有发热反应的患者，选择去除白细胞的血制品。

（二）过敏反应

1．**原因**

（1）有过敏史，平时对某些物质过敏。

（2）反复输血或多次妊娠引起过敏反应。

2．**临床表现**　过敏反应多发生在输血后期或将结束时，表现皮肤瘙痒、荨麻疹，数小时后消退。重者可有平滑肌痉挛，表现为喉头痉挛、支气管哮喘及神经血管性水肿，甚至过敏性休克。

3．**处理**　根据病情轻重，做相应处理：①荨麻疹：抗组织胺药物；②支气管哮喘：肾上腺素和糖皮质激素；③过敏性休克：做相关抢救；④血管神经性水肿：轻者同荨麻疹处理；若有会厌水肿，应给予肾上腺素、糖皮质激素，必要时进行气管插管；⑤过敏反应也可发展或加重，有时可为溶血先兆，此时应暂停输血，维持静脉通路，严密观察，如反应轻、无加重，可继续输血并加用地塞米松5~10 mg。

4．**预防**　①有输血过敏史者，尽量不输血浆，宜选择红细胞悬液甚或洗涤红细胞；②严禁滥用免疫球蛋白；③有过敏史者不宜作为供血者，献血前饮食应清淡。

（三）急性溶血性输血反应

1．**原因**

（1）ABO血型不合：此类抗体为IgM，属于完全抗体，首次输血就可发生溶血反应。多因配血与输血错误所致。

（2）A亚型不合：A2型患者曾经接受过A1型红细胞输注或怀过A1型胎儿，体内可能产生了抗-A1抗体，此患者再次输入A1型红细胞后，会发生溶血反应。

（3）血液本身溶血：如血液贮存时间超过有效贮存期、被不正确地加热、运送途中遭受机械破坏等，均可以使血液本身溶血。

2．**临床表现**　溶血反应轻重不一，取决于抗体效价、输入血量及溶血速度。轻者可不发热，仅有一过性血红蛋白尿或黄疸，有的仅输血后贫血加重；如输入血中抗体效价高，10~15 ml便出现症状。重者立即发生寒战、高热、腰痛、气短、脉速、血压下降、烦躁不安，甚至休克、DIC、ARDS及急性肾衰竭。全麻时可无上述表现，仅有创面渗血不止，血压下降。

3．**处理**

（1）立即停止输血，维持静脉通路。

（2）严密监测生命指征，观察血气、肾功能、出凝血指标的动态变化，必要时给予血浆置换或血液透析。

（3）完善溶血相关检查。

(4) 复核剩余血液及受血者血型，检查同时输入的其他药品，查找原因。

4．预防　严格执行规章制度；严格查对；输血中严密观察。

（四）血管外溶血反应

1．原因　此类抗体为 IgG，属于不完全抗体，可致敏红细胞，后者在单核-吞噬细胞系统中被破坏，是血管外溶血。如 Rh 血型不合，已被致敏的 Rh 阴性患者血中有抗-D 抗体，输入 Rh 阳性的红细胞，即发生溶血反应。

2．临床表现　输血后 3～7 天或 7～10 天出现黄疸，外周血网织红细胞增多。个别患者出现急性肾衰竭。

3．处理　明确原因，输血前进行不规则抗体筛查。如贫血严重，可给予相合血液输注。如出现急性肾衰竭，做相应处理。

（五）细菌污染输血反应

此类输血反应极为少见，但后果严重，可在数小时死亡。在由输血引起的细菌性败血症中，结肠炎耶尔森菌为常见菌；细菌性败血症最常来源的血制品是血小板制剂。

1．原因及临床表现

（1）内毒素性输血反应：如产气大肠埃希菌和绿脓杆菌含内毒素，表现为剧烈寒战、高热、大汗和烦躁不安，继而发生内毒素性休克。后期可有肺、肝脓肿。

（2）外毒素性输血反应：如葡萄球菌含外毒素，反应不甚严重，可有畏寒、发热、头痛、全身不适、四肢酸痛和消化不良等。一般不发生休克。

2．处理

（1）立即停止输血，残留血做血培养或（及）涂片染色找细菌。

（2）抗感染及抗休克治疗。

3．预防

（1）对保养液、采血和输血器械必须严格消毒。

（2）有化脓性病灶或菌血症者不宜选为供血者。

（田文沁）

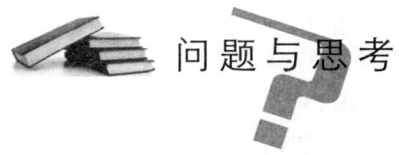 问题与思考

简述血液系统各急症的诊断及治疗原则。

# 第十二章

# 神经系统急症

## 学习目标

掌握神经系统各急症的诊断及治疗原则。

## 第一节 脑 卒 中

脑卒中处理流程见图12-1。

### 一、短暂性脑缺血发作

短暂性脑缺血发作（transient ischemic attacks，TIA）是由颅内血管病变引起的一过性或短暂性、局灶性脑或视网膜功能障碍、临床症状一般持续2～15分钟，多在1小时内，不超过24小时。不遗留神经功能缺损症状和体征，影像学检查无责任病灶。

（一）临床特点

1. **颈动脉系统TIA** 常见症状为一侧面部或肢体无力或麻木，可出现失语和认知、行为改变，视觉症状多为单眼黑矇，对侧同向偏盲较少见。

2. **椎-基底动脉系统TIA** 以眩晕最为常见，可发生猝倒发作、复视、眼震、构音障碍、吞咽困难、共济失调、交叉性运动或感觉障碍、偏盲或双侧视力丧失。

（二）辅助检查

（1）一般检查：血常规、电解质、血脂、血糖、凝血、心电图等。

（2）头颅CT扫描和MRI。

（3）颈动脉超声及经颅多普勒（transcranial Doppler，TCD）检查。

（三）治疗

对于频繁发作的TIA，应作为神经科急诊处理，迅速控制其发作。

1. **一般治疗** 确诊TIA后，应控制血压，治疗心律失常，稳定心脏功能，纠正血液成分的异常等。

2. **药物治疗**

（1）抗血小板聚集剂治疗：

1）阿司匹林：其作用机制为抑制环氧化酶。多数指南推荐50～325 mg，每日1次，目前临床常用剂量为100 mg，每日1次。

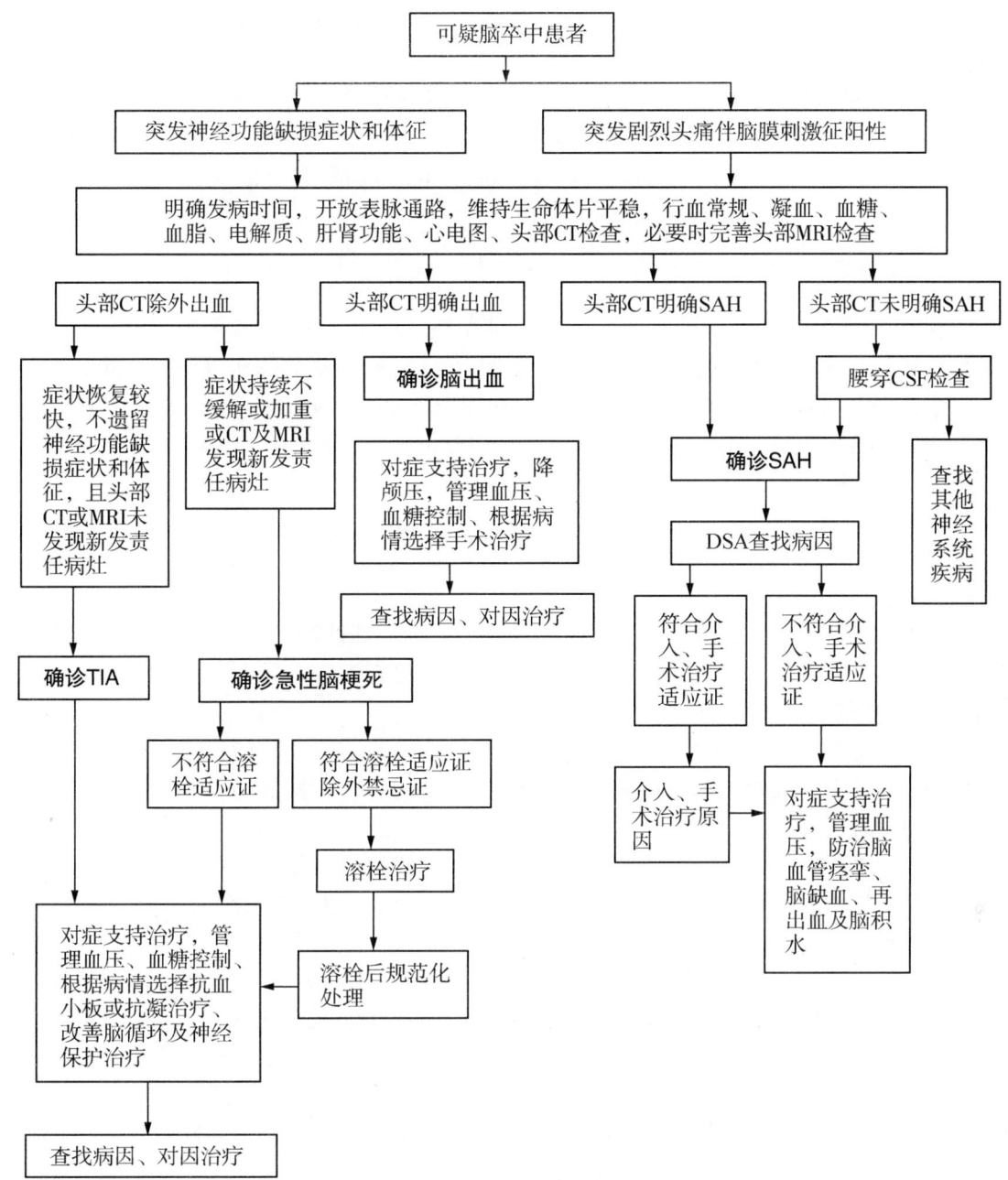

TIA：短暂性脑缺血发作；SAH：蛛网膜片下腔出血

图 12-1 脑卒中处理流程

2）噻氯吡啶：其作用机制为抑制由二磷酸腺苷诱导的血小板聚集。250 mg，每日 2 次。由于其不良反应较多，临床现已少用。

3）氯吡格雷：作用机制与噻氯吡啶相同，而副作用则较少。75 mg，每日 1 次。适用于不耐受阿司匹林者。

4）双嘧达莫：其作用机制为抑制磷酸二酯酶。25 mg 或 50 mg，每日 3 次。

（2）抗凝治疗：仅适用于心源性TIA（感染性心内膜炎除外）。目前尚无有力证据支持其作为TIA的常规治疗。

（3）外科手术治疗：对于血管造影证实的、由颈部血管动脉硬化斑块所致的明显狭窄（>70%）或闭塞者，可考虑行颈动脉内膜切除术（carotid endarterectomy，CEA）或血管内介入治疗，后者包括经皮腔内血管成形术（percutaneous translu minal angioplasty，PTA）和颈动脉支架植入术（carotid artery stenting，CAS）两种。

## 二、脑梗死

脑梗死（cerebral infarction）是指因脑部血液循环障碍、缺血、缺氧所致的局限性脑组织的缺血性坏死或软化。主要的致病原因包括血管壁病变、血液成分和血流动力学改变等。临床诊治重在根据发病时间、临床表现、病因及病理进行分型分期，综合全身状况实施个体化治疗。在发病超早期和急性期采取积极、合理的治疗措施至关重要。

### （一）临床特点

（1）多在静息状态下急性起病，多在几个小时或几天达到高峰，部分患者的症状可进行性加重或波动。活动状态下起病，短时间内达高峰多见于心源性脑梗死。部分病例发病前可有TIA发作。

（2）临床表现取决于梗死灶的大小和部位，主要为局灶性神经功能缺损的症状和体征，如偏瘫、偏身感觉障碍、失语、共济失调等，部分患者可有头痛、呕吐、昏迷等全脑症状。

（3）脑梗死的临床综合征：

1）颈内动脉：病灶侧单眼一过性黑矇或病灶侧Horner综合征（瞳孔缩小、眼裂变小和眼球内陷为三主症，还有面部发汗减少和皮肤温度增高），对侧偏瘫、偏身感觉障碍，优势半球病变时可有失语。

2）大脑中动脉：主干闭塞表现为病变对侧三偏综合征（偏瘫、偏身感觉障碍、偏盲），在优势半球有失语，严重者有轻度意识障碍；深穿支闭塞表现为对侧偏瘫和失语。

3）大脑前动脉：主干闭塞病变对侧肢体瘫痪，下肢多重于上肢，面部较少受累，一般无失语，可伴随感觉障碍；深穿支闭塞主要表现为对侧上肢和面神经、舌下神经中枢性瘫痪。

4）椎-基底动脉：表现为眩晕、复视、眼震、吞咽困难、构音障碍、共济失调和交叉瘫等，基底动脉主干闭塞时常迅速导致死亡。

5）小脑后下动脉：又称为延髓背外侧综合征，表现为突然眩晕、恶心、呕吐、构音不良、饮水呛咳、病变侧咽反射消失、软腭上举不能、Horner综合征、小脑性共济失调及面部痛温觉消失，病变对侧半身痛温觉障碍。

### （二）辅助检查

1. **一般检查**　血常规、电解质、血脂、血糖、凝血、肝肾功能、心电图。

2. **影像学检查**

（1）CT扫描：临床最为常用检查，可快速鉴别除外脑出血，但对超早期缺血性改变和皮质或皮质下的小梗死灶不敏感，特别是后颅窝的脑干和小脑的梗死更难检出。通常CT平扫在临床上已足够使用，病情需要且有条件情况下可同时进行CT血管成像、灌注成像和增强显像。

（2）头颅MRI：标准MRI序列[T1、T2加权像和液体衰减翻转恢复（flow attenuated inverse recovery，FLAIR）]，对发病数小时内的脑梗死不敏感。弥散加权像（DWI）则可显示早期缺血组织的大小，早期诊断的敏感性达到88%～100%，特异性达到95%～100%。灌注加权像（PWI）可反映脑组织相对血流动力学改变，通常PWI范围较DWI大，目前认为弥散-灌注不匹配区域即为缺血半暗带。

3．**TCD** 有助于判断颅内外血管狭窄或闭塞、血管痉挛、侧支循环建立程度。

4．**血管影像** 磁共振血管成像（MR angiography，MRA）和CT血管成像（CT angiography，CTA）等作为无创检查，对判断受累血管和疗效有一定帮助。血管造影数字减影（digital substraction angiography，DSA）对开展血管内介入治疗、动脉溶栓和判断疗效方面帮助很大，但有一定风险，且技术要求较高。

（三）治疗

1．**院前急救**

（1）确保气道通畅、呼吸与循环生命体征稳定，开放静脉通道。

（2）如有缺氧（氧饱和度＜95%），对于气道反射正常的患者应予以吸氧。

（3）迅速检查有无昏迷、语言障碍、口角歪斜、肢体偏瘫。

（4）快速获取简要病史：明确发病时间、近期患病史、既往病史、用药史。

（5）及早通知接诊医院，迅速转运。

（6）如有条件，尽早检查血糖，如血糖正常，避免给予含糖溶液。如无条件检查血糖，而临床高度怀疑低血糖，可给予葡萄糖溶液。

（7）避免过度降压，过量都静脉输液。

2．**急诊处理** 见表12-1。

表12-1 脑梗死急诊处理措施

| 有效措施 | 急救时段* |
| --- | --- |
| 早期溶栓治疗 | 入急诊到医师初诊：10分钟 |
| 阿司匹林 | 入急诊到做完CT检查：25分钟 |
| 控制体温 | 入急诊到CT出报告：45分钟 |
| 控制血糖 | 入急诊到给予溶栓药物：60分钟 |
| 脑卒中病房 | 会诊电话到神经科医师到达：15分钟 |
|  | 会诊电话到神经外科医师到达：120分钟 |

＊美国国立神经疾病与卒中研究所对可溶栓患者推荐的急救时段

3．**危重症治疗**

（1）危重患者应绝对卧床；监护呼吸、心率、血压、意识、体温、尿量及氧饱和度。

（2）对缺氧或呼吸异常者，给予吸氧或机械通气。

（3）对有意识障碍、大面积脑梗死伴有头痛、呕吐等颅内压增高者，应给予脱水药物，包括甘露醇、甘油果糖及白蛋白。

（4）禁用高张糖，注意水电解质平衡。

（5）积极控制高体温，体温在38.0℃以上就应积极处理。

（6）控制血糖2.8～11.1 mmol/L。

（7）对存在吞咽困难、饮水呛咳患者，可短期给予鼻饲，避免误吸。

4．**控制血压** 脑卒中后高血压很常见，多数患者不经特殊治疗在1～2周内逐渐下降，因此，卒中后高血压的治疗一直存在争议。如不进行溶栓及未合并其他危急内科问题，除非舒张压≥120 mmHg 或收缩压≥220 mmHg，否则不应进行降压治疗。应选用容易控制、对血管作用轻的药物。柳胺卞心定 10～20 mg，1～2 分钟内静脉注入，每 10 分钟可重复或加倍使用，最大量至 300 mg。如舒张压≥140 mmHg，可选用硝普钠 0.5 μg/（kg·min）静脉滴注。此外，也可给予卡托普利 6.25～12.5 mg 含服或乌拉地尔 10～50 mg 静脉注射，其后 4～8 mg/h 静脉滴注。

5．溶栓治疗　根据半暗区概念，在脑缺血超急性期，通过再灌注可能会使损伤区逆转，此段时间称为治疗时间窗，目前多采用静脉溶栓。

（1）适应证：①年龄 18～80 岁；②重组组织型纤溶酶原激活剂（recombinant tissue plasminogen activator，rt-PA）时间窗发病 4.5 小时以内，尿激酶时间窗发病 6 小时以内；③脑功能损害体征持续存在超过 1 小时，且比较严重；④头颅 CT 已排除颅内出血，且无早期大面积脑梗死影像学改变；⑤患者或家属签署知情同意书。

（2）禁忌证：①既往有颅内出血，包括可疑的蛛网膜下腔出血；近 3 个月有头颅外伤史；近 3 周有胃肠或泌尿系统出血；近 2 周内进行过大的外科手术；近 1 周内有在不易压迫止血部位的动脉穿刺；②近 3 个月内有脑梗死或心肌梗死史，但不包括陈旧小腔隙梗死而未遗留神经功能体征者；③严重心、肝、肾功能不全或严重糖尿病患者；④体检发现有活动性出血或外伤（如骨折）的证据；⑤已口服抗凝药，且 INR＞1.5；48 小时内接受过肝素治疗；⑥血小板计数低于 $100\times10^9$/L，血糖＜2.7 mmol/L；⑦血压：收缩压＞180 mmHg，或舒张压＞100 mmHg；⑧妊娠；⑨不合作。

（3）药物使用：①尿激酶：在我国应用最多，常用量为 100～150 万单位，加入 100～200 ml 0.9％生理盐水中静脉滴注 30 分钟，剂量应根据患者的具体情况来确定，经过严格选择后也可在有条件的医院进行数字减影血管造影（digital subtraction angiography，DSA）监视下动脉溶栓；②rt-PA：每次用量为 0.9 mg/kg，总量＜90 mg，10％先静脉注射，其余 90％药物在 1 小时内静脉滴入。

6．抗血小板聚集剂治疗　对于不符合溶栓适应证且无禁忌证的脑梗死患者，应在发病后尽早给予口服阿司匹林 150～300 mg，每日 1 次。急性期后可改为预防剂量（50～150 mg，每日 1 次）。溶栓治疗者，阿司匹林等抗血小板药物应在溶栓 24 小时后开始使用。对不能耐受阿司匹林者，可考虑选用氯吡格雷 75 mg，每日 1 次。

7．抗凝治疗　对于大多数急性缺血性脑卒中患者，不需早期进行抗凝治疗。特殊情况下对于溶栓后还需抗凝治疗的患者，应在 24 小时后使用抗凝剂。

8．降纤治疗　对于不适合溶栓并经过严格筛选的脑梗死患者，特别是高纤维蛋白血症者，可选用降纤治疗。

9．扩容治疗　对于一般缺血性脑卒中患者，不需扩容。对于低血压或脑血流低灌注所致的急性脑梗死，如分水岭梗死，可考虑扩容治疗，但应注意可能加重脑水肿、心功能衰竭等并发症。

10．神经保护剂　主要目的是干预缺血半暗带的异常生化、代谢变化，阻断脑缺血级联反应的不同环节，如抗氧化剂、钙通道阻滞剂、N-甲基-D-天门冬氨酸抑制剂、甘氨酸及谷氨酸受体拮抗剂，但疗效及安全性目前尚需大规模临床试验进一步证实。

11．手术治疗　对于大面积梗死所致颅高压危象、脑疝者，可行开颅切除坏死组织和去颅骨减压以挽救生命。

12．康复治疗　现主张于病情停止进展 48 小时后进行康复训练，以最大限度地恢复神经功能。

## 三、脑出血

非外伤性脑实质内的出血称为脑出血（cerebral hemorrhage）。

### （一）临床特点

（1）多在动态下急性起病。

（2）突发出现局灶性神经功能缺损症状，常伴有头痛、呕吐，可伴有血压增高、意识障碍和脑膜刺激征。

### （二）辅助检查

1．一般检查　血常规、电解质、血脂、血糖、凝血、心电图。

2．影像学检查

（1）CT扫描：可快速诊断脑出血。

（2）头颅MRI：有助于脑出血病因的鉴别。

（3）DSA：中青年非高血压性脑出血、当CT和MRI怀疑有血管异常时，应进行DSA检查。

### （三）治疗

1．院前急救

院前很难区别是出血性还是缺血性卒中，如患者发病后迅速昏迷，多数是脑出血。

（1）首先确保呼吸道通畅：如有舌下坠，应取仰头位；如咽反射消失，可插入口咽管；如呼吸不规则，则应用面罩-气囊通气或气管插管。

（2）重点检查意识水平、瞳孔、呼吸、头痛、呕吐。

（3）转运途中可给予甘露醇脱水。

2．稳定生命体征

（1）首先观察呼吸：如呼吸不规则，立即气管插管，机械通气，如有舌下坠，同院前处理。

（2）观察瞳孔：如瞳孔不等大，则先快速滴入甘露醇，再做CT检查。

（3）如有头痛、呕吐，则提示颅内压增高。

（4）滴入甘露醇后，应同时插入导尿管，以免患者尿潴留致烦躁不安，加重病情。

（5）在来诊24小时内均应严密观察病情，对有手术指征者，尽早请神经外科医师会诊。

3．控制脑水肿、降低颅内压　由于脑出血后脑实质内突然出现血肿的占位效应，使得颅内压急剧增高，可发生脑疝而危及生命。因此控制脑水肿，降低颅内压是脑出血急性期处理的一个重要环节。应立即使用脱水药，20%甘露醇250 ml静脉滴注（30分钟内滴完），每6小时可重复1次。其副作用主要为电解质紊乱和肾功能损害，为减少和防止肾功能受损，可减为每次20%甘露醇125 ml，并用呋塞米交替注射，以减少甘露醇用量。也可用甘油果糖250 ml静脉滴注，每日1~2次，甘油果糖不会引起电解质紊乱，但易发生溶血、血红蛋白尿。大剂量白蛋白（20 g，每日2次）可佐治脱水，但价格昂贵，可酌情考虑。

4．控制高血压　对脑出血的降压治疗，意见不一。现多数人认为，当血压≥200/110 mmHg时，在降颅压的同时可慎重平稳降压治疗，使血压维持在略高于发病前水平或180/105 mmHg左右；对于收缩压在170~200 mmHg或舒张压在100~110 mmHg者，暂时可不必降压，先脱水降颅压，并密切观察血压情况；如收缩压＜165 mmHg或舒张压＜

95 mmHg，则不需降压治疗。

**5. 止血药** 对非出凝血机制障碍的颅内出血，不应常规使用止血药物，否则不但无益，还可能加重血肿周围缺血性损伤。

**6. 手术治疗** 大多数颅内出血患者手术后未见获益。对壳核出血量在 30 ml 以上、丘脑出血量在 15 ml 和小脑出血量在 10 ml 以上者，均可考虑手术治疗。脑叶出血多为淀粉样血管病出血，除血肿较大危及生命或由血管畸形引起需要外科治疗外，宜行内科保守治疗。对破入脑室者可行脑室穿刺引流，可采用经皮颅骨钻孔，血肿穿刺抽吸。

### 四、蛛网膜下腔出血

原发性蛛网膜下腔出血（subarachnoid hemorrhage, SAH）是脑表面或脑底部血管破裂后血液流入蛛网膜下腔所致。

#### （一）临床特点

（1）起病形式：多在情绪激动或用力等情况下急骤发病。

（2）主要症状：突发剧烈头痛，持续不能缓解或进行性加重；多伴有恶心、呕吐；可有短暂的意识障碍及烦躁、谵妄等精神症状，少数出现癫痫发作。

（3）主要体征：脑膜刺激征明显，眼底可见玻璃膜下出血，少数可有局灶性神经功能缺损的征象，如轻偏瘫、失语、动眼神经麻痹等。

（4）并发症：再出血、脑血管痉挛、脑积水、低钠血症及心律失常。

（5）根据神经系统症状进行分级（表 12-2），以利判断预后及治疗。

表 12-2 蛛网膜下腔出血的 Hunt 和 Hess 分级

| 级别 | 神经系统症状 |
| --- | --- |
| I | 无症状或轻度头痛或轻度脑膜刺激症 |
| II | 中度至重度头痛，脑膜刺激征及有颅神经麻痹，但无其他神经缺陷 |
| III | 嗜睡，意识模糊，轻度局灶性神经系统缺陷 |
| IV | 昏睡，中度至重度偏瘫，早期去大脑强直，自主神经紊乱 |
| V | 深昏迷：去大脑体位、濒死状 |

#### （二）辅助检查

**1. 一般检查** 血常规、电解质、血脂、血糖、凝血、心电图。

**2. CT 扫描** 是诊断 SAH 的首选方法。

**3. 脑脊液（cerebrospinal fluid, CSF）检查** 通常 CT 检查已确诊者，腰穿不作为常规检查，如患者出血量少或距起病时间较长，CT 检查无阳性发现，临床上怀疑 SAH 者，则可行腰椎穿刺检查。均匀血性 CSF 为 SAH 的特异性表现，如 CSF 黄变或发现吞噬了红细胞、含铁血黄素或胆红素结晶的吞噬细胞，则提示不同时间的 SAH。

**4. DSA** 是诊断颅内动脉瘤最有价值的方法，为避免血管痉挛和再出血高峰期，出血 3 天内或 3 周后进行为宜。

**5. MRA 或 CTA** 可作为动脉瘤筛查或 DSA 不能耐受者的检查方法。

## （三）治疗

对于可手术切除动脉瘤的患者，手术是必需选择。术前阶段，主要是预防和治疗两个主要的并发症：再出血和血管痉挛。动静脉畸形有再出血的风险，但风险小于动脉瘤，也需要治疗。

1. **一般治疗** 保持生命体征平稳，严格卧床4~6周，避免兴奋、激动及排便用力，应进行镇静、止痛及通便等对症处理，纠正水、电解质紊乱。

2. **防治再出血** 去除疼痛等诱因后，如平均动脉压＞125 mmHg或收缩压＞180 mmHg，可在血压监测下使用短效降压药。抗纤溶治疗可以降低再出血的发生率，可选用6-氨基己酸或氨甲苯酸等，但同时也增加了脑血管痉挛和脑梗死的发生率，建议与钙离子通道阻滞剂同时使用。

3. **防治脑动脉痉挛及脑缺血** 维持正常血压和血容量，早期使用钙离子通道阻滞剂尼莫地平1 mg/h，共10~14天，注意其低血压的不良反应。

4. **防治脑积水** 可给予乙酰唑胺等药物减少CSF分泌，酌情选用呋塞米、甘露醇等药物治疗。如患者出现急性脑积水、脑室积血扩张或形成铸型且不能耐受开颅手术，可考虑腰椎穿刺放脑脊液，每次缓慢放液10 ml，每日1次，可降低颅内压，减轻头痛，但须注意诱发脑疝、颅内感染和再出血的危险。

5. **手术治疗** 动脉瘤性SAH倾向于早期手术（3天内），夹闭动脉瘤；一般Hunt和Hess分级≤Ⅲ级时多主张早期手术，Ⅳ、Ⅴ级患者经过经药物保守治疗情况好转后可行延迟性手术（10~14天）。对于动静脉畸形反复出血、年轻、病变范围局限和曾有出血史的患者，首选显微手术切除。

（刘广志）

# 第二节 癫痫持续状态

## 一、定义

癫痫持续状态（epileptic seizure，SE）是临床常见的神经科急症。持续的癫痫发作不仅可引起细胞代谢紊乱、葡萄糖和氧耗竭、离子跨膜运动障碍，以致不能维持细胞正常生理功能，导致脑部神经元死亡，而且还可因合并感染、电解质紊乱、酸碱平衡失调、呼吸循环功能衰竭等加速患者的死亡。幸存者也常常留下严重的神经功能障碍。所以尽早结束癫痫持续状态，对减少患者的致死率和致残率至关重要。

经典定义为：癫痫在短时间内频繁发作，在两次全身性发作间意识不恢复或单次发作时间超过30分钟。2001年，国际抗癫痫联盟提出了新的定义：超过大多数这种发作类型的患者的发作持续时间后，发作仍然没有停止的临床征象，或反复的癫痫发作，在发作间期中枢神经系统的功能没有恢复到基线。在没有临床证据的情况下，通常是指发作时间超过5分钟。

## 二、发病原因

对SE的流行病学研究的Meta分析显示，在普通人群中，SE的年发病率为41/10万~

61/10万，其中有超过一半的人既往无癫痫病史。儿童最常见的病因为发热，成人最常见的病因为脑血管病或不适当停用抗癫痫药物，其次为感染、外伤、代谢性疾病/中毒、自身免疫性疾病等。对于癫痫的诊断，我们要注意假性癫痫发作，包括低血糖、晕厥、扑翼样震颤、肌阵挛、震颤、惊恐发作、过度通气、癔症、发作性睡病等（表12-3）。

### 三、癫痫持续状态的分类

根据临床和脑电标准，传统上大致将癫痫持续状态分为全面性惊厥性癫痫持续状态和非惊厥性癫痫持续状态两大类（表12-4）。

表 12-3 癫痫持续状态的常见病因

| | |
|---|---|
| 脑血管病 | 代谢性疾病 |
| 　急性/慢性缺血性脑卒中 | 　高/低钠血症 |
| 　颅内出血 | 　高/低钙血症 |
| 　动静脉畸形 | 　高/低血糖 |
| 　静脉窦血栓形成 | 　甲状腺功能亢进 |
| 中枢神经系统感染 | 　尿毒症 |
| 　脑膜炎（细菌、真菌、病毒） | 　高氨血症 |
| 　脑膜脑炎（单纯疱疹病毒） | 　酒精中毒或戒断状态 |
| 　脓肿（细菌、真菌或寄生虫） | 肿瘤 |
| 外伤 | 　脑转移瘤 |
| 　新发头部外伤 | 　中枢神经系统原发瘤 |
| 　陈旧性头部外伤伴硬膜下血肿 | 中毒或停药 |
| 自身免疫性疾病 | 　中毒（如汞、毒鼠强等） |
| 　系统性红斑狼疮 | 　药物（如青霉素、喹诺酮类、茶碱类、异烟肼等） |
| 　多发性硬化血管炎 | 　不适当停用抗癫痫药物 |

表 12-4 癫痫持续状态的传统分类

| | |
|---|---|
| 原发性全面性惊厥性癫痫持续状态 | 单纯部分性癫痫持续状态 |
| 　强直-阵挛性癫痫持续状态 | 　部分运动性癫痫持续状态 |
| 　肌阵挛性癫痫持续状态 | 　单侧性癫痫持续状态 |
| 　阵挛-强直-阵挛性癫痫持续状态 | 　部分性癫痫持续状态 |
| 继发性全面性惊厥性癫痫持续状态 | 　部分感觉性癫痫持续状态 |
| 　部分性起病的强直-阵挛性癫痫持续状态 | 　伴自主神经性或情感性症状的部分性癫痫持续状态 |
| 　强直性癫痫持续状态 | 非惊厥性癫痫持续状态 |
| 　微细的全面性惊厥性癫痫持续状态 | 　失神性癫痫持续状态 |
| | 　复杂部分性癫痫持续状态 |

## 四、临床表现

全身强直-阵挛性癫痫持续状态是所有癫痫持续状态类型中最常见的和最严重的,死亡率极高,在此仅就此类型进行介绍。其主要的临床特征为:意识丧失、双侧强直之后紧跟阵挛的次序活动。早期出现意识丧失、跌倒。随后可分为三期:

1. **强直期** 主要表现为全身骨骼肌强直性收缩,眼肌收缩出现眼睑上牵、眼球上翻或凝视;咀嚼肌收缩出现张口,随后猛烈闭合,可咬伤舌尖;喉肌和呼吸肌强直性收缩引起患者尖叫一声,呼吸停止;躯干肌强直性收缩是颈部和躯干先屈曲,后反张,上肢由上举后旋转为内收旋前,下肢先屈曲后强烈伸直,持续10～20秒后进入阵挛期。

2. **阵挛期** 此期患者从强直转成阵挛,每次阵挛后都有短暂的间歇,阵挛频率逐渐变慢,间歇期延长,在一次剧烈的阵挛后,发作停止,进入发作后期。

3. **发作后期** 此期尚有短暂的阵挛,可引起牙关紧闭和大小便失禁。呼吸首先恢复,随后瞳孔、血压、心率降至正常。肌张力松弛,意识逐渐恢复。从发作到意识恢复约经历5～15分钟。醒后患者感头痛、全身酸痛、嗜睡,部分患者有意识模糊。

## 五、治疗

保持生命体征稳定、终止发作,预防可能出现的并发症是癫痫持续状态的主要治疗目的。发作时间越长,发作就越难控制。

### (一) 治疗的一般措施(见表12-5)

1. **详细了解病史** 寻找诱因,分清发作类型及是否是特殊的癫痫综合征。
2. **保持呼吸道通畅** 充分给氧,做好气管插管的准备。
3. **建立静脉通路** 如不能静脉给药,需做好通过其他途径给药的准备,如直肠给药等。
4. **监测血压** 血压监测与心电、呼吸、体温、脑电监测一样重要。在癫痫持续状态的早期,由于儿茶酚胺的释放,血压可升高。后期血压开始下降,长时间的癫痫持续状态,低血压很常见,主要与继发性脑、代谢和内分泌改变、药物治疗或儿茶酚胺受体敏感性下降有关。
5. **体温监测** 癫痫持续状态中常见体温增高,这与惊厥性肌肉运动、儿茶酚胺大量释放有关。体温越高,持续时间越长,患者预后越差。
6. **血糖监测** 癫痫持续状态开始时,儿茶酚胺类、胰岛素和胰高血糖素的释放可使肝糖原分解增多,出现高血糖,高血糖可加重神经元的损害。随着癫痫发作的继续,由于糖原耗竭、肝损伤、高胰岛素血症的反弹及其他内分泌原因,可能出现低血糖。低血糖会加重缺氧和脑供血不足所致的细胞代谢障碍。
7. **处理诱发因素** 对于有酒精滥用、营养不良的患者,可静脉给予维生素 $B_1$。
8. **纠正电解质紊乱** 最常见的电解质紊乱为低钠血症。
9. **防治脑水肿** 癫痫持续状态常有脑水肿,也常引起患者的猝死,故需要加以特别注意。
10. **纠正酸中毒** 癫痫持续状态中由于肌肉持续性收缩和呼吸停止,脑部糖代谢由有氧代谢变为无氧酵解,引起乳酸堆积,导致酸中毒。

### (二) 药物选择

1. **用药原则** 首次给药应充足且能使其快速到达脑部发挥作用。
2. **给药途径** 首选静脉给药,还可通过肌内注射以及经鼻腔、气管、直肠等给药。
3. **药物选择原则** 首选作用快、半衰期短的一线药物。

表 12-5　治疗全身强直 - 阵挛性癫痫持续状态发作的一般措施

| 第 1 阶段（0～10 分钟） |
| --- |
| 监测生命体征（特别注意有无低血压、低氧血症） |
| 保持呼吸道通畅，吸氧 |
| **第 2 阶段（0～60 分钟）** |
| 给予抗癫痫持续状态药物治疗 |
| 建立静脉通路 |
| 抽取血标本行相关化验 |
| 按需静脉注射 50% 葡萄糖或（和）维生素 $B_1$ |
| 纠正酸中毒 |
| **第 3 阶段（0～60～90 分钟）** |
| 明确病因 |
| 纠正低血压 |
| 纠正电解质紊乱 |
| 处理相关并发症 |
| **第 4 阶段** |
| 转入 NICU，密切监测 |
| 进行脑电图监测 |
| 监测颅内压 |
| 维持抗癫痫药物治疗 |

（1）常用一线药物：

1）苯二氮䓬类：苯二氮䓬类是目前用于治疗癫痫持续状态的常用药物，通过兴奋 γ - 氨基丁酸（GABA）A 受体而发挥作用。主要不良反应为呼吸抑制。

地西泮（Diazepam，DZP，安定）：可静脉、肌内注射或气管插管持续滴注给药。抗痫作用快（静脉注射后 1～3 分钟，肌内注射 20 分钟内），疗效维持 30 分钟。成人首次静脉注射 10～20 mg，注射速度 < 2～5 mg/min，于 15 分钟后重复给药，或将 100～200 mg 溶于 5% 葡萄糖溶液 500 ml 中，于 12 小时内缓慢静脉滴注。

劳拉西泮（Lorazepam，LZP，氯羟安定）：静脉或肌内注射，起效快，持续时间长。主要不良反应是中枢性过度换气和呕吐。既往研究表明，其疗效比地西泮更高，呼吸抑制率低。成人推荐用药剂量为首次静脉注射 0.05～0.1 mg/kg，一次不超过 4 mg，注射速度 1～

2 mg/min，于 10～15 分钟后按相同剂量重复给药，12 小时内用量一般不超过 8 mg。

咪达唑仑（Midazolam，MDZ）：静脉、肌内注射或直肠给药。持续静脉注射，发挥作用稍慢于地西泮，半衰期短。其呼吸抑制率低。成人首次静脉注射 10 mg，再以 0.05～0.6 mg/(kg·h) 的速度维持静脉泵入。

2）苯巴比妥（PB）：是新生儿癫痫持续状态的一线药物，儿童和成人的三线药物。可静脉或肌内注射。起效慢于地西泮，最常见的不良反应为镇静。成人静脉注射每次 200～250 mg，注射速度 < 60 mg/min，必要时 6 小时重复一次。

（2）常用二线药物：二线药物起效慢于 BZD，但持续时间长，可用于维持治疗。

1）苯妥英钠（PHT）：静脉给药，15 分钟达高峰，60 分钟后达到稳态。没有呼吸和中枢抑制，但可出现心律失常和低血压。成人每次静脉注射剂量为 150～250 mg，注射速度 < 50 mg/min，必要时 30 分钟后再次静脉注射 100～150 mg。

2）丙戊酸钠（VPA）：静脉或直肠给药。不良反应小，偶尔可见心动过缓或低血压。成人负荷量为 15～20 mg/kg，后以 1 mg/(kg·h) 的速度静脉维持泵入。

（3）三线药物：上述药物治疗失败后使用。

1）副醛（paraldehyde）：可口服或直肠给药。不良反应主要为呼吸抑制、低血压、代谢性酸中毒、肺出血和肝肾衰竭。

2）利多卡因（lidocaine）：静脉给药，起效快，作用时间短，不能用于维持治疗。不良反应较多，可引起低血压、心律失常甚至心搏骤停。可用于对 BZD 使用有禁忌的成人，如有慢性肺部疾病、肝硬化等疾病的患者。

3）其他麻醉药物：

丙泊酚（propofol）：作用快，恢复快，但使用有争议。主要由于其大剂量或停药后可诱导癫痫发作。

依托咪酯（etomidate）：有可以控制癫痫持续状态发作的报道，但这方面的文献很少。有导致肾上腺出血、引起肾上腺功能不全的风险，也可引起肌阵挛发作。

氯胺酮（keta mine）：为 N-甲基-D-门冬氨酸受体（NMDA）拮抗剂，可通过抑制神经元去极化来终止癫痫发作，还可通过阻止兴奋性毒素所致的级联放大性神经损伤的初始过程来防止癫痫持续状态的急、慢性神经损伤。主要不良反应为呼吸抑制。

异氟醚（isoflurane）：吸入性麻醉剂。相关报道较少。所有这类药物都可增加颅内压，因此只有在其他药物治疗失败时才可考虑使用。

（三）治疗方案

全身强直-阵挛性癫痫持续状态的治疗共识如下所述：

1 期（癫痫持续状态早期）：足量使用 BZD 药物。如果 BZD 治疗失败，可认为患者进入 2 期癫痫持续状态。

2 期（癫痫持续状态中期）：可选择 PHT、PB 或 VPA。

3 期（难治性癫痫持续状态）：主要是全身使用麻醉剂，常用药物为咪达唑仑、丙泊酚等。

（四）处理并发症

癫痫持续状态的并发症常是患者直接死亡的原因，也是导致抗癫痫治疗失败的重要原因，处理并发症能明显改善患者预后，包括控制高热、低血糖、低血压，纠正酸中毒、电解质紊乱等。

（董　博）

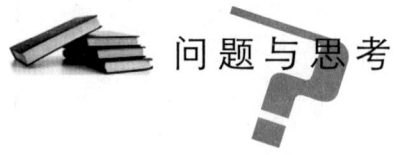

简述神经系统各急症的诊断及治疗原则。

# 第十三章 物理与环境因素所致的急症

**学习目标**

1. 熟悉中暑的病因，发病机制。
2. 掌握中暑的临床表现、诊断和急救方法。
3. 了解意外低体温的病因、临床表现和治疗。
4. 了解淹溺的病因及发病机制。
5. 掌握淹溺的救治原则和水面急救。
6. 了解电击及雷击的概念、发病机制。
7. 熟悉电击和雷击的临床表现。
8. 掌握电击和雷击的现场急救原则。

## 第一节 中 暑

中暑（heat stroke）是指人体较长时间处于高气温环境中，导致体温调节中枢功能障碍，以汗腺功能衰竭、水和电解质丧失过多为特征的急性疾病。在环境气温高于34℃，湿度大于60%的情况下容易发生。

### 一、病因与诱因

**（一）病因**

高气温、高湿度、高热辐射是中暑产生的基础；劳动时间过长、强度过大、防暑降温措施不充分是中暑的主要致病因素。

**（二）诱因**

过度劳累、睡眠不足、肥胖、年老体弱、存在基础病（糖尿病、心脑血管病及甲状腺功能亢进）、药物（阿托品，氯丙嗪）等诱因。

### 二、发病机制

正常体温的维持，是在下丘脑体温调节中枢的作用下，使人体产热与散热过程平衡，维持在37℃左右。如果机体产热大于散热或散热受阻，导致大量的热蓄积，则引起中暑。

1. **热痉挛** 在高温环境下剧烈运动，出汗过多后大量饮水，而没有补充盐，产生低钠血症，引起肌肉兴奋性增高，肌肉痉挛。

2. **热衰竭** 是由于过多出汗，水钠严重丢失，导致循环血量不足，发生虚脱、休克。

3. **热射病** 在高温环境中，长时间从事体力劳动，身体产生过多热量，散热又不充分，致使体温急剧升高。开始通过体温调节中枢，增加心输出量、呼吸频率和扩张外周血管等增加散热；随后，因体内热量进一步蓄积，体温调节中枢功能失调，心输出量减少，中心静脉压升高，汗腺功能衰竭，散热困难，引起体温骤升，出现高热、无汗和昏迷，甚至出现多器官功能障碍综合征。由于烈日暴晒或长时间热辐射头部，引起脑组织水肿的热射病，也称为日射病。

## 三、临床表现

### 先兆中暑

在高温环境中工作一定时间后，患者感觉头痛、头晕、头昏、人软乏力、胸闷、心悸、注意力不集中，伴有口渴多汗，体温正常或稍升高（小于38℃）；如能及时脱离高温环境，转移至阴凉通风处，患者可很快好转。

1. **轻症中暑** 患者除有先兆中暑症状外，尚有下列情况之一：①面色潮红、胸闷、心率增快、皮肤灼热；②体温高于38℃；③面色苍白、四肢皮肤湿冷、多汗、脉搏细速、血压下降等周围循环衰竭的表现。如及时处理，患者可数小时内恢复。

2. **重症中暑** 是一种严重疾病，如不及时救治，将危及生命，包括热痉挛、热衰竭、热射病。

（1）热痉挛症状特点：多发生在大量出汗，过多饮水而盐分补充不足，造成低钠血症，容易发生肌肉阵发性痉挛疼痛。

（2）热衰竭症状特点：常发生在老年人及尚未能适应高温的人，主要表现为头晕、头痛、心慌、口渴、恶心、呕吐、皮肤湿冷、血压下降和神志模糊。此时的体温正常或稍微偏高。

（3）热射病症状特点：在高温环境下从事体力劳动时间较长，身体产热过多，而散热不足，致体温急剧升高．表现为早期大量出冷汗，继而无汗、呼吸浅快、脉搏细速、躁动不安、神志模糊、血压下降、昏迷伴四肢抽搐，严重者产生脑水肿、肺水肿和心力衰竭的表现。

## 四、实验室检查

血常规检查白细胞总数、中性粒细胞升高。尿常规可有血尿、蛋白尿和管型尿。低钠、低氯、低钾或高钾血症。血pH值、二氧化碳结合力可降低。转氨酶升高，血尿素氮和肌酐升高。

## 五、诊断与鉴别诊断

### （一）诊断要点

1. **先兆中暑** 在高温、通风不良的情况下，感觉全身乏力、注意力不集中、头晕、耳鸣、胸闷、心悸、恶心、口渴伴有大汗，体温正常或略升高。

2. **轻症中暑** 除先兆中暑的症状外，患者可出现面色潮红或苍白、恶心、呕吐、表情淡漠或烦躁不安、皮肤干热、脉搏细弱和血压下降等早期循环障碍的临床表现。

3. **重症中暑** 症状进一步加重，出现痉挛、头晕、昏迷及循环衰竭症状，包括热痉挛、热衰竭和热射病。

（二）鉴别诊断

1．**高热昏迷**　要与乙型脑炎、中毒性痢疾和中毒性肺炎等鉴别。

2．**热痉挛**　应与各种急腹症、小儿热痉挛鉴别。

3．**休克**　应与各种低血容量性休克鉴别。

## 六、急救处理

（一）先兆与轻症中暑

应立即离开高温作业环境，迅速将患者转移至阴凉通风处或空调房。解开或脱去患者外衣，平卧，补充清凉含盐饮料，同时口服十滴水、藿香正气水、仁丹等解暑药。体温高者给予冷敷、30% 酒精擦浴直到皮肤发红，大部分可恢复正常。少部分疑有早期循环衰竭或重症中暑者，应快速补充血容量，或马上转送医院抢救。

（二）重症中暑处理

1．**迅速降温**　可以采取物理方法降温，应用冰袋冷敷头部、大血管处（颈部、腋窝、腹股沟等），或用十滴水擦浴，并按摩皮肤，以促进血液循环，加强散热。也可用氯丙嗪 25～50 mg 加入 5% 葡萄糖溶液中静脉滴注 2 小时左右，注意观察血压变化，血压下降时，减慢滴速；低血压可用间羟胺、去氧肾上腺素（新福林）等升压药。

2．**各型重症中暑**

（1）热痉挛：静脉输液，对于有四肢肌肉抽搐和痉挛性疼痛的患者，可缓慢静脉注射 10% 葡萄糖酸钙 10 ml ＋维生素 C 0.5～1.0 g。

（2）热衰竭：快速补液，使液体总量达到 2 000～3 000 ml，注意维持水、电解质和酸碱的平衡。

（3）热射病：是最严重类型，易发生多器官功能障碍综合征，病死率高达 30% 左右。一旦出现，要积极抢救。

1）开放气道与吸氧：确保气道畅通，做好吸氧。

2）补充血容量：快速输入平衡盐溶液、生理盐水、碳酸氢钠，根据情况酌情选用多巴酚丁胺或多巴胺等。

3）心肺复苏：一旦出现高热、昏迷、抽搐等症状，应让患者侧卧，头向后仰，保持呼吸道通畅，立即进行心肺复苏。

4）其他治疗：脑水肿和颅内压增高者可用 20% 甘露醇脱水，降颅内压。发生肾衰竭可采取血液透析疗法。出现心力衰竭可用洋地黄强心治疗。合并弥散性血管内凝血（DIC）时，及早使用肝素等。

## 七、预防

（1）普及预防中暑的知识。

（2）出行躲避烈日，打遮阳伞，戴太阳帽，涂防晒霜，准备充足的水和饮料。

（3）保持充足睡眠，可以使大脑和身体各系统得到放松，既利于工作和学习，也是预防中暑的有效措施。

（4）谨防情绪中暑，正常人群中约有 16% 的人会发生情绪中暑。

（5）重视年老体弱、孕妇的夏季保健。

（6）进行热适应性训练。

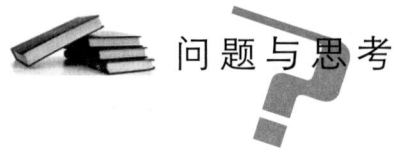

简述中暑的诊断及治疗原则。

# 第二节　意外低体温

意外低体温（又称冻僵），是指各种原因引起的、使机体温度下降至35℃以下，导致患者以神经系统和心血管系统损伤为主的严重的全身性疾病。

## 一、病因与诱因

冻僵多发生在寒冷环境中逗留或工作时间过长，而保暖防寒措施不当，陷埋于积雪或浸没于冰水中。老人、婴儿、体质衰弱者和慢性心血管病、脑血管意外后遗症患者，偶尔在室内温度过低时也可发生冻僵，饥饿、疲劳、饮酒后等更易诱发本病。

## 二、临床表现

冻僵患者在受寒冷初期有头痛、不安、四肢肌肉和关节僵硬、皮肤苍白和冰冷、心跳和呼吸加快、血压增高。体温低于33℃时有嗜睡、记忆丧失、心跳和呼吸减慢、脉搏细弱、感觉和反应迟钝。体温低于26℃，心输出量减少、血压下降、心律失常、心室颤动，甚至出现昏迷。因肝细胞缺氧，影响葡萄糖代谢，血糖降低和血钾增高。寒冷影响肾小管水和钠的重吸收，使尿量增多，致血容量减少。体温在20℃时心跳停止。低温还可引起急性胃黏膜糜烂、急性胰腺炎。冻僵恢复后可出现血栓形成、组织缺血性坏死等严重后果。

## 三、诊断

对意外低体温的诊断要十分关注和高度警惕，高度怀疑是基本条件。医护人员对老年患者必须注意有无低体温，通常习惯记录正常或升高的体温，标准临床用体温表的刻度在34.4～42.2℃，但是使用时，很少把体温表甩到35.6℃以下，当考虑到有低体温时，就应选用计数为28.9～42.2℃的低刻度体温表测量体温。

## 四、治疗

迅速将患者转移至温暖处，搬运时要小心轻放，避免碰撞后引起骨折。在未明确死亡前，要积极抢救。

## （一）复温

首先要脱去湿冷的衣服，患者体温在32～33℃时，可用毛毯或被褥裹好其身体，让其逐渐复温。体温低于31℃时，应加用热风或44℃热水袋温暖全身。更积极的方法是将患者浸泡于40～44℃的温水中，使其缓慢复温。心搏骤停者应立即进行除颤或胸外心脏按压。

## （二）对症处理

主要是心肺复苏、吸氧、纠正电解质紊乱和预防血栓形成，防止继发性感染，防止脑水肿和肾衰竭。

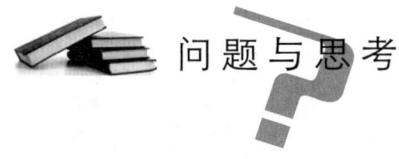

## 问题与思考

意外低体温的处理原则。

# 第三节 淹　　溺

淹溺，又称溺水，是人淹没于水（或其他液体）中，水充满呼吸道和肺泡引起窒息。淹溺后窒息合并心脏停搏者称为溺死，如心脏未停搏则称近乎溺死。

## 一、发病机制

发生淹溺后，最初是患者本能地屏气（出现喉头痉挛），以避免水进入呼吸道。不久因缺氧，不能继续屏气，此后水随着吸气进入呼吸道和肺泡，导致机体严重缺氧。

具体表现为：

1．**干性淹溺**　约占10%左右，因喉头肌肉痉挛导致窒息，患者呼吸道和肺泡很少或无水吸入。

2．**湿性淹溺**　占90%，因缺氧进一步加重，喉部肌肉松弛，肺内吸入大量水分，阻碍气体交换，引起全身缺氧和二氧化碳潴留，患者很快出现意识丧失、呼吸停止和心室颤动而危及生命。

3．**低体温**　可分为原发性和继发性低体温。前者是指淹溺于冰水（小于5℃）中，迅速产生的低体温，对大脑缺氧起到很好的保护作用；后者是指淹溺后，在复苏过程中，因蒸发所致的低体温，对大脑起不到保护作用。

《2010年AHA心肺复苏及心血管急救指南》不再强调按水质（淡水与海水）进行分类，并说明决定溺水预后唯一最重要的因素是溺水与缺氧的持续时间。因此，抢救淹溺最有效的措施是及时把患者救出水面，缩短缺氧时间，并及时抢救。

## 二、临床表现

轻者，落水时间短，口唇四肢末端青紫，面部肿胀，呼吸浅表，呈轻度缺氧现象。近乎淹溺，患者可有头痛、剧烈咳嗽、胸痛、呼吸困难、咳粉红色泡沫痰。

重者，落水时间长，四肢冰冷，昏迷不醒，瞳孔散大，呼吸停止。检查：皮肤发绀，肿胀，球结膜充血，口鼻有大量泡沫或污泥，听诊两肺有湿啰音，心动过速或过缓，奔马律及心搏骤停。瞳孔散大固定，光反射消失，腹部膨隆，四肢厥冷。

## 三、辅助检查

### （一）实验室检查

血常规检查显示血象升高，尿常规检查可有蛋白尿、血尿、酮体。动脉血气分析和pH测定显示低氧血症和酸中毒。

### （二）胸部X线检查

提示肺门阴影扩大、加深，肺间质纹理增多，肺野中有大小不等的絮状渗出或炎症改变。

## 四、水面急救

（1）救护溺水者，尽快抓住溺水者，或向溺水者附近投入木板、救生圈或长杆等，让落水者攀扶上岸。

（2）淹溺的自救：落水后尽量保持头脑清醒，采取仰面，使口鼻露出水面，呼气宜浅，吸气宜深。不可将手上举或挣扎，因为举手反而易使人下沉。

（3）淹溺的他救方法：救护者要尽量脱去衣裤，迅速接近淹溺者附近，对神志清醒者，应从背后接近，用一只手从背后抱住淹溺者的头颈，另一只手臂游向岸边。防止被淹溺者紧抱缠身，发生危险。如万一被抱紧，可主动下沉，让其自动松开放手，然后再救护。

## 五、急救处理

### （一）急救原则

（1）把淹溺者迅速救出水面。

（2）开放气道，保持呼吸道通畅。

（3）迅速进行心肺复苏。

（4）对症处理。

### （二）现场急救

树立时间就是生命的观念！淹溺的急救重在"早"字，抢救淹溺者要争分夺秒。包括现场急救与初期复苏，重点是实施有效的心肺复苏（CPR），院内进一步抢救（急诊科和ICU）。

**1. 畅通气道** 淹溺者被救上岸后，要优先清除其口鼻的淤泥、杂草和呕吐物等，迅速倒出呼吸道内的水，保持气道通畅。常用的倒水方法有三种：

（1）膝顶法：抢救者一腿跪地，另一腿屈膝，患者腹部横放在屈膝的大腿上，头部向下，后压并拍打其背部，可把其胃和肺内的水倒出。见图13-1。

（2）抱腹法：抱住患者的腰腹部，使其背朝上、头面部向下进行倒水，见图13-2。

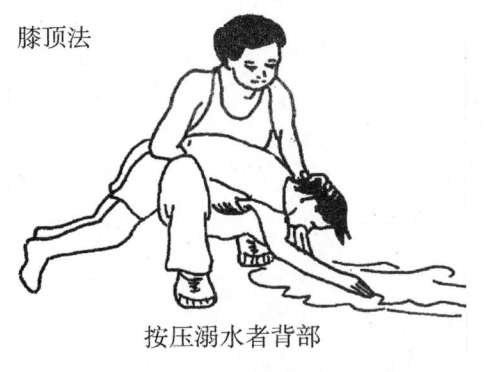

图 13-1 膝顶法

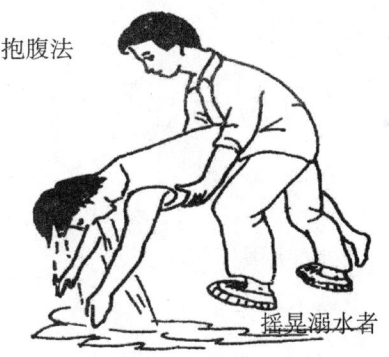

图 13-2 抱腹法

(3) 肩顶法：抱起患者，将其腹部放在抢救者的肩上，然后快走或奔跑倒出其气道内的水，见图 13-3。

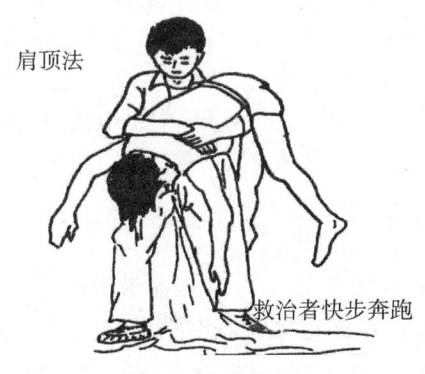

图 13-3 肩顶法

2．**实施有效的心肺复苏** 对呼吸心跳停止者，应立即进行口对口人工呼吸和胸外心脏按压，可参见第二章。

3．**院内进一步抢救** 急诊科接诊到转送来的淹溺患者后，要组织力量进行抢救，重点是维护患者的呼吸与循环功能，必要时进行气管插管、人工呼吸机控制呼吸。继续做好输液治疗，但是，要防治肺水肿和脑水肿。尽早实施心电监护，或转入 ICU 进行全面的脏器功能支持治疗。

4．**药物治疗**

（1）淡水淹溺，可用 3% 高渗盐水静脉滴注；海水淹溺可用 5% 葡萄糖溶液或低分子右旋糖酐静脉滴注。

（2）心力衰竭者，可用毛花苷 C（西地兰）和呋塞米。

（3）肺水肿、脑水肿和出现溶血反应者，可用糖皮质激素。

（4）急性肾衰竭者，可用 20% 甘露醇和呋塞米。

（5）肺部感染者，应选用有效的抗生素。

 问题与思考

淹溺的处理原则。

## 第四节 电击与雷击

电击是指一定电流通过人体致使人体组织损伤和功能障碍，甚至心跳呼吸骤停死亡，俗称触电。雷击是指带大量电荷的云层与云层之间或云层与地面之间在短时间内产生的一种自然放电现象。两者临床表现相似。轻、中度电击患者常有精神紧张、一过性意识障碍、四肢麻木软弱无力。重度电击或雷击患者表现为昏迷、抽搐、心室颤动和呼吸心搏骤停。按电压的高低，电击可分为：低压电击（50～100 V）、中压电击（220～1000 V）、高压电击（大于1000 V）和超高压电击（高达几千万伏特，或雷击）四类。

### 一、病因

人体触及带电的导线、漏电设备的外壳或其他带电体、雷击或电容放电等均可造成电击。如供电线路架设不合要求，电源进线、临时线路、电力设备不单独安装开关和保险丝，雷击、弹片对电力导线的破坏，检修安装电灯或电器时没有拉断开关，日常生活中的意外事故。雷击主要是通过强电流、高热量和冲击波的作用，造成人体电烧伤，组织脏器损伤，甚至颅骨骨折。

### 二、临床表现

主要是局部组织电烧伤和电休克的全身表现。

电流通过人体，会引起麻木感、针刺感、打击感，出现痉挛疼痛、呼吸困难、血压升高、心律失常、心室颤动甚至昏迷。

#### （一）全身表现

轻者出现肌肉收缩疼痛、惊恐、面色苍白、头痛头晕和心悸等。重者，高压电击（如雷击）时，患者出现意识丧失、心跳呼吸骤停。幸存者可有定向力障碍或癫痫样发作，也可发生急性肾衰竭。

#### （二）局部表现

局部皮肤表现严重烧伤，可看到一个电流入口和一个以上的电流出口，一般入口皮肤烧伤范围不大，烧伤较严重，出口烧伤范围较大但程度较轻，组织会炭化呈焦糊状。由电弧或火花烧伤的患儿因衣物燃烧引起大面积皮肤烧伤时，深部组织损伤的范围和程度均较触电轻微。有时因肌肉强烈收缩，可引起骨折、脱位等。

高压电击的严重烧伤多见于电流进出的部位，局部组织炭化、坏死成洞，电击周围烧伤较轻，尚可出现前臂腔隙综合征，引起神经血管受压、脉搏减弱等。少部分可发生骨折或关节脱位。

### （三）并发症和后遗症

（1）严重心律失常。

（2）神经源性肺水肿。

（3）消化道出血。

（4）弥散性血管内凝血。

（5）烧伤创面继发性细菌感染。

（6）视力障碍。

## 三、现场急救

（1）首先尽快脱离电源，用干木棍拨去触电者身上的电线。

（2）脱离电源后，立即检查伤员，如发现心跳呼吸停止，立即进行心肺复苏。

（3）对于已恢复心跳者，不要随意搬动，以免心室颤动再次发生。应该等患者完全清醒或医师到达后再搬动。

## 四、院内抢救

（1）维持呼吸功能：吸氧，必要时进行气管插管，人工呼吸，尽早实施机械通气。

（2）维持循环功能：建立静脉通道，进行心电监护，尽早电击除颤。

（3）严密观察电击伤后继发性出血：尽早发现出血，及时有效止血

（4）严密观察受伤肢体远端的血液循环情况，抬高患肢，如出现肢端冷、发绀、充盈差和严重肿胀时，早期切除焦痂和筋膜切开减压，恢复肢体远端的血液循环。

（5）正确处理创面，尽快清除坏死组织，减少毒素的吸收，减轻中毒症状，促进烧伤创面的修复。

（6）防止厌氧菌感染，可注射破伤风抗毒素、大剂量青霉素。

## 五、预防

（1）学习安全用电知识，加强对小孩的教育，远离电器。不要自行拆装电器。如发现开关、线路、电表等有问题，要及时请专业人员维修。

（2）不要在电线上晒衣服、被褥等。

（3）任何可能接触或被人体接触的电器，均要有良好的接地，并在电路内安装保护器。

（4）遇雷雨天气时，不要站着，要蹲下降低高度，同时两脚并拢减少跨步电压，不要在田野中行走或在大树下避雨。

（5）不要拿金属物品在雷雨中停留，随身所带的金属物品应放在 5 米以外的地方。

（6）雷雨天气出门要穿胶鞋，可以起到良好的绝缘作用。

 问题与思考

1．电击的处理原则。
2．雷击的处理原则。

（陈远华）

# 第十四章

# 急性中毒

 学习目标

掌握急性中毒的诊断及治疗原则。

## 第一节　急性中毒诊断及治疗原则

急性中毒（acute poisoning）是指短时间内或一次超量暴露于某种化学物而造成人体器官的器质性损害，起病急骤，病情险恶，变化迅速，不及时治疗常危及生命，必须尽快作出诊断与急救处理。

在处理急性中毒时要求迅速、及时、准确。临床应遵循以下步骤：①迅速确定诊断，估计中毒程度；②尽快排出尚未吸收的毒物；③对已吸收的毒物，迅速解毒，促进排泄；④积极对症支持治疗。

### 一、诊断

部分患者，通过其本人或陪同者叙述病史，即可确立诊断；而有些必须进一步探索，以取得确切资料。中毒的诊断主要依据毒物接触史和临床表现。初步诊断后，毒物的存在以及毒物对人体的影响，可通过实验室检查加以证明，也可以通过调查中毒现场了解毒物的种类。

（一）病史

采集详尽的中毒病史是诊断的首要环节。重点询问毒物接触史或服药史，生产性中毒应询问职业、工种、生产过程、接触毒物的机会、种类、数量和途径、防护条件、同伴发病情况、中毒人数等；对非生产性中毒，如误服、自杀、他杀等，要了解患者的精神、心理状态、本人或家人常服用的药物等，并调查身边有无药瓶、药袋，家中药物有无缺少等。一般情况下都可了解病史，但有的中毒患者，像自杀者，可能隐瞒病情，小儿不能回答，精神病患者家属不了解，昏迷患者陪同人员不知情等。此时，要让家属或陪同人员尽量搜集中毒现场残留的物品，包括剩余食物、呕吐物、大小便、遗书遗物等。必要时可进行现场调查，进一步了解中毒发生的种类、途径。对群体性呼吸道中毒，尽量了解中毒时空气中毒物的浓度、风向、风速、患者的位置、与毒源的距离、同环境中其他人员的表现等。

（二）临床表现

急性中毒种类多，起病急骤，病情险恶，变化快，作为临床医师，熟悉中毒的临床表

现，有助于作出中毒的早期诊断及判断毒物的种类以有助于迅速采取相应的救治措施。对于突然出现的发绀、呕吐、昏迷、惊厥、呼吸困难、休克、少尿而原因不明者，要考虑急性中毒的可能。

1．呼吸系统表现

（1）呼吸气味：多数有机磷农药、无机磷、砷等有蒜臭味，乙醇、甲醇、异丙醇等醇类化合物有酒味，氰化物有苦杏仁味等。

（2）呼吸加快：引起酸中毒的毒物如水杨酸类、甲醇等。

（3）呼吸减慢：多见于催眠药、地西泮（安定）类药、吗啡中毒，也可见于中毒性脑水肿。

（4）肺水肿：多见于刺激性气体中毒，也可见于磷化锌、有机磷等中毒。

2．皮肤黏膜表现

（1）颜色：亚硝酸盐、苯的氨基和硝基化合物（如苯胺、硝基苯类）、磺胺、非那西丁及各种抑制呼吸引起肺水肿的毒物中毒后会出现发绀；抗胆碱药（如阿托品、洋金华等）、抗组胺药、乙醇会引起潮红；一氧化碳、氰化物中毒引起樱桃红；中毒性肝损害或溶血引起的黄疸，皮肤呈黄色。

（2）灼伤：见于强酸、强碱、甲醛、苯酚、来苏等腐蚀性毒物对皮肤和黏膜的损伤。

（3）湿度：有机磷农药、毒扁豆碱、新斯的明、毛果芸香碱、毒蕈等引起多汗；阿托品、洋金花、抗组胺药、三环类抗抑郁药可引起无汗。

（4）脱发：见于铊、砷、维生素A、硫氰化物等中毒。

3．眼部表现

（1）瞳孔扩大：抗胆碱药、醚及氯仿、抗组胺药、苯丙胺类、可卡因、樟脑、乌头碱、巴比妥类药（后期）。

（2）瞳孔缩小：有机磷农药、毒蕈、氯丙嗪、阿片类、交感神经抑制药、拟胆碱药、巴比妥类药（早期）。

4．神经系统表现

（1）嗜睡、昏迷：见于镇静安眠药、抗组胺药、抗抑郁药、阿片类药、有机磷农药、麻醉剂、有机溶剂等中毒。

（2）谵妄：见于阿托品、乙醇中毒。

（3）肌纤维颤动：见于有机磷农药、氨基甲酸酯类杀虫剂中毒。

（4）惊厥：见于窒息性气体、异烟肼、有机磷农药、拟除虫菊酯类农药中毒。

（5）瘫痪：见于箭毒类、肉毒、蛇毒、可溶性钡盐等中毒。

（6）精神失常：见于二硫化碳、一氧化碳、阿托品等中毒。

5．循环系统表现

（1）心动过速：抗胆碱药、拟肾上腺素类药、甲状腺素、苯丙胺类、三环类抗抑郁药、可卡因、醇类。

（2）心动过缓：有机磷农药、毒扁豆碱、毛果芸香碱、毒蕈、乌头、可溶性钡类、洋地黄类等。

（3）血压升高：拟肾上腺素类、苯丙胺类、有机磷农药（早期）。

（4）血压下降：亚硝酸盐类、氯丙嗪、各种降压药等。

6．泌尿系统表现

（1）尿的颜色：磺胺、毒蕈、酚、斑蝥素中毒为血尿；砷化物、苯胺、硝基苯等致溶血出现葡萄酒色尿；亚甲蓝为绿色尿；苯酚、亚硝酸盐可出现棕黑色尿；安替比林、辛可芬、山道年可出现棕红色尿。

（2）急性肾衰竭：汞、苯酚、磺胺、头孢菌素、蛇毒、毒蕈等中毒可引起急性肾衰竭，出现少尿，甚至无尿。

7. 血液系统表现

（1）溶血性贫血：砷化氢可引起急性血管内溶血。

（2）白细胞减少和再生障碍性贫血：氯霉素、抗癌药等。

（3）出血：杀鼠药、蛇毒、肝素、水杨酸、阿司匹林、氯霉素、抗癌药。

（三）毒物检测

毒物样品的实验室检测是中毒患者诊断的金指标，对治疗有重要作用，可以指导医师进行对症治疗，使患者得到及时救治。毒物分析分为定性分析和定量分析，定量分析是发展的重点。毒物检查主要是采集剩余食物、可疑食物和水样、容器、呕吐物、洗胃液、血、尿、便等并对其做到尽早检测。

但毒物检测有其局限性，毒物种类繁多，新型毒物不断出现，其结果也受到时间、环境影响，因此毒检结果要与病史及临床表现相结合。

## 二、治疗原则

（一）清除未吸收的毒物

1. 经口中毒

（1）催吐：

适应证：简单易行，适用于神志清楚的中毒患者，只要胃内有毒物残留，就应催吐。

禁忌证：昏迷、惊厥、肺水肿、严重的心血管疾病、静脉曲张、进食强腐蚀剂、煤油、汽油等患者忌用；年老体弱、妊娠、高血压、心脏病等患者慎用。

方法：口服适量温水后，用羽毛、手指或压舌板探触咽腭弓和咽后壁使中毒者呕吐，或用500 ml 凉开水加食盐60 g 灌服，连服3～4次，后刺激咽后壁，使患者呕吐，反复多次；也可用吐根糖浆10～20 ml，以少量水送服，15～30分钟后发生呕吐；或阿扑吗啡皮下注射5～10 mg，数分钟后既可发生呕吐。阿扑吗啡是一种强烈的催吐剂，具有兴奋延髓呕吐中心的作用，儿童及严重呼吸抑制患者忌用。

（2）洗胃：

适应证：昏迷和不合作者，应尽早进行，一般服毒后6小时内最有效，对服毒超过6小时以上者，如考虑胃内仍残留毒物也应洗胃。

禁忌证：腐蚀性毒物（如强酸或强碱）中毒者，患有食管静脉曲张、重症心肺疾病及上消化道出血者及惊厥未控制者禁忌。

方法：胃管法、注射器法和洗胃机洗胃法。口服毒物种类未查明时，一般用清水或生理盐水洗胃。洗胃液应反复洗出至液体呈清亮、无味为止。有机磷农药中毒时一般用高锰酸钾溶液与碱性液体 [硫磷中毒者禁用高锰酸钾，美曲膦酯（敌百虫）中毒者禁用碱性液体]。

（3）导泻：

适应证：适用于服毒超过4小时，洗胃后。

方法：常用硫酸镁、硫酸钠、甘露醇等，将其溶于温开水中顿服，或洗胃后从胃管灌入。

一般禁用油类导泻,以免促进脂溶性毒物的吸收。中枢神经系统严重抑制的昏迷患者禁用硫酸镁导泻,因为镁离子对中枢神经系统有抑制作用。

(4)灌肠:

适应证:除腐蚀性毒物中毒外,适用于口服中毒超过6小时以上、导泻无效者及抑制肠蠕动的药物(如巴比妥类、颠茄类、阿片类)的中毒。

方法:用1%的肥皂水500～1 000 ml,连续多次灌肠,促进毒物从肠道排除。

**2. 呼吸道染毒** 立即将患者脱离中毒现场,搬至上风或侧风方向,使其呼吸新鲜空气,并清除呼吸道分泌物或异物,保持气道通畅。

**3. 皮肤染毒** 立即脱去污染衣服,以碳酸氢钠、肥皂水或大量温水反复洗净皮肤表面的毒物。特别注意毛发、甲床及皮肤皱褶处;如毒物溅入眼内,立即用清水冲洗20分钟以上;毒蛇咬伤者,应迅速捆扎伤口近心端,并彻底冲洗伤口及周围皮肤,清除伤口内可能存留的毒牙,反复冲洗,挤出伤口中残存的毒液;如有创面,应将创面洗净,敷药、包扎。

(二)清除已吸收的毒物

**1. 利尿** 适用于中毒患者肾功能良好或损害不严重且所吸收毒物可经肾排除者。如磺胺类、溴化物、苯丙胺类、水杨酸类、苯巴比妥、醇类等中毒。

方法:大量饮水或静脉输液(每小时200～400 ml)可稀释毒物的浓度,增加尿量,加速毒物的排出。同时也可用渗透性利尿剂,如20%的甘露醇125～250 ml,快速静脉点滴,或呋塞米20～40 mg,静脉注射。

**2. 血液净化**

(1)血液透析:适用于清除巴比妥类药、水合氯醛、苯妥英钠、异丙嗪、甲醇、乙醇、乙二醇、水杨酸盐类、对乙酰氨基酚(扑热息痛)等。

(2)血液灌流:适用于巴比妥类药、地西泮、水合氯醛、扑热息痛、水杨酸类、阿米替林、多塞平(多虑平)、甲氨蝶呤、洋地黄类、异烟肼、有机磷农药、有机氯农药、百草枯、毒蕈毒素等。

(3)血浆置换:适用于清除与血浆蛋白结合率高,不易被血液透析或血浆灌流清除的毒物。

(三)解毒剂的应用(http://baike.baidu.com/view/1311114.htm - #)

**1. 一般解毒剂** 活性炭或0.2%～0.5%活性炭混悬液(为强吸附剂),结合洗胃进行,可阻滞毒物吸收,适用于很多中毒者。如强酸中毒者,口服铝碳酸镁、镁乳、氢氧化铝凝胶等;强碱食物中毒者,口服1%醋酸,稀释的食醋、柠檬水、橘子水。

**2. 特殊解毒剂**

(1)金属中毒解毒药:①依地酸二钠:用于治疗铅中毒;用法:每日1g加入5%葡萄糖250 ml中稀释后静脉滴注,用药3天为一疗程,休息3～4天后可重复使用;②二巯基丙磺酸钠:用于治疗汞、砷中毒,对铬、铋、铅、铜、锑化合物(包括酒石酸锑钾)中毒均有疗效;用法:5%溶液2～3 ml肌内注射,以后每次1～2.5 ml,每4～6小时一次;1～2天后,每次25 ml,每日1～2次,共1周;③二巯丙醇:用于治疗砷、汞中毒;用法:急性砷中毒,第1～2天2～3 mg/kg,每4～6小时一次,肌内注射;第3～10天,每日2次;④二巯丁二钠:用于治疗锑、铅、砷、汞铜中毒;用法:每日1～2 g静脉滴注或肌内注射,连用3天,停药4天为一疗程。

(2)高铁血红蛋白血症解毒药:亚甲蓝(美蓝)用于治疗亚硝酸盐、苯胺、硝基苯等中毒引起的高铁红蛋白血症；方法：用1%亚甲蓝5～10 ml（1～2 mg/kg）稀释后静脉注射，如有必要，可重复使用。注意：药液注射外渗时易引起坏死。使用大剂量时（大于10 mg/kg）效果相反，可产生高铁红蛋白血症。

（3）氰化物中毒解毒药：亚硝酸盐-硫代硫酸钠法机制：适量的亚硝酸盐使血红蛋白氧化，产生一定量的高铁血红蛋白；后者与血液中氰化物形成氰化高铁血红蛋白，高铁血红蛋白还能夺取已与氧化型细胞色素氧化酶结合的氰离子；氰离子与硫代硫酸钠作用，转变为毒性低的硫氰酸盐排出体外；用法：立即给亚硝酸异戊酯吸入，3%亚硝酸钠溶液10 ml缓慢静脉注射，随即用25%硫代硫酸钠50 ml缓慢静脉注射。

（4）有机磷农药中毒解毒药：阿托品、长托宁（盐酸戊己奎醚注射液）可拮抗M-胆碱受体，解除毒蕈碱样中毒症状；适应证为有机磷农药中毒，氨基甲酸酯类农药中毒。氯解磷定为胆碱酯酶复能剂，恢复中毒胆碱酯酶的活性。解磷注射液可拮抗M-、N-胆碱受体及中毒胆碱酯酶复能。

（5）中枢神经抑制剂解毒药：① 纳洛酮：为吗啡受体拮抗剂，是阿片类麻醉药的解毒药，对麻醉镇痛药引起的呼吸抑制有特异的拮抗作用；近来发现其对急性酒精中毒有催醒作用，有人试用于其他镇静催眠药地西泮（安定）等中毒，也取得一定效果；② 氟马西尼：是苯二氮卓类中毒的拮抗药。

**（四）支持治疗**

许多毒物目前尚无有效解毒剂，对症支持治疗很重要，可帮助危重患者度过危险期，重要的在于保护生命脏器，使其恢复功能。急性中毒患者应卧床休息，保暖。应密切注意观察患者的神志、呼吸、循环等状况并给予相应处理。

（彭晓波　邱泽武）

## 第二节　急性药物中毒

### 一、镇静催眠药物中毒

镇静催眠药物中毒是急诊最多见的中毒类型。目前最常用的镇静催眠药物包括苯二氮卓类、巴比妥盐和其他镇静催眠药。常用的苯二氮卓类药物包括地西泮、艾司唑仑、劳拉西泮、三唑仑、阿普唑仑以及咪达唑仑。巴比妥盐根据起效时间不同可分为速效、短效、中效、长效四类，口服药使用逐渐减少，常用的有司可巴比妥和苯巴比妥。目前应用逐渐增多的其他类型的镇静催眠药有佐匹克隆和唑吡坦。还有少数抗组胺药物作为非处方催眠药使用。苯二氮卓类药物中毒最为常见，但致死亡的病例并不多。镇静催眠药物致死性的不良反应是呼吸抑制，如中毒后没有及时发现及就诊，则可能死于呼吸抑制。

**（一）药理作用**

苯二氮卓类药物通过增强γ-氨基丁酸（GABA）抑制作用产生镇静、催眠、抗焦虑及抗惊厥作用。巴比妥盐则抑制所有的兴奋性细胞的活性。临床应用日渐增多的佐匹克隆和唑吡坦结构上不同于苯二氮卓类药物，作用于特定的苯二氮卓类受体，产生镇静催眠作用。而非处方的安眠药成分多为苯海拉明，通过竞争性拮抗$H_1$组胺受体产生镇静作用。其他不同药理作用的镇静催眠药物的使用频率较低,不做赘述。

### (二)临床表现

主要表现为意识状态改变,嗜睡、昏睡,严重中毒的患者出现昏迷。呼吸减慢(苯二氮䓬类巴比妥盐)、表浅、不规则,严重者出现缺氧的症状体征。心血管系统功能减退在苯二氮䓬类药物中毒者不多见,但在巴比妥盐中毒者常见,表现为低血压、心动过缓、出汗、尿少。单纯镇静催眠药物中毒的其他表现少见。

### (三)体格检查

一般状况:主要检查意识水平和呼吸状况。

生命体征:低体温、呼吸抑制和低血压。

头面五官:注意检查瞳孔、眼动和眼震。

心脏:主要检查心律。

肺:肺水肿表现。

神经系统:反射检查。

### (四)急诊处理路径和特效解毒剂(图14-1)

初始处理:评估呼吸及神志状态,保持气道通畅,监测生命体征,警惕合并其他中毒的可能性(酒精、其他药物或毒物)。

血清药物浓度检测是确诊镇静催眠药物中毒的最重要的检查,但是根据血药浓度水平并不能准确判断中毒程度。酒精常常导致与服药剂量不成比例的镇静深度,因此在接诊可疑中毒患者时,不但要留取血样进行毒物检查,也要同时测定酒精中毒程度。

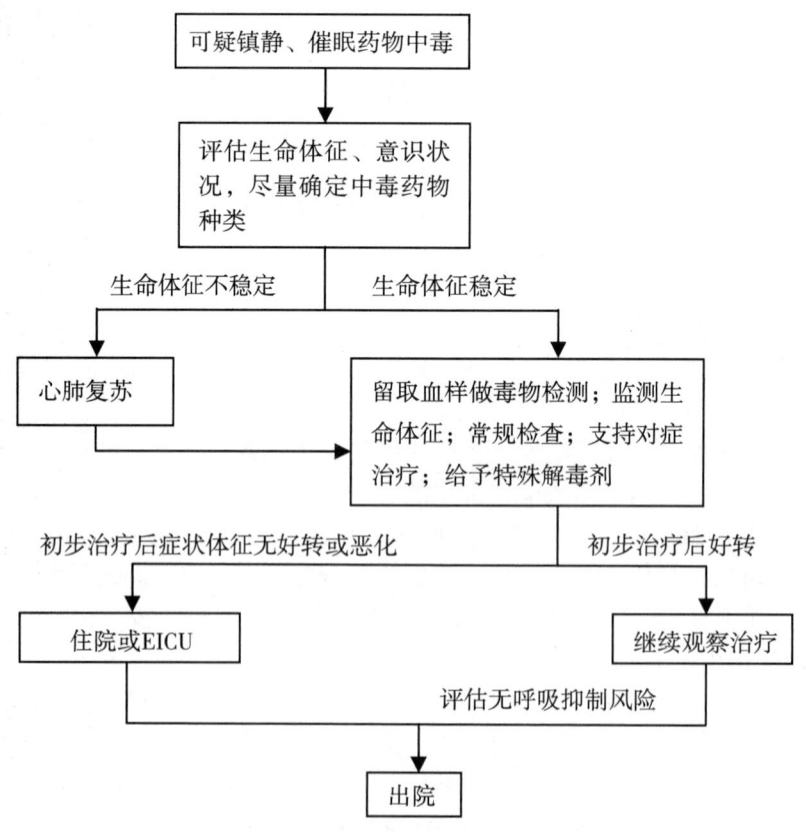

图14-1 镇静催眠药物中毒的急诊处理路径

对症支持是治疗镇静催眠药物中毒的最基本的也是最重要的治疗方法。可以考虑服用活性炭以减少药物吸收。血液净化对于多数镇静催眠药物无明显效果。

巴比妥盐没有特效的解毒剂。但是阿片受体拮抗剂纳洛酮可用于促醒及缓解呼吸抑制。用法：纳洛酮 0.4～0.8 mg 肌内注射或静脉注射，10～15 分钟可重复使用相同剂量，如果无改善，可加大剂量。成人最大剂量每日可达 2 mg，12 岁以下的儿童以 0.2 mg 为宜。

苯二氮䓬类的特殊拮抗药物是氟马西尼，目前在多数中、大型医院均可获得。氟马西尼也可用于严重的佐匹克隆或唑吡坦中毒，但资料显示有诱发癫痫的可能性，在临床使用中需要慎重评估利弊。另外，对于长期使用苯二氮䓬类药物的患者，或者同时有环类抗抑郁药物过量的患者，使用氟马西尼也有诱发癫痫的可能。因此，氟马西尼应用于高度选择的病例，例如，幼儿意外中毒，或者镇定过程中苯二氮䓬意外过量。需要特别注意的是，在使用氟马西尼的过程中仍然具有呼吸抑制的风险，需要严密监测呼吸和氧合状况。

氟马西尼用于逆转苯二氮䓬过量的使用方法：首剂静脉推注 0.3 mg，如果在 60 秒内没有达到需要的清醒程度，可以重复相同剂量，直到患者清醒，或总量达到 2 mg。如果患者再度昏睡，可以以 0.1～0.4 mg/h 的速度持续静脉滴注，滴注的速度根据需要的清醒程度进行调整。用药时需要警惕出现戒断症状，如果出现兴奋体征，可缓慢静脉推注地西泮（安定）5 mg 或咪达唑仑 5 mg，并调整氟马西尼的使用剂量。

抗组胺药物过量理论上可以使用组胺逆转，但是临床罕有组胺制剂，因此治疗仍然以支持对症治疗为主。

### （五）患者流向

轻症患者可以在急诊治疗，需要确认中毒药物的半衰期以决定留观时间（表 14-1），避免出院后再次发生呼吸抑制。重症患者紧急抢救后需要住院治疗。

表 14-1 常用镇静催眠药物的峰值及半衰期

| 通用名称 | 常见商品名 | 口服峰值（小时） | 半衰期（小时） |
| --- | --- | --- | --- |
| 阿普唑仑 | 安宁神、佳静安定、佳乐定 | 1～2 | 12～15，老年人 19 |
| 氯氮䓬 | 利眠宁、力勃龙 | 4 | 5～30 |
| 氯硝西泮 | 氯硝安定、理福全 | 1～2 | 26～49 |
| 地西泮 | 安定 | 0.5～2 | 20～70 |
| 艾司唑仑 | 舒乐安定 | 3 | 10～24 |
| 劳拉西泮 | 罗拉 | 2 | 12～18 |
| 咪达唑仑 | 力月西 | 0.5～1.5 | 1.5～2.5 |
| 三唑仑 | 海尔神、海乐神 | 1～2 | 1.5～5.5 |
| 司可巴比妥 | 速可眠 | 0.5 | 20～28 |
| 苯巴比妥 | 鲁米那 | 2～18 | 50～144 |
| 唑吡坦 | 思诺思 | 0.5～3 | 0.7～3.5 |
| 佐匹克隆 | 忆梦返 | 1.5～2 | 5～7 |

## 二、解热镇痛药物中毒

### （一）对乙酰氨基酚（扑热息痛）中毒

1．**毒理学** 对乙酰氨基酚进入体内后主要经肝代谢，一部分在细胞色素 $P_{450}$ 参与下代谢成为有毒的中间产物 N-乙酰-p-苯醌亚胺。在服用治疗剂量的对乙酰氨基酚时，肝的谷胱甘肽与有毒产物结合而解毒，过量服用则使谷胱甘肽大量消耗，有毒产物与肝细胞结合导致血细胞损伤和坏死，并可引起肾损害、心肌坏死和急性胰腺炎等。

2．**临床表现** 典型症状分为4期：

（1）服药后24小时内出现厌食、恶心、呕吐、出汗和嗜睡。

（2）服药后24～72小时，自觉症状减轻，但可出现肝功能异常，转氨酶升高。

（3）3天后发生肝坏死、肝性脑病、心肌损害和肾衰竭，出现呕吐、右上腹痛、黄疸、出血、昏迷、转氨酶、胆红素升高，血糖降低，凝血酶原时间延长，可并发弥散性血管内凝血、急性胰腺炎或心肌炎，可因多脏器功能衰竭而死亡。

（4）如果没有出现肝损害，中毒者于3天后症状缓解，肾功能恢复需要2～3周。

3．**诊断**

（1）病史：服用过量对乙酰氨基酚或含有对乙酰氨基酚的解热镇痛复方制剂。

（2）临床表现：早期出现厌食、恶心、呕吐、出汗和嗜睡，随后出现肝肾功能异常，大剂量可发生肝坏死、肝性脑病、心肌损害和肾衰竭。

（3）实验室检查：血清转氨酶、胆红素升高，血糖降低，凝血酶原时间延长，血尿、蛋白尿、少尿、无尿。

（4）药物浓度检测：血液对乙酰氨基酚浓度明显升高。

4．**治疗**

（1）清除毒物：

1）对服用过量药物6小时内未出现呕吐的患者，立即予以催吐；用1∶10 000高锰酸钾溶液洗胃；灌服50%硫酸钠溶液50 ml导泻。

2）血液透析和血液灌流可清除体内的药物和代谢毒物，应尽早进行，特别是对于肝肾功能出现损害的患者。

（2）解毒治疗：解毒药物主要选用N-乙酰半胱氨酸，服药后10小时内给予N-乙酰半胱氨酸能有效预防肝损害的发生，16小时后效果较差，24小时后无效。因此，解毒治疗不能迟于服药后12小时。N-乙酰半胱氨酸颗粒或泡腾片用饮料融化后口服或经鼻饲管灌入，首次剂量为140 mg/kg，以后每4小时给予70 mg/kg，服用17个剂量，即72小时内总量达到1 330 mg/kg。如果口服N-乙酰半胱氨酸后呕吐明显，可改用注射用剂静脉注射，首次剂量为150 mg/kg，随后4小时给予50 mg/kg静脉滴注，再随后16小时给予100 mg/kg静脉滴注，20小时内总量达到300 mg/kg。需要注意的是：静脉注射N-乙酰半胱氨酸有潮红、低血压、支气管痉挛、血管性水肿及血小板减少等不良反应。活性炭可吸附N-乙酰半胱氨酸，所以洗胃后不主张灌服活性炭，如服药量大，必须使用活性炭，应增加N-乙酰半胱氨酸的剂量。

（3）对症支持治疗：

1）补液，利尿，维持水、电解质、酸碱平衡。

2）纠正低血糖。

3）对于有出血倾向的患者，给予维生素 $K_1$ 10 mg 静脉注射，每日 3 次。

（二）阿司匹林中毒

1．**毒理学**　水杨酸盐经胃肠道以原形迅速吸收，30 分钟内血液中即可检测到，1 小时内可吸收服药量的 2/3，2~4 小时达峰浓度。当摄入大剂量或服用肠溶胶囊时，血液浓度可持续升高超过 12 小时。

水杨酸盐主要通过线粒体氧化磷酸化解耦联，干扰有氧代谢，发挥毒性作用，导致代谢性酸中毒。此外，水杨酸盐刺激延髓呼吸中枢，早期出现过度通气，引起呼吸性碱中毒。水杨酸盐中毒可导致严重的钾丢失，主要原因包括：水杨酸盐刺激延髓化学感受器催吐感受区，引起呕吐、呼吸性碱中毒的代偿反应和肾排泄增加。

2．**临床表现**　早期症状包括耳鸣、听力下降、过度通气、呕吐、脱水和高热。阿司匹林引起的过度呼吸可表现为呼吸深度增加而非频率增快。成人阿司匹林中毒常见过度通气，可引起呼吸性碱中毒，幼儿更易出现代谢性酸中毒。呕吐常发生在服药后 3~8 小时。过度通气、呕吐及高热可引起严重脱水。严重情况下可出现肺水肿、脑水肿。

（1）轻度中毒：轻到中度呼吸深快，耳鸣，有时伴嗜睡。

（2）中度中毒：严重呼吸深快，明显嗜睡或兴奋。

（3）重度中毒：严重呼吸深快，昏迷，有时伴惊厥。

3．**诊断**

（1）病史：有明确的服用过量阿司匹林的病史。

（2）临床表现：出现呼吸深快及意识改变。

（3）实验室检查：血气分析示呼吸性碱中毒或代谢性酸中毒。

（4）药物浓度检测：血液水杨酸盐浓度明显升高。服药后 6 小时或以上应检测水杨酸盐浓度，第二次检测应在第一次检测后 2 小时进行。如果第二次浓度高于第一次，则应连续监测水杨酸盐浓度，以观察药物代谢情况。

4．**治疗**

（1）清除毒物：

1）碱化尿液：对于水杨酸盐浓度 > 35 mg/dL 或严重酸碱失常的患者，碱化尿液有益。在 1~2 小时内输入碳酸氢钠 1~2 mmol/kg，根据血和尿 pH 值调整剂量，将尿 pH 值控制在 7.5~8.0。

2）血液透析：急性中毒患者血水杨酸盐浓度 > 100 mg/dL，慢性中毒患者血水杨酸盐浓度 > 50 mg/dL，昏迷，出现肝衰竭或肾衰竭、肺水肿、严重酸碱平衡失常。以上情况适合进行血液透析治疗。

（2）对症支持治疗：

1）由于高代谢状态，中毒患者早期发生脱水，需静脉补液。根据患者体液实际丢失量确定补液量，维持尿量在 2~3 ml/(kg·h)。

2）监测血糖浓度，纠正低血糖。

3）纠正低钾血症。

## 三、三环类抗抑郁药物中毒

抗抑郁药物是用来治疗患者情绪消极、抑郁的药物。临床使用的抗抑郁的药物包括三环类抗抑郁药物（抑制 NA、5-HT 再摄取的药物）、NA 再摄取抑制剂、5-HT 再摄取抑制剂和其他抗抑郁的药物。比较常见的三环类抗抑郁药物因其药物结构中含有两个苯环和一个杂环而得名，常用的药物种类有多塞平、阿米替林、丙咪嗪等。儿童误服或抑郁症患者有意过量服用均可引起中毒。

### （一）药理毒理

神经递质通过再摄取进入神经元末梢是神经递质灭活的重要机制。三环类抗抑郁药物属于非选择性单胺摄取抑制剂，即主要作用为：抑制神经末梢部位对去甲肾上腺素、5-羟色胺和多巴胺递质的再摄取，进而增加这些递质在神经末梢突触间隙的浓度，抑制 $H_1$ 受体、M 受体、$α_1$ 受体、$α_2$ 受体、多巴胺受体和 5-羟色胺受体的作用，出现中枢性及外周性抗胆碱、抗心血管与抗组胺的作用。不良反应会有口干、便秘、排尿困难、视力模糊、心悸、疲乏、肌震颤、体位性低血压等。

### （二）药物间相互作用

三环类抗抑郁药物在血液中与血浆蛋白结合，而服用药物苯妥英钠、保泰松、阿司匹林等，能够与其竞争与血浆蛋白的结合。三环类抗抑郁药物能够抑制去甲肾上腺素的摄取，而单胺氧化酶抑制剂能够减少去甲肾上腺素的灭活，所以这两种药物合用可能会引起血压明显升高，甚至高热和惊厥；而与抗精神病药物、抗帕金森病药物合用时因其增强中枢性抑制药物的作用，它们的抗胆碱能作用可以相互增强；另外，它们与抗胍乙啶和可乐定合用会对其降压作用产生影响。

### （三）药代动力学

丙咪嗪口服吸收良好，2～8小时血药浓度达到高峰，血浆半衰期为10～20小时；在体内广泛分布，其中以心、脑、肝、肾分布较多；主要在肝内代谢，通过氧化变成 2-羟基代谢物，并与葡萄糖醛酸结合后自尿液排出。阿米替林口服后可以稳定地从胃肠道吸收，但剂量过大可延缓吸收；血浆半衰期为9～36小时；在肝生成活性代谢产物去甲替林，最终代谢物以游离或结合方式从尿液排出。

### （四）临床表现

（1）中枢神经系统症状：三环类抗抑郁药中毒患者会出现精神兴奋、情绪激动、定向力障碍、谵妄甚至嗜睡、昏迷等症状。由于其抗胆碱能作用还会出现肌肉抽搐或阵挛、惊厥等症状。也有患者出现急性肌张力异常、静坐不能等椎体外系反应。

（2）心血管系统症状：出现低血压，或者血压先升高后降低，心肌损害及各种心律失常常见，如心动过速、室上性心动过速，严重者可出现房室传导阻滞、室性心动过速、心房纤颤甚至心室纤颤，甚至心脏停搏，可致死亡。

（3）抗胆碱能作用：口干、少汗或无汗、体温升高、瞳孔扩大、视物模糊、尿潴留、便秘、谵妄甚至昏迷等。

### （五）诊断

（1）病史：有抑郁症病史或有服用过量三环类抗抑郁药物史。

（2）临床表现：有三环类抗抑郁药物过量的临床表现，有中枢神经系统症状，如谵妄、定向力障碍、嗜睡甚至昏迷等；心血管系统：血压降低、心律失常；抗胆碱能症状：口干、皮肤干燥、瞳孔扩大等。

（3）药物检测：对呕吐物、洗胃液、尿液和血液中的三环类抗抑郁药进行定量分析。

### （六）治疗

（1）清除毒物：

1）催吐、洗胃：对了诊断明确、服用过量药物 12 小时未发生呕吐的患者，应立即予以催吐、洗胃。三环类抗抑郁药物在胃内排空延迟，在肠道内也吸收缓慢，对于 12 小时内的中毒患者，仍然应该争取予以洗胃措施，以求尽可能排除胃内残留的药物，可考虑利用 1∶10 000 的高锰酸钾溶液洗胃。洗胃后可由胃管注入 50～100 g 活性炭悬浮液，并灌服 50% 硫酸钠溶液 50 ml 导泻。

2）血液灌流：对严重中毒者可采用血液灌流方法清除血中药物，血液流过装有活性炭或树脂的灌流柱，毒物被吸附后，再将血液输回患者体内。血液的正常成分如血小板、白细胞、凝血因子、葡萄糖等在灌流过程中也能被吸附排除，因此，要认真检测并给予必要的补充。利尿和血液透析的效果不佳。

（2）对症支持治疗：

1）对就诊时出现昏迷和呼吸抑制的患者，应保持其呼吸道通畅，予以吸氧，必要时进行气管插管、机械辅助通气。

2）心律失常的治疗：①对于室性心动过速和室上性心动过速的患者，可以应用催醒宁 5～10 mg 肌内注射，效果不明显者可在 30 分钟后重复半量，以后每 1～2 小时间断给药一次，根据病情逐渐减量至停药；②室性心律失常：首选利多卡因，同治疗一般性室性心律失常的剂量相同，伴有低血压时应立即行同步直流电复律；③心动过缓，心率低于 40 次 / 分时，可行体外心脏起搏；④碱性药物能减轻本药物的心脏毒性，静脉滴注 5% 碳酸氢钠 100 ml，以后每 2～4 小时重复半量，使血液 pH 值达到 7.45～7.55，同时注意纠正低血钾；⑤慎重使用异丙肾上腺素，禁用奎尼丁、普鲁卡因胺和丙吡胺。

3）患者出现惊厥时用地西泮 10～20 mg 静脉注射，0.5～1 小时重复一次；或者苯妥英钠 0～15 mg/kg 静脉滴注或缓慢静脉注射。慎用巴比妥类药物，因可加重呼吸抑制。

4）其他对症支持治疗的方法：①纠正低血压：利用晶体液或胶体液积极扩容，并利用去甲肾上腺素等升高血压的药物，去甲肾上腺素主要兴奋 α 受体，对心脏影响较少；②维持水、电解质及酸碱平衡；③防治肺水肿：地塞米松 10～20 mg 静脉注射，每天 2～3 次；④降温：对高热患者采用物理降温，忌用人工冬眠。

（何新华）

## 四、锂剂中毒

锂（Li）是一种银白色的金属元素，质软，是密度最小的金属，可用于药物、电池、制陶瓷、催化剂等。锂对中枢神经活动有调节作用，能镇静、安神、控制神经紊乱，是治疗急性躁狂症和躁狂 - 抑郁病预防性管理的最有效措施。在临床上最常用的是碳酸锂（$Li_2CO_3$）。碳酸锂有明显抑制躁狂症作用，是临床最常用的抗躁狂药，可以改善精神分裂症的情感障碍，有效控制狂躁症发作，其作用机制可能与其抑制脑内神经突触部位去甲肾上腺素的释放并促进再摄取、使突触部位去甲肾上腺素含量减低有关；其还可促进 5-HT 合成，使后者含量增加，有助于情绪稳定。

液态锂有腐蚀性，可引起皮肤灼伤并经破损的皮肤进入人体。锂盐粉尘易经呼吸道吸收。碳酸锂口服易吸收，30 分钟～2 小时可达到血液浓度高峰；吸收后分布到全身组织，95% 以上以原形经肾排泄，其排泄速度随体内钠离子浓度增加而加快；血浆半衰期约为 24 小时，人体内的锂离子可使内分泌及代谢发生变化。急性中毒时可影响中枢神经系统去甲肾上腺素的释放和转运，使相应受体周围的去甲肾上腺素水平降低，导致脑病综合征。高浓度锂作用于肾，损伤肾曲小管，使其变性坏死，严重者可致肾衰竭。碳酸锂还可使血糖升高、甲状腺功能减低、甲状腺肿大等。其急性中毒主要死因为肾衰竭，其次为严重心律失常引起的循环衰竭。

（一）临床表现

1. **神经系统症状**　轻度中毒有头晕、乏力、轻微震颤，脑电图有可逆性改变，重者出现共济失调、言语不清、神经错乱、肌肉震颤、腱反射亢进甚至癫痫发作，脑电图有可逆性改变。中度中毒有全身性震颤、软弱无力、共济失调、眩晕、耳鸣、发音不清、吞咽困难、失眠等；重度中毒除中度中毒症状外，还有意识模糊、构音障碍、腱反射亢进、锥体外系反应、癫痫样发作、精神错乱、昏迷、血压下降，甚至休克。

2. **心血管系统症状**　可出现低血压、心律失常、心肌炎、心包炎、休克等，心电图提示 PR 及 QT 间期延长，QRS 波增宽，T 波异常等，也可出现过敏性血管炎。

3. **肾损害**　可出现肾浓缩功能损害，肾小管酸中毒，中度中毒可有多尿、蛋白尿，重度中毒有少尿、无尿，也可出现肾源性尿崩症，发生急性肾衰竭。

4. **消化系统症状**　可出现恶心、呕吐、腹痛、腹泻、口渴等。

5. **呼吸道症状**　接触氢化锂、氢氧化锂烟气可刺激上呼吸道，引起呼吸道刺激症状，浓度达到 $0.5 \sim 1$ mg/m$^3$ 可引起咽炎、鼻炎及支气管炎。

6. **其他症状**　除以上症状外，有些患者还可能出现全身乏力、脱发、痤疮样皮疹、皮肤麻木及弥漫性甲状腺肿大等。白细胞及中性粒细胞增多。妊娠期应用可引起胎儿畸形。皮肤接触液态锂、氢化锂、氢氧化锂及氧化锂可引起皮肤灼伤。

（二）诊断

(1) 有过量摄入本品史。

(2) 上述典型临床表现。

(3) 实验室检查：如长期应用碳酸锂，必须对血中药物浓度进行定期监测，末次服药后 12 小时的血药浓度与临床中毒症状相关性较好。治疗浓度为 $0.6 \sim 1.0$ mmol/L，大于 1.5 mmol/L 则不良反应增多，大于 2.0 mmol/L 可出现严重毒性反应，大于 4.0 mmol/L 可引起死亡。

（三）治疗

(1) 清除未吸收毒物：口服药物中毒者应立即以生理盐水催吐、洗胃，并用硫酸钠导泻。

(2) 清除已吸收毒物：静脉输注葡萄糖生理盐水等液体，促进肾排泄；对于脱水、低钠等原因使肾小球滤过率降低者，静脉输注生理盐水能有效增加锂剂的排泄。无明显呕吐的患者也可饮用盐水以促进排泄。重度中毒患者可应用血液透析，降低血锂浓度，应尽早应用。

(3) 呼吸道吸入锂剂烟气引起的呼吸道刺激症状：应立即脱离接触、休息，必要时吸氧、口服地塞米松 1.5 mg，每日 3 次，连用 $3 \sim 5$ 天。

(4) 皮肤灼伤：应按碱烧伤处理，可用 $2.5\% \sim 3\%$ 硼酸溶液冲洗，然后湿敷，形成溃疡后涂 5% 硼酸软膏。

(5) 支持治疗：监护并维持生命体征稳定，吸氧，纠正脱水，积极纠正水电解质紊乱和酸中毒。对出现惊厥的患者可给予巴比妥类药物止惊。

## 五、阿片类药物中毒及戒断综合征

阿片类药物是从阿片（罂粟）中提取的生物碱及其体内外的衍生物，包括阿片、吗啡、可待因、复方樟脑酊和罂粟碱等，以吗啡为代表（阿片含10%的吗啡）。吗啡对中枢神经系统的作用为先兴奋，后抑制，以抑制为主；首先抑制大脑皮层的高级中枢，进而影响延脑，抑制呼吸中枢和兴奋催吐化学感受区；同时可以引起欣快感，使人感到精神愉快、舒适，诱使患者重复用药，产生依赖。

一次大量误用或频繁使用阿片类药物可致中毒。吗啡中毒量成人为 0.06 g，致死量为 0.25 g；可待因的毒性为吗啡的 1/4，中毒剂量为 0.2 g，致死量为 0.8 g。原有慢性病的患者，如肝病、肺气肿、支气管哮喘、贫血、甲状腺或慢性肾上腺皮质功能减退等患者更易发生中毒。与含乙醇饮料同服，即使治疗剂量也有发生中毒的可能。巴比妥类及其他中枢抑制剂与本类药物均有协同作用，合用时要谨慎。应用肌松剂者对本品的呼吸抑制作用更敏感。

### （一）临床表现

阿片类药物口服过量症状多在 0.5～1.0 小时出现，静脉注射后症状立刻出现。

轻度急性中毒有头痛、头晕、恶心、呕吐、兴奋或抑郁，患者有幻想、失去时间和空间感，并可有便秘、尿潴留及血糖增高、血压下降和脉搏减慢。

重度急性中毒可有昏迷、针尖样瞳孔和高度呼吸抑制三大特征。当脊髓反射增强时，常常出现惊厥、牙关紧闭和角弓反张，进而出现呼吸麻痹、体温下降、瞳孔扩大。重症患者多于 6～12 小时死于呼吸麻痹。超过 12 小时者，常有呼吸道感染并发肺炎；超过 48 小时存活者，预后良好。

### （二）诊断

(1) 有故意或误服过量阿片类药物史或吸毒史。

(2) 有上述临床表现，尤其是昏迷、针尖样瞳孔、呼吸抑制三大征象。

(3) 血、尿和胃内容物及残留药物检测出阿片类药物。

### （三）治疗

1. **清除毒物** 对口服中毒者尽快予以催吐或洗胃（活性炭混悬液或高锰酸钾溶液）。由于阿片类可引起幽门痉挛，胃排空延缓，即使对于中毒较久的患者，仍应予以洗胃。继而直肠灌入活性炭混悬液、硫酸钠或甘露醇导泻。对重度中毒患者也可同时予以血液透析和血液灌流治疗。

2. **保持呼吸道通畅** 给予吸氧，酌情使用呼吸兴奋剂，维持呼吸功能；必要时应用呼吸机辅助呼吸。

3. **特效解毒药** 纳洛酮是阿片类受体拮抗剂，与阿片受体的亲和力大于阿片类药物，能阻止阿片类药物与受体结合，用药后可迅速逆转阿片类药物引起的昏迷、呼吸抑制、瞳孔缩小等，适用于阿片类药物中毒的诊断与救治。用法为：纳洛酮每次 0.4～0.8 mg，肌内注射或静脉注射，必要时重复 1～2 次。若重复 3 次仍未见效，应考虑诊断错误。纳洛酮作用时间为 45～90 分钟，呼吸好转后采用间断静脉注射或静脉滴注维持，并根据病情调整剂量。注意对阿片吸毒者的开始用量要低于一般人用量，以免引起严重的戒断症状。

4. **对症支持治疗** 监测患者生命体征，保温，及时处理心脏和循环衰竭，维持水、电解质和酸碱平衡，输液，利尿，促进药物排泄等。

（四）戒断综合征

戒断综合征指停用或减少精神活性物质的使用所致的综合征，临床表现为精神症状、躯体症状或社会功能受损。精神活性物质指来自体外、影响大脑精神活动并导致成瘾的物质，包括酒精、阿片类、镇静催眠药、抗焦虑药、中枢兴奋剂、致幻剂等。其中，以阿片类物质的成瘾性最大。

连续应用阿片类药物数次后停药，在停药后8～16小时开始，24～48小时内达到高峰。患者可出现交感神经功能亢进表现：流泪、流涕、出汗、瞳孔缩小、毛发竖立、血压升高、心跳加快、体温上升等；副交感功能亢进表现：呕吐、腹痛、腹泻等；精神兴奋性增强、惊恐不安、失眠、肌肉震颤、打哈欠等，并会不择手段获取本药。

如母亲滥用阿片类药物，新生儿可也出现戒断综合征，如出现呕吐、便秘、惊厥，或导致新生儿呼吸抑制。

（五）戒断综合征的处理

1．**戒断药物**　戒断可采取剂量递减的方法，也可换用成瘾性较弱的药物替代，如美沙酮替代疗法，此法易被患者接受，但美沙酮本身也有依赖性。我国自2004年起已开展社区美沙酮维持治疗试点。

2．**戒断症状的处理**　患者有失眠、焦虑等情绪时，可应用镇静药，如奋乃静、氯丙嗪等；焦虑反应明显时，适量应用抗焦虑药，如艾司唑仑、地西泮等；对有震颤、谵妄的患者，可给予地西泮或劳拉西泮；对出现癫痫发作者，可给予苯妥英钠。必要时给予支持疗法，如大量B族维生素、维生素C、烟酸、补液、纠正电解质紊乱等。

3．**加强心理治疗**　经常鼓励支持患者坚持治疗，树立患者信心，鼓励患者参加各项文体活动，转移其注意力。指导其出现症状后进行自我调节。

4．**预防**　预防比治疗更重要。为了预防药物依赖的形成，医师开处方时要注意产生药物依赖的可能性，阿片类药物不宜长期使用，临床上更不能作为安慰剂使用。

# 第三节　急性工业毒物中毒

工业毒物中毒是工业生产过程中，由于接触生产性毒物而引起的中毒。冶金、机械、电子、化工、矿业、交通运输、建筑以及军事工业等，在生产过程中的原料、辅助剂、中间体、成品、副产品、杂质和废弃物等，往往产生一些有毒物质，称为工业毒物，其种类很多，且经常几种毒物同时存在。工业毒物包括：①金属、类金属及其化合物，如汞、铅、砷、钡等；②刺激性气体，如氮氧化合物、氨气、氯气等；③窒息性化合物，如氰化物、一氧化碳、硫化氢等；④有机化合物，如甲醇、四氯化碳、苯、酚等。

工业毒物常以烟、尘、雾、气体或蒸气的形式存在于生产场所的空气中，经呼吸道、消化道、皮肤或黏膜进入人体。经呼吸道引起的中毒较为多见，其次是经皮肤引起者。生产条件下，经消化道引起的中毒较少，一般是由于意外事故如误服或用被污染手拿取食物和吸烟造成的。毒物进入人体后，随血液或淋巴分布到全身，当达到一定浓度时就会引起全身中毒。毒物一次大剂量进入人体引起的中毒称为急性中毒。

## 一、汞中毒

汞（Hg）在地球上分布广泛，人类的生产和生活也产生汞，如烧煤、石油炼制、矿石焙烧、金属冶炼、生产水泥等。我国汞中毒的原因分为四类：①职业性汞中毒：由于汞广泛应用于日光灯、温度计、贵重金属提炼以及仪表制造等所致；②非职业性汞中毒：多为服用或误用含汞制剂所致；中药朱砂和雄黄中均含有汞，多用于治疗皮肤病、类风湿性关节炎、系统性红斑狼疮等疾病；③美白祛斑化妆品：汞能有效地抑制黑色素的生成，对皮肤有一定的增白作用；特别是劣质、假冒化妆品汞含量常较高；中毒者多为女性；④人为投毒。

### （一）临床表现

1. **吸入汞蒸气**　短时间内吸入高浓度汞蒸气，最初感到口中有金属味。如连续吸入时间较长（大于 3～5 小时），则出现头痛、头晕、恶心、呕吐、腹痛、腹泻、寒战、发热、乏力、全身酸痛，类似金属烟热（吸入金属氧化物烟尘而引起的全身性疾病表现，常被误认为流感。继而出现化学性肺炎，如咳嗽、咳痰、胸痛，严重者出现呼吸困难、发绀，甚至出现肺水肿；口腔炎，如口内有金属味、牙龈肿痛、牙齿松动，齿龈可见蓝黑色汞线；肝、肾功能异常，少数可发生急性肾衰竭；皮疹，2～3 日后四肢和头面部出现红色斑丘疹，可融合成片或形成溃疡。

2. **口服汞化合物**　汞化合物经口中毒是非职业性中毒的主要方式，主要发生化学性坏死性胃肠炎，表现为恶心、呕吐、口咽黏膜烧灼感、腹痛和腹泻，可有呕血、便血。氯化汞的致死量约为 30～50 mg/kg。重度中毒的标志是出血性胃肠炎伴大量体液丧失，导致休克和急性肾小管坏死。

### （二）诊断

1. **病史**　有呼吸道急性大量汞蒸气吸入史、经口摄入含汞化合物史及反复使用化妆品史。

2. **典型临床表现**

3. **毒物检查**　血汞正常值小于 0.05 μmol/L（< 10 μg/L），超过正常值 4 倍以上提示汞中毒。

### （三）治疗

1. **清除毒物**　经口汞化合物中毒者，立即催吐，以高锰酸钾溶液洗胃，继而给予灌服活性炭的悬浮液或硫酸镁导泻。摄入金属汞因吸收量极微，且因汞比重大，催吐、洗胃往往无效，不必进行催吐和洗胃；对肠道内少量金属汞导泻即可；对大量金属汞需外科处理。

2. **解毒治疗**　常用解毒剂为二巯基丙磺酸钠或二巯丁二钠。如果已发生急性肾衰竭，不宜用巯基络合剂驱汞治疗，应首先治疗急性肾衰竭。

3. **对症支持治疗**　对化学性肺炎给予吸氧、糖皮质激素、抗生素；口腔炎用 1% 依沙吖啶（雷佛奴尔）或 3% 双氧水（过氧化氢溶液）漱口；神经系统症状可用镇静安神药；积极补液，纠正因呕吐、腹泻造成的低血容量。血液透析、血液灌流几乎均不能将汞从血中移除，因为血中几乎没有游离汞。仅急性肾衰竭考虑血液透析。

## 二、铅中毒

铅（Pb）不是人体的必需元素。它的用途广泛，与工业生产和人民生活关系密切。目前职业性铅中毒和生活性铅中毒时有发生。其化合物有氧化铅、四氧化三铅、铬酸铅、碱式碳酸铅、硝酸铅、醋酸铅等。工业生产中废铅冶炼、蓄电池制造以及旧船熔割等大量接触铅时，可引起铅中毒。生活中服用含铅药物偏方、使用含铅锡壶饮酒、误食污染铅食物及儿童啃食含铅油彩玩具等可引起急性铅中毒。

（一）临床表现

铅化合物经口中毒潜伏期一般为 2~3 天，短者 4~6 小时，长者 1~2 周。临床表现为口内有金属味、恶心、呕吐、腹胀、腹绞痛、便秘或腹泻、苍白面容、头痛、血压升高、多汗、尿少。严重者发生铅中毒脑病（儿童多见），出现痉挛、抽搐、谵妄、高热、昏迷，还可发生中毒性肝病、中毒性肾病。周围神经病（四肢末端呈手套袜子型感觉减退、肌无力、肌肉萎缩，重者出现腕下垂、足下垂）及贫血则多见于慢性中毒。

（二）诊断

1. **病史** 有误食含铅化合物史。
2. **典型临床表现**
3. **化验检查** 贫血者血红蛋白减低，可见点彩、网织、碱粒红细胞，肝、肾功能损害时，丙氨酸氨基转移酶升高，尿素氮、肌酐升高。
4. **毒物检查**

（1）尿铅含量测定：正常尿铅含量为 2.5~62.8 μg/L。

（2）血铅含量测定：正常血铅平均值为 81 μg/L，95% 容许上限为 187 μg/L。血铅大于 450 μg/L 可引起胃肠道症状，大于 1 000 μg/L 可危及生命。

（三）治疗

1. **清除毒物** 经口中毒者，可用硫酸镁或硫酸钠溶液洗胃，以形成难溶性铅，并给予灌服活性炭悬浮液。
2. **解毒治疗** 依地酸钙钠或二巯丙醇。
3. **对症支持疗法** 腹绞痛剧烈可给予葡萄糖酸钙，也可应用抗胆碱药如阿托品等。静脉补液，维持水、电解质及酸碱平衡。出现中毒性肝病、中毒性肾病、中毒性脑病处理参见有关章节。

## 三、氮氧化合物中毒

氮氧化合物（$NO_x$）是氮和氧的化合物的总称，包括氧化亚氮（笑气、一氧化二氮）、一氧化氮、二氧化氮、三氧化二氮、四氧化二氮、五氧化二氮等，常温常压下均为气体。除二氧化氮外，其他氮氧化合物均不稳定，遇光、湿、热均可转变为二氧化氮，故氮氧化合物中毒主要是二氧化氮中毒。二氧化氮是重要的化工原料。矿井、坑道、炮阵地等大量硝基炸药爆炸可产生氮氧化合物，俗称硝烟。谷仓中存放的谷物或青饲料缺氧发酵时，也可分解产生氮氧化合物。

（一）临床表现

1. **轻度中毒** 吸入氮氧化物气体后，出现胸闷、咳嗽、咳痰等上呼吸道刺激症状。可伴有轻度头晕、头痛、无力、心悸、恶心等。肺部有散在干啰音。肺部 X 线片示肺纹理增强或肺纹理边缘模糊等支气管炎或支气管周围炎的表现。不吸氧血气分析动脉血氧分压正常或低于预计值 10~20 mmHg。

2. **中度中毒** 有呼吸困难、胸闷、胸部紧迫感、咳嗽加剧、咳黄色痰或带血性痰，常伴有头晕、头痛、无力、心悸、恶心等症状。体征有轻度发绀，两肺可闻干啰音或散在的湿啰音。肺部 X 线片示肺野透亮度减低，肺纹理增多、紊乱、模糊呈网状阴影；或有局部或散在的点片状阴影，或相互融合成斑片状阴影，边缘模糊；为化学性肺炎、间质性肺水肿或局限性肺泡性肺水肿的表现。血气分析在低浓度（＜50%）吸氧时才能维持动脉血氧分压大于60 mmHg。

3．**重度中毒**　有下列临床表现之一：

（1）急性肺水肿：咳嗽剧烈，咳大量黄色或粉红色泡沫痰，呼吸困难，明显发绀。两肺可闻干、湿啰音。肺部X线片示肺水肿表现，两肺满布密度较低、边缘模糊的斑片状阴影或大小不等的云絮状阴影，有的相互融合成大片状。血气分析在高浓度（＞50%）吸氧时，动脉血氧分压＜60 mmHg。

（2）并发较重程度的气胸、纵隔气肿。

（3）窒息。

（二）诊断

1．**病史**　有吸入氮氧化合物史。

2．**临床表现**　轻、中、重三级中毒的症状和急性肺水肿的表现。

3．**化验检查**

（1）常规化验：急性中毒性肺水肿时血液浓缩，血红蛋白进行性升高，可作为肺水肿的动态观察指标。

（2）血气分析：肺水肿前期，由于肺充血间质水肿影响氧的弥散，动脉血氧分压已开始下降。根据动脉血氧分压可推断肺水肿的发展过程及严重程度。

（3）胸部X线检查：可作为氮氧化物中毒的诊断与病情分级的依据。胸部X线变化往往出现在症状发生之前，应早期检查，早期发现，才能及时救治。

（三）治疗

1．**急救**

（1）迅速协助接触者脱离染毒区，到空气新鲜处。对可疑中毒者、在染毒区停留时间较长或有轻度刺激症状者，嘱卧床休息，禁止一切增加耗氧和心脏负担的体力活动，吸氧，限制液体入量，注意保暖，观察24～72小时。

（2）对明确为吸入中毒、可能发生肺水肿者，立即肌内注射地塞米松5～10 mg，吸氧。

2．**治疗**

（1）对可能发生肺水肿者，积极预防肺水肿的发生：①肌内注射或静脉注射地塞米松；②密切观察生命体征变化，嘱绝对卧床休息，禁止体力活动，限制液体入量，低流量吸氧；③有呼吸道刺激症状时给予雾化吸入；④烦躁不安时肌内注射异丙嗪；⑤保持呼吸道通畅，给予止咳、祛痰、解痉药；⑥应用抗生素防治感染。

（2）肺水肿的治疗：参见有关章节。

（3）高铁血红蛋白血症的治疗：皮肤黏膜发绀明显，已知氮氧化合物的成分以一氧化氮为主或血气分析证实有高铁血红蛋白血症时，给予小剂量亚甲蓝，并同时给予维生素C。

（4）迟发性阻塞性毛细支气管炎的治疗：适当应用激素、抗生素及对症治疗。

（彭晓波、邱泽武）

# 第四节 食用有毒动植物造成的急性中毒

有毒动植物中毒是指一些动植物本身含有某种天然有毒物质或由于贮存条件不当形成某种有毒物质被人食用后引起的中毒。自然界中有毒的动植物种类很多，所含的有毒成分复杂，常见的有毒动植物中毒有河豚中毒、鱼胆中毒、斑蝥中毒、毒蕈中毒、含东莨菪碱类植物中毒、发芽马铃薯中毒、乌头中毒、相思子中毒等。

## 一、河豚中毒

河豚又名钝鱼、气泡鱼、鲅等，约有数百种，产于我国沿海等地，种类很多，肉味鲜美，但它的某些脏器及组织中均含有毒素，尤其是肝、肠、卵巢或睾丸为主要有毒脏器，其毒性稳定，经炒煮、盐腌和日晒等均不能破坏。河豚毒素为非蛋白质神经性毒素，主要使神经中枢和神经末梢发生麻痹：人食后先是感觉神经麻痹，其次运动神经麻痹，最后呼吸中枢和血管神经中枢麻痹，出现感觉障碍、瘫痪、呼吸衰竭等，如不积极救治，常可导致死亡。

（一）临床表现

食用河豚10分钟至数小时后出现口渴、恶心、呕吐、腹胀、腹痛、腹泻和便血等。继而出现口唇、舌尖、指端麻木；随后出现全身麻木、眼睑下垂、四肢无力、步态不稳、共济失调、肌肉软瘫和腱反射消失，呼吸困难，急促表浅而不规则。后期发绀，血压下降，嗜睡、昏迷，最后死于呼吸、循环衰竭。

（二）诊断

（1）有进食河豚史，同食者也有类似症状出现。

（2）典型的临床表现。

（3）心电图检查提示不同程度的房室传导阻滞。

（4）动物试验：取中毒者尿液5 ml，注射于雄蟾蜍的腹腔内，观察其中毒反应，可有助于诊断。

（三）疾病治疗

（1）立即催吐，1:5 000高锰酸钾溶液或清水洗胃，无腹泻者可给予硫酸镁导泻。

（2）静脉输液、利尿促进毒素的排出，注意维持水、电解质及酸碱平衡。

（3）拮抗毒素作用，可给予1%盐酸士的宁2 mg，肌内或皮下注射，维生素$B_{12}$肌内注射，也可拮抗河豚毒素的运动麻痹作用。

（4）早期的河豚中毒，应使用肾上腺皮质激素，提高组织对毒素的耐受性。

（5）对症支持治疗：应用升压药物纠正血压下降，改善循环衰竭；强心剂控制心力衰竭；呼吸困难者给予吸氧，可应用尼可刹米注射液（可拉明）或洛贝林等呼吸兴奋剂；对出现呼吸麻痹者，可行气管插管或气管切开，给予人工辅助呼吸。

## 二、鱼胆中毒

因鱼胆内的胆汁有一定的泻热功效，可以治疗喉痒、目赤、肿痛等症状，中医药或偏方常将鱼胆作为药用。但鱼胆有一定的毒性，过量可导致中毒。服生鱼胆1个（2.5 kg重的青鱼胆）可引起中毒，2个可致死。尤其胖头鱼、鲤鱼、鲢鱼、草鱼、青鱼类的鱼胆毒性更强。

鱼胆的主要成分是胆盐、氰化物和组胺。胆盐可破坏细胞膜，使细胞受损；氰化物能抑制细胞色素氧化酶的功能，导致组织缺氧；组胺可引起过敏反应。

（一）临床表现

服鱼胆后潜伏期为数小时。开始出现消化系统症状，如恶心、呕吐、腹痛、腹泻等。数日后出现黄疸、肝区疼痛、肝大、腹胀、腹水、肝功能异常，重者可发生肝性脑病。部分中毒者出现水肿、血压升高、少尿、无尿，甚至急性肾衰竭。少数发生脑损害，出现头晕、嗜睡、肢体麻木、眼球震颤、抽搐、昏迷等。还可以发生急性血管内溶血，出现黄疸、瘀斑、血红蛋白尿等。

（二）诊断

1. **病史** 有服用生鱼胆汁史及临床表现。
2. **化验检查** 多脏器衰竭的表现：血红蛋白含量下降，血胆红素、丙氨酸氨基转移酶、尿素氮、肌酐升高，尿中出现血红蛋白等。

（三）治疗

1. **清除毒物** 进食鱼胆汁后6小时内未发生呕吐时尽快催吐，以1∶5 000高锰酸钾溶液彻底洗胃。
2. **对症支持治疗** 早期补液、利尿，促进毒物排泄，保护肝、肾功能，碱化尿液，发生急性肾衰竭时，尽快进行血液透析。危重患者早期、足量、短程应用大剂量糖皮质激素，改善和保护脏器功能。

### 三、毒蕈中毒

蕈类又称蘑菇，属于真菌植物。毒蕈是指食后可引起中毒的蕈类，目前在我国已知者有100种左右，其中毒性很强者有20余种，如毒红菇、红网牛肝菌、墨汁鬼伞、毒蝇伞、豹斑毒伞、角磷灰伞菌、臭黄菇、鹿花菌、褐鳞小伞、白毒伞、鳞柄白毒伞、毒伞等。蘑菇种类繁多，人们缺乏识别有毒与无毒蘑菇的经验，误食毒蘑菇可致中毒。

（一）临床表现

毒蕈种类多，毒蕈中毒素成分也较复杂，一种毒蕈可能含有多种毒素，一种毒素可能存在于多种毒蕈中。根据毒蕈中毒的临床表现，临床大致分为以下四型，各型间可相互重叠。

1. **胃肠型** 潜伏期为0.5～1小时。临床表现为恶心、呕吐、腹痛、剧烈腹泻，严重者可伴有消化道出血，继发脱水、血压下降甚至休克等。
2. **神经精神型** 含有毒蕈碱的毒蘑菇出现以副交感神经兴奋为主的症状。潜伏期为1～6小时。临床表现为副交感神经兴奋症状，如多汗、流涎、流泪、瞳孔缩小、呕吐、腹痛、腹泻、脉搏缓慢等。少数病情严重者可出现谵妄、幻觉、惊厥、抽搐、昏迷、呼吸抑制等表现，个别病例因此而死亡。牛肝菌属中的某些毒蕈中毒时，还有特有的小人国幻觉（矮小幻视）。
3. **溶血型** 潜伏期为6～12小时。除胃肠道症状外，有溶血性贫血、黄疸、血红蛋白尿、肝脾大等，严重者导致急性肾衰竭。部分病例出现血小板减少，皮肤紫癜，甚至呕血或便血等。
4. **中毒性肝炎型** 是毒蕈中毒中最严重类型，潜伏期为6～48小时，以中毒性肝损害为突出临床表现，肝大、黄疸、转氨酶升高，严重者伴全身出血倾向，常并发DIC、肝性脑病。还可发生中毒性心肌炎、中毒性脑病或肾损害等，导致相关器官不同程度的功能障碍。

病死率可达 50%～90%。

（二）诊断

（1）有食毒蕈的病史及相应的临床表现。

（2）胃内容物、残余食物行毒物鉴定结果是毒蕈。

（三）治疗

**1. 清除毒物**　神志清醒者及时催吐，尽快给予洗胃，洗胃后成人灌入活性炭，吸附 30～60 min 后用硫酸钠或硫酸镁导泻。血液透析、血液灌流对多数毒蕈生物碱的清除有一定作用。

**2. 解毒剂治疗**　阿托品或盐酸戊乙奎醚（长托宁）适用于含毒蕈碱的毒蕈中毒，出现胆碱能症状者应早期使用。巯基络合剂（二巯基丙磺酸钠、二巯丁二钠）对肝损害型毒蕈中毒有一定疗效。细胞色素 C 可降低毒素与蛋白结合，加速毒素清除。

**3. 支持治疗**　积极纠正水、电解质及酸碱平衡紊乱。利尿，促使毒物排出；5% 碳酸氢钠碱化尿液。对有肝损害者给予保肝支持治疗。肾上腺皮质激素对急性溶血、中毒性肝损害、中毒性心肌炎等有一定治疗作用，其应用原则是早期、短程（一般 3～5 天）、大剂量。出血明显者宜输新鲜血或血浆、补充必需的凝血因子。有精神症状或有惊厥者应给予镇静或抗惊厥治疗。危重症肾衰竭者可给予血液透析治疗。

（彭晓波　邱泽武）

# 第五节　急性一氧化碳中毒

一氧化碳（carbon monoxide）俗称煤气，含碳物质燃烧不完全时均可产生一氧化碳。急诊科所见的一氧化碳中毒几乎均由家庭煤炉故障所致。其他如炼钢、炼焦等冶金工业生产可释放一氧化碳；或用一氧化碳为原料合成氨、甲醛等化学工业生产也可接触一氧化碳；但如果设备完善，一般不易中毒。

## 一、发病机制

一氧化碳吸入后，由肺泡吸收进入血液，与血红蛋白中的原卟啉亚铁结合形成碳氧血红蛋白；一氧化碳与氧的亲和力比血红蛋白与氧的大 200～300 倍，而碳氧血红蛋白解离速度只有氧合血红蛋白的 1/3 600。碳氧血红蛋白形成不仅会使血液失去带氧的能力，还会妨碍氧合血红蛋白正常解离，造成组织和细胞缺氧。一氧化碳还可与肌红蛋白结合而损害线粒体的功能，延缓还原型 NADH 氧化，抑制细胞呼吸，影响氧的利用。由于中枢神经系统对缺氧最敏感，因此发生损伤也最明显。

## 二、临床表现

**1. 轻度中毒者**　血中碳氧血红蛋白含量为 10%～20%，有头晕、头痛、嗜睡、耳鸣、视物模糊、恶心、呕吐、心悸等表现。脱离中毒环境，吸入新鲜空气或氧疗后，症状很快消失。

**2. 中度中毒者**　血中碳氧血红蛋白含量为 30%～40%，除上述症状加剧外，往往出现程度较浅的昏迷。皮肤黏膜呈樱桃红色，并有心率、呼吸加速，血压有改变，甚至休克。

3．**重度中毒者** 血中碳氧血红蛋白含量为 50% 以上，常有深昏迷或去皮质状态，常见抽搐、大小便失禁、呼吸困难，最后因脑水肿、呼吸循环衰竭而危及生命。长时间昏迷及缺氧严重者，可并发心律失常、肺炎、肺水肿、氮质血症、水电解质紊乱。昏迷超过 48 小时，迟发性脑病发生率较高。

### 三、诊断

（1）有一氧化碳接触史，并有中枢神经系统症状和体征，诊断并不困难。

（2）血中碳氧血红蛋白测定有确定诊断意义。但阴性不能排除本病。

（3）接触史不明确者，应与脑血管意外、脑膜炎、糖尿病酮症酸中毒或其他中毒引起的昏迷鉴别。

### 四、治疗

1．**治疗要点** 要及时治疗；积极纠正缺氧与脑水肿；延迟治疗可导致神经系统损伤。要立即脱离中毒现场，移至空气新鲜处，保持呼吸道通畅。

2．**氧疗** 用密闭面罩吸入高浓度氧或气管插管吸入纯氧。吸空气时碳氧血红蛋白的半衰期为 4 小时；吸纯氧时为 30～40 分钟；100% 高压氧降低碳氧血红蛋白更快（衰老期为 23 分钟）。

3．**高压氧治疗适应证** 昏迷或有昏迷史，出现心血管症状、HbCO 明显增高（>25%）。有国外学者认为，与纯氧相比，高压氧治疗是否可使一氧化碳中毒后神经系统损伤更好恢复，尚无定论。

4．**防止脑水肿** 急性中毒后 2～4 小时出现脑水肿，24～48 小时达高峰，可持续多天，应给予脱水治疗。

5．患者经抢救清醒后，应卧床休息，及时发现迟发性脑病。

（马　丽）

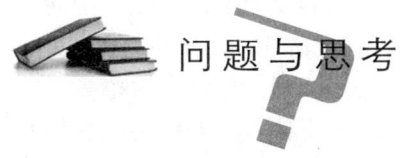

简述急性中毒的诊断及治疗原则。

# 第十五章

# 损伤急症

## 学习目标

1. 创伤的临床过程，检查诊断方法。
2. 创伤的急救处置。
3. 了解烧伤的诊断方法和治疗原则。
4. 掌握烧伤伤情判断、急救、休克防治。
5. 熟悉烧伤的病理生理和病程过程。
6. 了解蛇咬伤神经毒表现、血液毒表现和混合毒表现。
7. 掌握蛇咬伤治疗原则。
8. 熟悉狂犬病治疗原则。

## 第一节 创 伤

### 一、概述

(1) 诊断途径：①病史（受伤现场、伤后处理、基础疾病、最后进餐、过敏史）；②体检（生命体征、头、胸、腹、四肢、伤口）。

(2) 治疗：①现场急救（原则是抢救生命，修复损伤器官；内容是止血、包扎、制动及运送）；②全身治疗（呼吸、循环、神经、止痛与预防感染、维持电解质与水平衡）。

创伤是指机械力作用于机体，造成组织结构完整性损害或功能障碍。创伤发生率高，危害大，如不及时救治，将导致严重后果。全世界每年约 350 万人死于各种意外伤害，受伤及致残人数在 3 000 万人以上，约 500 万人致残。据世界卫生组织预测，2020 年，全球因交通伤致死人数将达到 230 万，其中发展中国家占 90%。

### 二、病理生理

#### （一）炎症与免疫反应

在致伤因子的刺激下，伤后即刻就会出现炎症反应，局部充血、渗出，渗出液以中性粒细胞为主，继而以单核细胞为主，后者在血管外成为巨噬细胞。炎性细胞通过释放某些炎症介质，如肥大细胞释放组胺，使微血管扩张和通透性增高，形成充血和渗出，导致红、肿、热；疼痛是由组织内压增高、缓激肽释放等引起。

炎症反应有利于创伤的修复。但是，如果炎症反应过于强烈，伤处组织水肿，则造成局部血液循环障碍，压力升高、血管阻力增加，组织坏死。肾上腺皮质激素能抑减少炎症介质的产生，从而减轻炎症反应。

（二）创伤的修复

理想的创伤修复是由原来性质的细胞来修复缺损，恢复原有的结构和功能，然而，细胞固有的增生能力有所不同，有时需靠其他类型的细胞增生来代替，常形成纤维组织瘢痕愈合，达到内环境的稳定。

**1. 修复过程**　创伤组织的修复是一个连续进行的过程，只是在一定时期内，某一些变化占主导地位，一般分三个阶段：

（1）炎症反应：伤后立即开始，通常持续3～5天。主要改变是血液凝固和纤维蛋白溶解、免疫应答、微血管通透性增高、炎症细胞渗出，其意义在于清除致病因子（如病原体等外来异物）和坏死组织，防止感染，为组织再生与修复做准备。

（2）组织增生和肉芽形成：伤后24～48小时伤缘上皮细胞开始增生，同时伤处出现胞质丰富、呈梭形或星形的成纤维细胞及肌纤维细胞增生、分化、迁移，分别合成、分泌组织基质和逐渐形成毛细血管，共同构成肉芽组织，增生期多数为4～8周。

（3）伤口收缩与瘢痕形成：伤后3～5天，伤口的边缘开始向中心移动、收缩，以消除创面，恢复机体组织的连续性。这一过程是伤口收缩。随着机能活动的恢复，胶原纤维重新排列或减少，使瘢痕软化，适应生理功能。此期需时约一年。

**2. 影响修复的因素**

（1）营养状况：血浆蛋白、维生素及一些微量元素参与胶原纤维形成过程，这些物质缺乏时影响创伤愈合。必要时应补充白蛋白、维生素C和铁、锌等微量元素。

（2）血液循环：原有的血管病变（动脉硬化、闭塞性脉管炎等）、伤口缝合过紧、局部受压或休克均可影响局部血液供应。

（3）感染：是伤口愈合不良的最常见原因。

（4）疾病：糖尿病、肝硬化、慢性肾病等均会影响伤口愈合。

（5）药物：适中的创伤性炎症有助于修复过程，皮质激素、吲哚美辛（消炎痛）等药物会抑制炎症反应，抗癌药物能抑制细胞增生和蛋白质合成，均会延迟伤口愈合。

## 三、临床表现

（一）全身症状

（1）轻伤后全身症状不明显，较重创伤可有一般损伤表现。

1）体温上升：创伤区分解产物引起的吸收热，一般在38℃左右。

2）血压增高，心率加快：由儿茶酚胺释出增多、外周血管收缩引起。

3）口渴、尿少：也为创伤后的应激效应，使儿茶酚胺、抗利尿激素释出增多。

（2）重度创伤或发生并发症时可表现为：

1）创伤性休克：患者颜面苍白、表情淡漠、呼吸浅表、脉搏细数、皮肤湿冷、血压下降、尿量减少等。损伤部位的出血、水肿和渗出使循环血量大量减少是主要原因。

2）继发感染：伤口或呼吸道等均可感染。常见的是化脓性感染。体温增高在38℃以上，中性粒细胞多上升。

3）多器官功能障碍综合征：由挤压伤引起的肾衰竭或称肌红蛋白血症较常见。也可能引起多器官功能障碍综合征（MODS）。

（二）局部表现

1. **疼痛** 疼痛强弱程度不一，多取决于受伤部位、机体反应的敏感性和损伤性质。疼痛于伤后1～2日逐渐减轻，如感染，则疼痛再度加重。

2. **肿胀** 肿胀是血浆及淋巴液渗入组织间隙的结果，是创伤性炎症的表现。于伤后2～3日达到高峰，此后逐渐消退。

3. **伤口** 开放性创伤都有伤口，伤口情况与损伤部位、损伤性质和损伤程度有关。

4. **出血** 血管损伤破裂时，血液经伤口流出体外引起外出血；在闭合性创伤，血液积聚于软组织、体腔或体内器官造成内出血。据出血部位不同，可形成皮下出血、血肿、血胸、血腹、心包积血、关节积血等。

5. **功能障碍** 创伤部位疼痛、肿胀及炎症反应必然影响功能，咽喉伤后水肿可造成窒息，如组织结构破坏，则功能障碍更明显，如骨折、脱位、肠穿孔、张力气胸和心脏压塞等，有的甚至会直接致死。

## 四、诊断

创伤后病情往往急而重，诊断与紧急处理需交替进行，而10%～15%伤员有多处损伤，需全面检查，以避免遗漏。

（一）了解病史

1. **受伤现场** 致伤原因、作用部位、人体姿势等。如直立坠落，常可致脊柱骨折；老年人不慎跌倒，臀部着地，可能发生股骨颈骨折。

2. **伤后处理** 用过何种药物与时间，使用止血带时间等。

3. **基础疾病** 心血管疾患、糖尿病、肝硬化、长期应用肾上腺皮质激素等。此类疾病与创伤处理有关。

4. **最后进餐** 最后一餐时间及进食量，与麻醉及治疗有关。

5. **过敏史**

（二）体格检查

1. **全身检查** 严重创伤或伴有并发症时常出现不同程度的全身反应，因此，全身检查大体可反映创伤的严重程度。首先检查生命体征：呼吸频率是否大于25次/分或小于15次/分；是否有呼吸困难、呼吸过浅或发绀等情况。心血管：脉率是否大于100次/分或微弱、触不清；收缩压是否小于90 mmHg；毛细血管充盈时间是否大于2秒。意识、精神状态：是否有意识障碍；语言对答或对疼痛刺激是否出现反应迟钝。

2. **闭合性创伤检查** 不同闭合性创伤的症状、体征各不相同，有些易于诊断，如伤后出现疼痛和肿胀，同时有运动障碍、外形畸形、骨擦音等，说明有完全性骨折，X线可以诊断；另一些则缺乏临床指征，如嵌入骨折、单纯脊椎骨折等，这时只能靠X线片确诊。

（1）腹部创伤重点超声评估方案（focused abdominal sonography for trauma，FAST），由临床医师操作，对创伤患者进行床旁超声快速评估，根据腹腔及心包有无游离液体，判断是否存在腹部及心脏损伤。

（2）试验穿刺：胸腔穿刺查出有血胸或气胸，表明有肺和胸膜损伤；腹腔穿刺查出有血液、胆汁、气体或污物，表明有血管、胆管、肠管或其他脏器损伤，但应注意技术误差，如腹腔穿刺时可能刺入胀气的肠管，吸出肠内容物，因而误认为肠破裂；反之，已有脏器破裂但出血量少或针头堵塞,不能抽出血液。为减少误差,必要时行超声引导下,或再次穿刺,或改变体位,或穿刺后置入导管,提高准确性。

(3) 影像学检查:X线检查适合用于骨折、脱位、金属异物存留和胸腹腔的游离气体等。B超检查适用于检查肝、脾、肾等脏器和局部积液,还可以指引穿刺点;肥胖、肠积气或腹壁有创伤时不适用。CT主要用于检查颅脑损伤;MRI可清晰显示内脏器官,对脊髓、颅内、骨盆骨折处损伤诊断效果好,但有金属异物存留时禁用。

(4) 导尿术:插入导尿管有助于诊断泌尿系统损伤,如尿道断裂等。

(5) 探查手术:对于伤情严重,病情变化快,高度怀疑有内脏破裂等严重创伤的患者,常需做探查手术,如开颅术、心包探查术等,既可以明确诊断,又能起到抢救和治疗作用。

3. **伤口的检查**　开放性伤口,如有进行性出血、开放性气胸、腹部肠管脱出等情况,应先进行止血、堵塞和覆盖等紧急处理,待手术时再仔细检查。

(1) 伤口大小、形状、深度:提示致伤原因和损伤类型。

(2) 伤口污染情况:清洁伤口适宜做一期缝合,严重污染伤口,如火器伤和爆炸伤,则需彻底清创后做延期缝合。

(3) 伤口的性状:颅脑伤后从耳道、鼻腔流出脑脊液,表明有颅底骨折,并有鼓室、鼻窦的开放性损伤;伤口组织有捻发音,肌肉呈粉红色、有异味,预示有厌氧菌感染;伤口有黄色奶油状无臭的脓液,为葡萄球菌感染;有暗红色稀薄脓液、无臭味,为链球菌感染;有灰白色黏稠无臭的脓液并有假膜覆盖者,为大肠埃希菌感染;有绿色脓液及臭味,为铜绿假单胞菌感染。

(4) 伤口异物存留:浅层可以发现,深层依靠X线片。必要时可进行探针检查。

(三) 伤情判断

现场急救可参考创伤指数(表15-1),估计严重程度,表中五项相加,总分在9以下者为轻伤,只需门诊治疗,总分在10~16分者为中度损伤,应暂时住院观察,总分在17~20者要住院急救,可能有多系统损伤,但死亡率低;总分在21以上者死亡率高,多在一周内死亡。

表 15-1　创伤指数

| 记分 | 受伤部位 | 伤类 | 循环状态 | 呼吸状态 | 意识 |
| --- | --- | --- | --- | --- | --- |
| 1 | 四肢 | 撕裂 | 血压、脉率正常 | 胸痛 | 倦睡 |
| 3 | 躯干背部 | 挫伤 | 收缩压 60~100 mmHg<br>脉率 100~140 bpm | 呼吸困难 | 反应迟钝 |
| 5 | 胸部 | 刺伤 | 收缩压 < 60 mmHg<br>脉率 > 140 bpm | 发绀 | 半昏迷 |
| 6 | 头、颈、腹 | 钝器或枪伤 | 血压脉搏测不到 | 停止呼吸 | 昏迷 |

## 五、急救处置

(一) 急救

1. **现场急救**　到达现场后,首先由经验丰富的高年资人员迅速逐个评估病情、分诊(表15-2);对重点患者,指挥其他人员进行急救。根据伤员数量,可分区、分组分诊。

现场急救通常是由"第一目击者"或救护人员完成,就是创伤治疗的开始,伤后一小时是决定严重多发性创伤伤员生死的关键时间。应尽力修复损伤的组织器官,恢复其生理功能。要求达到:①抢救、延长伤员生命;②减少出血,防止休克;③保护切口;④固定骨折;⑤防止并发症;⑥快速转运。创伤的急救见表15-3。

2．**基本原则**

(1) 建立整体观念,重点、全面了解伤情,避免遗漏,注意保护自身和伤员的安全。

表15-2　创伤伤员分诊

| 分级 | 病情 | 颜色 | 急救优先 |
| --- | --- | --- | --- |
| 严重 | 生命体征异常,多为重要脏器严重损伤,可危及生命 | 红 | 第一 |
| 中度 | 生命体征稳定或轻度异常,多为四肢骨折或一般脏器损伤,不可行走,但可暂缓处理,暂无生命危险或导致身体残疾的危险 | 黄 | 第二 |
| 轻度 | 多为软组织损伤、轻度骨折等,无脏器损伤,生命体征无改变,不影响生活能力,多可行走 | 绿 | 第三 |
| 死亡 | 心搏、呼吸已经停止 | 黑 | 放弃 |

注:根据分诊做好贴身标记(可用布条或直接写在伤员的浅色衣服上)

表15-3　创伤的急救

| 部位或分类 | 急救措施 | 监护要求 |
| --- | --- | --- |
| 呼吸道,缺氧 | 1. 清除咽喉部阻塞,头部侧向,抬起上颌,口咽通气管<br>2. 鼻咽部插管或面罩吸氧<br>3. 气管内插管,气管切开或环甲膜切开 | $PaO_2 > 95$ mmHg |
| 循环系统,大出血 | 1. 制止外出血,压迫或上止血带,使用抗休克裤<br>2. 开放中心静脉、输液、输血<br>3. 胸外按压,开胸心脏按压,药物或电除颤 | 测量中心静脉压<br>($8 \sim 12$ mmHg)<br>血压($80 \sim 100$ mmHg)<br>尿量 $> 0.5$ ml/(kg·h) |
| 颅脑伤、颅内压升高 | 气管插管、给氧、脱水剂治疗 | 注意生命体征变化 |
| 颈椎伤 | 颈托或颅骨牵引胸部伤 | 注意下肢运动 |
| 胸部伤 | | |
| 　开放性气胸 | 伤口填塞包扎 | 行胸腔闭式引流 |
| 　张力性气胸 | 穿刺排气 | 血气分析 |
| 　连枷型肋骨骨折 | 胸壁固定、胸壁牵引、气管插管、呼吸机 | |
| 　心脏压塞 | 穿刺抽血;切开引流 | 监测血压、中心静脉压变化 |
| 腹部伤 | | |
| 　内脏脱出 | 无菌纱布覆盖,凹型物置于其上 | |
| 　腹腔内出血或脏伤 | 开腹止血,修复肠道或脏器;胃肠减压 | |
| 骨折或脱位 | 外固定 | 神经血管功能 |

(2) 先抢救生命，重点判断是否有意识、呼吸、心搏，如呼吸、心搏骤停，首先进行心肺复苏。

(3) 检查伤情，快速、有效止血；优先包扎头部、胸部、腹部伤口以保护内脏，然后包扎四肢伤口。

(4) 先固定颈部，然后固定四肢。

(5) 操作迅速、平稳，防止损伤加重。

(6) 尽可能佩戴个人防护用品，戴上医用手套或几层纱布、干净布片、塑料袋替代。

3．优先顺序　平时工作程序是诊断→治疗，危重急诊外科则是抢救 - 诊断 - 治疗。有经验的医师可在数秒内判定创伤的范围和程度，包括：①有无适当的换气功能；②组织灌注是否良好；③有无明显的神经系统损伤。据此可立即着手解决危及生命的紧急问题。一般急救的优先顺序为：

(1) ABC——保持气道（airway）畅通；维持有效呼吸（breathing）；保障有效循环（circulation）。

(2) 发现并处理神经系统损伤。

4．心肺复苏

（二）全身治疗

1．建立有效呼吸

(1) 保持气道通畅：

1) 有血凝块、分泌物、异物吸入或阻塞，要立即吸出或掏出。

2) 颅脑伤昏迷有舌后坠者，立即托起下颌，应用口咽通气道或暂时将舌牵出，并迅速做气管内插管给氧。

3) 也可暂时用大号注射器针头做环甲膜穿刺，或用刀行环甲膜切开。

(2) 维持有效呼吸：

1) 多发肋骨骨折，伤处胸壁浮动，呈反常呼吸运动，纵隔左右摆动，造成呼吸循环功能障碍：可采用纱布垫压迫固定，重者立即用巾钳牵引固定或予以机械性正压呼吸（IPPV）。

2) 穿入伤引起的开放性气胸：应用纱布封闭伤口，入院后清创缝合后做胸腔闭式引流。

3) 张力性气胸和血胸：立即穿刺后做胸腔闭式引流。单纯气胸时，可将引流管置于伤侧锁骨中线第二肋间；有血气胸或血胸时，应在腋中线第六肋间做闭式引流。

2．维护循环功能　主要是止血和控制休克。

(1) 制止出血：外出血应立即用压迫止血、止血带止血或钳夹出血血管止血。下肢或骨盆大出血可应用抗休克裤，以保证上半身血容量和心、脑、肺的灌流。内出血时，要迅速抽血做血型交叉配血，在大量补液输血同时，手术止血。

(2) 扩充血容量：一般先输入等渗盐水或平衡液，然后输入全血，以防加重血流滞缓和红细胞聚集，有利于逐步改善微循环。失血性休克在输入 1 000 ～ 2 000 ml 平衡液后，血压可逐渐恢复。如效果不明显，则必须输入全血。失血量大，超过 1000 ml 时，可开放上、下肢多通道输入平衡液和全血。

(3) 药物的应用：急救时，可经静脉注入高渗葡萄糖以暂时提高血压，但不宜多用。如补足血容量后，血压仍不稳定，可用多巴胺，但不宜使用去甲肾上腺素。

3．处理神经系统损伤

（1）一旦呼吸、循环功能恢复，就应注意神经系统的损伤，如昏迷程度、四肢功能等。

（2）有颅脑伤时，应由神经外科医师处理。对于急性颅内血肿，某些严重的对冲性脑挫裂伤发生脑疝，可做紧急颅骨钻孔探查，清除血肿、止血、清创和减压。

（3）深度昏迷多提示脑的广泛损伤，进行性意识障碍，为急性颅内压增高的表现，应控制液体入量，可用20%甘露醇等进行脱水治疗。

（4）有颈部伤或昏迷时，注意有无高位截瘫。要保持脊柱稳定，减少损伤。急救时避免对颈部伤口进行探查或取异物，以免加重损伤或引起大出血。

4．止痛和防治感染

（1）疼痛可加重休克，应及时给予止痛药。

（2）预防感染：有以下情况之一时可预防性应用抗生素：①污染较重、失活组织和凝血块较多的开放性创伤，尤其是火器伤和爆炸伤；②颌面、胃肠道和会阴部损伤；③组织缺氧时间较长；④机体抵抗力低，有免疫抑制后缺陷者。

（3）破伤风抗毒素：开放性创伤应预防性地应用破伤风抗毒素。

（4）正确处理伤口

5．体液调整　严重创伤后常因大量液体丢失、摄入量减少、组织低灌流等原因发生水、电解质紊乱和酸碱失衡。常见的情况有脱水、血钾异常、血清钙降低和酸碱失衡等，应及时发现和处理。

6．营养支持　创伤伤员营养补充的基本原则是：争取尽早进食。对于少数暂不能进食者，除静脉补给丢失的液体外，每日再给予5%～10%的葡萄糖液（成人为1 500～3 000 ml）和适当的等渗盐水（成人约为500 ml）。对于因口腔、颌面等创伤短时间不能进食者，可以给予鼻饲、空肠或胃造口，患者有消化功能者可给予流食；如消化功能尚未完全恢复，可给予要素饮食以提高热量及蛋白质；对于不能口和鼻饲者，可用静脉营养，其中支链氨基酸（BCAA）十分重要。

（三）局部处理

1．闭合性创伤

（1）局部制动：限制伤处活动可减轻疼痛，防止加重和继发出血，在脊柱损伤、骨折时更重要。可应用夹板、包扎、固定体位等方法。并宜抬高伤肢，以利静脉、淋巴回流，减轻肿胀。其他部位应做肌肉舒缩运动，以维持正常生理功能。

（2）复位：闭合性骨折和脱位的复位，多在麻醉下进行，应用手法或牵引复位、外固定。

（3）理疗：早期组织肿胀、充血宜冷敷，然后可用热敷促进炎性水肿吸收。可选用超短波、红外线等理疗或选用活血化瘀的中医药膏外敷。

（4）手术：闭合性创伤中，有胸、腹腔血管脏器破裂出血或颅内出血致颅压增高时，均需急诊手术探查和处理，根据病情轻重缓急做好术前准备。

2．开放性创伤　开放性创伤的处理除遵循一般治疗原则外，尚需处理伤口。处理伤口的目的是改善局部组织修复的条件，促使伤口早日愈合。通常将伤口分为清洁、沾染和感染三类，分别进行处理。灾害、事故性创伤伤口多为沾染伤口，或称污染伤口，清创的目的是使其转变成清洁伤口。

（1）清洁伤口：通常是指无菌手术的切口，缝合后一般都能达到一期愈合。

（2）沾染伤口：是指沾有细菌但尚未发展成感染的伤口。意外创伤伤口不免有细菌沾染，故均属沾染伤口。沾染伤口是否发生感染，与多种因素有关，这些因素可作为是否缝合伤口的依据：①处理时间：一般认为伤后8小时内处理的伤口为污染伤口，清创后可缝合，故应争取尽早处理伤口；②沾染程度：如沾染细菌毒性强，数量大，4~6小时即可变成感染伤口；又如伤后未妥善包扎，伤口可能有大量续发污染，以不缝合为宜；③局部血运：与受伤部位有关，头面部血循环良好，伤后12小时以上仍可按沾染伤口处理后缝合；④创伤程度：刀刃切伤失活组织不多，沾染较少，无死腔的伤口，处理稍迟，仍可按沾染伤口处理，深的或有死腔的伤口，容易发生厌氧性感染，伤口不宜即时缝合；⑤机体条件：战争、灾害情况下或慢性疾病、营养不良、长时间休克的患者，防御功能下降，伤口均易感染。

处理沾染伤口的主要方法为清创术，以使其接近清洁伤口，达到一期愈合。清创术是一种古老而行之有效的方法，步骤如下：①冲洗伤口：保护创面，先用灭菌软肥皂水清洗周围皮肤，剪去毛发后，用大量无菌等渗盐水冲洗伤口，轻柔地去除血凝块和异物；②清理伤口：待经盐水冲净的伤口周围皮肤稍干后，用碘酒、酒精做常规的皮肤消毒，铺盖无菌单，麻醉，检查伤口后，清除血凝块和异物，切除失活组织，直至比较清洁，血循环较好的部位；③缝合伤口：重新消毒、铺巾、更换手套，再次检查止血后，逐层缝合伤口，必要时伤口内可留置引流物。如受伤组织较多，沾染较重，感染可能性较大时，可延期缝合或不缝合伤口。

（3）感染伤口：伤口有脓性分泌物，周围常有红肿发热，包括脓肿切开、处理过迟的开放性创伤伤口。主要处理方法为换药，目的是去除坏死组织、充分引流、减轻和控制感染，促进伤口愈合、换药原则为：

1）遵守无菌原则：用两把镊子，其一夹持无菌敷料、棉球等；另一夹持接触伤口的敷料、引流物等。沾染分泌物的敷料放入专用容器后处理。换药前后要洗手，防止交叉感染。

2）选用恰当引流物：分泌物多时应用盐水纱条，勤换药；分泌物较少时，或为引流深部脓液，可选用凡士林纱条，胸腔、腹腔一般可选用管状引流物或双套管负压吸引。

3）合理应用抗菌药物：多全身应用。一般不需在局部使用，防止产生耐药菌株。

4）注意伤口情况：观察组织活力，防止异物存留，保证充分引流。如疑有异物存留，可经X线平片或B超检查定位后取出。对于伤口已愈合，异物位置深而体积小，并无危害者，可暂不处理。

 问题与思考

1．创伤的诊断方法。
2．创伤的急救处置。

# 第二节 烧 伤

## 一、严重程度

烧伤面积和烧伤深度是决定烧伤严重程度的主要因素,对它作出正确估计对制订治疗方案和判断预后都有重要影响。

### (一) 烧伤面积计算

1. **手掌法** 无论成人或儿童,将五指并拢,其一掌面积为体表面积的1%。如医务人员与患者的手相仿,可用医务人员的手掌来估计。

2. **新九分法** 将全身体表面积划分为若干个9%。头、颈面积共9%,双上肢面积共为18%(2×9%),躯干包括会阴面积为27%(3×9%),双下肢包括臀部为46%(5×9%+1%)。九分法多用于大面积烧伤的计算。

3. **儿童烧伤面积计算** 儿童的头部和下肢面积比例与成人的不同,儿童头部所占体表面积相对较大,而下肢所占体表面积相对较小,随着年龄增长而接近成人,12岁以下儿童体表面积的计算应为:头、颈部面积为9%+(12-年龄)%;双下肢面积为5×9%+1%-(12-年龄)%。

### (二) 烧伤深度估计

按热力损伤组织的层次,国内采用三度四分法,即一度、浅二度、深二度和三度烧伤。

一度烧伤:为表皮角质层、透明层、颗粒层的损伤。局部红肿,故又称红斑烧伤。轻度肿、痛和烧灼感。3~5日后局部由红色转为淡褐色,表皮皱缩脱落愈合,短期有色素沉着,不留瘢痕。由于一度烧伤渗出少,对治疗及预后影响不大,因此在计算烧伤面积和输液量时,均不将其计算在内。

浅二度烧伤:伤及真皮浅层,部分生发层健在,局部红肿,有大小不一水疱,故又称水疱性烧伤。水疱破裂或揭去表皮后,可见基底湿润潮红,局部肿胀明显,疼痛剧烈。创面如无感染,伤后2周可愈合,愈合短期内可有色素沉着,不留瘢痕,皮肤功能良好。

深二度烧伤:伤及真皮乳头层以下,但仍残留部分网状层。局部肿胀,或有小水疱,撕去烧毁表皮后,基底微湿,红白相间,痛觉迟钝。深二度创面的愈合,一般需要待局部坏死组织脱落,经3~4周依靠残留的真皮附件的上皮增生修复。愈合后都留有瘢痕。若深二度的创面一旦感染或受压,则可能转为三度。

三度烧伤:全层皮肤烧伤,甚至达皮下脂肪、肌肉或骨骼。创面蜡白、棕褐或焦黄,坏死皮肤脱水后可形成皮革样干痂,故又称焦痂性烧伤。痛觉消失,局部发凉,伤后1~2天可见有树枝状静脉栓塞。除很小面积的三度烧伤可由创缘上皮爬行愈合外,较大的三度烧伤创面必须进行植皮手术。愈合后多形成瘢痕,正常皮肤功能丧失,常形成畸形。

### (三) 严重程度分类

临床上依据烧伤面积和深度,结合患者有无吸入性烧伤、合并伤或中毒等,将烧伤分为轻、中、重和特重损伤。

1. **轻度烧伤** 总面积在9%以下的二度烧伤。
2. **中度烧伤** 总面积在10%~29%的二度烧伤,或三度烧伤面积小于10%。
3. **重度烧伤** 总面积在30%~49%二度烧伤,或三度烧伤面积在10%~19%,或烧伤面积不到30%，但有下列情况之一者：①全身情况较重或已有休克；②有复合伤或合并伤，或有化学中毒，③合并有吸入性损伤。

4．**特重烧伤** 总面积在50%以上二度烧伤，或三度烧伤面积在20%以上，或已有严重并发症。

中度烧伤只要处理得当，一般不发生严重休克，败血症发生率、病死率都很低。随着烧伤面积和深度的增多，休克、败血症发生率和病死率都相应增加。

## 二、急救与转送

### （一）急救

1．**消除致伤原因**

（1）迅速脱离热源（现场），熄灭身上火焰。脱去燃烧衣服，就地打滚灭火，或跳入附近小河、水池中。切忌粗暴剥脱，以免造成水疱脱皮。抢救者可用自来水冲淋灭火，或用非易燃物品（毯子、棉被等物）压盖灭火。有条件时可将受伤肢体浸入冷水中20分钟，也可用毛巾、纱布浸冰水敷局部，以减轻疼痛和损伤。

（2）热液烫伤同样应立即脱去被浸湿的衣服，并长时间用冷水冲洗。

（3）酸碱或化学腐蚀性物质烧伤，立即脱去浸渍化学物质衣服，用大量清水长时间冲洗。

（4）电击伤时，应用木棒等绝缘物体或戴橡皮手套立即切断电源。扑灭着火的衣服，并注意有无呼吸不规则。呼吸停止或心搏骤停时，应立即进行人工呼吸和胸外心脏按压等抢救措施。

（5）对大面积严重烧伤须及早建立静脉输液通道，予以输液抗休克治疗，就近转送医院，途中应注意观察生命体征的变化。

2．**保持呼吸道通畅** 对于由火焰或化学物质造成的吸入性损伤，因呼吸道梗阻而发生呼吸困难者，必要时进行气管切开，以保持呼吸道通畅并给氧。遇紧急情况时可在现场行气管插管，或用14号粗针行环甲膜穿刺，并立即转送医院抢救。出现心脏呼吸骤停，立即进行心肺复苏。

3．**镇静止痛** 轻度烧伤可口服止痛片，或肌内注射哌替啶（杜冷丁）。大面积烧伤因周围循环不良，肌内注射往往不吸收，可缓慢静脉注射。要记录用药时间和剂量，以免重复多次注射而造成药物过量。对吸入性损伤、合并有颅脑损伤及1岁以内婴儿忌用哌替啶和吗啡，可改用苯巴比妥（鲁米那）或异丙嗪。

4．**合并伤优先处理** 若同时有外伤，如骨折、大出血、脑外伤等，进行相应的急救处理。

5．**保护创面** 为防止创面沾污和损害，可用干净清洁布单行简单包扎，或用衣服、被单等包裹创面。

### （二）转送

患者经过现场急救以后，需迅速就近转送到医院，或有烧伤专科医院治疗。严重烧伤经转院上、下搬动，长途运送与颠簸，可加重休克和感染。因此，转送前必须做好准备工作，注意转送时机及途中应注意事项。

1．**转送时机**

（1）轻度和中度烧伤休克发生率低，转送时间要求不严。

（2）重度烧伤后若 8 小时内送到医院，则休克发生较少。

（3）特重烧伤后 4 小时内送到医院，或就地抗休克治疗，病情相对稳定后，48 小时后再转送到医院。

（4）特大面积烧伤应于伤后 1 小时内送到医院，否则应就地行抗休克治疗，待病情稳定，48h 后再转送到医院。

2. **补液** 转送途中时间超过 1 小时者，转送前及途中应开放静脉通道，输注平衡液或生理盐水，切忌单纯补给葡萄糖水或口服大量水。

3. **气道通畅** 头颈部深度烧伤并有吸入性损伤者在途中有可能发生呼吸道梗阻，应预先做好气管切开再转送到医院。

4. **平稳运送** 转送工具要求平稳，防止颠簸。患者体位与运输工具行进方向垂直（即横放），不能横放时应取足前头后位。

5. **其他** 注意保暖，转送前及转送途中禁用冬眠药物或血管扩张剂。创面要行简单包扎。

### 三、休克期补液治疗

小儿烧伤面积大于 10%，成人烧伤面积大于 15%，就可能发生休克。休克一般发生在伤后数小时或十几小时，是因大量血浆样液体自毛细血管渗透至组织间隙和创面造成的一种低血容量性休克。因此，对大面积烧伤患者必须立即进行补液抢救，补充血容量。若补液不及时或补液治疗不当，可并发休克、急性肾衰竭、脑水肿和肺水肿。

（一）补液方法

国内普遍采用 1970 年全国烧伤会议制订的公式，即烧伤后第一个 24 小时补液量为：成人每千克体重、每 1% 烧伤面积平均补给胶体液 0.5 ml 和电解质溶液 1 ml；幼儿 2 ml；儿童介于成人和幼儿之间，另加基础水分 2000 ml。烧伤后前 8 小时输入一半，后 16 小时输入另一半。第 2 个 24 小时补液量为：胶体液及电解质溶液均为第一个 24 小时实际输入量的一半，另加水分 2000 ml。胶体液和电解质溶液的比例依据深度烧伤面积大小而定，中等程度的二度烧伤可单纯输注平衡液。对于成人烧伤面积小于 20%，或儿童浅烧伤面积在 10% 以下者（头面颈部烧伤除外），可给予口服含盐饮料，一般不需静脉补液。第一个 24 小时水分需要量为 2 000 ml，以补充经皮肤、肺和尿丧失的水分，儿童按每日 70～100 ml/kg 体重计算。大面积烧伤患者第 3 个 24 小时往往不能恢复饮食，有必要继续静脉输液，并输入一定量的血或血浆。

（二）休克期的监护

烧伤患者对补液的个体反应差异很大，不同原因、不同深度、不同年龄、心血管代偿功能各异和烧伤后开始输液的早晚这些因素均影响休克期补液量。任何公式都只是补液参考，作为补液量初步预算之用。必须根据实际病情，调整补液量，故必须严密观察病情。

1. **尿量** 成人尿量维持在 30～50 ml/h，婴幼儿 10 ml/h，儿童 20 ml/h。肾功能正常时，尿量能间接反映血容量情况，是较可靠的监护指标。在老年人、伤前有心脏疾患或肺功能差者，尿量可以偏低，可维持在每小时 30 ml；而对有血红蛋白尿及某些化学烧伤者（磷、苯等），则要求尿量偏高，每小时可达 50 ml 以上。

2. **神志** 神志清楚，合作，无烦躁不安。

3. **脉搏（心率）** 严重烧伤患者都有脉搏增快，要求成人在 120 次 / 分以下，儿童在 140 次 / 分以下。

4. **周围循环** 肢端温暖,静脉及毛细血管充血良好,动脉搏动有力。
5. **呼吸** 呼吸平稳,呼吸道通畅,口唇黏膜无发绀。
6. **血压** 在肢体无烧伤时,要定时测量血压,将收缩压维持在 90 mmHg 以上。
7. **中心静脉压** 8~12 mmHg。
8. **血气分析** 应维持动脉血氧分压、二氧化碳分压及 pH 值接近于正常水平。
9. **血清钠的测定** 应尽量维持血清钠接近于正常水平。在使用高渗盐溶液治疗烧伤休克时应定时查血清钠。

### 四、创面处理

创面处理贯穿在整个烧伤病程中,创面处理是否得当直接关系到患者的病情和预后,是烧伤治疗中一个重要问题,不能只注意全身治疗而忽视局部创面处理。

(一)早期清创

对于未发生休克的中小面积烧伤患者,伤后可立即进行清创。对于已发生休克或有发生休克可能的较大面积烧伤患者,应先快速输液待容量已基本得到纠正,休克被控制后,在良好的镇痛情况下进行清创。

清创步骤如下:

(1)剃除烧伤创面周围及附近的毛发,剪除指(趾)甲。创面周围正常皮肤可用肥皂水清洗。

(2)去除创面脏物、泥沙等,用 1∶1 000 苯扎溴铵(新洁尔灭)溴苄烷胺溶液或 1∶2 000 氯己定(洗必泰)溶液轻拭。

(3)小水疱可不处理,大水疱可在低位剪破引流,疱皮不必除去,以保护创面和起到减轻疼痛作用,对疱皮已破并移位污染者则剪除。深二度和三度创面的坏死表皮应尽量去除,否则将妨碍坏死组织中的水分蒸发,使深度烧伤创面不易干燥,易致创面感染。

(4)清创后根据创面情况采用包扎或暴露疗法。

(二)环形缩窄性焦痂切开术

对于肢体深度环形烧伤,焦痂缩窄已造成远端循环障碍者,如肢体远端肿胀、疼痛、皮肤温度下降、毛细血管充盈时间延长,甚至青紫,动脉搏动消失,应尽快将焦痂切开减张,以免造成肌肉坏死或肢端坏死。

一般切开焦痂达深筋膜平面即可,但若深筋膜下张力很高,也应切开深筋膜。四肢焦痂在两侧面纵行切开焦痂全长。

躯干环形烧伤焦痂缩窄引起呼吸困难时,应在两侧腋前线纵行切开胸部焦痂。焦痂切开的伤口应用碘仿纱布条填塞。

(三)包扎疗法

1. **适应证** ①小面积烧伤;②四肢及躯干浅二度烧伤;③寒冷季节,室温难以达到一定要求。

2. **方法** 清创后,创面放一层凡士林纱布或中药纱布(如紫草膏),再加吸水性好的网眼纱布和棉垫包扎,敷料要有足够厚度,以不使渗液浸透为好。手部包扎时指间要用凡士林纱布隔开,并保持功能位。肢体包扎要注意末梢血循环,抬高患肢。

包扎后若敷料未被渗透,则在 3 天后第一次换药。换药时包扎敷料可薄一些。第二次包扎后,若为浅二度烧伤,创面又无感染,可在 7~10 天后再换药。若为深二度创面或创面有感染，则换药间隔时间应缩短。

**（四）暴露疗法**

1. **适应证** ①大面积烧伤；②三度烧伤；③头面部、会阴部等不易包扎部位烧伤；④严重的绿脓杆菌和真菌感染创面。

2. **方法** 清创后，病室温度应保持在 32～34℃。将患者置于保温室中铺有无菌床单及纱布的床上，创面可直接暴露于温暖、干燥、清洁的空气中。要经常用纱布拭干创面渗液，避免创面受压。在患者渡过休克期后，对于躯干和肢体环形烧伤者应选用转床，定时翻身。创面可涂 10%左右的磺胺嘧啶银糊剂，每日 2 次，或外用有收敛作用的中草药。

**（五）深度烧伤创面处理**

深度烧伤创面处理方法有两种：自然脱痂法和手术切痂法（或削痂法）。两者的目的都是有计划、有步骤地清除烧伤坏死组织并及时覆盖暴露的创面。

1. **自然脱痂法** 是一种古老的脱痂法，在烧伤后 3～4 周，坏死组织开始与基底肉芽组织分离，此时若采用油类敷料、1%磺胺嘧啶银冷霜等药物包扎创面，可以加速坏死组织脱落，再辅以手术扩创，可将焦痂逐步清除。焦痂脱落后应立即以自体皮、同种或异种皮覆盖创面。

自然脱痂法的缺点是：机体消耗大，创面覆盖迟，自体皮需要量大；一般只作为大面积三度烧伤手术治疗的辅助方法，如面颈部、会阴部三度烧伤常采用自然脱痂法。

2. **手术去痂法**

（1）削痂法：是在烧伤后早期（伤后 3～5 天）用滚轴取皮刀将深度烧伤的坏死组织削除，使创面成为健康或近乎健康的创面，并立即用自体皮片覆盖（可拉网）。削痂面积较大者可采用自体、异体皮混合移植。削痂疗法适用于中小面积深二度、浅三度烧伤创面，特别是功能部位而局部又无明显感染的创面。对大面积烧伤采用削痂疗法时，以总面积不超过 50%，三度面积不超过 20%的患者应用较为安全。

（2）切痂法：对于大面积三度烧伤患者，在休克期平稳渡过后，病情稳定时，对躯干和肢体分布集中的三度创面可分期行焦痂切除和植皮术，以达到早期消除创面坏死组织的目的。①对大面积烧伤者，首次切痂时间最好在伤后 4～7 天内进行，一次切除范围可在 20%左右，每次手术间隔时间一般为 2～3 天，争取在 2 周内切除大部分焦痂。对切痂创面及时应用大张网状同种皮（或异种皮）和自体小皮片混合移植，或应用大张同种皮与自体微粒皮混合移植覆盖。②对烧伤总面积在 50%以下，三度面积在 30%以下者，切痂后创面覆盖可完全用自体皮，但应将大张自体皮片切成网状拉开或行邮票状皮片移植，以扩大自体皮覆盖面积。③对烧伤总面积和三度烧伤面积均不大者，特别是小面积三度烧伤而位于手、足、关节等功能部位者，可不受以上手术时间限制，应尽早切除焦痂，移植大张自体皮。

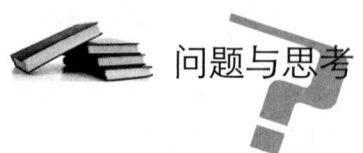 问题与思考

1. 烧伤的急救处置。
2. 烧伤的休克防治。

# 第三节 咬蜇伤

## 一、毒蛇咬伤

全球有 2 700 余种蛇，其中毒蛇有 600 余种。在我国，蛇分布很广，已发现的毒蛇约有 50 余种，其中较常见的有 10 余种。长江以北以蝮蛇为常见，东南沿海有海蛇。被毒蛇咬伤机会较多的人群为农民、渔民、野外工作者和毒蛇研究人员。咬伤部位以手、臂、足、腿为常见。毒蛇咬伤以夏秋两季为多见，病情的严重程度与进入人身体的毒素量有关。蛇大，咬伤深，咬住不放，则注毒量大。如蛇毒直接进入血循环，可在短时间内引起死亡。被咬者的年龄和体格与中毒程度也有关系，儿童、老年和体格瘦小者反应一般较严重。

### （一）病因及毒性机制

毒蛇根据所分泌的蛇毒性质大致分为三类：神经毒为主的如金环蛇、银环蛇、海蛇；血液毒为主的如竹叶青蛇、五步蛇、蝰蛇；混合毒为主的如蝮蛇、眼镜王蛇等。其中以蝮蛇咬伤最为多见。神经毒主要作用于延髓和脊神经节细胞，且可阻断肌肉神经接点，引起呼吸麻痹和肌肉瘫痪，对局部组织破坏作用较少。血液毒具有强烈的溶组织、溶血或抗凝作用，主要由溶蛋白酶和磷脂酶组成，对局部组织、全身血管内皮细胞、血细胞、心、肾等有严重的破坏作用，影响循环，并可释放类组胺物质，引起血压下降和休克。此外，据报道，此类蛇毒中还含有类似透明质酸和抗杀菌物质，前者可严重破坏组织，并使蛇毒迅速在人体内扩散，后者可使感染加重。混合毒素兼有神经毒、血液毒的特点。

### （二）临床表现

**1. 神经毒损伤**

（1）局部症状：表现轻微，仅有微痒和轻微麻木，无明显红肿，疼痛较轻或感觉消失，出血少，齿痕小而无渗透液。

（2）全身症状：一般在咬伤1～3小时后出现全身症状，也可延至10余小时出现。表现为视物模糊、四肢无力、头晕、眩晕、嗜睡、恶心、呕吐、步态不稳、头低垂、眼睑下垂等。重者迅速出现呼吸衰竭和心力衰竭等。若抢救不及时可迅速死亡。神经毒的吸收速度快，危险性大，但由于局部症状轻，全身症状出现相对较迟，往往易被忽略。但如能度过危险期（1～2日），症状一经好转，就能很快痊愈，少有后遗症。

**2. 血液毒损伤**

（1）局部症状：咬伤局部肿胀明显，伤口剧痛，肿胀迅速向近端扩散。皮肤发绀，有皮下出血、瘀斑、水疱、血疱，并逐渐增大以至溃破，有血性渗出。有明显淋巴结炎及淋巴管炎。严重者伤处软组织坏死，如治疗不及时，还可发生严重的化脓性感染或肢体坏死。

（2）全身症状：有全身不适、食欲减退、头晕、恶心、呕吐、腹痛、腹泻、关节痛、心悸、高热、谵妄等。有的可并发破伤风。血液毒引起的症状出现较快且严重。因此，就医多较早，死亡率较神经毒者低。如治疗不及时，后果非常严重，且病程和危险期较长。伤后5～7日还有死亡的可能。水肿消退较慢，内脏并发症和后遗症较多，并可由于局部坏死感染，伤口常经久不愈。也可出现不同程度的出血和溶血，甚至肾衰竭、心力衰竭等。

**3. 肌肉毒损伤** 海蛇咬伤除上述神经毒表现外，还可引起横纹肌瘫痪和肌红蛋白尿，称之为肌肉毒损伤。患者出现大量肌肉坏死，引起高血钾、肌红蛋白尿、急性肾衰竭。

4．**混合毒损伤**　具有神经毒和血液毒两者表现，全身症状发展较快，死亡的主要原因为神经毒所致，主要死于呼吸麻痹和循环衰竭。

（三）诊断与鉴别诊断

1．**诊断**　主要依据蛇咬伤病史史及相应临床表现。

2．**鉴别诊断**

（1）有毒蛇与无毒蛇咬伤鉴别：在出现症状前主要鉴别依据是牙痕。无毒蛇咬伤有一排或二排细牙痕，而毒蛇咬伤则有一对较大而深的牙痕。但由于毒蛇的种类与咬人时的体位不同，有时可以只有一个或有3～4个以上较大的牙痕。从两牙痕之间的距离尚可推断蛇的大小。如蛇已被打死，则可检查其口内上颌前方有无一对特大的毒牙，以资鉴别。

（2）与其他动物咬伤鉴别：其他有毒动物如蜈蚣、毒蜘蛛等，无牙痕。

（四）治疗

1．**局部紧急处理**　阻止蛇毒的吸收和加速排除毒液，是防止中毒的重要环节。

（1）绑扎：被毒蛇咬伤后，保持安静和镇定，应立即停止伤肢的活动，迅速就地取材用绷带布条、手帕等在伤口上方5～10 cm（近心端）的相应部位进行绑扎，扎紧的程度以仅能阻断淋巴和静脉回流而不妨碍动脉血流供应为度。绑扎后每15～20分钟放松一次，每次约1～2分钟，以免影响循环造成组织坏死。一般在注射抗蛇毒素、结晶胰蛋白酶或服用有效蛇药后，绑扎即可解除。

（2）伤口处理：及时冲洗伤口可以起到破坏、中和、减少蛇毒的目的。先用3%双氧水或肥皂水、0.1%的新洁尔灭冲洗伤口及周围皮肤。局部消毒后，注意先将可能断留在伤口内的毒牙清除，然后做十字形或纵形切口，长约2～3 cm，深度以达到皮下但不伤及肌膜为宜，使淋巴及血液外渗。伤口冲洗并用负压吸引。也可配合用吸乳器或拔火罐等方法进行负压吸引。也可用嘴吸吮，但吸吮者的唇黏膜破溃或有龋齿时不宜用此法，以免蛇毒从破溃处进入，发生中毒。切开后，边冲洗边从肢体的近心端向伤口周围及伤口方向反复轻揉挤压。促使毒液从伤口排出体外。冲洗排毒后，敷料包扎，将伤肢置于低位。

（3）局部解毒：

1）胰蛋白酶2 000～4 000 U以0.5%普鲁卡因（皮试不过敏者）稀释，在伤口及周围皮下浸润注射或做环形封闭。宜早用，并可以酌情重复使用。可用糜蛋白酶代替胰蛋白酶。

2）依地酸钙钠能与蛇毒蛋白水解酶中的金属离子螯合。尽早用2%～5%依地酸二钠注射液冲洗伤口，或加1%普鲁卡因做伤口及周围皮下浸润注射。

3）用相应的蛇抗毒血清1/4～1/2支、地塞米松5～10 mg、2%利多卡因5 ml加入0.9%生理盐水20 ml，于绑扎上沿或伤口周围做环形浸润封闭。

4）选用蛇药制剂，可将药片以水溶化后涂于伤口周围。

2．**抗蛇毒血清**　抗蛇毒血清具有中和蛇毒的作用，疗效较为肯定，毒蛇咬伤后24小时内（最好6～8小时内）应用，疗效好。抗蛇毒血清有单价和多价两种，单价者只能中和同种毒蛇的蛇毒，对于其他种蛇毒则不起作用或只有部分中和作用；多价者可治疗多种毒蛇咬伤中毒，但一般单价较多价效果好。使用时应做过敏试验，若为阳性，应按常规脱敏，并可同时给予扑尔敏（氯苯那敏）、异丙嗪或激素等防治过敏反应。

3．**中医中药治疗**　常用的蛇药有南通蛇药片和广州蛇药，前者又称季德胜蛇药片，系由蛇药片和解毒片合制而成，伤后立即服20片，以后每6小时服10片。中毒症状严重时，可加大剂量至每次 20～40 片，或增加服用次数，至全身症状明显减轻，局部消肿时停药。也可将药片溶成糊状，涂在伤口周围（伤口上不涂）。后者伤后一次服 5 g，每 3 小时服一次，重患者加倍。此外尚有其他蛇药，如上海蛇药、广州部队蛇伤解毒剂等。中医的辨证治疗原则是解毒利尿。

4．对症治疗　呼吸衰竭是出现早、发生率高的并发症，常需数周到 10 周以上才能恢复。其他有休克、心力衰竭、肾衰竭、DIC 等，参考有关章节处理。

5．支持治疗　糖皮质激素能抑制和减轻组织过敏反应和坏死，对减轻伤口局部反应和全身中毒症状均有帮助。另外，蛇咬伤伤口易被感染，故应给予抗生素和破伤风抗毒素。

（五）预防

预防蛇咬伤，重点是对多蛇地区的居民和被蛇咬伤机会较多的人群进行蛇生活习惯和蛇咬伤防治知识的宣传教育。

## 二、蜂蜇伤

无论蜜蜂或黄蜂蜇伤（尾刺刺入皮内），一般只表现局部红肿和疼痛，数小时后即自行消退，无全身症状。如果蜂刺留在伤口内（在红肿的中心可见一黑色小点），有时局部可引起化脓。黄蜂蜇伤的局部症状较重。如果被群蜂蜇伤，可出现全身症状，如头晕、恶心、呕吐等，严重者出现休克、昏迷或迅速死亡；有的可发生血红蛋白尿，以致急性肾衰竭。在过敏患者，即使是单一蜂蜇伤，也可发生荨麻疹、水肿、哮喘或过敏性休克。

立即绑扎被刺肢体的近心端，每隔 15 分钟放松 1 分钟，绑扎总时间不宜超过 2 小时。可用冷毛巾湿敷。蜜蜂蜇伤可用弱碱性溶液外敷，以中和酸性毒素；黄蜂蜇伤则用弱酸性溶液中和。用小针挑拨或胶布粘贴，取出蜂刺，但不要挤压。局部症状较重者，可采用火罐拔毒和局部封闭疗法，并给予止痛剂，或用抗组织胺药以止痒。也可采用中草药外敷。

有全身症状者，根据病情给予不同处理。症状较轻者，对症治疗或进行输液、口服蛇药等。过敏反应者，及时用抗组胺药、肾上腺皮质激素、肾上腺素针剂。

发生血红蛋白尿者，除应用碱性药物（碳酸氢钠、乳酸钠溶液）碱化尿液，还要适当加大补液量以增加尿量，并可用利尿剂利尿。如已发生少尿或无尿，则按急性肾衰竭处理；对休克患者，除输液等抗休克措施外，可适当选用升压药物。此外，对群蜂蜇伤或伤口已有化脓迹象者，应加用抗生素。剧痛时可给予止痛治疗。

## 三、蝎子蜇伤

蝎子有一弯曲而锐利的尾针，与毒腺相通。刺入皮肤后，注入毒液。其性质为神经毒。被蜇处发生红肿、剧痛，数日后消失。重者可出现寒战、发热、恶心、呕吐、舌和肌肉强直、流涎、头痛、头晕、昏睡、盗汗、呼吸增快、脉搏细弱等，甚至抽搐及发生胃、肠、肺出血、肺水肿或胰腺炎。儿童被蜇后，严重者可因呼吸、循环衰竭而死亡。

蝎子蜇伤后，多数无碍生命，但蜇后当时，很难判断其预后，尤其是在儿童，因此均应按重症处理。处理原则包括：近心端绑扎、冷敷、封闭、口服或局部应用蛇药片、口服或注射糖皮质激素等。如有条件，可应用抗蝎毒血清。如蜇伤较重，可切开局部伤口，拔出毒针，用弱碱性溶液或 1:5 000 高锰酸钾溶液洗涤，大剂量补液，脱水。对有局部组织坏死或感染者，可加用抗生素，并肌内注射破伤风抗毒素。

### 四、蜈蚣蜇伤

蜈蚣有一对中空的"利爪",咬人后,毒液经此而注入皮下。局部表现有急性炎症和痛、痒,严重者可发生坏死、淋巴管炎和淋巴结炎。有的留有头痛、发热、眩晕、恶心、呕吐,甚至谵妄、抽搐、昏迷等全身症状。蜈蚣越大,注入毒液越多,症状越重。一般数日后,症状多可消失,但儿童被咬伤后,严重者可危及生命。

蜈蚣咬伤后,立即用弱碱性溶液洗涤伤口和冷敷。或用等量雄黄、枯矾研末以浓茶或烧酒调匀敷伤口;疼痛较重者,可给予哌替啶(杜冷丁)、吗啡等止痛剂或伤口周围封闭。严重者可用蛇药片内服或外敷,必要时清创。对有局部坏死、感染者,急性淋巴管炎者,应加用抗生素治疗。

### 五、毒蜘蛛蜇伤

一般蜘蛛多数并不伤人,虽也有少数伤人者,仅局部发生红肿和疼痛,短时间内消失。毒蜘蛛含有神经性蛋白毒,注入人体后,局部苍白、发红或发生荨麻疹,但可以无痛。重者可发生局部组织坏死或全身症状,尤以儿童为甚。表现为头痛、头晕、呕吐、四肢软弱、发热、谵妄、呼吸增快、出汗、虚脱,甚至死亡。儿童可发生惊厥。少数患者有腹肌痉挛,颇似急腹症。症状消失后,患者在短时间内仍软弱无力或精神萎靡。

伤后立即于伤口近心端绑扎,封闭疗法同蛇咬伤治疗,口服及外用蛇药,静脉输液、利尿,使毒素尽快排出。加用糖皮质激素、葡萄糖酸钙、地西泮(安定)等。局部切开引流,高锰酸钾溶液(1:5 000)清洗。必要时可应用哌替啶止痛。

### 六、动物咬伤

自然界中能够攻击人类造成损伤的动物有很多种,动物利用牙、爪、角、刺等袭击人类,造成咬伤、蜇伤和其他损伤(包括过敏、中毒、继发感染、传染病)。大多数动物咬伤由人类熟悉的动物所致,其中常见的有狗、猫、鼠咬伤等。

狗、猫、鼠咬伤部位以下肢、上肢、头面部、颈部多见。伤口的严重程度取决于动物的大小、撕咬力度、凶悍性以及咬伤时的具体状况。咬伤时,除造成局部组织撕裂损伤外,由于动物口腔牙缝、唾液含有多种致病的病毒和细菌,尤其是厌氧菌存在,如破伤风杆菌、气性坏疽杆菌族、梭状芽胞杆菌、螺旋体等,可造成伤口迅速感染。因动物咬伤的伤口较深,组织破坏多,更适合厌氧菌的繁殖,因此,感染可发展到严重状况。

另外,如果动物感染了狂犬病,狂犬病病毒可以通过口腔分泌物进入伤口感染人体,引起狂犬病。鼠咬伤可能引起流行性出血热,甚至鼠疫等严重传染病。

#### (一)临床特点

局部有利牙撕咬形成的牙痕和伤口,可有周围组织水肿、皮下出血、血肿、局部疼痛。部分病例在 8~24 小时后出现感染表现,伤口疼痛加剧,周围逐渐出现红肿、脓性分泌物,分泌物可有异常气味,从伤口部位向周围充血扩散,咬伤部位上方淋巴结肿大。

全身症状一般较轻,如伤口感染严重,可以出现淋巴管炎、头痛、头晕、发热等症状,甚至出现脓毒血症、化脓性关节炎、骨髓炎、脑脓肿等严重并发症。

狂犬病潜伏数天至数年,如伤者出现精神紧张、全身痉挛、幻觉、谵妄、怕光、怕声、怕水、怕风等症状,应及时诊断和治疗。

（二）诊断与鉴别诊断

1. **临床诊断**　主要根据上面所述临床症状诊断。前驱期症状不太明显时，一般不易诊断。询问有无被咬伤史或伤口处有无异常感觉可帮助诊断。若有典型的怕水或咽部痉挛，则是不难诊断的。

2. **鉴别诊断**

（1）破伤风：两者的症状有相似处，但破伤风潜伏期短，为6～14天，有外伤史。出现牙关紧闭、角弓反张及长时间的强直性全身痉挛等典型症状，而狂犬病以局部痉挛为主，持续时间也短。

（2）脑膜炎、脑炎：常易与狂犬病前驱的症状混淆。但患者无被咬伤史，精神状态出现迟钝、嗜睡、昏迷及惊厥等，与狂犬病的神志清楚、恐慌不安等症状不同。此外，狂犬病还应与脊髓灰质炎、中枢神经药物中毒、尿毒症等区别开来。

（3）狂犬病恐惧症：这些患者常是有狂犬病知识或是看见过狂犬病患者发作的人。这种人对狂犬病十分恐惧，有咬伤部位的疼痛感而产生精神恐惧症状。但这种患者没有低烧，也没有遇水咽喉肌肉真正的痉挛，没有恐水现象。

3. **实验室诊断**　脑组织内基小体检验；荧光免疫法检查抗体；分泌物动物接种试验；血清学抗体检查；反转录PCR方法检查病毒RNA。

（三）急救处理

1. **伤口处理**　如果怀疑动物咬伤、抓伤，立即用肥皂水或清水彻底冲洗伤口至少15分钟，也可以用大量双氧水（过氧化氢溶液）冲洗。然后用2%碘酒或75%酒精涂擦伤口消毒。

伤口深而大应放置引流条，以利于污染物及分泌物的排出。只要未伤及大血管，一般不包扎伤口，不做一期缝合，不用油剂或粉剂涂抹伤口。对延误处理而伤口已结痂者，应将结痂去除后按照上述原则处理。

伤及大动脉、气管等重要部位或创伤过重时，须迅速予以生命支持措施。对伤口较深、严重污染者应酌情注射破伤风抗毒素并应用抗生素。

2. **狂犬病免疫处理**　首先在受伤部位浸润注射狂犬病免疫球蛋白，20 IU/kg（酌情可至40 IU/kg），总剂量的1/2于受伤部位皮下浸润注射，余下制剂进行肌内注射。如所需总剂量>10 ml，可在1～2日内分数次注射。注射完毕后的当天或第二天开始注射疫苗。但须注意避免将血清与疫苗注射在同一部位。

3. **使用浓缩狂犬疫苗**　对被咬伤者于0（第1天）、3、7、14、28天各注射浓缩狂犬疫苗1安瓿（液体2 ml，冻干疫苗1 ml或2 ml），儿童用量相同。对严重咬伤者（头、面、颈、手指、多部位3处以上咬伤，咬穿皮肤或舔触黏膜者）还应于0、3天注射加倍量疫苗，并于0天注射疫苗的同时合用抗狂犬病血清。凡联合用抗狂犬病血清者，必须在全程疫苗注射完后，再注射2～3次加强针，即在全程注完后的15、75天或10、20、90天注射加强针。疫苗在上臂三角肌肌内注射或在大腿内侧肌内注射。儿童应在大腿前内侧区肌内注射。

（四）预防和治疗

(1) 控制野生动物间的传播。

(2) 投喂含口服狂犬疫苗的诱饵，使其免疫。

(3) 控制宠物间的传播。

(4) 为宠物强制性接种狂犬疫苗。

（5）对易感人群预防性免疫接种。
（6）为易于接触到狂犬病病毒的人群接种狂犬疫苗。

**知识链接**

　　狂犬病，又称疯狗病、恐水症，是由狂犬病病毒引起的一种人和所有温血动物（人、犬、猫等）的一种直接接触性传染病。人一旦被感染狂犬病病毒的犬咬伤，死亡率是百分之百。所以作为宠物的犬一定要注意狂犬病的免疫。狂犬病病犬的临床表现为极度兴奋、狂躁、流涎和意识丧失，最终全身麻痹死亡。用灭活或改良的狂犬病活疫苗免疫可预防狂犬病，其免疫程序是：①活苗：3～4个月龄的犬首次免疫，一岁时再次免疫，然后每隔2～3年免疫一次；②灭活苗：在3～4个月龄犬首免后，二免在首免后3～4周进行，二免后每隔一年免疫一次。

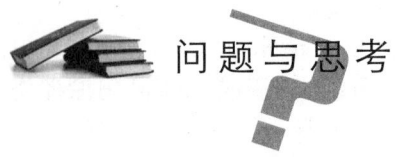 问题与思考

1．蛇咬伤治疗原则。
2．狂犬病治疗原则。

（王　石）

# 第十六章 妇产科急症

**学习目标**

了解妇产科急症的临床表现。

## 第一节 妇产科常见急症

### 一、阴道出血

阴道出血是妇产科最常见的急症。女性生殖道任何部位包括阴道、宫颈、宫体及输卵管均可发生出血。除正常月经外，均称为"阴道出血"。异常阴道出血的病因见表16-1。活动性阴道出血患者有大出血的危险，需紧急救治。

1. **监测生命体征** 根据生命体征正确估计失血量，判断休克程度。
2. **治疗休克**

(1) 建立有效静脉通路（2支、粗导管），进行中心静脉压监测。查血型、交叉配血，补充血液及晶体平衡液、新鲜冰冻血浆等纠正低血压。

(2) 检查血常规、血小板计数、凝血功能。

(3) 保留尿管，监测尿量。

(4) 育龄妇女，应做妊娠试验。

(5) 其他：吸氧，纠正酸中毒，升压药物应用，肾上腺皮质激素应用，改善心脏功能及注意肾衰竭。

(6) 防止感染。

3. **明确出血病因，并立即止血**

(1) 妇科内诊：对有性生活女性应先进行消毒，然后进行妇科检查，阴道、宫颈出血可阴道填纱布压迫止血。如为子宫较大、宫缩差引起的出血，可予以子宫按摩、促子宫收缩药物治疗（如缩宫素、垂体后叶素、前列腺素类药物等）。

(2) 盆腔超声检查：对于阴道出血的妊娠患者，超声检查可提示宫内妊娠囊状况，诊断难免流产或不完全流产；阴道出血而宫内未见妊娠囊，盆腔、腹腔有游离液体高度提示异位妊娠破裂。对非妊娠患者，B超检查往往能发现子宫内膜增厚、子宫肌瘤或肿瘤等其他可疑出血原因。

4. **治疗创伤** 如有创伤，确定损伤范围，应压迫止血或清创缝合。

**5．专科会诊** 请妇产科或外科医师会诊，决定进一步治疗方案。

表 16-1 异常阴道出血的病因

| | |
|---|---|
| 卵巢内分泌功能失调 | 急性子宫颈炎 |
| 　无排卵性功能失调性子宫出血 | 宫颈息肉 |
| 　排卵性月经失调 | 子宫内膜炎 |
| 与妊娠有关的出血 | 生殖器肿瘤 |
| 　流产 | 损伤、异物和外源性性激素 |
| 　异位妊娠 | 与全身疾病有关的阴道出血 |
| 　葡萄胎 | 　血小板减少性紫癜 |
| 　产后胎盘部分残留 | 　再生障碍性贫血 |
| 　子宫复旧不全 | 　白血病 |
| 生殖器炎症 | 　肝功能损害 |
| 　阴道炎 | |

## 二、下腹痛

下腹痛为妇女常见症状，多为妇科疾病引起，应根据下腹痛的性质和特点考虑各种不同妇科情况。

临床表现及鉴别诊断如下所述：

1．**起病缓急** 急骤发病者，应考虑卵巢肿瘤蒂扭转或破裂；反复隐痛后突然出现撕裂样剧痛者，应考虑到输卵管妊娠破裂或流产的可能；起病缓慢而逐渐加剧者，多为内生殖器炎症或恶性肿瘤所引起。

2．**下腹痛部位** 下腹正中出现疼痛多为子宫病变引起的疼痛，较少见；一侧下腹痛应考虑该侧附件病变，如卵巢囊肿蒂扭转、输卵管卵巢急性炎症、异位妊娠等；右侧下腹痛还应除外急性阑尾炎；双侧下腹痛常见于盆腔炎性病变，卵巢囊肿破裂、输卵管妊娠破裂或盆腔腹膜炎时，可引起整个下腹痛甚至全腹痛。

3．**下腹痛性质** 持续性钝痛多为炎症或腹腔内积液所致；顽固性疼痛难以忍受应考虑晚期生殖器肿瘤；子宫或输卵管等空腔器官收缩表现为阵发性绞痛；输卵管妊娠或卵巢肿瘤破裂可引起撕裂样锐痛；宫腔内积血或积脓不能排出常导致下腹坠痛。

4．**下腹痛时间** 在月经周期中间出现一侧下腹隐痛，考虑为排卵性疼痛；经期出现腹痛，或为原发性痛经，或为子宫内膜异位的可能；周期性下腹痛但无月经来潮，多为经血排出受阻所致，见于先天性生殖道畸形或术后宫腔、宫颈管粘连等。

5．**腹痛放射部位** 放射至肩部应考虑腹腔内出血；放射至腰骶部多为宫颈、子宫病变所致；放射至腹股沟及大腿内侧，一般为该侧子宫附件病变引起。

6．**腹痛伴随症状** 同时有停经史，多为妊娠并发症；伴恶心、呕吐考虑有卵巢囊肿蒂扭转的可能；有畏寒、发热常为盆腔炎症；有休克症状应考虑有腹腔内出血；出现肛门坠胀一般为直肠子宫陷凹有积液所致；伴有恶病质为生殖器晚期肿瘤的表现。

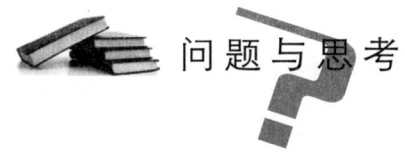

异常阴道出血的常见原因有哪些?

# 第二节 产科急症

## 一、妊娠剧吐

孕妇在孕 5～10 周频繁恶心呕吐,不能进食,已除外其他疾病引发的呕吐,体重较妊娠前减轻≥5%,体液电解质紊乱及新陈代谢障碍,需住院输液治疗者,称为妊娠剧吐。

### (一)诊断要点

(1) 早孕,每日呕吐≥3 次、尿酮体阳性、体重较孕前减轻≥5%。

(2) 了解酸碱平衡状况。血钾、凝血功能、肝肾及甲状腺功能。

(3) 应与葡萄胎及其他可能引起呕吐的疾病如肝炎、胃肠炎鉴别。

### (二)诊断

1. **症状与体征** 已知妊娠并有早孕反应,逐渐加重至频繁呕吐不能进食,呕吐物中有胆汁或咖啡样物质。体重较妊娠前减轻≥5%,面色苍白,皮肤干燥,脉搏细数,尿量减少,严重时血压下降,引起肾前性急性肾衰竭。严重者可出现 Wernicke 综合征。

2. **辅助检查** 尿妊娠试验,测定尿量、尿比重、酮体,注意有无蛋白尿及管型尿。血常规检查,了解有无血液浓缩。进行动脉血气分析,了解酸碱平衡状况,还应检测血钾、凝血功能、肝肾及甲状腺功能。

### (三)治疗

需住院治疗,禁食。开放静脉,检查血常规、电解质及肾功能。补液量每日不少于 3 000 ml,尿量不少于 1 000 ml,输液液体中应加入氯化钾、维生素 C,并给予维生素 $B_1$ 肌内注射。可给予维生素 $B_6$ 止吐,营养不良者可静脉补充必需氨基酸、脂肪乳。

## 二、异位妊娠

### (一)概念

受精卵在子宫体腔以外着床称为异位妊娠,习称"宫外孕"。异位妊娠分为:输卵管妊娠、卵巢妊娠、腹腔妊娠、阔韧带妊娠、宫颈妊娠等。异位妊娠为妇产科常见的急腹症,发病率约为 2%,是孕产妇死亡原因之一。以输卵管妊娠最为常见,多发生在输卵管壶腹部、峡部、伞部。输卵管妊娠破裂多见于妊娠 6 周左右输卵管峡部妊娠,短期内可发生大量腹腔出血,继而休克。输卵管间质部妊娠破裂常发生于孕 12～16 周,一旦破裂,可发生严重腹腔内大出血,后果严重。

## （二）诊断要点

（1）育龄妇女，停经后腹痛伴阴道出血。
（2）一侧下腹隐痛或酸胀感，破裂时下腹部撕裂样疼痛。
（3）阴道后穹窿饱满，宫颈举痛或摇摆痛。
（3）血红蛋白进行性下降。
（4）血或尿 hCG 测定阳性和盆腔超声检查异常。

## （三）诊断

**1．症状与体征**

（1）停经：多有 6～8 周的停经史，间质部妊娠可停经 3～4 个月，约 20%～30% 的患者无明显停经史。
（2）腹痛：患者就诊的主要症状。常表现为一侧下腹部隐痛或酸胀感。当发生输卵管妊娠流产或破裂时，突感一侧下腹撕裂样疼痛，伴有恶心、呕吐、晕厥，甚至休克。伴有肛门坠胀感或排便感。随着内出血增多，刺激膈肌时可引起肩部放射性疼痛。
（3）阴道流血：胚胎死亡后，常有不规则阴道出血，一般不超过月经量。少数患者阴道出血较多。
（4）晕厥与休克：由急性大量出血和剧烈腹痛导致，但与阴道出血量不成正比。
（5）一般情况：腹腔内出血较多时，可出现面色苍白、心率增快、血压下降等休克表现。通常体温正常，血液吸收时体温略升高，但不超过 38℃。
（6）腹部检查：下腹部压痛及反跳痛明显，以患侧为著。出血较多时，叩诊有移动性浊音。
（7）盆腔检查：阴道血迹，后穹窿饱满有触痛，宫颈举痛或摇摆痛，子宫稍大而软。内出血较多时，子宫有漂浮感，子宫一侧或其后方可触及肿块，触痛明显，病程长者，血肿机化变硬，边界较清楚。

**2．辅助检查**

（1）妊娠试验：血或尿 hCG 测定对早期诊断异位妊娠极其重要。异位妊娠时，hCG 水平较宫内妊娠低，且血中水平倍增时间大于 7 天时，异位妊娠可能性极大。但尿 hCG 阴性时不能完全排除异位妊娠。
（2）B 超检查：宫腔内未探及妊娠囊，若宫旁探及异常低回声区，且有原始心管搏动，可确诊异位妊娠；若宫旁探及混合回声区，子宫直肠窝有游离暗区，虽未见胎芽及胎心搏动，仍高度怀疑异位妊娠。
（3）后穹窿穿刺：是一种简单可靠的诊断方法，适用于疑有腹腔内出血的患者，但穿刺阴性不能排除宫外孕。
（4）腹腔镜检查：是异位妊娠诊断的金标准，而且可以在确定诊断的情况下起到治疗作用。

**3．鉴别诊断** 应与流产、黄体破裂、急性输卵管炎、急性阑尾炎、卵巢囊肿蒂扭转等鉴别。

**4．处理** 异位妊娠的治疗包括药物治疗和手术治疗。对于内出血并发休克的急症患者，应尽快开放静脉，以补充血容量。检查血常规、血型，交叉配血，做好输血准备。纠正休克的同时急请妇产科医师会诊，准备手术。检查电解质、肾功能、凝血功能及其他必要检查。

对有症状而可疑异位妊娠的患者，可收入院进一步检查以明确诊断。

### 三、自然流产

**（一）概念**

妊娠不足 28 周、胎儿体重不足 1 000 g 的胎儿娩出称为流产，多数为早期流产。胚胎或胎儿染色体异常是早期流产的主要原因。晚期流产稽留时间过长可能发生凝血功能障碍，导致弥散性血管内凝血（DIC）。

**（二）诊断要点**

（1）停经后阴道出血及腹痛。

（2）宫颈关闭或开大，部分患者可见妊娠物嵌顿宫颈口。

（3）做定量 hCG 及盆腔超声检查。

（4）排除异位妊娠。

**（三）诊断**

1．症状与体征　主要为停经后阴道出血和腹痛。

（1）早期流产表现为先出现阴道出血，后出现腹痛；晚期流产表现为先出现腹痛，后出现阴道出血。

（2）难免流产和不全流产表现为腹痛及阴道大量出血，甚至休克；先兆流产阴道出血不多伴轻微腹痛；完全流产为阴道排出妊娠物后腹痛消失，阴道出血逐渐停止。

（3）妇科检查：注意宫口是否扩张，羊膜囊是否膨出，有无妊娠物堵塞于宫颈口，子宫大小与停经周数是否相符。

2．辅助检查

（1）妊娠试验：为了解流产的预后，多进行血 hCG 水平连续测定。

（2）B 超检查：根据妊娠囊的形态以及有无胎心、胎动确定流产类型，以指导正确治疗方法。

（3）孕激素测定：协助判断先兆流产的预后。

**（四）治疗**

（1）先兆流产：卧床，禁性生活。明确诊断，酌情保胎。治疗期间密切观察临床及胚胎发育，如症状无缓解，应停止保胎治疗。

（2）不完全或不可避免流产：一经确诊，立即清除宫腔内残留组织；对大量失血有休克者，要同时予以输血输液，并给予抗生素预防感染。

（3）完全流产：一般不需特殊处理。

（4）稽留流产：检查凝血功能后考虑尽快清宫。

### 四、妊娠期高血压疾病

**（一）概述**

妊娠期高血压疾病是妊娠与血压升高并存的一组疾病，是产科常见并发症，包括妊娠期高血压、子痫前期、子痫以及慢性高血压并发子痫和慢性高血压合并妊娠。急诊多为重症患者，发展急骤，在高血压、蛋白尿及水肿基础上，出现持续性头痛、视物模糊等为重度子痫前期；如发生不能用其他原因解释的抽搐，则为子痫。应警惕出现颅内出血、心力衰竭、胎盘早剥、胎儿生长受限，是孕产妇及围产儿死亡主要原因。

**（二）诊断要点**

妊娠 20 周后出现的高血压、蛋白尿、水肿，严重时可抽搐。

**（三）分类与临床表现**

妊娠期高血压疾病的基本病理生理变化是全身小血管痉挛、内皮损伤和局部缺血（表 16-2）。

表 16-2　妊娠期高血压疾病的临床表现

| 分类 | | 临床表现 |
| --- | --- | --- |
| 妊娠期高血压 | | 妊娠期出现高血压，收缩压 ≥ 140 mmHg 和（或）舒张压 ≥ 90 mmHg，产后 12 周恢复正常；尿蛋白（−） |
| 先兆子痫 | 轻度 | 妊娠 20 周后出现收缩压 ≥ 140 mmHg 和（或）舒张压 ≥ 90 mmHg，伴 24 小时蛋白尿 ≥ 0.3 g，或随机尿蛋白（+） |
| | 重度 | 血压和尿蛋白持续升高。出现以下任一不良情况：<br>1. 血压持续升高：收缩压 ≥ 160 mmHg 和（或）舒张压 ≥ 110 mmHg<br>2. 24 小时蛋白尿 ≥ 5 g，或随机尿蛋白（+++）<br>3. 持续性头痛或视觉障碍<br>4. 持续性上腹部疼痛，肝包膜下血肿或肝破裂症状<br>5. 肝功能异常：ALT 或 AST 水平升高<br>6. 肾功能异常：少尿或血肌酐 > 106 μmol/L<br>7. 低蛋白血症伴胸腔积液或腹腔积液<br>8. 血液系统异常：血小板持续性下降并低于 $100 \times 10^9$/L<br>9. 心力衰竭、肺水肿<br>10. 胎儿生长受限或羊水过少<br>11. 早发型，即妊娠 34 周以前发病 |
| 子痫 | | 子痫前期基础上发生不能用其他原因解释的抽搐 |
| 慢性高血压并发子痫前期 | | 慢性高血压孕妇妊娠期无蛋白尿，妊娠后出现蛋白尿 24 小时 ≥ 0.3 g/；或妊娠前有蛋白尿，妊娠后蛋白尿明显增加或血压进一步升高或血小板减少 |
| 妊娠合并慢性高血压 | | 妊娠 20 周前收缩压 ≥ 140 mmHg 和（或）舒张压 ≥ 90 mmHg，妊娠期无明显加重；或妊娠 20 周后首次诊断高血压并持续到产后 12 周以后 |

**（四）急诊处理**

对可疑患者应请产科医师会诊后，方允许其离开急诊科。对持续抽搐可致颅内病变如脑出血患者，应做头颅 CT 或 MRI。

治疗原则：休息、镇静、解痉，有指征的降压、利尿、密切监测胎儿及孕妇状况，适时终止妊娠。

**1. 解痉药**　负荷剂量硫酸镁 2.5 ~ 5 g，溶于 10% 葡萄糖 20 ml 中静推（15 ~ 20 分钟），或 5% 葡萄糖 100 ml 快速静滴，继而 1 ~ 2 g/h 静滴维持。24 小时总量为 25 ~ 30 g，疗程为 24 ~ 48 小时。如有条件，监测药物浓度。由于有效浓度与中毒浓度很接近，故应在膝反射存在、呼吸 ≥ 16 次 / 分、尿量 ≥ 17 ml/h 或每 24 小时 400 ml 并备有 10% 葡萄糖酸钙情况下进行。

2. **降压药**　可选用拉贝洛尔、硝苯地平或硝普钠。

3. **镇静药**　如地西泮（安定）、苯巴比妥或冬眠合剂等。

### 五、妊娠晚期出血

（一）概念

妊娠晚期出血最常见的原因有：前置胎盘、胎盘早剥。还有少见原因，如帆状胎盘血管前置破裂，胎盘边缘血窦破裂，宫颈息肉、宫颈糜烂、宫颈癌，静脉曲张、创伤等。前置胎盘及胎盘早剥作为妊娠期严重的并发症，如处理不当可直接危及孕妇和胎儿的生命。

（二）诊断要点

1. **胎盘早剥**　妊娠中期突发持续性腹痛，伴或不伴阴道出血，严重时出现休克、DIC，威胁母儿生命。

2. **前置胎盘**　妊娠晚期无痛性阴道出血；B超根据胎盘下缘与宫颈内口的关系，确定前置胎盘类型。

（三）临床表现

1. **胎盘早剥**　即正常位置的胎盘在胎儿娩出前部分或全部从子宫壁剥离，底蜕膜出血并形成血肿，使胎盘从附着处分离。起病急，发展快，如处理不及时可危及孕妇和胎儿生命。危险因素：妊娠期高血压疾病、慢性肾疾病或全身血管病变、胎膜早破等引起宫腔压力骤减、腹部创伤、脐带过短、高龄、多胎、吸烟及既往有胎盘早剥病史。

症状与体征：表现为突然发生的持续性腹痛，疼痛的程度与胎盘后积血的多少有关；无或有少量阴道出血；严重者出现休克症状，其休克症状与失血量不成正比。检查可发现子宫张力大，有压痛，严重者硬如板状；胎儿位不清、胎儿心音消失；也可见弥散性血管内凝血（DIC）。

2. **前置胎盘**　孕晚期或临产时出现无诱因的无痛性、反复性阴道出血。阴道出血发生的孕周数、反复发生次数、出血量多少与前置胎盘类型有关。初次出血量一般不多；也有初次即发生致命性大出血而导致休克者。

当前置胎盘附着于子宫前壁时，可在耻骨联合上方闻及胎盘血管杂音，超声检查可观察胎盘与宫颈内口的关系。

（四）处理

胎盘早剥的治疗原则是：早期识别、积极处理休克、及时终止妊娠、控制DIC、减少并发症；前置胎盘的处理原则是：抑制宫缩、止血、纠正贫血和预防感染。

1. **初步处理**　请妇产科医师紧急会诊。评估失血量。如有低血容量，积极开放静脉通路，迅速补充血容量，最好包括血浆。监测胎心。

2. **实验室检查**　检查血常规、凝血功能（PT、PTT、纤维蛋白原及血小板计数）、肾功能、血型、配血、备血。保留尿管，监测尿量，检查尿常规。

3. **其他处理**　行超声检查，以确定胎盘部位或胎盘后血肿情况。胎心监护发现胎儿窘迫时应积极准备剖宫产。一旦确诊重型胎盘早剥，应及时终止妊娠。

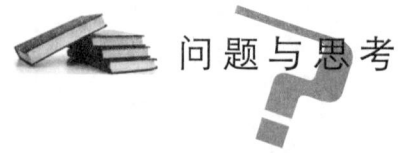

1. 异位妊娠的诊断要点是哪些？
2. 简述妊娠高血压综合征的诊断与处理要点。
3. 妊娠晚期出血有哪两种病因常见？各自的特点是什么？

# 第三节 妇科急症

## 一、卵巢肿物破裂

临床分为外伤性和自发性破裂，是妇科急腹症。

### （一）诊断要点

（1）突然、单侧下腹痛，伴有失血征（出汗、晕厥、休克）。
（2）一侧附件压痛，无肿块触及。
（3）妊娠试验阴性；盆腔超声一侧附件低回声区。

### （二）临床表现

1. **病史与体征** 突然发病，常见症状有剧烈腹痛伴恶心、呕吐，也可导致腹腔内出血、腹膜炎及休克。
2. **妇科检查** 腹部压痛、腹肌紧张，可有腹腔积液征，原存在的肿块消失或缩小，妊娠试验阴性，与异位妊娠鉴别。
3. **超声检查** 可见卵巢囊肿及盆腔游离液体，同时也可除外异位妊娠。

### （三）治疗

对症处理，严密观察病情，尤其注意生命体征。急请妇产科医师会诊，疑有卵巢肿物破裂时应立即进行剖腹探查。

## 二、卵巢肿物蒂扭转

卵巢肿物蒂扭转是妇科常见急腹症，好发于中等大小、瘤蒂较长、活动度良好、重心偏于一侧的肿瘤，如畸胎瘤。

### （一）诊断要点

体位改变、突发下腹痛，有既往附件区肿物病史，妊娠试验阴性。

### （二）临床表现

1. **病史** 有附件区肿瘤病史。体位改变后突然发生一侧下腹剧痛，常伴有恶心、呕吐，甚至休克。

2. **妇科检查** 可扪及压痛的肿块，以蒂部最为明显。
3. **超声检查** 可见附件区肿物，较前有明显增大，血流信号显示肿瘤的血运减少或缺如。

（三）治疗

做盆腔超声检查，急请妇产科医师会诊。诊断明确或病情恶化时，尽快进行剖腹探查。

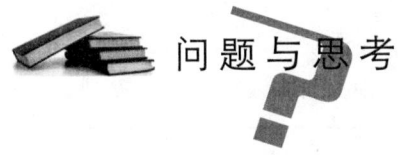

简述卵巢肿物破裂的诊断要点。

（赵飞飞）

# 第十七章 眼科急症

**学习目标**

了解需要即刻处理的眼科急症。

## 第一节 眼科急诊的范畴与特点

视觉系统由眼球、视路和眼附属器组成。人体获取外界信息的90%以上由视觉系统完成；另外，眼球及眼附属器作为颜面重要的组成部分，其结构的改变可能对患者的外观及心理产生巨大的影响，因此，保持视觉系统结构或功能的正常十分重要。眼科急诊就是针对可能导致视觉系统结构或功能产生严重问题（甚至危及生命）、需要迅速准确诊断与治疗的疾病，如意外伤害、感染、血管阻塞或破裂等，以消除或减轻视觉系统结构或功能的损害及由此产生的不利影响。

眼科急诊最重要的主诉是突发或加剧的眼红、眼痛、视力下降。询问这些症状出现的情景、时间、轻重缓急对确定诊断具有重要的意义；有时结合一些特征性的体征就可以作出诊断。当然，作出准确的诊断需要全面的眼部检查，包括：

1. **视力** 用标准视力表检查视力。平常视力正常（1.0）的患者，出现视力异常提示眼的屈光间质或视觉感受通路出现病变。视力下降伴随眼痛提示可能为角膜疾病、急性闭角型青光眼或虹膜炎，突发的无痛性视力下降可能是视网膜脱离、视网膜血管阻塞等。

2. **视诊** 观察眼睑、睫毛、泪管、眼眶和眶周，寻找任何外伤、感染、渗出及其他异常。查看瞳孔大小及对光反射。观察眼球完整性、位置及运动状况。

3. **仪器检查** 采用裂隙灯、眼压计、检眼镜等眼科仪器及其他实验室检查、普通X线、计算机断层扫描（CT）或眼眶核磁共振等。

如患者存在导致视力下降（如急性闭角型青光眼）的眼部异常，在接受初步的急诊处理后必须经眼科医师检查治疗后方可从急诊室出院。对其他情况的患者，如能保持密切随诊者也可出院，可随时到眼科复查。

# 第二节 需要即刻处理的眼科急症

## 一、眼化学伤

眼化学伤由眼部直接接触化学物质引起，生产和生活中均可发生。常见的眼化学伤有酸性烧伤和碱性烧伤。致伤的酸性物质有硫酸、亚硫酸、盐酸、硝酸、醋酸等。致伤的碱性物质有氢氧化钠、氢氧化钾、生石灰、氨水等。酸性物质对组织蛋白质有凝固作用，接触眼部后，立即引起组织蛋白质凝固，并释放热量引起表层组织碳化，形成一道屏障，阻止酸性物质向深部组织渗透，病灶相对局限。碱性物质能溶解组织蛋白质和类脂质，易向周围及深部组织渗透扩散，因此，其损伤常比酸性物质损伤严重。化学物质的性质、浓度、接触眼部的时间是影响眼化学伤严重程度的主要因素，酸碱性越强、浓度越高、接触时间越长，损害越严重。及时发现、及时处理对预后至关重要。

### （一）临床表现

患者有明确的酸性或碱性物质接触史。伤后眼痛、流泪等刺激症状强烈，因伤情轻重不同，视力损害程度不等。

轻度损伤者眼睑皮肤潮红，结膜充血，角膜上皮部分脱落，愈后不影响视力。

中度损伤者皮肤起泡、糜烂，结膜水肿，局限性坏死，角膜雾状混浊，上皮全部脱落，角膜浅层基质受累，愈后留有云翳或斑翳，视力减退。

重度损伤者角膜缘组织缺血坏死，角膜瓷白色混浊，眼内不能检见，视力严重下降。重度损伤多见于强碱烧伤，因碱性物质易向眼内渗透，可引起多种并发症，如睑球粘连、虹膜睫状体炎、继发青光眼和白内障等。

### （二）现场急救

应分秒必争，就地取水，彻底冲洗眼部。冲洗时翻转眼睑、转动眼球，充分暴露角膜、结膜和穹隆部，持续冲洗半小时以上。现场的及时冲洗是改善预后的关键。

### （三）治疗

1. **冲洗** 到医院后，立即滴局麻药（0.5%丙氧苯卡因或丁卡因），使用中性溶液（生理盐水或平衡盐溶液）进一步冲洗，并仔细检查是否有异物残留，避免使用中和剂冲洗，以减少酸碱化学反应导致的进一步损害。条件许可时可行前房穿刺术，以清除渗透进入前房内的碱性物质，但需在外伤后8小时内施行。用石蕊试纸测定穹隆部pH值，冲洗至中性。

2. **散瞳** 复方托吡卡胺眼水或1%阿托品滴眼水或膏每日散瞳，减少虹膜刺激症状并防止虹膜粘连。

3. **预防感染** 应用抗生素眼水或眼膏预防感染。

4. **转诊** 及时转给眼科医师进一步诊治，严重患者可能需要急诊手术治疗。

## 二、视网膜动脉阻塞

视网膜动脉阻塞（retinal artery occlusion）包括视网膜中央动脉主干阻塞、视网膜分支动脉阻塞及视网膜睫状动脉阻塞。因视网膜动脉供血区域的视网膜急性缺血缺氧，导致视力严重下降，是眼科严重的致盲性疾病，应分秒必争进行处理。

## （一）病因

常见阻塞原因有血管炎症、痉挛及栓子脱落。高危人群是老年人，特别是合并高血压、高血脂、糖尿病、动脉粥样硬化的患者。

## （二）临床表现

视力突然下降或丧失，但外眼正常。分支动脉阻塞者相应区域突然出现视野缺损。中央动脉阻塞者患眼瞳孔可散大，直接对光反射迟缓或消失。眼底检查可见视网膜后极部灰白色混浊水肿，黄斑区明显，这是视网膜神经纤维层和节细胞层急性缺血的表现。脉络膜循环正常，黄斑中心凹陷菲薄，可透见脉络膜色泽，故呈现"樱桃红点"。视网膜动脉变细，血流呈节段状或念珠状。晚期动脉闭塞呈白线状，视网膜和视神经萎缩，视盘苍白，视力永久丧失。

## （三）治疗

对早期患者要分秒必争，积极抢救，以改善视网膜循环，挽救视功能。

1. **降低眼内压** 目的是减小动脉血流进入眼的阻力，可按摩眼球至少 15 分钟，有条件时做前房穿刺以突然降低眼压，被动扩张视网膜血管。

2. **吸氧** 5%$CO_2$ 与 95%$O_2$ 混合气体，每 1 小时一次，每次 10 分钟，晚上每 4 小时一次。

3. **血管扩张剂** 如亚硝酸异戊酯 0.2 ml 吸入，硝酸甘油片 0.3～0.6 mg 舌下含化，球后注射妥拉唑林（妥拉苏林）12.5～25 mg 或 654-2 10 mg 等。静脉注射川芎嗪注射液、丹参注射液等。

## 三、急性闭角型青光眼

急性闭角型青光眼（acute angle closure glaucoma）是由于房角突然关闭而引起眼压急剧升高的一种常见眼病，常伴有明显疼痛、视力下降、恶心呕吐等症状，处理不及时容易致盲。

### （一）临床表现

本病常见于 50 岁以上老年人，女性患者多见，远视眼多见，双眼先后或同时发病，有遗传倾向。起病急剧，视力严重减退，眼压明显升高，多在 50 mmHg（6.66 kPa）以上，常伴有剧烈眼痛、头痛、恶心、呕吐等症状，不伴眼眵（分泌物）。检查可见患眼混合性充血，角膜上皮弥漫性水肿，外观呈雾状混浊，前房极浅，房角闭塞，因瞳孔括约肌麻痹，瞳孔中等散大，呈竖椭圆形，对光反应消失。因角膜上皮水肿，眼内结构看不清，待病情缓解后眼前段可见角膜色素性沉积物、虹膜节段性萎缩及青光眼斑（晶状体前囊下灰白色混浊斑点），称为青光眼发作后"三联征"，是急性发作的重要标志。此期病情严重，如未及时控制，很易造成失明。

急性闭角型青光眼应与急性虹膜睫状体炎（主要鉴别点：瞳孔往往缩小）和急性结膜炎（主要鉴别点：多分泌物）进行鉴别诊断。对有恶心、呕吐和剧烈头痛的患者，不能忽略眼部检查，以免误诊为颅内疾患和胃肠道疾病。

### （二）治疗

急性发作期应及时给予药物降低眼压，控制眼压后，可行手术（包括激光）治疗。对于急诊药物治疗后眼压控制不佳者，可由眼科医师行前房穿刺或激光治疗。

1. **缩瞳剂** 可使虹膜收缩、房角重新开放。常用 1%～2% 毛果芸香碱（匹罗卡品，pilocarpine）点眼。急性发作期每 5 分钟点眼一次，共 6 次，然后每 1～2 小时点眼一次或每日点眼 4 次。如眼压高于 40 mmHg，毛果芸香碱的缩瞳作用不明显，需提前或同时使用其他降眼压药物。

2. **高渗剂**　高渗剂可使血浆渗透压增高，使玻璃体等眼球内组织的水分进入血液，从而迅速降低眼压。常用20%甘露醇快速静脉滴注，1～2 g/kg 体重，成人一般每次用 250 ml，30分钟滴完。另外，可口服50%甘油，一次量 2～3 ml/kg 体重。这类药物降低眼压作用迅速，但作用时间不长，一般仅能维持 2～4 小时。

3. **碳酸酐酶抑制剂**　通过抑制房水生成降低眼压，不能解除房角阻滞。常用乙酰唑胺（diamox），口服 250 mg，8 小时一次。因其有刺激末梢神经作用，能引起手足、口唇部发麻，长期服用还可引起尿道结石、血尿等不良反应。

4. **β-肾上腺素能受体阻滞剂**　能抑制房水生成，对瞳孔无影响。常用 0.5% 噻吗洛尔（timolol）点眼，每日2次。此药对心动过缓、支气管哮喘患者禁用。

5. **辅助药物**　为对症治疗，局部使用甾体激素或非甾体消炎药水以减轻角膜水肿或局部炎症，必要时全身给予镇静、安眠药物等。

6. **转眼科治疗**　经急诊药物治疗后，应及时转至眼科医师进一步治疗。

## 四、眶蜂窝织炎

眶蜂窝织炎（orbital cellulitis）是眼眶内软组织的急性感染性炎症，常见的致病菌是肺炎链球菌、其他链球菌、葡萄球菌、流感杆菌（主要见于儿童）；少见的情况下，在糖尿病或使用免疫抑制剂的患者，某些藻菌类真菌（毛霉菌）可引起眶部感染。大多数致病微生物由鼻窦直接进入眶部（特别是筛窦），或通过眶周组织的血管流入眶内。少数情况下，感染可扩散到海绵窦或脑膜，引起严重的颅内并发症，甚至危及生命。

### （一）临床表现

患者往往有鼻窦炎（约90%）或眶周外伤病史，起病急，眼痛剧烈，眼球突出，眼睑红肿，压痛明显。球结膜充血且高度水肿，可突出于睑裂之外，眼球运动受限，甚至完全固定。眼底检查可见视盘水肿和视网膜静脉扩张。全身症状有发热、恶心、呕吐及头痛等。眼球突出严重时可导致暴露性角膜炎，波及眼内可引起葡萄膜炎。感染经眼部静脉可蔓延至海绵窦引起海绵窦血栓，也可发生化脓性脑膜炎、脑脓肿或败血症等严重并发症而危及生命。

### （二）治疗

抽血及请耳鼻喉科医师会诊，穿刺鼻窦进行培养。患者应住院并接受适宜的广谱抗生素治疗（如克林霉素，成人每次 600 mg，每8小时一次，以及头孢他啶甲羧肟，成人每次 2 g，每12小时一次；儿童剂量参见药品说明，根据体重调整）。请耳鼻喉科医师或眼科医师会诊。行眶部 CT 除外眶脓肿和颅内病变。对眶毛霉菌病患者应静脉给予两性霉素 B 及外科手术清除感染组织。请神经科医师会诊以除外颅内受累。对并发海绵窦血栓者按败血症治疗原则处理。

## 五、视网膜脱离

视网膜脱离（retinal detachment）是指视网膜的神经上皮层和色素上皮层之间分离。由于胚胎发育时期两层之间有潜在性间隙，在病理条件下两层容易分开。视网膜脱离分为孔源性、渗出性和牵拉性三种，前者最为常见，视网膜有裂孔，又称为原发性视网膜脱离，多见于高度近视眼、无晶状体眼、老年人和有眼外伤史者。

### (一) 临床表现

先兆症状可有飞蚊症或闪光感，前者是由于玻璃体混浊，后者则是由于视细胞受玻璃体牵拉刺激所致。患者可有视物变形、视物遮挡感。若脱离范围累及黄斑部，则视力严重受损。眼底检查可见玻璃体混浊，脱离的视网膜呈灰白色隆起，血管爬行其上，随眼球运动而出现波动，可见裂孔，马蹄形裂孔多位于颞上方赤道部附近，半月形裂孔多见于锯齿缘分离，而圆形裂孔多位于赤道部之前或黄斑。屈光间质混浊不能看清眼底时，超声检查有助于发现视网膜脱离。

### (二) 治疗

双眼遮盖或戴小孔镜，限制眼球运动，避免视网膜脱离范围加大。治疗以手术为主，应及时转至眼科医师进一步诊治。

## 六、中毒性失明

**中毒性失明**（toxic blindness） 许多有机化合物可导致视觉功能障碍。吸收可造成角膜或晶状体混浊的化合物可致隐袭性视力下降；吸收神经毒性的化合物可致缓慢或急速的视力下降；吸收中毒剂量的甲醇、卤代烃（如氯甲烷）、砒霜、铅可引起永久性视力丧失；大量或长期使用乙胺丁醇、氯霉素、奎宁、水杨酸盐也可引起视神经炎及视力丧失。

至目前为止，最常见的致盲中毒物是甲醇（工业酒精勾兑的假酒中常有），仅仅吸收几毫升就可造成永久性盲。急性甲醇中毒可引起恶心、呕吐、腹痛，也可出现头痛、晕眩、谵妄。饮甲醇几小时后可能出现突然的永久性视力丧失，偶然也有三天以后才出现的。瞳孔对光反射迟缓。眼底检查可见视盘充血水肿，静脉迂曲扩张，视盘周围视网膜水肿。

患者应立即收住院。治疗参见中毒有关的章节。

# 第三节　非创伤性眼科急症

## 一、急性泪囊炎

急性泪囊炎（acute dacryocystitis）是泪囊黏膜及泪囊周围组织的急性炎症，是儿童及成人鼻泪管阻塞的并发症。致病菌多为革兰阳性菌，如葡萄球菌、肺炎球菌等。

### (一) 临床表现

患者内眦部泪囊区皮肤红肿热痛是急性泪囊炎的主要表现，常有鼻泪管阻塞的病史。

### (二) 治疗

早期可局部热敷，点抗生素滴眼液，全身应用广谱抗生素，首选青霉素类或头孢菌素。挤压泪囊区排出脓液是治疗手段之一，而且可进行涂片和细菌培养，有助于选择针对性的抗生素治疗。转至眼科医师进一步治疗。

## 二、急性睑腺炎（麦粒肿/针眼）

急性睑腺炎（hordeolum）是眼睑腺体常见的感染，睑板腺感染称为"内针眼"，Zeis 腺和 Moll 腺感染称为"外针眼"。最常见的致病微生物是葡萄球菌。

### (一) 临床表现

针眼的特征性表现为眼睑红痛伴不同程度的水肿。局部可触及结节，有时可见脓疱，大的针眼有时会引起患侧耳前淋巴结肿大、发热、白细胞增多。

（二）治疗

局部使用抗生素眼水及眼膏，如妥布霉素眼水、红霉素眼膏、氧氟沙星眼膏等。早期可局部热敷，如果脓液局限，应切开：皮肤面采用水平切口，结膜面采用垂直切口（此操作应由眼科医师完成），必要时放置引流条。病情严重者可全身使用抗生素。

### 三、自发性结膜下出血

结膜或巩膜表层血管可以自发破裂，或由轻微外伤、剧烈呕吐、便秘等引起破裂。常有患者因此就诊。

（一）临床表现

突发结膜鲜红，边界清晰。无痛，无视力变化。少数患者有轻度异物感。严重的病例可有结膜水肿或结膜下凝血块。

（二）治疗

无特殊治疗。向患者解释病情并无严重影响以消除患者的焦虑。24小时后可热敷促进吸收。如果出血反复发生，或有其他出血倾向，应检查血压，进行凝血分析（凝血酶原时间，部分凝血活酶时间，血小板计数）。

### 四、急性结膜炎

急性结膜炎（acute conjunctivitis）是眼红最常见的原因。急性结膜炎的常见原因有：

1. **感染** 由细菌、病毒、寄生虫、真菌、支原体感染引起。
2. **化学品刺激** 可导致急性结膜炎的化学品包括氯气或催泪瓦斯等。
3. **过敏** 急性过敏性结膜炎包括春季卡他性结膜炎和花粉症（枯草热）。

（一）临床表现

患者主述眼痒或痛，伴结膜分泌物。单眼或双眼受累。睡醒后眼睑粘连常见于细菌性结膜炎。检查可见结膜充血、脓性或黏脓性分泌物、眼睑不同程度水肿。

（二）鉴别诊断（表17-1）

表17-1 急性结膜炎的鉴别诊断

| 临床特点 | 细菌 | 支原体 | 病毒 | 过敏 | 刺激 |
|---|---|---|---|---|---|
| 起病 | 急 | 急或亚急性 | 急或亚急性 | 反复发作 | 急性 |
| 疼痛 | 中度 | 轻度~中度 | 轻度~中度 | 无 | 无~轻度 |
| 分泌物 | 大量脓性 | 中度脓性 | 中度浆液脓性 | 中度，透明 | 少量，透明 |
| 耳前腺体病变 | 常见 | 常见 | 常见 | 无 | 少见 |

（三）治疗

如考虑为细菌感染，可给予10%磺胺醋酰眼水或0.3%妥布霉素眼水或左氧氟沙星眼水，每日4~6次。不要在急性期使用眼膏（尽管多种教科书提到睡觉时使用眼膏，但临床发现使用眼膏会加重局部红肿，可能与眼膏不利于分泌物及细菌毒素的排出有关）。分泌物多时可用0.3%硼酸溶液洗眼。

如怀疑支原体感染（如有尿道炎史），可局部或全身使用四环素或红霉素。0.5 g，每日 4 次，用 21 天（成人剂量）。多西环素，100 mg，每日 2 次，可替代四环素。

## 五、角膜溃疡

角膜溃疡（corneal ulcer）可致角膜性盲，这是重要的致盲原因，为我国第二位致盲病因。各种原因的角膜溃疡在发展中国家（包括我国）最为突出。角膜无血管，抵抗力差，在外伤或其他多种原因引起角膜上皮不完整时，易受到多种致病微生物的感染，形成角膜溃疡，进而穿孔，导致失明。如果能早期诊断、及时处理，则可阻止病情发展，保存部分视力。临床上常见的致病微生物有：细菌、真菌、病毒、原虫等。本章以细菌性角膜溃疡为例阐述角膜溃疡的诊断治疗原则。

（一）临床表现

本病多有角膜异物或划伤史、角膜接触镜佩戴史。细菌性角膜溃疡起病急，眼痛、畏光、流泪和异物感等刺激症状明显。视力下降，球结膜混合充血和水肿。角膜可见灰白色浸润，进而发展为溃疡。前房积脓。病情严重可致角膜穿孔，甚至发生化脓性眼内炎或全眼球炎。涂片查找细菌或细菌培养可呈阳性。

（二）治疗

首先应选择广谱的抗感染药物，尽早使用高浓度抗生素滴眼液，频繁点眼，如氧氟沙星、左氧氟沙星、妥布霉素、链霉素、新霉素等，每 15～30 分钟点眼一次。根据涂片或培养结果选择有针对性的抗生素。及时转至眼科医师进一步诊治。

（三）预防

对角膜异物和角膜损伤患者要注意预防，特别是取异物时，要避免医源性感染：荧光素、丁卡因（地卡因）等常用滴眼液易被绿脓杆菌污染，应定期消毒或更换。佩戴角膜接触镜要注意消毒，避免佩戴过夜。对角膜溃疡患者检查治疗时应避免交叉感染。慢性泪囊炎患者应及时治疗，以防隐患。收获季节被农作物损伤是角膜溃疡的主要原因，因此，应做好劳动保护宣传。

## 六、病毒性角结膜炎

病毒性角结膜炎又称为流行性角结膜炎（epidemic keratoconjunctivitis），由腺病毒引起，主要为腺病毒 8 型。多见于夏秋季节，发病急剧，传染性强。

（一）临床表现

潜伏期约为 1 周，双眼同时或先后发病。病初眼睑肿胀，结膜充血明显，睑结膜及穹隆部出现滤泡，有异物感、疼痛、畏光和流泪等刺激症状，多水样分泌物，耳前淋巴结肿大，1/3 的患者睑结膜面可见白色膜状物。7～10 天结膜炎症状逐渐消退，继而发生浅层点状角膜炎，角膜中央部出现上皮下和浅基质性点状浸润，呈圆形混浊斑点，边界模糊。有时可影响视力，但多能恢复。部分患者可有发热或咽痛等感冒样症状。

（二）治疗

无特效药物，局部点眼常用吗啉胍、利巴韦林、更昔洛韦等滴眼液。结膜伪膜或角膜出现上皮下浸润时，可使用少量皮质类固醇滴眼液。

（三）预防

因传染性极强，接触患眼的手指应流水冲洗，以免交叉感染。对患者接触过的用具应煮沸消毒。

本病需与流行性出血性结膜炎（epidemic hemorrhagic conjunctivitis）鉴别。后者致病病毒为肠道病毒 70 型。结膜点片状出血为其特点。

## 七、葡萄膜炎（虹膜炎及虹膜睫状体炎）

葡萄膜包括虹膜、睫状体、脉络膜。前葡萄膜炎是虹膜和睫状体的炎症，即虹膜睫状体炎。中间葡萄膜炎是周边视网膜、睫状体平部和玻璃体的炎症。当炎症累及全部葡萄膜时称为全葡萄膜炎。

### （一）临床表现

患者主述眼红、视物模糊、畏光、头痛或眼痛。眼部体征包括：角膜缘充血，结膜充血轻微，无分泌物，瞳孔缩小，角膜后沉着物，玻璃体混浊等。许多葡萄膜炎与全身疾病相关，需进行全面的查体及实验室检查。本病应与急性结膜炎、急性闭角型青光眼的发作期鉴别。

### （二）治疗

1% 醋酸泼尼松眼水，每日 5 次。严重的前葡萄膜炎可增加点眼的次数。点睫状肌麻痹散瞳剂，如 0.5% 复方托吡卡胺眼水，每 8 小时一次。如果眼压升高，给予口服乙酰唑胺 250 mg，每 8 小时一次。第 2 天应复诊。进一步的治疗应由眼科医师进行。

## 八、玻璃体积血

正常玻璃体为透明的凝胶体，无血管，本身不会出血。玻璃体积血是指视网膜脉络膜血管或新生血管破裂，血液进入玻璃体腔，引起玻璃体混浊，影响视功能。常见的原因有外伤、视网膜静脉阻塞、糖尿病性视网膜病变、视网膜静脉周围炎等，有时也可见于玻璃体后脱离、视网膜裂孔、老年黄斑变性等疾病。颅内出血合并玻璃体积血时称为 Terson 综合征。

### （一）临床表现

少量出血时，患者自觉眼前有飞蚊症或絮状影飘动，检查时也可见玻璃体内有飘浮物，一般不影响视力。若出血量大，则患者自觉视力突然下降。眼底检查时看不见眼底。检查时应注意导致玻璃体积血的原发疾病的临床表现。

### （二）治疗

头高位静卧有助于血液沉积于下方后进行眼底检查。请眼科医师会诊，进一步检查和治疗引起玻璃体积血的原发疾病。

## 九、视网膜中央静脉闭塞

视网膜中央静脉阻塞（central retinal vein occlusion，CRVO）临床上比较常见，除中央静脉阻塞外，尚有分支静脉阻塞，绝大多数患者见于高血压动脉硬化的老年人，另外，颈动脉供血不足、低血压、高眼压等也可致病；某些血液病、糖尿病也是高危因素。年轻患者则多见于视网膜血管炎症。

### （一）临床表现

患者症状因阻塞部位和程度不同而异，大多表现为突发视力下降。眼底检查可见视盘充血、水肿，边界模糊，在其周围有广泛的条状、火焰状出血，以后极部为主，或可见絮状渗出。出血量多时，也可以进入玻璃体内。视网膜静脉迂曲扩张，可隐藏于水肿或出血之中，呈腊肠样改变。视网膜静脉分支阻塞多见于颞侧分支，病变仅表现在该分支的血管区域。

（二）并发症

黄斑囊样水肿、视网膜新生血管及新生血管性青光眼（又名百日青光眼：视网膜静脉阻塞后约百天出现虹膜新生血管，继发青光眼）是其致盲的主要原因。

（三）治疗

治疗全身疾病，如高血压、糖尿病等。使用活血化瘀的中药，如丹参注射液 10～20 ml 加入 250 ml 生理盐水静脉点滴，每日 1 次，1 周为一个疗程。转至眼科医师进一步治疗。对于许多视网膜静脉阻塞的患者，激光治疗是最佳的方法。

## 十、视神经炎

视神经的炎症在球内段称为视盘炎（papillitis），在球后段的炎症则称为球后视盘炎。视盘炎起病急，视力减退明显，可双眼发病。

引起本病的原因很多，全身性疾病有流行性感冒、麻疹、腮腺炎、猩红热、多发性硬化症、结核、梅毒等。局部炎症有眶蜂窝织炎、葡萄膜炎及口腔、鼻窦的炎症病灶。铅、烟、奎宁、呋喃唑酮（痢特灵）、酒中毒可引发本病。有近半数病例病因不明。

（一）临床表现

突然出现视物模糊，双眼发病多于单眼，短期内视力迅速减退，甚至无光感。眼球转动时可有牵引痛。外眼正常。严重者瞳孔直接对光反射迟缓或消失。眼底检查可视盘充血、水肿、边缘模糊，视盘轻度隆起，隆起程度一般在 2～3 个屈光度以内。视网膜静脉轻度充盈迂曲，视盘周围可有小片状出血和渗出。视力许可时，视野检查可见中心暗点或旁中心暗点。

（二）治疗

去除病因、控制原发病。静脉或口服皮质类固醇激素不影响视力预后，但静脉大剂量使用可加快视力的恢复。如无禁忌，可静脉注射甲泼尼龙 1 g/d，共 3 天，然后改为口服泼尼松 1 mg/(kg·d)，共 11 天，每 2 天快速减量。有感染因素或感染可能者应使用抗生素。同时可给予大剂量维生素 $B_1$、$B_{12}$。

## 十一、缺血性视盘病变

缺血性视盘病变为供应视盘的血管发生阻塞或不全阻塞、引起视神经局部供血不足所致。本病常见于中老年人，常伴有高血压、动脉硬化、糖尿病等全身疾病。可单眼或双眼先后发病。

（一）临床表现

突发单眼无痛性视力减退，但视力减退多为中等程度。眼底检查见视盘轻微充血或颜色较淡，边缘不清。视盘表面或邻近的视网膜可有少量线状或火焰状出血。视野检查多见与生理盲点相连的象限性视野缺损。

（二）治疗

无有效的治疗方法。使用扩血管药物及神经营养药物可能可以改善部分视功能。所有患者均应接受全身系统检查并进行针对性治疗。

# 第四节　眼辐射伤与机械性损伤

由于眼外伤的突发性、复杂性及危害性，其在眼科急诊中占有重要地位。眼部外伤可分为机械性外伤及非机械性外伤，而机械性外伤又可分为顿挫伤、穿通伤和眼内异物伤；非机械性外伤包括化学烧伤、热烧伤、射线辐射伤等。眼部外伤可致眼部严重损害和视力下降。护目镜的广泛使用可预防大多数严重的眼部外伤。

## 一、紫外线灼伤

紫外线对角膜上皮的破坏可见于电光性角膜炎、雪盲、电焊烧伤等，是一种常见的眼科急诊。患者群主要是电焊工、医护工作者、饮食从业者（使用紫外线消毒）、实验室工作者、滑雪爱好者。

### （一）临床表现

患者主诉眼痛、畏光、流泪、睁眼困难。询问病史，6～12小时前曾接触紫外线（如滑雪、太阳灯、电焊、紫外线灯管）。检查可见结膜充血、角膜上皮弥漫的点状剥脱。放大镜（如裂隙灯）下荧光素染色可见浅层点状染色。严重者，颜面皮肤可充血水肿。

### （二）治疗

在检查时使用局部麻药，如0.5%丁卡因，可立刻减轻患者症状，让患者睁眼，有利于全面的检查。但不要给患者麻药回家使用，因为局麻药具有上皮毒性，可延迟上皮的愈合，且使用麻药后角膜知觉减退，易导致其他无意识的伤害。使用散瞳剂（如复方托吡卡胺眼水）、抗生素眼膏（如红霉素眼膏）及润滑剂（如玻璃酸钠眼水）等。病情多在12～36小时恢复。必要时可全身使用止痛剂（阿司匹林和可待因等）。有严重灼伤的患者应住院，其他患者第二天由眼科医师随访，指导并强化患者应用防护措施，以避免再次受到伤害。

## 二、机械性损伤

### （一）眼、眼附属器及眼眶钝挫伤

1．**眼睑顿挫伤**　眼睑挫伤后易发生局部水肿和皮下出血，外观呈青紫色。早期可冷敷，2天后改为热敷，以促进吸收。严重的眼睑挫伤可致眼睑部分或全层裂伤，应分层对合缝合，以避免愈后局部出现畸形。内眦部的睑缘损伤可造成泪小管断裂，易被忽视，应仔细检查并及时行泪小管吻合术。

2．**结膜顿挫伤**　睑结膜损伤常伴有眼睑的损伤。球结膜损伤后可出现出血、水肿，一般数日后可吸收，有较大撕裂伤者应予清创缝合。

3．**眼眶顿挫伤**　猛烈的碰撞或钝力打击可伤及鼻窦及眶壁，发生眼睑皮下气肿、眶内出血、眶骨骨折及视神经挫伤等。有眼睑气肿者，常为筛骨骨折所致，触摸眼睑有捻发感，可用加压绷带包扎，禁止擤鼻。大量眶内出血后眶内压增高，可致眼球突出，眼球运动受限。眶底骨折可导致眼球内陷。眶尖或眶上裂损伤时，可发生眶尖综合征或眶上裂综合征。疑有眶骨骨折时进行眶X线片或CT片检查以协助诊断。严重的眼眶外伤需请眼科、耳鼻喉科及神经外科会诊。

## （二）眼球钝挫伤

眼部受到钝性物体打击后可伤及眼球壁及眼内多种组织。

1. **角膜挫伤与破裂** 轻度挫伤可擦伤角膜上皮，患者有眼痛、畏光、流泪等刺激症状，可涂抗生素类眼膏加压包扎。较重的挫伤可致角膜内皮及后弹力层裂伤，出现皱褶，并可见角膜基质水肿混浊，此时需联合使用抗生素及皮质类固醇激素。严重的挫伤可致角膜破裂，伤口常位于角膜缘处，可见虹膜脱出，前房变浅或消失，应行清创缝合术。

2. **巩膜破裂** 强烈的顿挫力可使巩膜破裂，裂口多位于角膜缘外，或与角膜破裂伤相连，又称为眼球破裂。伤后可见球结膜下出血、色素膜嵌顿，有时晶状体、玻璃体等球内容物可脱出于球结膜下，前房积血，眼压极低，视力丧失。尽管一些病例视力恢复可能性不大，急诊处理也应尽可能还纳眼内组织，予以缝合，急诊慎行眼球摘除术。

3. **虹膜睫状体挫伤** 外伤性虹膜睫状体炎患者可觉视物模糊、眼痛眼胀，查体可见睫状体充血，角膜后沉着物，前房 Tyndall 征阳性，房水可出现混浊或渗出，瞳孔常缩小。治疗时可局部或全身给予皮质类固醇，并用复方托吡卡胺或阿托品散瞳。

4. **前房积血** 虹膜睫状体损伤后血管破裂，出血常进入前房。出血量少者房水因有血细胞而出现混浊，或前房内有低度积血平面；出血量多者，常在前房下部形成高低不等的积血平面；大量出血时，血液可充满前房，看不见瞳孔，视力严重下降。应注意观察眼压和积血量的变化。治疗时双眼遮盖，避免眼球运动。半卧位休息。局部通常不用药，如眼压高，需使用降眼压膏。全身应用酚磺乙胺（止血敏）、云南白药等止血药物。通常前房积血多可自行吸收；若积血过多，眼压升高，有引起角膜血染可能性，应行前房穿刺术清除积血。

5. **虹膜损伤** 轻度挫伤刺激瞳孔括约肌时瞳孔缩小。一旦损伤瞳孔括约肌，则瞳孔散大或瞳孔缘出现切迹，对光反应迟钝或消失。轻度损伤常可恢复，损伤较重则难以恢复。严重挫伤可使虹膜根部离断，在离断处形成半月形裂孔，瞳孔变形成"D"形。较大的虹膜根部离断产生单眼复视时，可行虹膜根部离断缝合术予以修补。

6. **房角劈裂** 睫状肌挫伤后其环行肌和纵行肌可发生分离，环行肌与虹膜根部一起向后移位，房角变宽加深，又称为房角后退。房角后退可通过前房角镜检查发现，范围较广的房角后退日后可发生继发性青光眼；应长期随访观察。

7. **睫状体脱离** 是指虹膜根部及睫状体同时从巩膜突分离，常表现为低眼压症候群：低眼压、视网膜脉络膜水肿、黄斑水肿。顿挫伤后低眼压应行眼部超声生物显微镜（UBM）检查以明确诊断。可给予阿托品眼膏点眼，局部和全身使用甾体激素。经药物治疗不改善的患者需接受睫状体复位手术。

8. **晶状体挫伤** 晶状体挫伤可致晶状体混浊，常见前囊下局限混浊，但严重时也可致晶状体破裂，晶状体全混。顿挫力可致悬韧带部分或全部断离，晶状体出现部分脱位或全脱位。虹膜出现震颤。严重时，晶状体可脱入前房或玻璃体。对晶状体混浊或脱位影响视力或晶状体脱位继发青光眼者应行手术治疗。

9. **视网膜挫伤** 眼球挫伤后视网膜后极部呈灰白色水肿，以黄斑区最为明显，视力明显下降，称为视网膜震荡。严重时黄斑部出现红色小圆形裂孔。临床上常全身使用皮质类固醇、血管扩张剂、维生素等药物治疗。损伤轻者水肿在3～4天吸收，恢复视力；损伤重者常因黄斑出血机化或出现裂孔而视力永久性下降。对因锯齿缘离断引起视网膜脱离者或黄斑裂孔应行手术治疗。

### (三) 眼穿通伤与贯通伤

广义的眼球穿通伤是指由锐器引起的眼球开放伤，包括眼球穿通伤 (perforating trauma)、眼球贯通伤 (penetrating injury) 及合并球内异物 (intraocular foreign body)。眼球穿通伤多见于刀、剪、针等锐器刺入眼球，或撞击坚硬物体时溅出的碎片击穿眼球，以角膜穿通伤最为常见。

**1. 临床表现** 患者多有眼痛、流泪等刺激症状，视力有不同程度的减退，角膜穿孔者受伤时房水外溢，自觉有"热泪"流出。角膜伤口小时常可自行闭合，较大伤口可见虹膜脱出、前房变浅、瞳孔向伤口处移位变形。若虹膜和晶状体受伤，可见虹膜裂孔和晶状体前囊破孔，晶状体混浊或皮质外溢。巩膜穿孔时可见结膜下出血，睫状体、脉络膜及玻璃体嵌入伤口或脱出，眼压降低，也可见玻璃体积血以及视网膜、脉络膜损伤等。

**2. 治疗**

（1）伤口处理：如伤口小于 3 mm、对合整齐、无房水渗漏和眼内组织嵌顿，可不予缝合，涂抗生素眼膏加压包扎。如伤口较大，创面较清洁，虹膜嵌顿伤在 48 小时内，用抗生素溶液冲洗脱出的虹膜后将其还纳。对伤后时间较久、脱出的虹膜污染或不易还纳者，可予以剪除。对外露的睫状体应尽量清洗还纳。如晶状体破裂，皮质溢出，应予清除。伤口应仔细对合，严密缝合。

（2）防治感染与并发症：涂阿托品眼膏散瞳，全身应用抗生素和皮质类固醇，术后常规球结膜下或筋膜囊内注射妥布霉素和地塞米松。有感染性眼内炎时，全身和局部应使用大剂量的有效抗生素和玻璃体腔注药，必要时行玻璃体切割术。对发生交感性眼炎（单眼穿通伤或内眼手术后，双眼出现的慢性葡萄膜炎，可严重损害视功能）者，按葡萄膜炎处理。

### (四) 眼部异物伤

眼部异物伤是常见的眼科急诊之一，工作生活中很多情况可发生。根据异物损害的部位简述如下：

（1）眼睑异物：多为爆炸伤所致，也可见于眼睑挫裂伤，异物多为玻璃碎屑及泥土、砂石等，清创时要尽量取出。

（2）结膜异物：多为粉尘、小昆虫等，常藏匿在睑板下沟、穹隆部或半月皱襞处，有异物感和畏光、流泪。点表面麻醉剂后可用无菌棉签拭出或用显微镊子夹出。

（3）眼眶异物：常见有木、竹、玻璃碎屑、碎石、弹片及气枪弹等，浅在及可能诱发感染者尽量取出，深部的惰性物质可予以观察。

（4）角膜异物：常见的异物有金属碎屑、煤屑、沙粒、谷壳、小昆虫、火药粒等。有异物感、畏光、流泪和眼睑痉挛等症状。用斜照放大法或裂隙灯显微镜检查，可清楚地看到异物的部位及深度，铁质异物周围有时可见铁锈环或浸润区。对表浅的异物在表面麻醉后，用抗生素滴眼液或生理盐水湿棉签拭出。对较深的异物应在表面麻醉后，用消毒针头剔除。异物剔除后，用抗生素滴眼液清洗结膜囊，再涂抗生素眼膏包扎。嘱患者复查。

（5）球内异物：高速飞溅的金属碎屑和其他硬质物体的锐利碎屑容易击穿眼球壁而进入眼内，除造成眼内组织的机械性损伤外，还可引起化学反应和微生物感染，并可导致严重并发症，因而是一种严重威胁视功能的眼外伤。

铁和铜在眼内极易氧化，铁质异物氧化后与组织蛋白形成不溶性含铁蛋白，呈棕褐色，沉着于多种组织，形成铁质沉着症；铜质异物则形成铜质沉着症。这些对眼组织都会产生严重危害。

1. **诊断** 多数患者有明确的外伤史,少数无典型病史者应仔细寻找受伤线索。有眼内异物时,一定存在伤道,应注意寻找伤道线索:角膜上有无全层线状伤口或瘢痕;探查可疑的巩膜伤口;眼睑全层穿通伤时检查相应部位的眼球壁;有无虹膜小裂孔和局限性晶状体混浊等。X线、CT、MR片及超声检查等是发现和定位眼内及眶内异物的重要检查手段。

2. **处理** 铁、铜质异物对眼组织和视功能危害大,一经诊断,应尽早取出。前房异物术前勿散瞳,可经角膜缘切口取出。晶状体异物合并晶状体混浊时,可行白内障手术时一并取出。玻璃体和球壁的磁性异物,可用电磁铁吸出或玻璃体手术取出。非磁性异物需经玻璃体手术取出。对于玻璃等化学性质稳定的细小异物,如视功能较好,无感染及其他并发症,可随访观察。

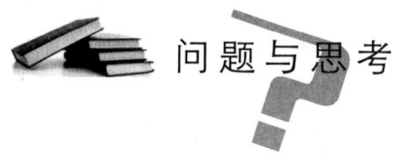
问题与思考

1．需要即刻处理的眼科急症有哪些?
2．急性结膜炎的病因有哪些?有何临床表现?
3．简述眼部化学伤的临床表现?急诊处理的原则有哪些?
4．眼眶顿挫伤的主要表现有哪些?
5．患者,男,75岁,左眼突发视物不见十分钟,觉阵发性视物模糊1天,有高血压病史,近2天因生气血压不稳定。其可能的诊断是什么?应如何处理?
6．非外伤性"眼红"的常见原因有哪些?鉴别诊断的要点是什么?

(李明武)

# 第十八章

# 耳鼻喉科急症

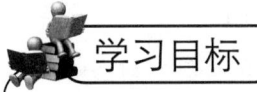
**学习目标**

了解需要紧急处理的耳鼻喉科急症。

## 第一节 需要紧急处理的症状：鼻出血

鼻出血（epistaxis）为临床常见鼻部急症之一，大部分鼻出血的出血量并不大，没有生命危险，简单的微小损伤门诊处理即可。一般医师应评估患者的血流动力学状况，如果病情需要，还要进行静脉补液或补血，最常见的出血部位在鼻中隔前下方小动脉汇集的黎氏区及克氏静脉血管丛。而老年人鼻出血的最常见部位是鼻-鼻咽吴氏静脉丛，其余多来自嗅裂区、下鼻道后穹窿与中鼻道后上端，此类出血部位隐蔽，易复发，处理困难，尤其多见于有高血压、动脉硬化的老年人，可引起严重并发症，有时危及生命，常需外科手术治疗。

病因可分为全身病因和局部病因两类。

### （一）局部病因

（1）外伤：鼻骨、鼻中隔或鼻窦骨折及鼻窦气压骤变等损伤局部血管或黏膜，鼻或鼻窦手术及经鼻插管等损伤血管或黏膜，挖鼻、剧烈咳嗽等损伤血管。

（2）炎症：鼻腔、鼻窦感染可因黏膜病变损伤血管。

（3）肿瘤：鼻腔、鼻窦及鼻咽恶性肿瘤溃烂，早期鼻涕带血、反复少量出血，晚期破坏大血管可致大出血。血管良性肿瘤，如鼻腔血管瘤或鼻咽纤维血管瘤，出血一般较剧烈。

（4）其他：鼻中隔疾病也是鼻出血常见原因之一，鼻腔异物常见于儿童，多为一侧出血或血涕。

### （二）全身病因

凡可引起动脉压或静脉压增高、凝血功能障碍或血管张力改变的全身性疾病均可致鼻出血，如急性发热性传染病、流感、出血热等，高血压、血管硬化、血友病、血小板减少性紫癜、再生障碍性贫血、白血病等，营养障碍或维生素缺乏，肝肾等慢性疾病，中毒等。

### （三）治疗

鼻出血属于急诊。大量出血者常情绪紧张和恐惧，应予以安慰，使之镇静。首先了解是哪一侧鼻腔出血或首先出血，患者坐位或半卧位，嘱患者尽量勿将血液咽下，以免刺激胃部引起呕吐。必要时给予镇静剂。休克者取平卧低头位，按休克急救。仔细检查鼻腔，进而选择适宜的止血方法达到止血目的。

(1) 前鼻孔出血：轻者可以比较容易控制而无需请耳鼻喉科医师会诊。嘱患者用手指捏紧两侧鼻翼（压迫鼻中隔前下部）10～15分钟，同时用冷水袋敷前额和后颈，以促使血管收缩减少出血。如出血较剧烈，可使用吸引器保持视野清晰，使用丁卡因麻黄素碱1%肾上腺素棉片止血，看到出血点后可以电灼止血，仅仅烧灼出血部位而不要损伤周围黏膜，从出血部位上方操作，防止出血污染视野。

持续出血应该填塞，可以有几个选择，可以填塞丁卡因麻黄碱或1%肾上腺素棉片，商品化的填塞材料如高膨胀海绵，常用的其他填塞物有吸收性明胶海绵、凡士林纱条、碘仿纱条等。使用凡士林纱条填塞时，应自上而下、从后向前进行填塞，使纱条紧紧填满鼻腔。凡士林纱条应于48小时内取出；碘仿纱条具有防腐作用，可适当延长取出时间。

(2) 后鼻孔出血：对于顽固的后鼻孔出血，在有条件的医院，一般请耳鼻喉科医师在鼻内镜下寻找出血点，电凝止血。这种止血方法止血充分，效果佳，患者痛苦少，但对医院条件和医师的水平要求较高。

在没有鼻内镜的医院，可以选择后鼻孔栓塞。先将凡士林纱条做成略大于后鼻孔的锥形纱球，纱球两端各系粗丝线两根，一端较长约15 cm，另一端较短约8 cm，消毒后备用。填塞时用一根导尿管，由出血侧鼻腔经下鼻道送至咽部，嘱患者张口，用血管钳将导尿管从口咽部拉至口外，然后将锥形纱球尖端的丝线缚于导尿管之口端；拉导尿管的鼻端，锥形纱球经口及口咽部进入鼻咽腔，借中指或器械的推力将纱球固定于后鼻孔处，取下导尿管，紧拉线端，再行前鼻孔填塞；最后将前鼻孔之丝线打结固定于一小块纱布卷上；口咽部的丝线于软腭稍下方剪断（以便取出纱球时牵引用）。注意无菌操作，填塞期间应给予抗生素，填塞时间一般不超过3天，最多不超过5～6天。取出方法：先撤出鼻腔内填塞，用血管钳牵引留置口腔的纱球底部丝线迅速将纱球经口腔取出。

后鼻孔栓塞患者痛苦极大，有条件的医院可用鼻腔或鼻咽部气囊或水囊压迫来代替后鼻孔栓塞，后者更为方便，且患者痛苦小。

# 第二节　致命性疾病

## 一、喉阻塞

喉部及其邻近组织的病变，使喉通道发生阻塞或狭窄，引起呼吸困难，称为喉阻塞（laryngeal obstruction）。其病情危重，是临床上耳鼻喉科最常见的急症、重症之一，如不及时治疗，可发生窒息死亡。因解剖生理上的特点，幼儿发病机会远较成人为多。

（一）病因

1. **炎症**　小儿急性喉炎、急性喉气管支气管炎、急性会厌炎、咽后脓肿、喉白喉等。
2. **外伤**　喉挫伤、切割伤、烧灼伤、腐蚀伤等。
3. **水肿**　喉部血管神经性水肿，过敏反应，心肾疾病引起的水肿，幼儿喉插管等。
4. **异物**　喉、下咽及气管异物不仅可造成机械性阻塞，还可引起喉痉挛。
5. **肿瘤**　喉癌、喉乳头状瘤、甲状腺癌等。
6. **其他**　如双侧声带外展麻痹、先天性喉畸形等。

### （二）临床表现

患者急诊就诊时直接表现为吸气期呼吸困难、吸气期喉喘鸣、吸气期软组织凹陷、声嘶这四大症状。吸气性呼吸困难是喉阻塞的主要症状，表现为吸气期延长、深且用力，而呼气无困难，呼吸频率一般不加快。吸气时气流通过狭窄声门发出一种尖锐的喘鸣音。呼气时因声门裂较大，故无此声。吸气时因空气不易进入肺内，胸腹呼吸辅助肌加强运动，胸腔内负压增加，形成吸气时胸骨上窝、锁骨上窝、肋间隙及胸骨剑突下软组织凹陷，称为四凹征。小儿肌张力较弱，凹陷征比成人明显。患者常有声嘶，严重者可失声。

为了准确地选择治疗方法，掌握手术时机，喉阻塞分为四度。

一度：安静时无呼吸困难表现。活动或哭闹时，有轻度吸气期呼吸困难，稍有吸气期喉喘鸣及吸气期胸骨周围组织凹陷。

二度：安静时也有轻度吸气期呼吸困难、吸气期喉喘鸣和吸气期胸骨周围软组织凹陷，活动时加重，但不影响睡眠和进食，无烦躁不安等缺氧症状。脉搏尚正常。

三度：吸气期呼吸困难明显，喉喘鸣声较响，胸骨上窝、锁骨上窝、肋间及剑突下等处软组织于吸气期凹陷显著，并有烦躁不安、不易入睡、不愿进食、脉搏加快等缺氧症状。

四度：呼吸极度困难。患者出现坐卧不安、手足乱动、出冷汗、面色苍白或发绀，进而躁动及四凹征减弱，心律失常，脉搏细弱，血压下降，大小便失禁，若不及时抢救，终因窒息、昏迷及心力衰竭而死亡。

根据病史、症状及体征特点，喉阻塞的诊断多无困难。至于查明喉阻塞的原因，则应视病情轻重而定。病情较轻者，应详细询问病史并做喉镜检查以明确喉部病变。呼吸困难严重者，应先解除梗阻，然后再查询病因。

本病需与小儿肺炎及支气管哮喘鉴别。小儿肺炎引起的呼吸困难为混合性呼吸困难，即有呼与吸两方面的困难，无声嘶，肺部听诊有湿啰音，胸部 X 线检查有助于诊断。支气管哮喘常有典型的发病史，呼吸困难为呼气性的，肺部可闻及呼气期哮鸣音。

### （三）治疗

对急性喉阻塞患者，须争分夺秒，因地制宜，迅速解除喉阻塞，以免因缺氧造成心脏和中枢神经系统的继发损害。根据呼吸困难的程度，可分别采用药物或手术治疗。

（1）一度、二度和轻的三度呼吸困难，病因治疗可先采用，并密切观察病情变化。如使用足量抗生素和类固醇激素，控制炎症，减轻喉黏膜肿胀；呼吸道异物取出，咽后脓肿切开等。

（2）三度及部分二度呼吸困难者，如双侧声带外展麻痹、喉肿瘤等，病因一般无法消除，或对药物治疗效果不佳，全身情况较差者，宜及早行气管切开术。

（3）四度呼吸困难者，除异物可迅速取出外，一般立即行气管切开术，病因治疗则在气管切开之后进行。若情况十分危急、条件又受限，可用一粗注射针头经环甲膜直接刺入喉腔或行环甲膜切开术，以暂时缓解喉阻塞症状，再行气管切开术。同时应注意给氧、人工呼吸及纠正心力衰竭等。

## 二、急性会厌炎

急性会厌炎（acute epiglottitis）是以声门上区会厌为主的急性喉炎，起病突然，发展迅速，是耳鼻喉科最常见的危及患者生命的急症之一，可引起喉阻塞而窒息死亡。成人和儿童均可发病，全年均可发生，但冬、春季节多见。

### （一）病因

1. **感染** 为该病的最主要原因，通常是病毒和细菌的混合感染。病原体可由呼吸道吸入，或由外伤（异物、不洁器械等）、邻近组织（咽扁桃体、舌扁桃体）继发感染所致。致病菌有流感嗜血杆菌、葡萄球菌、链球菌、肺炎双球菌等。

2. **变态反应** 全身性变态反应也可引起会厌、杓状会厌襞的高度水肿及继发性感染而发病。

3. **邻近器官的急性炎症** 如急性扁桃体炎、咽炎、口底炎、鼻炎等蔓延而侵及会厌部。也可继发于急性传染病后。

4. **其他** 异物创伤、刺激性有害气体、刺激性食物、放射线损伤等都可引起会厌黏膜的急性炎症。

### （二）临床表现

1. **全身症状** 起病急骤，有畏寒、发热、头痛、全身不适等症状，儿童及老年患者症状更为严重，可表现为精神萎靡、面色苍白。

2. **局部症状** 多数患者有剧烈咽喉疼痛，吞咽时加重；重者饮水呛咳，张口流涎。语声也因会厌肿胀而含糊不清。会厌肿胀较重者，可出现吸气性呼吸困难；严重者可发生窒息。因声带常不受累，故很少有声音嘶哑。

3. **检查** 患者呈急性病容，严重者可有呼吸困难。口咽部检查多无明显改变，间接喉镜检查可见会厌明显充血、肿胀，严重时呈球形。由于肿胀的会厌遮盖，声带等喉部结构常看不清。儿童可选用喉部X线侧位片检查，如能显示肿大会厌，对诊断有帮助。

### （三）治疗

1. **注意观察及支持疗法** 儿童患者可突然发生喉梗阻，应密切观察患者。注意水、电解质平衡及主要脏器的中毒症状，并及时处理，给予氧气吸入。

2. **抗生素及糖皮质激素治疗** 给予足量有效抗生素（如先锋霉素、氨苄西林）、地塞米松及甲泼尼龙静脉滴注，以减轻感染及水肿。

3. **气管切开术** 经抗生素和糖皮质激素治疗后呼吸困难无缓解者，应及时行气管切开术，以免发生窒息。

4. **切开排脓** 如已形成会厌脓肿或已破裂但引流不畅，可在喉镜下行切开排脓术。

## 三、小儿急性喉炎

小儿急性喉炎（acute laryngitis in children）好发于6个月至3岁的婴幼儿，由于小儿喉部的解剖特点更易发生喉阻塞、引起呼吸困难且病情常比成人重，若不及时诊治，可危及生命。炎性水肿以声门下区为著。

### （一）病因

多由病毒引起。常为上呼吸道感染的一部分，也为流行性感冒、麻疹、白喉、猩红热等急性传染病的前驱症状或并发症。

### （二）临床表现

起病较急，病情发展迅猛，常在夜间突然发病或加重。主要症状为声嘶、犬吠样咳嗽、吸气性喉喘鸣和吸气性呼吸困难。因常继发于上呼吸道感染或某些急性传染病，故还伴有上述疾病的症状及一些全身症状，如发热、全身不适、乏力等。初起声嘶不严重，呼吸稍粗。随着病情发展，咳嗽加重，"空""空"如犬吠声。严重者可出现吸气性喉鸣及吸气期呼吸困难，以及胸骨上窝、锁骨上窝、肋间及剑突下软组织凹陷等喉阻塞症状。患儿口、鼻周围发绀或苍白，指趾发绀，烦躁不安，出汗。若此时未能迅速解除喉阻塞，可因呼吸衰竭、循环衰竭、昏迷而死亡。

如行喉镜检查，可见喉黏膜充血、肿胀，黏脓性分泌物附着，声门下黏膜因肿胀而向中间隆起。由于小儿不配合，在实际工作中很少对小儿进行喉镜检查。

（三）诊断

由于本病起病急，诊断治疗不及时会危及患儿生命，因此，在临床上遇到小儿有声嘶、犬吠样咳嗽应立即想到本病，如出现吸气性喉喘鸣和吸气性呼吸困难即可作出诊断。因小儿不合作，很少行喉镜检查。

在诊断时应注意与气管支气管异物、喉白喉、喉痉挛鉴别：

1．气管支气管异物　本病多有异物吸入史，患儿有剧烈呛咳、呼吸困难等症状。胸部听诊、X线检查及支气管镜检查有助于鉴别。

2．喉白喉　白喉现已少见，如遇小儿有急性喉炎表现，咽部或喉部检查见灰白色假膜时，应注意和喉白喉鉴别，后者可在假膜涂片和培养中找到白喉杆菌。

3．喉痉挛　本病起病急，有吸气性喉喘鸣，吸气性呼吸困难，但无声嘶和犬吠样咳嗽。喉痉挛发作时间短，一旦喉痉挛缓解，患儿即恢复正常。

（四）治疗

小儿急性喉炎一经确诊应积极治疗，治疗重点是解除喉阻塞。

1．尽早应用足量广谱抗生素与糖皮质醇激素联合治疗　有喉阻塞症状时可加用激素。一般常用的激素有：泼尼松 1～2 mg/(kg·d)，口服；地塞米松 0.2 mg/(kg·d)，肌内注射或静脉滴注；氢化可的松 4～8 mg/(kg·d) 静脉滴注；甲泼尼龙 1～2 mg/(kg·d)。以控制感染，减轻喉部肿胀，解除喉阻塞。

2．气管切开术　重度喉阻塞或经药物治疗后喉阻塞症状无明显缓解者，应及时行气管切开术。

3．加强支持治疗　加强支持疗法注意营养及电解质平衡，防止酸中毒及心力衰竭。

4．严密观察与间断吸氧　尽量使患儿安静休息，减少哭闹，以免呼吸困难加重。

## 四、咽后脓肿

咽后脓肿（retropharyngeal abscess）系发生于咽后间隙的化脓性炎症，该部位的脓肿破裂可以引起窒息，是耳鼻喉科的急症。依发病机制不同分为急性与慢性二型。

（一）病因

急性型多发生于 3 岁以下的幼儿。婴幼儿咽后间隙中富于淋巴结，上呼吸道感染，如急性咽炎、扁桃体炎、鼻炎和鼻窦炎等及急性化脓性中耳炎均可引起咽后淋巴结感染、化脓，脓液聚积于口咽后方咽后间隙的一侧，形成脓肿。也有少数病例系因异物或其他外伤损伤咽壁后感染或由邻近组织炎症蔓延引起。致病菌以葡萄球菌、链球菌为多见。慢性型多为颈椎结核引起的寒性脓肿。

（二）临床表现

1．病史　急性型常先有上呼吸道感染，起病较急，有烦躁、咽痛、咽下困难、拒食。吸奶时，奶汁易逆进行入鼻腔或吸入气管引起呛咳。患儿多呈脱水衰弱状。呼吸不畅，不能入睡，打鼾，易惊醒。说话及哭叫声含糊不清，似口中含物。患儿头常偏向患侧，颈僵直，借以减轻疼痛及改善呼吸。随着脓肿增大及炎症蔓延，吸气期喉喘鸣显著，甚至发绀、酸中毒及呼吸衰竭。慢性型多有慢性咳嗽、午后低热、盗汗、消瘦等结核中毒症状，病程较长而咽痛不明显，咽部仅有不适或吞咽梗阻感。

2. **体格检查** 检查咽部时必须慎重，避免脓肿破裂，做好急救准备，万一意外发生，应迅速使患儿呈仰卧垂头位，防止脓液流入气管发生窒息死亡。局部检查可见咽后壁一侧隆起，腭咽弓及软腭被推向前，黏膜光滑充血。因外伤或异物引起的咽后脓肿，位置多偏低，需用喉镜检查，可见隆起的喉咽后壁黏膜充血，表面有脓苔或异物。颈部侧位X线片显示咽后壁厚度明显增加，有时可见咽后软组织有气体影及液平面。颈淋巴结肿大。结核性咽后脓肿，多为咽后壁中央弥漫性隆起，表面色泽较淡；颈部X线侧位片可见颈椎骨质破坏；多伴有肺部结核病变。

根据病史及检查确诊不难。少数有混合感染的结核性脓肿其症状可不典型，易与急性脓肿混淆，注意区别。

（三）并发症

1. **脓肿扩散** 向下可引起喉阻塞或纵隔感染；向外可侵入咽旁间隙，侵蚀颈部大血管。
2. **脓肿破裂** 脓液可涌入下呼吸道，可窒息死亡。

（四）治疗

1. **急性咽后脓肿** 脓肿形成后应及早切开排脓。患儿取仰卧垂头位，用压舌板或直接喉镜暴露咽后壁，明视下先用长粗针穿刺抽脓。然后用小尖刀在脓肿的近心端做一纵形切口，用血管钳撑开脓腔，畅通引流，术中随时用吸引器吸尽流出的脓液。术前需准备好抢救所需的氧气、气管切开包、喉镜及插管等器械，以防万一。第二天复查伤口，如仍有积脓，需再次撑开切口排脓。脓液应做细菌培养和药敏试验，以选用合适抗生素。

若设备条件有限，有些病例经反复抽脓也能获愈。对于位置过低、体积过大的脓肿，或有咽旁隙、颈动脉鞘、纵隔等处并发症者，有时需行颈外径路切开排脓术。

2. **结核性咽后脓肿** 除抗结核治疗及反复穿刺抽脓外，脓腔内可注入链霉素，但万勿在咽部切开，必要时宜取颈侧切开引流。

# 第三节 非创伤性急症

## 一、急性扁桃体炎

急性扁桃体炎为腭扁桃体的急性非特异性炎症，往往伴有轻重程度不等的急性咽炎，在气候变化、季节更替时易发病，是一种极常见的咽部疾病，多发生于儿童和年轻人，中医称扁桃体为"乳蛾"，称急性扁桃体炎为"烂乳蛾""喉蛾风"。

（一）病因

急性扁桃体炎分为急性卡他性扁桃体炎和急性化脓性扁桃体炎。急性卡他性扁桃体炎的病因主要为病毒感染，常见的有腺病毒、鼻病毒、单纯疱疹病毒和呼吸道合胞病毒等。病毒感染易继发细菌感染转为化脓性扁桃体炎。急性化脓性扁桃体炎的主要致病菌为乙型或甲型溶血性链球菌，其他病原菌有葡萄球菌、肺炎双球菌、流感杆菌等，近年发现有革兰阴性菌如大肠埃希菌、变形杆菌以及厌氧菌等，厌氧菌感染者常形成假膜和并发扁周脓肿，细菌与病毒混合感染者也较多见。

（二）临床表现

急性卡他性扁桃体炎的临床表现有发热、头痛、食欲缺乏、咽干、咽部灼热感、咽痛、吞咽痛，可伴鼻塞、流涕等其他上呼吸道感染症状。检查可见咽黏膜充血，舌腭弓及咽腭弓充血，扁桃体红肿明显，但扁桃体表面无渗出物。

急性化脓性扁桃体炎起病急，患者呈急性病容，全身可有畏寒、发热、头痛、食欲缺乏、便秘、四肢酸痛等；婴幼儿患者体温过高者可引起抽搐、呕吐及昏迷。局部咽痛剧烈，吞咽时加重，耳部可有反射性疼痛。下颌角淋巴结肿大时，可感到转头不便。检查可闻及口臭，可见舌苔厚黄，咽充血，扁桃体红肿明显，隐窝口有黄白色脓点或片状假膜，但不超过扁桃体范围，易拭去，不留出血创面，有的咽后壁淋巴滤泡红肿并有脓点。血象白细胞总数增高，分类中性粒细胞增多。

（三）并发症

1．局部并发症　炎症直接波及邻近组织，常导致扁桃体周围脓肿、急性中耳炎、急性鼻炎、鼻窦炎、急性喉炎、急性淋巴结炎等。

2．全身并发症　急性扁桃体炎可引起全身各系统许多疾病，常见者有急性风湿热、急性关节炎、急性骨髓炎、心肌炎及急性肾炎等，一般认为与各靶器官对链球菌所产生的Ⅲ型变态反应有关。

（四）治疗

1．急性卡他性扁桃体炎　治疗同一般的上呼吸道病毒感染，主要为多休息、多饮水、清淡饮食及应用清热解毒类中药，对体质较弱或病情较重者可使用抗生素预防继发的细菌感染。

2．急性化脓性扁桃体炎的治疗　包括：

（1）一般治疗：卧床休息，多饮水，清淡饮食，通大便，高热者可口服退热药。

（2）抗生素应用为急性化脓性扁桃体炎的主要治疗方法，因该病多为链球菌感染，应首选青霉素，疗程为5～7天，若2～3天症状无好转，可换用抗β-内酰胺酶剂和广谱抗生素治疗，青霉素过敏者可用红霉素。中药治疗可为辅助治疗。

（3）局部治疗：常用复方硼砂溶液、2%硼酸溶液或生理盐水含漱，含服口含片，如溶菌酶含片、西瓜霜含片、含碘片、健民咽喉片等。

（4）中医中药：本病应疏风清热，消肿解毒，常用银翘柑橘汤或清咽防腐汤。

（5）手术治疗：本病有反复发作倾向。因此，对已有并发症者，应在急性炎症消退后施行扁桃体切除术。

## 二、急性化脓性中耳炎

急性化脓性中耳炎系中耳黏膜的急性化脓性炎症，病变以鼓室为主，中耳的其他部位也常受累。主要致病菌有乙型溶血性链球菌、肺炎双球菌、流感嗜血杆菌、葡萄球菌等。本病常见，好发于儿童。

（一）感染途径

1．咽鼓管途径　为主要途径。急性上呼吸道感染（如急性鼻炎、急性咽炎等）或急性传染病（如流感、麻疹、猩红热等）时，炎症可蔓延至咽鼓管并侵入鼓室。婴幼儿咽鼓管短、平、宽，平卧哺乳，乳汁可经咽鼓管流入鼓室，尤易经此途径引发感染。

2. **外耳道鼓膜途径** 鼓膜外伤、鼓膜穿刺、鼓膜置管等，外耳道的致病菌可直接侵入鼓室。

3. **血行感染途径** 极少见。

(二) 病理

早期，中耳黏膜充血肿胀，咽鼓管闭塞，血浆、纤维蛋白、红细胞及多形核白细胞渗出，鼓膜充血增厚。继续发展，鼓室内聚集的炎性渗出物逐渐变为脓性，鼓室内压力随脓液增加而不断增高，鼓膜受压缺血，加之小静脉血栓形成，终致局部坏死溃破，脓液外溢。若引流通畅，控制感染，炎症可渐消散，部分穿孔也可自行愈合。病变深达骨质的坏死型中耳炎常迁延为慢性，经久不愈。

(三) 临床表现

1. **全身症状** 可有周身不适、发热、食欲下降等。幼儿全身症状较重，呈急性病容，常伴呕吐、腹泻等消化道症状。鼓膜穿孔后，体温恢复正常，全身症状明显好转。

2. **耳痛** 为耳深部搏动性跳痛，逐渐加重，以鼓膜穿孔前最为剧烈。烦躁不安，夜不能寐。一旦鼓膜穿破流脓，耳痛大减。

3. **听力减退及耳鸣** 初感耳闷，渐有听力下降，伴低调耳鸣。鼓膜穿孔后，耳聋减轻，听力检查呈传导性聋。

4. **耳漏** 鼓膜穿孔后，外耳道流出血水样或脓血样分泌物，尔后变为黏性或纯脓性。

5. **鼓膜表现** 早期鼓膜松弛部充血，锤骨柄及紧张部周边血管呈放射状扩张。之后，鼓膜弥漫性充血肿胀，向外膨隆，正常标志消失。穿孔前于鼓膜突起最显著处出现小黄点，穿孔开始小如针眼，可见光点闪烁，脓液由此搏动性流出，即所谓的灯塔征。若为坏死型，鼓膜则迅速形成大穿孔。

6. **血象** 白细胞总数增多，中性粒细胞增多，鼓膜穿孔后血象渐趋正常。

(四) 治疗

控制感染、通畅引流、祛除病因是其治疗原则。

1. **全身治疗** 及早应用足量广谱抗生素，通常首选青霉素类或头孢菌素类药物。疗程一般为7～10天，以求控制感染，彻底治愈。用1%麻黄碱或呋喃西林麻黄碱液滴鼻，可减轻咽鼓管咽口的炎性肿胀，有利引流。

2. **局部治疗**

(1) 鼓膜穿孔前：2%酚甘油滴耳，可消炎止痛，但因其对鼓室黏膜有腐蚀作用，鼓膜穿孔后应立即停药。若全身及局部症状较重，鼓膜外凸明显，或穿孔小引流不畅，应行鼓膜切开，畅通引流。

(2) 鼓膜穿孔后：用3%双氧水洗净外耳道内脓液后，向鼓室内滴入抗生素滴耳液，如0.3%氧氟沙星、氯霉素地塞米松液等。注意：局部忌用氨基甙类（如庆大霉素）等耳毒性抗生素，禁用粉剂吹耳。炎症完全消退后，多数穿孔可自行修复，遗留的干性穿孔，可行鼓膜修补术。

3. **病因治疗** 积极治疗鼻及咽部的炎性疾患，如肥厚性鼻炎、慢性鼻窦炎、腺样体肥大等，有助于防止中耳炎复发。

(五) 预防

普及有关正确擤鼻及哺乳的卫生知识；加强身体素质锻炼，积极预防和治疗上呼吸道感染及邻近器官的炎性病灶；有鼓膜穿孔或鼓膜置管者避免游泳。

### 三、急性鼻窦炎

急性鼻窦炎（acute sinusitis）为鼻窦黏膜和（或）窦壁骨质的急性化脓性炎症，常继发于急性鼻炎或急性传染病，成年人病程少于8周，儿童病程少于12周，经保守治疗，鼻窦黏膜结构及功能可完全恢复正常。黏膜病理变化主要为：①卡他期，表现为黏膜充血水肿，纤毛运动变缓，浆液性及黏液性分泌物增多，并有炎症细胞浸润；②化脓期，上述病变加重，多形核白细胞浸润，上皮坏死，分泌物转为脓性；③并发症期，如果炎症继续加重，可发生窦壁骨膜炎、骨髓炎，最后可出现眶内、颅内并发症。根据发生病变的部位，可分为上颌窦炎、筛窦炎、额窦炎、蝶窦炎及全组鼻窦炎。

#### （一）病因

急性上呼吸道感染易诱发急性鼻窦炎。这与鼻窦的解剖有关：①鼻腔黏膜与鼻窦黏膜连续，组织结构及生理功能相同，鼻腔黏膜炎症常累及鼻窦黏膜；②鼻窦窦口狭窄，易阻塞；上颌窦窦口高于底部，筛窦呈蜂房结构，这些都易导致鼻窦通气引流障碍，感染机会增多；③各鼻窦口彼此相邻，一窦发病可累及其他窦。

致病菌多为化脓性球菌，如肺炎双球菌、溶血性链球菌、葡萄球菌、卡他球菌，其次为杆菌，如流感杆菌、变形杆菌、大肠埃希菌。近几年，厌氧菌感染也不少见。临床上常见球菌与杆菌、需氧菌与厌氧菌的混合感染。

感染途径最常来自鼻腔炎症，如急性鼻炎、鼻腔污染等，在打喷嚏、咳嗽、擤鼻及高空飞行迅速下降、潜水时，窦内压力低于鼻腔压力，更易使微生物经鼻进入鼻窦。另外，面部外伤可以引起鼻窦的直接感染；邻近器官感染病灶，如牙齿疾病、腺样体炎、面部软组织感染等可累及鼻窦；急性传染病可经血行感染鼻窦，是儿童鼻窦炎的重要原因；另外，各窦口彼此毗邻，一窦发病，也可累及其他窦，引起窦源性感染。

#### （二）临床表现

1. **全身症状** 急性鼻窦炎的全身症状较明显，可出现畏寒、发热、全身不适等症状。
2. **局部症状** 为鼻塞、流脓涕、面部疼痛和（或）鼻源性头痛、嗅觉减退。

（1）鼻塞：多为持续性的，为黏膜炎性肿胀和分泌物积蓄所致。

（2）脓涕：有时可带少许血液，牙源性上颌窦炎可有恶臭，脓涕向后流至咽部可刺激咽部发痒、恶心。

（3）鼻窦源性头痛：为急性鼻窦炎最常见症状，为脓性分泌物、细菌毒素和黏膜肿胀刺激和压迫神经末梢所致。早期表现为神经痛、弥漫性疼痛，后期疼痛常局限于一定部位。前组鼻窦炎疼痛多在前额部和颌面部，后组鼻窦炎引起的疼痛多在颅底或枕部，在弯腰、低头、转动身体时头痛明显加重，应用鼻腔血管收缩剂后头痛减轻。

各个急性鼻窦炎所致的头痛又有各自的特点：

1) 急性上颌窦炎：眶上额部痛，可能伴有同侧颌面部痛或上列磨牙痛。常见规律为：晨起轻，午后重，这主要是由于上颌窦窦口在上部，夜间躺平后，脓液排出；晨起症状轻，白天站立，脓液积蓄在窦底，不易排出，症状逐渐加重。

2) 急性额窦炎：前额周期性疼痛，晨起即感头痛，逐渐加重，至午后开始减轻，到夜间完全消失，次日又重复发作。这主要是由于晨起后头部直立，夜间窦内积蓄的脓液积于窦底及窦口，借重力经窦口逐渐排出，窦内形成负压甚至真空，加上脓液的刺激，形成所谓的真空性头痛。

3）急性筛窦炎：疼痛较轻，以鼻根部和内眦部明显，有时为额部疼痛；前组筛窦炎头痛的规律及性质同额窦炎；后组筛窦炎头痛以眶后及枕部为明显，与蝶窦炎类似。

4）急性蝶窦炎：可出现颅底或眼球深部钝痛，一般为晨起轻，午后重。

(4) 嗅觉减退：因鼻塞可导致暂时性嗅觉减退或丧失。

3．体征

(1) 局部红肿和压痛：急性上颌窦炎表现为颌面、下睑红肿和压痛；急性额窦炎表现为额部红肿及眶内上角（相当于额窦底）压痛和额窦前壁叩痛；急性筛窦炎偶尔在鼻根和内眦处有红肿和压痛。

(2) 鼻腔检查：鼻黏膜充血、肿胀，尤以中鼻甲和中鼻道黏膜为甚。鼻腔内有大量黏脓性或脓性鼻涕；前组鼻窦炎可见中鼻道有黏脓性或脓性物；后组筛窦炎则见于嗅裂。若患者检查前擤过鼻涕，中鼻道或嗅裂内黏脓性或脓性物可能暂时消失。应采取体位引流后再做检查。若单侧鼻腔脓性分泌物恶臭，在成人应考虑牙源性上颌窦炎，在儿童则应考虑鼻腔异物。

（三）治疗

原则为根除病因；促进鼻腔鼻窦引流通畅；控制感染，预防并发症。

1．**抗感染治疗** 这是最重要的治疗方法。抗生素用量要足，疗程要够长。首选青霉素类抗生素，如出现耐药或效果不好，可根据鼻腔分泌物细菌培养及药敏结果选择抗生素。抗生素疗程应参考以下情况：①解除了脓毒血症或毒血症；②解除水肿及由此造成的窦口堵塞；③重建黏液纤毛清除系统功能。大多数患者需数天，少数长达2～3周。

2．**减轻黏膜充血** 鼻部用药减轻黏膜充血，促进窦口通气引流，可用1%麻黄碱滴鼻液，一般用3～4天。

3．**上颌窦穿刺引流** 用于治疗上颌窦炎，在应用抗生素1周后，全身症状消退或改善、局部炎症基本控制后，如仍有脓涕和其他症状，可实施。严禁在高热或（和）局部炎症明显时进行穿刺引流。

# 第四节　创伤性急症

## 一、鼻部骨折

外鼻突起于面部中央，由一对上厚下薄的梯形鼻骨及部分上颌骨额突构成骨架。鼻部遭受外力后，除局部软组织挫裂伤外，还易发生鼻骨骨折。骨折的类型及程度依外力的方向、大小而异，多为塌陷性骨折，仅累及鼻骨下段；严重者常伴有鼻中隔、上颌骨额突的骨折和移位。

（一）临床表现

常见症状是局部疼痛、鼻出血、皮下淤血及鼻梁上段塌陷或偏斜。非错位性骨折及局部肿胀明显者，畸形可不明显或被掩盖，但触痛明显。骨折处多有黏膜破裂，擤鼻后可出现皮下气肿并可触及捻发音。

鼻塞、鼻中隔变形移位系鼻中隔骨折、软骨脱位所致。鼻中隔一侧或双侧膨隆，提示黏膜下血肿形成，继发感染则形成脓肿。

若合并颅底骨折，外伤时有液体自鼻腔流出，早期液体为淡血性，后为清水样，在低头、咳嗽或压迫颈静脉时，流量增多，应想到脑脊液鼻漏。

（二）诊断

根据临床表现多可诊断。鼻骨X线侧位片有助于确诊。鼻中隔血肿或脓肿的诊断依穿刺抽吸的结果而定。对疑有脑脊液鼻漏者，应行葡萄糖定量分析，若测得"鼻液"葡萄糖含量≥3.0 mmoL/L，颅底位拍片可见前颅凹有骨折线，即可确诊。

（三）治疗

止血止痛、清创缝合及预防感染按一般外科原则处理（鼻腔出血参见鼻出血一节）。

1．**骨折复位**　应在局部尚未肿胀或肿胀好转后尽早处理。超过2周，骨痂形成，将增大整复的困难及患者的痛苦。畸形愈合不仅影响鼻呼吸功能，也有碍美观。无错位性骨折无需处理；错位性骨折可在鼻腔表面麻醉下行骨折复位，注意骨折复位器不能超过两侧内眦的连线，以免损伤筛板。

2．**鼻中隔血肿**　早期切开引流，清除积血及凝血块后，黏膜复位，凡士林纱条压迫填塞，并用抗炎药物控制感染。

3．**脑脊液鼻漏**　合并脑脊液鼻漏者应取头高位、卧床休息。鼻腔尽量不填塞并禁止滴药。给予足量抗生素预防感染，避免用力咳嗽、擤鼻及便秘，控制水及盐的入量。患者多经保守治疗后2周内获愈。

## 二、喉外伤

喉的损伤临床上分为两大类：第一类是喉的外部伤，包括闭合性喉外伤、开放性喉外伤；第二类为喉内部外伤，如喉烫伤、烧灼伤。由于喉的解剖位置的特殊性，单独的喉外伤较少见，闭合性和开放性喉外伤通常合并颈部其他组织损伤。

（一）闭合性喉外伤

闭合性喉外伤是钝器撞击或挤压（如撞伤、拳击伤、自缢或被他人扼伤）而颈部皮肤无伤口的喉外伤。

1．**临床表现**　主要表现为喉部疼痛及压痛；声嘶或失声；喉黏膜若有损伤，可有少量咯血；若有软骨骨折或伤及血管，可引起较严重咯血；也可引起颈部皮下气肿；如喉黏膜发生严重肿胀、血肿、环状软骨弓骨折或双侧喉返神经损伤，可引起呼吸困难甚至窒息。颈部检查见皮肤肿胀及瘀斑，如有皮下气肿，颈部可触及捻发音，严重时可扩展到下颌下、面部、胸、腰等部位；颈部触诊可有压痛或软骨碎块。

2．**诊断**　根据外伤史和颈部检查可诊断闭合性喉外伤。

3．**治疗**

（1）如无呼吸困难，可给予抗感染、镇痛药物，严密观察患者呼吸及皮下气肿发展情况，如有呼吸困难，应做气管切开。

（2）如有喉软骨骨折，尤其是环状软骨骨折，喉黏膜严重撕裂、声带断裂、环杓关节脱位，则需清创缝合，骨折复位或环杓关节复位；术后必要时放置喉模，防止喉狭窄，同时给予鼻饲饮食。

（二）开放性喉外伤

喉切割伤、刺伤及火器伤属于开放性喉外伤，通常伤及喉的软骨、筋膜等，此类外伤还常累及颈部的大血管。

1. 临床表现

(1) 出血：严重时可引起休克，若血液流入下呼吸道，可引起窒息。

(2) 皮下气肿：空气通过破损的喉黏膜进入颈部皮下可引起皮下气肿，严重者可引起纵隔气肿或气胸。

(3) 呼吸困难：喉软骨骨折、黏膜肿胀或血肿造成喉狭窄，血液流入下呼吸道、纵隔气肿或气胸均可引起呼吸困难。

(4) 声嘶：如伤及声带、环杓关节、喉返神经可引起声嘶。

(5) 吞咽困难：喉痛及开放性创口均可引起吞咽困难。

2. 治疗 抢救措施主要是止血、抗休克和解除呼吸困难。

(1) 如有明显的活动性出血，要寻找出血点并予以结扎；如出血位置深，出血点不易寻找，则应填塞止血。

(2) 如出现休克症状，应迅速建立静脉通道抗休克。

(3) 如有呼吸困难，应迅速寻找原因以解除呼吸困难；如因喉黏膜肿胀、血肿、环状软骨弓骨折引起喉狭窄或下呼吸道血液潴留，应及行早气管切开。

(4) 及早应用抗生素、止血药和破伤风抗毒素。

(5) 清创缝合，喉腔修复，放置喉模，鼻饲饮食。

### (三) 喉烫伤及烧灼伤

单独的喉烫伤及烧灼伤极少见，常为头面部烫伤及烧灼伤的合并损伤。

1. 病因 火灾时吸入高温烟尘或气体；吸入高温液体或热蒸气；吸入有毒气体；误咽强酸、强碱等化学腐蚀剂。

2. 临床表现 轻型损伤在声门以上，可有声嘶、喉痛、咽痛、吞咽困难、鼻毛烧焦、鼻口黏膜充血。中型损伤在气管隆突以上，除上述症状外还有刺激性咳嗽、气急。重度损伤达支气管、肺泡，除以上中型症状外还有剧烈咳嗽、脓血痰。

3. 诊断 有烧伤史，误吸强酸、强碱史，吸入热液体、蒸气或毒气史。根据病史、症状及局部检查即可诊断。

4. 治疗

(1) 轻型：主要给予抗感染以及减轻或消除黏膜肿胀治疗。加强口腔护理，去除口腔分泌物，雾化糖皮质激素。

(2) 中型：除轻型治疗措施外，有呼吸困难及早行气管切开。

(3) 重度：除中型治疗措施外，要给予全身大剂量抗生素；如遭毒气袭击，使用解毒药；抗休克，维持水电解质平衡，保护全身重要脏器功能。

# 第五节 异 物

## 一、幼儿鼻腔异物

小儿鼻腔异物是儿童玩耍时喜将豆类、塑料块、金属珠、纸团等物塞入鼻腔，或难以排出，或被遗忘，发生鼻腔异物（foreign body in the nose）。

### (一)临床表现

主要表现为单侧鼻塞、流脓涕或脓血涕及发臭。症状因异物种类、大小、形状及存留时间的不同而异。刺激性小的光滑异物（如纽扣、玻璃球等）短期内症状可不明显；易吸水膨胀、腐败的植物性异物（如豆类、果仁等）症状较重。

### (二)诊断

凡有上述症状的儿童，不管有无明显异物史，均应考虑鼻腔异物。异物易嵌于下鼻甲与鼻中隔间，吸除分泌物后用前鼻镜检查多能发现。若异物刺激性大，存留期长，周围被红肿黏膜或肉芽组织所包裹，用0.5%麻黄碱收缩黏膜后，可用探针探查。

### (三)治疗

(1) 为避免操作过程中将异物推向鼻咽，甚至坠入喉及气管，注意勿用镊子夹取。

(2) 通常可用一弯钩或将回形针折成勺状，自前鼻孔伸入，经上方绕至异物后面，将其向前钩出。后者用以取圆滑异物，尤为简便。

## 二、咽与食管异物

咽、食管异物为常见急症，儿童及成人均可发生。多为仓促进食时，将混在食物中的鱼刺、骨片、果核等咽下。儿童口衔硬币、玩具等物玩耍时，不慎误咽。睡眠、昏迷时也可发生误咽（如义齿）。老人缺牙过多，口腔感觉迟钝，幼儿咽防御反射不健全，尤易发病。异物或刺入咽壁，或停留于下咽，也可嵌入食管。

### (一)咽部异物

1. **临床表现** 鱼刺、木签等尖细异物常刺入扁桃体、舌根、会厌谷或梨状窝等处，引起咽异物感、固定部位的扎痛及吞咽困难等症状，空咽时症状加重。较大的异物若停留于下咽，则出现梗噎、呼吸困难等症状，此时应注意与呼吸道异物鉴别。

2. **诊断** 口咽视诊或间接喉镜检查多可查明异物的部位；对于不透光或部位隐蔽的异物，必要时可结合X线检查定位。

3. **治疗** 口咽部异物可用镊子或血管钳直接取出。位于舌根、会厌谷、梨状窝及环后隙等较深处的异物，可借助喉镜钳取。

### (二)食管异物

食管有四个生理性狭窄，易发生异物停留，其中以第一狭窄即食管入口处发生率最高。在成人，第一狭窄距上切牙约16 cm。

1. **临床表现** 与异物的大小、形状、停留部位及有无感染有关。较圆钝的异物，主要表现为不同程度的梗塞感及咽下困难。异物较小时，仍可进半流质。若异物大或合并感染，饮水也可感到困难。小儿常有流涎症状。尖锐异物如鱼刺、骨片等可刺伤黏膜，并发感染，引起明显的疼痛。异物嵌入食管上段，疼痛部位常在颈根或胸骨上窝处。食管中段异物则多伴胸骨后疼痛。在小儿，异物较大时，因压迫气管后壁，可出现呼吸困难。

2. **诊断**

(1) 病史及症状：异物吞咽史清楚，症状明显者，诊断多无困难。还应了解异物的形状、性质及存留时间，以供检查和治疗时参考。

(2) 一般检查：颈段食管异物，扣压患侧颈部常感疼痛。间接喉镜检查，有时可见梨状窝积液。

(3) X线检查：对于小骨片、果核等在X线下不显影的异物，应行食管钡剂X线检查；

对于能显影的金属等异物，可直接做X线片检查，以显示异物的位置、形状及提示有无食管穿孔和胸内并发症的发生。

（4）食管镜检查：对少数病史确凿、症状明显、经以上检查未能确诊或经药物治疗后症状不减者，可酌情行食管镜检查，以明确诊断。

（三）并发症

尖锐、有棱角的异物可刺穿管壁，或因长时间的压迫磨溃并发食管穿孔。食管穿孔后可引发下列病变。

1．**颈部皮下气肿或纵隔气肿**　食管穿孔早期，咽下的空气即可外溢潜入皮下组织或纵隔内，若无脓肿形成，应严格禁食，控制感染，选择适宜时机尽早取出异物；皮下气肿或纵隔气肿多可自行吸收。

2．**食管周围炎及纵隔炎**　食管穿孔后，炎症向外扩散并发食管周围炎，感染严重时形成脓肿。若穿孔位置较高，化脓性炎症经食管后隙延及咽后隙可同时并发咽后脓肿。感染累及纵隔则引发纵隔炎，甚至形成脓肿，患者有高热等全身中毒症状。X线颈侧位片或胸部正侧位片有助于诊断。颈段食管周围及上纵隔脓肿，可行颈侧进路脓肿切开引流。食管中、下段及后纵隔脓肿，宜请胸外科处理。

3．**大出血**　中段食管穿孔易引起食管周围的化脓性炎症。感染若累及主动脉弓或锁骨下动脉等大血管，则可引起致命性大出血，患者可有大量呕血或便血，抢救困难，死亡率高。

4．**气管食管瘘**　异物嵌顿时间较长者，食管管壁可因压迫而坏死。累及气管、支气管时，可形成气管食管瘘，导致肺部反复感染。

（四）治疗

有食管异物的患者应禁食，根据异物的形状、大小选择合适的器械，尽早施行食管镜检术，取出异物。合并感染或全身情况较差者，应给予补液等全身支持疗法及足量抗生素，待病情有所好转，再行食管镜检查。对疑有食管穿孔者，应行鼻饲饮食。若异物穿破食管壁、合并有严重的食管周围脓肿或胸内并发症，或食管镜下钳取异物时，异物嵌顿甚紧不能移动时，应请胸外科协同处理。

（五）预防

加强卫生教育，进食时要细嚼慢咽。儿童应改正口含小物玩耍的不良习惯，老人应注意及时修复损坏的义齿。对全麻及昏迷患者应将活动的义齿取出。误咽异物后，应及时治疗，切忌自行吞服韭菜、醋、饭团等食物，以免造成更多损伤及发生并发症。

### 三、喉、气管和支气管异物

喉、气管和支气管异物（foreign bodies of larynx, trachea and bronchi）是耳鼻咽喉科急症，多发生于3岁以下小儿。

（一）病因

（1）小儿磨牙发育不完善，口腔控制能力差，喉的防御反射不健全，故在进食或口内含物玩耍时，因受惊、哭、笑、跌倒等原因易将异物（如花生、瓜子、豆类等）吸入气道。

（2）进食仓促，将鸡骨、鱼刺等梗于喉部，或将口内含物（塑料笔帽、小钉等）不慎吸入。

（3）昏迷或全麻患者，吸入义齿或呕吐物。

**（二）病理**

异物进入气道后，引起的病理变化与异物的性质、大小、存留时间等因素有关。

植物性异物，如花生、豆类等，因含游离脂肪酸，刺激呼吸道黏膜，激发急性弥漫性炎症，分泌物增多。而金属、塑料类异物对黏膜刺激小、反应轻。异物较小，局部黏膜肿胀较轻，形成支气管不完全性阻塞，吸气时支气管腔扩大，空气进入肺内，呼气时因管腔变窄，气体排出受阻，形成患侧肺气肿。反之，异物若完全阻塞支气管，则形成患侧肺不张，时间稍长，远端肺叶因引流不畅发生感染，并发支气管肺炎、肺脓肿等。

**（三）临床表现**

1. **喉部异物** 突发性呛咳、憋气及发绀。异物常嵌顿于声门裂、喉室及声门下，出现呼吸困难、吸气性喉喘鸣、呛咳及声嘶；较大异物嵌于声门，发生喉痉挛及喉阻塞，可立即窒息死亡。

2. **气管异物** 异物吸入呼吸道后，突然发生剧烈咳嗽、憋气及发绀。稍后，若异物贴于气管壁上不活动，症状可暂时缓解。质轻的活动性异物如瓜子等，可随呼吸气流上下移动，患者仍不时发生剧咳及憋气。咳嗽时或呼气末期在颈部气管前听诊，易察觉异物随呼出气流冲击声门下区产生的拍击声。一旦异物上冲时卡至声门，将迅即发生窒息。肺部听诊两肺呼吸音粗，大致对称，可闻及气喘样哮鸣音，系气流通过变窄的气道时产生。

3. **支气管异物** 由于解剖特点，异物进入右侧支气管的机会远多于进入左侧支气管。异物进入支气管后，因位置相对稳定，活动减少，症状可暂时趋于缓解，如病史不清，易误诊为支气管炎或肺炎，久治不愈，甚至迁延数月、数年。植物性异物，如花生、豆类等，所含游离脂肪酸因对黏膜有较强的刺激性，产生"植物性支气管炎"，发热、咳嗽、痰多等症状多较明显。呼吸困难的程度与异物的部位及大小有关。肺部听诊，患侧呼吸音减弱或消失。若异物存留日久，将引起肺炎、支气管扩张、肺脓肿、脓胸等并发症，造成严重呼吸困难及发热、盗汗、消瘦等全身中毒症状。

**（四）诊断**

1. **病史** 异物吸入史是诊断的重要依据，多数患者病史明确，还应详细询问发病经过及异物性质。幼儿若一度有突发性呛咳、憋气、发绀或原因不明的发热、久治不愈的咳嗽及反复发作的支气管肺炎，即使病史缺如，也应首先考虑呼吸道异物可能。

2. **体征** 气管内异物可闻及明显的气喘样哮鸣音，在呼气末期或咳嗽时闻及气管内拍击声。支气管异物引起的患侧肺部病变多为一侧病变，因此，肺部听诊时应注意两侧对照比较。

3. **X线检查** 不透光异物容易发现。对于植物性等X线透过性异物，如有一侧肺气肿、肺不张或纵隔矛盾性运动或摆动，则有助于诊断。

4. **支气管镜检查** 凡可疑病例，经上述检查仍不能确诊者，可考虑行直接喉镜或支气管镜检查。

**（五）治疗**

尽早手术取除异物是治疗呼吸道异物的唯一有效的方法。

喉及气管内活动性异物可在直接喉镜下钳取。嵌于声门或声门下的异物要求一次钳取成功，否则应将异物推入气管。气管内活动异物如瓜子等，可用"守株待兔"法，即用直达喉镜挑起会厌，暴露声门后，将鳄鱼嘴式异物钳伸入声门下张开钳口，于呼气或咳嗽时，异物随气流上冲时钳取，一般无需麻醉。小儿支气管异物，应采取全身麻醉，用直接法或间接法导入支气管镜钳取。异物取出后需应用抗生素控制感染。

呼吸道异物取出术的手术操作紧迫、精细，术中随时可能出现意外。术前必需备好急救设备，并根据异物的特征挑选合适的器械。若幼儿呼吸道异物阻塞，而上述手术条件又不具备时，可先行紧急气管切开，待呼吸危象缓解后，再设法取出异物。

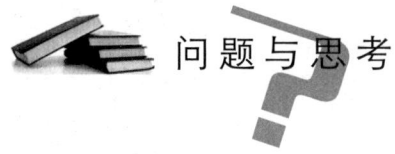 问题与思考

1. 鼻出血的好发部位在哪里？简述鼻出血的病因？简述常用的鼻腔止血方法。
2. 患者，男，9岁，以呼吸困难1小时就诊。查体：体温38.9℃，面色发灰，口唇发绀，极度呼吸困难，可闻喉鸣音，四凹征明显，双肺可闻哮鸣音，无湿啰音，其诊断是什么？应做何种紧急处理？为明确病因，应进一步采集哪些有关资料？
3. 喉阻塞的分度？
4. 急性化脓性中耳炎的感染途径有哪些？有何临床表现？如何治疗？
5. 简述急性鼻窦炎的病因、临床表现及治疗。
6. 一鼻骨骨折患者，发病已5日，局部仍有轻肿胀，能否对其错位性骨折进行复位？如能，应如何复位？
7. 患者，男性，主因"喉外伤半小时"入院。患者半小时前骑摩托车途中因未注意到马路上横在半空中的电线而被撞倒摔伤，现声嘶，呼吸费力，检查见颈部横行皮下淤血，皮肤肿胀，其可能的诊断是什么？应如何处理？
8. 患者，男，4岁，左侧鼻塞10日，流脓涕，有臭味，但不发热，检查见下鼻甲与鼻中隔间有一红色、花生米大小之肿物，其可能的诊断是什么？应如何处理？
9. 3岁幼儿，发热3日，伴咽痛，经治疗好转后4日再次发热，咽痛加重，咽下困难，吸气费力，在做咽部检查时突然出现口唇发绀，呼吸极度困难，其可能的原因是什么？应采取何种急救措施？

（王　薇）

# 中英文专业词汇索引

## A

腹主动脉瘤　abdominal aortic aneurysm, AAA　　161
腹痛　abdominal pain　　188
急性重症胆管炎　acute cholangitis of severe type, ACST　　127
急性心功能不全　acute heart dysfunction　　136
急性溶血性贫血　acute hemolytic anemia　　214
急性肠系膜缺血　acute mesenteric ischemia　　168
急性梗阻性化脓性胆管炎　acute obstructive suppurative cholangitis, AOSC　　188
急性中毒　acute poisoning　　263
急性肺栓塞　acute pulmonary embolism, APE　　113
急性肺血栓栓塞症　acute pulmonary thromboembolism, APTE　　113
肾上腺危象　adrenal crisis　　210
高级生命支持　advanced life support, ALS　　14
胺碘酮　amidarone　　15
贫血　anemia　　99
主动脉夹层　aortic dissection　　163
再障危象　aplastic crisis　　215
心律失常　arrhythmia　　150

## B

基础生命支持　basic life support, BLS　　10
双水平正压通气　bilevel positive airway pressure, BiPAP　　141

## C

心肺脑复苏　cardiac pulmonary cerebral resuscitation, CPCR　　6
心肺复苏　cardiac pulmonary resuscitation, CPR　　10
生存链　chain of survival　　10
慢性血栓栓塞性肺动脉高压　chronic thromboembolic pulmonary hypertension, CTEPH　　113
氯吡格雷　clopidogrel　　135
昏迷　coma　　77

## D

糖尿病酮症酸中毒　diabetic ketoacidosis, DKA　　195

腹泻　diarrhea　72
弥散性血管内凝血　disseminated intravascular coagulation, DIC　20
呼吸困难　dyspnea　39

# E

急诊医学　emergency medicine　1
急诊医疗服务体系　Emergency Medicine Service System, EMSS　1
肾上腺素　epinephrine　5

# F

发热　fever　34

# G

格拉斯哥昏迷量表　Glasgow coma scale, GCS　78
肉眼血尿　gross hematuria　191

# H

头痛　headache　84
呕血　hematemesis　67
血尿　hematuria　191
溶血危象　hemolytic crisis　214
血友病　hemophilia　227
咯血　hemoptysis　51
高血糖危象　hyperglycemic crisis　195
高血糖高渗综合征　hyperglycemic hyperosmolar syndrome, HHS　195
高血压危象　hypertensive crisis　142
高血压急症　hypertensive emergency　142
高血压亚急症　hypertensive urgency　143
高体温　hyperthermia　35

# I

植入式心脏复律除颤器　implantable cardioverter-defibrillator, ICD　83
肠系膜下动脉　inferior mesenteric artery, IMA　168
主动脉气囊反搏术　intra-aortic ballooncounterpulsation, IABP　27

# M

镜下血尿　microscopic hematuria　191
米力农　mirilnone　142

# N

奈西利肽　nisiritide　141

硝普钠　nitroprusside　141
非ST段抬高型心肌梗死　non-ST-elevation myocardial infarction, NSTEMI　127

## P

瘫痪　paralysis　95
经皮冠状动脉介入治疗　percutaneous coronary intervention, PCI　27
气胸　pneumothorax　123
原发免疫性血小板减少症　primary immune thrombocytopenia, ITP　223
无脉电活动　pulseless electric activity, PEA　7
无脉室性心动过速　pulseless ventricular tachycardia　7

## R

重组组织型纤维蛋白溶酶原激活剂　recombinant tissue-type plasminogen activator, rtPA　133
自主循环恢复　recovery of spontaneous circulation, ROSC　10

## S

感染性休克　septic shock　24
重症急性胰腺炎　severe acute pancreatitis, SAP　183
休克　shock　18
ST抬高型心肌梗死　ST-elevation myocardial infarction, STEMI　156
链激酶　streptokinase, SK　133
猝死　sudden cardiac death, SCD　16
肠系膜上动脉　superior mesenteric artery, SMA　168
晕厥　syncope　81

## T

张力性气胸　tension pneumothorax　124
血栓性血小板减少性紫癜　thrombotic thrombocytopenic purpura, TTP　226

## U

不稳定心绞痛　unstable angina, UA　127
上消化道出血　upper gastrointestinal hemorrhage　177
尿激酶　urokinase, UK　133

## V

血管加压素　vasopressin　15
心室颤动　ventricular fibrillation, VF　7

# 主要参考书目

[1] 楼滨城. 急诊医学. 北京：北京大学医学出版社，2008.

[2] 王佩燕. 急诊医学. 北京：人民卫生出版社，2004.

[3] 张培华. 临床血管外科学. 北京：科学出版社，2003.

[4] 李奇林，蔡学全. 全科急救学. 北京：军事医学科学出版社，2001.

[5] 陈孝平，汪建平. 外科学，8版. 北京：人民卫生出版社，2013.

[6] 吴阶平，裘法祖. 黄家驷外科学，6版. 北京：人民卫生出版社，1999.

[7] 邱泽武，黄韶清. 阿片类与苯丙胺类滥用过量与患性中毒救治. 药物不良反应杂志，2003，2：98-100.

[8] 周伟军，惠小平，布，梅加巴. 阿片类药物急性中毒的临床分析. 现代实用医学，2002，14（11）：607-608.

[9] 黄韶清，周玉淑，刘仁树主编. 现代急性中毒诊断治疗学. 北京：人民军医出版社，2002.

[10] 田勇泉主编. 耳鼻咽喉头颈外科科学，7版. 北京：人民卫生出版社，2008.

[11] 黄兆选，汪吉宝，孔维佳主编，2版. 北京：人民卫生出版社，2007.

[12] 孔国强，果伟. 碳酸锂的现状与进展. 中国临床药学杂志，2009，18（3）：183-185.

[13] American Heart Association. Guidelines For Cardiopulmonary Resuscitation and Emergency Cardiovascular Care Science. Circ, 2010, 122(18).

[14] John A Marx. Rosen's Emergency Medicine, 7th ed. Saunders Inc, 2010.

[15] GOLD Executive Committee. Global strategy for the diagnosis, management, and prevention of chronic obstructive pulmonary disease (updated 2013). www.goldcopd.com.